CAPITAL MARKET

자본시장론

이하일

박영사

머 · 리 · 말

오늘날의 금융환경은 국제화, 자율화, 증권화의 조류 속에 금융기관 간 업무구분이 허물어지면서 경쟁이 심화되고 세계 주요 금융시장의 변화가 즉각적으로 국내금융시장에 파급되는 세계 단일시장으로의 통합화가 진전되고 있으며 저출산 고령화의 진전으로 개인의 자산관리와 노후대비에 대한 관심이 고조되고 있다.

자본시장은 자금의 수요자인 기업과 자금의 공급자인 가계를 직접 연결시켜 기업에는 증권의 발행을 통해 양질의 장기산업자금을 조달할 수 있도록 하고 개인에게 금융자산에 대한 투자기회를 제공해 주는 동시에 사회적으로 재산 및 소득의 재분배에 기여하는 자본주의 경제제제를 상징하는 대표적인 시장조직이다.

본서는 자본시장의 전반적인 내용을 일관성 있도록 구성함으로써 자본시장의 기본개념에 대한 확실한 이해를 바탕으로 현실에 대한 적응력을 높일 수 있도록 금융시장, 주식시장, 채권시장, 파생상품시장, 집합투자기구 5개의 주제로 이루어졌다. 본시의 내용은 다음과 같이 총 제15장으로 구성되었다.

제1편 금융시장에서는 경제주체의 역할, 경제문제, 경제행위의 주체, 시장경제, 국민경제의 순환, 주입과 누출, 국민경제의 시장구조, 주가 · 금리 · 환율에 대한 주요 금융지표, 국제수지의 일반적인 내용을 소개하고 이러한 주요 금융지표가 실제 상황에서 어떻게 적용되는지를 상세하게 설명하였다.

제2편 주식시장에서는 주식의 개념, 주식의 내재가치를 산출하는 데 초점을 집중시키는 기본적 분석, 과거의 주가와 거래량의 흐름을 분석하여 미래의 주가를 예측하는 기술적 분석, 주식가치를 평가하는 데 일반적으로 사용되는 배당평가모형, 주가배수모형, 경제적 부가가치모형의 내용을 살펴보았다.

제3편 채권시장에서는 채권의 정의, 채권가치의 평가, 채권수익률의 개념, 채권수익률의 기간구조이론, 채권수익률의 위험구조, 듀레이션 및 볼록성, 채권투자전략으로 소극적 투자전략과 적극적 투자전략의 일반적인 내용을 소개하고 이러한 채권투자전략이 실제 상황에 어떻게 적용되는지를 살펴보았다.

제4편 파생상품시장에서는 파생상품의 정의와 종류, 파생상품의 목적, 파생상품의 특징, 선물거래의 개념, 선물시장의 구성과 운용, 선물가격의 결정, 옵션거래의 개념, 옵

션의 만기가치, 옵션가격의 구성, 풋-콜 패리티를 소개하고 이러한 옵션투자전략이 실제 상황에 어떻게 적용되는지를 살펴보았다.

제5편 집합투자기구에서는 집합투자의 개념, 간접투자상품의 정의, 집합투자기구의 정의, 집합투자기구의 유형, 집합투자기구의 종류, 집합투자기구의 분류, 집합투자기구의 장점과 단점, 집합투자기구의 실제로 올바른 펀드투자, 펀드투자의 실제, 적립식 펀드가 실제 상황에 어떻게 적용되는지를 살펴보았다.

본서는 사회생활에 필수적인 금융지식을 습득하기 위해 자본시장론이나 투자론을 수강하는 대학생, 탄탄하고 안정적인 노후설계를 준비하는 직장인, 노후자금 관리를 위해 금융상품 활용방법을 습득하려는 일반인, 금융기관에 종사하는 전문인력 등 다양한 독자들이 증권투자 입문서로 활용할 수 있을 것이다.

본서의 집필과정에서 여러 전공서적과 정기간행물에서 많은 도움을 받았기에 그 분들께 깊은 감사를 드린다. 또한 본문의 내용상 오류는 전적으로 저자의 책임이며 독자 여러분들의 애정 어린 질책을 받아 차후에 개정판을 통해 더 좋은 책이 될 수 있도록 본문의 내용을 수정하고 보완하겠다는 약속을 드린다.

본서가 완성되기까지 바쁘신 와중에도 본문의 내용에 지적과 조언을 해 주신 동국대학교의 이영환 교수님께 감사드린다. 그리고 어려운 여건에서 흔쾌히 출판을 맡아 주신 박영사 안종만 회장님과 안상준 대표님, 좋은 책이 될 수 있도록 최선을 다해 주신 황정원 선생님께 감사드리며 무궁한 발전을 기원한다.

끝으로 자식 잘되기를 염원하다 작고하신 모친과 따뜻한 격려를 보내 주신 장인어른께 감사를 드리고, 장기간 성원을 보내 준 양가 가족 및 남편의 성공을 간절히 원하는 아내와 아들 동선에 대한 애정을 본서로 대신한다. 독자 여러분들의 아낌없는 성원을 기대하며 자본시장 이해에 지침이 되기를 기원한다.

2020년 2월

관악산에서

이하일

차례

제1장 금융시장의 개요

제1절 금융시장의 개념 — 3
제2절 금융상품의 개요 — 9
제3절 신탁상품의 개요 — 13
제4절 금융회사의 개요 — 17

제2장 주식시장의 개요

제1절 주식의 발행시장 — 39
제2절 수식의 유통시장 — 43

제3장 주식의 기본개념

제1절 주식의 개요 — 75
제2절 주식시장의 지표 — 83
제3절 자본시장의 효율성 — 91

제4장 주식가치의 평가

제1절 화폐의 시간가치 — 107
제2절 주식가치의 평가 — 117

제5장 증권분석의 체계

제1절 기본적 분석 —— 141
제2절 기술적 분석 —— 172

제6장 채권시장의 개요

제1절 채권의 발행시장 —— 221
제2절 채권의 유통시장 —— 241

제7장 채권의 기본개념

제1절 채권의 가치 —— 269
제2절 채권가격의 특성 —— 272
제3절 채권수익률의 개념 —— 273
제4절 채권수익률의 기간구조 —— 278
제5절 채권수익률의 위험구조 —— 282

제8장 채권투자의 전략

제1절 채권의 듀레이션 —— 297
제2절 채권의 볼록성 —— 303
제3절 채권의 투자전략 —— 306

제9장 선물거래의 개요

제1절 파생상품의 개념 —— 331
제2절 선물거래의 개요 —— 337

제3절 선물시장의 구성 — 351
제4절 선물가격의 결정 — 360

제10장 금융선물의 개요

제1절 주식선물의 개요 — 387
제2절 주가지수선물의 개요 — 388
제3절 국채선물의 개요 — 399
제4절 통화선물의 개요 — 411
제5절 금선물의 개요 — 427
제6절 돈육선물의 개요 — 428

제11장 옵션거래의 개요

제1절 옵션거래의 개요 — 459
제2절 옵션의 만기가치 — 466
제3절 옵션의 투자전략 — 469
제4절 옵션가격결정의 개요 — 479

제12장 금융옵션의 개요

제1절 개별주식옵션의 개요 — 501
제2절 주가지수옵션의 개요 — 502
제3절 미국달러옵션의 개요 — 512

제13장 스왑거래의 개요

제1절 스왑거래의 개념 — 545

제2절 금리스왑의 개요 551
제3절 통화스왑의 개요 554
제4절 외환스왑의 개요 558

제14장 파생결합의 증권

제1절 파생결합증권의 개념 575
제2절 파생결합증권의 발행 577
제3절 파생결합증권의 종류 583

제15장 펀드투자의 실제

제1절 집합투자기구의 개요 621
제2절 집합투자기구의 유형 622
제3절 집합투자기구의 종류 626
제4절 집합투자기구의 분류 628
제5절 펀드투자의 특징 636
제6절 펀드투자의 실제 639

■ 부록 663
■ 참고문헌 669
■ 찾아보기 671

C·h·a·p·t·e·r 01

금융시장의 개요

금융시장은 자금의 수요와 공급이 만나 자금의 대차거래가 이루어지는 장소로 자금잉여의 흑자부문이 자금부족의 적자부문에 자금을 융통하는 거래가 발생한다. 금융시장에서는 금리가 자금의 수급을 균형시키는 역할을 하는데, 자금의 초과수요가 있으면 금리는 상승하고 자금의 초과공급이 있으면 금리는 하락한다.

제1절 금융시장의 개념

1. 금융시장의 정의

금융은 경제주체간의 자금융통을 말하고, 금융시장은 자금융통이 이루어지는 시장을 말한다. 따라서 금융시장은 자금조달 및 자금운용과 관련하여 여유자금을 가지고 있는 경제주체인 가계로부터 단기자금을 모아서 장기자금을 필요로 하는 경제주체인 기업에게 자금을 공급해 주는 역할을 수행한다.

자금의 공급자와 수요자를 연결하는 금융시장과 자본시장은 자금의 최적배분을 목표로 한다는 점에서 동일하다. 그러나 금융시장은 단기자금의 거래를 수반하고 자본시장은 장기자금의 거래를 담당한다는 점에서 다르다. 금융시장의 역할을 국민경제의 순환과정과 함께 도시하면 [그림 1-1]과 같다.

[그림 1-1] 국민경제의 순환과 금융시장

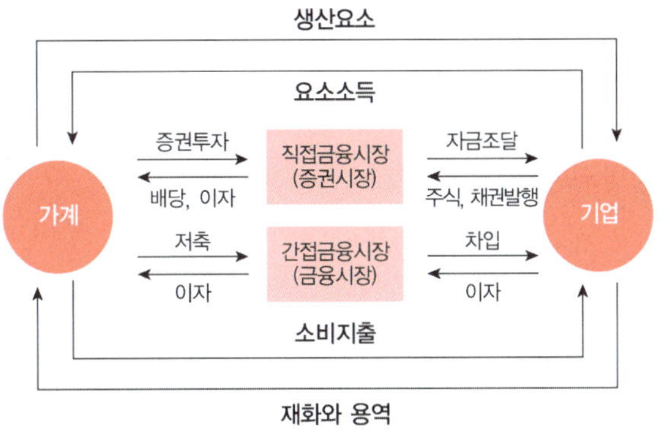

2. 금융시장의 종류

(1) 자금의 조달방법

금융시장은 흑자지출단위로부터 적자지출단위에게로 자금을 이전시켜 경제의 효율성을 높이는 역할을 수행하며 금융중개기관의 개입여부에 따라서 직접금융시장과 간접금융시장으로 구분할 수 있다. 금융중개기관은 규모의 경제에 의해 거래비용을 최소화하여 거래를 성사시키는 역할을 수행한다.

1) 직접금융시장

직접금융시장은 금융중개기관을 경유하지 않고 자금의 최종수요자와 공급자간에 직접증권의 매매형태로 자금의 수급이 이루어지는 시장을 말한다. 여기서 직접증권 또는 본원적 증권은 자금의 최종수요자가 자금을 조달하기 위해 발행하는 증권을 말하며 주식(stock)과 채권(bond)이 대표적이다.

2) 간접금융시장

간접금융시장은 은행이나 보험회사 등과 같은 금융중개기관이 개입하여 자금의 최종수요자와 최종공급자간에 간접증권의 매매형태로 자금의 수급이 이루어지는 시장을 말한다. 여기서 간접증권은 금융중개기관이 자금을 조달하기 위해 발행하는 증권을 말하며 예금증서와 보험증서가 대표적이다.

(2) 자금의 공급기간

생산의 주체인 기업이 경영활동에 필요한 자금을 자체 신용을 바탕으로 금융시장에서 직접 조달하는 직접금융시장은 금융시장에서 거래되는 금융상품의 만기나 특징에 따라서 통화시장과 자본시장으로 구분한다. 이는 은행이나 보험회사에서 대출받는 것과 같은 간접금융시장과 상반되는 개념이다.

1) 통화시장

통화시장(money market)은 만기가 1년 미만인 단기금융상품들이 거래되는 금융시장을 말한다. 단기금융상품에는 수시입출금식예금, 단기국공채, 기업어음(CP), 초단기수익증권(MMF), 양도성예금증서(CD), 환매조건부채권(RP), 통화안정증권, 표지어음, 은행인수어음, 종합자산관리계정(CMA) 등이 있다.

그림 1-2 금융시장의 분류

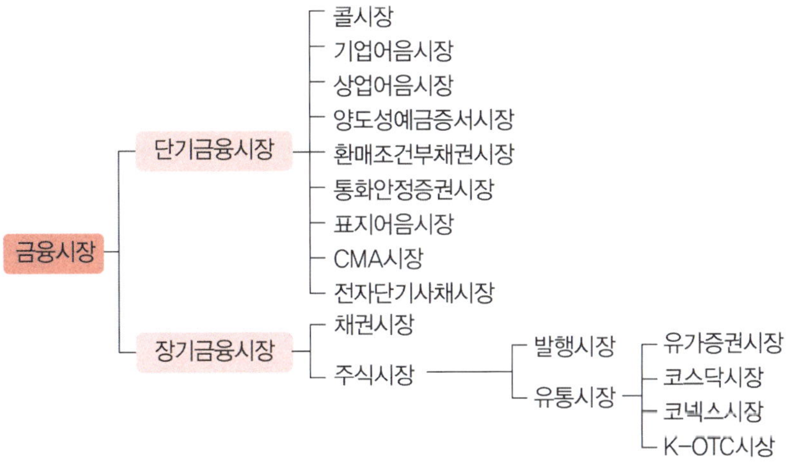

① 수시입출금식예금(MMDA : money market deposit account)

입출금이 자유롭고 시장금리를 지급하는 단기상품으로 500만원 이상의 목돈을 1개월 이내로 운용할 때 유리하며 공과금 및 신용카드대금 등의 자동이체 결제통장으로 활용할 수 있고 예치기간과 가입한도에 제한이 없다. 그러나 다른 단기금융상품보다 이자율이 낮고 통장잔액에 따라 이자가 차등 적용된다.

② 초단기수익증권(MMF : money market fund)

수시로 입출금해야 하는 여유자금을 단기로 맡길 때 활용되는 투신사의 금융상품을 말한다. 투신사가 고객의 돈을 모아 단기금융상품에 투자하여 얻은 수익을 돌려주는 실적배당형 상품으로 중도에 해약를 해도 환금수수료를 물지 않기 때문에 은행의 보통예금처럼 입출금이 자유롭고 단 하루만 맡겨도 된다.

③ 금전신탁

신탁업무를 취급하는 은행이 고객의 금전을 예탁받아 일정기간 운용한 후 원금과 수익을 수익자에게 지급하는 실적배당상품을 말한다. 신탁재산의 운용방법에 따라 위탁자에 의해 지정되어 수탁자의 재량의 여지가 없는 특정 금전신탁과 위탁자가 운용방법에 아무런 지시를 하지 않는 불특정 금전신탁이 있다.

④ 상업어음(commercial bill)

기업이 상거래의 대금결제를 위해 발행하며 자금융통을 위해 발행하는 융통어음과 대비된다. 상업어음은 지급이 확실한 우량어음으로 알려져 있으나 상품의 판매대금이 순조롭게 회수되지 않아 부도어음화할 위험과 상품의 실질거래의 보증이 없는 융통어음이 섞여 들어와도 분별하기가 어려워 주의해야 한다.

⑤ 표지어음(cover bill)

기업이 발행한 어음을 금융기관이 매입한 후 어음금액을 나누어 재발행하여 이를 개인이나 기관투자가에게 판매하는 융통어음으로 상거래를 수반하는 진성어음과 대비된다. 금융기관은 표지어음의 발행을 통해 원어음 할인에 따른 자금부담을 줄이고 원어음 할인금리와 표지어음 발행금리간의 금리차익을 획득한다.

⑥ 양도성예금증서(CD : certificate of deposit)

은행의 정기예금에 양도성을 부여하여 무기명 할인식으로 발행하며 양도가 자유롭고 유동성이 높은 상품을 말한다. 만기는 30일 이상으로 대개 정기예금 금리보다 약간 높다. CD 1계좌를 매입하려면 보통 1백만원을 한 달 이상 맡겨야 한다. 만기 전에 현금화가 가능하나 예금자보호대상이 아니라는 단점이 있다.

| 그림 1-3 | 양도성 예금증서의 견본

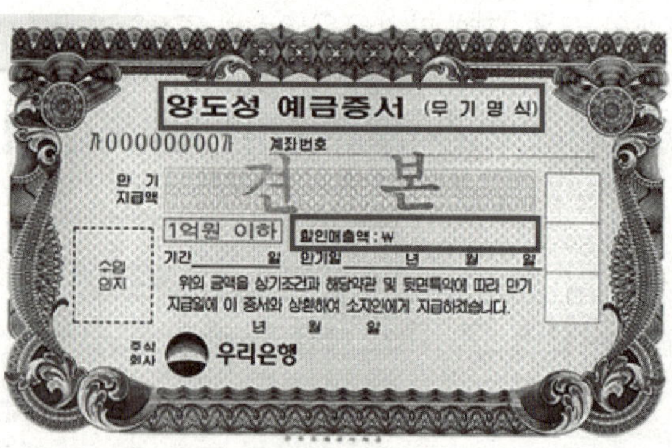

⑦ 환매조건부채권(RP : repurchase agreement)

금융기관이 보유한 국공채 등 장기채권을 단기채권으로 만들어 투자자에게 일정한 이자를 붙여 만기 전에 다시 매수하는 것을 조건으로 매도하는 채권을 말한다. 환매채는 입출금이 자유롭고 확정이자는 가입시점에 정해진다. 그러나 중도환매시 불이익이 발생할 수 있고 예금자보호대상이 아니라는 단점이 있다.

❙그림 1-4❙ 환매채거래의 구조

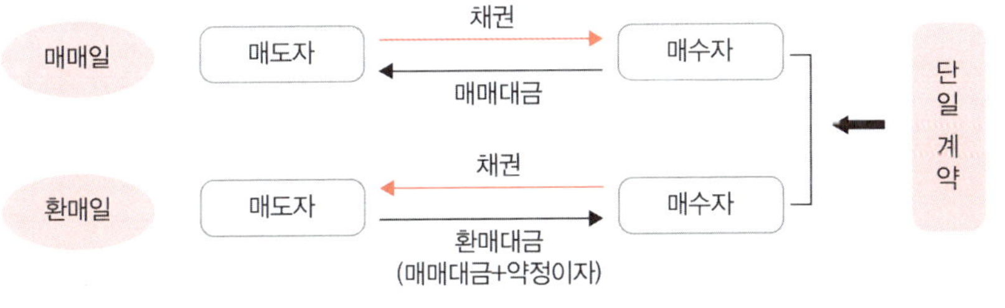

⑧ 종합자산관리계정(CMA : cash management account)

원래 CMA는 종합금융회사가 고객으로부터 예탁받은 금전을 어음이나 채권 등에 운용하고, 그 수익을 고객에게 지급하는 수시 입출금 금융상품을 나타내는 종합자산관리계정이었다. 2005년부터 금융투자회사가 고객의 여유자금을 MMF나 RP 등에 투자하면서 입출금이 가능한 금융서비스를 CMA로 부르기 시작했다.

현재 예금자보호가 되는 종금형 CMA와 예금자보호가 되지 않는 금융투자형 CMA가 구분없이 혼용되고 있다. 금융투자회사의 CMA는 예치자금을 MMF, RP 등에 투자하되 고객의 인출요구시 매도하고 금융투자회사의 계좌를 통해 급여이체, 결제대금 자동납부 등 각종 금융서비스를 제공하는 증권종합계좌서비스이다.

⑨ 전자단기사채(Asset Backed Short-Term Bond)

전단채는 만기 1년 미만의 단기자금을 조달하기 위해 종이와 같은 실물이 아닌 전자방식으로 발행되는 단기채권을 말한다. 기존의 기업어음(CP) 거래의 부작용을 해소하고 단기금융시장을 활성화시키기 위한 목적으로 2013년 1월 15일 전자단기사채 등의 발행 및 유통에 대한 법률이 시행되면서 도입되었다.

전자단기사채는 전자방식으로 발행되어 종이로 발행되는 기업어음과 달리 거래지역의 한계가 없고 실물의 위조 및 변조, 분실과 같은 위험을 제거할 수 있으며 발행업무를 간소화하여 비용을 줄일 수 있다. 그리고 액면금액이 1억원 이상이어서 최소 액면금액이 10억원인 기업어음에 비해 거래가 수월하다.

2) 자본시장

자본시장은 증권이 거래되는 시장으로 증권에는 기업이 발행하는 주식과 회사채, 정부나 공공기관이 발행하는 국공채 등이 포함되며 자본시장에서 거래되는 증권은 통화시장에서 거래되는 상품에 비해서 가격변동위험이 높다. 통화시장은 유동성의 확보를 목적으로 하지만 자본시장은 장기자금의 조달을 목적으로 한다.

표 1-1 통화시장과 자본시장의 비교

구분	통화시장	자본시장
특징	가격변동위험이 낮음	가격변동위험이 높음
목적	유동성의 확보	장기자금 조달

자본시장은 기업이나 공공단체가 발행한 증권이 처음으로 투자자들에게 매각되는 발행시장과 이미 발행된 증권이 투자자들 사이에 매매되는 유통시장으로 구분된다. 유통시장은 한국거래소가 개설한 거래소시장과 금융투자협회가 운영하는 프리보드시장으로 분류되는데 거래소시장을 협의의 자본시장이라고 한다.

제2절 금융상품의 개요

1. 금융투자상품의 정의

금융상품은 투자성이 있는 금융투자상품과 투자성이 없는 비금융투자상품으로 구분한다. 여기서 투자성은 금융상품에 투자한 원금의 손실가능성이 있는 경우를 말한다. 금융투자상품은 장래에 이익을 얻거나 손실을 회피할 목적의 투자성이 있는 모든 금융상품으로 투자성과가 투자자에게 직접 귀속된다.

그리고 금융투자상품은 예금 등 다른 금융상품에 비해서 높은 수익을 제공할 수 있지만 투자원본이 손실 또는 투자원본을 초과하는 손실이 발생할 수도 있다. 따라서 은행의 예금과 보험회사의 보험상품을 제외한 모든 금융상품은 원칙적으로 원본손실가능성이 있는 금융투자상품에 포함된다고 할 수 있다.

자본시장법에서 정의한 금융상품은 원본손실가능성 여부에 따라 원본손실가능성이 있는 금융투자상품과 원본손실가능성이 없는 비금융투자상품으로 구분한다. 그리고 금융투자상품은 원본초과손실가능성 여부에 따라 원본초과손실가능성이 없는 증권과 원본초과손실가능성이 있는 파생상품으로 구분한다.

┃그림 1-5┃ 금융상품의 구분

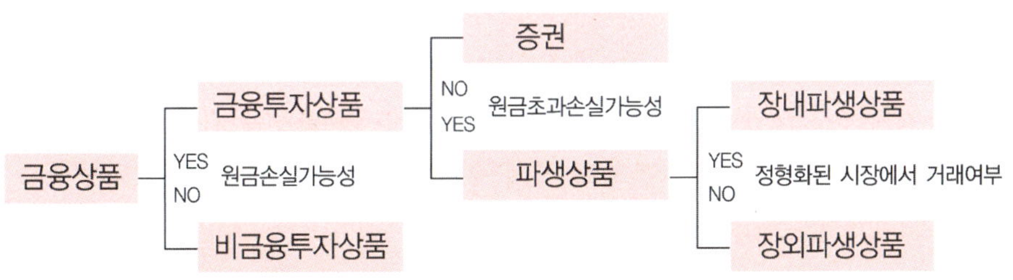

(1) 예금성 금융상품

예금성 금융상품은 원금이 보장되는 무위험 금융상품으로 은행 등이 파산하는 경우에 예금보호한도에 한해 원금이 보장된다. 예금의 종류에는 예입과 인출이 자유롭고 이자가 없거나 저리의 이자를 받는 요구불예금과 일정기간동안 예치해 둠으로써 보다 높은 이자를 받는 저축성예금으로 구분된다.

1) 요구불예금

요구불예금은 입금과 출금이 자유로워 예금주의 환급청구가 있으면 언제든지 조건없이 지급해야 하는 금융상품을 말하며, 저축성 예금과 달리 안전관리가 목적이므로 이자가 거의 없거나 매우 적다. 우리나라에서 요구불예금에 속하는 예금의 종류에는 보통예금, 당좌예금, 가계당좌예금, 별단예금 등이 있다.

① 보통예금

보통예금은 대표적인 요구불예금으로 가입대상, 예치금액, 예치기간, 입출금 횟수 등에 아무런 제한없이 수시로 자유롭게 거래할 수 있는 요구불예금의 일종으로 은행은 저리로 자금을 조달할 수 있는 예금이다.

② 당좌예금

당좌예금은 은행과 당좌거래계약을 체결한 기업이 일반 상거래로 취득한 자금을 은행에 예치하고 예금잔액 또는 당좌대출 한도의 범위내에서 거래은행을 지급인으로 하는 당좌수표 또는 거래은행을 지급장소로 하는 약속어음을 발행하여 수표나 어음의 소지인이 언제든지 인출할 수 있는 예금을 말한다.

③ 가계당좌예금

가계당좌예금은 개인수표의 활성화를 통해 국민의 현금사용을 줄이고 신용사회의 조기정착을 기하고자 도입된 제도를 말하며 은행과 가계당좌예금 거래약정을 맺은 고객이 가계수표로 지급결제를 하는 것으로 전 금융기관을 통해 1인 1계좌만 가능하고 수표의 장당 최고 발행한도가 정해져 있는 예금이다.

④ 별단예금

별단예금은 은행 업무수행과정에서 발생한 미결제·미정리 자금, 기타 다른 예금계정으로 처리하기 곤란한 자금 등을 업무처리 편의를 위해 일시적으로 예수토록 하는 잡예금 과목이다. 별단예금은 일반예금과 달리 한 종류의 예금이 아니므로 거래약관도 없고 통장이나 증서를 발행하지 않으며 예금기간도 일정치 않다.

2) 저축성예금

저축성예금은 예금주가 미리 약정한 기간이 경과한 후 현금의 인출을 약정하며 일정 금액을 은행에 예치하고 은행은 이에 대해 일정 이율의 이자를 지급할 것을 약속하는 예금으로 법적 성질은 기한부 소비임치계약이다. 즉 은행이 약속한 예치기간에는 예치한 돈을 찾으려는 예금주의 청구에 응해야 할 부담이 없다.

저축성 예금은 거치식과 적립식으로 구분된다. 거치식예금은 예금주가 일정 금액을 약정한 기간에 예치하고 약정한 기간이 지난 후 원금과 이자를 인출하는 예금을 말한다. 반면에 적립식예금은 예금주가 약정한 기간 동안 일정 금액을 불입하여 약정기간이 경과한 후 불입한 금액과 이자를 인출할 수 있는 예금을 말한다.

① 정기예금

정기예금은 예금주가 이자수취를 목적으로 일정기간(보통 3개월, 6개월, 1년 이상 등)내에는 은행이 환급하지 않을 것을 약정하는 기한부예금을 말한다. 은행예금 중에서 저축성이 가장 강하고 은행측에서 볼 때는 약정된 일정기간 동안 예금인출의 가능성이 적기 때문에 자금운용의 안전성이 보장되는 이점이 있다.

② 정기적금

정기적금은 6개월 이상 60개월 이내의 일정 기간 동안 일정한 금액을 월단위로 매월 적립하고 만기일에 약정금액을 지급받는 것을 내용으로 목돈을 마련하는 전형적인 적립식 예금을 말한다. 정기적금은 은행측에서 볼 때 매월 약정된 금액의 예입이 확실시 된다는 점에서 정기예금 못지않은 안정된 자금조달원이 된다.

③ 상호부금

상호부금은 서민 및 영세 상공인이 상부상조에 의해 필요한 목돈을 조성하여 사용할 수 있도록 제도상 정기적금과 그 성격이 비슷하지만 일정한 기간을 설정하여 일정 회차 이상 부금을 납입한 중도 또는 만기에 일정한 금액을 대출받을 수 있는 권리가 보장되는 예금을 말한다.

2. 금융투자상품의 종류

금융투자상품에는 주식, 채권, 펀드, 신탁, ELS 등이 있다. 주식은 지분증권, 채권은 채무증권, 펀드와 신탁은 수익증권, ELS는 파생결합증권이다. 금융투자상품 중 원금까지 손실이 발생할 가능성이 있는 것에는 주식, 채권, 펀드 등이, 원금을 초과하여 손실이 발생할 가능성이 있는 것으로 파생상품 등이 있다.

┃표 1-2┃ 금융투자상품의 분류

금융투자상품							
증권						파생상품	
지분증권	채무증권	수익증권	투자계약 증권	파생결합 증권	증권예탁 증권	장내파생 상품	장외파생 상품

(1) 지분증권

지분증권은 주권(주식), 신주인수권이 표시된 것, 법률에 의하여 직접 설립된 법인이 발행한 출자증권, 상법에 따른 합자회사·유한책임회사·유한회사·익명조합의 출자지분, 민법에 따른 조합의 출자지분, 기타 이와 유사한 것으로서 출자지분 또는 출자지분을 취득할 권리가 표시된 것을 말한다.

(2) 채무증권

채무증권은 국채, 지방채, 특수채, 회사채, 기업어음 등 지급청구권이 표시된 채권을 말한다. 채권은 발행자가 투자자에게 채권을 발행하여 자금을 조달하고 조달한 자금에 대해 일정기간 이자를 지급하는 유가증권을 의미하며, 일종의 차용증서이지만 유통시장을 통해 양도가 자유로워 유동성이 높다.

(3) 수익증권

수익증권은 신탁업자와 신탁계약에 의해 수익권이 표시되어 발행된 증권 또는 집합투자업자가 투자신탁의 수익권을 균등하게 분할하여 발행한 증권으로 신탁 또는 펀드를 말하며, 실무에서 수익증권이라 표현한다. 수익증권은 집합투자업자가 펀드를 설정하고 수익권을 증권의 형태로 발행한 것을 말한다.

(4) 투자계약증권

투자계약증권은 자본시장과 금융투자업에 관한 법률(자본시장법)에 따라 새로이 도입된 개념으로 투자수익을 기대하며 특정 투자자가 자신과 타인(다른 투자자를 포함)간의 공동사업에 금전 등을 투자하고 주로 타인이 수행한 공동사업의 결과에 따른 손익을 귀속받는 계약상의 권리가 표시된 증권을 말한다.

(5) 파생결합증권

파생결합증권은 투자수익이 기초자산가격에 연동되어 결정되는 파생상품과 증권이 결합하여 기초자산가격에 큰 변동이 없으면 약속수익률을 보장받고, 미리 정한 구간에 들어가면 원금손실이 발생한다. 기초자산에는 주가지수, 금리, 환율은 물론 금, 원유, 구리, 철강, 곡물, 부동산 등의 실물자산도 가능하다.

(6) 증권예탁증권

증권예탁증권은 증권을 예탁받은 자가 그 증권이 발행된 국가 이외의 국가에서 발행한 것으로 국내기업이 발행한 주식을 한국예탁결제원에 보관하고 해외예탁기관이 이를 기초로 증권예탁증권을 발행한다. 미국주식시장에서 거래되는 미달러표시 예탁증권을 ADR, 세계 금융시장에서 발행한 경우 GDR이라고 한다.

제3절 신탁상품의 개요

1. 신탁제도의 정의

신탁은 신탁을 설정하는 위탁자와 신탁을 인수하는 수탁자가 특별한 신임관계에 의해 위탁자가 특정의 재산권을 수탁자에게 이전하고, 수탁자는 수익자의 이익을 위해 그 재산권을 관리·처분하는 법률관계를 말한다. 즉 자신의 재산을 신뢰할 수 있는 제3자에게 맡기고 자신의 의지대로 관리·운영하는 제도를 말한다.

본래 자신의 재산은 그 소유자가 자신의 의지에 의해 관리하는 원칙이다. 그러나 법률적 지식이 부족하거나 자금 및 전문기술의 부족으로 자신의 재산을 효율적으로 관리할 수 없는 경우에 자신의 재산을 전문가에게 맡기면 신탁업자는 위탁자가 맡긴 재산을 관리, 처분, 개발을 활용하여 최대의 효과를 제고할 수 있다.

그림 1-6 신탁의 이해관계인

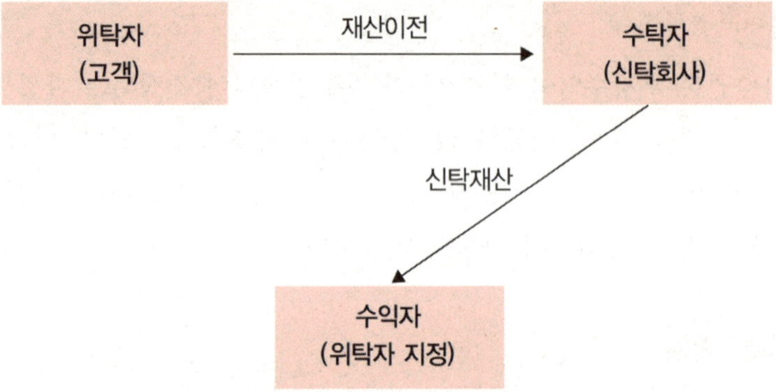

2. 신탁업무의 종류

신탁재산은 신탁행위의 대상인 재산권이다. 즉 신탁목적을 달성하기 위해 위탁자로부터 이전을 받아 수탁자가 신탁목적에 따라 관리 또는 기타 처분할 수 있는 재산권을 의미한다. 자본시장과 금융투자업에 관한 법률(자본시장법)에서 신탁회사가 수탁할 수 있는 신탁재산을 일정범위의 재산으로 한정하고 있다.

(1) 금전신탁

금전신탁은 신탁회사(수탁자)가 위탁자로부터 금전을 신탁재산으로 위탁받아 계약에 따라 금전을 대출, 채권 등에 운용하고 신탁기간이 종료되면 수익자에게 원금과 수익을 돌려주는 신탁을 말한다. 금전신탁은 경제적 기능상 은행예금과 유사하여 금융행정과 밀접한 관계가 있고 은행의 주요업무에 해당한다.

일반은행에서 취급하고 있는 금전신탁과 예금의 차이점을 살펴보면 운용방법에서 금전신탁은 신탁계약 및 법령 범위 내에서 규정된 것에 한하며, 예금은 원칙적으로 제한이 없다. 그리고 투자대상에 운용하여 창출한 이익분배에서 금전신탁의 경우에 실적배당을, 예금의 경우에 확정이율을 원칙으로 하고 있다.

금전신탁은 방법에 따라 여러 종류로 구분된다. 신탁의 종료시 신탁재산을 수익자에게 금전으로 돌려주는 금전신탁과 재산으로 돌려주는 비금전신탁이 있다. 또한 위탁자가 신탁재산의 운용방법이나 투자대상을 어느 정도 특정하느냐 특정하지 않느냐에 따라서 특정금전신탁과 불특정금전신탁으로 구분한다.

(2) 증권신탁

증권신탁은 신탁회사가 위탁자(고객)로부터 증권을 신탁하여 수탁자로 하여금 관리 운용을 행하게 하는 신탁을 말한다. 자본시장법은 신탁할 수 있는 증권의 종류와 범위를 특별히 제한하지 않지만, 실무상으로는 국채·공채·사채, 주식 또는 수익증권에 한정되며 증권이면 기명식이든 무기명식이든 제한하지 않는다.

증권신탁에는 수탁하는 증권의 관리방법에 따라 관리 목적의 관리증권신탁과 관리 외에 운용수익 획득 목적의 운용증권신탁이 있다. 전자는 수탁자가 주식배당금이나 공사채의 이권추심 등의 관리사무를 맡게 하며, 후자는 위탁된 증권을 대부·담보로 제공하고 차입한 자금을 운용하여 수익을 수익자에게 교부한다.

(3) 동산신탁

동산신탁은 신탁회사가 위탁자(고객)로부터 수탁하는 신탁재산이 동산인 신탁을 말한다. 자본시장법은 수탁할 수 있는 동산의 종류를 특별히 제한하지 않아 양도할 수 있는 동산이면 어떤 동산이라도 무방하다. 그러나 실무상으로 신탁업무의 종류 및 방법에서 동산신탁으로 수탁할 수 있는 동산을 제한하고 있다.

(4) 부동산신탁

부동산신탁은 신탁회사가 위탁자(고객)로부터 수탁하는 신탁재산이 부동산인 신탁을 말한다. 여기서 부동산은 토지와 그 정착물, 지상권, 전세권, 토지의 임차권을 뜻한다. 따라서 토지와 건물이 대부분이다. 그러나 등기·등록할 수 있는 선박, 자동차, 항공기 등은 별도로 하고 부동산신탁에는 해당되지 않는다.

부동산신탁은 재산의 관리·이용·개발·처분을 직접 하지 않고 신탁회사에 재산을 이전시키고 신탁목적에 따라 수익자를 위해 재산을 관리·이용·개발·처분하게 한 뒤 그 결과를 되돌려 받는 법률관계를 말하며 운용방법에 따라서 부동산관리신탁, 부동산처분신탁, 부동산담보신탁, 부동산토지신탁으로 구분한다.

3. 신탁재산의 특징

(1) 신탁재산의 통일성

신탁행위가 성립하는 단계에서 신탁재산은 신탁행위에 의해 결정된다. 즉 거래당사자간 계약에 의하나 신탁행위가 성립한 후 신탁재산의 범위는 물상대위의 원칙에 의해 결정된다. 신탁재산의 관리, 처분, 멸실, 훼손 등의 사유로 수탁자가 얻은 재산은 신탁재산에 속하여 신탁재산이 변형되어도 신탁재산이다.

(2) 신탁재산의 독립성

신탁재산은 수탁자에게 귀속하지만 수익자를 위한 재산이므로 수탁자의 고유재산과 구별되고, 위탁자의 재산과도 구별되는 별개의 독립한 재산의 지위를 지닌다. 신탁재산이 법인격은 없지만 수탁자를 관리기관으로 하는 독립된 재산으로 성격을 갖게 되며 이것이 신탁회사들이 영업을 할 수 있는 근간이다.

4. 신탁목적의 제한

신탁목적은 위탁자가 신탁에 의해 달성하려는 목적으로 신탁관계의 설립·존속·소멸에 관한 기본요소가 된다. 탈법행위를 목적으로 하고 수탁자가 소송하는 것을 목적으로 하는 소송신탁은 금지한다. 다만 위탁자가 자기 채권자를 해할 줄 알면서 자기재산에 신탁을 설정하는 채권자사해신탁은 취소할 수 있다.

제4절 금융회사의 개요

금융회사는 1900년대초 소비자들이 자동차를 구입하는데 분할융자를 요구한 데 부응해서 설립되었다. 오늘날 금융회사들은 판매금융업과 소비자에 대한 대부업무를 직접 병행한다. 우리나라는 금융회사가 취급하는 금융서비스 성격에 따라 은행, 비은행금융회사, 보험회사, 금융투자회사, 금융지주회사 등으로 구분한다.

1. 은행

(1) 일반은행

일반은행은 예금, 대출, 지급결제 등을 고유업무로 하며 일반은행법에 의해 설립된 주식회사 형태의 기관을 말한다. 일반은행은 단기금융을 주로 하는 상업은행이면서 기업이나 가계로부터 받은 예금을 대출자금으로 운영하는 예금은행이며 시중은행, 지방은행, 인터넷전문은행, 외국은행 국내지점으로 구성되어 있다.

【그림 1-7】 일반은행의 역할

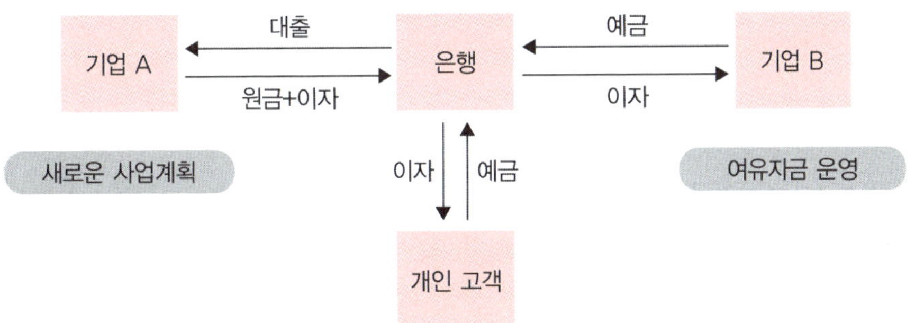

(2) 특수은행

특수은행은 은행법의 적용을 받지 않고 개별 특수은행법에 의거하여 설립·운영되며 일반은행이 재원, 채산성, 전문성 등의 제약으로 필요한 자금을 충분히 공급하지 못하는 특정부문에 자금을 원활히 공급함으로써 일반 상업금융의 취약점을 보완하여 국민경제의 균형적 발전을 도모하기 위한 목적으로 설립되었다.

Ⅰ표 1-3Ⅰ 특수은행별 설립근거와 설립목적

은행명	설립일	설립근거법	설립목적
한국산업은행	1954.4	한국산업은행법	개발금융
한국수출입은행	1976.7	한국수출입은행법	수출입금융
중소기업은행	1961.8	중소기업은행법	중소기업금융
농협은행	1961.8	농협협동조합법	농업금융
수협은행	1962.4	수산업협동조합법	수산업금융

① 한국산업은행

한국산업은행은 대출, 투자, 보증 등 산업자금을 공급하며, 온렌딩(On-lending) 대출, 간접투자 등 간접금융업무, 산업금융채권발행, 외화차입, 예수금 등 산업자금조달, 회사채 인수주선 등 투자금융업무, 해외채권 발행주선과 해외투자 등 국제금융업무, 기업구조조정 등 기업가치 제고업무를 담당하는 국책은행이다.

② 한국수출입은행

한국수출입은행은 수출입, 해외투자, 해외자원개발에 필요한 금융을 공여하여 국민경제의 발전과 대외경제협력의 촉진을 목적으로 설립된 정부투자금융기관으로 선박·기계·플랜트류 등 중공업제품의 수출촉진을 위한 중장기 연불수출자금의 지원이 중심을 이루며 융자, 보증, 정부를 대행하는 수출보험업무로 구분된다.

③ 중소기업은행

기업은행은 중소기업의 육성과 자금관리의 필요성에 따라 1960년 중소기업 자금을 중점적으로 관리 및 운용할 전담기관의 설치 요구에 따라 설립되었다. 초기에는 주로 외자취급 업무를 담당했고 이후 점차 대출·신탁·신용 등으로 영역을 확장해나갔다. 2014년 2년간 기타공공기관에서 제외되었다가 2014년 재지정되었다.

④ 농협은행

NH농협은행은 농업계 특수은행으로 예금, 적금, 신용카드, 방카슈랑스 등의 금융업무를 수행한다. 1958년 금융조합을 바탕으로 농업은행이 발족, 1961년 농업은행과 농협이 통합, 2000년 농협중앙회, 축협중앙회, 인삼협중앙회 합병, 2012년 농협중앙회의 신용사업이 NH농협금융지주로 분리되면서 자회사로 출범하였다.

⑤ 수협은행

수협은행은 수산업계 특수은행으로 예금, 대출, 신용카드, 외환, 보험 등의 금융업무를 수행한다. 1962년 수협중앙회 창립, 1963년 여신업무 개시, 1964년 수신업무 개시, 1974년 회원조합 상호금융업무 개시, 1991년 신용카드업무 개시, 2016년 12월 1일 수산업협동조합중앙회에서 수협은행으로 분리된 특수은행이다.

2. 비은행금융회사

(1) 상호저축은행

상호저축은행은 중소기업과 서민의 금융편의와 저축증대를 목적으로 하여 주식회사의 형태로 설립되는 서민금융기관이다. 주요업무로는 신용계업무, 신용부금업무, 예금과 적금의 수입업무, 자금의 대출업무, 어음의 할인업무, 내·외국환 업무, 보호예수업무, 국가·공공단체 및 금융기관의 대리업무가 있다.

(2) 신용협동기구

신용협동기구는 공동의 유대관계를 갖고 있는 사람들이 만든 기구로 조합형태를 띠며 조합원들에게 저축 편의와 대출기회를 제공한다. 제2금융권에 속하는 신용협동조합, 농협단위조합의 농협조합, 수협단위조합의 수산업협동조합, 산림조합, 새마을금고 등이 우리나라의 대표적인 신용협동기구에 해당한다.

(3) 여신전문금융회사

여신전문금융회사는 신용카드업, 시설대여업, 할부금융업, 신기술사업금융업 등 수신기능은 없이 여신업무만을 수행하는 금융회사를 말한다. 신용카드업은 신용카드의 이용과 관련된 대금의 결제 업무를 포함한 신용카드 발행 및 관리 또는 신용카드가맹점의 모집 및 관리 업무를 행하는 업종을 말한다.

시설대여업은 기업이 필요로 하는 기계설비 등을 새로 취득하거나 대여 받아 거래상대방에게 일정기간 이상 사용하도록 하고, 그 기간에 걸쳐 일정한 대가를 정기적으로 분할하여 지급받으며, 그 기간 종료 후의 물건의 처분은 거래당사자간의 약정으로 정하는 방식의 금융업 일명 리스(lease)를 말한다.

할부금융업은 거래당사자가 약정을 체결하면 구매자금을 매도인에게 지급하고 매수인으로부터 원리금을 분할하여 상환받는 금융업을 말하고, 신기술사업금융업은 신기술사업자에 투자, 융자, 경영, 기술의 지도, 신기술사업투자조합의 설립, 신기술사업투자조합 자금관리·운용업무를 종합적으로 수행한다.

| 표 1-4 | 신용카드·직불카드·선불카드의 특징

구분	신용카드	직불카드	선불카드
성격	여신상품	수신상품	수신상품
발급대상	자격기준 해당자	예금계좌 소지자	제한없음
주요시장	중고액 거래업종	소액 다거래업종	소액 다거래업종
가맹점 이용	가맹점 공동이용	가맹점 공동이용	가맹점 공동이용
연회비	있음	없음	없음
이용한도	신용도에 따라 차등	예금잔액 범위내	최고한도 50만원

(4) 우체국

우체국은 과학기술정보통신부 소속기관으로 우편물을 인수하고 배달하며 그 밖에 전신, 전화, 우편환, 우편저금, 우편연금, 체신보험 등의 일을 수행한다. 우체국은 국가가 설치하여 경영하는 일반우체국과 개인이 자기 부담으로 시설을 갖추고 국가로부터 체신업무를 위임받아 경영하는 별정우체국이 있다.

3. 금융투자회사

2009년부터 시행된 자본시장과 금융투자업에 관한 법률(자본시장법)은 이익을 얻을 목적으로 계속적·반복적인 방법으로 업무를 수행하는 금융투자업을 투자매매업, 투자중개업, 집합투자업, 신탁업, 투자자문업, 투자일임업의 6가지로 구분하고 금융투자업 전부 또는 일부를 담당하는 회사를 금융투자회사라고 칭한다.

표 1-5 금융투자업의 종류

금융투자업	개념	금융투자회사
투자매매업	자기의 계산으로 투자자와 금융투자상품을 거래하거나 증권의 발행, 인수, 청약을 영업으로 하는 것	증권회사, 선물회사
투자중개업	타인의 계산으로 투자자와 금융투자상품을 거래하거나 증권의 발행, 인수, 청약을 영업으로 하는 것	증권회사, 선물회사
집합투자업	2인 이상에게 투자권유를 하여 모은 금전 등을 투자자 등으로부터 일상적인 운용 지시를 받지 아니하면서 자산을 취득, 처분 그밖의 방법으로 운용하고 그 결과를 투자자에게 배분하여 귀속시키는 것	자산운용회사
신 탁 업	신탁업에 의한 신탁을 영업으로 하는 것	신탁회사, 증권회사, 자산운용회사
투자자문업	금융투자상품의 가치나 투자판단에 관해 자문하는 것을 영업으로 하는 것	투자자문회사, 증권회사, 자산운용회사
투자일임업	투자자로부터 금융투자상품에 대한 투자판단의 전부 또는 일부를 일임받아 투자자별로 구분하여 금융투자상품을 취득, 운용, 처분하는 것을 영업으로 하는 것	투자자문회사, 증권회사, 자산운용회사

4. 금융지주회사

금융지주회사는 주식보유를 통해 은행, 증권사, 보험사와 같은 금융기관을 자회사로 소유·경영하는 회사를 말한다. 금융지주회사의 형태는 지주회사가 금융업무를 직접 수행하느냐에 따라 순수지주회사와 사업지주회사로 구분하며 순수지주회사는 자신이 사업을 하지 않는 페이퍼 컴퍼니(paper company)로 운영된다.

5. 보험회사

보험회사는 생명보험, 손해보험 등 보험업을 취급하는 금융회사로 생명보험은 사람의 생존과 사망에 관한 사건이 발생했을 때 약정한 보험금을 지급하는데 생존해야 지급하는 생존보험과 사망해야 지급하는 사망보험 두 종류가 있다. 손해보험은 화재, 도난, 사고 등 우발적인 사건에 따른 재산상의 손실을 보상한다.

보론 1-1 담보신탁계약

최근 용인시에서 원룸 건물 6채를 소유한 임대사업자가 세입자 120여명이 맡긴 전세보증금 약 40억원을 돌려주지 않은 사건이 발생했다. 피해자 A씨는 경기도민 청원 홈페이지에 "신탁회사에 의해 건물이 이미 공매로 넘어간 상태인데, 아직 자신이 사기 당했다는 사실을 모르는 주민들이 있다"며 집주인과 인근 부동산이 담합하여 사기를 친 것이라는 내용의 청원글을 올렸다. A씨를 비롯한 세입자 120명이 보증금을 떼일 위기에 처한 이유는 담보신탁계약이 체결된 부동산에 대해 정확히 모르는 상태에서 집주인과 임대차계약을 체결했기 때문이다.

그림 1-8 담보신탁의 계약원리

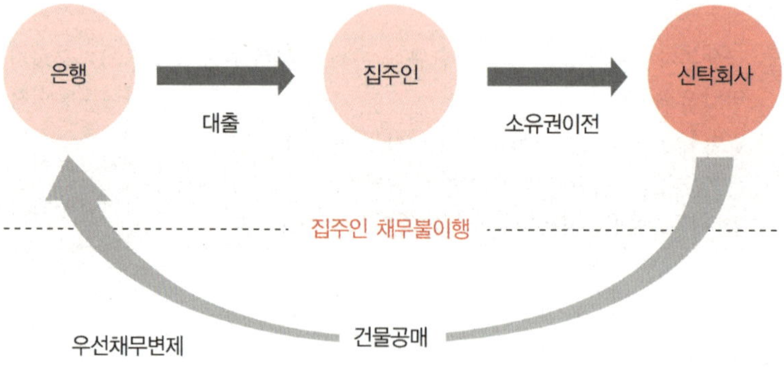

담보신탁은 집주인이 형식적인 부동산 소유권을 신탁회사에 넘긴 후 대출받는 것을 말한다. 이렇게 하면 집주인은 임의로 집을 처분할 수 없고, 대출해준 금융기관은 담보안정성이 높아져 집주인은 더 많은 금액을 대출받을 수 있다. 그런데 집주인이 신탁계약이 체결된 집을 임대 놓으려면 계약서인 신탁원부에 우선수익자로 설정된 자의 동의가 필요하다. 여기서 우선수익자는 집주인에게 대출해준 예가람저축은행 등 금융기관이다. 우선수익자의 동의없이 진행되는 임대차계약은 주택이 경 · 공매로 넘어가면 세입자의 보증금이 후순위로 밀리게 된다.

담보신탁 부동산이 일반인에게 생소하여 임대차계약을 잘못 맺고 사기를 당하는 경우가 적지 않다. 이러한 피해를 방지하려면 등기부등본과 함께 신탁원부를 발부받아 계약내용을 반드시 확인해야 한다. 주택이 신탁회사에 위탁되는 경우 등기부등본에 위탁 사실과 함께 신탁원부 번호가 공개되고, 법원 등기소나 인터넷을 통해 신탁원부를 발급받을 수 있다. 또한 신탁회사 소유로 된 건물이라면 신탁원부에 임대차계약의 권한이 누구에게 있는지를 반드시 확인해야 한다.

보론 1-2 통화정책

1. 통화정책의 정의

중앙은행이 금융정책수단을 이용하여 물가안정, 완전고용, 경제성장, 국제수지균형의 정책목표를 달성하려는 경제정책으로 단기에 재정정책과 더불어 주어진 총공급능력에서 총수요를 조절하는 총수요관리정책의 성격을 갖는다.

2. 통화정책의 경로

중앙은행이 금융정책수단을 이용하여 금융정책의 중간목표를 변화시킨 다음 이 변화를 통해서 금융정책의 최종목표를 달성하는 것으로 국민경제상의 최종목표, 통화량과 이자율의 중간목표, 정책수단의 세 가지 요소로 구성된다.

| 그림 1-9 | 통화정책의 경로

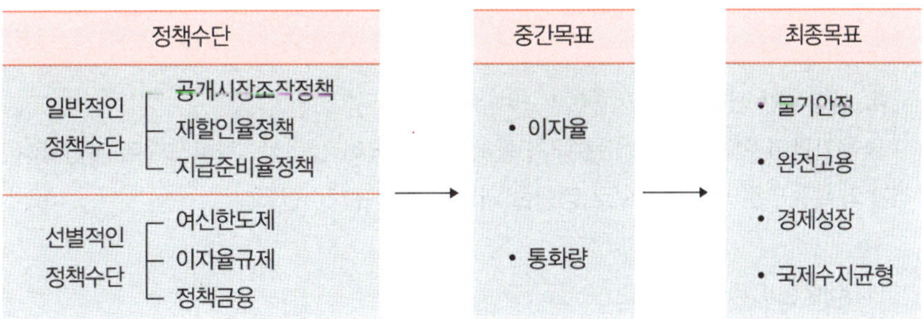

3. 일반적인 정책수단

중앙은행의 창구를 통해 공급되는 일차적인 통화공급량을 조절하는 간접규제수단을 말하며 공개시장조작정책, 재할인율정책, 지급준비율정책이 있다.

(1) 공개시장조작정책

중앙은행이 증권시장에서 국공채를 매입하거나 매도함으로써 통화량과 이자율을 조정하는 정책으로 통화량 조절수단 중 가장 빈번하게 이용되고 있다.

국공채매입 → 본원통화 ↑ → 통화량 ↑ → 이자율 ↓

국공채매도 → 본원통화 ↓ → 통화량 ↓ → 이자율 ↑

(2) 재할인율정책

예금은행이 중앙은행에서 자금을 차입할 때 적용받는 이자율(재할인율)을 조정하여 통화량과 이자율을 조정하는 정책을 말한다. 그러나 예금은행이 풍부한 유동성을 보유하고 있다면 재할인율 정책은 효과가 없다.

재할인율↓ → 예금은행차입↑ → 본원통화↑ → 통화량↑ → 이자율↓
재할인율↑ → 예금은행차입↓ → 본원통화↓ → 통화량↓ → 이자율↑

(3) 지급준비율정책

중앙은행이 예금은행의 법정지급준비율을 변화시켜 통화승수의 변화를 통해 통화량과 이자율을 조정하는 정책으로 최근에는 별로 사용되지 않고 있다.

지급준비율↓ → 통화승수↑ → 통화량↑ → 이자율↓
지급준비율↑ → 통화승수↓ → 통화량↓ → 이자율↑

4. 선별적인 정책수단

금융기관이 민간에 제공하는 대출 등에 통화당국이 선택적 · 차별적으로 개입하여 정책효과가 경제의 특정부문에 선별적으로 영향을 미치는 직접규제수단이다.

(1) 대출한도제

예금은행의 대출한도를 제한하거나 자산을 규제하여 금융기관의 대출한도를 제한하는 제도로서 일반적인 정책수단의 성격도 가지고 있는 선별적 정책수단이다.

(2) 이자율규제

이자율규제는 예금은행의 예금금리와 대출금리를 직접규제하는 것을 말한다.

(3) 창구규제, 도덕적 설득

창구규제는 금융당국이 금융기관의 예금유치와 대출정책을 금융정책의 틀에 맞도록 지도 · 규제하는 것이고, 도덕적 설득은 금융당국이 공식적인 견해 표명 · 경고 등의 수단을 이용하여 금융기관이 적절한 행동을 하도록 유도 · 설득하는 것이다.

보론 1-3 예금자보호제도

예금자보호제도는 금융회사가 파산 등으로 고객의 금융자산을 지급하지 못할 경우 예금보험공사가 예금자보호법에 의해 예금의 일부 또는 전액을 대신 돌려주는 제도를 말한다. 현재 1인당 보호금액은 원금과 소정의 이자를 합하여 예금자 1인당 최고 5,000만원이다. 소정의 이자는 금융회사의 약정이자와 시중은행의 1년 만기 정기예금 평균금리를 감안, 예보가 결정하는 이자 중 적은 금액을 말한다.

예금한도 5,000만원을 초과하는 금액은 예금보호공사로부터 보험금을 수령할 수 없으나, 해당 금융기관에 대한 예금채권자의 지위로서 파산절차에 참여하여 다수의 채권자들과 채권금액에 비례하여 분배하고 그 전부 또는 일부를 돌려받을 수 있다. 그러나 예금보험공사가 지급한 보험금은 세전 기준으로 적용되기 때문에 소정의 이자에 대해서는 이자소득세와 주민세 등 관련 세금을 납부해야 한다.

예금자보호제도는 일부 금융회사의 경영이 부실화되더라도 고객의 재산을 안전하게 보호하여 뱅크런(bank run, 집단 예금인출)이나 금융시스템 전체의 위기를 방지할 목적에서 도입된 제도다. 또한 일정금액으로 한정한 것은 금액에 관계없이 전액 보호하게 될 경우에 예금자들이 금융기관의 안정성은 고려하지 않은 채 높은 이율만을 고려대상으로 삼을 수 있어 이를 방지하기 위한 목적도 있다.

| 그림 1-10 | 예금보험의 운영구조

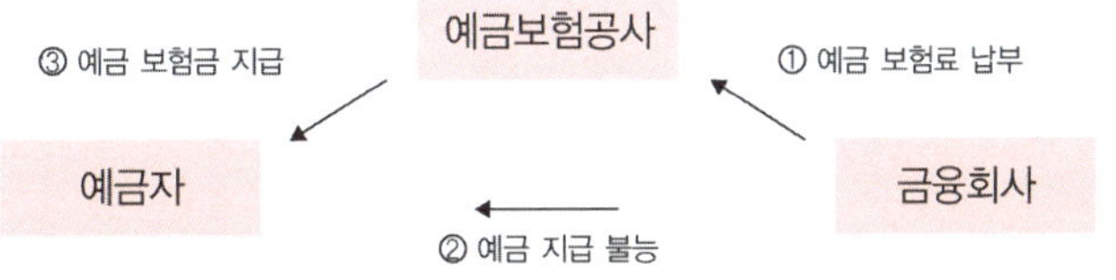

우리나라는 다른 국가와 달리 보험계약도 예금자보호제도에 의해 보호하고 있다. 따라서 예금 외에도 개인이 가입한 보험계약, 예금보호대상 금융상품으로 운용되는 확정기여형 퇴직연금(DC), 개인퇴직 계좌적립금(IRP), 은행금전신탁, CMA, 발행어음 등도 예금자보호제도에 의한 보호를 받는다.

표 1-6 예금자보호대상 금융상품

구분	예금자보호법 적용 대상	예금자보호법 미적용 대상
은　　행	예금, 적금, 원금보전형신탁, DC형연금, 개인형 퇴직연금	CD, RP, 금융투자상품, 실적배당형신탁, 은행발행채권, 주택청약종합저축
증 권 사	예탁금, 원금보전형신탁	금융투자상품(수익증권, MMF 등), 선물옵션예수금, 청약자예수금, RP, CMA, ELS, ELW, WRAP
종 금 사	발행어음, 표지어음, CMA	금융투자상품(수익증권, MMF 등), RP, CD, CP
저축은행	예금, 적금	저축은행 발행채권(후순위채권)

• 핵심요약 •

제1절 금융시장의 개요

1. 금융시장의 정의

   자금의 잉여주체와 자금의 부족주체간에 자금융통이 이루어지는 시장

2. 금융시장의 종류

   (1) 자금의 조달방법 : 직접금융시장과 간접금융시장

   (2) 자금의 공급기간 : 단기금융시장과 장기금융시장

제2절 금융상품의 개요

1. 금융투자상품의 정의

   이익을 얻거나 손실을 회피할 목적으로 현재 또는 미래 특정시점에 금전 등을 지급하기로 약정하여 취득하는 권리

2. 금융투자상품의 종류

   지분증권, 채무증권, 수익증권, 투자계약증권, 파생결합증권, 증권예탁증권

제3절 신탁상품의 개요

1. 신탁제도의 정의

   위탁자가 특정한 재산권을 수탁자에게 이전하고 수탁자로 하여금 수익자의 이익을 위해 그 재산권을 관리 · 처분하는 법률관계

2. 신탁업무의 종류

   금전신탁, 증권신탁, 동산신탁, 부동산신탁

3. 신탁회사의 특징

   (1) 신탁재산의 통일성 : 신탁재산은 신탁행위에 의해 결정

   (2) 신탁재산의 독립성 : 신탁재산은 수탁자의 고유재산과 구별

제4절 금융회사의 개요

1. 은행

   (1) 일반은행 : 시중은행, 지방은행, 외국은행 국내지점

   (2) 특수은행 : 한국산업은행, 한국수출입은행, 중소기업은행, 농협은행, 수협은행

2. 비은행금융회사 : 상호저축은행, 신용협동기구, 여신전문금융회사, 우체국
3. 금융투자회사 : 증권회사, 자산운용회사, 투자자문회사, 종합금융회사
4. 금융지주회사 : 순수지주회사, 사업지주회사
5. 보험회사 : 생명보험회사, 손해보험회사

제5절 금융유관기관

1. 한국은행 : 중앙은행 겸 발권은행으로 효율적인 통화신용정책의 수립과 집행
2. 금융감독원 : 금융기관에 대한 감사 · 감독 업무를 수행하는 감독기관
3. 한국거래소 : 유가증권의 공정한 가격형성과 안정 및 유통의 원활을 도모
4. 예금보험공사 : 준정부기관으로 보험원리를 이용하여 고객의 예금을 보호
5. 금융투자협회 : 금융기관 상호간의 업무질서 유지 및 공정한 거래를 확립
6. 여신금융협회 : 신용카드업 등 여신전문금융회사가 회원인 비영리사단법인
7. 생명보험협회 : 보험업법 제198조에 의해 생명보험회사가 회원인 사단법인
8. 손해보험협회 : 손해보험사업자의 권익보호와 신장을 위해 설립된 사단법인
9. 전국은행연합회 : 시중은행, 특수은행, 지방은행 등의 연합체
10. 신용회복위원회 : 금융채무불이행자의 경제적 재기를 지원하는 비영리사단법인

1 **다음 중 금융시장의 기능으로 가장 적절하지 않은 것은?**

① 투자수익률의 제고 ② 자원의 효율적 배분
③ 충분한 유동성 제공 ④ 정보수집비용 절감

| 해설 | 투자수익률 제고는 금융시장의 본질적인 기능보다는 부수적인 결과라고 할 수 있다.

2 **다음 중 직접금융과 간접금융에 대한 설명으로 옳지 않은 것은?**

① 직접금융은 자금공여에 따른 위험을 자금의 최종공급자가 부담한다.
② 간접금융은 금융중개기관은 직접증권을 발행하여 자금을 조달한다.
③ 직접금융은 자금대여자가 차입자가 발행한 본원적 증권을 매입하여 자금융통이 이루어진다.
④ 간접금융은 금융중개기관이 다수의 저축자를 통해 자금을 조달하므로 자금공급이 안정적이다.
⑤ 금융중개기관은 장기차입을 원하는 차입자와 단기대출을 원하는 저축자를 모두 만족시킬 수 있다.

| 해설 | 자금의 최종수요자가 발행한 주식, 회사채 등을 직접증권 또는 본원적 증권이라 하고, 금융중개기관이 발행한 예금증서, 보험증서 등을 간접증권 또는 2차적 증권이라 한다.

3 **조직화된 장소에서 거래되는가에 따라 구분한 금융시장으로 적절한 것은?**

① 장내시장과 장외시장 ② 금융시장과 자본시장
③ 발행시장과 유통시장 ④ 취급 금융기관

| 해설 | 금융거래방식은 직접금융과 간접금융으로 구분하고, 직접금융은 발행시장과 유통시장으로 구분하며, 조직화된 장소에서 거래여부에 따라 장내시장과 장외시장으로 구분한다.

4 **다음 중 금융시장에 대한 설명으로 적절하지 않은 것은?**

① 발행시장은 직접발행보다 인수기관이 증권의 발행사무를 대행하는 간접발행이 일반적이다.
② 통화시장과 자본시장은 만기 1년을 기준으로 구분한다.
③ 파생상품시장은 기초자산에 따라 주식, 주가지수, 금리, 통화, 일반상품 등으로 구분할 수 있다.
④ CD의 발행기간은 최단만기만 90일 이상으로 제한되어 있다.

| 해설 | CD는 최단만기만 30일 이상으로 제한되어 있고 최저발행금액에 대한 제한은 없다. 현재 한국수출입은행을 제외한 모든 은행이 CD를 발행할 수 있다.

5 **다음 중 통화시장에서 거래되지 않는 상품은?**

① 국민주택채권 ② 기업어음(CP)

③ 환매조건부채권(RP) ④ 양도성예금증서(CD)

| 해설 | 국민주택채권은 국민주택사업에 필요한 자금을 조달하기 위해 정부가 국회의 의결을 얻고 국토교통부장관의 요청으로 기획재정부장관이 발행한다. 국민주택채권은 1, 2종으로 나누어 발행한다. 1종 국민주택채권은 국가 또는 지방자치단체로부터 면허, 허가, 인가를 받거나 등기, 등록을 신청하는 사람이 의무적으로 매입해야 하는 5년 만기 채권이다.

6 **다음 중 만기가 가장 짧은 금융상품은?**

① 양도성예금증서(CD) ② 기업어음(CP)

③ 표지어음(cover bill) ④ 환매조건부채권(RP)

| 해설 | ① 양도성예금증서(CD)는 정기예금에 양도성을 부여한 무기명 할인식으로 발행하여 타인에게 양도가 가능하며 만기는 최소 30~270일이나 90일물이 대부분을 차지한다.

② 기업어음(CP)은 기업이 단기자금을 조달하기 위해 발행하는 융통어음으로 만기는 30일에서 1년이나 3개월 이내가 대부분을 차지한다.

③ 표지어음(cover bill)은 금융기관이 보유한 기업어음, 무역어음 등 각종 어음을 묶어 금액과 기간이 일정한 별도의 어음을 만들어서 판매한다.

④ 환매조건부채권(RP)는 금융기관이 발행기관에서 매입한 국공채 등을 근거로 발행한 채권을 일정기간 경과후 일정가격으로 환매수할 것을 조건으로 투자금액과 기간을 자유롭게 선택할 수 있는 시장금리변동형 확정금리상품에 해당한다.

7 **다음 중 양도성예금증서에 대한 설명으로 적절하지 않은 것은?**

① 만기 전에 중도해지가 불가능하다.

② 증권회사를 통해 매각하여 현금화할 수 있다.

③ 할인식 상품으로 만기 후에도 별도의 이자가 지급된다.

④ 정기예금에 양도성을 부여한 것으로 무기명식으로 발행할 수 있다.

| 해설 | 만기 후에는 별도의 이자없이 액면만 지급된다.

8 **다음 중 양도성예금증서에 대한 설명으로 적절하지 않은 것은?**

① 은행이 발행하고 금융시장에서 자유로운 매매가 가능한 무기명 정기예금이다.

② 중도해지는 불가능하나 양도가 자유로워 현금화가 쉬운 유동성이 높은 상품이다.

③ 발행대상은 제한이 없으며 이자지급식으로 거래가 이루어질 수 있다.

④ 단기금리의 기준금리로 변동금리채권이나 선물 및 옵션시장의 기준금리로 활용된다.

| 해설 | 양도성예금증서는 이자지급식이 아니라 할인금액으로 거래가 이루어진다.

9 **다음 중 양도성예금증서에 대한 설명으로 적절하지 않은 것은?**

① 무기명 할인식으로 발행한다.

② 액면금액 기준 2천만원 이상으로 한다.

③ 만기일은 30일 이상으로 한다.

④ 만기 후에 이자를 지급하지 않는다.

| 해설 | 양도성예금증서는 액면금액 기준 1천만원 이상으로 한다.

10 **다음 중 양도성예금증서에 대한 설명으로 적절하지 않은 것은?**

① 공휴일을 만기일로 산정할 수 없다.

② 할인매출액(고객이 지급하는 금액)은 액면금액−할인액이다.

③ 할인액은 액면금액×연이율×기간(일수)÷365이다.

④ 원천징수는 신규시 할인액에 대해 공제하고 액면가를 산정한다.

| 해설 | 원천징수는 만기가 되어 지급청구시 할인액에 대해 원천징수해야 한다.

11 **다음 중 양도성예금증서(CD), 표지어음, 환매조건부채권(RP)에 대한 설명으로 적절하지 않은 것은?**

① CD, 표지어음, RP 모두 거래대상에 제한이 없다.

② 모든 상품이 액면금액 기준 1천만원 이상이다.

③ 표지어음은 무기명 할인식 형태로 발행된다.

④ 중도환매가 불가능한 것은 양도성예금증서와 표지어음이다.

| 해설 | 양도성예금증서는 무기명 할인식 형태로 발행된다.

12 **다음 중 환매조건부채권(RP)에 대한 설명으로 적절하지 않은 것은?**

① 환매수기간의 제한은 없지만 일반적으로 15일 이상 1년이다.

② 예금자보호대상이 아니다.

③ 매도금액의 제한은 없다.

④ 채권을 일정기간 후에 일정가액으로 환매도할 것을 조건으로 매수한다.

| 해설 | 채권을 일정기간 후에 일정가액으로 환매수할 것을 조건으로 매도한다.

13 **다음 중 MMF의 자금운용에 대한 설명으로 적절하지 않은 것은?**

① 장부가액으로 평가한다.

② 채권은 AA 이상, CP는 A2 이상의 등급에만 투자해야 한다.

③ 펀드 전체의 가중평균잔존만기를 6개월 이내로 운용해야 한다.

④ CD는 6개월, 국채는 5년, 기타 채권 및 어음은 1년 이내로 운용해야 한다.

| 해설 | 가중평균잔존만기를 75일 이내로 운용해야 한다.

14 **다음 중 금융투자상품에 대한 설명으로 적절하지 않은 것은?**

① 원본손실가능성이 있는 상품이다.

② 관리신탁의 수익권은 금융투자상품이다.

③ 원화표시 양도성예금증서는 비금융투자상품이다.

④ 원본대비 손실비율의 정도에 따라 증권과 파생상품으로 구분한다.

| 해설 | 자본시장법에서 관리신탁의 수익권은 금융투자상품에서 제외한다.

15 **다음 중 금융투자상품에 대한 설명으로 적절하지 않은 것은?**

① 투자성(원본손실가능성)이 있어야 한다.

② 이익획득 및 손실회피의 목적이 있어야 한다.

③ 현재 또는 장래에 금전을 이전하기로 약정하여 갖게 되는 권리이다.

④ 투자한 원본금액이 회수금액을 초과할 가능성이 없어야 한다.

| 해설 | 금융투자상품은 투자한 원본금액이 회수금액을 초과할 위험(투자성)이 있어야 한다.

16 **다음 중 자본시장법에서 금융상품을 금융투자상품과 비금융투자상품으로 구분하는 기준으로 적합한 것은?**

① 원본손실가능성　　② 원본초과손실가능성

③ 정형화된 시장에서 거래여부　　④ 취급 금융기관

| 해설 | 원본손실가능성에 따라 금융투자상품과 비금융투자상품으로 구분하고, 금융투자상품은 원본초과손실가능성에 따라 증권과 파생상품으로 구분하며, 정형화된 시장거래 여부에 따라 장내파생상품과 장외파생상품으로 구분한다.

17 다음 중 자본시장법의 금융투자상품에 해당하는 것은?

① 원화표시 양도성예금증서 ② 관리신탁 수익권

③ 주식매수선택권 ④ 수익증권

| 해설 | 원화표시 양도성예금증서, 관리신탁 수익권, 주식매수선택권은 비금융투자상품이다.

18 다음 중 비은행 예금취급기관에 해당하지 않은 금융기관은?

① 신용협동기구 ② 우체국예금

③ 상호저축은행 ④ 농업협동조합중앙회

| 해설 | 농업협동조합중앙회는 은행에 속한다.

19 다음 중 투자매매업자의 업무에 해당하지 않은 것은?

① 금융투자상품의 매도 ② 증권의 발행

③ 투자자문 ④ 증권의 인수

| 해설 | 투자매매업자는 자기의 계산으로 금융투자상품의 매수 · 매도, 증권의 발행 및 인수, 청약의 권유, 청약, 청약의 승낙을 영업으로 하는 금융투자업자를 말한다.

20 다음 중 투자자문업과 투자일임업에 대한 설명으로 적절하지 않은 것은?

① 투자자문업은 금융투자상품의 가치나 투자판단을 자문하는 업무이다.

② 투자일임업은 투자자로부터 금융투자상품에 관한 투자판단의 전부 또는 일부를 일임받아 투자자의 재산상태나 투자목적 등을 고려하여 운용한다.

③ 업무영위를 위해서는 금융위원회 인가를 받아야 하고, 일정 수의 투자권유자문 인력 또는 운용전문인력을 확보해야 한다.

④ 금융투자업을 등록하지 않고 업무를 영위한 자는 3년 이하의 징역 또는 1억원 이하의 벌금에 처할 수 있다.

| 해설 | 투자자문업과 투자일임업은 인가가 아닌 등록만으로 가능하다.

21 다음 중 특수은행에 속하지 않은 은행은?

① 농업협동조합중앙회 신용사업부문 ② 산업은행

③ 국민은행 ④ 기업은행

| 해설 | 요구불예금은 일반은행에서 취급하고 있는 상품에 해당한다.

22 **다음 중 신용협동기구에 속하지 않은 금융회사는?**

① 신용협동조합 ② 새마을금고
③ 우체국예금 ④ 농협단위조합

| 해설 | 신용협동기구에는 신용협동조합, 새마을금고, 농협 · 수협단위조합 등이 포함된다.

23 **다음 중 금융회사에 대한 설명으로 적절하지 않은 것은?**

① 여신전문금융회사는 수신기능 없이 여신업무만 취급한다.
② 벤처캐피탈회사는 고수익, 고위험사업을 시작하는 기업에 투자자금을 공급한다.
③ 금융지주회사는 금융업과 관련없는 회사를 지배하는 것이 가능하다.
④ 대부업자는 소액자금을 신용도가 낮은 소비자에게 대부하거나 중개한다.

| 해설 | 금융지주회사는 주식 또는 지분을 통해 금융관련 회사를 지배하며 비금융회사는 지배할 수 없다. 일반지주회사와 공정거래법 외에 금융지주회사법의 규율도 받는다.

24 **다음 중 예금자보호대상상품에 해당되는 것은?**

① MMF ② CD ③ MMDA ④ RP

| 해설 | MMDA는 예금자보호대상상품이고, 나머지는 예금자비보호대상상품이다.

25 **다음 중 은행의 금융상품에 대한 설명으로 적절하지 않은 것은?**

① ELD는 예금자보호대상이다.
② MMDA는 MMF와 CMA와 경쟁상품으로 실적배당상품이다.
③ 양도성예금증서(CD)는 증서 만기 이전에 중도해지가 불가능하다.
④ 주택청약종합저축은 주택의 소유여부에 관계없이 1인 1계좌만 가능하다.

| 해설 | MMDA는 예치금액에 따라 금리를 차등하는 확정금리상품이다.

26 **다음 중 원금비보장상품에 해당하는 것은?**

① 정기예금 ② 금리연동형보험
③ 이율보증형보험 ④ 채권형펀드

| 해설 | 정기예금, 금리연동형보험, 이율보증형보험, 원리금보장 ELS는 모두 원금보장상품이다. 그러나 채권형펀드는 실적배당상품이다.

27 **다음 중 공개시장조작을 통해 중앙은행이 통제하려는 경제변수는?**

① 국내자산 ② 국내부채

③ 적자재정의 폭 ④ 본원통화

⑤ 재할인율

| 해설 | 중앙은행의 금융정책의 수단에서 양적 금융정책은 정책효과가 경제의 모든 분야에 골고루 미치고, 질적 금융정책은 정책효과가 특정 부문에 미친다. 여기서 공개시장정책은 국공채의 매입 또는 매도를 통해 본원통화를 변경시켜 통화량을 조절하려는 정책을 말한다.

28 **다음 중 중앙은행이 재할인율조정을 통해 정책목표를 달성하고자 할 경우에 그 효과를 제대로 발휘하기 어려운 경우는?**

① 민간이 더 많은 정부증권을 보유하고자 할 때

② 시중은행의 신용창조액이 극히 많을 경우

③ 시중은행이 대량의 시재금을 보유하고 있을 때

④ 시중은행에 대한 중앙은행의 통제력이 약할 때

| 해설 | 예금은행들이 충분할 정도의 초과지급준비금을 보유하고 있다면 재할인율에 관계없이 중앙은행에서 차입하지 않을 것이다.

29 **다음 중 중앙은행이 구사할 수 있는 확대통화정책의 조합은?**

① 국공채 매입, 지급준비율 인상, 재할인율 인상

② 국공채 매각, 지급준비율 인상, 재할인율 인상

③ 국공채 매입, 지급준비율 인하, 재할인율 인하

④ 국공채 매각, 지급준비율 인하, 재할인율 인하

| 해설 | 확장적인 통화정책방법에는 공개시장에서 국공채 매입, 지급준비율 인하, 재할인율 인하가 있다. 이러한 세 가지 수단이 동시에 실시될 경우 확장적인 효과가 크게 나타난다.

30 **다음 중 중앙은행이 구사할 수 있는 긴축통화정책의 조합은?**

① 국공채 매입, 지급준비율 인상, 재할인율 인상

② 국공채 매각, 지급준비율 인상, 재할인율 인상

③ 국공채 매입, 지급준비율 인하, 재할인율 인하

④ 국공채 매각, 지급준비율 인하, 재할인율 인하

| 해설 | 긴축적인 통화정책방법에는 공개시장에서 국공채 매각, 지급준비율 인상, 재할인율 인상이 있다. 이러한 세 가지 수단이 동시에 실시될 경우 긴축적인 효과가 크게 나타난다.

정답

1.①	2.②	3.①	4.④	5.①	6.①	7.③	8.③	9.②	10.④
11.③	12.④	13.③	14.②	15.④	16.①	17.④	18.④	19.③	20.③
21.③	22.③	23.③	24.③	25.②	26.④	27.④	28.③	29.③	30.②

C·h·a·p·t·e·r 02

주식시장의 개요

자본시장은 주식회사와 공공단체 등이 발행한 증권이 처음으로 투자자들에게 매각되는 발행시장과 이미 발행된 증권이 투자자들 상호간에 매매되는 유통시장으로 이루어져 있다. 따라서 발행시장은 발행된 증권이 유통시장에서 활발하게 매매될 수 있어야 하고, 유통시장은 발행시장의 존재를 전제로 하여 성립한다.

제1절 주식의 발행시장

1. 발행시장의 정의

발행시장은 증권의 발행자가 증권을 발행하고 투자자가 이를 매수하여 자본의 수요자인 발행자에 의해 신규로 발행된 증권이 일반투자자, 기관투자자, 외국인투자자에게 매각됨으로써 자본이 투자자로부터 발행자에게 이전되는 추상적 시장으로 최초로 증권이 발행되어 1차 시장(primary market)이라고도 한다.

이러한 발행시장의 기능은 경제적인 관점에서 볼 때 기업이나 공공단체의 소요자금이 증권화되는 과정이며, 투자자들이 가지고 있는 단기자금이 기업이나 공공단체가 필요로 하는 장기자본으로 전환되는 식섭금융(directing financing)의 과정이다. 발행시장은 원칙적으로 증권발행자의 자본조달시장에 해당한다.

그러나 광의로 보면 주식이 무상교부되거나 국공채가 일시적 급부금을 대신하여 발행되는 증권교부시장 그리고 전환증권의 전환권이 행사될 경우와 주식분할 또는 주식합병으로 인해 증권이 상호교환될 때 형성되는 증권교환시장도 발행시장에 포함된다. 따라서 발행시장은 증권을 모집하고 매출하는 시장이다.

2. 증권의 발행방법

증권의 발행은 자금의 수요자인 발행자가 증권을 소화시키는 모집방법에 따라서 공모발행과 사모발행, 발행위험의 부담과 발행사무의 절차를 어떻게 정하느냐에 따라서 직접발행과 간접발행으로 구분한다. 여기서 발행위험은 발행된 증권이 투자자에게 완전히 매각되지 않고 잔여증권이 존재할 가능성을 말한다.

(1) 공모발행과 사모발행

공모발행은 증권의 발행자가 일반투자자에게 발행가격과 발행시점 등을 균일한 조건으로 하여 증권을 공개적으로 모집·매출하는 방법을 말한다. 공모발행은 발행증권에 대한 매점을 방지하고 투자자들을 분산시킨다는 점에서 바람직한 반면에 발행위험도 크고 사무절차도 복잡하다.

공모발행에서 모집은 50인 이상의 투자자에게 최초로 발행되는 증권의 취득을 위한 청약을 권유하는 행위를 말하고, 매출은 50인 이상의 투자자에게 이미 발행된 증권의 매도나 매수의 청약을 권유하는 행위를 말한다. 그러나 전문투자자나 특정연고자는 50인 산정에서 제외한다.

사모발행은 발행자가 특정 개인이나 은행, 보험회사, 증권회사 등 기관투자가에게 증권을 발행하며 비공개모집발행 또는 직접모집발행이라고도 한다. 사모발행은 발행자의 경비를 절감시키고 단기간에 모집할 수 있는 장점이 있으나 공모발행에 비해 증권발행의 소화능력에 한계가 있다.

(2) 직접발행과 간접발행

직접발행은 증권의 발행주체가 발행위험과 발행업무를 직접 담당하면서 일반투자자에게 증권을 발행하는 것으로 직접모집 또는 자기모집이라고 한다. 은행, 증권회사와 같은 금융기관은 모집능력이 충분하거나 발행규모가 상대적으로 적어 발행위험과 발행업무가 간단한 경우에 이용이 가능하다.

직접발행은 증권발행의 비전문기관인 발행자가 직접 대규모의 복잡한 증권발행의 사무를 담당하기가 매우 어렵고 발행위험도 높아 현실성이 희박한 증권발행의 방법이다. 그리고 응모총액이 발행총액에 미달될 때 이사회의 결의에 의해 잔량을 처리하며 인수능력이 없으면 발행 자체가 성립하지 않는다.

간접발행은 증권의 발행자가 모집·매출을 직접 담당하는 것이 아니라 증권발행의 전문기관인 은행, 증권회사 등의 발행기관을 중개자로 개입시켜 증권발행의 구체적인 업무를 담당하도록 하는 간접적인 증권발행의 방법을 말한다. 그리고 발행기관의 인수비용이나 매출비용은 증권의 발행자가 부담한다.

간접발행은 증권발행시 금융사정에 정통한 증권관계기관을 중개자로 활용하여 증권발행업무를 원활하게 처리하고 중개자의 신용을 이용하여 증권을 확실하게 발행할 수 있다는 장점이 있다. 간접발행은 발행위험의 소재 및 발행위험의 부담정도에 따라 위탁모집, 잔액인수, 총액인수의 방법으로 분류된다.

① 위탁모집

위탁모집은 증권발행의 업무를 발행기관에 위탁시키고 발행위험은 발행자가 부담하는 방법으로 모집주선이라고도 한다. 즉 증권발행에 대한 전문지식을 갖고 있는 발행기관이 발행사무를 시장상황에 맞추어 신속히 처리하고, 매출하지 못한 증권이 있으면 발행자에게 반환시켜 발행위험을 발행자가 부담한다.

② 잔액인수

잔액인수는 발행기관이 발행자로부터 위탁받은 증권의 발행사무를 담당하고 모집기간에 소화시키지 못한 증권의 잔량이 있으면 그 잔량을 발행기관이 인수하는 방법으로 청부모집이라고도 한다. 발행자의 입장에서 잔액인수는 잔액인수계약이 성립하는 시점부터 사실상 모집이 달성된 것이나 다름이 없다.

③ 총액인수

총액인수는 발행기관이 증권발행의 모든 위험을 부담하고 발행증권의 전부를 자기의 명의로 인수하여 증권의 발행사무를 담당하는 방법으로 매입인수라고도 한다. 한편 총액인수는 인수에 필요한 많은 자금을 인수기관이 부담해야 하고 발행위험도 높기 때문에 인수기관은 인수단을 조직하는 것이 일반적이다.

3. 발행시장의 구조

증권의 직접발행과 간접발행이 이루어지는 발행시장은 발행자, 발행기관, 투자자로 구성된다. [그림 2-1]에 제시된 것처럼 증권의 발행이 중개기관을 거치지 않고 발행자와 투자자간에 직접 이루어지는 경우도 있지만, 대부분은 발행자와 투자자 간에 전문기관인 발행기관이 개입되는 간접발행으로 이루어진다.

┃그림 2-1┃ 발행시장의 구조

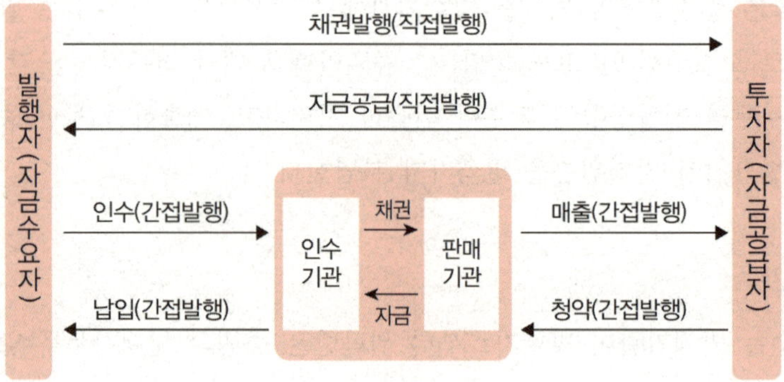

증권의 발행주체는 경영활동에 필요한 부족자금을 조달하기 위해 주식과 채권을 공급하는 주체에 해당된다. 따라서 주식이나 회사채를 발행하는 주식회사, 국채를 발행하는 국가, 지방채를 발행하는 지방자치단체, 특수채를 발행하는 특수법인 그리고 금융채를 발행하는 특수은행 등은 모두 증권의 발행주체가 된다.

발행기관은 발행자와 투자자의 중간에서 발행자를 위해 인수단을 구성하고 발행업무와 발행위험을 대행하는 기관을 말한다. 인수단은 발행증권을 발행자로부터 인수하는 기능을 담당하는 기관으로 은행, 증권회사 등이 이에 속한다. 인수단은 발행증권을 대량으로 인수하여 이를 청약기관에 도매하는 기능을 수행한다.

청약기관은 인수단으로부터 취득한 증권을 일반투자자에게 직접 판매하는 기관을 말한다. 그러나 인수단과는 달리 매출하지 못한 잔여증권이 있을 경우에도 이를 인수할 의무가 없어 인수위험을 부담하지 않고 불특정투자자를 모집하여 청약업무만을 대행하는 기관으로 투자매매업자·투자중개업자가 그 기능을 담당한다.

일반투자자는 개인의 자격으로 자산을 증식하거나 또는 기업을 지배할 목적으로 주식이나 채권에 투자하는 자연인을 말한다. 기관투자가는 은행, 증권회사, 보험회사, 연금기금 등과 같이 법인을 구성하는 투자기관으로 증권투자에 대한 전문적인 지식을 갖추고 투자규모도 방대하여 증권시장에 미치는 영향은 지대하다.

제2절 주식의 유통시장

1. 유통시장의 정의

유통시장은 발행시장을 통해 발행된 증권이 투자자들 상호간에 매매되는 구체적 시장으로 2차 시장(secondary market)이라고 한다. 유통시장에서 거래가 활발하면 발행시장에서 수요가 촉진되고, 발행시장에서 많은 증권이 발행되면 유통시장에서 투자자의 투자기회가 확대되어 유통시장과 발행시장은 상호보완관계에 있다.

2. 유통시장의 기능

유통시장은 발행된 유가증권의 시장성과 유통성을 높여 일반투자자의 투자를 촉진시켜 발행시장에서 장기자본조달을 원활하게 해 주고, 유통시장에 의한 유가증권의 시장성과 유통성은 적정가격으로 유가증권을 처분하여 현금화할 수 있기 때문에 유가증권에 대한 담보력을 높여주고 유가증권을 담보로 한 차입이 용이하다.

유통시장은 금융투자회사의 중개에 의해 성립되는 시장으로 다수의 매도자와 다수의 매수자에 의해 거래가 이루어지는 자유경쟁시장이므로 여기에서 형성되는 주식이나 채권의 가격은 공정한 시장가격이라 할 수 있다. 또한 유통시장에서 형성된 가격은 발행시장에서 유가증권의 가격을 결정하는 기능을 한다.

유통시장이 이러한 기능을 수행하기 위해서는 우선 거래대상이 되는 증권의 발행물량이 많아야 한다. 또한 발행된 증권이 다수의 투자자에게 분산소유되어야 하며, 증권의 매매와 유통에 아무런 제약이 없어야 하는 등의 요건을 구비해야 한다. 흔히 유통시장이라고 하면 한국거래소만을 의미하는 경우가 많다.

그러나 유통시장은 한국거래소와 장외시장으로 구분된다. 한국거래소는 지정된 일정한 건물을 점하고 있으며, 증권의 계속적이고 조직적인 매매거래를 수행하는 시장이다. 한국거래소에서 매매되는 증권은 반드시 상장증권이어야 하며, 경쟁매매를 원칙으로 일정한 매매거래제도에 따라 증권거래가 이루어진다.

유통시장과 관계되는 기관에는 증권의 매매거래가 집중되는 시장으로 구체적 거래장소인 한국거래소, 증권매매를 직접 담당하는 거래원(증권회사), 증권의 대체결제를 담당하는 대체결제회사, 증권의 유통금융을 담당하는 증권금융회사, 증권의 거래원(증권회사)들의 모임으로 자율규제조직인 증권업협회가 있다.

3. 유통시장의 구조

유통시장은 이미 발행된 유가증권이 투자자들 상호간에 거래되는 시장으로 장내시장과 장외시장으로 구분된다. 한국거래소가 개설하는 거래소시장은 유가증권시장, 코스닥시장, 파생상품시장으로 분리하여 운영되며, 장외시장에는 금융투자협회가 운영하는 프리보드시장과 금융투자회사가 운영하는 점두시장이 있다.

(1) 장내시장

장내시장은 일정 장소에서 일정 시간에 계속적으로 상장증권 및 장내파생상품의 주문이 집중되어 일정한 매매제도에 따라 조직적으로 매매거래가 이루어져 공정한 가격형성, 거래질서의 안정, 유통의 원활화를 위해 한국거래소가 개설하는 시장을 말한다. 장내시장에는 유가증권시장, 코스닥시장, 파생상품시장이 있다.

① 유가증권시장

유가증권시장은 유가증권의 공정한 가격형성과 투자자 보호를 위해 수익성, 안정성, 성장성을 갖춘 기업이 많이 상장되어 투자자들이 믿고 투자할 수 있으며 상장법인은 투자자의 투자판단에 필요한 기업정보를 신속히 공시하도록 하며 공시된 정보는 전자공시시스템을 통해 투자자들이 실시간으로 접근할 수 있다.

유가증권시장에 상장하고자 하는 기업은 자기자본이 100억원 이상, 상장주식수가 100만주 이상, 최근사업년도 300억원 이상 매출액 등의 상장요건을 충족해야 한다. 한국거래소는 상장유가증권의 상장요건 충족여부 및 기업내용의 적시공시 실시여부를 관찰하여 관리종목으로 지정한 후 상장을 폐지할 수 있다.

② 코스닥시장

코스닥시장은 유망 중소기업, 성장성이 높은 벤처기업의 자본조달기회를 제공하기 위해 설립된 한국거래소가 운영하는 증권시장으로 미국의 나스닥시장을 벤치마킹한 시장이다. 처음에는 증권업협회가 개설하여 운영해 왔으나 2005년부터 한국거래소가 통합하여 운영하고 있는 체계적이고 조직적인 시장이다.

코스닥시장은 소규모이나 성장잠재력이 높은 벤처기업이나 유망 중소기업의 자금조달이 가능하고, 유가증권시장과 별도로 운영되는 독립된 시장이다. 또한 우량기업의 발굴에 금융투자업자의 역할과 책임이 중시되고, 높은 가격변동성으로 고위험·고수익 현상으로 투자자의 자기책임원칙이 중요한 시장이다.

③ 코넥스시장

코넥스(KONEX : Korea New Exchange)시장은 자본시장을 통한 초기 중소기업 지원을 강화하여 창조경제 생태계 기반을 조성하기 위해 2013년 7월 1일에 개설한 중소기업전용 주식시장으로 성장가능성은 있지만 기존의 유가증권시장이나 코스닥시장에 상장하기에는 규모가 작은 창업 초반기 중소기업의 주식을 거래한다.

현재 중소기업의 자금조달 현황을 살펴보면 대부분 은행대출에 편중되어 있고, 주식발행을 통한 자금조달은 매우 낮은 수준이다. 또한 코스닥시장은 투자자 보호를 위한 상장요건 강화로 성숙단계의 시장으로 변모하여 초기 중소기업은 진입이 어렵게 되면서 초기 중소기업 특성을 반영한 코넥스시장을 개설하게 되었다.

(2) 장외시장

K−OTC시장은 유가증권시장과 코스닥시장에 상장되지 않은 비상장주식의 매매를 위해 기존의 장외시장인 프리보드가 2014년 8월 K−OTC로 확대·개편되면서 금융투자협회가 K−OTC에서 거래할 수 있는 기업을 지정하는 임의지정제도가 도입되어 자본시장법에 따라 개설·운영하는 장외주식시장을 뜻한다.

K−OTC시장은 비상장 벤처기업, 이노비즈(Inno−Biz) 등 혁신형 중소기업의 직접금융 기회를 제공하고, 비상장주식 또는 상장이 폐지된 주식에 유동성을 부여한다. 벤처기업의 육성 및 투자회사에 초기투자자금 회수기회를 제공하며, 코스닥시장 상장 이전에 투자할 수 있는 다양한 투자수단을 제공한다.

▌표 2-1▐ 유통시장의 구조

구분		내용
장내시장	유가증권시장	지분증권, 채무증권, 수익증권, 파생결합증권, 증권예탁증권 등의 매매를 위해 개설하는 시장
	코스닥시장	유가증권시장에 상장되지 않은 주권 및 채권의 매매를 위해 개설하는 시장
	코넥스시장	유가증권시장과 코스닥시장에 상장되지 않은 벤처기업과 중소기업의 자금조달을 위해 개설하는 시장
장외시장		장내시장에 상장되지 않은 주권의 매매거래를 위해 금융투자협회가 운영하는 시장

4. 매매거래제도

(1) 매매거래의 위탁

한국거래소에서 증권거래는 대량의 거래가 신속하게 이루어질 수 있도록 거래원(증권회사)만이 직접 참여하여 일정한 준칙에 따라 수행하도록 되어 있다. 거래소의 매매거래에 참가할 수 있는 자는 금융투자업의 허가를 받은 금융투자(증권)회사인 거래소 회원사에 한정되어 있어 일반투자자는 직접 참가할 수 없다.

① 매매계좌의 개설

투자자가 증권시장에서 증권거래를 하려면 증권회사에 매매거래계좌를 개설하고, 동 계좌를 개설한 증권회사를 통해 주문을 내야 한다. 주문을 직접 낼 수 있는 자는 한국거래소의 회원사에 한정된다. 비회원사는 회원사를 통해 주문을 내야 하고 외국인투자자는 금융감독원 외국인 한도 관리시스템을 경유해야 한다.

② 매매거래의 수탁

매매거래의 위탁방법은 문서, 전화, 전자통신으로 가능하다. 그러나 금지되는 공매도, 공매도 호가의 가격제한에 해당하는 매도주문, 불공정거래에 해당하는 주문은 투자자 보호 또는 증권시장 거래질서 안정을 위해 회원이 수탁을 거부할 수 있다. 회원이 매매거래를 위탁받은 경우에 고객주문정보를 이용할 수 없다.

③ 위탁증거금 징수

위탁증거금은 결제이행을 위한 담보를 확보하여 원활한 결제를 통한 거래의 안정을 도모하는 제도로서 매수는 현금, 매도는 현금이나 당해증권을 증거금으로 징수한다. 위탁증거금은 현금에 갈음하여 대용증권으로 납부가 가능하고, 회원은 대용증권의 가치를 감안하여 사정비율 내에서 비율을 변경할 수 있다.

④ 위탁수수료 징수

고객이 증권회사에 위탁하여 증권을 매매했을 때 지불하는 위탁수수료의 징수율과 징수방법은 증권회사가 자율로 결정하고, 이를 변경하는 경우 매매일 5일 이내에 한국거래소에 보고하고 투자자에게 공표해야 한다. 위탁증거금은 대용증권으로 납부가 가능하고, 대용증권 및 가격은 한국거래소가 결정한다.

⑤ 매매체결의 통보

증권회사가 거래소에 제출된 주문은 거래소가 정한 업무규정에 관한 원칙에 따라 체결되며, 거래소는 체결결과를 회원에게 통보하고 회원은 고객에게 통지해야 한다. 투자자는 체결분에 대해 체결일 기준 3일후까지 위탁증권회사에 매수대금 또는 매도증권을 납부하고 거래소를 통해 결제하면 매매거래가 완료된다.

⑥ 신의성실의 의무

한국거래소의 회원인 금융투자회사는 투자자의 주문을 수탁하는 데 있어서 선량한 관리자의 주의의무 등 투자자를 보호하기 위해 최선을 다해야 한다. 특히 주가나 거래량의 급격한 변화 등 이상매매의 징후 또는 현상이 발생하면 투자자를 보호하기 위해 투자위험의 고지 등의 필요한 조치를 즉각 취해야 한다.

⑦ 고객주문정보 이용금지

금융투자회사는 투자자로부터 매매거래의 위탁을 받은 경우 매매거래를 실행하기 전에 고객의 주문정보를 이용하여 직접 또는 간접적으로 이해관계자의 계산으로 거래해서는 안 된다. 이는 투자매매업과 투자중개업을 수행하는 금융투자회사가 고객에 대한 선량한 관리자의 의무를 충실히 수행해야 하기 때문이다.

(2) 매매거래의 방법

1) 매매거래의 시간

주식시장은 월요일부터 금요일까지 오전 9시에 개장하여 오후 3시 30분에 폐장한다. 투자자들은 오전 8시부터 주문을 낼 수 있고 단일가매매방식으로 오전 9시에 시가(始價)가 결정된다. 그 이후 접속매매방식으로 오후 3시 20분까지 거래되다 단일가매매방식으로 전환되어 오후 3시 30분에 종가(終價)가 결정된다.

표 2-2 증권시장의 매매거래시간 및 호가접수시간

구분		매매거래시간	호가접수시간
정규시장		09:00~15:30	08:00~15:30
시간외시장	장개시 전	07:30~08:30	07:30~09:00
	장종료 후	15:40~18:00	15:30~18:00

2) 매매거래의 단위

다양한 종류의 증권을 대량으로 거래하려면 거래방식, 계약체결방법, 거래단위 등에 대해 일정한 규칙이 있어야 한다. 매매거래의 단위는 호가가격단위와 매매수량단위로 구분된다. 호가는 증권시장에서 매매하고자 하는 증권의 종목별로 가격과 수량을 거래상대방에게 제시하여 거래를 체결하기 의사표시를 말한다.

호가가격단위는 가격표시의 최소단위를 말하며 한국거래소는 원활한 주식거래를 위해 주가수준에 따라 호가가격단위를 정하고 있다. 유가증권시장에서는 증권의 가격대를 7단계로 구분하여 각 단계별 호가가격단위를 지정하고 있다. 코스닥시장은 유가증권시장과 다른 호가수량단위와 호가가격단위를 채택하고 있다.

표 2-3 유가증권시장의 호가가격단위

구분	단위	최소 스프레드 비율
1,000원 이하	1원	0.1% 이상
1,000원~5,000원	5원	0.1~0.5%
5,000원~10,000원	10원	0.2~0.1%
10,000원~50,000원	50원	0.5~0.1%

50,000원~100,000원	100원	0.2~0.1%
100,000원~500,000원	500원	0.5~0.1%
500,000원 이상	1,000원	0.2% 이하

매매수량단위는 증권을 효율적으로 거래하기 위한 최소한의 매매단위를 말한다. 우리나라는 10만원 미만의 주식은 10주, 10만원 이상의 주식은 1주, 채권은 액면가액 10만원 단위로 한다. 단주(odd lot)는 매매수량단위에 미달하는 주식으로 증권회사가 직접 거래의 상대방이 되어 당일 종가로 매매를 성립시킨다.

| 표 2-4 | 유가증권시장의 매매수량단위

구분	매매수량단위	비고
주 식	1주	2014. 6. 2 도입
상장지수증권	1주	2002. 9.30 도입
신주인수권증권	1증권	2009. 8. 3 개정
신주인수권증서	1증서	2009. 8. 3 개정
주식워런트증권	10증권	2005. 8.26 도입
수 익 증 권	1좌	2014. 6. 2 도입

3) 거래주문의 유형

투자자가 금융투자회사에 증권의 매매거래를 위탁할 경우에 내는 주문에는 매수, 매도, 정정, 취소 4가지 종류가 있다. 주식시장에서 매수주문과 매도주문시 가격을 지정하는 방법에는 크게 지정가주문과 시장가주문이 있다. 또한 조건부지정가주문, 최유리지정가주문, 최우선지정가주문, 목표가주문 등도 있다.

① 지정가주문

지정가주문은 가장 기본적인 매매주문의 형태로 매매체결 여부보다 가격을 우선 생각하고 내는 주문이다. 따라서 투자자가 매매를 원하는 종목의 수량 및 가격을 지정하여 주문하는 방법으로 투자자가 지정한 가격보다 불리한 가격으로 체결되지 않는 장점이 있지만 매매체결이 되지 않을 수도 있다는 단점이 있다.

② 시장가주문

시장가주문은 매매를 원하는 종목과 수량을 지정하고 가격은 지정하지 않아 현 시점에서 가장 유리한 가격조건이나 시장에서 형성되는 가격으로 매매거래를 하는 방법으로 매매거래가 신속히 이루어지는 장점이 있는 반면에 원하지 않은 가격에 매매가 체결될 수 있고 가격이 급등락할 우려가 있다는 단점이 있다.

③ 조건부지정가주문

조건부지정가주문은 정규매매시간(09:00~15:20)에 지정가주문으로 시장에 참여하다 지정가에 매매체결이 되지 않으면 장 마감전 10분간 단일가매매시간에 시장가로 전환되는 주문을 말하며, 장중에는 지정가주문의 가격보장기능을 유지하다 장종료 전까지 체결이 안 되면 시장가주문으로 전환되어 환금성이 제고된다.

④ 최유리지정가주문

최유리지정가주문은 상대방향의 최유리가격으로 지정되는 주문으로 매도는 가장 높은 매수호가의 가격, 매수는 가장 낮은 매도호가의 가격으로 주문한다. 최우선지정가는 동일방향의 최우선가격으로 지정되는 주문으로 매도의 경우 가장 낮은 매도호가의 가격, 매수의 경우 가장 높은 매수호가의 가격으로 주문한다.

⑤ 최우선지정가주문

최우선지정가주문은 주문의 접수시점에 자기주문방향의 최우선호가가격으로 가격을 지정한다. 최유리지정가주문과 마찬가지로 수량과 종목은 지정하되 가격은 매도호가의 경우 가장 낮은 매도호가의 가격, 매수호가의 경우 가장 높은 매수호가의 가격으로 지정한 것으로 보아 매매거래를 하고자 하는 주문을 말한다.

⑥ 목표가주문

목표가주문은 투자자가 목표로 하는 가격에 최대한 근접하여 체결될수록 회원이 재량으로 당해 주문을 장중에 여러 차례 분할하여 호가하는 형태의 주문을 말한다. 따라서 주문의 접수시점에서는 가격이 결정되지 않고 장 종료 이후 결정될 가격으로 거래를 원하는 경우에 기관투자가나 물량이 많은 경우에 사용한다.

(3) 매매계약의 체결

1) 체결방법의 유형

매매계약의 체결방법에는 다수의 매도자와 매수자간에 매매거래가 이루어지는 경쟁매매, 단일의 매도자와 매수자간에 매매거래가 이루어지는 상대매매, 단일의 매도자 또는 매수자와 복수의 매수자 또는 매도자간에 매매거래가 이루어지는 경매 또는 입찰매매가 있다. 우리나라는 경쟁매매를 채택하고 있다.

2) 경쟁매매의 구분

집단경쟁매매는 일정한 시각과 일정한 장소에 매도측과 회원의 시장대리인이 모여 직원의 리드에 따라 각 시장대리인에 공개적으로 손짓 및 발성에 의해 가격과 수량의 경합을 거쳐 매매계약을 체결하는 방법으로 격탁매매라고도 부른다. 개별경쟁매매에는 단일가격 또는 복수가격에 의한 경쟁매매가 있다.

3) 경쟁매매의 원칙

한국거래소는 공정한 주식거래와 합리적인 주식의 가격결정을 위해 몇 가지 주식매매체결의 원칙을 세워두고 있다. 우리나라 증권시장에서 적용되는 매매거래의 체결원칙은 가격우선의 원칙, 시간우선의 원칙, 수량우선의 원칙, 위탁우선의 원칙을 순차적으로 적용하여 매도자와 매수자간에 거래를 체결시킨다.

① 가격우선의 원칙

매수호가는 가격이 높은 호가가 우선하고, 매도호가는 가격이 가장 낮은 호가가 우선한다. 즉 고가의 매수호가는 저가의 매수호가에 우선하고, 저가의 매도호가는 고가의 매도호가에 우선하여 체결된다. 시장가호가는 지정가호가에 가격에서 우선한다. 단, 시장가매도호가와 하한가매도호가는 동일호가로 본다.

② 시간우선의 원칙

복수가격에 의한 접속매매에서 동일한 가격호가에 대해서는 시간적으로 먼저 접수된 호가가 우선한다는 원칙으로 가격우선의 원칙에 의해 주문 체결의 우선순위를 판단하기 어려울 경우에 후차적으로 적용된다. 그러나 시간의 선후를 구별할 없는 동시호가 주문의 경우에는 시간우선의 원칙이 적용되지 않는다.

③ 수량우선의 원칙

한국거래소에서 매매를 성립시킬 때 동일한 가격과 동일한 시간에 접수된 주문에 시간의 선후가 분명하지 않은 경우에는 주식 수량이 많은 주문이 수량이 적은 주문에 우선한다는 원칙을 말하며 동시호가의 주문에만 적용된다. 여기서 동시호가는 동시에 접수된 호가 및 시간의 선후가 분명하지 않은 호가를 말한다.

④ 위탁우선의 원칙

증권회사의 자기매매가 투자자의 위탁매매에 우선할 경우에 나타날 수 있는 부작용을 감안하여 동시호가 매매에서 일반투자자의 위탁매매 주문이 증권회사의 자기매매 주문에 우선하여 체결된다. 즉 동일한 가격의 동시호가 매매체결에서 투자자의 주문이 전량 처리된 후에야 증권회사의 자기매매 주문이 처리된다.

(4) 매매체결의 방법

주식시장에서 일반적인 매매체결은 경쟁매매방법을 이용한다. 투자자가 증권회사에 제출한 매매주문에 한국거래소에서 매매계약을 체결하는 방식은 1975년부터 경쟁매매방식으로 단일화되었다. 경쟁매매방식에 의한 체결방법은 단일가격에 의한 개별경쟁매매방식과 복수가격에 의한 개별경쟁매매방식으로 구분한다.

1) 단일가격에 의한 개별경쟁매매

동시호가방식은 매일의 개장 또는 폐장시점의 주가를 결정할 때 사용하며 일정시간에 들어온 주문을 모아 하나의 가격으로 거래를 성립시킨다. 단일가매매에 의해 결정된 가격은 특정시점의 수요와 공급을 잘 반영하고 있다는 장점을 갖고 있으나 주가에 반영된 정보가 어느 정도 시간이 경과된 정보일 가능성이 많다.

2) 복수가격에 의한 개별경쟁매매

접속매매방식은 시가 및 종가를 결정할 때를 제외하고 모든 시간대에 사용하는 가격결정방식으로 주문이 들어오는 순간마다 가격과 수량이 맞으면 거래를 성립시킨다. 따라서 소수의 매입 및 매도주문에 의해 가격이 결정되는 단점을 갖고 있으나 특정시점의 정보가 즉각적으로 주가에 반영된다는 장점을 갖고 있다.

(5) 매매거래의 예외

1) 시간외 매매

시간외 매매는 정규 매매거래시간 이전 또는 이후의 시간에 매매거래를 성립시키는 제도를 말한다. 시간외매매는 매매체결방법에 따라서 시간외 종가매매, 시간외 단일가매매로 구분된다. 시간외 매매는 정규시장에서 매매거래기회를 갖지 못한 투자자에게 추가적인 매매거래기회를 부여하기 위해 만들어졌다.

표 2-5 시간외 종가매매와 시간외 단일가매매

구분	시간외 종가매매	시간외 단일가매매
거래대상물	주권, DR, ETF(정규시장 매매거래 미형성 종목 제외)	주권, DR, ETF(정규시장 매매거래 미형성 종목 제외)
거래시간	장개시 전: 07:30－09:00 장종료 후: 15:40－16:00	장종료 후: 16:00－18:00
가격범위	당일(장개시 전의 경우 전일) 종가	당일 종가±5% 범위 이내
매매체결원칙	시간우선원칙	가격우선, 시간우선 등
가격결정방법	종가	16:00부터 10분 단위로 호가를 제출받아 단일가로 매매체결
정정 및 취소	매매체결 전까지 취소 가능	매매체결 전까지 정정·취소가능
매매수량단위	1주	1주

2) 대량매매제도

고객의 주문수량이 대량으로 정상거래가 어려우면 그 호가를 원활하게 집행하기 위해 거래소가 지정한 방법으로 종목과 수량이 동일한 쌍방호가에 회원이 사전에 결정한 가격으로 매매를 체결한다. 거래소는 대량매매와 바스켓 매매의 체결과정이 자동적으로 이루어지도록 대량거래 전용네트워크를 가동하고 있다.

3) 바스켓매매

바스켓매매는 정규시장의 거래시간에 일정요건을 충족하는 개별종목 또는 주식집단의 매매쌍방호가에 대해 거래를 체결시켜 주는 제도로서 2005년부터 시행하고 있다. 수량요건, 매매수량단위, 체결방법 등은 시간 외 대량바스켓매매와 동일하나 호가가격은 정규시장에서 형성된 최고가격과 최저가격 이내이다.

(6) 매매거래의 결제

결제제도는 증권시장에서 체결된 매매거래의 채권과 채무를 종결하는 절차로 결제를 이행하면 매매거래가 최종적으로 종결된다. 매매거래는 수도결제의 시간적 간격에 따라 당일결제거래, 익일결제거래, 보통거래로 구분한다. 결제이행을 보증하기 위한 제도적 장치에는 위약손해배상기금, 신원보증금 등이 있다.

1) 당일결제거래

당일결제거래는 증권의 매매거래에서 매매계약이 체결된 날(T) 오후 4시에 유가증권과 거래대금이 결제되는 거래를 말한다. 우리나라는 주식 중에서 관리대상종목과 국공채, 회사채 등의 채권거래에 적용하고 있는데, 증권매매를 위탁할 경우에 매수대금 전액을 위탁증거금으로 납부해야 한다.

2) 익일결제거래

익일결제거래는 증권의 매매거래에서 매매계약이 체결된 날(T)로부터 2일째 되는 날(T+1)에 결제가 이루어진다. 자본시장과 금융투자업에 관한 법률에 의해 국채에 대한 투자매매업 인가를 받은 국채딜러가 참여하는 국채전문유통시장의 대금결제나 증권결제는 모두 익일결제거래가 적용되고 있다.

3) 보통거래

보통거래는 증권거래에서 매매계약이 체결된 날(T)로부터 3일째 되는 날(T+2)에 결제가 이루어지는 것으로 주식 및 주식관련채권(전환사채, 신주인수권부사채, 교환사채)의 거래에 적용된다. 공휴일은 날짜 계산에서 제외되며 토요일에는 결제가 되지 않는다. 따라서 금요일에 체결된 거래는 다음 주 화요일에 결제된다.

(7) 주식거래의 비용

투자자들은 증권을 매매하거나 증권투자에서 소득을 얻었을 때 거래비용과 세금을 부담해야 한다. 거래비용은 증권거래의 위탁수수료뿐만 아니라 증권거래와 관련되는 부수적인 경비까지 포함된다. 그러나 협의로는 증권회사에 대한 거래의 위탁수수료로서 매입 및 매도시 지급하는 비용만을 말한다.

증권거래 위탁수수료는 각 증권회사들이 자율적으로 결정하고 있다. 일반적으로 투자자가 증권회사에 직접 주문할 경우보다 인터넷거래를 이용할 때 훨씬 낮은 수수료를 부담한다. 증권거래세는 주식의 매도시점에 내는 세금으로 거래손익 여부에 불문하고 매도약정금액의 0.3%를 예탁결제원이 징수한다.

1) 증권거래세

증권거래세는 주권 또는 지분의 양도에 대해 부과되는 조세를 말하며 국세이며 간접세이다. 증권시장의 상장여부에 따라 부과되는 세금이 조금 차이가 있다. 증권거래세는 주식을 매도할 때만 부과되고 매도금액이 기준이 된다. 그러나 상장지수펀드(ETF)를 거래할 때는 증권거래세가 면제된다.

KOSPI : 거래세(0.15%)+농어촌특별세(0.15%)
KOSDAQ, KONEX : 거래세(0.3%)

2) 위탁수수료

위탁수수료는 주식매수와 매도시 부과되며 증권회사마다 차이가 있다. 요즘은 수수료 무료 이벤트를 하는 증권회사가 많아 체리피킹(cherry picking)을 해도 좋다. 다만, 증권회사에서 부과하는 수수료만 무료이고 유관기관 수수료는 그대로 부과한다. 따라서 총수수료가 완전 0원이라는 의미는 아니다.

수수료=증권사 수수료+유관기관 수수료

(8) 매매거래의 관리

1) 가격제한폭제도

증권시장의 가격결정은 매 시점에 주식을 매입하고자 하는 가격과 수량이 매도하고자 하는 가격과 수량이 일치하도록 이루어진다. 따라서 매 시점마다 서로 다른 가격으로 거래가 성립될 수 있으므로 서로 다른 가격이 결정된다. 따라서 하루 중 개시시점에 결정된 시가와 폐장시점에 결정된 종가가 서로 다를 수 있다.

한국거래소는 매일 종가의 변동폭을 제한하는데, 이를 가격제한폭이라고 한다.[1] 거래소에서 주식에 대한 가격제한폭은 전일 종가의 30% 이내이다. 일반적으로 어떤 주식의 종가가 상한가나 하한가로 결정되면 그 주식의 가격은 초과수요나 초과공급을 완전히 흡수하지 못해 익일에도 상승 또는 하락할 가능성이 높다.

가격제한폭제도는 증권시장에서 주가의 급등락을 완화하고 투자자에게 주의를 환기시켜 주가의 안정적 형성을 도모하기 위해 도입되었다. 그러나 정리매매종목, 신주인수권증서, 신주인수권증권, ELW는 가격제한폭을 적용하지 않고, 장기휴장 후 최초 거래재개나 시장상황으로 적용이 곤란한 경우에는 별도로 결정한다.

가격제한폭제도는 증권정보가 주식시장에 전달되면 주가에 즉시 그리고 충분히 반영되지 않기 때문에 자본시장을 비효율적으로 만든다는 문제점을 가지고 있다. 또한 증권시장에서 가격제한은 자유경쟁시장 원리에 위반되기 때문에 주요 선진국에서는 가격제한폭제도가 없거나 그 폭을 넓게 유지하는 것이 일반적이다.

2) 관리종목제도

한국거래소 관리종목지정제도는 상장법인이 갖추어야 할 최소한도의 유동성을 갖추지 못했거나 영업실적 악화로 인한 기업부실, 자본잠식, 사업보고서 미제출, 주식분산요건 미충족, 기업지배구조 불량 등으로 향후 상장폐지 위험이 높아 상장폐지기준에 해당할 우려가 있는 주식을 관리종목으로 지정하는 제도를 말한다.

관리종목의 지정사유는 유가증권 상장폐지기준에 해당하는 사유가 발생하는 경우에 투자자에게는 투자에 유의하도록 주의를 환기시키고 당해 법인에게 일정기간 해당사유를 해소하도록 하여 조속한 정상화를 유도하기 위함이다. 관리대상종목으로 지정되면 주식의 신용거래가 금지되고 대용유가증권으로 사용할 수 없다.

(9) 매매거래의 중단

1) 개별주식의 매매거래중단

한국거래소는 특정 종목과 관련한 풍문이나 보도 등으로 투자자에게 기업정보를 충

1) 한국거래소는 가격제한폭을 점차 확대하여 왔다. 1995년 4월 이전에 기준가격을 17단계로 구분하여 평균 4.6%(2.2~6.7%)의 가격폭이 적용되었다. 1995년 4월 1일부터 정률제 6%, 1996년 11월 25일부터 8%, 1998년 3월 2일부터 12%, 1998년 12월 7일부터 15%의 가격제한폭을 적용하였다.

분히 주지시키기 위한 시간적 여유를 부여할 필요성이 있거나 매매거래의 폭주로 시장에서 정상적인 매매체결이 불가능할 경우에 시장에서 안정적인 매매거래를 도모하기 위해 개별주식에 대한 매매거래를 일시적으로 정지할 수 있다.

매매거래를 정지하여 정지사유에 대한 조회결과를 공시한 경우에는 거래소가 공표한 공시시점부터 30분이 경과하면 매매거래를 재개한다. 다만, 공시시점이 당일 장 개시 전인 경우에는 장 개시시점부터 30분이 경과하면 매매거래를 재개하고, 장 종료 60분전 이후에는 그 다음 매매거래일부터 매매거래를 재개한다.

정지사유에도 불구하고 당해 풍문 등이 공시후에도 해소되지 않거나 공시내용이 상장폐지기준과 관리종목 지정기준에 해당하는 경우에는 매매거래의 재개를 연기할 수 있으며, 거래소가 시장관리상 필요하다고 인정하면 조회결과를 공시하지 않는 경우에도 거래소가 정하는 날까지 매매거래의 재개를 연기할 수 있다.

표 2-6 개별주식 매매거래 중단과 해제요건

<table>
<tr><th colspan="3">매매거래 정지 사유</th><th>매매거래 정지 해제 사유 및 기간</th></tr>
<tr><td>호가폭주</td><td colspan="2">• 매매체결이 10분 이상 지연되고, 그 시점부터 10분이 경과한 시점에서도 5분 이상 매매체결이 지연되는 경우
• 매매체결이 20분 이상 지연되는 경우</td><td>호가상황 및 매매거래 상황을 감안하여 매매거래의 재개시기 결정</td></tr>
<tr><td rowspan="2">투자유의 채권종목</td><td>채권 상장법인</td><td>• 회생절차개시 신청
• 상장채무증권의 기한의 이익 상실
• 사채권자 집회 소집
• 사채권자 집회 결의</td><td rowspan="2">다음 매매거래일</td></tr>
<tr><td>회사채 종목의 증가</td><td>• 액면가의 80% 이하로 하락
• 직전 거래일 종가 대비 15% 이상 등락</td></tr>
<tr><td>시장관리상 필요</td><td colspan="2">• 시장감시위원회의 투자경고종목 및 투자위험종목에 대한 매매거래 정지 요청
• 상장기업의 중요 내용(합병 등) 공시
• 불성실 공시법인 지정</td><td>시장상황 및 매매거래 상황을 감안하여 재개</td></tr>
</table>

2) 주식시장의 매매거래중단

서킷브레이커(circuit breakers)는 코스피지수가 일정수준 이상 하락하면 투자자들에게 냉정한 투자판단의 시간을 제공하기 위해 주식시장의 매매거래를 일시적으로 중단시키는 제도를 말한다. 주가급락시 시장분위기에 편승한 매매주문의 쏠림현상으로 투자자를 보호하고 주식시장의 안정화를 위한 장치로 도입되었다.

주식시장 매매거래 중단제도는 주가급락시 투자자들의 심리적인 안정성을 회복하기 위한 제도이므로 주가가 급등하는 경우에는 발동되지 않는다. 또한 빈번한 주식시장의 매매거래중단은 시장의 불확실성을 가중시켜 투자자들의 혼란을 가중시킬 우려가 있어 주식시장 매매거래 중단제도는 3단계로 구분하여 발동된다.

1단계는 코스피지수가 전일보다 8% 이상 하락하여 1분간 지속되면 발동된다. 2단계는 코스피지수가 전일보다 15% 이상 하락하여 1분간 지속되고, 1단계보다 1% 이상 추가 하락하면 발동된다. 그리고 3단계는 코스피지수가 전일보다 20% 이상 하락하여 1분간 지속되고, 2단계보다 1% 이상 추가 하락하면 발동된다.

1단계와 2단계의 매매거래중단이 발동되면 주식시장의 모든 종목의 호가접수와 매매거래를 20분간 중단시킨다. 매매거래중단 후 20분이 경과하면 10분간 호가를 접수한 후 단일가매매로 거래를 재개하고 그 이후에는 접속매매방식으로 매매를 체결한다. 3단계 매매거래중단이 발동되면 당일의 장종료 조치가 이루어진다.

| 표 2-7 | 주식시장 매매거래 중단과 해제요건

구분	발동요건	조치내용
1단계	KOSPI/KOSDAQ 지수 전일 대비 8% 이상 하락하여 1분간 지속	20분간 매매중단 후 10분간 단일가매매로 거래 재개
2단계	KOSPI/KOSDAQ 지수 전일 대비 15% 이상 하락하여 1분간 지속되고, 1단계 CB 발동 시점 대비 1% 이상 추가 하락	20분간 매매중단 후 10분간 단일가매매로 거래 재개
3단계	KOSPI/KOSDAQ 지수 전일 대비 20% 이상 하락하여 1분간 지속되고, 2단계 CB 발동 시점 대비 1% 이상 추가 하락	당일 장종료 조치

3) 프로그램 매매호가 효력정지

사이드카(side car)는 선물시장에서 기준종목(KOSPI200선물 종목 중 직전매매일의 거래량이 가장 많은 종목)의 선물가격이 전일종가 대비 5% 이상 상승 또는 하락하여 1분간 지속되면 상승의 경우에는 프로그램 매수호가의 효력을, 하락의 경우에는 프로그램 매도호가의 효력을 5분간 정지시키는 제도를 말한다.

그러나 5분이 지나면 자동으로 해제되어 접수순서에 따라 매매체결이 재개된다. 주식시장 매매종료 40분 전(14시 50분) 이후와 프로그램매매호가의 효력정지 시간에 주식시장의 매매거래중단제도에 의해 주식시장의 매매거래가 중단된 후 매매거래가 재개되면 발동할 수 없고 1일 1회에 한해서 발동할 수 있다.

| 표 2-8 | 프로그램 매매호가 효력정지

구분	내용
발동요건	• 유가증권시장: KOSPI 200지수 선물가격이 기준가 대비 5% 이상 변동하여 1분간 지속되는 경우 • 코스닥시장: 스타지수 구성종목 중에서 거래량이 가장 많은 종목의 가격이 기준가격 대비 6% 이상 변동하고, 스타지수가 기준가 대비 3% 이상 변동하여 1분간 지속되는 경우 • 매수·매도 구분 없이 1일 1회 발동함
발동효과	• 상승의 경우에 프로그램 매수호가, 하락의 경우에 프로그램 매도호가 효력을 5분간 정지함
해제요건	• 프로그램 매매호가 효력정지 시점으로부터 5분이 경과한 경우 • 장종료 40분 전인 경우 • 효력정지 시간 중에 주식시장의 매매거래가 중시된 경우

5. 시장의 경보제도

한국거래소는 시장감시위원회를 통해 주식시장의 이상거래를 감시하고 회원에 대한 감리와 연계감시활동을 실시한다. 여기서 이상거래는 주식가격이나 주식거래량이 비정상적으로 변동하는 과정을 말하고, 심리는 이상거래의 혐의가 있는 주식거래가 불공정거래행위에 해당하는지 조사하는 것을 말한다.

감리는 이상거래 혐의종목의 거래상황을 파악하거나 규정의 준수여부를 확인하기 위해 회원인 증권회사의 업무, 재산상황, 장부 등을 조사하는 것을 말한다. 거래소는 불공정거래를 예방하고 투자자를 보호하기 위해 상장주권, ETF 등에 대해 투자유의종목, 투자경고종목, 투자위험종목을 지정하여 공표한다.

1) 투자유의종목

투기적이거나 불공정거래의 개연성이 있는 소수지점 거래집중종목, 소수계좌 거래집중종목, 상한가잔량 상위종목 등을 투자주의종목으로 공표하여 투자자들의 뇌동매매를 방지하고 잠재적 불공정거래 행위자에 대한 경각심을 고취시키는 제도를 말한다. 주권, 주권예탁증권, ETF를 투자주의종목으로 지정할 수 있다.

2) 투자경고종목

최근 5일간 주가상승률이 75%인 경우가 연 2일간 계속되고, 2일째 되는 날을 기준으로 최근 5일간 주가상승률이 업종 지수상승률의 6배 이상이면 불공정거래를 예방하고 투자자를 보호하기 위해 투자경고종목으로 지정한다. 지정일로부터 10일 후 지정예고요건에 해당하지 않으면 투자경고종목에서 해제된다.

3) 투자위험종목

투자경고종목으로 지정된 후 30일 이내 투자경고종목 지정요건에 해당하고 투자경고종목이 지정된 날부터 기산하여 10일 이내 다시 투자경고종목에 해당하며 지정 후 주가가 3일 연속 상승하면 1일간 매매거래가 정지되고 투자위험종목 지정일부터 10일 이내 지정예고요건에 해당하지 않으면 투자위험종목에서 해제된다.

표 2-9 시장경보 유형별 지정요건

시장경보 유형	지정요건
투자유의종목	• 소수 지점 거래집중종목 • 소수 계좌 거래집중종목 • 투자자 주의 환기종목(종가 급변종목, 상한가 잔량 상위종목, 단일계좌 거래량 상위종목, 15일간 예방조치요구 과다종목, 특정계좌군 매매관여 과다종목, 투자경고 종목지정 예고종목)
투자경고종목	• 단기급등 • 중장기 상승 • 투자주의종목 반복지정 • 단기급등과 계좌관여율 과다종목 • 중장기 상승 및 계좌관여율 과다종목
투자위험종목	• 투자경고종목으로 지정되거나 해제된 후에도 일정기간 이내에 주가가 급등하는 경우 시장감시위원회에서 지정하여 공표

6. 기업의 공시제도

기업공시제도(corporate disclosure system)는 증권의 발행인 또는 상장법인이 회사의 과거, 현재의 경영 및 재무에 관한 사항, 향후 사업계획 등 기업의 중요한 내용을 신속하고 정확하게 알려주어 투자자들이 합리적으로 투자판단을 할 수 있게 하고, 자본시장에서 공정한 거래질서가 형성되도록 하는 제도를 말한다.

자본시장의 바람직한 요건의 하나는 다수의 시장참가자들에 의해 주식가격이 경쟁적으로 결정되고, 시장의 모든 정보가 즉시 충분히 주가에 반영되는 효율성이다. 이러한 효율적 자본시장은 기업공시제도가 그 기능을 충분히 발휘할 때에만 가능하여 기업공시는 투자자에 대한 상장법인의 기본적인 의무라고 할 수 있다.

자본시장법에서는 증권발행과 유통과정에서 두사사가 합리적인 투자판단을 할 수 있도록 기업경영, 재산에 관한 주요사항에 대한 공시를 의무화하고 있다. 그리고 중요한 기업내용에 대해 신속성, 공평성, 정확성, 접근성 등이 보장되도록 하고 있다. 공시규정은 유자증권시장과 코스닥시장에 대해 별도로 정할 수 있다.

표 2-10 기업공시의 분류와 내용

분류	세부분류		내용
발행시장공시	증권신고서제도		증권을 발행하고자 하는 경우에 발행자가 증권 및 발행회사의 내용 등에 관한 정보를 제공하는 제도
	투자설명서제도		투자설명서는 증권에 대한 청약을 권유할 때 기업 내용 및 발행방법 등에 관한 정보를 제공하는 투자권유 문서
	발행실적보고서		발행실적보고서는 증권신고서의 기재사항의 진실성을 확인하기 위한 사항 등을 기재하여 제출하는 서류
	안정조작 시장조성신고제도		증권의 인수인 등이 유통시장에서 행하는 시세조정행위 등의 절차와 방법을 공시
유통시장공시	정기공시제도		상장회사가 회사 내용, 영업성과, 재무상태 등을 투자자에게 정기적으로 공시
	주요사항보고서제도		정기보고서 등에 포함된 정보의 최신성을 확보하기 위하여 기업의 주요 경영변동 사항을 공시하는 제도
	자율공시	수시공시	투자판단에 필요한 중요한 정보에 대해서 정기보고서 제출시기 이전이라도 지체 없이 거래소에 신고하도록 하는 제도. 수시공시는 주요 경영사항의 신고·공시, 자율공시, 조회공시 등으로 구분

		공정 공시	상장회사가 애널리스트 등에게 미공개 중요정보를 제공하는 경우 일반투자자에게 공시
기업 지배권 변동 공시	합병 관련 공시		기업실체에 변동을 초래하는 합병 등에 관한 사항이 발생한 경우 세부내용을 신고, 공시
	공개매수신고		공개매수방법으로 주식의 일정량(5% 이상)을 매입하고자 하는 경우에 신고, 공시
	자기주식의 취득과 처분신고제도		자기주식의 취득, 처분, 신탁계약의 체결, 해지에 대하여 관련 내용을 신고, 공시
	의결권 대리행사 신고		의결권의 위임을 권유하는 경우에 권유의 방법, 권유서류의 기재내용 신고

보론 2-1 기업공개

기업공개는 주식회사의 전반적인 경영내용을 공개하여 최초로 일반투자자들을 대상으로 주주를 모집하는 주식공개를 말한다. 즉 주식회사가 신규로 발행하는 주식을 다수의 투자자들에게 모집하거나, 이미 발행되어 대주주가 소유하고 있는 주식을 일반투자자에게 매출하여 주식을 분산시키는 것을 말한다.

기업공개는 개인이나 소액주주로 구성된 기업이 한국거래소에 신규상장을 하기 위해 주식의 분산요건을 갖추기 위한 공모행위를 말한다. 그러나 상장은 기업이 발행한 증권에 대해 거래소에서 매매거래가 될 수 있도록 승인하는 행위를 말한다. 따라서 기업공개와 상장은 [표 2-12]와 같이 차이가 존재한다.

표 2-11 기업공개와 주권상장이 비교

구분	기업공개제도	주권상장제도
시장	발행시장(1차적 시장)	유통시장(2차적 시장)
목적	발행기업의 자금조달	증권의 원활한 유통과 공정한 가격형성
성격	소유주식분산의 형태	증권의 거래적격성 선별
규제	발행당사자에 대한 공시주의	상장적격성에 대한 규제주의
특성	발행기업과 청약자의 이해조화로 증권 발행수량의 소화를 중시	투자자 보호와 증권의 유통성 확보를 위해 시장성을 중시

보론 2-2 주권상장

1. 주권상장의 정의

상장(listing)은 한국거래소가 정한 일정요건을 충족한 기업이 발행한 주권이 증권시장에서 자유롭게 거래될 수 있도록 자격을 부여한 것으로 당해 주권의 가치를 보증받는 것은 아니다. 따라서 주권을 상장하려는 기업은 수익성, 규모, 재무건전성, 유통가능성 측면에서 일정요건을 충족해야 상장할 수 있다.

상장은 주권 발행법인의 자유로운 의사에 따른 신청에 의해 이루어지고, 상장신청법인은 발행한 주권 전부를 상장해야 한다. 다만, 유통성이 없어 상장의 실익이 없는 주권은 상장하지 않을 수 있다.그러나 증권을 상장하는 회사는 상장 후에 일정한 요건에 미달하거나 계약을 위반하면 상장을 폐지하게 된다.

2. 주권상장의 종류

(1) 상장형태에 따른 분류

① 신규상장 : 상장되어 있지 아니한 기업이 발행한 주권을 한국거래소의 증권시장에 최초로 상장하는 것으로 공모상장이 일반적이다.

② 신주상장 : 상장기업이 증자, 합병, 전환사채, 신주인수권부사채를 소유한 자의 권리행사로 새로 발행한 주권을 상장하는 것을 말한다.

③ 변경상장 : 이미 상장된 주권의 기재내용(상호, 종류, 액면금액 등)을 변경한 경우 새로운 주권으로 교체하여 발행한 주권을 상장하는 것을 말한다.

④ 재상장 : 상장기업이 분할 또는 분할합병에 의해 설립된 기업, 상장기업간의 합병에 의해 설립된 기업, 상장이 폐지된 후 5년이 경과되지 않은 기업이 발행한 주권을 상장하는 것을 말한다.

(2) 공모방법에 따른 분류

① 공모상장 : 상장요건 중 분산요건을 충족하기 위해 일정비율 이상의 주식수를 모집 또는 매출을 통해 공모한 후 상장하는 형태를 말한다.

② 직상장 : 코스닥 상장기업이 주식분산요건을 충족하여 공모를 하지 않고 주권을 코스닥시장에서 유가증권시장으로 이전하는 형태를 말한다.

3. 주권상장의 효과

(1) 자금조달기회 확대

주권상장법인은 증권시장을 통해 경영활동에 필요한 거액의 자금을 일시에 대량적으로 조달할 수 있다. 특히 기업의 재무상태가 양호하면 시가발행을 통한 유상증자와 전환사채, 신주인수권부사채 등의 주식관련 사채발행을 통해 장기적 · 안정적이고 유리한 조건의 대규모 자본조달이 가능하다.

(2) 기업홍보효과 제고

주권상장법인은 국내외 투자자를 비롯한 많은 사람들의 관심의 대상이며, 기업의 재무상태나 경영성과가 매스컴을 통해 전달되어 기업의 인지도를 제고하는 홍보효과를 얻을 수 있다. 또한 상품의 지명도와 회사를 연계하여 홍보효과를 증대시키고 해외진출과 합작투자를 모색할 때 큰 도움이 될 수 있다.

(3) 경영합리화의 도모

주권상장법인은 기업의 중요한 재무상태와 경영성과를 공시해야 하므로 경쟁회사의 재무상태와 경영실적과 비교하지 않을 수 없을 뿐만 아니라, 객관적인 주식가치를 통해서 객관적으로 평가받기 때문에 자연히 경영합리화를 도모하여 재무구조의 개선, 매출의 증대, 조직의 합리화를 위해 노력하게 된다.

(4) 소유와 경영의 분리

주권상장법인은 한국거래소가 정한 주식분산요건을 충족시켜야 하는 등 주식소유와 관련하여 제도적 감시를 많이 받을 뿐만 아니라, 주권상장을 계기로 주식거래가 활성화되어 투하자본의 회수가 가능하기 때문에 지분분산이 원활히 이루어져 소유와 경영의 분리가 가속화하는 효과를 기대할 수 있다.

(5) 구조조정추진 용이

업분할로 신설되는 법인은 일반기업에 비해 완화된 상장요건을 적용받고 상장법인의 지위를 유지할 수 있다. 그리고 주권상장법인이 기존상장법인을 자회사로 하는 지주회사를 설립하는 경우에 신설된 지수회사는 별도로 마련된 지주회사의 상장요건을 적용받아 신속하게 상장을 추진할 수 있다.

• 핵심요약 •

제1절 주식의 발행시장

1. 발행시장의 정의 : 증권이 발행되어 매출되는 추상적 시장, 1차 시장
2. 증권의 발행방법 : 공모발행과 사모발행, 직접발행과 간접발행
3. 발행시장의 구조 : 주식발행자, 주식발행기관, 주식투자자

제2절 주식의 유통시장

1. 유통시장의 정의 : 기발행된 증권이 매매되는 구체적 시장, 2차 시장
2. 유통시장의 기능 : 유동성 부여, 공정한 가격형성, 위험분산투자효과
3. 유통시장의 구조
   (1) 장내시장 : 유가증권시장, 코스닥시장, 코넥스시장
   (2) 장외시장 : 비상장주식의 매매를 위해 금융투자협회가 운영하는 시장
4. 매매거래의 제도
   (1) 매매거래의 위탁 : 매매계좌의 개설, 매매거래의 수탁, 위탁증거금 징수, 위탁수수료 징수, 매매체결의 통보
   (2) 매매거래의 방법 : 매매거래의 시간, 매매거래의 단위, 거래주문의 유형
   (3) 매매계약의 체결 : 가격우선, 시간우선, 수량우선, 위탁자 우선의 원칙
   (4) 매매체결의 방법 : 단일가격 개별경쟁매매, 복수가격 개별경쟁매매
   (5) 매매거래의 예외 : 시간외매매, 대량매매제도, 바스켓매매
   (6) 매매거래의 결제 : 당일결제거래, 익일결제거래, 보통거래
   (7) 주식거래의 비용 : 주식매도시 증권거래세, 주식매매시 위탁수수료
   (8) 매매거래의 관리 : 가격제한폭제도(전일 종가의 ±30%), 관리종목제도
   (9) 매매거래의 중단 : 개별주식의 매매거래중단, 주식시장의 매매거래중단, 프로그램 매매호가 효력정지
5. 시장경보의 제도 : 투자유의종목, 투자경고종목, 투자위험종목
6. 기업의 공시제도 : 기업에 대한 정보를 투자자에게 공개하는 제도

연·습·문·제

1 **다음 중 증권의 발행시장에 대한 설명으로 옳지 않은 것은?**

① 증권이 발행인으로부터 최초의 투자자에게로 이전되는 구체적인 시장이다.
② 신규 증권시장이나 1차적 시장이라고도 한다.
③ 발행인은 증권을 발행하여 정기산업자금을 조달할 수 있다.
④ 금융정책 및 경기조절의 기능을 수행하기도 한다.

| 해설 | 증권이 발행인으로부터 최초의 투자자에게로 이전되는 추상적인 시장이다.

2 **다음 중 발행시장의 기능에 대한 설명으로 옳지 않은 것은?**

① 경제의 양적 질적 고도화
② 금융정책 및 경기조절 기능
③ 투자수단의 제공으로 소득분배의 촉진
④ 공정하고 적정한 증권가격의 형성

| 해설 | 발행시장의 기능에는 자금조달의 원활화, 경제의 양적 · 질적 고도화, 경기조절의 역할, 투자수단의 제공 등을 들 수 있다.

3 **다음 중 증권의 발행에 대한 설명으로 가장 옳지 않은 것은?**

① 대부분의 증권발행은 발행방법과 절차가 투명한 공모에 의해 이루어진다.
② 자본시장법에서는 공모를 모집과 매출로 정의하고 있다.
③ 모집과 매출은 과거 6개월을 통산하여 특정인에게 한 청약의 권유를 말한다.
④ 통상적으로 공모는 간접발행의 형태를 취한다.

| 해설 | 모집과 매출은 과거 6개월을 통산하여 불특정다수에게 한 청약의 권유를 말한다.

4 **다음 중 모집과 매출에 대한 설명으로 적절하지 않은 것은?**

① 모집은 공모대상인 증권이 신규로 발행되는 경우를 말한다.
② 매출은 공모대상인 증권이 이미 발행된 경우를 말한다.
③ 증권발행인은 매출을 하는 주체이다.
④ 모집과 매출의 해당여부를 따지는 실익은 증권신고서 등 발행공시의무를 부과할 것인지 결정에 필요하다.

| 해설 | 모집의 주체는 발행인이고, 매출의 주체는 증권의 보유자가 된다.

5 **다음 중 발행시장의 형태에 대한 설명으로 적절하지 않은 것은?**

① 사모는 발행주체가 특정의 수요자를 대상으로 증권을 발행하여 자금을 조달하는 방법이다.

② 간접발행 중 모집주선은 발행주체가 인수위험을 부담하고 발행 및 모집사무는 제3자인 발행기관에게 위탁하여 발행하는 방법이다.

③ 잔액인수는 간접발행 중 인수단이 발행총액을 인수하고 이에 대한 위험을 부담한다.

④ 공모는 간접발행의 형태가, 사모는 직접발행의 형태가 대부분이다.

| 해설 | 총액인수는 간접발행 중 인수단이 발행총액을 인수하고 이에 대한 위험을 부담한다.

6 **다음 중 불리한 가격변동에 따른 손해 등 모든 위험에 발행인으로부터 인수단으로 이전되는 증권의 발행형태는?**

① 모집주선 ② 잔액인수 ③ 직접발행 ④ 총액인수

| 해설 | 총액인수는 인수단이 공모증권 발행총액의 전액을 자기의 책임과 계산하에 인수하고 이에 따른 발행위험과 발행 및 모집사무 모두를 담당한다.

7 **다음 중 유가증권시장의 매매제도에 대한 설명으로 옳지 않은 것은?**

① 자기주식매매거래계좌를 통해서는 자기주식 이외의 종목에 대한 매매거래의 위탁은 금지된다.

② 금융투자업자는 공익과 투자자보호 또는 거래질서의 잔정을 위해 필요한 때에는 주문수탁을 거부할 수 있다.

③ 매수대금을 납부하지 못하여 결제를 이행하지 못하면 원칙적으로 30일간 위탁증거금을 100% 징수한다.

④ 시간외 시장의 호가접수시간과 매매거래시간은 동일하다.

| 해설 | 장 종료 후 시간외 매매의 호가접수는 오후 3시부터 가능하나 매매거래는 오후 3시 10분부터 개시된다.

8 **다음 중 코스닥시장의 매매제도에 대한 설명으로 옳지 않은 것은?**

① 서킷브레이커 발동 후 장 재개시 단일가 경쟁매매를 선택하고 있다.

② 주문의 종류는 지정가호가와 조건부지정가호가만 가능하다.

③ 장 개시 전 대량매매의 거래시간은 08:00~09:00까지이다.

④ 매매거래의 결제는 T+2일이다.

| 해설 | 시장가주문과 최유리주문도 가능하다.

9 **다음 중 유가증권시장과 코스닥시장에 대한 설명으로 옳지 않은 것은?**

① 코스닥시장에서 거래가능한 증권에는 주권은 포함되나 채권은 포함되지 않는다.

② 상장법인 모든 증권에 대한 연부과금을 매년 1월 납부해야 한다.

③ 상장예비심사청구서를 하는 법인은 반드시 상장주선인을 통해 상장예비심사청구서를 제출해야 한다.

④ 상장주선인이 될 수 있는 자는 금융투자업자로 거래소의 회원에 한한다.

| 해설 | 국채, 지방채, 통안채, 존속기간 1년 미만 채무증권, 증권회원이 발행한 증권은 면제된다.

10 **다음 중 코스닥시장의 특징에 해당하지 않은 것은?**

① 성장기업 중심의 시장이다.

② 금융투자회사의 역할과 책임이 중시되는 시장이다.

③ 유가증권시장의 전단계적이며 보완적 시장이다.

④ 장기적인 안전자금을 조달할 수 있다.

| 해설 | 코스닥시장은 유가증권시장과 독립된 경쟁시장이다.

11 **다음 중 호가에 대한 설명으로 가장 옳지 않은 것은?**

① 지정가호가: 종목, 수량, 가격을 지정한 호가

② 시장가호가: 종목, 수량을 지정한 호가

③ 조건부지정가호가: 매매시간 중에 취소나 변경으로 시장가호가로 전환가능한 지정가호가

④ 동시호가: 접수시간에 관계없는 호가

| 해설 | 조건부지정가호가는 장 종료시까지 미체결된 잔량을 시장가호가로 전환할 것을 조건으로 하는 지정가호가

12 **다음 중 유가증권시장의 위탁증거금에 대한 설명으로 옳지 않은 것은?**

① 금융투자업자는 매도주문의 수탁시 현금 또는 당해 매도증권을 위탁증거금으로 지정할 수 있다.

② 위탁증거금은 현금에 갈음하여 대용증권으로 징수할 수 있다.

③ 위탁증거금의 징수율과 징수방법은 금융투자업자가 자율적으로 정한다.

④ 대용증권의 징수비율은 한국거래소가 정한다.

| 해설 | 대용증권의 징수비율은 금융투자업자(증권회사)가 정한다.

13 **다음 중 유가증권시장의 매매제도에 대한 설명으로 옳지 않은 것은?**

① 대용증권은 위탁증거금으로 납부하는 현금에 갈음하여 대신 납부할 수 있는 증권을 말한다.

② 유가증권시장의 일일 가격제한폭은 상하 30%이다.

③ 금융투자업자는 공익과 투자자 보호 또는 거래질서의 안정을 위해 필요하면 주문수탁을 거부할 수 있다.

④ 주권, DR, ETF, ETN 등에는 가격제한폭이 적용되지 않는다.

| 해설 | 가격제한폭이 적용되지 않은 것은 정리매매종목, 신주인수권부증서(증권), ELW 등이며, 주권, DR, ETF, ETN 등에는 가격제한폭이 적용된다.

14 **다음 중 시간외매매에 대한 방법으로 옳지 않은 것은?**

① 시간외종가매매는 당일 종가가 형성되지 않으면 매매할 수 없다.

② 시간외대량매매의 주문수량은 5,000주 이상 또는 수량과 가격을 곱한 금액이 1억원 이상이다.

③ 시간외바스켓매매는 10억원 이상 거래가 가능하다.

④ 시간외바스켓매매의 구성종목수는 10종목 이상이다.

| 해설 | 시간외바스켓매매의 구성종목수는 5종목 이상, 10억원 이상이다.

15 **다음 중 시간외매매에 대한 설명으로 옳지 않은 것은?**

① 시간외매매는 시간외종가매매, 시간외단일가매매, 시간외대량매매, 시간외바스켓매매로 구분한다.

② 시간외매매는 15시 40분부터 18시까지 실시한다.

③ 시간외대량매매의 거래가격은 당일의 상한가와 하한가의 범위내 가격으로 한다.

④ 시간외바스켓매매는 수개의 종목을 일괄하여 매매하는 제도로 구성종목의 수는 5종목 이상이고 거래금액은 10억원 이상이다.

| 해설 | 시간외매매시간은 07:30~09:00, 15:40~18:00까지로 나뉜다.

16 **다음 중 시장관리제도에 대한 설명으로 적절하지 않은 것은?**

① 우선주가 보통주와 가격괴리가 심한 경우 투자경고종목으로 지정될 수 있다.

② 투자경고종목으로 지정된 종목이 일정수준 이상 주가상승이 계속 이루어지면 투자위험종목으로 지정된다.

③ 매매거래의 중단은 시장 전체의 중단과 종목별 정지로 구분된다.

④ 풍문과 관련된 매매거래정지 이후 정지사유에 대한 조회결과를 공시한 후 30분이 경과하면 매매거래를 재개한다.

| 해설 | 투자경고종목은 단기급등에 따른 지정기준과 중장기 지속적인 상승에 따른 지정기준이 있다.

17 **다음 중 유가증권시장의 공시제도에 대한 설명으로 옳지 않은 것은?**

① 불성실공시의 유형에는 공시불이행, 공시변경, 공시번복 등이 있다.

② 주권상장법인은 공시책임자를 1인 이상 지정해야 한다.

③ 주권상장법인은 공시의무사항 이외의 사항도 공시할 수 있다.

④ 자율공시사항의 변경이나 번복은 불성실공시의 사유에 해당하지 않는다.

| 해설 | 자율공시사항을 위반하는 경우에도 불성실공시사유에 해당한다.

18 **다음 중 기업내용 공시사항으로 발행시장의 공시에 해당하지 않은 것은?**

① 증권신고서 ② 투자설명서

③ 증권발행실적보고서 ④ 주요사항보고서

| 해설 | 주요사항보고서는 유통시장의 공시에 해당한다.

19 **다음 중 공모주식의 발행가격결정에 대한 설명으로 옳지 않은 것은?**

① 발행가격은 원칙적으로 수요예측의 결과를 감안하여 결정한다.

② 대표주관회사는 자신 또는 인수단에 참여한 증권회사의 고객만을 대상으로 공모주식을 배정할 수 있다.

③ 최종공모가격은 발행회사가 결정한다.

④ 공모예정금액이 20억원 미만이면 인수회와 발행회사간에 정한 단일가격으로 공모가격을 결정할 수 있다.

| 해설 | 최종발행을 감안하여 대표주관회사를 포함한 인수회사와 발행회사가 협의하여 자율적으로 결정한다.

20 **다음 중 기업공시제도에 대한 설명으로 적절하지 않은 것은?**

① 투자자에게 투자판단에 필요한 정보를 제공하기 위함이다.

② 기업정보를 공개하는 것은 당해 기업의 자율적인 의사에 달려있다.

③ 내부자거래 등 불공정거래를 예방하기 위함이다.

④ 증권시장의 공정한 거래질서를 유지하기 위함이다.

| 해설 | 공개기업은 투자자로부터 필요한 자금을 조달하므로 기업정보를 공개할 의무를 부담한다.

정답

1.①	2.④	3.③	4.③	5.③	6.④	7.④	8.②	9.②	10.③
11.③	12.④	13.④	14.④	15.②	16.①	17.④	18.④	19.③	20.②

C·h·a·p·t·e·r 03

주식의 기본개념

증권은 자본시장에서 자유롭게 양도하거나 거래될 수 있는 금융자산을 의미한다. 그러나 예금은 미래의 원리금에 대한 청구권을 나타내어 금융자산의 일종이나 금융시장에서 다른 사람에게 양도할 수 없으므로 증권이라고 할 수 없다. 증권은 균등한 지분을 갖는 다수의 지분으로 나누어져 자본시장에서 거래된다.

제1절 주식의 개요

1. 주식의 정의

주식은 주식회사의 사원인 주주가 회사에 대해 가지고 있는 지분을 말하며 자본의 구성분자로서의 금액의 의미와 주주의 회사에 대한 권리의무의 단위로서의 주주의 법적 지위(주주권)의 의미가 존재한다. 일반적으로 주주권을 표창하는 유가증권도 주식이라 하지만, 상법에서는 주식을 주권이라고 부른다.

(1) 자본의 구성분자

주식회사의 자본은 발행주식의 액면총액을 말하며 주식으로 나누어야 하고 주식의 금액은 균일해야 한다. 따라서 주식은 자본을 균일하게 나눈 단위로서의 금액을 표시한다. 주식과 자본의 관련은 밀접하여 주식은 사원의 출자를 측정하는 단위로서 작용하는 것이므로 자본의 구성분자로서의 금액을 의미한다.

주식 액면가액의 법정 최저한은 100원 이상으로 균일해야 하고 주식인수인이 공동으로 주식을 인수한 경우에는 연대하여 납입할 책임이 있다. 주식공유자는 회사에 대해 주주의 권리를 행사할 1인을 정해야 하며, 주주의 권리를 행사할 자가 없는 때에는 공유자에 대한 통지나 최고는 1인에 대해 하면 된다.

주식의 최저단위는 1주이므로 이를 다시 세분화할 수 없다. 1주 미만의 주식을 단주라고 하며 단주가 발생하면 회사가 단주를 모아 처분해야 한다. 주식과 주주의 권리를 분리하여 주주권만을 양도할 수 없다. 다만 주주의 권리 중 구체화된 신주인수권이나 이익배당청구권은 주식과 분리하여 양도할 수 있다.

(2) 주주의 권리의무

주식은 회사에 대한 사원의 지위 또는 자격을 말한다. 이를 주주권이라고 하는데 주주권은 주식과 분리하여 양도·입질·담보·압류 등의 목적으로 할 수 없다. 따라서 주식을 양도하면 주주권도 함께 양도하게 된다. 주식은 권리뿐만 아니라 출자의무도 포함되는데 이는 주식의 인수가액을 한도로 하는 유한책임이다.

주주권은 주주 자신의 이익만을 위한 권리인 자익권(自益權)과 회사 및 다른 주주의 이익을 확보하기 위해 행사하는 공익권(共益權)이 있다. 자익권은 주주의 투자이익과 출자자본의 회수를 위한 권리로 구분할 수 있고, 공익권은 경영참여를 위한 권리인 의결권과 경영감독을 위한 권리로 구분할 수 있다.

2. 주식의 종류

(1) 상법상 분류

1) 보통주(common stock)

가. 보통주의 정의

보통주는 주식회사가 출자의 증거로 주주에게 발행한 주식을 말한다. 보통주를 소유한 주주는 그 기업의 실질적 주인으로서 상법과 해당기업의 정관이 규정한 권리와 의무의 주체가 된다. 보통주의 주주는 기업의 소유주로 경영참가권과 이익분배권을 가지고 있는 반면에 그 기업의 위험(유한책임)을 부담해야 한다.

그러나 기업경영에 직접 참가할 임원을 선출하는 의결권을 가짐으로써 기업경영에 간접적으로 참여한다. 오늘날 대기업에는 주주의 수가 매우 많으며 지리적으로 분산되어 있어 주주의 권리는 명목에 불과한 경우가 많다. 실제로 소액주주들은 이러한 권리의 행사보다는 배당과 자본이득에 관심을 가지고 있는 실정이다.

보통주는 주권에 액면가액이 표시되어 있느냐에 따라 액면주식과 무액면주식으로 구분된다. 또한 주권에 주식소유자의 이름이 명시되어 있느냐에 따라 기명주식과 무기명주식으로 구분된다. 우리나라에서는 액면가액 100원 이상의 액면주식을 발행하도록 하고 있고 기명주식의 발행을 원칙으로 하고 있다. 무기명주식은 정관에 규정한 경우에 한해 발행할 수 있으나 주권을 회사에 공탁하도록 하고 있다.

보통주는 회사채나 차입금에 대한 이자와 같이 고정적인 재무비용을 발생시키지 않고 상환부담이 없는 영구자본으로 기업의 안정적인 장기자금을 조달하는 수단이다. 보통주에 대한 배당은 당기순이익이 발생하면 지급할 수 있지만 반드시 지급해야 한다는 의무규정은 없다. 보통주를 발행하여 조달한 자본은 자기자본에 속하여 기업의 재무구조를 개선시키고 기업의 대외신용도와 차입능력을 증가시킨다.

그러나 이자비용은 세법상 손금으로 인정되어 법인세 절감효과를 얻을 수 있는 반면에 보통주의 배당금은 법인세 절감효과가 없다. 따라서 보통주의 자본비용은 부채의 자본비용보다 높게 나타난다. 보통주는 다수의 투자자를 대상으로 주주를 모집하기 때문에 그 발행비용은 부채의 발행비용보다 높게 나타난다.

| 그림 3-1 | 삼성전자의 보통주

나. 보통주의 종류

① 액면주와 무액면주

액면주는 주권에 액면가액이 표시되어 있고, 무액면주는 액면가액이 표시되어 있지 않다. 우리나라는 1주당 액면가액을 100원 이상으로 규정하여 액면주만을 허용하고 있다. 주식의 발행금액은 자본에 계상되며 액면을 초과하는 금액으로 발행한 경우 액면초과액은 주식발행초과금으로 자본준비금에 적립된다.

② 기명주와 무기명주

기명주는 주권과 주주명부에 주주의 이름이 기재되고, 무기명주는 주주의 이름이 기재되어 있지 않다. 기명수는 주주의 현황을 쉽게 파악할 수 있어 편리한 반면에, 거래시마다 명의를 변경해야 하는 불편이 있다. 우리나라는 양도인의 기명날인 없이 주식양도를 가능하게 하여 무기명주의 발행을 인정하고 있다.

다. 보통주의 장점

보통주에 대한 배당은 당기순이익이 발생할 경우에 지급할 수 있지만 반드시 지급해야 한다는 의무규정은 없다. 보통주는 상환부담이 없는 영구자본으로 안정적인 장기자금을 조달하는 수단이다. 보통주를 발행하여 조달한 자본은 자기자본에 속하므로 기업의 재무구조를 개선시키며 대외신용도와 차입능력을 증가시킨다.

라. 보통주의 단점

보통주의 배당금은 법인세 절감효과가 없기 때문에 보통주의 자본비용은 부채의 자본비용보다 높게 나타난다. 그리고 보통주는 다수의 투자자를 대상으로 주주를 모집하기 때문에 그 발행비용은 부채의 발행비용보다 높게 나타난다. 또한 보통주를 발행하면 기업의 소유권과 경영권의 통제에 영향을 미칠 수 있게 된다.

2) 우선주(preferred stock)

가. 우선주의 정의

우선주는 이익배당이나 잔여재산분배시 그 청구권리가 보통주에 우선하는 주식을 말하며, 보통주를 소유한 주주는 그 기업의 실질적 주인으로 상법과 해당기업의 정관이 규정한 권리와 의무의 주체가 된다. 우선주에 의해 조달된 자본은 법률적으로 자기자본을 형성하지만 실질적으로 타인자본(부채)과 성격이 유사하다.

우선주를 발행할 때 예정배당률을 사전에 결정하는데 경영성과가 좋더라도 약속된 배당률 이상은 지급하지 않기 때문이다. 그러나 우선주는 자기자본을 형성하고 약속된 배당률을 지급하지 않더라도 법적인 책임을 부담하지 않지만 이익배당과 잔여재산분배에 대한 청구권이 사채보다 후순위라는 점에서 사채와 차이가 있다.

우선주는 약정된 배당을 지급하지 못하면 미지급한 배당금을 차기에 누적시켜 지급하는 누적적 우선주와 당기에 미지급한 배당금을 차기에 누적시켜 지급하지 않는 비누적적 우선주로 구분된다. 우선주는 보통주의 배당금이 지급된 이후에 잔여배당가능이익이 있을 경우 보통주와 함께 잔여이익의 배당에 참가할 수 있는 참가적 우선주와 배당가능이익이 있더라도 참가할 수 없는 비참가적 우선주로 구분된다.

우선주는 회사채에 대한 이자와 달리 배당을 지급하지 않아도 되므로 고정적인 재무비용을 발생시키지 않는다. 또한 우선주는 의결권이 주어지지 않는 무의결권주로 주주들이 경영지배권의 침해를 받지 않는다. 보통주와 마찬가지로 우선주를 발행하여 조달한 자본은 자기자본에 속하며 기업의 재무구조를 개선시킨다.

회사채에 대한 지급이자는 세법상 손금으로 인정되어 법인세 절감효과가 있는 반면에 우선주의 배당은 법인세 절감효과가 없으며, 잔여재산 및 이익분배의 청구권에서 사채보다 순위가 늦어 기업은 보상차원에서 사채이자에 비해 우선주배당을 높게 하기 때문에 우선주의 자본비용은 사채의 자본비용보다 높게 나타난다.

나. 우선주의 종류

① 누적적 우선주와 비누적적 우선주

우선주의 배당은 원칙적으로 예정배당률로 지급해야 하지만 경영성과의 악화로 배당을 지급하지 못할 수도 있다. 누적적 우선주는 당기에 지급하지 못한 배당을 차기에 누적하여 지급하는 우선주를 말하고, 비누적적 우선주는 당기에 지급하지 못한 배당은 당기에 완료되고 차기로 누적되지 않은 우선주를 말한다.

② 참가적 우선주와 비참가적 우선주

우선주는 예정배당액을 지급하고 예정배당액 이외 초과배당에 참가하지 못하는 비참가적 우선주가 일반적이다. 그러나 경영성과가 양호하여 일정부분의 우선배당을 받고 잔여이익이 있어 보통주주에 일정부분 이상의 배당을 지급하면 그 초과배당에 보통주와 함께 참여할 수 있는 우선주를 참가적 우선주라고 한다.

다. 우선주의 장점

우선주는 회사채나 차입금에 대한 이자와 달리 배당을 지급하지 않아도 되므로 고정적인 재무비용을 발생시키지 않고, 일반적으로 의결권이 주어지지 않는 무의결권주이므로 경영지배권의 침해를 받지 않는다. 우선주를 발행하여 조달한 자본은 자기자본에 속하고 만기가 없는 영구증권으로 기업의 재무구조를 개선시킨다.

라. 우선주의 단점

우선주의 배당금은 법인세 절감효과가 없으므로 우선주의 자본비용은 부채의 자본비용보다 높게 나타난다. 우선주는 잔여재산 및 이익분배에 대한 청구권에서 사채보다

순위가 늦기 때문에 기업은 보상차원에서 사채이자에 비해 우선주배당을 높게 한다. 따라서 우선주의 자본비용은 사채의 자본비용보다 높다고 할 수 있다.

3) 상환주

주식을 발행하여 조달된 자본은 회사의 자기자본을 구성하고 회사가 존재할 때까지 영구적으로 운명을 하는 것이 보통이다. 그런데 상환주는 주식의 발행시점부터 회사의 이익으로 소각할 것이 예정된 주식으로 종류주식에 한해 발행할 수 있으며 상환가액, 상환기간, 상환방법 등은 정관에 기재해야 한다.

상환주는 이익이 없으면 상환이 불가능한 점이 사채와 다르다. 회사는 상환주를 발행하여 이를 상환하면 장래의 배당압력을 경감할 수 있으며 투자자는 일정기간 우선적 배당을 받고 일정기간 후에 액면금액 또는 액면금액 이상으로 상환을 받을 수 있기 때문에 비교적 안전한 투자대상이라고 할 수 있다.

4) 전환주

전환주는 회사가 수종의 주식을 발행하는 경우에 다른 종류의 주식으로 전환할 수 있는 권리인 전환권이 부여된 주식을 말한다. 그러나 전환주는 일정한 기한이 도래하면 다른 종류의 주식으로 전환되는 기한부우선주나 조건의 성취로 다른 종류의 주식으로 전환되는 조건부우선주와는 그 내용이 다르다.

회사가 전환주를 발행하면 자금조달이 원활하고 출자자는 자신의 선택권에 의해 전환조건에 따라 다른 종류의 주식으로 전환을 청구할 수 있다. 그러나 전환청구기간 내에 전환청구서에 주권을 첨부하여 회사에 제출해야 하며 회사는 전환으로 인해 발행할 주식에 대한 수권주식수를 보유하고 있어야 한다.

(2) 특성상 분류

증권시장에서 거래되는 주식들을 투자의 대상으로 보면 여러 가지 형태로 분류할 수 있는데, 배당소득과 자본이득 가능성에 따른 분류나 재무안정성 및 경제환경의 변화에 따른 적응도에 따라 다양하게 분류할 수 있다. 다음과 같은 주식의 분류는 증권시장에서 어느 정도 인정이 되고 있는 방법에 해당한다.

1) 성장주(growth stock)

성장주는 기업의 영업실적이나 수익의 증가율이 시장 평균보다 높을 것이라고 기대되는 주식을 말한다. 이러한 기업들은 수익의 대부분을 사내유보하여 높은 성장률을 유지하고 기업의 가치를 증대시키는 데 주력한다. 따라서 배당소득보다 자본이득에 중점을 두어야 하는 시기에 적합한 투자대상이라 볼 수 있다.

일반적으로 성장주는 주가수익비율(PER)보다 주당순이익(EPS)과 주당매출액(SPS)의 증가에 주목해야 한다. 성장기업들은 전형적으로 주가수익비율이 높은데, 이는 주식투자자들이 기업의 향후 성장가능성에 대해 높은 가치를 부여하기 때문이다. 성장주의 대표적인 섹터에는 기술주, 헬스케어, 임의소비재가 있다.

2) 가치주(value stock)

가치주는 향후 성장률이 낮을 것으로 기대되거나 해당기업의 악재로 인해 주가가 지나치게 하락하여 주식의 내재가치보다 현재의 주가수준이 상당히 낮게 형성되어 있는 주식을 말한다. 가치주에는 기업의 수익가치가 주식가격에 충분히 반영되지 않은 저PER주와 주식의 장부가치에 비해 저평가된 저PBR주가 있다.

가치주의 투자위험은 크게 두 가지로 구분할 수 있다. 첫 번째 위험은 회사의 가치를 잘못 산정하여 주식을 비싸게 사거나 너무 싸게 매각하는 위험이다. 두 번째 위험은 주식이 기업의 내재가치 이하에서 거래되는 가치함정(value trap)에 갇힐 위험이다. 가치주가 많은 섹터는 산업재, 금융, 유틸리티 섹터이다.

| 표 3-1 | 성장주와 가치주의 비교

구분	성장주	가치주
PER	높음	낮음
PBR	높음	낮음
이익증가율	높음	낮음
배당률	낮음	높음
매출증가율	높음	낮음
투자포커스	잠재적 가치	본질적 가치
가격산정	미래가치	현재가치
수익원천	자본이득	배당금액
가격수준	고평가	저평가

3) 경기순환주

경기순환주는 경기변동에 따라 영업실적이나 수익의 변화가 심해 경기가 호황이면 높은 성장률을 나타내나 경기가 불황이면 실적이 급속히 악화되는 기업의 주식이 해당된다. 경기에 따라 수요의 변화가 심한 건설, 철강, 화학, 유통, 자동차, 조선, 반도체산업에 해당되는 주식이 경기민감주에 해당한다.

4) 경기방어주

경기방어주는 경기변화에 덜 민감한 주식으로 경기침체기에도 안정적인 주가흐름을 나타낸다. 반면에 경기가 호전되면 다른 주식에 비해 상대적으로 낮은 상승률을 나타낼 가능성이 높다. 일반적으로 불황에도 꾸준한 수요가 있는 음식료, 제약업, 가스나 전력업종에 해당되는 주식이 경기방어주에 해당한다.

5) 대형주, 중형주, 소형주

대형주, 중형주, 소형주를 구분하는 뚜렷한 기준은 없지만 2003년부터 우리나라의 한국거래소에서는 상장법인의 시가총액에 따라 다음과 같이 구분하고 있다. 시가총액을 기준으로 대형주는 시가총액 1~100위까지, 중형주는 시가총액 101~300위까지, 소형주는 시가총액 301위 이하 나머지 종목으로 구성된다.

과거에는 자본금을 기준으로 분류했으나 시장상황 및 주가지수와의 괴리가 발생하고 대부분의 선진국들이 시가총액으로 분류하여 2003년부터 시가총액방식으로 주가지수를 발표하고 있다. 대형주는 유통주식수가 많고 주식분포가 고르며 기관투자가들이 많이 갖고 있어 주가변동폭이 중소형주에 비해 비교적 작다.

표 3-2 대형주와 소형주의 비교

구분	대형주	소형주
기대수익률	낮음	높음
수익변동성	낮음	높음
비정상적 고수익 가능성	낮음	높음
유동성	높음	낮음

6) 우량주(blue chip)

우량주는 주식시장에서 경영성과가 좋고 재무구조가 건실하여 동종업계에서 유력한 지위를 갖는 주식으로 경기변동에 강하고 고수익 및 고배당을 유지하여 신용도와 지명도가 높다. 블루칩의 기원은 트럼프의 포커에서 쓰이는 세 종류(흰색, 빨간색, 청색)의 칩 가운데 비싼 것이 청색칩이라는 데서 유래되었다.

7) 주식예탁증서(DR : depositary receipts)

해외증권시장에서 자본조달수단에는 주권을 국내에서 발행한 후 이를 표창하는 주식예탁증서를 해외에서 발행하여 상장시키는 방법과 해외에서 발행한 주권을 해외증권시장에 직접 상장시키는 방법이 있다. 우리나라는 삼성물산이 1990년 룩셈부르크 증권거래소에 미국달러표시 주식예탁증서를 최초로 상장시켰다.

주식예탁증서는 국내주식을 외국에서 거래하면 주식의 수송·법률·제도 등 여러 가지 문제로 원활한 유통이 어렵다는 문제를 해결하고자 외국의 예탁기관이 해외현지에서 증권을 발행 유통하게 하여 원주와 상호 전환이 가능하도록 한 예탁증서를 말한다. 예탁증서를 발행하려면 보관기관과 예탁기관이 있어야 한다.

주식발행자는 예탁은행과 예탁계약을 맺고 주주의 권리를 증서보유자에게 부여하는데 예탁증서에는 예탁은행과 증서보유자의 권리와 의무가 명시되어 증서보유자가 예탁증서 권면과 원주식을 교환한다. 주식발행자는 주주명부에 예탁은행을 단일주주로 기재하고 예탁은행은 증서보유자에게 배당지급 등의 의무를 진다.

제2절 주식시장의 지표

1. 시장지표의 정의

증권시장에는 아주 많은 증권이 거래되고 있으며 매매거래의 결과 체결되는 가격은 증권마다 천차만별이고 그 등락폭이나 등락률도 각양각색이다. 따라서 주가수준이 전체로서 기간 중에 얼마만큼 등락했는가를 분명하게 알기 위해서는 증권시장전체의 움직임을 나타낼 수 있는 시장지표가 필요하게 된다.

증권시장의 전반적인 동향을 나타내는 증권시장의 기본적인 지표는 종류가 매우 다양하다. 일반적으로 시장지표는 증권회사를 비롯한 증권관계기관에서 발표하고 있는 주요통계지표를 의미한다. 그러나 넓게는 증권회사와 투자정보 제공자가 투자자에게 제공하는 각종 투자지표를 모두 포함하여 말한다.

시장지표는 투자자들에게 합리적인 투자판단의 중요한 자료로 이용될 수 있고, 증권관계기관에게 효율적인 시장관리와 정책결정을 위한 지표로 활용된다. 시장지표는 증권시장이 지리적·제도적으로 구분되어 있는 경우에 각 부분시장마다 특성이 다르기 때문에 이들 각각에 대해 시장지표가 작성된다.

요컨대 제도상으로는 별도로 증권시장이 구분되어 있는 것은 아니지만 어떤 관점에서 보면 동일한 종류라고 생각되는 주식을 모아서 의제적으로 부분시장을 설정하여 이들에 대해 주가지표를 작성할 수 있다. 여기에는 종합지수, 업종별 지수, 자본금 규모로 분류한 대형주 · 중형주 · 소형주 지수 등이 있다.

그리고 계산식의 특성에 의한 분류로서 복수의 주가를 평균함에 있어서 산술평균에 의해 계산하느냐 기하평균에 의하느냐, 또는 단순평균으로 계산하느냐 가중평균으로 계산하느냐 하는 분류가 있다. 이들 중에서 어느 것을 선택하여 계산하느냐에 따라서 지표의 의미와 변동특성이 크게 달라질 수 있다.

증권시장에는 주식시장의 지표로 주가평균, 주가지수, 배당실적, 배당수익률, 주가수익비율, 시가총액, 시가총액회전율, 거래실적 등이 있고 채권시장의 지표에는 채권수익률, 채권지수, 채권거래실적 등이 있다. 여기서는 주식시장의 지표 중 가장 대표적으로 사용되고 있는 주가평균과 주가지수에 대해 살펴본다.

2. 주가평균의 정의

주가평균은 주식시장통계에서 가장 기본적인 평균개념으로 상장종목의 주가합계를 평균한 것을 말한다. 주가는 여러 가지 복합적 요인에 따라 시시각각으로 변화하고 경기변동 및 경제여건도 민감하게 반영하고 있기 때문에 주가평균은 주가수준의 파악은 물론 시장 및 경기동향에 대한 분석의 지표로 중요하다.

(1) 단순주가평균

단순주가평균은 채용종목의 주가합계를 채용종목수로 단순히 나누어 산출한 평균

주가로 계산방법이 간단하고 주가의 일반적인 수준을 단기에 비교하는데 편리하다. 그러나 증자에 따른 권리락이 있거나 채용종목의 변경이 있으면 전일의 주가평균과 당일의 주가평균간에 단층이 발생하여 장기적 추세를 나타낼 수 없다.

우리나라는 한국거래소가 1962년부터 수정주가지수 채용종목에 대해 단순주가평균을 산출하기 시작한 이래 종합주가지수에 대해서도 주가지수와 함께 발표하였다. 1983년 주가지수 산출방법이 시가총액식으로 전환된 이후에도 다양한 주가지수별 채용종목에 대한 단순주가평균이 가중주식평균과 함께 산출되고 있다.

단순주가평균은 채용된 주식종목에 대한 가격을 합계하여 단순히 산술평균한 것으로 식(4.1)과 같이 계산하는데, 채용하고 있는 주식들이 모두 동일한 중요도를 갖고 있는 것으로 가정한다. 따라서 주식시장 전체의 가격수준을 표시할 때 중요도가 상대적으로 크거나 작은 주식의 영향을 적절히 반영하지 못하고 있다.

$$\text{단순주가평균} = \frac{\text{채용종목의 종가합계}}{\text{채용종목수}} \times 100 \tag{3.1}$$

(2) 수정주가평균

수정주가평균은 매일의 주가를 단순주가평균과 마찬가지로 산술평균을 하되 채용종목 중 어느 종목이 권리락, 무상증자, 유상증자, 주식분할 등이 있거나 채용종목의 추가, 삭제, 교체가 있으면 항상제수를 수정하여 조정해 줌으로써 주가평균에 단층을 제거하여 주가평균의 연속성을 유지하는 주가평균을 말한다.

예컨대 권리락의 수정방법은 권리락 전일의 주가를 기준으로 이론상 권리락가격을 계산하고 그것을 기준으로 하여 수정주가를 산출하는 방법(다우식)과 권리락당일의 주가를 기준으로 하는 방법(환원법)이 있다. 일반적으로 다우식 방법이 많이 채용되고 있으며 우리나라도 전에는 다우식 수정방법을 사용하였다.

(3) 가중주가평균

단순주가평균과 수정주가평균은 채용종목의 주가만을 산술평균하나 가중주가평균은 각 종목의 거래량이나 상장주식수를 가중치로 하여 산출한 평균주가를 말한다. 매매거래량을 가중치로 하는 주가평균은 기간의 총거래대금을 총거래량으로, 상장주식수를 가중치로 하는 주가평균은 시가총액을 상장주식수로 나누어 산출한다.

전자는 주가평균이라기보다 1주당 평균매매가격으로 시장의 인기나 경기동향을 보는데 적합하고, 후자는 증권시장의 평균적 주가수준을 파악하는 데 적합하다. 우리나라는 한국거래소가 1983년 주가지수 산출방식을 시가총액방식으로 전환하여 각 지수별로 채용종목의 상장주식수를 가중치로 한 가중주가평균을 산출하고 있다.

요컨대 가중주가평균은 주식의 상대적 중요도를 고려하여 주식시장 전체의 가격수준을 표시하는 방법을 말하며 거래금액, 매매거래량, 상장주식수, 시가총액 등이 가중치로 사용될 수 있다. 따라서 시가총액을 가중치로 사용하는 경우에 가중주가평균은 식 (3.2)와 같이 상장주식 시가총액을 상장주식수로 나누어 산출한다.

$$\text{가중주가평균} = \frac{\text{상장주식 시가총액}}{\text{상장주식수}} \times 100 \tag{3.2}$$

3. 주가지수의 정의

주가지수(stock price index)는 한국거래소(KRX)의 유통시장에서 형성되고 있는 주가변동을 종합적으로 표시한 것을 말한다. 주가지수는 기준시점의 주가수준을 100으로 설정하고 비교시점의 주가수준과 비교하여 산출하는데 경제동향 및 주식시장의 전반적인 동향을 파악할 수 있는 중요한 지표로 활용되고 있다.

주가지수는 주식시장에서 주가예측에 대한 기본적인 정보를 제공하고 주식투자의 평가기준이 될 수 있으며 개별주식이나 포트폴리오의 위험을 측정하는 기준이 된다. 또한 주가지수는 거시경제적 측면에서 특정시점의 경제상황을 나타내는 대표적인 지수일 뿐만 아니라 미래의 경기를 예측하는 선행지표의 역할을 한다.

주가지수는 평균적인 주가변동을 나타내므로 개별주식이나 포트폴리오의 수익성과 위험을 측정하는 기준치가 될 수 있고, 투자기간 동안 개별종목의 가격변동률과 주가지수변동률을 비교하여 투자성과를 측정할 수 있다. 주가지수는 주식시장 전체의 주가변동을 나타내므로 시장전체 수익률의 대용치로 사용될 수 있다.

4. 주가지수의 구분

주가지수는 구성종목, 구성종목간의 가중방법, 평균산정방법 등에 따라 달라진다. 여기서는 구성종목간의 가중방법에 따라 지수를 구성하는 모든 종목의 가격을 합산한

다음 제수로 나누어 산출하는 주가평균방식, 비교시점의 시가총액을 기준시점의 시가총액으로 나누어 산출하는 시가총액방식으로 구분하여 살펴본다.

(1) 주가평균방식

주가평균방식은 주가지수를 구성하는 일부종목의 종가합계를 항상제수로 나누어 구하는 수정주가평균을 지수화한 것으로 기준시점의 수정주가평균에 대한 비율로 표시된다. 주가변동 이외에 주식배당, 주식분할, 유상증자, 무상증자, 상장폐지 등이 발생하면 주가의 연속성을 유지하기 위해 항상제수를 수정해야 한다.

$$주가지수 = \frac{비교시점의\ 수정주가평균}{기준시점의\ 수정주가평균} \times 100 \tag{3.3}$$

예컨대 다우존스 산업평균지수(DJIA), MMI, 일본의 Nikkei 225지수 등은 주가평균방식으로 주가지수를 산출한다. 주가평균방식은 계산방법이 단순하고 이해하기 쉬운 반면에 소형주의 가격변동이 대형주의 가격변동과 동일한 크기로 지수에 영향을 미치므로 시장전체의 가격변동을 제대로 반영하지 못한다는 단점이 있다.

(2) 시가총액방식

시가총액방식은 주가평균방식의 단점을 보완하고 시장전체의 정확한 주가수준을 반영하기 위해 일정시점의 주가지수를 구성하는 전체종목의 시가총액을 100으로 비교시점의 시가총액을 지수화한 것으로 개별기업의 주식가치가 시장전체의 시가총액에서 차지하는 비율에 따라 주식비중을 구성하는 시장포트폴리오와 유사하다.

$$주가지수 = \frac{비교시점의\ 시가총액}{기준시점의\ 시가총액} \times 100 \tag{3.4}$$

예컨대 미국의 S&P 500지수, NYSE 종합지수, 영국의 FTSE 100, 일본의 TOPIX, 한국의 KOSPI 200지수와 스타지수 등은 시가총액방식으로 주가지수를 산출한다. 시가총액방식은 기업가치의 변동이 주가지수에 미치는 영향이 발행주식수에 따라 달라지지 않는다는 점에서 수익률평균지수와 유사하다.

시가총액방식은 개별주식의 주가에 상장주식수를 가중한 주가지수로 비교시점 시가총액을 기준시점 시가총액과 비교한 변동률로 표시된다. 따라서 주식시장 전체의 주가수준을 반영하여 소수 고가주의 영향을 작게 받는 장점이 있지만 시가총액이 큰 종목의 영향을 지나치게 많이 받게 된다는 단점도 있다.

예제 3-1 주가지수의 산정

현재 한국거래소 주식시장에는 A주식과 B주식만이 존재한다고 가정하자. 기준시점과 비교시점에서 A주식과 B주식에 관련된 정보는 다음과 같다.

구분	기준시점		비교시점	
	A	B	A	B
주식가격	20,000원	15,000원	25,000원	18,000원
발행주식수	20만주	40만주	30만주	50만주

1. 주가평균방식 주가지수를 구하시오.
2. 시가총액방식 주가지수를 구하시오.

풀이

1. 기준시점과 비교시점의 주가평균을 구하면 다음과 같다.

$$\text{기준시점 주가평균} = \frac{20,000 + 15,000}{2} = 17,500\text{원}$$

$$\text{비교시점 주가평균} = \frac{25,000 + 18,000}{2} = 21,500\text{원}$$

$$\text{가격가중방식 주가지수} = \frac{21,500}{17,500} \times 100 = 122.86$$

2. 기준시점과 비교시점의 시가총액을 구하면 다음과 같다.

$$\text{기준시점 시가총액} = 20,000\text{원} \times 20\text{만주} + 15,000\text{원} \times 40\text{만주} = 1,000,000\text{만원}$$

$$\text{비교시점 시가총액} = 25,000\text{원} \times 30\text{만주} + 18,000\text{원} \times 50\text{만주} = 1,650,000\text{만원}$$

$$\text{시가총액방식 주가지수} = \frac{1,650,000}{1,000,000} \times 100 = 165$$

5. 국내의 주가지수

우리나라는 1964년부터 1982년 말까지 다우존스식 산출방법에 의해 주가지수를 산출하였다. 그러나 주가변동이 심한 소수종목이 지수에 미치는 영향이 크고 채용종목이 인기업종에 편중되는 다우존스식 방법의 문제점이 제기되면서 1983년부터 주가지수의 산출방법이 시가총액방식으로 전환되었다.

(1) KOSPI지수

코스피(KOSPI : Korea Composite Stock Price Index)지수는 주가에 주식수를 가중한 시가총액식 주가지수로 한국거래소의 유가증권시장에 상장된 모든 주식을 대상으로 산출되니 우선주를 포함하지 않는다. 1983년 1월 4일에 채용된 코스피 기준시점은 1980년 1월 4일로 기준지수는 100포인트이고 산식은 다음과 같다.

$$주가지수 = \frac{비교시점의\ 시가총액}{기준시점의\ 시가총액} \times 100 \qquad (3.5)$$

코스피지수는 한국거래소의 유가증권시장에 상장된 모든 종목을 대상으로 주가에 발행주식수를 가중한 시가총액방식으로 산출하기 때문에 우리나라 주식시장을 대표하는 주가지수이다. 그러나 유상증자, 신규상장, 상장폐지 등이 발생하면 주가지수의 연속성을 유지하기 위해 기준시점의 시가총액을 수정한다.

시가총액식 가중방법에 의한 코스피지수는 시장가치가 큰 대형주의 가격변동이 상대적으로 많은 영향을 미치는 반면에 유통물량이 적은 소형주는 주가지수에 많은 영향을 미치지 못한다. 따라서 실제로 소형주의 많은 종목이 하락하더라도 시가총액이 큰 대형주 몇 종목만 상승하면 코스피지수는 상승한다.

(2) KOSPI 200지수

KOSPI 200지수는 주가지수선물 및 주가지수옵션의 기초자산이 되는 지수로 한국거래소에 상장된 전체주식 중에서 시장대표성, 업종대표성, 유동성이 높은 200개 주식을 대상으로 시가총액방식으로 산정한다. KOSPI 200의 기준시점은 1990년 1월 3일이며 기준지수는 100포인트이고 산식은 다음과 같다.

$$KOSPI\ 200 = \frac{\text{비교시점의 시가총액}}{\text{기준시점의 시가총액}} \times 100 \tag{3.6}$$

(3) KOSPI 100지수

KOSPI 100지수는 KOSPI 200 구성종목 중 시가총액이 큰 100개 종목을 대상으로 한다. 유가증권시장에서 시가총액이 큰 우량종목으로 구성되어 경기침체시 부도발생 등에 따른 종목교체가 발생하지 않는다. KOSPI 100의 기준시점은 2000년 1월 4일이며 기준지수는 1000포인트이고 산식은 다음과 같다.

$$KOSPI\ 100 = \frac{\text{비교시점의 시가총액}}{\text{기준시점의 시가총액}} \times 100 \tag{3.7}$$

(4) KOSDAQ지수

코스닥지수는 코스닥시장에 상장된 모든 주식을 대상으로 산출된 시가총액방식 주가지수로 기준시점은 1996년 7월 1일이며 기준지수는 1,000포인트이다. 코스닥시장은 코스닥 종합지수 이외에 보조지수로서 자본금 규모로 구분한 자본금 규모별 지수와 IT업종과 일반업종으로 구분한 업종별 지수를 발표한다.

| 표 3-3 | 국내의 주요 주가지수

지수명	산출방식	채용종목	기준시점	기준지수
KOSPI	시가총액	유가증권시장 모든 종목	1980. 1. 4	100
KOSPI 200	시가총액	유가증권시장 200 종목	1990. 1. 3	100
KOSPI 100	시가총액	KOSPI 200 구성종목 중 100 종목	2000. 1. 4	1000
KOSDAQ	시가총액	코스닥시장 모든 종목	1996. 7. 1	1000
KRX 100	시가총액	유가증권시장과 코스닥시장의 100 종목	2001. 1. 2	1000
매경지수	다우존스	유가증권시장 100 종목	1980. 1. 4	100
한경지수	다우존스	유가증권시장 80 종목	1994. 1. 3	100

제3절 자본시장의 효율성

1. 효율적 자본시장의 정의

기업의 자금조달에서 중요한 역할을 하는 것은 자본시장이다. 자본시장의 중요한 기능은 여유자금을 가지고 있는 경제주체로부터 자금을 필요로 하는 경제주체에게로 자금이 원활히 이전되도록 하는 것이다. 자본시장이 이러한 역할을 제대로 수행하기 위해서는 다음과 같은 세 가지 측면에서 효율성이 충족되어야 한다.

(1) 운영의 효율성

운영의 효율성(operational efficiency)은 자본시장에 거래비용, 세금, 규제와 같은 거래의 마찰적 요인이 없거나 아주 작아서 증권거래가 원활하게 이루어질 수 있는 상태를 말한다. 운영의 효율성은 내적 효율성(internal efficiency)이라고도 한다.

(2) 정보의 효율성

정보의 효율성(informational efficiency)은 자본시장에서 결정된 주식가격은 주식가격에 영향을 미칠 수 있는 정보를 즉시, 정확하게 그리고 충분히 반영하고 있는 상태를 말한다. 정보의 효율성은 외적 효율성(external efficiency)이라고도 한다.

(3) 배분의 효율성

배분의 효율성(allocational efficiency)은 사회전체적으로 한정된 자금이 생산적인 투자안에 최적으로 배분되어 있는 상태를 말한다. 배분의 효율성은 운영의 효율성과 정보의 효율성이 충족되어야 달성될 수 있다.

2. 효율적 시장가설의 정의

효율적 시장가설(EMH : efficient market hypothesis)은 자본시장에서 결정된 주가는 주가에 영향을 미칠 수 있는 정보를 즉시 그리고 충분히 반영한다는 가설이다. 즉시 반영한다는 것은 정보가 시장에 알려짐과 동시에 반영하고, 충분히 반영한다는 것은 그 정보가 지니고 있는 가치만큼 정확히 반영한다는 의미이다.

예컨대 한밭기업이 주당 100원의 NPV를 갖는 새로운 투자안을 발견했다고 하자. 이러한 사실을 시장에 공시하면 [그림 3-2]에서 보는 바와 같이 공시와 함께 한밭기업의 주가가 100원만큼 상승해야 효율적 시장이라고 할 수 있고, 공시 이후에 주가가 상승하거나 100보다 크게 상승하면 효율적 시장이라고 할 수 없다.

| 그림 3-2 | 효율적 자본시장

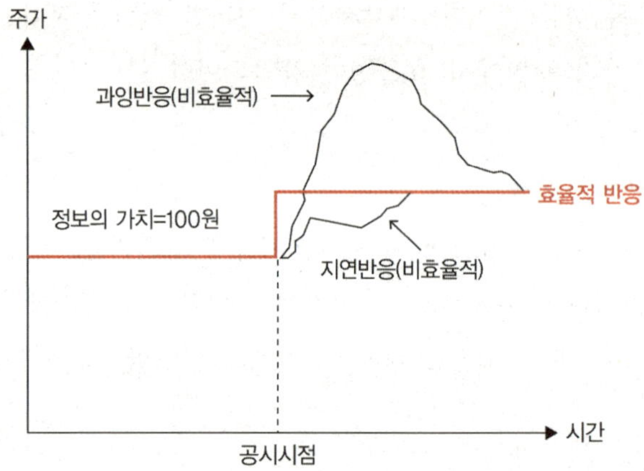

따라서 효율적 시장가설이 성립하면 주가에 반영된 정보는 정보의 가치가 없어 특정 정보를 이용하여 투자해도 비정상적 초과수익을 실현할 수 없다. 그러나 자본시장이 비효율적이어서 지연된 반응을 보이거나 과잉반응을 보일 경우에는 특정 정보를 이용해서 투자할 경우 비정상적인 초과수익을 얻을 수 있게 된다.

3. 효율적 시장가설의 유형

주가에 영향을 미칠 수 있는 모든 이용가능한 정보가 신속하고 충분히 반영되고 있는가는 실증분석의 문제로 효율적 자본시장의 성립여부는 하나의 가설이 되는데, 이를 효율적 시장가설이라고 한다. 파마(E. Fama)는 주가에 반영되는 정보범위에 따라서 효율적 시장가설을 다음과 같은 세 가지의 유형으로 구분하였다.

(1) 약형 효율적 시장가설(weak form EMH)

약형 EMH는 주식가격은 과거의 주식가격이나 거래량과 같은 역사적 정보를 즉시 그리고 충분히 반영하고 있다는 가설을 말한다. 따라서 약형 효율적 시장가설이 성립하는 시장에서는 과거의 역사적 정보가 이미 주가에 반영되어 있기 때문에 기술적 분석에 의해 투자하더라도 초과수익을 얻을 수 없게 된다.

(2) 준강형 효율적 시장가설(semi-strong form EMH)

준강형 EMH는 주식가격은 역사적 정보를 포함하여 기업의 회계정보, 증권회사의 투자자료, 정부의 경제정책 등 공식적으로 이용가능한 정보를 즉시 그리고 충분히 반영하고 있다는 가설을 말한다. 따라서 준강형 효율적 시장가설이 성립하면 기본적 분석에 의해 투자하더라도 초과수익을 얻을 수 없게 된다.

(3) 강형 효율적 시장가설(strong form EMH)

강형 EMH는 주식가격은 이용가능한 모든 정보를 즉시 그리고 충분히 반영하고 있다는 가설을 말한다. 이용가능한 모든 정보에는 공식적으로 이용가능한 정보와 공식적으로 이용불가능한 내부정보까지 포함한다. 강형 효율적 시장가설이 성립하면 내부정보를 이용하여 투자하더라도 초과수익을 얻을 수 없다.

자본시장의 효율성의 정도를 확인하기 위해 효율적 시장가설을 세 가지 유형으로 구분하였다. 강형 효율적 시장가설이 성립하는 시장은 준강형 효율적 시장가설만 성립하는 시장보다 효율적인 시장이고, 준강형 효율적 시장가설이 성립하는 시장은 약형 효율적 시장가설만 성립하는 시장보다 효율적 시장이다.

따라서 강형 효율적 시장가설이 성립하는 시장은 약형 및 준강형 효율적 시장가설이 당연히 성립하는 시장이고, 준강형 효율적 시장가설이 성립하는 시장은 약형 효율적 시장가설이 당연히 성립하는 시장이다. 이러한 정보의 종류와 효율적 시장가설의 관계를 도시하면 [그림 3-3]과 같이 제시할 수 있다.

▌그림 3-3▐ 정보의 종류와 효율적 시장가설

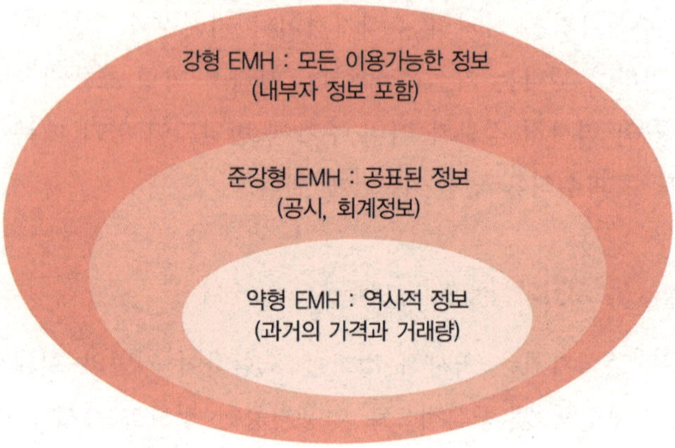

보론 3-1 주식시세표

주식시세표는 한국거래소 상장기업과 코스닥 등록기업의 모든 거래현황이 담겨 있기 때문에 종목별 시가와 종가, 최고가격과 최저가격, 거래량, 전일 종가대비 등락이 얼마인지를 한눈에 파악할 수 있다. 따라서 주식시장의 거래현황을 보여주는 현황판이자 내일의 투자를 위한 작전지도라고 할 수 있다.

주식시세표에서 종목명은 주식을 발행한 기업의 명칭을 말하며, 각 종목에는 고유한 6자리의 코드번호가 부여된다. 신주와 우선주 및 전환사채가 발행되는 경우에는 종목명 뒤에 각각 신, 우, 전환을 추가하여 종목을 구분한다. 보통주의 끝자리코드번호는 0으로 끝나고, 우선주의 코드번호는 5로 끝난다.

삼성전자의 코드번호 옆에 알파벳은 주식의 액면가를 구분하는 기호이다. A는 액면가 100원, B는 액면가 200원, C는 액면가 500원, D는 액면가 1,000원, 무표시는 액면가 5,000원을 뜻한다. 우리나라 주식의 액면가는 상법상 1주당 100원 이상으로 되어 있으며 액면주 전부가 균일해야 한다고 규정하고 있다.

당일 거래에서 최초로 성립된 주가를 시가(始價), 마지막으로 성립된 가격을 종가(終價), 당일 체결된 가격 중에서 가장 높은 가격을 고가(高價), 가장 낮은 가격을 저가(低價)라고 한다. 주가의 등락은 전일의 종가를 기준으로 표시되는데, 상승(△), 하락(▽), 상한가(↑) 그리고 하한가(↓)로 표시한다.

거래량은 주식매매량을 나타내며 주식시장이 강한 상태에 있는지 약한 상태에 있는지를 보여주는 중요한 지표이다. 시장이 장기 침체상황에 있을 때 거래량이 증가하면 시장은 상승경향으로 움직임을 보인다고 판단할 수 있고, 거래량 증가는 주가상승보다 먼저 나타나므로 증시를 전망하는 중요한 지표이다.

표 3-4 주식시세표(2020년 2월 20일)

종목명(코드번호)	종가	등락	시가	고가	저가	거래량
삼성전자(005930 A)	60,000	▽200	60,700	61,300	59,600	14,591,924
현대차우(005385)	73,600	▽400	74,700	75,300	73,500	33,962
SK텔레콤(017670 C)	222,000	▽3,000	225,000	225,500	222,000	195,361
POSCO(005490)	215,500	▽1,000	217,000	218,500	214,000	203,605

보론 3-2 유상증자와 무상증자

기업은 수권자본금의 범위내에서 이사회의 결의에 따라 신주를 발행하여 일정액의 자본금을 증가시킬 수 있다. 증자의 유형에는 기업이 신주를 발행하면 주주들이 출자를 하여 자본금이 증가하는 실질적인 유상증자와 자본금이 증가해도 현금유입이 발생하지 않는 형식적인 무상증자로 크게 대별된다.

1. 유상증자

기업이 유상증자로 필요한 자본을 조달할 때 신주발행은 자금조달의 차원을 넘어 경영권의 재분배라는 부수적인 결과를 가져온다. 따라서 신주를 발행하여 누구에게 판매할 것인가 하는 문제는 중요하다. 우리나라는 신주발행시 기업의 직접적인 이해관계자인 기존주주에게 우선적으로 신주를 할당하고, 기존주주가 배정된 주식을 인수하지 않아서 발생되는 실권주만 투자자를 대상으로 일반공모를 실시한다.

신주를 전액 기존주주에게 할당하여 시장가격보다 낮은 가격으로 할인발행하면 주당가격은 낮아지지만 주주의 기존 투자액과 신주인수로 인한 투자액의 합은 유상증자 이후의 총투자가치와 일치하여 실질적인 부의 변화는 없다. 또한 신주의 발행가격이 시장가격과 동일하게 결정하는 시가발행의 경우에는 일반공모를 하더라도 기존주주의 지분율이 희석되는 것 이외에 주주의 실질적인 부는 변하지 않는다.

2. 무상증자

무상증자는 준비금과 적립금을 자본금으로 적립하고 자본금의 증가액만큼 신주를 발행하여 기존주주들에게 무상으로 교부하는 것으로 주식대금의 납입없이 자본금을 증가시키므로 형식적 증자라고 한다. 무상증자는 회계상 자본계정간의 변동만 있을 뿐 실질적인 자본조달이 이루어지는 것이 아니기 때문에 발행주식수만 증가하고 기업의 자산가치와 자기자본의 합계는 변동이 없어 주주의 부도 변하지 않는다.

우리나라는 액면가액을 기준으로 배당을 결정하여 주식수 증가는 주주에게 실질적인 배당의 증가를 제공하며 무상증자가 기업의 긍정적인 미래전망을 시장에 알리는 수단으로 사용된다. 따라서 무상증자가 주가상승을 가져와 시장에서 실제 권리락주가는 이론 권리락주가보다 더 높게 형성되는 경우가 있다. 이러한 결과는 무상증자를 실시한 기업에 대한 긍정적인 정보가치에 의한 것으로 해석될 수 있다.

• 핵 심 요 약 •

제1절 주식의 개요

1. 주식의 정의 : 자본의 구성분자, 주주의 권리의무
2. 주식의 종류
   (1) 상법상 분류 : 보통주, 우선주, 상환주, 전환주
   (2) 특성상 분류 : 성장주, 가치주, 경기순환주, 경기방어주, 우량주, 주식예탁증서

제2절 주식시장의 지표

1. 시장지표의 정의 : 자본시장의 상태나 동향에 관한 모든 지표
2. 주가평균의 정의 : 단순주가평균, 수정주가평균, 가중주가평균
3. 주가지수의 정의 : 일정시점 주식가격을 100으로 산출한 주가의 지수
4. 주가지수의 구분 : 주가평균방식, 시가총액방식
5. 국내의 주가지수 : KOSPI, KOSPI 200, KOSPI 100, KOSDAQ

제3절 자본시장의 효율성

1. 효율적 자본시장의 정의 : 운영의 효율성, 정보의 효율성, 배분의 효율성
2. 효율적 시장가설의 정의
   효율적 시장가설(EMH)은 자본시장에서 결정된 주가는 주가에 영향을 미칠 수 있는 정보를 즉시 그리고 충분히 반영한다는 가설
3. 효율적 시장가설의 유형
   (1) 약형 효율적 시장가설 : 주가는 과거의 주가나 거래량과 같은 역사적 정보를 즉시 그리고 충분히 반영하고 있다는 가설
   (2) 준강형 효율적 시장가설 : 주가는 역사적 정보를 포함하여 공식적으로 이용가능한 정보를 즉시 그리고 충분히 반영하고 있다는 가설
   (3) 강형 효율적 시장가설 : 주가는 이용가능한 모든 정보를 즉시 그리고 충분히 반영하고 있다는 가설

연·습·문·제

1 **다음 중 채권과 주식에 설명으로 적절하지 않은 것은?**

① 채권은 타인자본으로 계상하고, 주식은 자기자본으로 계상한다.
② 채권은 대부분 기한부증권이지만 주식은 영구증권이다.
③ 채권은 원금상환의무가 있으나 주식은 원금상환의무가 없다.
④ 회사가 해산하면 주주는 채권자에 우선하여 변제받을 권리가 있다.

| 해설 | 회사가 해산하면 채권자는 주주에 우선하여 변제받을 권리가 있다.

2 **다음 중 주식에 대한 설명으로 옳은 것은?**

① 주식은 자본의 구성분자로서 상법은 균등한 액면가로 표시된 액면주식만을 인정한다.
② 주식은 원칙적으로 단위미만으로 세분할 수 없으나 주식을 분할하는 경우는 예외이다.
③ 주식은 병합하여 수개의 주식을 합해 종전의 주식수를 줄일 수 없다.
④ 상법상 기명주식이 원칙이고 무기명주식은 주주총회 결의가 있으면 발행된다.

| 해설 | ② 주식의 최소단위는 1주이므로 그 단위 미만으로 세분화할 수 없다.
③ 주식병합은 수개의 주식을 그보다 작은 수의 주식으로 합하는 것을 말한다.
④ 무기명주식은 정관에 규정이 있는 경우에만 발행할 수 있다.

3 **다음 중 주식에 대한 설명으로 적절하지 않은 것은?**

① 주식은 주식회사의 자본을 구성하는 출자단위이다.
② 주식회사는 무액면주식을 발행할 수 없다.
③ 수종의 주식을 발행한 경우 정관에 각종 주식의 내용과 수를 정해야 한다.
④ 전환주식의 전환은 그 청구를 한 때가 속하는 영업연도말에 효력이 발생한다.

| 해설 | 전환주식의 전환은 전환을 청구한 때에 효력이 발생한다.

4 **다음 중 주식에 대한 설명으로 적절하지 않은 것은?**

① 주식은 사원의 지위를 의미한다.
② 주식의 공유는 가능하지만 분할소유는 인정하지 않는다.
③ 무기명주식과 무액면주식은 정관의 규정에 의해 발행할 수 없다.
④ 기명주식을 소유한 주주가 권리를 행사함에는 주권을 제시할 필요가 없다.
⑤ 액면주식의 권면액은 100원 이상 균일해야 한다.

| 해설 | 정관에 규정이 있으면 무액면주식을 발행할 수 있으나, 상법은 무액면주식의 발행은 인정하지 않는다.

5 다음 중 주식에 대한 설명으로 적절하지 않은 것은?

① 주식은 자본의 구성단위로서의 의미와 주주권으로서의 의미가 있다.

② 주식 1주의 액면가액은 100원 이상 균일해야 한다.

③ 발행주식의 시가총액은 회사의 자본금이 된다.

④ 시가발행시 액면초과금의 총액은 주식발행초과금으로 자본잉여금이 된다.

| 해설 | 발행주식의 액면총액이 자본금이 된다.

6 다음 중 주식에 대한 설명으로 적절하지 않은 것은?

① 혼합주는 이익배당에서 보통주에 우선하지만 잔여재산분배에서 열등한 지위에 있는 주식을 말한다.

② 상법은 보통주에 상환권을 주는 것을 금지하고 있다.

③ 주주의 권리는 주주평등의 원칙에 의한다.

④ 주권상장법인은 무의결권 주식을 총발행주식수 1/4을 초과하여 발행할 수 없다.

| 해설 | 주권상장법인은 무의결권 주식을 총발행주식수 1/2까지 발행할 수 있다.

7 다음 중 주식에 대한 설명으로 적절하지 않은 것은?

① 일반적으로 가치주는 고PER주, 고PBR주, 고PSR주를 말한다.

② 경기순환주는 건설, 자동차, 철강, 조선업 등에 해당되는 주식을 말한다.

③ 일반적으로 유통주식수가 많고 주식분포가 고르며 기관투자가들이 많이 가지고 있어 주가의 변동폭이 상대적으로 적은 주식을 대형주라고 한다.

④ 블루칩은 수익과 재무내용이 좋고 유력한 지위를 갖고 있어 일반적으로 고수익과 고배당의 경향이 높은 주식을 말한다.

| 해설 | 가치주는 저평가상태로 방치된 종목에 투자하여 초과수익률을 얻는 투자전략을 말한다. 저평가되었다고 판단하는 기준에는 PER, PBR, PSR, 배당수익률 등이 있다.

8 **다음 중 주식 및 주식회사에 대한 설명으로 적절한 것은?**

① 주식회사는 필수적으로 주주총회, 이사회, 감사의 세 기관을 가져야 한다.

② 주식회사는 자본없이도 성립할 수 있다.

③ 주주는 회사에 출자의무를 부담하며, 채권자에 대해 일정 부분의 책임을 진다.

④ 주주권은 의결권, 소수주주권 등의 공익권과 이익배당청구권, 신주인수권, 잔여재산분배청구권 등의 자익권으로 구분할 수 있다.

| 해설 | ① 주식회사의 기관에는 필수기관으로 최고 의사결정기관인 주주총회, 업무집행기관인 이사회와 대표이사, 감독기관인 감사가 있으며, 임시기관으로 검사인, 상담역, 고문 등이 있다.
② 주식회사는 자본없이는 성립할 수 없다.
③ 주주는 주식인수가액에 한정되는 유한책임을 부담한다.

9 **다음 중 주식의 의결권과 관련한 내용으로 적절하지 않은 것은?**

① 보통주는 의결권이 부여된 경우가 일반적이다.

② 우선주도 의결권을 부여하는 경우가 일반적이다.

③ 회사가 의결권이 없는 주식을 발행하는 경우 정관에 그 조건을 정해야 한다.

④ 회사가 의결권이 제한되는 주식을 발행할 경우 정관에 그 조건을 정해야 한다.

| 해설 | 우선주는 보통주에 비해 이익배당이나 잔여재산분배에 우선권이 있는 반면에 주주총회에서 의결권을 행사할 수 없는 경우가 일반적이다.

10 **다음 중 상환주식과 의결권 없는 주식에 대한 설명으로 옳지 않은 것은?**

① 상환주식과 의결권 없는 주식은 이익배당우선주에 한해 발행할 수 있다.

② 상환주식을 상환하는 경우에는 자본감소의 절차가 필요없다.

③ 상환주식이 상환되면 회사가 발행한 주식수가 감소한다.

④ 상환주식을 발행하면 상법에 의해 매년 일정액을 상환자금으로 적립해야 한다.

| 해설 | 상환주식을 발행하는 경우에 적립의무규정은 없고, 이익으로 상환하면 된다.

11 **다음 중 의결권 없는 주식에 대한 설명으로 옳지 않은 것은?**

① 의결권 없는 주식은 보통주로는 발행할 수 없다.

② 의결권 없는 주식의 총수는 총발행주식수의 1/4을 초과하지 못한다.

③ 상장회사는 총발행주식수의 1/2까지 의결권 없는 주식을 발행할 수 있다.

④ 의결권 없는 주식의 주주는 창립총회에서 의결권행사를 하지 못한다.

| 해설 | 의결권 없는 주식은 종류주주총회나 창립총회에서는 의결권을 행사할 수 있다.

12 **다음 중 무액면주식의 특징으로 적절하지 않은 것은?**

① 주권에 액면가액은 표시되지 않고 주식수만 표시된다.

② 주식의 분할이나 병합을 통한 주가조절과 자금조달이 어렵다.

③ 우리나라 상법상 주식회사는 주식의 전부를 무액면주식으로 발행할 수 있다.

④ 무액면주식을 발행하는 경우 액면주식의 발행은 불가능하다.

| 해설 | 무액면주식은 주식의 분할이나 병합을 통한 주가조절이 용이하고 액면가액에 관계없이 신주를 발행할 수 있어 기업의 자금조절도 쉬워진다.

13 **다음 중 우선주에 대한 설명으로 적절하지 않은 것은?**

① 일반적으로 우선주는 고정적 배당률을 확정해 놓는다.

② 전환우선주는 주주의 청구에 의해 보통주로 전환되는 것이 일반적이다.

③ 참가적 우선주는 고정된 배당금을 받는 대신 추가배당금은 받지 못한다.

④ 누적적 우선주는 당기에 배당을 받지 못하면 차기에 이를 보상받을 수 있다.

| 해설 | 참가적 우선주는 소정비율의 우선배당을 받고도 이익이 남을 경우 보통주와 더불어 추가배당을 받을 수 있다.

14 **다음 중 상환우선주에 대한 설명으로 적절하지 않은 것은?**

① 회사의 이익으로 소각할 수 있는 주식을 말한다.

② 상환을 청구할 수 있는 상환권은 반드시 회사가 갖는다.

③ 회사가 상환권을 갖는 주식을 callable preferred shares라고 한다.

④ 상법상 자본으로 분류되지만 국제회계기준은 금융부채로 분류한다.

| 해설 | 상환권은 회사가 가질 수도 있고, 주주가 가질 수도 있다.

15 **다음 중 이익배당에서는 보통주에 우선하고 잔여재산에서는 열등한 지위에 있는 주식은?**

① 전환주 ② 혼합주 ③ 상환주 ④ 우선주

| 해설 | 혼합주는 어떤 권리에는 우선적 지위가 부여되고 다른 권리에는 후위적 지위가 부여되는 주식을 말한다. 혼합주는 주로 이익배당에서는 우선주로서의 성격을 가지며, 잔여재산의 분배에서는 후배주로서의 성격을 갖는 것이 특징이다.

16 **다음 중 가치주 투자에 대한 설명으로 적절한 것은?**

① 기업의 성장성에 주목하여 성장성이 높은 기업에 투자한다.

② 기업의 내재가치에 주목하여 과소평가된 기업에 투자한다.

③ 상대적으로 가격변동성이 높은 기업에 투자한다.

④ 정보의 신속성을 중시한다.

| 해설 | 가치주는 기업의 내재가치에 주목하여 과소평가된 기업에 투자한다.

17 **다음 중 주식의 특성상 분류에 대한 설명으로 옳게 짝지은 것은?**

> 가. 일반적으로 상당기간 동안 안정적인 이익창출과 배당지급을 실행한 기업을 말하며 수익과 재무내용이 좋고 업계에서 유력한 지위를 갖고 있는 주식
> 나. 기업의 영업실적과 수익의 증가율이 시장의 평균보다 높을 것으로 기대되는 주식

① 가 : 블루칩, 나 : 성장주　② 가 : 대형주, 나 : 가치주

③ 가 : 가치주, 나 : 경기순환주　④ 가 : 가치주, 나 : 경기방어주

| 해설 | 대형주는 시가총액 상위 100위 이내인 은행, 건설, 화학, 조선, 철강 등을 말한다. 경기순환주는 호황시 주가가 급등하고 불황시 주가가 급락하는 건설, 화학, 자동차, 조선업종을 말하고, 경기방어주는 약세장에서 잘 하락하지 않는 음식료, 제약업종 등을 말한다.

18 **다음 중 주식의 특성상 분류에 대한 설명으로 옳게 연결된 것은?**

> ㉠ 주식의 내재가치보다 현재의 주가수준이 상당히 낮게 형성되어 있는 주식
> ㉡ 기업의 수익구조가 지속적으로 향상되어 이익의 증가가 큰 회사의 주식
> ㉢ 경기변화에 관계없이 경기침체에도 안정적인 주가흐름을 나타내는 주식
> ㉣ 경기가 변동할 때마다 주가가 큰 폭으로 오르내리는 기업의 주식

① ㉠ 성장주, ㉡ 가치주, ㉢ 경기민감주, ㉣ 경기방어주

② ㉠ 성장주, ㉡ 가치주, ㉢ 경기방어주, ㉣ 경기민감주

③ ㉠ 가치주, ㉡ 혼합주, ㉢ 경기방어주, ㉣ 경기민감주

④ ㉠ 가치주, ㉡ 성장주, ㉢ 경기방어주, ㉣ 경기민감주

| 해설 | ㉠ 가치주, ㉡ 성장주, ㉢ 경기방어주, ㉣ 경기민감주에 대한 설명이다.

19 **주가지수 산출방법에는 주가평균방식과 시가총액방식이 있다. 다음 중 시가총액방식으로 산출하지 않는 주가지수는?**

① 다우존스공업지수(DJIA) ② NYSE 종합지수
③ KOSPI 200지수 ④ 영국의 FTSE 100

| 해설 | 다우존스공업지수는 주가평균방식으로 주가지수를 산출한다.

20 **다음 중 아래의 설명과 관련이 있는 효율적 시장가설로 옳은 것은?**

주가는 공개적인 정보뿐만 아니라 사적인 모든 정보까지 완전하게 반영하여 투자자는 평균 이상의 초과수익을 얻을 수 없다.

① 약형 효율적 시장가설 ② 준강형 효율적 시장가설
③ 강형 효율적 시장가설 ④ 완전 효율적 시장가설

| 해설 | 강형 효율적 시장가설은 주가는 공적인 정보는 물론 사적인 모든 정보까지 완전하게 반영하여 어떤 투자자도 평균 이상의 초과수익을 달성할 수 없다. 이러한 강형 효율적 시장은 모든 정보가 투자자들에게 비용없이 동시에 이용가능한 완전시장을 가정하고 있다.

정답

1.④ 2.① 3.④ 4.③ 5.③ 6.④ 7.① 8.④ 9.② 10.⑤
11.④ 12.② 13.③ 14.② 15.② 16.② 17.① 18.④ 19.① 20.③

C·h·a·p·t·e·r 04

주식가치의 평가

투자자의 투자결정은 현재시점에서 이루어지고 투자결정에 따른 현금흐름은 미래시점에 발생한다. 따라서 동일한 금액이라도 발생시점에 따라 가치가 달라지기 때문에 현금흐름은 동일한 시점의 가치로 환산할 수 있어야 한다. 이러한 과정이 화폐의 시간가치이며 증권투자 전반에 적용되는 기본개념이다.

제1절 화폐의 시간가치

1. 유동성선호의 개요

(1) 유동성선호의 정의

일반적으로 사람들은 동일한 금액이라면 미래의 현금흐름보다는 현재의 현금흐름을 선호하는 경향이 있는데, 이러한 성향을 유동성선호(liquidity preference)라고 한다. 이와 같은 유동성선호로 인하여 화폐의 가치가 시간에 따라서 달라지게 되는데, 이를 화폐의 시간가치(time value of money)라고 한다.

(2) 유동성선호의 이유

다른 조건이 동일하다면 사람들은 미래의 현금흐름보다는 현재의 현금흐름을 더 좋아하는 유동성선호가 화폐의 시간가치를 발생시킨다. 유동선선호가 존재하는 구체적 원인은 다음과 같이 소비에 대한 시차선호, 실물투자기회의 존재, 물가상승의 가능성, 미래의 불확실성 네 가지로 설명할 수 있다.

① 시차선호(time preference)

일반적으로 사람들은 미래의 소비보다는 현재의 소비를 선호하는 시차선호의 성향이 있다. 왜냐하면 인간의 수명은 유한하여 동일한 금액을 소비할 경우에 미래의 소비보다는 현재의 소비를 선호하기 때문이다.

② 투자기회(investment opportunity)

현재의 현금은 새로운 투자기회가 주어질 경우에 생산활동을 통해 높은 수익을 얻을 수 있다. 따라서 현재의 현금을 소비하지 않고 다른 재화를 생산하는 실물자산에 투자하면 미래에 더 많은 현금을 창출할 수 있다.

③ 물가상승(inflation)

인플레이션은 통화량의 증가로 화폐가치가 하락하여 모든 상품의 물가가 지속적으로 상승하는 경제현상을 말한다. 따라서 인플레이션이 발생하면 물가가 상승하여 미래의 현금은 실질구매력이 감소할 가능성이 존재한다.

④ 불확실성(uncertainty)

미래의 현금은 불확실성으로 인해 항상 실현되지 않을 가능성을 나타내는 위험이 존재하게 된다. 따라서 현재의 현금은 위험이 없어 확실한 반면에 미래의 현금은 위험이 있어 불확실하다고 할 수 있다.

2. 시장이자율의 개요

(1) 시장이자율의 정의

유동성선호로 인해 사람들이 선호하는 현재의 현금을 포기하도록 유도하기 위해서는 미래에 더 많은 현금을 보장해 주어야 한다. 시장이자율은 사람들의 유동성선호를 반영하여 더 많은 현금을 보장해 주는 대가를 말하며, 현금흐름의 발생시점이 서로 다른 화폐의 시간가치를 반영하는 척도로 사용된다.

시장이자율의 크기는 유동성선호를 유발하는 네 가지 요인의 정도에 의해 결정된다. 실질이자율(real interest rate)은 소비에 대한 시차선호와 실물투자기회의 생산성을 반영하여 결정된 이자율을 말하고, 여기에 기대인플레이션율의 영향을 반영한 이자율을 명목이자율(nominal interest rate)이라고 한다.

| 그림 4-1 | 시장이자율의 결정

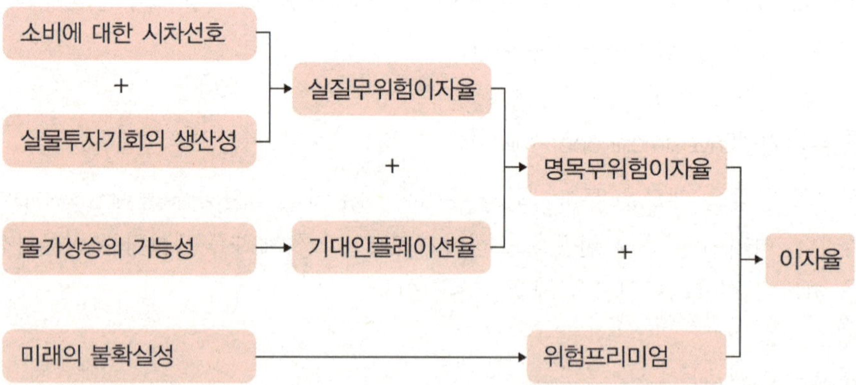

(2) 시장이자율의 구성

시장이자율은 시차선호, 투자기회, 물가상승, 불확실성을 반영해서 결정되고 무위험이자율(R_f : risk free rate)과 위험프리미엄(RP : risk premium)으로 구성된다. 여기서 무위험이자율은 시차선호, 투자기회, 물가상승에 대한 대가를 나타내고, 위험프리미엄은 미래의 불확실성에 대한 대가를 나타낸다.

$$\text{시장이자율} = \text{무위험이자율}(R_f) + \text{위험프리미엄}(RP) \tag{4.1}$$

$$\text{요구수익률} = \text{무위험이자율}(R_f) + \text{위험프리미엄}(RP) \tag{4.2}$$

$$\text{채권수익률} = \text{무위험이자율}(R_f) + \text{위험프리미엄}(RP) \tag{4.3}$$

위험자산인 지분증권(주식)에 투자할 경우에 주주들이 요구하는 수익률은 무위험이자율과 체계적 위험을 부담하는 대가인 위험프리미엄으로 구성된다. 그리고 무위험자산인 채무증권(채권)에 투자할 경우에 채권수익률도 무위험이자율과 체계적 위험을 부담하는 데 대한 대가인 위험프리미엄으로 구성된다.

3. 단일현금의 미래가치와 현재가치

유동성선호로 인해 화폐의 시간가치가 존재하고, 화폐의 시간가치를 나타내는 척도가 시장이자율이다. 화폐의 시간가치는 현재가치와 미래가치로 구분된다. 현금흐름이 일정시점에 한번 발생하는 단일현금흐름의 경우 현재가치(PV)와 미래가치(FV)는 상대적인 개념에 해당하므로 역수의 관계가 성립한다.

(1) 미래가치와 복리계산

미래가치(FV : future value)는 현재의 일정금액을 미래의 특정시점에 평가한 가치로 현재의 금액과 동일한 가치를 갖는 미래의 금액을 말한다. 현재의 일정금액(PV)을 연 r%의 시장이자율로 연간 1회 복리계산할 경우에 매년 적용되는 이자율이 일정하다면 미래가치(FV)는 다음과 같이 구할 수 있다.

▌그림 4-2▌ 복리계산의 과정

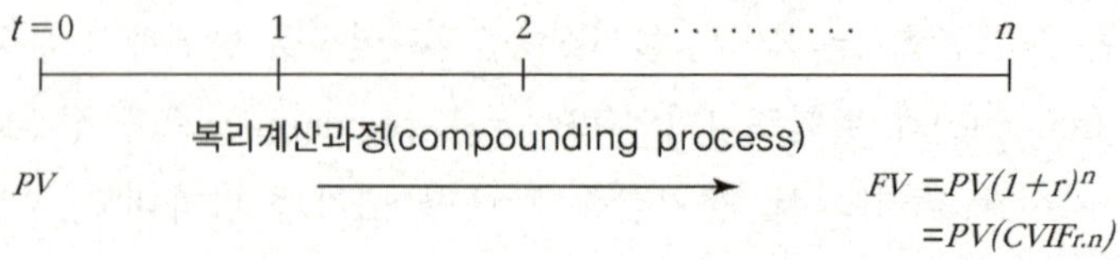

① 1기간 후의 미래가치(FV_1)

$$FV_1 = PV(1+r)^1 \tag{4.4}$$

② 2기간 후의 미래가치(FV_2)

$$FV_2 = PV(1+r)^2 = FV_1(1+r)^1 \tag{4.5}$$

③ 3기간 후의 미래가치(FV_3)

$$FV_3 = PV(1+r)^3 = FV_1(1+r)^2 = FV_2(1+r)^1 \tag{4.6}$$

④ n기간 후의 미래가치(FV_n)

$$FV_n = PV(1+r)^n \tag{4.7}$$

식(4.7)에서 $(1+r)^n$은 현재 1원에 대한 n기간 후의 미래가치를 나타내는데, 이를 복리이자요소(CVIF : compound value interest factor)라고 한다. 본서의 부록에 제시된 [표 1]의 복리이자요소를 이용하면 미래가치를 쉽게 구할 수 있다. 이와 같이 미래가치를 구하는 과정을 복리계산(compounding)[1] 과정이라고 한다.

---

1) 이자의 계산방법에는 단리와 복리가 있다. 단리는 원금에 대한 이자만 계산하고 이자에 대한 이자는 고려하지 않는다. 복리는 원금뿐만 아니라 이자에 대해서도 이자를 계산한다. 재무관리에서는 복리로 이자를 계산한다.

예제 4-1 연간 복리계산 1회의 미래가치

홍길동이 현금 100,000원을 연간 이자율이 10%인 정기예금에 가입할 경우 10년 후에 받을 수 있는 금액을 단리와 복리로 계산하면 얼마인가?

풀이

1. 단리(simple interest)

$$FV_{10} = PV(1+r\times n) = 100,000(1+0.1\times 10) = 200,000\text{원}$$

2. 복리(compound interest)

$$FV_{10} = PV(1+r)^{10} = 100,000(1+0.1)^{10} = 259,370\text{원}$$

$$= 100,000\times 2.5937(CVIF) = 259,370\text{원}$$

(2) 현재가치와 할인계산

현재가치(PV : present value)는 미래의 일정금액을 현재시점에 평기한 가치로 미래가치와 현재가치는 상대적인 개념에 해당하여 미래의 일정금액(FV)을 연 r%의 시장이자율로 연간 1회 할인계산할 경우에 매년 적용되는 시장이자율이 일정하다고 가정하면 현재가치(PV)는 다음과 같이 계산할 수 있다.

| 그림 4-3 | 할인계산의 과정

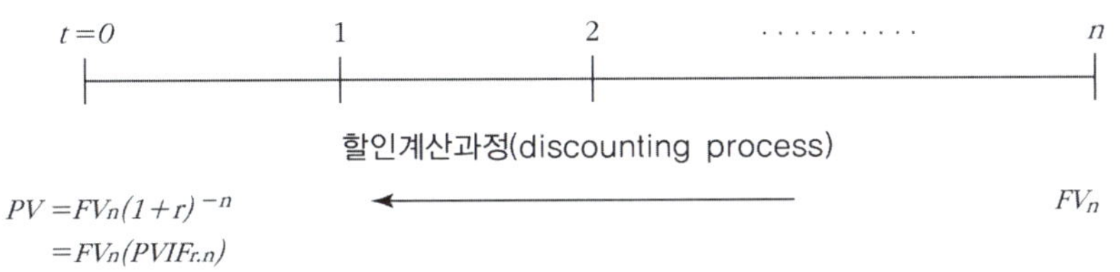

① 1기간 후 현금흐름의 현재가치(PV)

$$PV = \frac{FV_1}{(1+r)^1} = FV_1 \times \frac{1}{(1+r)^1} = FV_1 \times (1+r)^{-1} \tag{4.8}$$

② 2기간 후 현금흐름의 현재가치(PV)

$$PV = \frac{FV_2}{(1+r)^2} = FV_2 \times \frac{1}{(1+r)^2} = FV_2 \times (1+r)^{-2} \qquad (4.9)$$

③ 3기간 후 현금흐름의 현재가치(PV)

$$PV = \frac{FV_3}{(1+r)^3} = FV_3 \times \frac{1}{(1+r)^3} = FV_3 \times (1+r)^{-3} \qquad (4.10)$$

④ n기간 후 현금흐름의 현재가치(PV)

$$PV = \frac{FV_n}{(1+r)^n} = FV_n \times \frac{1}{(1+r)^n} = FV_n \times (1+r)^{-n} \qquad (4.11)$$

식(4.11)에서 $1/(1+r)^n$은 n기간말 1원의 현재가치를 나타내며, 이를 현가이자요소(PVIF : present value interest factor)라고 한다. 본서의 부록에 제시된 [표 3]의 현가이자요소를 이용하면 현재가치를 쉽게 계산할 수 있다. 이와 같이 현재가치를 구하는 과정을 할인계산(discounting) 과정이라고 한다.

예제 4-2 연간 할인계산 1회의 현재가치

이태백은 3년 후 10,000만원이 소요될 것으로 추정되는 조그마한 개인사업을 고려하고 있다. 이태백이 연 10%로 복리계산되는 정기예금에 얼마나 저축을 해야 3년 후에 사업자금을 마련할 수 있겠는가?

풀이

$$PV = \frac{FV_3}{(1+r)^3} = \frac{10,000}{(1+0.1)^3} = 7,513\text{만원}$$

4. 복수현금의 미래가치와 현재가치

(1) 연금의 미래가치

연금의 미래가치는 여러 시점에 걸쳐서 매기 동일하게 발생하는 현금흐름을 미래시점의 가치로 환산한 금액을 말한다. 연금의 미래가치는 초항이 C이고 공비가 (1+r)이며 항의 수가 n인 유한등비수열의 합을 이용하여 구할 수 있다.

| 그림 4-4 | 연금의 현금흐름

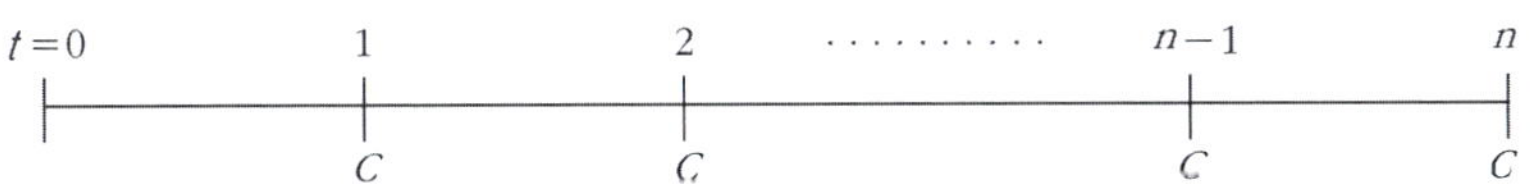

$$FV(\text{연금}) = C(1+r)^{n-1} + C(1+r)^{n-2} + \cdots + C(1+r)^1 + C \qquad (4.12)$$

$$= C[\frac{(1+r)^n - 1}{r}] = C \times CVIFA(r,n)$$

식(4.12)에서 $\{(1+r)^n - 1\}/n$은 매기말 1원씩 발생하는 연금의 미래가치를 나타내는데, 이를 연금의 복리이자요소(CVIFA)라고 한다. 본서의 부록에 제시된 [표 2]를 이용하면 연금의 미래가치를 쉽게 구할 수 있다.

예제 4-3 연금의 미래가치

연간 이자율이 10%로 일정할 경우 향후 3년 동안 매기말에 500,000원씩 발생하는 현금흐름의 미래가치를 계산하시오.

풀이

$$FV_3(\text{연금}) = C[\frac{(1+r)^n - 1}{r}] = 500,000[\frac{(1.1)^3 - 1}{0.1}] = 1,655,000\text{원}$$

$$= C \times CVIFA(t,n) = 500,000 \times 3.3100 = 1,655,000\text{원}$$

(2) 연금의 현재가치

연금의 현재가치는 미래의 여러 시점에 매기 동일하게 발생하는 현금흐름을 현재시점의 가치로 환산한 금액을 말한다. 연금의 현재가치는 초항이 C/(1+r)이고 공비가 1/(1+r)이며 항의 수가 n인 유한등비수열의 합을 이용하여 구할 수 있다.

$$PV(\text{연금}) = \frac{C}{(1+r)^1} + \frac{C}{(1+r)^2} + \cdots + \frac{C}{(1+r)^{n-1}} + \frac{C}{(1+r)^n} \tag{4.13}$$

연금 ⓐ의 현재가치는 영구연금 ⓒ의 현재가치에서 영구연금 ⓑ의 현재가치를 차감하여 구할 수도 있다.

| 그림 4-5 | 연금의 현재가치

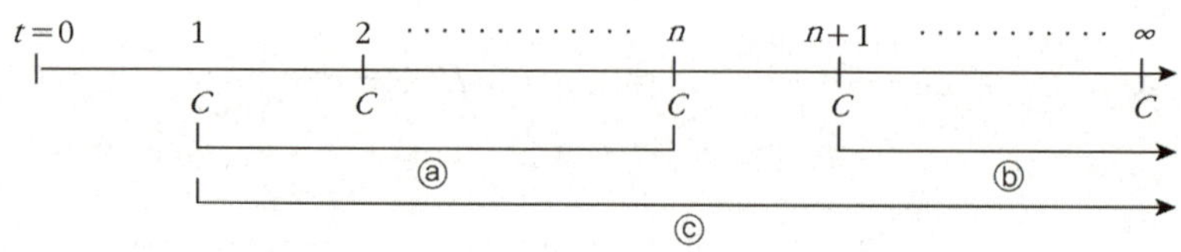

PV(연금) = 영구연금 ⓒ의 현재가치 − 영구연금 ⓑ의 현재가치

$$= \frac{C}{r} - \frac{\frac{C}{r}}{(1+r)^n} = \frac{C}{r}[1 - \frac{1}{(1+r)^n}] = C[\frac{(1+r)^n - 1}{r(1+r)^n}] \tag{4.14}$$

$$= C \times PVIFA(t, n)$$

식(4.14)에서 $[\frac{(1+r)^n - 1}{r(1+r)^n}]$은 매기말 1원씩 발생하는 연금의 현재가치를 나타내는데, 이를 연금의 현가이자요소(PVIFA)라고 한다. 본서의 부록에 제시된 [표 4]를 이용하면 연금의 현재가치를 쉽게 구할 수 있다.

예제 4-4 연금의 현재가치

연간 이자율이 10%로 일정할 경우 향후 3년 동안 매기말에 100,000원씩 발생하는 현금흐름의 현재가치를 계산하시오.

풀이

$$PV(\text{연금}) = C[\frac{(1+r)^n - 1}{r(1+r)^n}] = 100{,}000[\frac{(1.1)^3 - 1}{0.1(1.1)^3}] = 248{,}685\text{원}$$

$$= C \times PVIFA(t, n) = 100{,}000 \times 2.48685 = 248{,}685\text{원}$$

5. 영구연금의 현재가치

영구연금(perpetuity)은 매기말 동일한 현금흐름이 영구적으로 발생하는 연금의 형태를 말한다. 영구연금의 현재가치는 초항이 C/1+r이고 공비가 1/1+r인 무한등비수열의 합을 이용하여 구할 수 있다.

그림 4-6 영구연금의 현금흐름

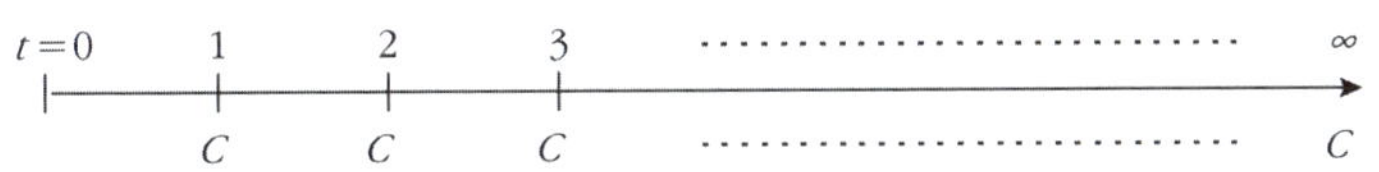

$$PV(\text{영구연금}) = \frac{C}{(1+r)^1} + \frac{C}{(1+r)^2} + \cdots + \frac{C}{(1+r)^\infty} = \frac{\frac{C}{1+r}}{1 - \frac{1}{1+r}} = \frac{C}{r} \quad (4.15)$$

예제 4-5 영구연금의 현재가치

기간별 이자율이 10%로 일정한 경우 매기말에 100,000원씩 영구적으로 발생하는 영구연금의 현재가치를 계산하시오.

풀이

$$PV(\text{영구연금}) = \frac{C}{r} = \frac{100{,}000}{0.1} = 1{,}000{,}000\text{원}$$

6. 일정성장 영구연금의 현재가치

일정비율로 성장하는 영구연금은 1년 후에 C_1의 현금흐름이 발생하고 그 이후에 매년 g% 비율로 증가하면서 영구적으로 발생하는 현금흐름을 말한다. 일정비율로 성장하는 영구연금의 현재가치는 초항이 $C_1/(1+r)^1$이고 공비가 $(1+g)/(1+r)$인 무한등비수열의 합을 이용하여 구할 수 있다.

| 그림 4-7 | 일정성장 영구연금의 현금흐름

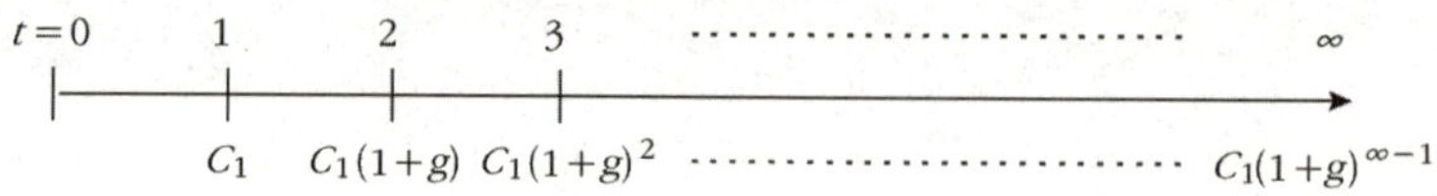

$$PV(\text{일정성장모형}) = \frac{C_1}{(1+r)^1} + \frac{C_1(1+g)}{(1+r)^2} + \cdots + \frac{C_1(1+g)^{\infty-1}}{(1+r)^{\infty}} \tag{4.16}$$

$$= \frac{\frac{C_1}{1+r}}{1-\frac{1+g}{1+r}} = \frac{C_1}{r-g}$$

예제 4-6 일정성장 영구연금의 현재가치

기간별 시장이자율이 10%로 일정하고 1년 후 현금흐름이 100,000원이며 그 이후에는 매년 5% 영구적으로 증가하는 일정성장 영구연금의 현재가치를 계산하시오.

풀이

$$PV(\text{일정성장모형}) = \frac{C_1}{r-g} = \frac{100{,}000}{0.1-0.05} = 2{,}000{,}000\text{원}$$

제2절 주식가치의 평가

가치평가는 특정 자산의 가치를 결정하는 과정으로 자산의 가치를 평가하는 능력은 투자의 성공여부를 결정하는 가장 중요한 요인이다. 주식가치를 평가하는 방법에는 기업의 사업특성에서 발생하는 내재가치를 평가하는 절대가치모형과 특정 자산의 가치를 다른 자산의 가치와 비교하는 상대가치모형이 있다.

| 그림 4-8 | 주식가치의 평가모형

1. 배당평가모형

(1) 배당평가모형의 정의

주식가치는 주식을 보유할 경우에 얻게 될 미래 현금흐름을 적절한 할인율로 할인한 현재가치이다. 주식을 보유할 경우에 얻게 될 미래 현금흐름에는 주식을 보유하는 기간에 받는 배당금과 주식을 매도할 경우에 받는 처분가격이 있다. 따라서 주식을 n년 동안 보유할 경우에 얻게 될 현금흐름은 다음과 같다.

$$P_0 = \frac{d_1}{(1+k_e)^1} + \frac{d_2}{(1+k_e)^2} + \cdots + \frac{d_n}{(1+k_e)^n} + \frac{p_n}{(1+k_e)^n} \tag{4.17}$$
$$= \sum_{t=1}^{n} \frac{d_t}{(1+k_e)^t} + \frac{p_n}{(1+k_e)^n}$$

식(4.17)에서 n년도말의 주식가격 P_n은 다음과 같이 n+1년도말 이후에 받게 될 배당금을 n년도말 시점의 가치로 평가한 값에 해당한다.

$$P_n = \frac{d_{n+1}}{(1+k_e)^1} + \frac{d_{n+2}}{(1+k_e)^2} + \cdots + \frac{d_\infty}{(1+k_e)^n} \tag{4.18}$$

식(4.18)를 식(4.17)에 대입하여 정리하면 주식가치는 미래에 예상되는 배당금을 적절한 할인율인 자기자본비용으로 할인한 현재가치가 된다.

$$P_0 = \frac{d_1}{(1+k_e)^1} + \frac{d_2}{(1+k_e)^2} + \cdots + \frac{d_\infty}{(1+k_e)^\infty} = \sum_{t=1}^{\infty} \frac{d_t}{(1+k_e)^t} \tag{4.19}$$

(2) 배당평가모형의 종류

배당평가모형은 미래에 예상되는 배당금의 현재가치로 주식가치를 평가하여 미래에 예상되는 배당금에 의해 주식가치가 결정된다. 그러나 미래의 시점별 배당금을 정확히 예측한다는 것은 현실적으로 어렵기 때문에 다음과 같이 미래의 배당금이 일정한 형태로 발생한다고 가정하여 주식가치를 평가한다.

① 제로성장모형

제로성장모형(zero growth model)은 미래의 배당금이 매년 일정하여 성장이 없다고 가정하는 모형을 말한다. 매년 d만큼의 배당금을 영구히 지급하는 주식가치는 영구연금의 현재가치 평가식을 이용하여 다음과 같이 구할 수 있다.

$$P_0 = \frac{d}{(1+k_e)^1} + \frac{d}{(1+k_e)^2} + \cdots + \frac{d}{(1+k_e)^\infty} = \frac{d}{k_e} \tag{4.20}$$

② 일정성장모형

일정성장모형(constant growth model)은 미래의 배당금이 매년 일정한 비율로 영구히 성장한다고 가정하는 모형으로 고든(M.Gordon)이 제시하였다. 1년도 말에 d_1의 배당금을 지급하고 배당금이 매년 g% 비율로 성장하는 주식가치는 일정성장 영구연금의 현재가치 평가식을 이용하여 다음과 같이 구할 수 있다.

$$P_0 = \frac{d_1}{(1+k_e)^1} + \frac{d_1(1+g)}{(1+k_e)^2} + \cdots + \frac{d_1(1+g)^{\infty-1}}{(1+k_e)^{\infty}} = \frac{d_1}{k_e - g} \tag{4.21}$$

배당성장률(g)은 유보율(b)과 유보이익에 대한 재투자수익률(r)이 일정할 경우에 유보율에 재투자수익률 또는 자기자본이익률(ROE)을 곱한 값이다.

$$g = b \times r \tag{4.22}$$

한편 현재의 배당금이 d_0일 경우 $d_1 = d_0(1+g)$이며, 1년 후에 예상되는 주당순이익이 EPS_1일 경우 $d_1 = EPS_1(1-b)$이므로 다음과 같이 나타낼 수도 있다.

$$P_0 = \frac{d_1}{k_e - g} = \frac{d_0(1+g)}{k_e - g} = \frac{EPS_1(1-b)}{k_e - g} \tag{4.23}$$

예제 4-7 배당평가모형

한밭기업의 미래에 예상되는 배당과 관련된 자료가 아래와 같을 때 한밭기업의 주식가치를 계산하시오. 단, 주주들의 요구수익률은 10%이며 각 물음은 독립적이다.

1. 연간 주당배당금이 1,200원으로 일정할 것으로 예상되는 경우
2. 당기말 주당배당금이 1,200원이고 배당성장률이 매년 4% 성장하는 경우
3. 전기말 주당배당금이 1,200원이고 배당성장률이 매년 4% 성장하는 경우
4. 당기말 주당순이익과 주당배당금이 각각 3,000원과 1,500원으로 예상되고 이러한 배당성향은 앞으로 지속되며 유보이익의 재투자수익률이 12%로 일정할 경우

풀이

1. $P_0 = \frac{d}{k_e} = \frac{1,200}{0.1} = 12,000$원

2. $P_0 = \frac{d_1}{k_e - g} = \frac{1,200}{0.1 - 0.04} = 20,000$원

3. $P_0 = \frac{d_1}{k_e - g} = \frac{d_0(1+g)}{k_e - g} = \frac{1,200 \times 1.04}{0.1 - 0.04} = 20,800$원

4. $P_0 = \frac{d_1}{k_e - g} = \frac{1,500}{0.1 - 0.06} = 37,500$원

2. 경제적 부가가치모형

(1) 경제적 부가가치의 정의

경제적 부가가치(EVA : economic value added)는 전통적 경영성과의 지표인 회계적 이익이 갖는 한계점을 보완하기 위해서 도입된 개념으로 영업이익에서 법인세비용과 총자본조달비용을 차감하여 산출한다. 경제적 부가가치는 다음과 같은 두 가지 측면에서 회계적 이익과 차이가 있다.

첫째, 회계적 이익은 타인자본에 대한 이자비용만 고려하고 자기자본에 대한 자본비용을 인식하지 않아 진정한 경영성과라고 보기 어렵다. 주주입장에서는 자기자본에 대한 자본비용을 차감한 성과가 커야 경영성과가 좋다고 할 수 있다. 경제적 부가가치는 자기자본에 대한 자본비용까지 고려하여 성과를 측정한다.

둘째, 회계적 이익은 기업에서 발생한 모든 거래를 가지고 평가한 성과이기 때문에 기업의 고유한 영업활동과 관련없는 성과도 포함되어 있다. 그러나 경제적 부가가치는 고유한 영업활동을 통해서 창출한 순자산가치의 증가분을 나타내어 기업의 수익성을 좀 더 정확하게 파악할 수 있는 경영성과의 지표에 해당한다.

(2) 경제적 부가가치의 계산

EVA는 1980년대 미국의 컨설팅회사 Stern Stewart사가 가치중심경영을 유도하기 위해 개발한 경영성과지표로서 이익의 양적 측면과 질적 측면을 동시에 고려한다. EVA는 세후영업이익에서 총자본비용을 차감하거나 투자자본수익률(ROIC)에서 가중평균자본비용(WACC)을 차감한 값에 투자자본을 곱해 구할 수 있다.

여기서 ROIC는 세후영업이익을 투자자본으로 나눈 값으로 기업이 투자자본을 가지고 고유의 영업활동을 통해 창출한 이익정도를 나타낸다. 따라서 ROIC가 WACC를 상회하면 기업이 투자자본을 가지고 영업활동을 통해 창출한 이익이 자본조달비용을 지불하고도 기업의 부가이익이 창출되었다는 것을 의미한다.

$$\begin{aligned} \text{EVA} &= \text{영업이익} - \text{법인세} - \text{총자본비용} \\ &= \text{세후영업이익} - \text{총자본비용} \\ &= \text{투자자본} \times (\text{ROIC} - \text{WACC}) \end{aligned} \tag{4.24}$$

식(4.24)에서 기업이 경제적 부가가치를 창출하기 위해서는 ROIC>WACC를 갖는 사업에는 투자를 증가시키고 ROIC<WACC를 갖는 사업에는 투자자본을 철수시켜 투자자본을 효율적으로 재배치해야 함을 알 수 있다.

| 그림 4-9 | 재무상태표에 근거한 투자자본의 산출

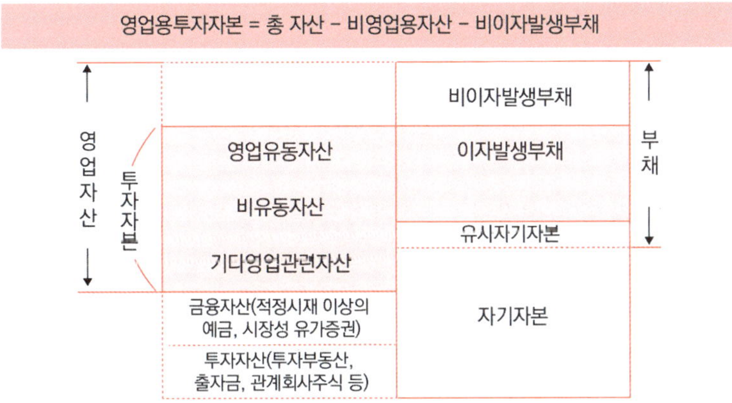

(3) 시장부가가치의 정의

시장부가가치(MVA : market value added)는 총자본 또는 총자산의 시장가치에서 주주와 채권자가 제공한 총자본의 장부가치를 차감한 값을 말한다. 즉 MVA는 주주와 채권자들이 제공한 투자원금을 이용하여 창출한 기업가치의 순증가분을 의미하며 투자안평가의 NPV와 동일한 개념이다.

$$\text{MVA} = \text{총자본의 시장가치} - \text{총자본의 장부가치} \qquad (4.25)$$

MVA가 (+)이면 자본제공자의 자본으로 기업가치를 창출했음을 나타내고, MVA가 (−)이면 자본제공자의 자본보다 기업가치가 감소했음을 나타낸다. 한편, 부채의 시장가치가 장부가치와 동일하다면 MVA는 자기자본의 시장가치에서 자기자본의 장부가치를 차감하여 구할 수도 있다.

$$\text{MVA} = \text{자기자본의 시장가치} - \text{자기자본의 장부가치} \qquad (4.26)$$

(4) EVA와 MVA의 관계

MVA는 EVA를 이용하여 평가할 수도 있다. EVA는 특정연도의 투자자본에 대한 자본비용을 초과하는 영업이익 또는 현금흐름이므로 미래에 예상되는 EVA를 가중평균자본비용(WACC)으로 할인한 현재가치가 MVA가 된다.

$$\text{MVA} = \text{기업의 시장가치} - \text{제공된 자본} = \text{EVA의 현재가치} \quad (4.27)$$

식(4.27)로부터 자기자본의 시장가치에 대해 정리하면 다음과 같다.

$$\text{자기자본의 시장가치} = \text{자기자본의 장부가치} + \text{MVA} \quad (4.28)$$

식(4.28)에서 양변을 발행주식수로 나누면 주식가격은 주당순자산에 주당EVA를 더하여 다음과 같이 구할 수 있다.

$$P_0 = \text{주당순자산} + \text{주당EVA} \quad (4.29)$$

3. 주가배수모형

배당평가모형을 적용하려면 미래의 배당금이나 재투자기회에 대한 장기적 예측치가 필요하다는 어려움이 있다. 상대가치평가모형은 현재의 주가를 주요 재무제표변수로 나눈 값인 주가배수를 이용하여 주식가치를 평가하는데 여기에는 주가수익비율(PER), 주가순자산비율(PBR), 주가매출액비율(PSR)이 있다.

(1) 주가수익비율

1) PER의 의의

주가수익비율(PER : price earning ratio)은 현재의 주식가격을 차기에 예상되는 기대주당순이익으로 나눈 값으로 주식가격이 주당순이익의 몇 배인가를 나타낸다. 그러나 기대주당순이익(EPS_1)은 예측이 어렵기 때문에 실무에서는 현재의 주당순이익(EPS_0)을 이용하여 PER를 구하는 경우가 일반적이다.

$$PER = \frac{\text{현재의 주가}}{\text{주당순이익}} = \frac{P_0}{EPS_1} \tag{4.30}$$

PER는 주식시장에서 투자자들이 기업의 1단위당 순이익에 대해 얼마의 대가를 지불하고 있는가를 나타낸다. 투자자들이 순이익 1단위당 지불하고자 하는 가격은 기업이 벌어들일 순이익의 성장성이나 위험 등에 따라 달라진다. 따라서 PER는 기업이 벌어들일 이익의 질을 평가한 지표라고 할 수 있다.

2) PER의 결정요인

식(4.30)의 주식가격(P_0)에 일정성장모형에 의한 주식가치를 대입하여 정리하면 다음과 같다.

$$PER = \frac{P_0}{EPS_1} = \frac{\frac{d_1}{k_e - g}}{EPS_1} = \frac{\frac{EPS_1(1-b)}{k_e - g}}{EPS_1} = \frac{1-b}{k_e - g} \tag{4.31}$$

식(4.31)에서 안정적으로 성장하는 기업의 PER는 성장성(g), 위험(k_e), 배당성향(1−b)에 의해 결정되며 성장성(g)이 높을수록 PER가 높아지고 위험(k_e)이 클수록 PER가 낮아진다는 것을 알 수 있다.

3) PER를 이용한 주식가치의 평가

PER를 이용하여 주식가치를 평가하기 위해서는 우선 해당 기업의 적정한 PER가 얼마인지를 추정해야 한다. 적정한 PER에는 해당 기업의 과거 평균 PER, 해당 기업이 속해 있는 산업의 평균 PER 등을 이용할 수 있다. 적정한 PER수준이 결정되면 주식가치는 식(4.24)을 이용하여 다음과 같이 구할 수 있다.

$$P_0 = \text{적정한 PER} \times \text{기대주당순이익}(EPS_1) \tag{4.32}$$

예제 4-8 PER를 이용한 주식가치의 평가

이화기업의 당기말 주당순이익은 2,000원으로 예상된다. 이화기업에 투자한 주주들의 요구수익률은 14%라고 가정하여 다음 물음에 답하시오.

1. 이화기업이 속해 있는 산업의 평균 PER가 8인 경우에 이화기업의 주식가격은 얼마가 되어야 하는가?
2. 이화기업의 배당성향이 0.6이고 이익과 배당의 성장률을 8%로 가정하는 경우 이화기업의 적정한 PER와 주식가치를 계산하시오.

풀이

1. P_0 = 적정한 PER×EPS_1 = 8×2,000 = 16,000원
2. $PER = \frac{1-b}{k_e - g} = \frac{0.6}{0.14-0.08} = 10$

   P_0 = 적정한 PER×EPS_1 = 10×2,000 = 20,000원

(2) 주가순자산비율

1) PBR의 의의

주가순자산비율(PBR : price book value ratio)은 현재의 주식가격을 기대주당순자산으로 나눈 값으로 주가가 주당순자산의 몇 배인가를 나타낸다. 만약 회계적 가치가 경제적 실상을 제대로 반영하면 PBR은 1이지만 역사적 원가기준의 회계처리방법이 시장가치를 제대로 반영하지 못하여 PBR이 1보다 크게 나타날 수 있다.

$$PBR = \frac{\text{현재의 주가}}{\text{주당순자산}} = \frac{P_0}{BV_0} \tag{4.33}$$

2) PBR를 이용한 주식가치의 평가

PBR를 이용하여 주식가치를 평가하기 위해서는 우선 해당 기업의 적정한 PBR이 얼마인지를 추정해야 한다. 적정한 PBR에는 해당 기업의 과거 평균 PBR, 해당 기업이 속해 있는 산업의 평균 PBR 등을 이용할 수 있다. 적정한 PBR수준이 결정되면 주식가치는 식(4.34)를 이용하여 다음과 같이 구할 수 있다.

$$P_0 = \text{적정한 PBR} \times \text{주당순자산} \tag{4.34}$$

3) PBR의 의미

PER가 수익가치와 대비한 상대적 주가수준을 나타내고 주가와 수익의 유량(flow)관계를 나타내며, PBR은 자산가치와 대비한 상대적 주가수준을 나타내고 주가와 순자산의 저량(stock)관계를 나타내는 지표이다. PBR이 높은 기업은 투자자들이 해당 기업의 성장 전망에 대해 긍정적으로 평가한 결과로 해석할 수 있다.

(3) 주가매출액비율

1) PSR의 의의

주가매출액비율(PSR : price sales ratio)은 현재의 주식가격을 기대주당매출액으로 나눈 값으로 주가가 주당매출액의 몇 배인가를 나타낸다. PSR이 낮으면 과소평가되어 있다고 보고, 높으면 과대평가되어 있다고 판단한다. 수익성 평가가 어려운 신생기업이나 성장성이 높은 IT기업을 평가할 때 활용한다.

$$PSR = \frac{\text{현재의 주가}}{\text{주당매출액}} = \frac{P_0}{S_1} \tag{4.35}$$

2) PSR를 이용한 주식가치의 평가

PSR를 이용하여 주식가치를 평가하기 위해서는 우선 해당 기업의 적정한 PSR이 얼마인지를 추정해야 한다. 적정한 PSR에는 해당 기업의 과거 평균 PSR, 해당 기업이 속해 있는 산업의 평균 PSR 등을 이용할 수 있다. 적정한 PSR수준이 결정되면 주식가치는 식(4.36)을 이용하여 다음과 같이 구할 수 있다.

$$P_0 = \text{적정한 PSR} \times \text{주당매출액} \tag{4.36}$$

3) PSR의 특성

사업초기단계에 있는 기업은 PER과 PBR이 음수가 되거나 매우 큰 값을 가져 의미가 없는 경우도 있는데 PSR은 이러한 기업에도 적용할 수 있다. 순이익과 순자산은 회계처리방법에 의해 달라질 수 있으나 매출액은 조작이 어렵다. PSR은 PER에 비해 변동성이 심하지 않기 때문에 가치평가에서 신뢰성이 높다.

• 핵심요약 •

제1절 화폐의 시간가치

1. 유동성선호의 개요
   (1) 유동성선호의 개념
   동일한 금액이면 미래의 현금보다 현재의 현금을 선호하는 경향
   (2) 유동성선호의 이유 : 시차선호, 투자기회, 물가상승, 불확실성
2. 시장이자율의 개요
   (1) 시장이자율의 개념
   현금흐름의 발생시점이 상이한 화폐의 시간가치를 반영하는 척도로 사용
   (2) 시장이자율의 구성 : 시장이자율 = 무위험이자율(R_f) + 위험프리미엄(RP)
3. 단일현금의 미래가치와 현재가치
   (1) 미래가치와 복리계산 : $FV = PV(1+r)^n$
   (2) 현재가치와 할인계산 : $PV = FV_n \times (1+r)^{-n}$
4. 복수현금의 미래가치와 현재가치
   (1) 연금의 의의
   일정한 기간에 일정한 금액이 일정한 간격을 두고 발생하는 현금흐름
   (2) 연금의 미래가치

$$FV(\text{연금}) = C(1+r)^{n-1} + C(1+r)^{n-2} + \cdots + C(1+r)^1 + C$$
$$= C[\frac{(1+r)^n - 1}{r}]$$

   (3) 연금의 현재가치

$$PV(\text{연금}) = \frac{C}{(1+r)^1} + \frac{C}{(1+r)^2} + \cdots + \frac{C}{(1+r)^{n-1}} + \frac{C}{(1+r)^n}$$

   (4) 영구연금의 현재가치

$$PV(\text{영구연금}) = \frac{C}{(1+r)^1} + \frac{C}{(1+r)^2} + \cdots + \frac{C}{(1+r)^\infty} = \frac{C}{r}$$

   (5) 일정성장 영구연금의 현재가치

$$PV(\text{일정성장모형}) = \frac{C_1}{(1+r)^1} + \frac{C_1(1+g)}{(1+r)^2} + \cdots + \frac{C_1(1+g)^{\infty-1}}{(1+r)^\infty} = \frac{C_1}{r-g}$$

제2절 주식가치의 평가

1. 배당평가모형

(1) 배당평가모형의 정의 : 주식가치는 미래에 예상되는 주당배당금의 현재가치

$$P_0 = \frac{d_1}{(1+k_e)^1} + \frac{d_2}{(1+k_e)^2} + \cdots + \frac{d_\infty}{(1+k_e)^\infty} = \sum_{t=1}^{\infty} \frac{d_t}{(1+k_e)^t}$$

(2) 배당평가모형의 종류

① 제로성장모형 : 미래의 주당배당금이 매년 동일하여 성장이 없다고 가정

$$P_0 = \frac{d}{(1+k_e)^1} + \frac{d}{(1+k_e)^2} + \cdots + \frac{d}{(1+k_e)^\infty} = \frac{d}{k_e}$$

② 일정성장모형 : 미래의 주당배당금이 매년 일정비율 영구히 성장한다고 가정

$$P_0 = \frac{d_1}{(1+k_e)^1} + \frac{d_1(1+g)}{(1+k_e)^2} + \cdots + \frac{d_1(1+g)^{\infty-1}}{(1+k_e)^\infty} = \frac{d_1}{k_e - g}$$

③ 불규칙모형 : 현재가치의 평가논리를 적절히 활용하여 주식가치를 평가

2. 경제적 부가가치모형

(1) 경제적 부가가치(EVA) = 세후영업이익 – 총자본비용 = 투자자본×(ROIC–WACC)

(2) 시장부가가치(MVA) = 총자본의 시장가치 – 총자본의 장부가치

(3) 주식가치의 평가 : P_0 = 주당 장부가치 + 주당 MVA

3. 주가배수모형

(1) 주가수익비율 : PER = 현재의 주가(P_0)/주당순이익(EPS_1)
주식가치의 평가 : P_0 = 적정한 PER×주당순이익(EPS_1)

(2) 주가순자산비율 : PBR = 현재의 주가(P_0)/주당순자산(BPS_1)
주식가치의 평가 : P_0 = 적정한 PBR×주당순자산(BPS_1)

(3) 주가매출액비율 : PSR = 현재의 주가(P_0)/주당매출액(SPS_1)
주식가치의 평가 : P_0 = 적정한 PSR×주당매출액(SPS_1)

연·습·문·제

1 **다음 중 유동성선호와 이자율에 대한 가장 옳지 않은 것은?**

① 화폐의 가치가 시간에 따라 달라지는 것은 사람들의 유동성선호 때문이다.
② 유동성선호로 인해 사람들은 같은 금액이면 미래현금보다 현재현금을 선호한다.
③ 이자율은 무위험이자율과 위험프리미엄의 합으로 구성되며, 무위험이자율은 실물투자기회의 수익성과 물가상승의 가능성에 따라 달라진다.
④ 시장에 존재하는 실물투자기회의 수익성이 높을수록 이자율도 높아진다.
⑤ 기대인플레이션이 높을수록 미래현금이 현재현금보다 높은 가치를 갖는다.

| 해설 | 기대인플레이션이 높을수록 미래현금의 구매력이 감소하여 가치가 낮아진다.

2 **다음 중 화폐의 시간가치에 대한 설명으로 옳지 않은 것은?**

① 현재금액이 동일한 경우 미래가치는 이자율이 높고 기간이 길수록 증가한다.
② 미래금액이 동일한 경우 현재가치는 이자율이 높고 기간이 길수록 감소한다.
③ 다른 조건이 동일한 경우 이자계산횟수가 증가할수록 현재가치가 감소한다.
④ 다른 조건이 동일한 경우 복리계산시의 미래가치는 단리계산시의 미래가치보다 작다.
⑤ 표시이자율이 동일하면 이자계산횟수가 증가할수록 유효이자율도 증가한다.

| 해설 | 다른 조건이 동일하면 복리계산시 미래가치는 단리계산시 미래가치보다 크다.

3 **다음 중 화폐의 시간가치에 대한 설명으로 옳지 않은 것은?**

① 만기가 증가하면 현재가치는 감소한다.
② 이산복리계산 방식보다 연속복리계산 방식이 미래가치가 더 크다.
③ 단위기간동안 이자지급횟수가 늘어나면 단위기간동안의 실질이자율은 낮아진다.
④ 이산복리계산 방식이 연속복리계산 방식보다 현재가치가 더 크다.
⑤ 단리계산방법보다 복리계산방법의 미래가치가 더 크다.

| 해설 | 단위기간동안 이자지급횟수가 늘어나면 표면이자율보다 실질이자율은 더 커진다.

4 **다음 중 화폐의 시간가치에 대한 설명으로 옳지 않은 것은?**

① 사람들은 현재의 100만원과 1년 후의 100만원 중에서 현재의 100만원을 선호한다.

② 사람들은 현재의 100만원을 1년 후의 현금과 교환할 경우 1년 후의 현금으로 100만원보다 큰 금액을 요구한다.

③ 이자율은 무위험이자율과 위험프리미엄의 합으로 구성되며, 무위험이자율은 시차선호, 투자기회, 물가상승, 불확실성에 따라 달라진다.

④ 시장에 존재하는 실물투자기회의 수익성이 높을수록 이자율도 상승한다.

⑤ 기대인플레이션율이 높을수록 미래 현금의 가치는 높아진다.

| 해설 | 기대인플레이션율이 높을수록 미래현금의 구매력이 감소하여 미래현금의 가치가 낮아진다.

5 **다음 중 현금흐름의 현재가치를 계산하는데 사용되는 할인율로 일정 단위기간내의 재투자효과를 고려한 단위기간 이자율을 무엇이라 하는가?**

① 실효이자율(effective interest rate) ② 실질이자율(real interest rate)
③ 명목이자율(nominal interest rate) ④ 표면이자율(stated interest rate)
⑤ 한계이자율(marginal interest rate)

| 해설 | 실효이자율은 단위기간내의 재투자효과를 고려하여 복리 계산한 이자율로 유효이자율이라고도 한다. 표면이자율은 재투자효과를 반영하지 않은 이자율을 말한다.

6 **현재 시장이자율이 10%이고 기대인플레이션이 3%라고 한다. 실질이자율로 계산하면 현재 10,000원의 1년 후 시장에서의 가치는 얼마인가?**

① 11,000원 ② 10,300원 ③ 10,680원 ④ 10,980원

| 해설 | 명목이자율인 시장이자율이 10%라면 피셔공식에 의해 실질이자율은 6.8%이다.
(1+N)=(1+R)(1+I) → (1+10%)=(1+R)(1+3%) ∴ R=0.068(6.8%)
따라서 현재 10,000원의 미래가치는 10,680원이다.

7 **현재시점에서 1억원을 연간 이자율이 10%인 금융상품에 투자할 경우에 얼마가 지나면 2억원을 수령할 수 있는가?**

① 5.62년 ② 6.45년 ③ 7.27년 ④ 8.74년

| 해설 | 72의 법칙
현재금액이 두 배가 되는데 걸리는 기간은 72를 이자율로 나누어 근사치를 구할 수 있다.
이자율이 10%라면 현재 1억원이 2억원이 되는데 걸리는 기간은 약 7.2년(=72/10)이 된다.

8 대한은행은 5년 말부터 1,000만원을 2년에 한 번씩 지급하는 영구연금을 개발하였다. 시장이자율이 10%인 경우에 이러한 신상품의 현재가치는 얼마인가?

① 3,252만원 ② 3,376만원 ③ 3,452만원 ④ 3,578만원

| 해설 | 1년간 이자율이 10%이므로 2년간 이자율은 $21\%(=1.1^2-1)$이다.

$$PV = \frac{1,000}{0.21} \times \frac{1}{(1.1)^3} = 3,578\text{만원}$$

9 오늘 100원을 차입하면 1개월 후 102원을 상환하는 대출의 실효이자율은?

① 10% ② 12% ③ 12.5% ④ 26.8%

| 해설 | 1개월 이자가 2%이므로 연이자율은 24%에 해당한다.

$$r_e = (1+\frac{r}{m})^m - 1 = (1+\frac{0.24}{12})^{12} - 1 = 0.268(26.8\%)$$

10 현재 3억원을 투자하면 영구히 1억원의 현금유입이 발생하는 투자안의 NPV가 1.5억원이라면 현재 이자율은 얼마인가?

① 15.7% ② 22.2% ③ 25.45% ④ 27.2%

| 해설 | $1.5 = \frac{1}{r} - 3 \rightarrow r = 0.222(22.2\%)$

11 한국기업은 1년 후부터 매년 20,000원씩의 주당순이익을 예상하며 주당순이익 전부를 배당으로 지급하고 있다. 한국기업은 매년 순이익의 40%를 투자할 것으로 고려하고 있으며 자기자본순이익률이 13%가 될 것으로 예상한다. 한국기업이 주당순이익의 전부를 배당으로 지급하는 대신에 40%를 투자하는 경우에 주가가 얼마나 변하겠는가? 한국기업 주식의 적정 수익률은 13%이다. ΔP는 가격변화이다.

① $\Delta P \leq -2,000$원 ② $-2,000\text{원} < \Delta P < 0$원 ③ $\Delta P = 0$원
④ $0 < \Delta P < 2,000$원 ⑤ $\Delta P \geq 2,000$원

| 해설 | 자기자본순이익률(재투자수익률)과 주식의 적정 수익률(주주의 요구수익률 또는 자기자본비용)이 일치하여 성장기회의 순현재가치(NPVGO)는 0이다. 따라서 배당성향의 변동은 주가에 영향을 미치지 않기 때문에 주가의 변화는 없다.

(1) 제로성장모형에 의한 주가

$$P_0 = \frac{EPS_1}{k_e} = \frac{20,000}{0.13} = 153,846\text{원}$$

(2) 일정성장모형에 의한 주가

$$P_0 = \frac{d_1}{k_e - g} = \frac{20,000 \times 0.06}{0.13 - 0.4 \times 0.13} = 153,846\text{원}$$

12 **(주)고구려의 자기자본비용은 14%이며 방금 배당을 지급하였다. 이 주식의 배당은 앞으로 계속 8%의 성장률을 보일 것으로 예측되고 있으며 (주)고구려의 현재 주가는 50,000원이다. 다음 중 옳은 것은?**

① 배당수익률은 8%이다.

② 배당수익률은 7%이다.

③ 방금 지급된 주당배당금은 3,000원이다.

④ 1년 후에 예상되는 주가는 54,000원이다.

⑤ 1년 후에 예상되는 주가는 57,000원이다.

| 해설 | 고든의 일정성장모형에 의하면 주식가치는 다음과 같이 구할 수 있다.

$$P_0 = \frac{d_1}{k_e - g} \rightarrow k_e = \frac{d_1}{P_0} + g \rightarrow \frac{d_1}{P_0} = k_e - g = 0.14 - 0.08 = 0.06$$

$$P_1 = P_0(1+g) = 50,000 \times 1.08 = 54,000\text{원}$$

$$d_0 = \frac{d_1}{1+g} = \frac{50,000 \times 0.06}{1.08} = 2,778\text{원}$$

13 **다음 중 일정성장배당모형에 관한 설명으로 옳은 것은?**

① 일정성장배당모형이 적용되기 위해서는 주주의 요구수익률이 배당의 성장률보다 같거나 낮아야 한다.

② 다른 모든 조건이 동일한 경우 기본적으로 배당상승에 대한 기대와 주식가치의 변동은 관계가 없다.

③ 일정성장배당모형에 의해 주식가치를 평가하는 경우 할인율로 무위험이자율을 이용한다.

④ 다른 모든 조건이 동일한 경우 배당성장률의 상승은 주식가치를 상승시킨다.

⑤ 일정성장배당모형에서 주식의 위험은 기대배당에 반영되어 있다.

| 해설 | ① $P_0 = \frac{d_1}{k_e - g}$ (단, $k_e > g$)

따라서 일정성장모형이 적용되려면 주주의 요구수익률이 배당의 성장률보다 커야 한다.

②④ 다른 모든 조건이 동일하면 배당성장에 대한 기대가 증가하면 주가가 상승하고, 다른 조건이 없으면 배당이 증가는 유보율(b)과 성장률(g)의 감소로 주가는 하락한다.

③ 일정성장모형의 할인율은 주주의 요구수익률로 주식발행자의 자기자본비용에 해당한다.

⑤ 위험자산 주식의 위험은 분자의 배당이 아닌 분모의 할인율(k_e)에 반영되어 있다.

14 (주)한국의 발행주식수는 100,000주이고 배당성향은 30%이며 자기자본이익률은 10%이다. (주)한국의 주식 베타값은 1.2이고 올해 초 주당배당금으로 2,000원을 지불하였다. 무위험이자율은 5%이고 시장포트폴리오의 기대수익률은 15%라고 가정할 경우에 (주)한국의 2년 말 시점의 주가는 얼마가 되겠는가?

① 20,000원 ② 21,400원 ③ 22,898원 ④ 24,500원 ⑤ 26,616원

| 해설 | $g = b \times ROE = 0.7 \times 0.1 = 0.07$

$$d_3 = d_0(1+g)^3 = 2{,}000 \times (1.07)^3 = 2{,}450\text{원}$$

$$k_e = R_f + [E(R_m) - R_f)] \times \beta_i = 0.05 + (0.15 - 0.05)1.2 = 0.17$$

$$\therefore\ P_2 = \frac{d_3}{k_e - g} = \frac{2{,}450}{0.17 - 0.07} = 24{,}500\text{원}$$

15 서강기업의 매출액은 200억원이고 매출순이익률은 5%이며 주가수익비율(PER)은 10배이다. 사내유보율이 60%이고 발행주식수가 100만주일 경우에 서강기업의 배당수익률은 얼마인가?

① 4% ② 5% ③ 6% ④ 7% ⑤ 8%

| 해설 |

[방법 1] 배당성향 = DPS/EPS, PER = P/EPS
배당수익률 = 배당성향/PER = DPS/P = (1−0.6)/10 = 4%

[방법 2] 당기순이익(NI) = 매출액×매출액순이익률 = 200억×0.05 = 10억원
주당순이익(EPS) = 당기순이익/발행주식수 = 10억원/100만주 = 1,000원
P = EPS×PER = 1,000원×10 = 10,000원
주당배당액(DPS) = EPS×배당성향 = 1,000원×(1−0.6) = 400원
배당수익률 = 주당배당액(DPS)/주가(P) = 400/10,000 = 4%

16 다음 중 사내유보율 40%, 재투자수익률(자기자본이익률) 20%, 자기자본비용 18%, 전기 주당순이익(EPS) 2,000원일 경우에 주가는 얼마인가?

① 12,000원 ② 12,960원 ③ 13,550원 ④ 14,933원 ⑤16,800원

| 해설 | $g = b \times ROE = 0.4 \times 0.2 = 0.08$

$$d_1 = d_0(1+g) = EPS_0(1+g)(1-b) = 2{,}000 \times (1.08) \times (1-0.4) = 1{,}296\text{원}$$

$$\therefore\ P_0 = \frac{d_1}{k_e - g} = \frac{1{,}296}{0.18 - 0.08} = 12{,}960\text{원}$$

17 동국기업의 현재의 주가는 18,000원이고 올해의 주당배당금 1,100원이며 성장률은 10%이다. 무위험이자율이 10%이고 시장의 기대수익률이 15%이며 자본시장이 균형 상태일 경우에 동강기업의 베타계수는 얼마인가?

① 0.86 ② 0.95 ③ 1.34 ④ 1.38 ⑤ 2.15

| 해설 | $k_e = \frac{d_1}{P_0} + g = \frac{1,100(1.1)}{18,000} + 0.1 = 0.1672(16.72\%)$

$k_e = R_f + [E(R_m) - R_f)] \times \beta_i \rightarrow 0.1672 = 0.10 + (0.15 - 0.10) \times \beta_i \rightarrow \beta_i = 1.34$

18 현재(t=0) 주당배당금 2,000원을 지급한 A기업의 배당 후 현재 주가는 30,000원이며 향후 매년말 배당금은 매년 5%의 성장률로 증가할 것으로 예상된다. 또한 매년말 700원을 영구적으로 지급하는 채권은 현재 10,000원에 거래되고 있다. A기업 주식 4주와 채권 4주로 구성된 포트폴리오의 기대수익률은?

① 8.75% ② 9.25% ③ 10.75% ④ 11.25% ⑤ 12.75%

| 해설 | 포트폴리오의 구성비율 = 주식 4주 : 채권 4주 = 120,000원 : 40,000원 = 3 : 1

주식의 기대수익률 = $\frac{d_1}{P_0} + g = \frac{2,000 \times 1.05}{30,000} + 0.05 = 0.12$

채권의 기대수익률 = 700/10,000 = 0.07

포트폴리오의 기대수익률 = 0.12(0.75)+0.07(0.25) = 0.1075(10.75%)

19 갑을기업의 전년도 자기자본이익률은 6%로 업계 평균 10%에 비해 상대적으로 저조하다. 내부 검토결과에 의하면 매출액순이익률은 1%, 총자산회전율은 2.0으로 업계 평균과 비슷한 것으로 나타나 이 부분에서의 개선보다는 자본구조의 변경을 통해 자기자본순이익률을 업계 평균 수준으로 끌어올리려고 한다. 이 목표를 달성하기 위한 갑을기업의 적정 부채비율은 얼마인가?

① 200% ② 300% ③ 400% ④ 500% ⑤ 600%

| 해설 | $ROE = \frac{\text{순이익}}{\text{자기자본}} = \frac{\text{순이익}}{\text{매출액}} \times \frac{\text{매출액}}{\text{총자본}} \times \frac{\text{총자본}}{\text{자기자본}}$

재투자수익률 = 매출액순이익률×총자산회전율×$(1 + \frac{B}{S})$

$0.1 = 0.01 \times 2 \times (1 + \frac{B}{S}) \rightarrow \frac{B}{S} = 4(= 400\%)$

20 **망고기업의 주식은 현재 한국거래소(KRX)시장에서 10,000원에 거래되고 있다. 망고기업의 주식으로부터 예상되는 1년후 배당금은 400원, 2년후 배당금은 520원이다. 그리고 배당후 주가는 1년후에 10,800원, 2년후에 11,900원으로 예상된다. 다음의 설명 중에서 옳지 않은 것은?**

① 이 주식을 현재 매입해서 1년간 투자할 경우의 수익률은 12%이고, 1년후에 매입해서 1년간 투자할 경우의 수익률은 15%이다.

② 망고기업 주주들의 요구수익률이 13%라고 할 때 이 주식에 2년간 투자할 경우의 NPV는 81원이다.

③ 이 주식을 매입해서 2년간 투자할 경우의 산술평균수익률은 13.5%이다.

④ 이 주식을 매입해서 2년간 투자할 경우의 기하평균수익률은 13.5%이다.

⑤ 이 주식을 매입해서 2년간 투자할 경우의 내부수익률은 1년후 배당금 400원을 나머지 1년간 15%의 재투자수익률로 재투자한다고 가정할 경우 연평균수익률이다.

| 해설 | ① 망고기업의 주식에 투자하면 1년간 수익률은 12%[=(10,800−10,000+400)/10,000]가 되고, 그 후 1년간의 수익률은 15%[=(11,900−10,800+520)/10,800]가 된다.

② $NPV = \frac{400}{(1.13)^1} + \frac{520+11,900}{(1.13)^2} = 81$

③ 12%와 15%의 산술평균은 13.5%[=(12%+15%)/2]가 된다.

④ 기하평균은 13.5%에 근사하다. $(1+R)^2 = (1.12)(1.15)$

⑤ 내부수익률은 연평균수익률의 개념으로 12%와 15% 사이에 존재하며 1년후에 배당금 400원을 15%의 수익률로 투자하는 것이 아니고 내부수익률로 재투자해야 한다.

21 **지난해 주당순이익(EPS)은 4,000원이었고 이익의 50%를 배당한 서강기업의 주식 1주를 20,000원에 매입하였다. 서강기업은 향후 영구적으로 5%씩 성장할 것으로 예상된다. 무위험이자율이 4%, 시장위험프리미엄이 10%라면 서강기업 주식의 위험프리미엄은 얼마인가?**

① 10.1% ② 10.4% ③ 10.9% ④ 11.3% ⑤ 11.5%

| 해설 | $P_0 = \frac{d_1}{k_e - g} \rightarrow 20,000 = \frac{4,000(0.5)(1+0.05)}{k_e - 0.05} \quad \therefore k_e = 15.5\%$

따라서 서강기업의 주식 위험프리미엄은 다음과 같이 구할 수 있다.

$k_e = R_f + RP$에서 $0.155 = 0.04 + RP \quad \therefore RP = 0.115(11.5\%)$

22 연세기업의 보통주는 현재 한국거래소 주식시장에서 20,000원에 거래되고 있으며, 차기의 주당이익은 2,000원이고 배당지급액은 800원이 될 것으로 예상한다. 연세기업의 보통주 자본비용이 10%라고 가정하는 경우에 유보이익에 대한 재투자수익률은 얼마인가?

① 8% ② 9% ③ 10% ④ 12% ⑤ 15%

| 해설 | $P_0 = \frac{d_1}{k_e - g} \rightarrow 20,000 = \frac{800}{0.1 - g} \quad \therefore g = 0.06(6\%)$

한편 배당성향이 40%(=800/2,000)이므로 사내유보율은 60%이다.

g = 사내유보율(b)×재투자수익률(r), 0.06 = 0.6×재투자수익률 ∴ 재투자수익률 = 10%

23 고려기업의 사내유보비율은 40%로 매년 일정하며 금년도 말에 예상되는 주당이익은 5,000원이다. 고려기업의 주식에 대한 주주의 요구수익률이 16%이고 재투자수익률이 25%로서 매년 일정하게 실현된다고 가정하는 경우에 고려기업의 성장기회의 순현재가치(NPVGO)는 얼마인가?

① 10,000원 ② 12,500원 ③ 15,000원 ④ 18,750원 ⑤ 20,000원

| 해설 | (1) 미래의 주당배당금이 매년 일정비율로 성장할 경우 항상성장모형의 주가

$$P_0 = \frac{d_1}{k_e - g} = \frac{5,000(0.6)}{0.16 - 0.4 \times 0.25} = 50,000\text{원}$$

(2) 미래의 주당배당금이 매년 동일해 성장이 없을 경우 제로성장모형의 주가

$$P_0 = \frac{EPS_1}{k_e} = \frac{5,000}{0.16} = 31,250\text{원}$$

(3) 성장기회의 순현재가치 = ① − ② = 50,000원 − 31,250원 = 18,750원

24 매년 일정하게 성장하고 있는 건국기업의 현재주가는 20,000원이고 베타계수는 1.5이다. 건국기업의 당기말 주당배당금은 1,700원으로 예상되며, 무위험이자율은 8%이고 시장위험프리미엄은 7%라고 가정할 경우에 자본이득률은?

① 8% ② 9% ③ 10% ④ 11% ⑤ 12%

| 해설 | (1) 증권시장선(SML)을 이용하여 자기자본비용(k_e)을 계산한다.

$$k_e = R_f + [E(R_m) - R_f)] \times \beta_i = 0.08 + 0.07 \times 1.5 = 18.5\%$$

(2) 고든의 항상성장모형을 이용하여 성장률을 계산한다.

$$P_0 = \frac{d_1}{k_e - g} \rightarrow 20,000 = \frac{1,700}{0.185 - g} \quad \therefore g = 0.1$$

$$k_e = \frac{d_1}{p_0} + \frac{p_1 - p_0}{p_0} = \frac{d_1}{p_0} + g$$

25 현재 10,000원에 거래되는 보통주 10만주를 보유한 중앙기업의 과거 재투자수익률은 20%이며 유보비율은 50%로서 미래에도 계속해서 유지될 것으로 예상된다. 중앙기업의 지난해 당기순이익이 20,000만원일 경우 중앙기업의 주식에 대한 주주들의 요구수익률은 얼마인가?

① 0.13 ② 0.15 ③ 0.17 ④ 0.19 ⑤ 0.21

| 해설 | P_0 = 10,000원이고 g = 0.2×0.5 = 10%이며 d_0 = 20,000만원×0.5÷10만주 = 1,000원

$$P_0 = \frac{d_1}{k_e - g} \rightarrow 10,000 = \frac{1,000(1+0.1)}{k_e - 0.1} \quad \therefore k_e = 0.21$$

26 다음 중 경제적 부가가치(EVA)에 대한 설명으로 옳지 않은 것은?

① EVA는 회계적 이익에 반영되지 않은 자기자본비용을 명시적으로 고려한다.
② EVA가 정(+)인 기업은 자본비용 이상을 벌어들인 기업으로 평가된다.
③ EVA는 주주중심의 사고에서 평가한 기업의 가치이다.
④ 다각화된 기업은 사업단위별로 EVA를 평가하여 핵심사업과 한계사업을 분류할 수 있다.
⑤ 주식에 대한 배당지급이 없는 경우 자기자본비용이 없기 때문에 EVA는 회계상의 당기순이익과 일치한다.

| 해설 | 자기자본비용은 배당의 지급여부와 무관한 자기자본에 대한 기회비용인 주주의 요구수익률이므로 배당의 지급이 없더라도 자기자본비용은 존재한다. 따라서 배당의 지급이 없는 경우에도 EVA와 회계상의 당기순이익은 일치하지 않는다.

27 다음 중 경제적 부가가치(EVA)와 시장부가가치(MVA)에 대한 설명으로 옳지 않은 것은?

① EVA는 특정연도의 단기지표이므로 미래에 예상되는 EVA를 가중평균자본비용으로 할인한 현재가치는 MVA와 일치한다.
② MVA를 극대화시키면 주주 부를 극대화시킨다고 볼 수 있다.
③ 단기적인 EVA를 너무 강조하면 미래의 성장기회를 희생시킬 수도 있다.
④ EVA와 MVA는 가치중심경영을 유도하기 위한 성과측정의 수단으로 모두 주주의 입장에서 유용한 개념이다.
⑤ EVA는 당기순이익에서 자본비용을 차감한 값과 동일하다.

| 해설 | EVA는 영업활동을 통한 세후영업이익에서 총자본비용을 차감한 값과 동일하다.

28 다음 중 경제적 부가가치(EVA)와 시장부가가치(MVA)에 대한 설명으로 옳지 않은 것은?

① EVA는 이익의 양적인 측면과 질적인 측면을 동시에 고려하는 개념이다.

② EVA는 모든 자본비용을 차감한 후에도 영업활동을 통해 이익을 얻을 수 있는지를 나타내는 개념이다.

③ 부채의 시장가치와 장부가액이 동일한 경우에 MVA를 극대화시키면 주주 부가 극대화된다.

④ EVA와 MVA는 주주의 입장에서 유용한 성과지표라고 할 수 있다.

⑤ EVA와 MVA는 성장기회의 NPV와 동일한 개념이다.

| 해설 | EVA는 특정연도의 자본비용을 초과하는 영업이익으로 미래에 예상되는 EVA를 가중평균자본비용으로 할인한 현재가치가 성장기회의 NPV와 동일한 개념이 된다.

29 서강기업의 영업용 투하자본은 2,500백만원이고, 세전 영업이익은 600백만원이며 법인세는 50백만원이다. 배당성향이 60%, 가중평균자본비용은 10%, 납입자본금이 1,000백만원, 발행주식총수는 20만주, 자기자본비용은 20%일 경우에 서강기업의 경제적 부가가치(EVA)는 얼마인가?

① 50백만원 ② 250백만원 ③ 300백만원 ④ 330백만원 ⑤ 350백만원

| 해설 | EVA = NOPAT−(IC×WACC) = (600−50)−(2,500×0.1) = 300백만원

30 연세기업의 영업용 투자자본은 2,000만원이고, 이 중에서 1,000만원은 시장이자율이 10%인 타인자본이고 나머지는 자기자본비용이 20%인 자기자본이다. 당기말 영업이익은 1,000만원으로 예상되고 법인세율이 50%라고 가정할 경우에 연세기업의 경제적 부가가치(EVA)는 얼마인가?

① 250만원 ② 300만원 ③ 350만원 ④ 400만원 ⑤ 450만원

| 해설 | $k_0 = k_d(1-t_c)\frac{B}{S+B} + k_e\frac{S}{S+B} = 0.1(1-0.5)\frac{1,000}{2,000} + 0.2\frac{1,000}{2,000} = 12.5\%$

EVA = 세후영업이익−투자자본비용 = 1,000(1−0.5)−2,000×0.125 = 250만원

정답

1.⑤	2.④	3.③	4.⑤	5.①	6.③	7.③	8.④	9.④	10.②
11.③	12.④	13.④	14.④	15.①	16.②	17.③	18.③	19.③	20.⑤
21.⑤	22.③	23.④	24.③	25.⑤	26.⑤	27.⑤	28.⑤	29.③	30.①

C·h·a·p·t·e·r 05

증권분석의 체계

기본적 분석은 주식의 내재가치를 산출하는 데 초점을 집중시킨다. 반면에 기술적 분석은 주식의 내재가치의 결정에 영향을 주는 기본적 요인들보다는 과거의 주가와 거래량의 흐름을 분석하여 일정한 패턴이나 추세를 찾아내어 미래의 주가의 변동을 예측하려고 하며 주로 차트를 활용한 분석이 이루어진다.

제1절 기본적 분석

1. 기본개념

(1) 증권투자의 정의

증권투자는 투자자가 현재의 확실한 소비를 포기하고 미래에 투자수익을 가져다 줄 것으로 예상되는 유가증권에 투자하는 것을 말한다. 그런데 유가증권의 가격은 예측하기 어려운 여러 가지 거시경제변수에 의해 영향을 받기 때문에 증권투자에서 예상할 수 있는 투자수익도 불확실하다고 할 수 있다.

따라서 투자자들은 증권투자에 따른 수익성과 위험을 분석하여 투자가치를 평가할 필요를 느끼게 되고 이러한 필요를 충족시킬 수 있는 분석활동이 증권분석이다. 증권분석은 증권의 수익성과 위험에 영향을 미치는 요인이 변화됨에 따라 계속적으로 행해져야 하므로 광범위한 정보수집과 분석체계가 갖추어져야 한다.

실무에서 이용하는 증권분석의 방법에는 기본적 분석, 기술적 분석, 포트폴리오분석이 있다. 이들 방법은 증권시장의 효율성 정도에 분석자가 어떤 견해를 가지고 있으며, 하나의 유가증권에 투자하는 관점에서 분석하는가 아니면 다수의 유가증권을 결합하여 투자하는 관점에서 분석하는가에 따라 구분한 것이다.

(2) 기본적 분석의 정의

기본적 분석은 경제변수, 산업요인, 기업요인의 기본적 요인을 토대로 증권마다 내재가치가 존재하며 장기적으로 증권가격은 내재가치에 접근한다는 가정하에 특정 증권의 내재가치를 산출한 다음 내재가치와 시장가격을 비교해서 과소평가 또는 과대평가되어 있는 증권을 식별하여 매매종목을 결정하는 방법을 말한다.

증권의 내재가치는 공식적으로 이용가능한 정보를 통해 평가할 수 있어 준강형 효율적 시장가설이 성립히면 기본적 분석은 의미가 없게 된다. 따라서 기본적 분석은 재무정보의 분석을 통한 투자종목의 선택을 중요시하는 방법이며, 증권의 시장가격과 내재가치가 같지 않다고 가정한다는 점에서 기술적 분석과 다르다.

따라서 거시적 관점에서 경기·금리·통화 등의 경제요인을 분석함으로써 주가흐름을 판단하고, 산업분석에서는 산업동향을 파악함으로써 투자유망업종을 선정한다. 그리고 기업분석에서는 경제 및 산업분석을 토대로 개별기업의 미래 수익성을 예측하고 기업의 내재적 가치를 추정함으로써 투자유망종목을 선택하게 된다.

(3) 기본적 분석의 방법

기본적 분석은 크게 질적 분석과 양적 분석으로 구분할 수 있다. 질적 분석은 경기·정치상황·산업동향·경제정책·노사문제·경영능력 등 계량화가 불가능한 사항을 분석하는 방법을 말한다. 반면에 양적 분석은 주식투자와 관련된 각종 경제지표·산업지표·재무제표 등 계량화가 가능한 사항을 분석하는 방법을 말한다.

기본적 분석은 시장에서 잘못 평가된 주식을 찾기 위해 개별종목에 대한 내재가치를 분석한다. 그러나 재무제표에 근거한 주식가격 평가는 불충분하고, 회계처리방법의 다양성 때문에 기업간의 비교평가가 어렵고, 주가는 재무요인뿐만 아니라 계량화할 수 없는 심리적 요인들에 의해서도 결정된다는 한계점이 있다.

그림 5-1 기본적 분석의 접근방법

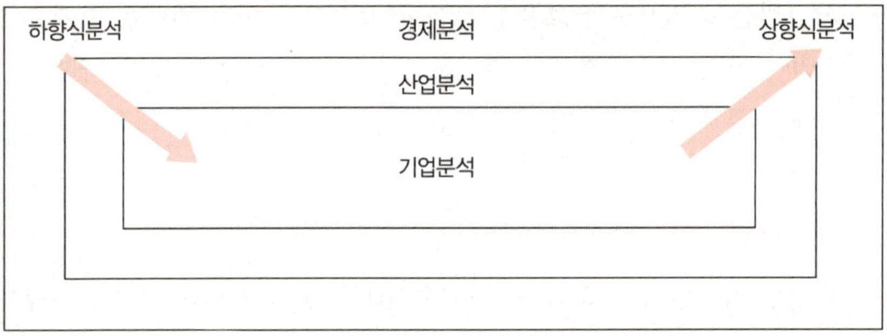

2. 경제분석

경제는 시간이 경과함에 따라 성장을 하며, 그 과정에서 호황과 불황을 반복한다. 국내총생산(GDP)이 상승과 하락을 반복하는 형태로 변해갈 때, 경제성장을 나타내는 추세선(trend line)을 그려볼 수 있다. 경기변동은 경기가 호황과 불황을 거듭하면서 변화하고 반복되는 현상을 말하며 경기순환이라고도 한다.

(1) 경기변동

1) 경기변동의 개념

경기변동은 국내총생산(GDP) 또는 국민소득이 주기적으로 상승과 하락을 반복하는 경기순환을 말하며 경기변동이 없다면 경제는 성장추세선을 따라 확대될 것이다. 경기변동은 각국에서 매우 광범위하게 발생하고 있으며 경기하강은 경제에 많은 어려움을 유발하기 때문에 경제학자들의 주된 관심사가 되어왔다.

경제전반의 경기순환에 따라 대부분 기업들의 영업실적이 변동하고 주가도 변화하게 되어 주식시장도 순환을 하게 되는데, 보통 주가의 변동이 경기변동을 6개월 정도 선행하는 것으로 나타나고 있다. 이때 모든 산업의 경영성과가 경제 전체의 경기변동과 일치하지 않고 산업의 특성에 따라 시차를 두고 나타난다.

2) 경기변동의 국면

국가경제는 시간의 흐름에 따라 주기적으로 호황과 불황을 경험하면서 발전과 성장을 거듭해 나간다. 이러한 변화과정은 각 국가가 직면한 경제의 기본 여건에 따라 다양한 모습을 띤다. 경기변동은 장기적인 성장경로를 나타내는 추세선의 위와 아래로 총체적인 경제활동수준이 반복적으로 움직이는 현상을 말한다.

일반적으로 경기변동은 회복기→호황기→후퇴기→불황기의 4국면으로 구분되며 정점에 이르면 후퇴기(recession)에 접어들었다가 성장추세선 이하로 떨어지는 불황기(depression)에 빠진다. 그리고 시간이 지남에 따라 회복기(recovery)를 거쳐 성장추세선 위로 상승하는 호황기(prosperity)에 접어든다.

경기변동의 국면에서 상위전환점을 정점(peak)이라고 하며, 하위전환점을 저점(trough)이라고 한다. 한편, 정점에서 정점 또는 저점에서 저점까지의 거리를 주기(cycle)라 하고, 정점에서 저점까지의 높이를 진폭이라고 한다. 정점에서 저점까지를 수축국면, 저점에서 정점까지를 확장국면이라고 한다.

경기변동은 일정한 수기를 두고 발생하며 호황과 불황이 파상적으로 되풀이되고 그 변동은 경제의 모든 부문에 영향을 주며 국제적으로 파급해 나간다. 경기변동이 어느 정도 크게 일어나는지는 주기와 진폭으로 측정된다. 우리나라 경기순환주기는 약 50개월이며 확장기는 31개월, 수축기는 18개월 정도로 알려지고 있다.

❙그림 5-2❙ 경기변동의 국면

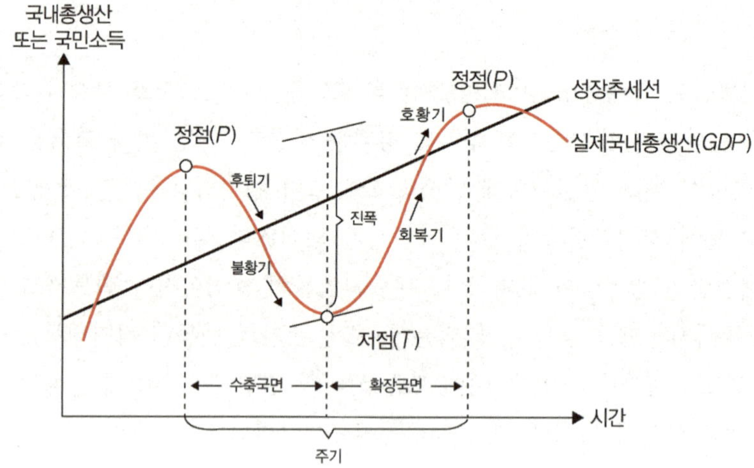

3) 경기변동의 유형

경기변동은 개별적으로 발생하는 것이 아니라 동시에 발생하고, 경기변동과 경제성장은 독립적으로 이루어지는 것이 아니라 경제가 장기적으로 성장하는 과정에서 경기변동이 발생한다. 그리고 경기변동의 양상은 투자의 성격이나 순환주기의 길이에 따라 단기순환, 중기순환, 장기순환으로 구분할 수 있다.

① 단기순환

단기순환은 이자율의 변화에 따른 화폐량의 증감이나 수요의 증감에 따른 재고투자의 변동으로 나타나는 순환을 말하며, 3~5년 정도의 주기를 가진다. 단기순환을 발견한 사람의 이름을 빌려 키친순환(Kitchin cycle)이라고도 한다.

② 중기순환

중기순환은 기술혁신 등에 의한 설비투자의 변동으로 나타나는 순환을 말하며, 6~10년 정도의 주기를 가진다. 중기순환을 발견한 사람의 이름을 빌려 쥬글러순환(Juglar cycle)이라고도 한다.

③ 장기순환

장기순환은 기술혁신, 사회적 변동이나 대발명 등으로 나타나는 순환을 말하며, 50년 정도의 주기를 가진다. 장기순환을 발견한 사람의 이름을 빌려 콘트라티에프파동(Kondratiev cycle)이라고도 한다.

| 표 5-1 | 경기변동의 종류

종류	주기	발생원인	비고
키친파동	2.5~5년	통화공급, 금리변동, 재고변동	단기순환, 소순환
쥬글라파동	9~10년	설비투자의 내용년수	중기순환, 주순환
건축순환	17~18년	건축투자	
쿠즈네츠파동	20~25년	경제성장률 변화	
콘트라티에프파동	40~60년	기술혁신, 전쟁, 신자원의 개발	장기순환

4) 경기변동의 지표

경기지수는 경기변동을 파악하기 위해 경기변동에 민감하게 반영하는 자료에 의해 작성된 지수를 말하며 주로 현재의 경기동향이나 향후의 경기를 예측하기 위해 작성된다. 경기지수의 종류에는 경기종합지수(CI), 기업가실사지수(BSI), 소비자체감지수(CSI)와 같은 지표들이 있다.

① 경기종합지수

경기종합지수(CI : composite index)는 국민경제 전체의 경기동향을 파악하고 예측하기 위해 주요 경제지표의 움직임을 가공·종합하여 지수형태로 나타낸 것으로 경제활동의 변화방향, 전환점, 진폭을 동시에 나타내는 종합적인 경기지수를 말하며 가장 널리 활용되는 경기변동의 대표적인 지표이다.

경기종합지수는 각종 경제변수 중에서 경기와 밀접한 관련이 있는 변수를 선행지수·동행지수·후행지수로 구분하여 이들을 종합적으로 판단하여 작성된다. 경기종합지수는 우리나라에서 발표되는 경기지수 중에서 가장 대표적인 지수로 1993년 3월부터 통계청에서 매월 작성하여 발표하고 있다.

【표 5-2】 경기종합지수 구성지표

경기선행지수	경기동행지수	경기후행지수
① 구인구직비율	① 비농림어업취업자수	① 상용근로자수
② 재고순환지표	② 광공업생산지수	② 소비재수입액
③ 소비자기대지수	③ 서비스업생산지수	③ 생산자제품재고지수
④ 건설수주액	④ 소매판매액지수	④ 도시가계소비지출
⑤ 기계류내수출하지수	⑤ 내수출하지수	⑤ 회사채유통수익률
⑥ 국제원자재가격지수	⑥ 건설기성액	
⑦ 수출입물가비율	⑦ 수입액	
⑧ 코스피지수		
⑨ 장단기금리차		

② 기업경기실사지수

기업경기실사지수(BSI : business survey index)는 경기동향에 대한 기업가들의 판단·예측·계획에 관한 의견을 설문조사하여 주요 업종의 경기동향과 전망 그리고 기업경영의 문제점을 파악하여 기업의 경영계획 및 경기대응책 수립에 필요한 기초자료로 이용하기 위한 지수를 말하며 약칭으로 BSI라고 한다.

다른 경기관련 자료와 달리 기업가의 주관적이고 심리적인 요소까지 조사가 가능하여 경제정책을 입안하는 데 중요한 자료로 활용된다. 지수계산은 설문지를 통해 집계된 전체응답자 중 전기에 비해 호전되었다고 답한 업체수의 비율에서 악화되었다고 답한 업체수의 비율을 차감한 다음 100을 더해 계산한다.

$$BSI = \frac{\text{상승업체수} - \text{하락업체수}}{\text{전체응답업체수}} \times 100 + 100 \tag{5.1}$$

일반적으로 BSI는 100을 기준으로 지수가 100 이상이면 경기가 확장국면, 100 이하이면 수축국면으로 판단하게 된다. 미국·일본 등 50여 개국에서 실시하고 있으며 한국은 한국은행을 비롯하여 한국산업은행, 대한상공회의소, 전국경제인연합회 등에서 분기별 또는 월별로 이를 조사하여 발표하고 있다.

③ 소비자체감지수

소비자체감지수(CSI : consumer sentiment index)는 현재와 미래의 생활형편, 경기, 소비지출 등에 대한 소비자의 주관적인 인식과 판단을 종합적으로 반영하여 지수화한 것을 말한다. 소비자체감지수는 한국은행, 통계청 등에서 작성 · 발표하고 있는데 각 기관에서 사용하는 명칭은 약간씩 차이가 있다.

경기종합지수의 선행지수에 포함된 소비자기대지수(CSI)는 통계청에서 작성하며 소비자동향지수(한국은행), 소비자기대지수(통계청), 소비자태도지수(삼성경제연구소) 등으로 불린다. CSI는 0과 200사이의 값으로 표시하며 CSI가 100 이상이면 경기가 확장국면으로, 100 이하이면 수축국면으로 판단한다.

(2) 통화지표

통화량은 일정시점에서 시중에 유통되고 있는 화폐의 양을 말하며 화폐는 수많은 생산자와 소비자간의 거래를 원활하게 하는 기능을 수행한다. 경제의 규모에 비해 통화량이 너무 많으면 인플레이션이 발생할 수 있고, 너무 적으면 거래가 위축될 수 있어 통화량을 적정수준으로 유지하는 것은 매우 중요하다.

통화량을 측정하는 지표로 화폐의 기능이나 성격을 지닌 금융자산 중 어디까지를 포함시킬지에 따라 여러 가지로 정의될 수 있다. 우리나라에서는 금융기관이 취급하는 금융상품의 유동성에 따라 M1, M2, Lf, L의 통화지표를 편제하고 있다. 협의통화(M1)는 화폐의 지급결제기능을 중시하는 통화지표이다.

광의통화(M2)는 화폐의 거래적 기능은 물론 가치저장수단의 기능까지 포괄하고 있다. 금융기관유동성(Lf)은 전체 금융기관의 자금상황을 나타내는 지표로 과거의 통화지표 중 M3의 명칭을 변경한 것이다. 광의유동성(L)은 한 나라의 경제가 보유하고 있는 전체 유동성의 크기를 측정하기 위한 지표이다.

통화량이 증가될 경우에 기업의 설비투자 증가 → 기업실적 향상 → 주당이익 증가로 인해 주가가 상승하는 경로와 통화량이 증가하면 주식수요가 증가되어 주가가 상승하는 경로가 있다. 그리고 통화량이 증가하면 실질이자율 하락 → 주식에 대한 요구수익률 하락으로 인해 주가가 상승하는 경로 등이 있다.

(3) 금리수준

1) 금리의 정의

금리는 돈의 가격이다. 상품시장에서 상품을 거래할 때 가격이 존재하듯이 자금을 거래하는 금융시장에서도 가격이 형성된다. 이와 같이 자금이 거래되는 금융시장에서 자금수요자가 자금공급자에게 자금을 사용한 대가로 지급하는 것을 이자라고 하며, 기간별 원금에 대한 이자의 비율을 이자율 또는 금리라고 한다.

이자의 크기는 기간에 따라서 달라지기 때문에 금리를 표시할 때는 보통 1년을 기준으로 기간을 명시한다. 예컨대 홍길동이 연 이자율 10%로 은행에서 1년간 100만원을 대출받는다면 돈을 빌린 홍길동(채무자)은 10만원의 이자비용을 지급해야 하고, 돈을 빌려준 은행(채권자)은 10만원의 이자수익을 수령하게 된다.

2) 금리의 결정

상품의 가격이 상품시장에서 상품의 수요와 공급에 의해서 결정되는 원리와 마찬가지로 자금의 가격도 금융시장에서 자금의 수요와 공급에서 의해 결정된다. 자금에 대한 수요는 가계의 소비와 기업의 설비투자 등에 영향을 받는 반면에 자금에 대한 공급은 가계의 저축과 한국은행의 통화정책 등에 따라서 달라진다.

자금에 대한 수급이 변하면 금리가 변한다. 자금수요가 증가하면 금리는 오르고, 자금공급이 증가하면 금리는 내린다. 일반적으로 호경기에는 가계소비와 기업투자가 상승하여 자금에 대한 수요가 증가하여 금리가 상승하고, 불경기에는 가계소비와 기업투자가 감소하여 자금에 대한 수요가 감소하여 금리는 하락한다.

| 그림 5-3 | 금리의 결정

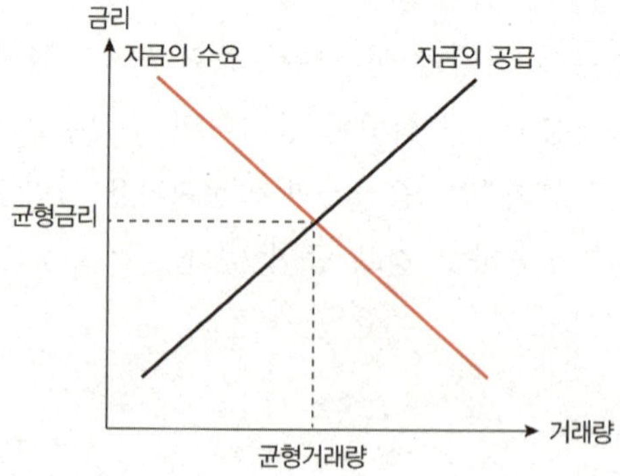

3) 금리의 변화요인

① 금리와 채권가격 : 부(−)의 관계

채권의 가격은 채권의 미래현금흐름(원리금)을 시장이자율로 할인한 현재가치이므로 금리가 상승하면 채권의 가격은 하락하고, 금리가 하락하면 채권의 가격은 상승한다. 따라서 정부가 국공채를 발행(매입)하면 자금의 수요가 증가(감소)하여 금리가 상승(하락)하고 국공채의 가격은 하락(상승)한다.

국공채매도 → 자금의 수요증가 → 금리상승 → 국공채가격하락
국공채매입 → 자금의 수요감소 → 금리하락 → 국공채가격상승

② 금리와 국민소득 : 정(+)의 관계

금리는 국민소득과 정(+)의 관계에 있다. 따라서 국민소득이 증가하면 금융시장에서 자금에 대한 수요가 증가하여 금리는 상승하고, 반대로 국민소득이 감소하면 금융시장에서 자금에 대한 수요가 감소하여 금리는 하락한다.

국민소득의 증가 → 자금의 수요증가 → 금리상승
국민소득의 감소 → 자금의 수요감소 → 금리하락

③ 금리와 물가상승률 : 정(+)의 관계

금리는 물가상승률과 정(+)의 관계에 있다. 물가가 지속적으로 상승하는 인플레이션하에서는 화폐의 가치가 하락하여 자금의 공급이 감소한 것이므로 금리는 상승한다. 물가가 지속적으로 하락하는 디플레이션하에서는 화폐의 가치가 상승하여 실질적으로 자금의 공급이 증가한 것이므로 금리는 하락한다.

물가상승 → 자금의 공급감소 → 금리상승
물가하락 → 자금의 공급증가 → 금리하락

4) 금리의 종류

① 기준금리

기준금리는 한 나라의 금리를 대표하는 정책금리로 한국은행은 기준금리를 정하여 각종 금리의 기준이 되도록 하며, 그 수준은 국내외 경제상황의 변화에 맞추어 유동적으로 조정한다. 따라서 기준금리는 한국은행이 금융기관과 환매조건부채권 매매, 자금조정 예금 및 대출 등의 거래를 할 경우에 기준이 된다.

한국은행의 금융통화위원회는 물가동향, 국내외 경제상황, 금융시장여건 등을 종합적으로 고려하여 연 8회 기준금리를 결정하고 있다. 이렇게 결정되는 기준금리는 초단기금리인 콜금리에 즉시 영향을 미치고, 장단기 시장금리, 예금 및 대출 금리 등의 변동으로 이어져 궁극적으로 실물결제 활동에 영향을 미친다.

우리나라는 1999년부터 콜금리를, 2008년 3월부터 환매조건부채권 금리를 기준금리로 한다. 이는 한국은행이 일주일에 한 번씩 시장에서 7일 만기 환매조건부채권을 매도할 때 적용한다. 한국은행은 기준금리를 7일물 환매조건부채권 매각시 고정입찰금리, 7일물 환매조건부채권 매입시 최저입찰금리로 사용한다.

기준금리는 채권매매나 금융기관의 지급준비율 또는 재할인율 등의 통화정책을 통해 통화량, 물가, 금리에 영향을 미치므로 중요하다. 한국은행이 기준금리를 발표하면 금융기관은 이를 기준으로 각자의 금리를 책정한다. 따라서 기준금리를 올리면 시중금리는 상승하고, 기준금리를 내리면 시중금리도 떨어진다.

그림 5-4 한국은행 기준금리 변동추이

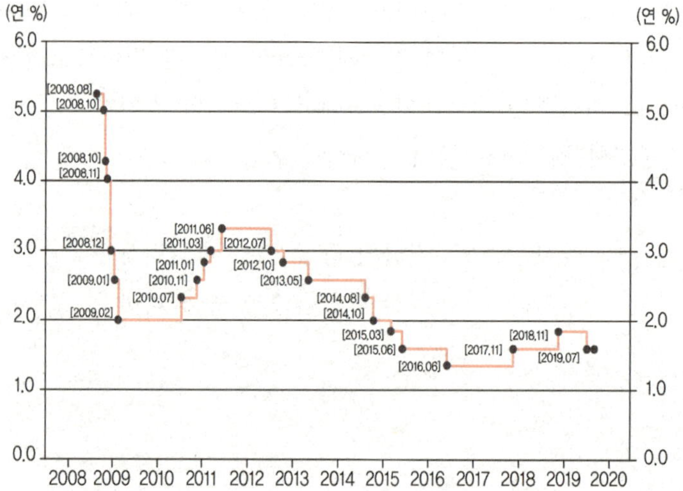

주 : 1) 2008년 2월까지는 콜금리 목표

② 시장금리

시장금리는 기간에 따라서 1년 미만의 단기자금을 거래대상으로 하는 단기금리와 1년 이상의 장기자금을 거래대상으로 하는 장기금리로 구분한다. 금융기관 상호간에 자금을 거래할 경우 적용하는 콜금리, 환매조건부채권채권(RP), 무기명상품인 양도성예금증서(CD)의 수익률은 대표적인 단기금리이다.

장기금리는 1년 이상 채권의 수익률을 기준으로 하며, 1년 이상 국공채, 회사채, 금융채 등의 수익률은 대표적인 장기금리이다. 일반적으로 장기금리는 단기금리보다 높은데, 이는 차입자가 장기간 안정적으로 자금을 사용할 수 있는 이점이 있고 만기가 길수록 원금을 회수할 가능성이 적기 때문이다.

③ 명목금리

명목금리는 물가상승에 따른 구매력의 변화를 감안하지 않고 표시된 금리로 물가상승률을 차감하여 산정되는 실질금리에 상대되는 개념이며 경우에 따라 복리로 계산되지 않은 금리를 말한다. 물가가 상승하면 시중의 금리수준은 물가수준을 반영하여 높게 결정되지만 금리의 실제가치는 떨어질 수도 있다.

④ 실질금리

실질금리는 물가변동에 관계없이 구매력이 유지된다는 가정하에 받게 되는 금리를 말한다. 예컨대 쌀 1가마니를 빌려주고 1년 후에 쌀 1가마니와 1말을 받았다면 쌀 1말은 실질금리가 된다. 따라서 은행에 예금하는 저축자의 입장에서 실질이자소득은 동일한 금리수준에서 물가상승률이 낮을수록 늘어난다.

⑤ 피셔효과

인플레이션이 발생하면 경제주체들은 명목금리를 예상물가상승률만큼 올려버린다. 그래야 실질이자율이 변하지 않기 때문이다. 예컨대 100만원을 빌려주고 연 5%의 이자를 받으면, 1년 후에 받는 돈의 구매력은 5% 증가한다. 그러나 물가상승률이 3%이면, 명목금리는 8%가 되어야 실질금리는 5%가 된다.

피셔효과(Fisher Effect)는 시중의 명목금리와 인플레이션 기대심리의 관계로 명목금리는 실질금리와 예상인플레이션율의 합계와 같다는 것을 말한다. 예컨대 시중의 명목금리를 10%로 가정하고 예상되는 인플레이션율을 연 7%로 예상하면 실질금리는 명목금리 10%에서 물가상승률을 차감한 3%에 해당한다.

$$\text{명목이자율} = \text{실질이자율} + \text{물가상승률} \tag{5.2}$$

$$\text{실질이자율} = \text{명목이자율} - \text{물가상승률} \tag{5.3}$$

(4) 물가수준

물가는 시장에서 거래되는 모든 재화와 서비스의 가격을 일정한 기준으로 가중평균한 종합적인 가격수준을 말하고, 물가지수는 물가의 움직임을 한눈에 쉽게 알아볼 수 있도록 기준시점을 100으로 하여 지수로 나타낸 것이다. 예컨대 물가지수가 115라면 기준시점보다 물가수준이 15% 상승했다는 의미이다.

1) 인플레이션의 정의

인플레이션은 물가수준이 지속적으로 상승하여 화폐의 구매력이 하락하는 현상을 말한다. 인플레이션율은 물가수준의 변화율로 측정하며 소비자물가지수, 생산자물가지수, GDP디플레이터를 이용하여 계산한다. (t−1)기 물가지수를 P_{t-1}, t기 물가지수를 P_t라고 하면 (t−1)기와 t기의 인플레이션율 π_t는 다음과 같이 측정된다.

$$\pi_t = \frac{P_t - P_{t-1}}{P_{t-1}} \tag{5.4}$$

2) 인플레이션의 구분

인플레이션(inflation)의 종류에는 전반적인 물가상승의 현상으로 총수요가 증가하여 발생하는 수요견인 인플레이션, 제조원가의 상승에 따른 총공급이 감소하여 발생하는 비용인상 인플레이션, 총수요측 요인과 총공급측 요인이 동시에 작용하여 물가상승이 발생하는 혼합형 인플레이션으로 구분된다.

① 수요견인 인플레이션

수요견인 인플레이션(demand pull inflation)은 경기가 상승하여 과열단계에 도달하여 국민경제 전체에서 총수요가 총공급을 상회하기 때문에 발생하는 물가상승을 말한다. [그림 5-5]에서 총수요곡선이 우측으로 이동하면 원래의 물가수준(P_0)에서는 초과수요가 발생하여 물가가 상승하는 수요견인 인플레이션이 발생한다.

총수요곡선의 우측이동을 가져오는 요인에는 통화량 증가, 정부지출 증가, 독립적인 민간투자 증가, 유리한 수요충격 등이 있다. 총수요의 증가요인에 따라 소비인플레이션, 투자인플레이션, 재정인플레이션, 수출인플레이션, 신용인플레이션 등으로 세분된다. 수요견인 인플레이션은 국민소득이 증가하여 경기는 호황이 된다.

그림 5-5 수요견인 인플레이션

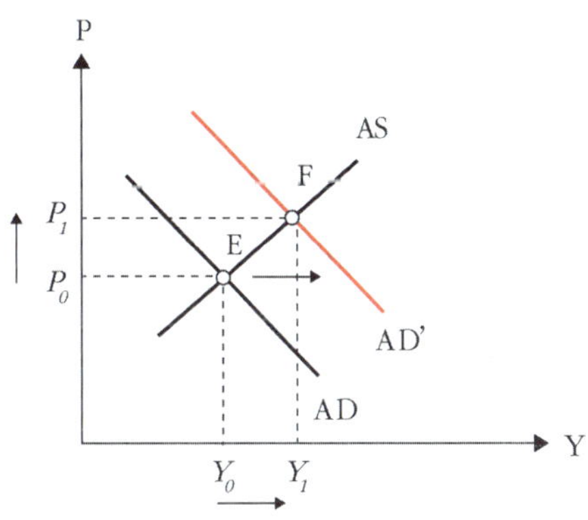

② 비용인상 인플레이션

비용인상 인플레이션(cost push inflation)은 금리, 임금, 원료 대금 등의 인상에 따른 생산비용의 상승으로 총공급이 감소함으로써 발생하는 물가상승을 말한다. [그림 5-6]에서 총공급곡선이 좌측으로 이동하면 국민소득이 감소하고 물가가 상승하는 비용인상 인플레이션이 발생한다.

비용인상 인플레이션의 경우에는 물가상승과 경기침체가 동시에 발생하는 스태그플레이션(stagflation) 현상이 나타날 수 있다. 한편 총공급곡선의 좌측이동을 가져오는 요인에는 노동자의 과도한 임금인상 요구, 기업의 이윤인상, 생산요소의 가격상승, 불리한 공급충격(석유파동) 등이 있다.

❙그림 5-6❙ 비용인상 인플레이션

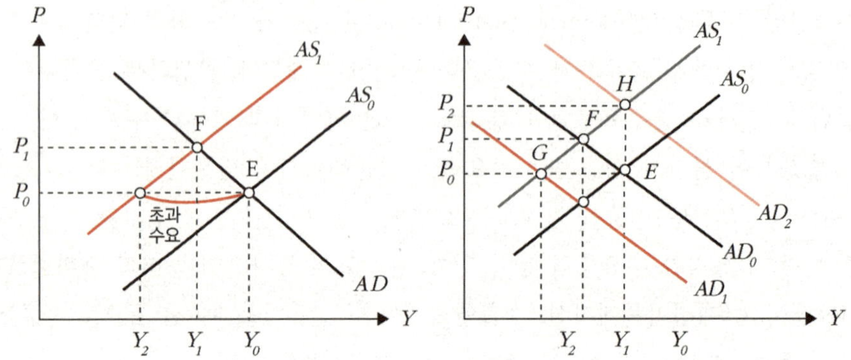

(a) 총공급곡선과 인플레이션　　(b) 정책당국의 딜레마

(5) 환율수준

1) 환율의 정의

환율은 자국화폐와 외국화폐의 교환비율을 말한다. 우리나라는 외국화폐 1단위를 얻기 위해 지급해야 하는 자국화폐의 크기로 표시하는 자국통화표시법(지급환율)을 사용한다. 따라서 외환시장에서 달러당 환율이 1,200원이라는 것은 1달러를 매입할 경우에 지불하는 가격이 1,200원이라는 것을 의미한다.

2) 환율의 결정

일반적으로 환율은 외환시장에서 외환에 대한 수요와 공급에 의해서 결정된다. 그러나 환율은 물가상승률, 국내외 금리차, 정치·사회의 안정여부 등 복합적인 요인의 영향을 받는다. 그리고 환율은 수출입되는 상품가격에 직접적인 영향을 미치기 때문에 물가, 산출량, 국제수지 등의 결정에 중요한 요인으로 작용한다.

① 외환의 수요곡선

환율이 상승하면 원화로 표시한 외국제품의 가격상승으로 수입이 감소하여 외환수요량은 감소한다. 즉 환율이 $1=₩1,000에서 $1=₩2,000으로 상승하면 수입가격이 $10인 수입품의 원화표시가격은 10,000원에서 20,000원으로 상승한다. 환율이 상승하면 외환의 수요량이 감소하여 외환의 수요곡선은 우하향 형태로 도출된다.

② 외환의 공급곡선

환율이 상승하면 달러화로 표시한 수출품의 가격하락으로 수출이 증가하여 외환공급량은 증가한다. 즉 환율이 $1=₩1,000에서 $1=₩2,000으로 상승하면 국내 상품시장에서 10,000원인 수출품의 달러표시가격은 $10에서 $5로 하락한다. 환율이 상승하면 외환의 공급량이 증가하여 외환의 공급곡선은 우상향 형태로 도출된다.

③ 균형환율의 결정

환율이 균형수준보다 높게 형성되면 외환에 대한 초과공급이 발생하기 때문에 환율은 하락한다. 그러나 환율이 균형수준보다 낮게 형성되면 외환에 대한 초과수요가 발생하기 때문에 환율이 상승한다. 따라서 외환에 대한 수요곡선과 공급곡선이 교차하는 접점에서 균형환율과 외환거래량이 결정된다.

| 그림 5-7 | 균형환율의 결정

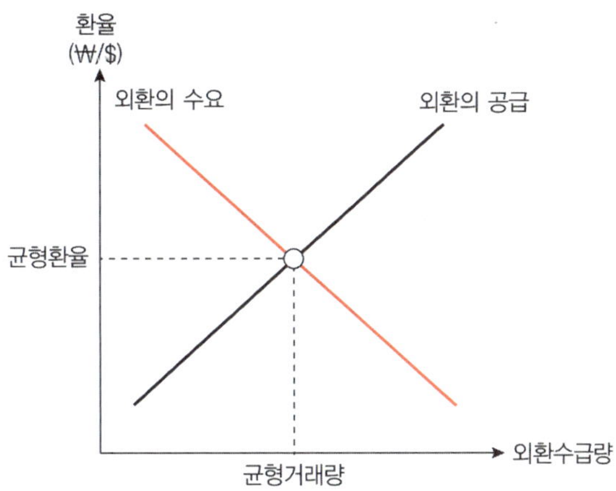

3) 환율의 변화

① 환율변화의 요인

외환에 대한 수요가 증가하면 환율은 상승하는 반면에 외환에 대한 공급이 증가하면 환율은 하락한다. 그리고 상품가격이 상승하면 화폐가치가 하락하는 것과 마찬가지로 환율이 상승하면 원화가치가 하락한다. 따라서 환율이 상승하면 원화가치가 하락하고 반대로 환율이 하락하면 원화가치가 상승한다.

② 외환수요의 변화요인

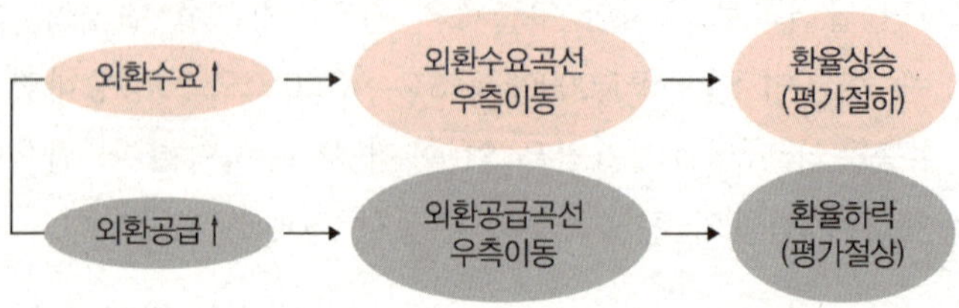

외환의 수요는 상품 및 서비스 수입, 자본유출, 내국인의 해외투자와 해외여행 등에 의해 발생하고, 외환수요의 변화요인에는 국내의 국민소득, 국내외 물가 등을 들 수 있다. 국내의 국민소득이 증가하거나 국내물가가 상승하거나 해외물가가 하락하는 경우 수입이 증가하여 외환에 대한 수요가 증가한다.

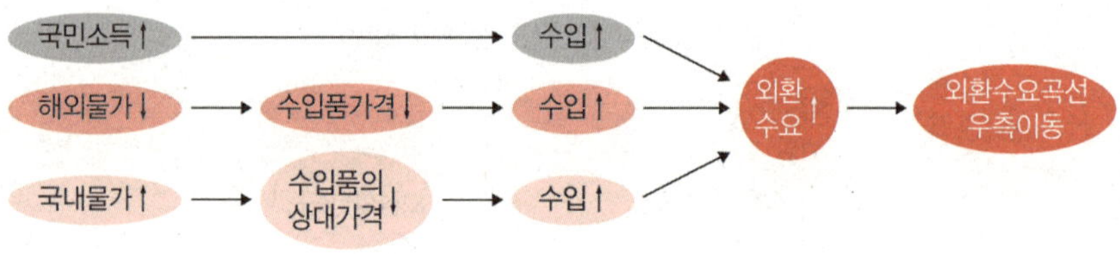

③ 외환공급의 변화요인

외환의 공급은 상품 및 서비스 수출, 자본유입, 외국인의 국내투자와 국내여행 등에 의해 발생하고, 외환공급의 변화요인에는 해외의 국민소득, 국내외 물가 등을 들 수 있다. 해외의 국민소득이 증가하거나 해외물가가 상승하거나 국내물가가 하락하는 경우 수출이 증가하여 외환에 대한 공급이 증가한다.

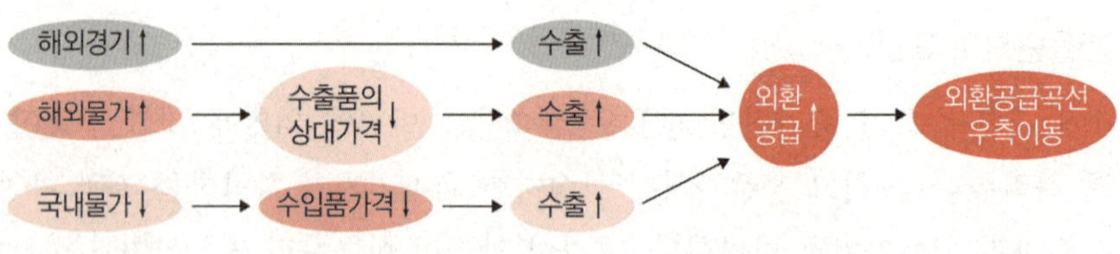

|그림 5-8| 환율변화의 요인

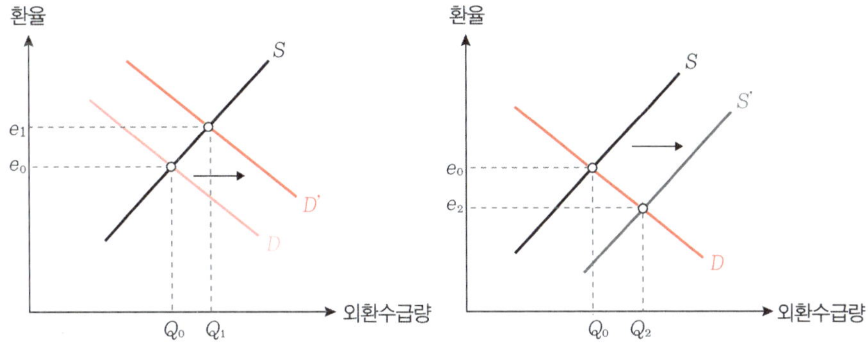

(a) 외환수요의 증가　　(b) 외환공급의 증가

(6) 국제수지

국제수지는 한 나라가 일정기간에 다른 나라와 행한 경제적 거래를 체계적으로 분류한 것을 말하고, 이를 표로 나타낸 것을 국제수지표라고 한다. 경제활동의 본거지가 어디에 있는가 하는 점이 분류의 중요한 기준이 된다. 또한 모든 재화 및 용역의 거래, 국가간의 이전거래, 자본거래 등 모든 거래를 포함한다.

국제수지표의 체계는 국제거래가 일어나는 원인과 경제에 미치는 효과에 따라 경상계정과 자본계정으로 나뉜다. 경상계정은 재화의 수출과 수입을 포함하는 무역거래, 무역외거래는 용역의 수출 및 수입과 투자수익을 포함하는 용역거래, 민간이 정부 및 국가간에 수수되는 무상증여를 나타내는 이전거래로 구성된다.

자본계정은 상환기간을 기준으로 크게 장기자본수지와 단기자본수지로 구분된다. 장기자본수지는 공장 및 기계설비에 대한 직접투자와 유가증권에 대한 자산투자로 나뉜다. 단기자본에는 산업발전의 과정에서 이루어지는 장기직접투자를 통해 유입되는 단기자본과 환율변동 등에 따른 투기적 목적의 자본유입이 있다.

한 국가의 국제수지는 균형을 이루는 것이 바람직하다. 지출이 수입보다 많으면 국가의 보유외화가 고갈되고 긴급한 재화마저 수입할 수 없어 경제가 파탄에 이를 수도 있기 때문이다. 한편 수입이 지출보다 많은 경우도 바람직하다고 볼 수 없는데, 이것은 수출재화가 제값을 받지 못하고 싸게 수출되었기 때문이다.

| 그림 5-9 | 국제수지표의 구성

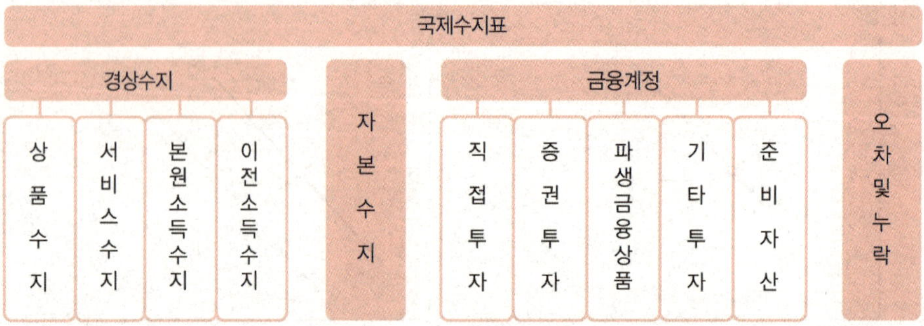

2. 산업분석

사업수준에서의 경영전략은 개별 사업단위의 목표를 성공적으로 달성하기 위해 장기적인 경쟁우위를 구축하고 공고히 하는 것에 초점을 둔다. 그러나 전제조건으로 개별 사업이 속해 있는 산업구조에 대한 평가문제와 사업수준에서의 전략대안들에는 어떤 것이 있는지 살펴보기로 한다.

(1) 산업분석의 정의

모든 기업의 수익성과 위험은 기업 자체의 특성이나 능력 이외에도 특정기업이 속한 산업의 특성과 동향에 큰 영향을 받게 된다. 그런데 산업 중에는 성장산업이 있는가 하면 사양산업이 있으며, 기업간의 경쟁이 별로 없는 산업이 있는가 하면 경쟁정도가 매우 치열하여 망하는 기업이 속출하는 산업도 있다.

기업의 수익성과 위험 및 경쟁력은 그 기업이 속해 있는 산업의 구조적 특성에 의해 결정되는 부분이 매우 커서 특정기업에 자금을 빌려주거나 특정기업이 발행한 사채의 인수를 고려하는 금융기관은 물론이고 유망한 종목을 선택하고자 하는 주식투자자의 경우에도 특정기업이 속한 산업을 분석하는 일은 매우 중요하다.

산업분석은 특정산업에 중요한 영향을 미치는 요인들을 광범위하게 연구하여 분석하며 산업간 분석과 산업내 분석을 포함한다. 산업간 분석은 여러 산업에서 경쟁력이 높고 유망한 업종에 대한 평가기준을 마련해주며, 산업내 분석은 구조적 분석을 통해 특정 산업내에서 유망한 경쟁업체에 대한 비교기준을 제시해준다.

산업분석은 특정산업의 특성과 전망에 대한 분석으로 개별산업 또는 관련산업에 중요한 영향을 미치는 요인들을 광범위하게 분석하되 경제사회의 여건변화에 따른 산업의 변화와 이것이 개별기업에 미치는 영향을 파악한다. 산업분석은 다음과 같은 이유 때문에 증권평가에서 필수적인 분석과정이라고 할 수 있다.

첫째, 개별기업의 경영성과는 당해산업의 경영성과와 밀접한 관련을 가지고 있으며, 개별주식의 시장가격은 일반적으로 당해산업의 주가평균에 근사하기 때문이다. 실제로 킹(B.F.King)은 자신이 추출한 표본에서 평균수준에 속하는 주식의 시가변동은 그 원인의 10%가 산업요인에 의해 발생한 것이라고 주장하였다.

둘째, 모든 산업의 성과가 반드시 경기변동과 일치하지 않기 때문이다. 예컨대 사치품이나 내구재산업의 경영성과는 경기변동과 비교적 동일한 추세로 움직이는 반면에 생필품산업의 경영성과는 오히려 경기변동과 반대로 작용하는 경향이 있다. 따라서 개별산업의 성과분석은 기업의 증권분석에 많은 도움을 준다.

셋째, 개별기업의 경영성과에 대한 장기전망을 하는 경우에 산업의 추세분석이 유용하기 때문이다. 산업은 제각기 산업라이프사이클을 가지고 있어 당해산업이 산업라이프사이클에서 현재 어느 단계에 속해 있는가를 분석하거나 그 산업의 제품에 대한 수요를 분석하면 경영성과에 대한 장기전망에 도움을 받을 수 있다.

(2) 산업분석의 내용

산업분석에 필요한 자료는 특정산업 관련 통계자료, 민간경제연구소와 신용평가회사 등에서 발간하는 산업분석보고서에서 구할 수 있다. 산업분석에서 검토해야 할 사항에는 과거의 실적분석, 경기변동에 대한 적응력, 산업의 대체관계, 정부의 산업정책, 인력수급 및 노사관계, 산업의 경쟁상황 등이 있다.

1) 과거의 실적분석

어떠한 경우에도 미래를 예측하기 위해서는 과거와 현재의 상황이 분석의 기초가 된다. 산업분석에서도 과거와 현재의 자료를 분석하고 이를 기초로 삼아 그 산업의 미래상황을 예측하는 것은 당연하다. 따라서 효과적인 산업분석을 통해 유효한 투자결정을 하려면 당해산업의 과거실적을 조사하여 분석해야 한다.

산업의 과거실적을 분석할 때 가장 중요한 것은 당해산업의 매출액과 수익률에 대한 분석이다. 왜냐하면 매출액과 수익률의 변동상황이 산업의 수익성에 중요한 영향을 미치기 때문이다. 그리고 판매조직과 유통구조를 명확하게 파악하고 유통과정의 재고수준, 판매가격의 추이, 가격카르텔의 유무 등을 검토한다.

아울러 산업의 원가구조, 즉 고정비와 변동비의 관계에 대한 분석도 함께 이루어져야 한다. 왜냐하면 총비용에서 고정비의 비중이 클수록 손익분기점이 높고 영업레버리지 효과도 크게 나타나기 때문이다. 호황에는 매출액 증가에 따른 이익증가율이 높아지고 불황에는 매출액 감소에 따른 이익감소율이 증가한다.

여기서 중요한 것은 산업의 역사에 대한 분석이다. 이를 통해 매출과 이익의 평균수준 및 안정성에 대한 평가를 할 수 있기 때문이다. 즉 특정산업이 언제 시작되었고 어떤 발전단계를 거쳤으며 현재는 어떤 상태에 있는가를 검토한다. 구체적인 검토사항은 매출액신장률, 수출비중, 국민경제에서 중요성 등이 있다.

2) 경기변동에 대한 적응력

산업에 따라서는 그 수익성이 경기순환과 일치하는 산업, 무관한 산업 그리고 역행하는 산업이 있다. 요컨대 경기변동에 따라서 유망산업의 선정도 바뀌어야 하며 매매전략도 수정되어야 한다. 또한 산업은 경기순환과 산업이익의 관계를 중심으로 하여 주기적 산업, 방어적 산업, 성장산업으로 구분할 수 있다.

주기적 산업의 경영성과는 경기순환과 일치하여 민감하게 변동하므로 호경기에는 매출이나 이익의 신장률이 높은 반면에 불황기에는 매출과 이익이 격감하거나 손실까지도 볼 수 있다. 예컨대 피아노, 에어컨 등 내구소비재와 공작기계, 철강업 등 자본재를 생산하는 산업, 레저산업, 항공산업이 주기적 산업에 속한다.

방어적 산업은 경기변동에 거의 영향을 받지 않고 일정한 경영성과를 꾸준히 유지하는 산업을 말한다. 생활필수품과 관련된 음식료 업종은 경기방어적 산업, 저성장 성숙산업, 경기동행적 산업의 특징을 가지고 있었다. 그러나 최근에 음식료품의 고가화 등으로 경기 민감산업 및 성장산업으로 변해 가고 있다.

성장산업은 경기순환에 관계가 없이 기술혁신과 우수한 판매전략의 개발 등으로 다른 산업보다 계속해서 높은 수익신장률이 기대되는 산업을 말한다. 또 성장기에 있는 산업이 장차 대규모화할 가능성을 지녔고, 아울러 국민경제를 주도해 나갈 역할을 감당할 것이 예상되는 경우에 특히 성장산업이라고 한다.

3) 산업의 상대적인 영속성

산업의 생산과 기술의 진보로 새로운 대체산업이 등장함으로 말미암아 기존산업의 생산품에 대한 수요가 감소되어 그 산업이 사양화되는 경우가 종종 있다. 자동차의 등장으로 마차는 자취를 감추었으며, 마가린에 대한 인기상승은 버터의 수요를 대폭으로 줄인 것이 대표적인 사례이다.

오늘날과 같은 급진적인 기술혁신의 시대에는 산업의 대체가 쉽게 일어날 수 있기 때문에 산업의 상대적인 영속성 여부는 산업분석에서 더욱 중요한 사항이 되고 있다. 따라서 산업의 성장성, 수익성, 자본구성, 원가구조 등을 면밀히 검토하고 필요하다면 관련 산업과의 비교를 실시한다.

4) 정부의 산업성잭

현대국가의 경제분야에서 정부의 역할은 점차 증대되어 가고 있다. 정부는 경제정책상, 재정적 지원, 법률의 개정, 관세 및 조세제도 등을 통해 특정산업을 육성할 수도 있고 기업통폐합, 소비자보호, 경쟁의 제한을 위한 입법 등을 통해 해당 산업의 수익성에 큰 타격을 미칠 수도 있다.

따라서 증권투자를 위한 산업분석에 있어서는 정부의 법률, 금융, 세제의 측면에 있어서 지원 또는 제한 등에 관한 충분한 정보의 수집과 분석이 선행되어야 한다. 그러나 사양산업 등으로 분류된 산업이라면 이에 속하는 기업은 자연히 정리되거나 업종전환이 이루어질 가능성이 높다.

5) 인력수급 및 노사관계

노동조합이 국가경제에 미치는 영향이 커지면서 산업의 노사문제와 인력수급의 문제가 산업분석에서 중요한 부분이 되고 있다. 노동조합이 강력하게 조직되어 있는 산업에서는 노무비의 상승률이 높아지고 동맹파업이 발생할 가능성이 높기 때문에 이러한 산업의 주식에 투자할 때는 노사관계의 분석을 실시해야 한다.

자본집약적 산업에서는 노사분규로 생산이 감소되거나 조업이 중단되면 대규모의 고정비 때문에 기업의 수익은 큰 타격을 받게 된다. 변동비의 비중이 높은 노동집약적 산업에서도 조업중단이 기업수지에 미치는 영향은 상대적으로 적지만 노사분규로 제품이 적시에 공급되지 않음으로써 고정 고객을 상실할 우려가 있다.

6) 산업의 경쟁상황

산업에 따라서 기업간 경쟁이 치열한 산업과 그렇지 않은 산업이 존재한다. 소매업은 기업간 경쟁이 치열하지만 방위산업은 기업간 경쟁이 덜 치열하다. 경쟁이 치열한 산업에서는 저조한 이윤을 얻게 되고, 경쟁이 치열하지 않은 산업에서는 양호한 수익성을 올릴 수 있어 특정산업의 경쟁관계를 반드시 고려해야 한다.

(3) 산업구조의 평가

산업구조분석은 어떤 산업에서 경쟁상태에 영향을 미치는 주요 영향요인들을 확인하고 그 산업과 관련하여 사업의 강점과 약점을 결정하는 기법을 말한다. 따라서 산업의 구조적 요인에는 어떤 것들이 있으며, 이들 간 세력구조가 산업의 경쟁상태와 잠재적 수익률에 어떻게 영향을 미치는지를 분석하는 기법이다.

포터(M.Porter)는 산업의 경쟁강도는 경쟁적 구조에 의해 결정된다고 본다. 기업의 경영활동은 진공상태에서 이루어지는 것이 아니라 외부환경의 경쟁적 세력들 속에서 전개되므로, 경쟁적 환경에 대한 분석은 자신의 강점과 약점을 파악할 수 있고 사업이 속한 산업환경에서 기회와 위협을 확인할 수 있게 한다.

산업구조분석의 대상이 되는 산업환경의 요소는 [그림 5-10]과 같이 산업내 기존 경쟁업체들의 경쟁, 잠재적 진입자, 대체재의 압력, 구매자의 교섭력, 공급자의 교섭력 등 5가지 요소로 구성된다. 5가지 요인 중 대체재, 잠재적 진입자, 기존사업자는 수평적 경쟁요인이고 나머지는 수직적 경쟁요인에 해당한다.

[그림 5-10] 산업구조분석모형

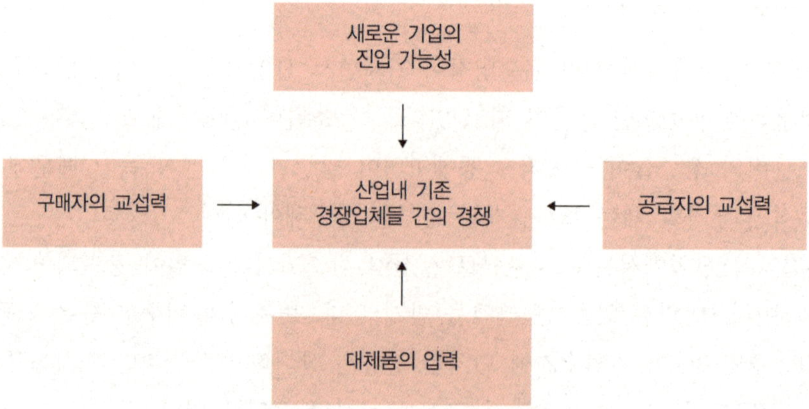

1) 기존 경쟁업체들간의 경쟁

대부분의 산업에서 경쟁양상과 산업전체의 수익률을 결정하는 가장 중요한 요인은 그 산업내에 이미 존재하는 기업들간의 경쟁관계이다. 산업의 경쟁강도가 낮을수록 그 산업의 전반적인 수익률은 상대적으로 높아지게 되며, 산업이 경쟁적일수록 산업의 수익률은 낮아지게 된다.

이러한 산업내 경쟁강도를 높이는 요인에는 경쟁기업이 많거나 비슷한 균형을 이루고 있는 경우, 산업의 성장속도가 완만한 경우, 고정비와 재고비용이 높을 경우, 차별성이 희박한 경우, 교체비용이 적은 경우, 전략적 이해관계가 큰 경우, 혁신의 정도가 낮은 경우, 철수장벽이 높은 경우 등을 들 수 있다.

2) 새로운 기업의 진입가능성

어느 산업의 수익률이 상당히 높거나 장래가 유망하다고 한다면, 다른 기업들도 그 산업에 진입하려고 할 것이다. 그러나 기존의 산업에 새로운 기업이 들어오는 것을 어렵게 하는 구조적 요인인 진입장벽으로 인해 새로운 기업들은 진입하기가 어렵게 된다. 산업마다 진입장벽이 존재하지만 그 정도는 다르다.

3) 대체품의 압력

산업내에서 대체재가 많으면 많을수록 기업들이 자신의 제품에 대해 높은 가격을 받을 수 있는 가능성은 줄어들기 때문에 특정산업의 수익률은 낮아진다. 대체재의 가능성이 높으면 이윤폭이 제한되고 시장침투의 위험이 존재한다. 또한 대체품의 가격이 낮고 성장성이 클수록 산업의 수익률은 낮아진다.

그러나 소비자들이 제품의 브랜드에 대해 높은 충성도를 갖거나 제품가격에 비해 품질의 차이가 상당히 클 경우에는 대체품의 압력이 낮아지기 때문에 사업의 수익률이 높아질 가능성이 크다. 그리고 대체재의 위협이 있을 경우에 특정기업이 선택할 수 있는 전략은 제품의 차별화와 원가절감뿐이다.

4) 구매자의 교섭력

국민경제에서 생산의 주체인 기업은 유형의 재화와 무형의 용역을 생산하여 소비자에게 공급한다. 이때 구매자(소비자)도 공급자에 대해 가격인하, 높은 품질, 양질의 서비스 등을 요구하여 공급자에게 압력을 행사할 수 있는 힘을 갖는데, 이러한 기업에 대한 구매자의 압력을 구매자의 교섭력이라고 한다.

구매자의 교섭력이 클수록 제품에 대한 소비자들의 지속적인 구매력이 낮아지기 때문에 산업의 수익률은 하락한다. 구매자의 교섭력을 결정하는 요인에는 구매자의 집중도, 구매자의 대량구매, 구매자의 후방수직계열화 가능성, 제품의 표준화, 공급자 교체(전환)비용, 구매제품의 중요도, 구매장소 등이 있다.

5) 공급자의 교섭력

구매자가 교섭력을 행사하여 공급자로부터 이익을 빼앗는 것처럼 기업도 구매자에 대한 교섭력이 강력할 때 가격을 인상하여 이윤의 폭을 넓힐 수 있다. 공급자의 교섭력은 고객을 잃지 않는 범위 내에서 얼마나 가격을 인상하고 그들이 공급하는 상품이나 서비스의 품질을 떨어뜨릴 수 있는 제어능력이 있는가를 말한다.

예컨대 KFC는 식당에 닭고기를 공급하는 기업들과 장기계약을 체결하여 낮은 가격에 닭고기를 공급하고 표준적인 품질의 상품을 유지하도록 막강한 영향력을 발휘하고 있다. 공급자의 교섭력을 결정하는 요인에는 공급자의 집중도, 공급물량, 대체재, 공급자 제품의 중요도, 유통망을 확대하는 통합능력 등이 있다.

3. 기업분석

기업의 종합적 경영능력을 평가함에 있어 제품의 구성 및 시장위치, 경영전략, 연구개발력, 경영자원, 경영활동의 다섯 가지 평가요소를 고려해야 한다. 본절에서는 성장기회는 활용하고 위협요인은 회피하거나 최소화할 수 있는 경영전략으로 사업단위 경쟁전략 및 재무제표분석의 개념과 의미를 살펴보기로 한다.

(1) 사업단위 경쟁전략

포터(M. Porter)가 본원적 전략으로 제시한 사업단위 경쟁전략은 개별 사업단위들이 특정산업에서 경쟁우위를 확보하기 위한 전략으로 원가우위전략, 차별화전략, 집중화전략이 있다. 이러한 경쟁전략은 사업단위가 어떤 시장을 상대로(경쟁범위), 어떤 경쟁우위를 확보하는 데 목표를 두느냐 하는 기준에 의해 구분된다.

1) 원가우위전략

원가우위전략(cost leadership strategy)은 광범위한 고객을 대상으로 박리다매 방식이나 소품종 대량생산 방식처럼 원가절감을 위한 여러 가지 기업활동을 통해 해당산업에서 우위를 달성하는 전략을 말하며, 어떻게 하면 경쟁기업들에 비해 상대적으로 낮은 원가로 생산할 수 있느냐 하는 것에 초점을 맞춘다.

경영자들은 품질이나 서비스보다 일차적으로 관심을 가져야 하는 것은 원가통제의 문제이다. 원가상의 우위를 확보한 기업들은 시장에서 강력한 경쟁요인이 있다 할지라도 산업평균 이상의 수익을 얻을 수 있다. 왜냐하면 경쟁과정에서 이윤이 다소 희생되더라도 원가상의 우위로 이를 메워 나갈 수 있기 때문이다.

원가우위전략을 성공적으로 수행하려면 대량생산에 의한 규모의 경제를 얻을 수 있는 대규모의 자본투자와 재원확보, 생산공정의 기술적 관리, 집중적인 노동관리, 생산상의 편의성을 도모할 수 있는 제품설계, 철저한 원가관리, 빈번하고 세부적인 보고체계, 체계적인 조직화와 책임소재의 명확화 등이 확립되어야 한다.

2) 차별화전략

차별화전략(differentiation strategy)은 광범위한 고객을 대상으로 고객이 가장 가치가 있다고 여기는 속성을 찾아내어 제품이나 서비스를 세분화하여 경쟁우위를 확보하는 전략을 말한다. 일반적으로 기업은 차별화를 위해 광범위한 연구개발, 제품디자인, 광고, 판매촉진활동의 강화 등에 많은 비용을 필요로 한다.

차별화전략의 성공은 고객들이 더 비싼 가격을 지불하고서라도 그 제품을 구매할 만한 가치가 있다고 느낄 수 있을 정도로 차별화를 달성할 수 있느냐에 좌우된다. 따라서 다른 제품이나 서비스와 구별되는 독특한 제품과 서비스를 제공하는 대가로 가격할증형태의 보상을 받을 수 있는 차별화방안을 모색해야 한다.

차별화전략을 성공적으로 수행하기 위해서는 자원과 기술 측면에서 강력한 판매능력, 생산기술, 창의적인 안목과 재능, 연구능력의 강화, 품질 및 기술상의 명성이 요구되고 조직측면에서 연구개발과 제품개발, 고도의 숙련을 갖춘 노동자나 기술자, 양적인 평가 대신 질적 평가와 인센티브제도의 실시가 요구된다.

3) 집중화전략

집중화전략(focus strategy)은 특정 구매자집단, 제품라인의 일부분, 지역적으로 한정된 특정시장을 집중적인 표적으로 삼는 전략을 말한다. 원가우위전략과 차별화전략이 광범위한 고객들을 대상으로 목표를 추구하는 반면에 집중화전략은 특정시장을 집중적으로 겨냥하면서 경영활동을 수행한다.

일반적으로 집중화전략은 세분화된 시장에서 특정대상의 요구를 보다 잘 충족시킴으로써 차별화를 이룩하려는 차별적 집중화전략이나 세분화된 시장에서 제품이나 서비스를 공급하는 데 원가상의 우위를 달성함으로써 해당시장에서 효율적으로 경쟁하고자 하는 원가집중화의 형태로 나타난다.

차별적 집중화전략을 추구하는 경우에는 차별화전략을 추구하기 위해 요구되던 자원과 기술상의 요인 및 조직상의 요인들을, 그리고 원가집중화전략을 추구하는 경우에는 비용우위전략을 추구하기 위해 요구되던 자원과 기술상의 요인 및 조직상의 요인들을 특정한 전략목표에 집중시켜야 한다.

| 그림 5-11 | 본원적 경쟁전략

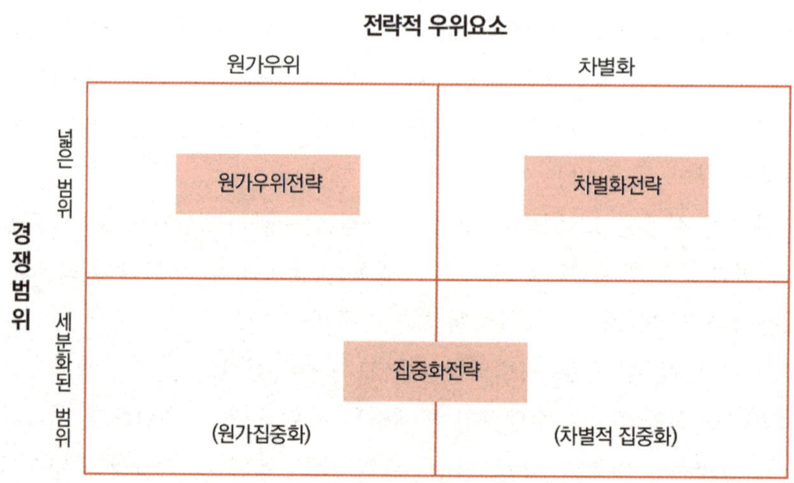

(2) 재무제표분석

기업분석에는 재무상태표, 손익계산서, 현금흐름표 등의 객관화된 재무제표를 이용하여 특정기업의 유동성, 수익성, 성장성 등을 파악하는 재무제표분석과 업계에서의 경쟁적 지위, 성장잠재력, 연구개발력, 제품의 구성 및 시장위치, 경영진의 구성, 경영전략, 경영자원, 노사관계 등을 분석하는 질적 분석이 있다.

1) 유동성비율

유동성은 단기간에 적정가격으로 현금화될 수 있는 가능성을 말하며, 유동성비율은 기업이 단기에 상환해야 하는 부채에 대한 변제능력을 의미한다. 만일 기업이 단기채무를 지불할 재력을 갖고 있지 않는다면 장기채무를 지불하는 데 어려움을 가질 것이다. 유동성비율의 대표적인 지표에는 유동비율과 당좌비율이 있다.

① 유동비율

유동비율은 유동자산을 유동부채로 나누어 산출하며 단기채무의 변제에 충당할 수 있는 유동자산이 얼마나 되는지를 나타내는 비율을 말한다. 유동비율은 은행에서 대출할 때 채무자의 지급능력을 판단하는 대표적인 지표로 이용되어 왔기 때문에 은행가비율이라고도 한다.

일반적으로 채권자들은 특정 기업의 유동비율이 200% 이상이 되어야만 채권이 안전하게 회수될 수 있다고 간주하는 경향이 있다. 유동비율이 200%를 초과해도 당좌자산이 적고 재고자산이 많으면 단기채무 지급능력은 양호하다고 할 수 없어 당좌비율을 동시에 고려해야 한다.

$$\text{유동비율} = \text{유동자산}/\text{유동부채} \tag{5.5}$$

② 당좌비율

당좌비율은 유동자산에서 재고자산을 차감한 당좌자산을 유동부채로 나누어 산출하며 유동부채를 커버하기 위해서 기업이 재고자산을 제외한 유동자산을 어느 정도 가지고 있는지를 파악하는데 유용하며 유동비율보다 기업의 단기채무 지급능력을 보다 직접적으로 평가하기 때문에 산성시험비율(acid test ratio)이라고도 한다.

당좌비율은 유동비율의 보조비율로서 기업의 단기채무 지급능력을 평가하는 지표에 해당한다. 따라서 재고자산을 포함한 유동자산으로 기업의 단기채무 지급능력을 측정하는 것보다 현금화가 쉬운 당좌자산만으로 단기채무 지급능력을 평가하는 것이 보다 합리적이라고 할 수 있다.

$$당좌비율 = 당좌자산/유동부채 \tag{5.6}$$

2) 레버리지비율

레버리지(leverage)는 지렛대라는 의미로 자기자본에 타인자본을 이용하여 자기지분에 대한 수익을 증대시키는 것을 말한다. 부채를 지렛대로 투자수익률을 극대화하는 레버리지는 경기가 호황일 때 효과적인 투자방법이 될 수 있다. 레버리지비율은 손익확대효과를 가져다주는 기업의 타인자본 의존도를 측정하는 지표이다.

① 부채비율

부채비율은 기업이 보유한 자산 중 부채가 차지하는 비율로서 기업의 재무구조 특히 타인자본의존도를 나타내는 대표적인 경영지표이다. 타인자본(총부채)을 자기자본으로 나누어 산출하지만 총부채를 총자본으로 나누어 산출할 수도 있으며 일반적으로 100% 이하를 표준비율로 보는데 여신자측의 안정성만을 고려하고 있다.

기업의 소유주는 타인자본을 조달해서 얻을 수 있는 수익률이 이자율을 상회하면 자기자본이익률을 확대시킬 수 있어 높은 부채비율을 선호할 수 있다. 그러나 부채비율이 너무 높으면 소유주 출자원금이 상대적으로 적어 투기적 경영활동이 실패하더라도 소유주가 부담하는 손실은 적어 소유주의 무책임을 조장할 위험이 있다.

$$부채비율 = 타인자본/자기자본 \tag{5.7}$$

② 자기자본비율

자기자본비율 또는 자기자본구성률은 자기자본을 총자본으로 나누어 산출하며 부채비율과 함께 기업의 안정성을 측정하는 중요한 지표로 활용되고 있다. 특히 우리나라 은행에서는 일정수준의 자기자본비율을 자기자본 지도비율로 정하고 주거래은행 대상기업에 대한 대출심사시 이를 중요한 기준으로 삼고 있다.

$$\text{자기자본비율} = \text{자기자본}/\text{총자본} \tag{5.8}$$

③ 이자보상비율

이자보상비율은 영업이익이 이자비용의 몇 배에 해당하는지를 나타내는 비율로서 기업이 부채사용에 따른 이자비용의 지급능력을 파악하는 데 이용된다. 이자보상비율은 레버리지비율보다 기업의 채무불이행과 직접적인 관계를 맺고 있으며 기업의 투자수익률과 자본비용의 관계를 이해하는 데 기초가 되어 중요하다.

$$\text{이자보상비율} = \text{영업이익}/\text{이자비용} \tag{5.9}$$

3) 수익성비율

기업의 수익성은 기업의 존속은 물론 성장과 발전의 원동력이 되고 있다. 그리고 수익성비율은 일정기간 동안 기업의 총괄적인 경영성과와 이익창출능력을 나타내며 분자에는 이익항목, 분모에는 매출액 또는 투자액이 들어가는데 재무구조와 자산의 효율적인 이용정도에 의해 영향을 받게 된다.

① 매출액영업이익률

매출액영업이익률은 영업이익을 매출액으로 나눈 비율을 말하며 매출액에 대한 영업이익의 관계를 나타내고 영업이익은 매출총이익에서 영업비용을 차감하여 계산한다. 따라서 영업외활동(재무활동)의 영향을 받지 않으며 기업고유의 영업활동의 효율성만을 측정하는 지표에 해당한다.

$$\text{매출액영업이익률} = \text{영업이익}/\text{매출액} \tag{5.10}$$

② 총자본영업이익률(ROA : return on asset)

총자본영업이익률은 기업이 투자한 총자본에 대한 영업활동에서 창출한 영업이익의 비율로 투자수익률, 즉 사후적인 내부수익률로 볼 수 있다. 총자본이익률이 자본비용을 상회하느냐 여부는 기업의 부가 창출되느냐를 결정짓는 기준으로 투자수익성 및 순현재가치를 추정하는 데 이용된다.

$$\text{총자산이익률} = \text{영업이익}/\text{총자산} \tag{5.11}$$

③ 자기자본순이익률(ROE : return on equity)

자기자본순이익률은 손익계산서 최종적인 경영성과인 당기순이익을 자기자본으로 나눈 비율로서 주주가 기업에 투자한 자기자본에 대해 벌어들이는 대표적인 수익성지표로 경영효율성을 표시해 준다. 주주의 입장에서는 투자수익률을 나타내고, 기업의 입장에서는 사후적인 자기자본비용의 대용치에 해당한다.

자기자본순이익률이 회사채수익률보다 높으면 양호한 것으로 평가되며 적어도 정기예금 금리는 넘어야 적절하다고 볼 수 있다. 주주의 입장에서 자기자본순이익률이 시중금리보다 높아야 기업투자의 의미가 있다. 자기자본순이익률이 시중금리를 밑돌 경우 투자자금을 은행에 예금하는 것이 더 낫기 때문이다.

$$\text{자기자본순이익률} = \text{순이익}/\text{자기자본} \tag{5.12}$$

4) 성장성비율

투자자들은 기업의 안정성, 수익성, 활동성비율에 관심을 가질 뿐만 아니라 기업의 성장성에도 많은 관심을 갖는다. 성장성비율은 기업의 경영규모와 경영성과가 전년도에 비해서 얼마나 증가했는지를 나타내는 지표를 말하며 기업의 대외경쟁력이나 미래의 수익창출능력을 간접적으로 나타내는 지표에 해당한다.

① 매출액증가율

매출액은 기업이 1년 동안 영업활동에 의해 판매한 제품이나 상품의 총액을 의미한다. 전년도 매출액에 비해 당해연도 매출액이 얼마나 증가했는지를 나타내는 매출액증가율은 기업이 일정 기간 얼마나 성장하고 있는가를 검토하는 성장성의 분석에 사용된다. 즉 기업의 외형적인 신장세를 판단하는 지표에 해당한다.

$$\text{매출액증가율} = \frac{\text{당기매출액} - \text{전기매출액}}{\text{전기매출액}} \times 100 \tag{5.13}$$

② 자기자본증가율

자기자본증가율은 자기자본이 전년도에 비해서 얼마나 증가했으며 장부가치 기준으로 주주의 부가 얼마나 늘었는지를 파악하는 성장지표이며 특히 주주에게 관심의 대상이 되고 있다. 여기서 자기자본은 출자자로부터 조달된 기초자본과 경영활동의 결과로 얻어진 부가자본으로 대별된다.

$$\text{자기자본증가율} = \frac{\text{당기말 자기자본} - \text{전기말 자기자본}}{\text{전기말 자기자본}} \times 100 \tag{5.14}$$

③ 당기순이익증가율

당기순이익증가율은 기업 경영활동이 최종성과인 당기순이익이 전년도에 비해서 얼마나 증가했는지를 보여주는 비율로 기업이 일정 기간 얼마나 성장하고 있는가를 검토하는 성장성의 분석에 사용된다. 매출액증가율이 외형적인 성장세를 보여준다면 순이익증가율은 실질적인 성장세를 보여주는 지표라 할 수 있다.

$$\text{순이익증가율} = \frac{\text{당기순이익} - \text{전기순이익}}{\text{전기순이익}} \times 100 \tag{5.15}$$

④ 주당순이익증가율

주당순이익증가율은 주당순이익이 전년도에 비해 얼마나 증가했는지를 나타내는 지표를 말하며 순이익증가율의 보조지표로 이용되고 있다. 주당순이익증가율은 주주가 투자한 자본에 대한 순이익의 증가세를 보여주는 실질적인 지표로 주주 부의 투자단위당 성장세를 파악하는데 유용하다.

$$\text{주당순이익증가율} = \frac{\text{당기주당순이익} - \text{전기주당순이익}}{\text{전기주당순이익}} \times 100 \tag{5.16}$$

제2절 기술적 분석

1. 기술적 분석의 개요

(1) 기술적 분석의 정의

주가는 모든 사람들의 의사결정에 의해 이루어지고 있으며, 일정한 간격을 두고 끊임없이 변해가고 있다. 즉 어느 투자자는 주가가 상승할 것으로 예상하여 주식을 매입하는 반면에 다른 투자자는 주가가 하락할 것으로 예상하여 주식을 매도하게 되는데 그 매매의 결과로 주가가 형성된다.

주가가 형성되는 과정을 예측하기 위해 수요와 공급에 영향을 미치는 요인들로 나타나는 주가 그 자체를 그래프를 통해서 분석할 필요가 있다. 기술적 분석은 도표(chart)를 이용하여 과거의 주가와 거래량의 추세 및 패턴을 분석해서 증권의 수급을 예측하고 매매종목과 매매시점을 선택하는 방법을 말한다.

기술적 분석은 주가의 매매시점을 파악할 수 있도록 과거의 시세흐름과 패턴을 파악해서 정형화하고 이를 분석하여 향후 주가를 예측하는 데 목적이 있다. 그러나 증권의 시장가격은 과거의 역사적 정보를 즉시 그리고 충분히 반영하고 있다는 약형 효율적 시장가설이 성립하면 기술적 분석은 의미가 없게 된다.

(2) 기술적 분석의 가정

과거의 주가변화와 거래량의 변화양상을 이용하여 미래의 주가변화를 예측하고자 하는 기술적 분석방법은 다음과 같은 가정하에서 이루어지고 있다.

첫째, 주식시장에서 거래되는 주식의 시장가격은 그 주식에 대한 수요와 공급에 의해서만 결정된다. 수요와 공급은 경제적 요인, 비경제적 요인, 이성적 요인, 비이성적 요인 등 복합적인 요인에 의해 결정되는데, 이러한 요인들은 증권시장의 자체 내에서 자동적으로 개별주가나 종합주가지수에 반영된다.

둘째, 증권시장에 어떤 정보가 전달되었을 때 이 정보의 효과는 서서히 주가에 반영되기 때문에 이러한 정보가 반영된 주가는 장기간에 걸쳐 특정한 추세를 형성하면서 변화한다. 그리고 시장의 사소한 변동을 고려하지 않는다면 주가는 지속되는 추세에 따라 상당기간 동안 움직이는 경향이 있다.

셋째, 주가는 특정 주식에 대한 수요와 공급의 변화 때문에 변동하고 이론적으로 수요와 공급의 변화에 대한 원인을 설명하기 어렵다. 그러나 증권시장에서 주가가 움직이는 양상을 살펴보면 수요와 공급의 변동은 시장의 움직임을 나타내는 도표에 의해 추적될 수 있고 주가모형은 반복하는 경향이 있다.

기술적 분석은 주식시장에 새로운 정보가 전달되면 주가는 추세를 형성하면서 조정되며, 이 추세는 새로운 정보가 완전히 파급되어 새로운 균형상태가 형성될 때까지 계속된다는 가정에서 나온다. 따라서 기술적 분석은 과거의 주가와 거래량의 변화양상을 분석하면 개별주식의 주가변화를 알 수 있다.

(3) 기술적 분석의 장점

첫째, 주가에는 계량화하기 어려운 심리적인 요인까지도 영향을 미치기 때문에 기본적 분석만으로는 주가를 평가하는 데 한계가 있는데, 기술적 분석은 이러한 기본적 분석의 한계점을 보완할 수 있다.

둘째, 기본적 분석으로는 매매시점을 포착하기가 어려우나 기술적 분석은 어떤 정보가 있을 때, 처음부터 주가의 장기적인 변화추세까지는 모르더라도 그것이 변화할 것이라는 것과 변화의 방향은 알 수 있다.

(4) 기술적 분석의 단점

첫째, 기술적 분석의 전제조건은 과거의 주가변화 및 거래량의 추세나 패턴이 반복하는 경향을 가지고 있다는 것이지만, 이것이 미래에도 반복해서 나타난다는 것은 지극히 비현실적인 가정이라고 할 수 있다.

둘째, 동일한 과거의 주가양상을 놓고 어느 시점이 주가변화의 시발점인가 하는 해석이 각각 다를 수 있다. 그리고 투자가치를 무시하고 시장의 변동에만 집착하여 시장이 변화하는 원인을 분석할 수가 없다.

(5) 기술적 분석의 기법

기술적인 분석방법에 속하는 주가분석 또는 주가예측기법은 매우 많다. 대부분의 기법은 과거의 주가변화 및 거래량의 자료를 도표에 기록하고 도표로부터 가격변화 및 거래량변화의 추세나 반복적 패턴을 찾아낸 후 이를 이용하여 미래의 주가변화를 예측하거나 매매시점을 결정하는 과정으로 이루어진다.

1) 다우이론의 6국면

다우이론은 기술적 분석에서 가장 널리 알려져 있는 분석기법으로 주식시장이 제멋대로 움직이지 않고 규칙적인 파동을 그리면서 움직인다는 이론을 말하며 미국 월스트리트 저널(Wall Street Journal)을 창간한 찰스 다우가 고안한 이론이다. 다우이론은 증권시장의 추세를 단기추세, 중기추세, 장기추세로 구분한다.

단기추세는 매일매일의 주가변화를 말하며 단기적으로 진폭이 불규칙하기 때문에 분석의 가치가 없다. 중기추세는 수개월간 지속되는 주가의 추세를 의미하며 장기추세를 예측하고 장기추세의 전환시기를 포착하는 데 활용되는 주된 추세이다. 장기추세는 2~3년간의 장기간에 걸친 증권시장의 흐름을 말한다.

증권시장의 순환과정을 규명한 다우이론은 강세시장과 약세시장을 구분하는 데 유용하다. 다우는 증권시장을 6개 국면으로 구분하고, 이를 강세시장 3국면과 약세시장 3국면으로 나눈다. 강세시장은 매집국면, 마크업국면, 과열국면의 3개 국면으로, 약세시장은 분산국면, 공포국면, 침체국면의 3개 국면으로 진행된다.

① 강세시장 제1국면 : 매집국면

강세시장 초기국면인 매집국면은 경제변수, 기업환경, 시장여건을 회복하지 못해 장래에 대한 전망을 어둡게 느낀 투자자들이 투매하고 언론에서도 어두운 기사만 가득하다. 그러나 전문투자자들은 일반투자자들의 실망매물을 매집하는 국면으로 이 시기에 주식을 매수하여 중장기로 보유하는 사람은 큰 수익을 얻게 된다.

② 강세시장 제2국면 : 마크업국면

강세시장의 제2국면인 마크업국면에서는 경제여건이 좋아지고 기업의 수익이 증가하여 투자자들의 시장에 대한 관심이 고조되어 주가가 상승한다. 마크업국면에 접어들면 호재에는 민감하게 반응을 하지만 악재에는 별로 반응을 보이지 않는다. 기술적 분석에 의해 주식투자를 하는 사람은 높은 투자수익을 올릴 수 있다.

③ 강세시장 제3국면 : 과열국면

강세시장의 제3국면인 과열국면에서는 경제와 기업의 수익에 관한 각종 통계수치가 호조를 보이고 신주발행도 급증하여 매스컴에 증권시장에 관한 내용이 톱뉴스로 등장할 만큼 과열 기미를 보인다. 일반투자자와 주식투자 경험이 없는 사람들이 계속 망설이다가 비로소 확신을 갖고 적극 매입에 나서 주식시장이 과열된다.

④ 약세시장 제1국면 : 분산국면

약세시장의 제1국면인 분산국면은 전문투자자들이 시장의 과열을 감지하고 이익을 실현한 후 시장을 빠져나가는 국면을 말한다. 분산국면에 접어들면 주가는 호재에는 별로 반응을 보이지 않게 되고 악재에는 민감하게 반응하며 해외뉴스가 주가하락의 계기가 되는 경우가 많이 발생한다.

⑤ 약세시장 제2국면 : 공포국면

약세시장 제2국면인 공포국면은 경제와 기업의 수익에 관한 실적발표가 나쁘게 나오면서 매도세력은 조급해지고 매수세력은 위축되어 주가가 수직으로 급락한다. 이때 거래량도 급격히 감소하는데, 이러한 상태를 공황국면이라고 한다. 이후에는 상당히 긴 회복국면이나 보합상태가 나타나 약세시장 제3국면이 시작된다.

⑥ 약세시장 제3국면 : 침체국면

약세시장 제3국면인 침체국면은 공포국면에서 주식을 미처 처분하지 못한 투자자들의 실망매물이 시장에 출회되어 투매양상이 나타나고, 주가는 지루하게 하락하지만 시간이 경과할수록 낙폭은 줄어든다. 기업의 수익성이 악화되고 주가가 계속 떨어진다는 정보가 주식시장에 퍼져 있기 때문에 이를 침체국면이라고 한다.

▌그림 5-12▐ 다우의 순환 6국면

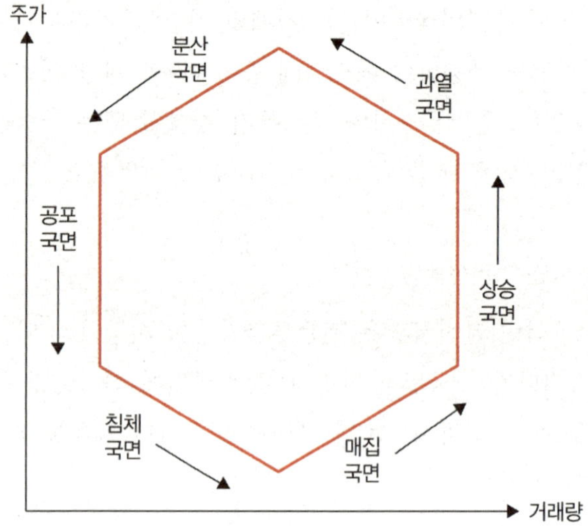

2) 엘리어트 파동이론

가. 엘리어트 파동이론의 개념

엘리어트 파동이론은 주가가 그리는 파동은 일정한 패턴이 있고, 패턴에는 고유한 비율과 시간이 포함되어 있다는 가정하에 출발한다. 즉 주가흐름은 상승 5파와 하락 3파로 끊임없이 순환한다는 것으로 주가의 장기 대세 파동을 파악하는 것이 목적이며, 피보나치 수열을 이용하여 각 파동의 상승폭과 하락폭을 예측한다.

나. 엘리어트 파동이론의 법칙

충격 파동은 5개 파동으로, 조정 파동은 3개 파동으로 세분되며 다시 8개 파동은 21개의 작은 파동으로 구성된다. 상승 5파에서 1, 3, 5를 충격파동이라 하고, 2, 4는 상승에 따른 조정파동이다. 하락 3파에서 A, C를 충격파동이라 하고, B는 하락에 따른 조정파동이라 하며 다음과 같은 다섯 가지 기본법칙을 제시할 수 있다.

| 그림 5-13 | 엘리어트 파동이론

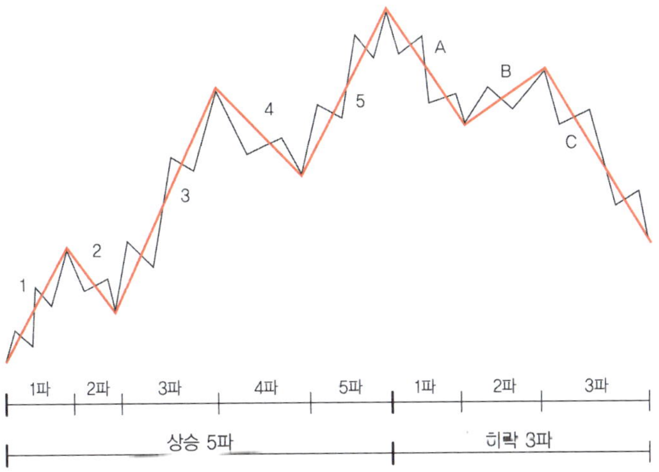

㉠ 법칙 1: 2번 파동이 1번 파동의 출발점 이하로 진행되어서는 안 된다.

㉡ 법칙 2: 3번 충격파동이 가장 강력한 파동이다.

㉢ 법칙 3: 4번 조정파동은 결코 1번 파동과 겹칠 수 없다.

㉣ 법칙 4: 어느 한 파동이 연장되면 나머지 파동은 결코 연장되지 않는다.

㉤ 법칙 5: 2, 4번 조정파동의 형태는 반복되지 않으며 연장되지도 않는다.

① 1번 충격파동(상승파)

1번 충격파동은 추세가 전환되는 시점으로 기존의 하락추세가 무너지고 새로운 상승추세가 시작되는 파동을 말한다. 일반적으로 1번 파동은 5개의 파동 중 가장 짧으며 바닥수준에서의 반등 정도로 간주되어 알기가 힘들다. 1번 파동은 충격파동이므로 반드시 5개의 파동으로 구성되어야 한다.

② 2번 조정파동(하락파)

2번 소성파동은 상승 1파에 대한 조정파동으로 1번 파동의 방향과는 반대방향으로 형성된다. 보통 2번 파동은 1번 파동을 38.2% 또는 61.8% 비율만큼 되돌리는 경향이 높고 1번 파동을 100% 이상 되돌리는 경우는 없다. 2번 파동은 조정파동이므로 반드시 3개의 파동으로 구성되어야 한다.

③ 3번 충격파동(상승파)

3번 충격파동은 추세가 힘을 받아 강력하게 움직이는 파동으로 그 안에 5개의 작은 파동을 가지고 있다. 5개의 파동 중에서 가장 폭이 크고 긴 파동으로 주가상승폭이 제일 큰 파동이다. 따라서 2번 파동 말기와 3번 파동 초기에 투자한 사람은 단기에 가장 많은 수익을 낼 수 있다.

④ 4번 조정파동(하락파)

4번 조정파동은 3번 파동의 되돌림 현상으로 그 안에 3개의 작은 파동을 가지고 있다. 4번 파동의 저점은 1번 파동의 고점 이하로 하락해서는 안 된다. 그렇게 될 경우 5파의 틀이 지속될 수 없다고 본다.

⑤ 5번 충격파동(상승파)

5번 충격파동은 이제까지 진행되던 상승추세가 막바지에 이르러 가격의 움직임도 3번 파동과 비교하여 활발하지 못하고 거래량도 3번 파동에 비해 적게 형성된다. 1번 파동과 똑같은 길이로 형성되거나 1번에서 3번까지 길이의 61.8%만큼 형성되는 경향이 많다. 주식을 매도하여 현금화했다가 재투자시점을 찾는 것이 유리하다.

⑥ A 충격파동(하락파)

A 충격파동은 상승추세에서 하락추세로 전환되는 파동으로 그 안에 5개의 작은 파동이 있다. 하락으로 전환되는 파동인지를 확인하는 방법은 상승 5파동 안에 있는 작은 파동이 21개가 되는지 세어보면 된다(상승 파동 3개×각 파동 속에 있는 소파동 5개+하락 파동 2개×각 파동 속에 있는 소파동 3개 = 21개 소파동).

⑦ B 조정파동(조정파)

B 파동은 새로이 시작되는 하락추세에 반발하는 매입세력이 시장에 나타나면서 형성되며 거래는 그리 활발하지 못한 편이다. 즉 A 파동의 되돌림 현상으로 A 파동 길이의 38.2% 또는 61.8%만큼 반등하며 이제까지 상승국면에서 가지고 있던 매입포지션을 정리할 마지막 기회에 해당한다.

⑧ C 충격파동(하락파)

C 파동은 세 번째 파동이라는 점에서 어떤 의미로는 3번 파동의 성격과 유사하여 거래가 활발하고 도중에 갭이 나타나는 등 가격의 변동폭도 크다. 또한 실망감과 두려움에서 투매의 영향으로 가격의 하락폭도 빨라진다. 보통 패턴분석에서 삼봉천정형의 오른쪽 어깨 모양으로 나타나는 경우가 있다.

다. 엘리어트 파동이론의 한계

엘리어트 파동이론은 상승파동에서 1, 3, 5번을 충격파동으로, 2, 3번을 조정파동으로, 하락파동에서 A, C를 충격파동으로, B를 조정파동으로 본다. 충격파동은 파동의 폭이 크고 길며 가파른 반면에 조정파동은 기울기가 완만하고 짧다. 즉 상승추세에는 매수 관점에서 대응하고, 하락추세에는 매도 관점에서 대응한다.

그러나 파동이 완성되면 누구나 알 수 있으나 파동이 진행 중이면 어느 파동에 해당하는지 판단하기가 어렵고 단기추세에서 매매시점을 잡기가 어려운 단점도 있다. 따라서 파동의 개수보다는 지금이 어느 파동에 있는지를 판단하는 것이 중요하고, 상승폭과 하락폭을 계산할 때에도 파동의 원리를 이해하고 참고하면 된다.

2. 추세분석의 개요

(1) 추세분석의 정의

추세분석(trend analysis)은 주가의 움직임 속에서 추세선이나 추세대를 찾아보고 추세선이 언제 붕괴되는가를 관찰하여 주식의 매매시점을 포착하는 기법을 말하며 지지선과 저항선의 결정, 추세선의 신뢰도, 추세선의 수정, 추세선의 전환 등을 관찰해서 투자판단에 이용하는 기법에 해당한다.

추세는 시장이 어디로 움직이고 있는가 하는 단순한 시장방향이다. 추세란 개념은 기술적 접근에서 필수적이며, 시장은 실제로 어떤 추세를 이룬다는 전제를 수용해야 한다. 따라서 시장의 가격움직임을 차트로 나타내는 목적은 추세의 방향으로 거래하기 위해 추세발전의 초기단계에서 이를 파악하는 데 있다.

추세는 기술적 분석에 중요한 개념이다. 지지와 저항, 가격패턴, 이동평균, 추세선 등 차트분석가들이 사용하는 모든 도구들은 추세에 의존하여 미래를 예측하고 시장의 추세를 측정하는데 도움을 준다. "언제나 추세에 편승하여 거래하라", "추세에 역행하지 말라"와 같은 말은 흔히 듣는 친숙한 표현들이다.

'가격움직임은 추세를 이룬다'는 전제로부터 '움직이는 추세는 추세를 역행하기보다 현재의 추세를 계속 유지하려는 경향이 있다'는 결론이 추론된다. 이러한 추론은 물론 뉴턴의 제1운동법칙에서 빌린 것이다. 이 추론을 다른 방법으로 표현하면 '어떤 추세는 전환하기까지 같은 방향으로 계속 움직이려 한다.'

일반적으로 시장은 어떤 방향이든 일직선으로 움직이지 않는다. 시장은 특성상 일련의 지그재그로 움직인다. 이러한 지그재그 모양은 비교적 선명한 봉우리와 골짜기를 가진 일련의 연속적인 파동을 닮는다. 시장이 추세를 이루는 것은 이러한 봉우리들과 골짜기들의 방향이다.

이러한 봉우리들과 골짜기들은 위로, 아래로, 옆으로 움직이면서 시장의 어떤 추세를 알려준다. 상승추세는 높아지는 일련의 연속적인 봉우리들과 골짜기들로 정의되고, 하락추세는 낮아지는 일련의 연속적인 봉우리들과 골짜기들로 정의된다. 수평적인 봉우리들과 골짜기들은 수평방향 가격추세를 나타낸다.

(2) 지지선과 저항선

지지선은 이전의 저점과 저점을 수평으로 이은 선으로 일정기간에 주가하락의 움직임을 멈추게 하는 수준이나 하락 저지가 예상되는 수준을 말한다. 일반적으로 추가 하락추세에서 지지선을 하향 돌파하는 경우에는 손실을 보더라도 매도해야 하는 시점으로 해석하는 경우가 많다.

저항선은 고점과 고점을 수평으로 이은 선으로 주가상승을 이끌던 매수세가 매도세에 밀려 추가 상승에 실패하고 하락하게 되는 수준이나 상승세의 둔화가 예상되는 수준을 말한다. 주가가 상승추세에 있을 때 저항선을 상향 돌파하는 경우에는 추가 상승의 의미를 부여할 수 있다.

| 그림 5-14 | 지지선과 저항선

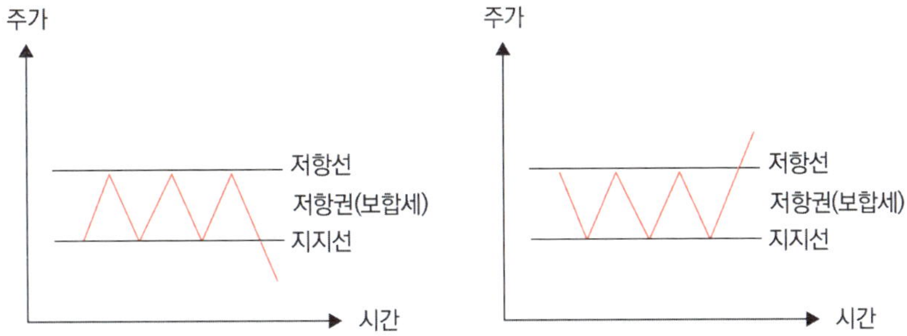

(a) 저항권 형성　　(b) 지지권 형성

(3) 추세선의 개요

1) 추세선의 유형

추세선은 고점이나 저점 중 의미있는 두 고점 또는 저점을 연결한 선을 말한다. 추세선의 종류에는 상승추세선, 하락추세선, 평행추세선이 있다. 상승추세선은 저점의 위치가 계속해서 상승하는 경우를, 하락추세선은 고점의 위치가 점차 하락하는 경우를, 평행추세선은 추세가 명백하지 않고 횡보하는 경우를 말한다.

일반적으로 추세선은 중요한 지지선 또는 저항선 역할을 한다. 따라서 정확한 추세선을 위해서는 장중에 형성되는 고가나 저가를 모두 포함해야 하지만 추세선을 일시적으로 이탈했다가 종가 무렵에 다시 추세선으로 복귀하는 경우에는 추세선을 이탈했던 고가나 저가에 의미를 크게 부여할 필요가 없다.

추세선의 신뢰도는 저점이나 고점이 여러 번 나타나고 추세선의 길이가 길고 기울기가 완만할수록 크다고 할 수 있다. 추세선의 길이가 길다는 것은 그 추세가 명확하여 주가의 움직임이 일관성을 가지고 있다는 것이며, 기울기가 완만하다는 것은 추세의 변화가 급방 나타나지 않는 것을 의미한다.

| 그림 5-15 | 추세선의 유형

2) 추세선의 수정

추세선의 수정은 이미 설정된 추세선과는 다른 방향으로 주가의 흐름이 진행되어 또 다른 추세를 형성하는 것을 말한다. [그림 5-13]에서 a점과 b점을 연결한 최초의 추세선을 설정한 후에 다른 c점이 기존의 추세선을 이탈하여 형성되면 제2의 추세선을 설정할 수 있다.

그 후 주가가 수정된 추세선을 하향돌파하여 d점을 만들 경우 기존의 추세선을 진정한 추세선으로 확정할 수 있다. 그러나 주가가 수정된 추세선을 하향 돌파하지 않고 c점보다 높은 위치에 새로운 저점인 d점을 만들 경우 수정된 추세선을 진정한 추세선으로 확정한다.

3) 추세선의 변형

일반적으로 추세선은 직선에 가까운 모습을 갖추고 있다. 그러나 주가상승이나 주가하락의 움직임이 급격할 경우에는 직선의 추세선과 방향을 같이하여 곡선으로 나타나 추세의 기울기가 점차 급격해지는 형태를 추세곡선이라고 한다.

주가가 고점들을 연결한 저항선을 상향 돌파한 후 다시 되돌림 현상에 의해 저항선에 근접할 수 있는데, 이때 저항선의 역할을 하던 추세선은 지지선으로 바뀌는데 이러한 추세선을 중심추세선이라고 한다. 즉 저항선에서 지지선으로 또는 지지선에서 저항선으로 역할이 변경된 추세선을 중심추세선이라고 한다.

주가가 상승추세에서 하락추세로 전환된 후 하락하던 주가가 상승을 시도하다 다시 하락하는 경우 최고점으로부터 상승을 시도한 고점을 이은 선이 저항선의 역할을 하는

데, 이러한 과정이 반복되어 저항선의 기울기가 완만해지면서 저항선이 시간을 두고 여러 개 생기는 경우를 부채형 추세선이라고 한다.

|그림 5-16| 추세대의 유형

(a) 상승추세대 (b) 하락추세대 (c) 평행추세대

4) 추세선의 전환

일단 형성된 추세는 한 방향으로 진행하나 수요와 공급에 의해 방향을 전환하여 새로운 추세를 형성한다. 이러한 추세전환의 가능성은 몸체가 긴 음선 또는 긴 양선이 발생하며 추세선을 돌파하고 3%나 5% 등 일정비율 이상 추세선을 벗어나는 경우에 발생한다. 일반적으로 추세의 전환시점에는 거래량이 증가한다.

5) 추세대의 형태

추세대는 지지선과 저항선이 평행상태를 유지하여 그 안에서 주가등락이 반복적으로 나타나는 형태를 말한다. 즉 지지선의 지지를 받으며 주가가 상승하나 저항선의 저항으로 다시 하락하는 과정을 반복하는데 상승추세에는 지지선을 중심으로, 하락추세에는 저항선을 중심으로 추세대를 그리게 된다.

추세대에 따른 주가의 특징적인 움직임은 [그림 5-17]과 같이 나타낼 수 있다. 지지선과 저항선 사이에서 등락을 거듭하던 주가가 저항선에 도달하지 못한 a점에서 하락할 경우에는 주가가 지지선을 하향 돌파할 가능성이 높아진다. 이는 상승기조가 약해져 저항선까지 주가가 상승하지 못했기 때문이다.

우측은 주가가 지지선을 하향돌파함에 따라 상승추세가 끝나며 하락국면에 접어드는 그림이다. 이때 기존의 지지선은 의미를 상실하고 지지선 하향 돌파 직전의 고점인 c점과 그 이전의 고점인 a를 연결한 선이 새로운 저항선으로 작용하여 b점에서 시작되는 새로운 저항선 a-c와 평행을 이룬다.

| 그림 5-17 | 추세대에 따른 주가의 움직임

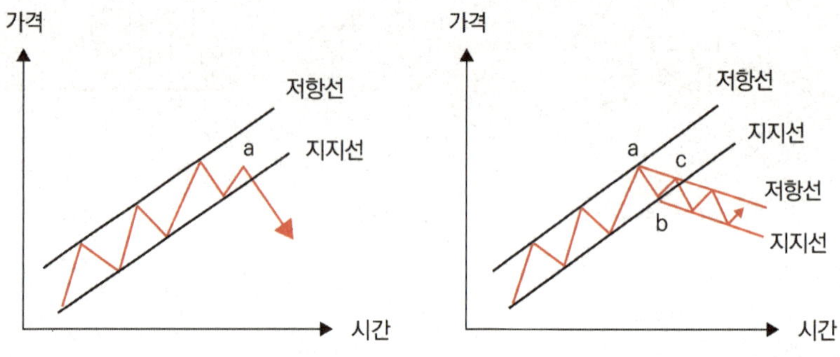

(a) 상승 추세대의 하향 돌파 (b) 하락 추세대의 형성

(4) 이동평균선의 개요

1) 이동평균선의 개념

이동평균선은 일정기간의 주가평균치의 진행방향을 확인하고 현재 주가의 진행방향과 어떤 관계가 있는지를 분석함으로써 미래의 주가동향을 미리 예측하고자 하는 지표를 말한다. 이동평균선은 단기·중기·장기 이동평균선으로 분류되며, 각각의 특성에 따라 주가의 지지선이나 저항선의 역할을 수행한다.

이동평균선을 이용하는 경우에 단기지표는 5일, 20일 평균선을, 중기지표는 60일 평균선을, 장기지표는 120일 또는 200일 이동평균선을 주로 사용한다. 장점에는 계산이 편리하고 모양에 따라 매매신호를 객관적으로 도출할 수 있으나 과거의 주가를 평균하여 미래의 주가방향을 분석한다는 단점이 있다.

2) 이동평균선의 특징

첫째, 일반적으로 주가가 이동평균선을 돌파하는 시점이 의미있는 매매시점이다. 또한 이동평균을 하는 분석기간이 길수록 이동평균선은 완만해지며, 짧을수록 가팔라지는 경향이 있고, 주가가 이동평균선과 괴리가 지나치게 클 경우에는 이동평균선으로 회귀하는 성향이 있다.

둘째, 주가가 장기 이동평균선을 돌파하는 경우에는 주추세가 반전될 가능성이 크다. 그리고 강세국면에서 주가가 이동평균선 위에서 움직일 경우 상승세가 지속될 가능성이 높고, 약세국면에서 주가가 이동평균선 아래에서 움직일 경우 하락세가 지속될 가능성이 높아진다.

3) 이동평균선의 이용

가. 이격도 분석

이격도(disparity)는 현재의 주가와 이동평균선 사이가 얼마나 떨어져 있는가의 괴리율을 나타내는 지표로 현재 주가의 과열이나 침체의 정도를 파악하는 중요한 척도가 된다. 만일 20일 이격도가 105라고 가정하면 현재의 주가가 20일 이동평균선보다 5% 위에 위치하고 있음을 나타낸다.

주가가 이동평균선 위로 멀어져 이격도가 높아지는 것은 주식의 매도시점이고 반대로 아래로 떨어져 이격도가 낮아지는 것은 주식의 매입시기가 된다. 그러나 이격도가 어느 정도 되어야 주가가 반전하는가를 나타내는 이론적 근거는 없지만 경험적으로 나온 결과를 보았을 때 다음과 같이 분석된다.

① 상승국면일 경우

- 20일 이동평균인 경우 106% 이상이면 매도시점, 98% 수준이면 매수시점
- 60일 이동평균인 경우 110% 이상이면 매도시점, 98% 수준이면 매수시점

② 하강국면일 경우

- 20일 이동평균인 경우 102% 이상이면 매도시점, 92% 수준이면 매수시점
- 60일 이동평균인 경우 104% 이상이면 매도시점, 88% 수준이면 매수시점

| 그림 5-18 | 삼성전자의 주가 차트

나. 방향성 분석

이동평균선의 방향을 확인하는 방법으로 단기·중기·장기 이동평균선의 방향이 차례로 전환되어 쉽게 추세의 전환을 판단할 수 있다. 하락추세에서 상승추세로 전환하면 단기선, 중기선, 장기선의 상승과정을 거치고, 상승추세에서 하락추세로 전환하면 단기선, 중기선, 장기선의 순서로 하락과정을 거친다.

다. 배열도 분석

정배열은 주가가 하락세에서 상승세로 전환하여 상승추세의 모양을 갖추면 위로부터 현재주가, 단기이평선, 중기이평선, 장기이평선의 순서를 이룬다. 그리고 역배열은 주가가 상승세에서 하락세로 전환하여 하락추세의 모양을 갖추면 맨위에 장기이평선, 중기이평선, 단기이평선, 현재주가의 순서를 이룬다.

라. 지지선 분석

이동평균가격은 일정기간 매도세와 매수세의 평균가격이므로 주가가 평균가격을 하회하면 주식을 매수한 투자자는 평균적으로 손실을 본다. 따라서 주가가 상승중일 때는 단기·중기·장기 이동평균선을 지지선으로 상승하며, 반대로 하락 반전될 때는 이동평균선을 차례로 하향 이탈하게 된다. 이를 지지선 분석이라고 한다.

마. 저항선 분석

지지와 반대로 주가보다 높은 수준의 이동평균가격은 저항의 역할을 하게 된다. 만일 이동평균가격보다 주가가 낮은 상태에서 주가가 단기적으로 상승하여 이동평균가격에 근접할 경우에 그동안 평균적으로 손실을 보고 있던 투자자들의 잠재적 매도세가 집중되는데, 이를 저항이라고 한다.

주가가 하락중일 때는 단기·중기·장기 이동평균선이 차례로 저항선이 되어 주가가 하락하고, 반대로 상승 반전될 때는 이동평균선을 차례로 상향 돌파하면서 주가가 상승한다. 이를 저항선 분석이라고 한다. 저항선 분석에도 이동평균선의 특성을 잘 파악해서 일시적인 속임수를 예방해야 한다.

바. 크로스 분석

이동평균선 분석에서 널리 알려진 분석방법이다. 단기 이동평균선이 장기 이동평균선을 아래에서 위로 상향 돌파하는 경우를 골든크로스(golden cross)라고 하여 매입신호로 본다. 단기 이동평균선이 장기 이동평균선을 위에서 아래로 하향 돌파하는 경우를 데드크로스(dead cross)라고 하여 매도신호로 본다.

크로스 분석(cross analysis)은 이동평균선이 서로 교차할 때를 주식의 매매시점으로 하는 분석방법이다. 일반적으로 골든크로스는 매입신호로 간주하고 데드크로스는 매도신호로 알려져 있다. 크로스 분석에서는 보통 20일 이동평균선과 60일 이동평균선을 사용하여 매입시점과 매도시점을 판단한다.

사. 밀집도 분석

이동평균선들의 밀집 또는 수렴은 주가가 변화하면 반드시 발생한다. 이평선이 밀집되는 것은 투자기간이 다른 투자자들의 평균매입가격이 유사한 수준으로 수렴되고 있음을 나타낸다. 즉 이평선들이 밀집되면 투자자들의 이해관계가 거의 동일하여 작은 모멘텀에서도 주가는 크게 변화하는 경향을 보인다.

(5) 그랜빌의 투자전략

1) 매입신호

첫째, 이동평균선이 하락한 후 보합이나 상승국면으로 진입한 상황에서 주가가 이러한 이동평균선을 상향 돌파하면 매입한다. 또한 이동평균선이 상승하고 있을 때 주가가 일시적으로 이동평균선의 아래로 하락하면 매입한다. 이는 이동평균선의 상승은 장기적인 추세상승을 의미하여 주가하락은 일시적일 수 있기 때문이다.

둘째, 주가가 이동평균선 위에서 빠르게 하락하다가 이동평균선 부근에서 지지를 받고 재차 주가가 상승을 하면 중요한 매입신호에 해당한다. 또한 주가가 하락하는 이동평균선을 하향 돌파한 후에 급락하는 경우에는 이동평균선까지 반등할 가능성이 높기 때문에 단기 시세차익을 위한 매입신호에 해당한다.

| 그림 5-19 | 매입신호

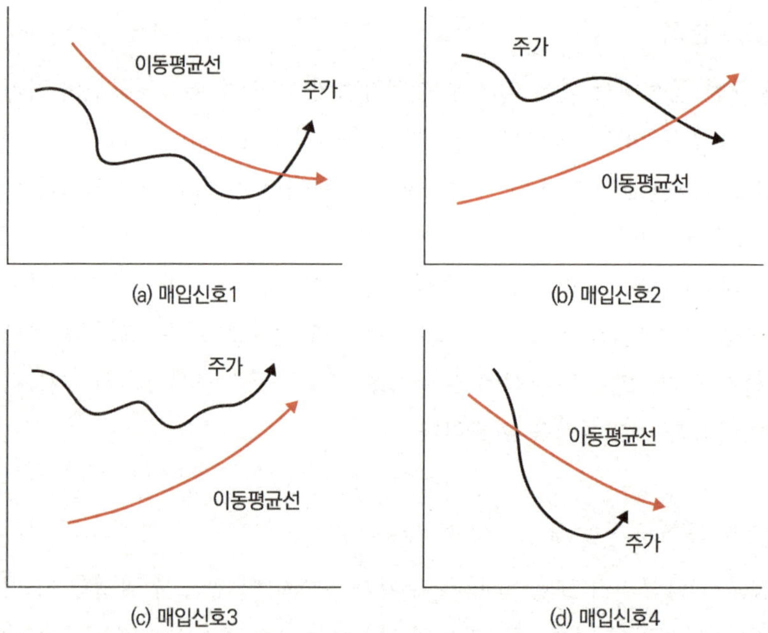

2) 매도신호

첫째, 이동평균선이 상승한 후 보합이나 하락국면으로 진입한 상황에서 주가가 이러한 이동평균선을 하향 돌파하면 매도한다. 또한 이동평균선이 하락하고 있을 때 주가가 일시적으로 이동평균선의 위로 상승하면 매도한다. 이는 이동평균선의 하락은 장기적인 추세하락을 의미하여 주가상승은 일시적일 수 있기 때문이다.

둘째, 주가가 이동평균선 아래에서 상승세를 보이다가 이동평균선을 상향 돌파하지를 못하고 다시 하락하는 경우에는 중요한 매도신호에 해당한다. 또한 주가가 상승하고 있는 이동평균선을 상향 돌파한 후에 다시 급등하는 경우에는 이동평균선까지 자율반락할 가능성이 높기 때문에 매도신호에 해당한다.

| 그림 5-20 | 매도신호

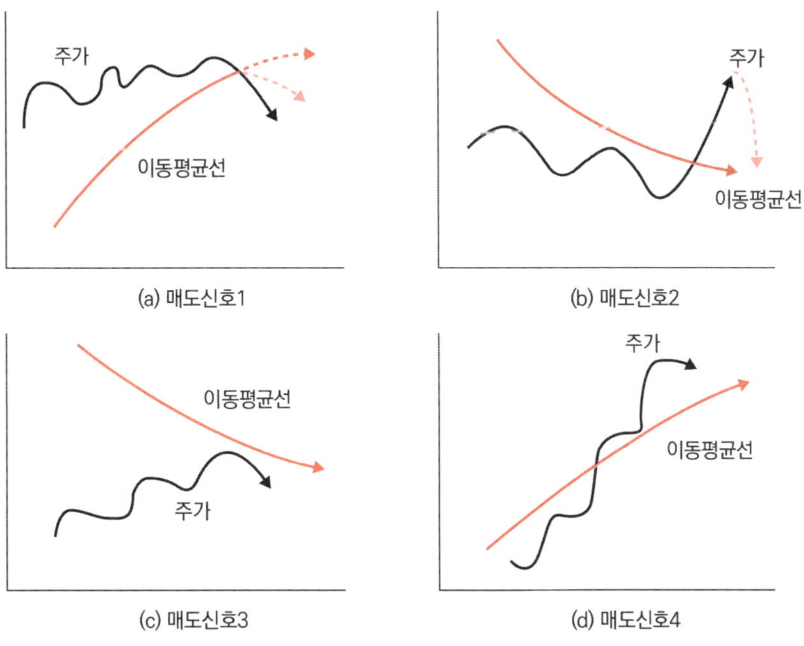

(6) 추세분석의 한계

기술적 분석의 기본이라 할 수 있는 추세분석만 정확히 할 수 있어도 실전에서 수익을 올릴 수 있다. 그러나 실전매매에 들어가면 추세의 전환여부를 확인하기가 애매한 경우가 있다. 또한 추세매매이기 때문에 중장기 투자에는 활용도가 높지만 단기매매에는 그 유용성이 떨어지는 단점이 존재한다.

이러한 추세분석의 한계는 보조지표인 MACD지표, 스토캐스틱, 일목균형표 그리고 볼린저밴드를 이용하면 보완할 수 있다. MACD는 추세의 지속과 이탈을 알려주며 스토캐스틱은 단기매매시점을 알려주고 일목균형표와 볼리저밴드는 추세와 단기매매시점을 확인해 볼 수 있는 보조지표에 해당한다.

3. 패턴분석의 개요

(1) 패턴분석의 정의

패턴분석(pattern analysis)은 추세선이 변할 때 나타나는 여러 가지 주가변동패턴을 정형화해 이를 분석하여 확률적으로 미래의 주가를 예측하는 기법을 말한다. 즉 과거의 주가흐름을 통해 검증된 패턴을 현재의 주가흐름에 대입하여 주가의 등락을 예측하는 기법으로 반전형 패턴과 지속형 패턴으로 구분한다.

(2) 반전형 패턴분석

1) 삼봉형

① 삼봉천장형

삼봉천장형(head & shoulder)은 반전형 중에서 가장 널리 알려져 있고 머리와 양쪽 어깨로 구성된 하락 전환패턴이다. 상승과 하락이 세 번 반복해서 일어나며, 가운데 봉우리를 머리(head), 왼쪽을 왼쪽 어깨, 오른쪽을 오른쪽 어깨라고 한다. 가운데의 머리가 다른 좌우의 어깨보다 높은 것이 일반적이다.

왼쪽 어깨는 제1국면으로 주가는 강력하고 가파른 상승추세가 형성되어 고점 A를 형성하면서 대량거래를 수반한다. 머리 부분은 앞에서 형성된 고점 A에서 주가가 반락하여 E수준까지 하락한 후 다시 새로운 상승을 시작함으로써 형성된다. 머리 부분의 형성과정에서 수반되는 거래량은 왼쪽 어깨보다 적다.

오른쪽 어깨가 형성될 때의 거래량은 A와 B를 형성할 때보다 적은 거래량을 수반한다. 이때의 주가상승은 B의 가격수준까지 연결되지 못하고 그 이하에서 멈추게 되는데, 대부분 왼쪽 어깨 정상부근에서 고점이 형성된다. 되돌림현상은 주가가 C에서 하락하여 기준선을 하향 돌파한 후 기준선까지 상승하는 현상을 말한다.

| 그림 5-21 | 삼봉천장형

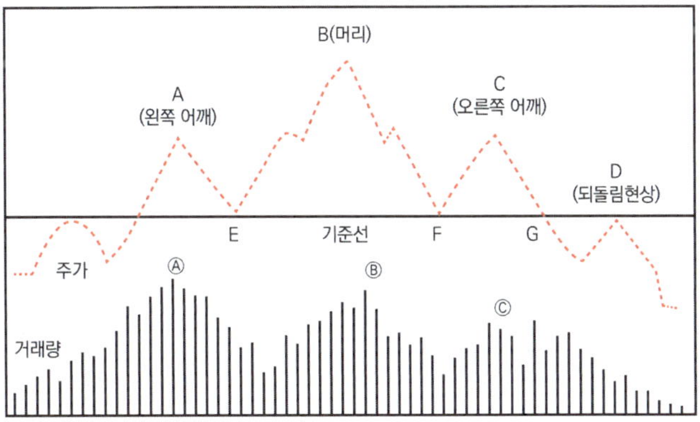

② 삼봉바닥형

삼봉바닥형은 삼봉천장형을 거꾸로 뒤집어 놓은 반대의 모양을 말한다. 즉 주가의 추세선이 하향추세에서 상향추세로 반전하는 과정에서 형성되며, 거래량의 변화양상을 제외하고는 모형의 확인방법은 물론 모형을 돌파하는 경우에 예상되는 변화폭까지 삼봉천장형과 유사하다.

| 그림 5-22 | 삼봉바닥형

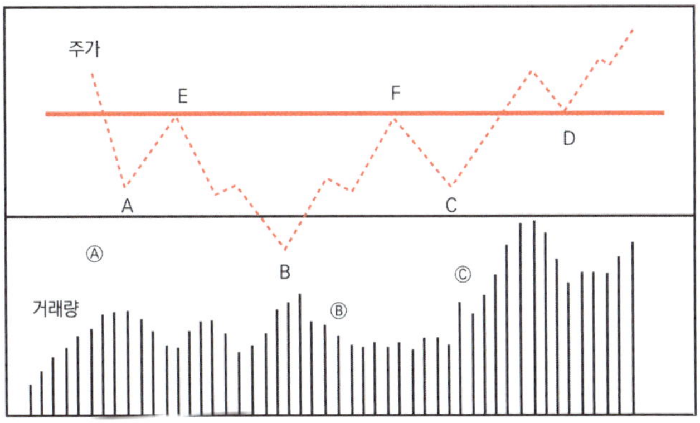

2) 원형 모형

① 원형 천장형

원형 천장형은 주가가 상향추세를 따라 상당한 기간 동안 상승하고 나서 추세선의 기울기가 완만해진 후 하락추세로 반전하는 형태를 나타낸다. 이때 거래량의 증감추세는 대체로 주가 움직임의 반대방향으로 움직인다.

| 그림 5-23 | 원형 천장형

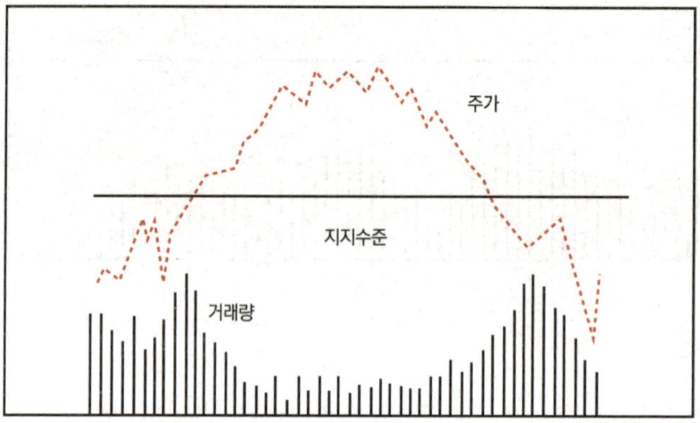

② 원형 바닥형

원형 바닥형은 원형 천장형을 뒤집어 놓은 형태이다. 주가가 대폭적으로 하락한 후에 이러한 모형이 형성되면 이는 대세상승의 반전을 나타내므로 상당폭의 주가상승이 기대된다고 볼 수 있다.

| 그림 5-24 | 원형 바닥형

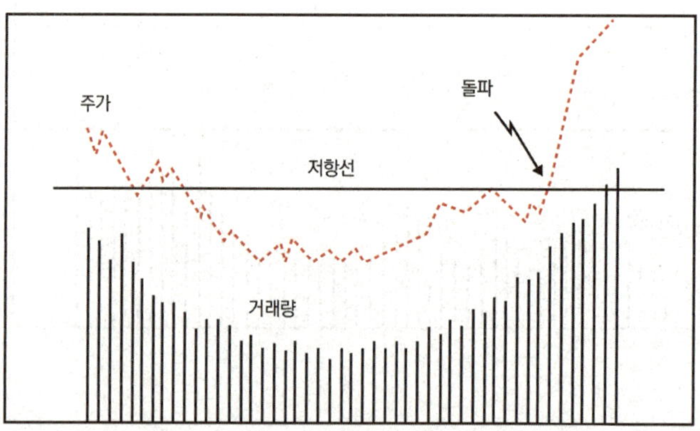

3) 이중 모형

① 이중 천장형

이중 천장형은 거래량이 감소하면서 상승추세가 하락추세로 전환될 때 형성되고 그래프에서 자주 볼 수 있는 패턴으로 M자형으로 부르기도 한다. 상승추세가 하락추세로 전환될 때 발생하는 이중 천장형을 확인하려면 양 봉우리를 형성하는 데 걸린 시간이 장기일수록 또는 주가 움직임의 진폭이 클수록 신뢰도가 높다.

② 이중 바닥형

이중 바닥형은 거래량이 증가하면서 하락추세가 상승추세로 전환될 때 형성되며 W자형으로 부르기도 한다. 이중 바닥형의 특징은 두 번째 바닥이 첫 번째 바닥에 비해 더 완만하고 높게 형성되며 때로는 플랫폼이 형성되기도 한다. 이중 천장형은 하락추세가 상승추세로 전환될 경우에 주로 발생한다.

4) V자 모형

V자형은 영문 알파벳의 V자처럼 상승 또는 하락의 급격한 모멘텀의 변화에 의해 매수세에서 매도세로, 매도세에서 매수세로 갑자기 돌변하는 패턴으로 단기간에 형성되는데 상승추세선과 하락추세선의 기울기의 절댓값이 동일하다. 우리나라와 같이 외부환경에 의존하는 경우에 자주 발생하는 패턴이다.

V자형의 완성은 어느 정도 시간이 지나야 확인할 수 있다. 천장 V자 모형은 주가가 정점에 이르기까지 급상승하는 과열양상을 보이며 정점 이후에 급등락하고 정점을 전후로 평균거래량은 감소한다. 반면에 바닥 V자 모형은 주가가 매우 급격히 하락하는 것이 일반적인 현상으로 저점을 중심으로 평균거래량은 증가한다.

❙그림 5-25❙ V자 모형

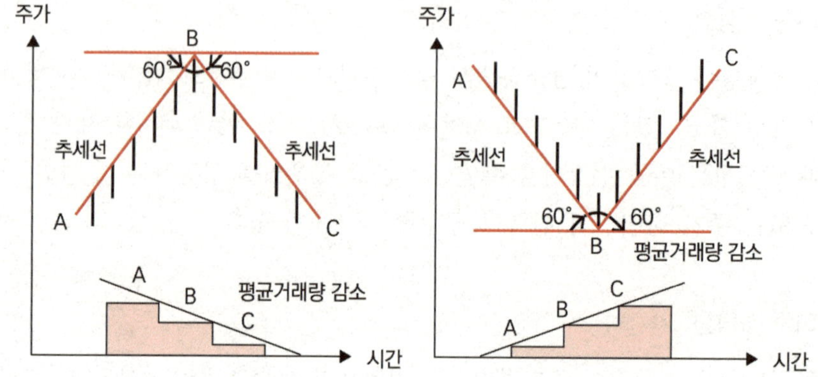

(a) 천장 V자 모형　　(b) 바닥 V자 모형

(3) 지속형 패턴분석

1) 삼각형

삼각형은 반복적인 등락을 하는 동안 점점 그 등락폭이 줄어들어 전체적인 주가의 움직임이 삼각형의 모양을 이루고 있다. 삼각형에서 고점들을 이은 추세선은 강력한 저항선으로, 저점들을 이은 추세선이 강력한 지지선으로 작용하여 점점 그 폭이 줄어들기 때문에 두 추세선은 수렴하게 된다.

대칭삼각형은 삼각형의 가장 일반적인 형태로 가격변화에 있어 먼저 발생한 가격변화보다는 나중에 발생한 가격변화의 변동폭이 감소하면서 우측 꼭짓점을 향해 움직임에 따라 삼각형의 모양을 이룬다. 약세장에서 나타나면 큰 폭 하락을 나타내고 강세장에서 나타나면 큰 폭 상승을 가져온다.

❙그림 5-26❙ 삼각형

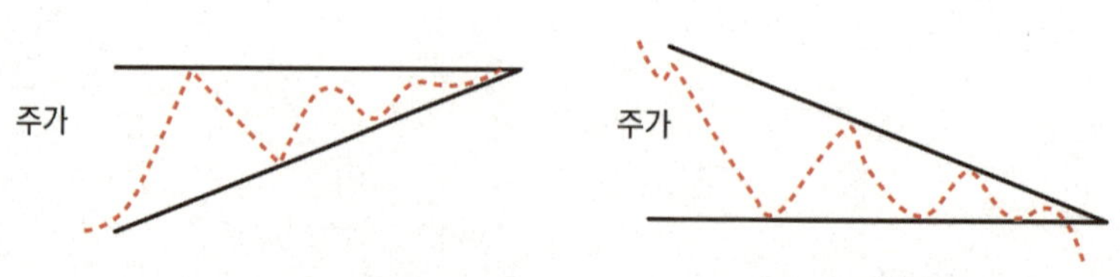

(a) 상향직각삼각형　　(b) 하향직각삼각형

2) 깃대형

깃대형은 직사각형으로 형성되는 과정에서 밀집된 영역으로 모형의 폭이나 크기가 작고 좁은 특징을 보이고 깃대와 유사한 형태로 나타난다. 깃대형은 주가가 수직에 가까울 정도의 기울기 추세를 따라 매우 빠르고 급상승을 보인 후에 형성되는 경향이 있으며 약 45°의 방향으로 경사진 평행사변형이 보편적이다.

상승깃대형은 주가가 수직에 가깝게 대폭적으로 상승한 직후에 나타나고, 하락깃대형은 주가가 크게 하락한 뒤에 일시적으로 나타난다. 깃대형의 주가패턴을 확인하기 위해서는 주가가 수직적인 변동을 보인 직후이고 모형의 형성기간에 거래량이 점차 감소했으며 모형의 형성기간이 단기인가를 살펴보아야 한다.

| 그림 5-27 | 깃대형

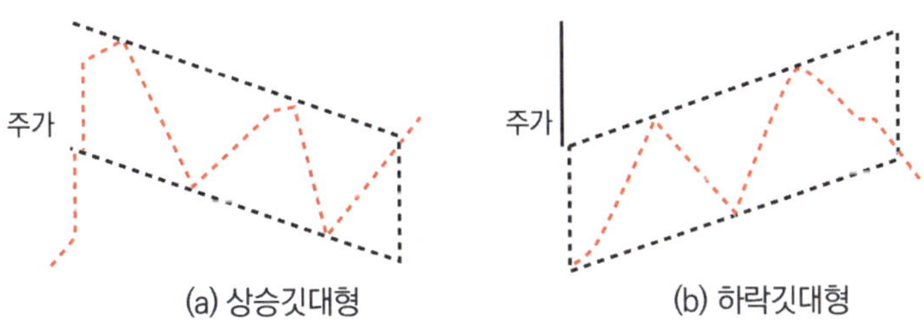

3) 쐐기형

쐐기형은 주로 추세선의 천장권에서 형성되며 저점과 고점의 경계선이 모두 상향기울기로 나타나지만 고점경계선의 기울기가 저점경계선의 기울기보다 완만한 것이 특징인 상승쐐기형, 추세선의 바닥권에서 나타나며 저점경계선의 기울기가 고점경계선의 기울기보다 완만히 나타나는 하락쐐기형으로 구분된다.

쐐기형의 방향이 기존의 추세와 반대로 나타나는 이유는 이익실현과 저가매수로 인한 거래가 주도되기 때문이다. 거래량은 쐐기형의 진행과정에 감소하는 경향이 있고, 패턴이 완성되고 추세선을 돌파할 시점에 증가하는 경향이 있다. 상승쐐기형은 주가의 하락반전을, 하락쐐기형은 주가의 상승반전을 암시한다.

❙그림 5-28❙ 쐐기형

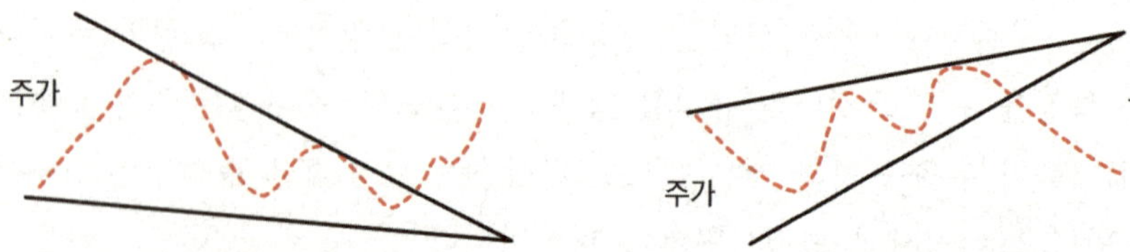

(a) 하락쐐기형 (b) 상승쐐기형

4) 직사각형

직사각형은 매도세력과 매수세력이 서로 균형을 이루고 있으나 거래가 활발하지 못한 경우에 두 개의 평행한 추세선 사이에서 주가가 움직이는 모습을 나타낸다. 1개월에서 3개월 정도의 형성기간이 걸리고 저항선을 만드는 두 개의 산과 지지선을 형성하는 두 개의 골이 존재하고 네 번 이상의 주가등락이 있어야 한다.

❙그림 5-29❙ 직사각형

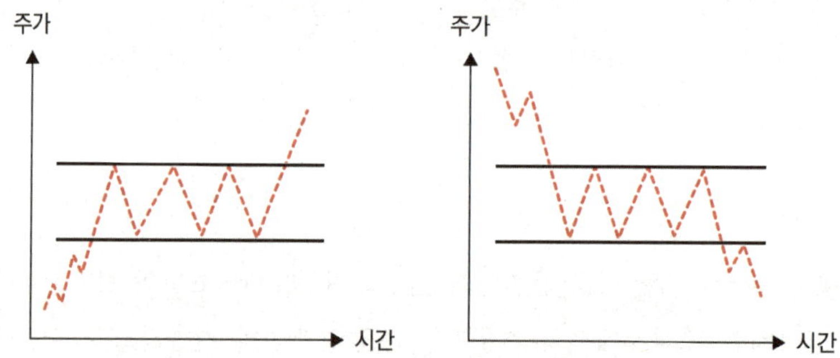

(a) 상승직사각형 (b) 하락직사각형

(4) 패턴분석의 한계

패턴분석은 투자자들이 매매시점의 판단근거로 사용하는 투자분석방법이나, 과거 패턴이 미래에도 똑같이 되풀이되지 않는 경우가 많다는 단점이 존재한다. 따라서 패턴분석은 거래량분석이 수반되어야 유용한 지표가 될 수 있고 주가를 예측할 때는 패턴분석은 물론 보조지표인 MACD와 스토캐스틱을 함께 보아야 한다.

4. 지표분석의 개요

지표분석은 과거의 주가나 거래량을 계량화해서 새로운 지표를 산출하여 추세의 판별이나 주가예측에 활용하는 분석기법을 말하며 시장의 상황을 분석하여 시장의 움직임을 예측하는 방법이다. 지표분석에는 추세추종형 지표, 추세반전형 지표, 거래량 지표, 범위성 지표, 기타 지표 등으로 구분할 수 있다.

(1) 추세추종형 지표

추세추종형 지표는 주가가 한번 형성되면 일정기간 한 방향으로 진행된다는 특성을 고려하여 만든 지표로 주가흐름을 잘 따르는 특징을 가지고 있다. 따라서 추세전환에 있어 다소 느리게 반응하는 반면에 매매시그널이 자주 발생하지 않아 추세에 대한 중기적인 흐름파악에 용이하다.

1) MACD(Moving Average Convergence & Divergence)

MACD는 이동평균선이 수렴하고 발산하는 원리에 착안하여 장기지수와 단기지수 이동평균의 차이가 가장 크게 벌어질 때를 매매타이밍으로 하여 단기지수 이동평균에서 장기지수 이동평균을 차감한 값을 말한다. MACD의 지수 이동평균을 시그널(signal)이라 하며 두 곡선의 교차점을 이용하여 매매시점을 포착한다.

MACD는 장기와 단기의 두 이동평균선이 서로 멀어지면 언젠가는 다시 가까워져 어느 시점에서 서로 교차한다는 성질을 이용하여 두 개의 이동평균선이 멀어지는 가장 큰 시점을 찾는 데 있다. MACD가 시그널을 아래에서 위로 상향 돌파할 때는 매수시점, 반대인 경우에는 매도시점으로 인식하고 매매하는 방법이다.

2) MAO(Moving Average Oscillator)

MAO는 단기 이동평균값에서 장기 이동평균값을 차감한 차이를 그래프상에 나타내어 현재주가의 움직임이 어떻게 진행되고 있는가를 판단하는 분석기법을 말한다. 따라서 MAO의 값이 정(+)이면 현재 주가가 상승추세에 있으며, MAO의 값이 부(−)이면 하락추세에 있음을 나타낸다.

MAO가 0선을 교차하는 시점이 장단기 이동평균선이 서로 교차하는 시점이므로 두 이동평균선의 교차에 의해 매매시점의 포착이 가능하다. MAO의 값이 (+)에서 0선을 하향 돌파하여 (-)로 전환될 때를 매도시점으로, (−)에서 0선을 상향 돌파하여 (+)로 전환될 때를 매입시점으로 인식한다.

MAO가 일정기간 지속적인 상승 또는 하락을 한 후 움직임을 멈추었다면 현재 주가 추세가 조만간 전환될 가능성이 높다는 신호로 받아들여야 한다. 따라서 MAO가 0선에 접근하다 실패했거나 돌파했으나 바로 재진입하면 기존의 움직임을 그대로 유지하려는 세력에 압도되었다고 해석한다.

3) 소나차트

소나(Sonar Momentum)는 주가의 기울기로 현재의 주가수준 및 향후의 주가흐름을 파악하는 기법을 말하며 주가가 상승해도 상승기울기가 둔화되면 향후 추세가 하락 반전할 가능성이 높고, 주가가 하락해도 하락기울기가 둔화되면 향후 추세가 상승 반전할 가능성이 높다는 점에 착안한 지표이다.

소나모멘텀은 한계변화율을 나타내기 때문에 한계변화율이 0이 되는 시점이 추세가 전환되는 시점에 해당한다. 따라서 소나모멘텀이 0선을 상향 돌파하는 경우에 상승추세로 전환되는 매입시점을 나타내고, 소나모멘텀이 0선을 하향 돌파하는 경우에 하락추세로 전환되는 매도시점을 나타낸다.

그러나 주가가 등락을 거듭하는 횡보국면에서 소나모멘텀의 0선 돌파를 이용한 전략의 유용성은 다소 떨어지지만, 상승국면이나 하락국면이 뚜렷한 추세시장에서 소나모멘텀의 신뢰도는 높아진다. 즉 소나모멘텀이 시그널곡선을 상향 돌파하는 경우에 매입하고, 하향 돌파하는 경우에 매도한다.

(2) 추세반전형 지표

추세반전형 지표는 주가변화를 민감하게 파악하여 추세반전을 빨리 알기 위해 일정한 범위에서 지표가 움직이는 경우가 많아 오실레이터라고도 한다. 이러한 민감한 속성에 따라 언제든 추세변화를 빨리 포착하지만 추세시장에서는 잦은 매매시그널이 발생하여 충분한 추세를 누리지 못할 수 있다.

1) 스토캐스틱

스토캐스틱(Stochastic)은 주가가 움직이는 특성을 가장 잘 반영하는 지표의 하나로 일정기간 동안 주가변동폭 중 금일 종가의 위치를 백분율로 나타낸다. 따라서 상승장에서는 금일 종가가 주가변동폭의 최고가 부근에 형성되고 약세장에서는 금일 종가가 주가변동폭의 최저가 부근에서 형성된다.

$$\%k = \frac{\text{금일 종가} - \text{최근 } n\text{일 최저가}}{\text{최근 } n\text{일 최고가} - \text{최근 } n\text{일 최저가}} \tag{5.17}$$

여기서 최근 n일은 %K를 구하고자 하는 기간을 나타낸다. 즉 %K의 기본개념은 [그림 5-30]과 같이 일정기간의 주가변동폭 중 현재주가가 자리잡고 있는 위치를 말한다. 스토캐스틱은 %K와 %D의 두 개의 지표로 나타낸다. 중요한 선은 %K이며 %K의 이동평균선을 %D라고 부른다.

| 그림 5-30 | 스토캐스틱의 원리

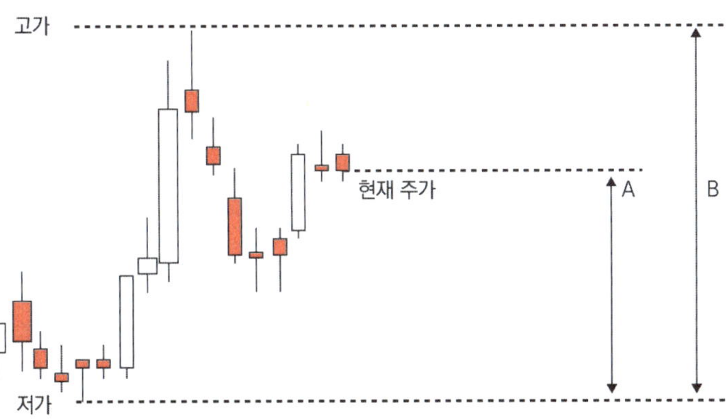

스토캐스틱이 침체권인 30% 이하로 내려갔다 다시 재상승하는 경우에는 매입신호이다. 스토캐스틱이 과열권인 70% 이상으로 올라갔다 다시 재하락하는 경우에는 매도신호로 인식한다. %K선이 %D를 상향 돌파하여 상승하면 매입하고, %K선이 %D를 하향 돌파하여 하락하면 매도한다.

▌그림 5-31▐ 스토캐스틱을 이용한 매매타이밍

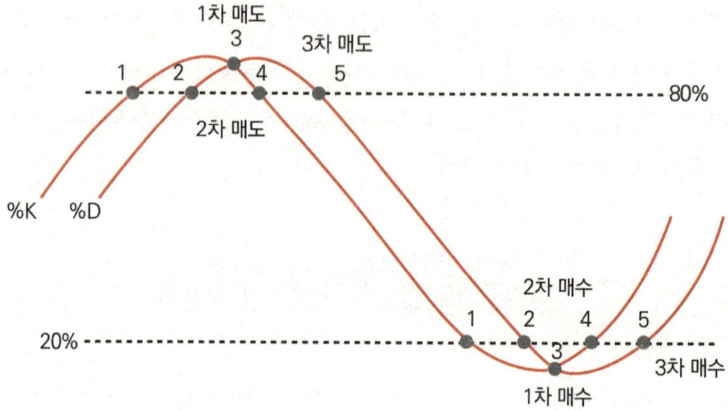

2) RSI(Relative Strength Index)

상대강도지수(RSI)는 두 지수의 상대적인 역학관계를 설명하기보다는 특정 종목의 내재된 주가움직임의 강도를 말한다. 여기에는 개별종목과 개별업종과의 주가변화율을 대비한 것과 개별업종과 종합주가지수의 주가변화율로 대비한 종목별 상대강도지수와 업종별 상대강도지수가 있다.

상대강도지수는 RSI = [100/(1+U/D)]로 계산하며 U는 일정기간 주가상승 변동치 평균, D는 일정기간 주가하락 변동치를 나타낸다. RSI는 주가변동에 따라 0~100까지의 값을 갖는데 RSI가 70~80% 수준이면 경계신호로 과열을 의미하여 매도가, 20~30% 수준이면 경계신호로 침체를 의미하여 매수가 적절하다.

3) ROC(Rate of Change)

주가는 주기적인 파동을 하며 상승과 하락의 과정을 반복한다. ROC는 금일 주가와 n일 전 주가 사이의 차이를 나타내는 지표를 말한다. 이러한 차이는 수치나 퍼센트로 나나낼 수 있지만 일반적으로 비율로 표시한다. ROC는 일정기간 변화했던 주가의 양을 측정하여 오실레이터의 형태로 파상운동을 표시한다.

주가가 상승(하락)하면 ROC가 상승(하락)한다. 또한 주가가 큰 폭으로 변화하면 ROC도 큰 폭으로 변화한다. 즉 ROC가 0선을 중심으로 위에 있으면 상승추세로, 0선을 중심으로 아래에 있으면 하락추세로 인식한다. 또한 ROC가 0선에 근접하면 주가변동폭은 작아지고 0선에서 멀어지면 주가변동폭은 커진다.

(3) 거래량 지표

기술적 분석은 주가와 함께 거래량을 중요시한다. 거래량의 존재가 투자자들의 서로 다른 이견표출의 결과로 보기 때문이다. 일반적으로 거래량이 증가하면 주식시장에 투자자들의 관심도가 집중되는 결과라는 점에서 거래량은 주식시장의 변화를 보여주는 의미있는 지표에 해당한다.

1) OBV(On Balance Volume)

① OBV의 의의

OBV는 거래량은 주가에 선행한다는 전제하에 주가가 전일에 비해 상승한 날의 거래량 누계에서 하락한 날의 거래량 누계를 차감하여 이를 매일 누적적으로 집계하여 도표로 나타낸 것을 말하며 주가가 정체되어 있을 때 거래량의 동향에 의해 향후 주가의 방향을 예측하는 데 활용된다.

② OBV의 작성방법

주식시장이 매집단계에 있는지 아니면 분산단계에 있는지를 나타내는 OBV의 작성방법은 다음과 같다. 주가가 전일에 비해 상승한 날의 거래량은 전일의 OBV에 가산하고 주가가 전일에 비해 하락한 날의 거래량은 전일의 OBV에 차감한다. 그러나 변동이 없는 날의 거래량은 무시한다.

표 5-3 OBV의 산출

일자	종합지수	전일대비	거래량	상승일 누계	하락일 누계	OBV
7.5	1,916.18	하락	3,189	–	3,189	−3,189
7.6	1,916.04	하락	3,226	–	6,415	−6,415
7.7	1,919.90	상승	2,836	2,836	6,415	3,579
7.8	1,920.42	상승	2,837	5,673	6,415	−742
7.9	1,922.90	상승	5,106	10,779	6,415	4,634

③ OBV의 분석방법

강세장에서는 OBV의 고점이 이전의 고점보다 높게 형성되고 약세장에서는 OBV의 저점이 이전의 저점보다 낮게 형성된다. 이때 전자의 경우를 U마크(up)로 표시하고 후자의 경우를 D마크(down)로 표시한다. OBV의 상승은 매입세력의 집중을 나타내고, OBV의 하락은 매입세력의 분산을 나타낸다.

OBV의 상향추세선이 진행되는 가운데 저항선을 상향 돌파하면 강세장을 예고하고 하향추세선을 하향 돌파하면 약세장을 예고한다. 또한 OBV가 상승함에도 불구하고 주가가 하락하면 조만간 주가상승이 예상되는 반면에 OBV가 하락함에도 불구하고 주가가 상승하면 조만간 주가하락이 예상된다.

❙그림 5-32❙ U마크와 D마크

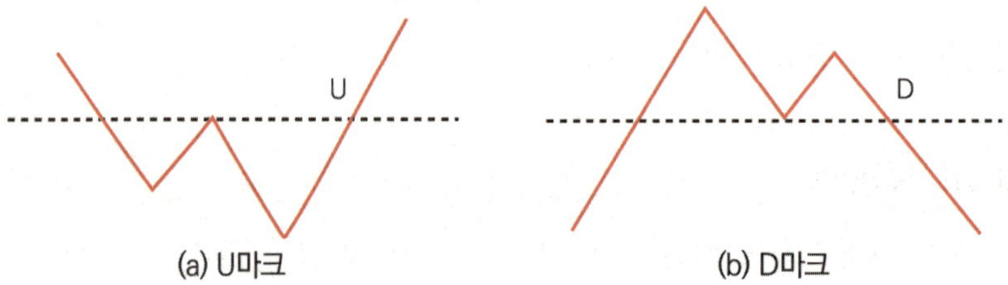

2) VR(Volume Ratio)

VR은 일정기간 주가상승일의 거래량과 주가하락일의 거래량의 비율을 백분비로 나타낸 것을 말한다. OBV가 누적차수로 시세를 판단할 때 과거의 수치와 비교할 수 없다는 한계를 보완하기 위해 거래량의 누적차가 아닌 비율로 분석한 것이다. VR이 200%라면 주가상승시 거래량이 주가하락시 거래량의 2배임을 나타낸다.

일반적으로 주가가 하락하는 경우보다 주가가 상승하는 경우에 거래량이 많아 VR은 100%보다 조금 높은 150%를 보통수준으로 산정한다. 그리고 VR이 450%를 초과하면 단기적으로 주가의 경계신호가 되고 VR이 70% 이하이면 단기 매입시점으로 간주한다. VR은 바닥권을 판단하는 데 신뢰도가 높은 지표로 알려져 있다.

3) 역시계곡선

역시계곡선은 주가와 거래량의 상관관계가 높다는 원리를 이용하여 거래량은 X축에, 주가는 Y축에 나타내어 주가와 거래량의 n일 이동평균에 의한 매일 매일의 교차점을 선으로 연결한 지표를 말한다. 이를 [그림 5-33]의 차트상에서 살펴보면 시계의 반대방향으로 회전하는 경우가 많다고 해서 역시계곡선이라고 한다.

┃그림 5-33┃ 역시계곡선

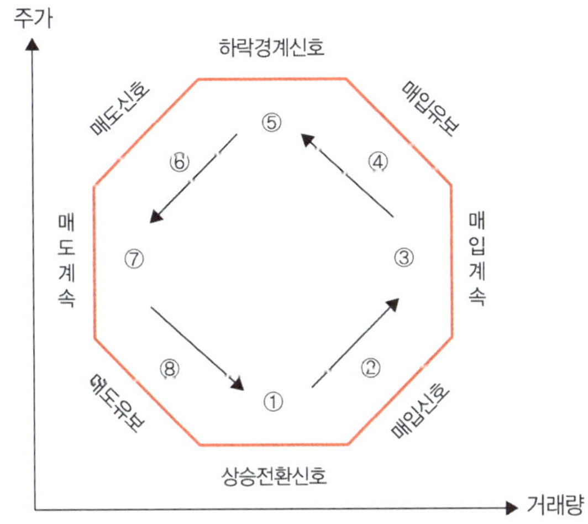

① 주가는 바닥인데 거래량이 증가하면 하락에서 상승으로 전환이 예상된다.
② 거래량이 더욱 증가하고 주가도 상승하기 시작하면 매입신호이다.
③ 거래량은 더 이상 증가하지 않지만 주가가 계속 상승하면 매입을 지속한다.
④ 거래량은 감소하는데 주가만 계속 상승하고 있으면 매입을 보류한다.
⑤ 거래량이 더 감소하고 주가도 더 상승하지 못하면 하락으로 전환이 예상된다.
⑥ 거래량이 더욱 감소하고 주가도 하락하기 시작하면 매도신호이다.
⑦ 거래량이 더 감소하지 않지만 주가가 계속 하락하면 매도를 지속한다.
⑧ 주가는 계속 하락하고 있는데 거래량이 증가하면 매도를 보류한다.

보론 5-1 11번의 경기순환

우리나라에서는 1972년 이후에 10번의 경기순환이 있었다. 1998년까지는 경기가 좋아지면 평균 34개월간 확장이 이어졌고 반대로 경기가 나빠지면 19개월간 수축되었다. 그러나 외환위기 이후에 확장기간이 26개월, 수축기간이 18개월로 줄었다. 성장률도 달라졌다. 외환위기 이전에는 경기가 확장되고 수축됨에 따라 성장률이 4%씩 오르내린 반면 외환위기 이후에는 그 차이가 1% 내외로 줄었다.

통계청은 2017년 9월이 지난 경기의 정점이었다고 발표하여 11번째 경기순환이 완성되었다. 경기확장은 2013년 3월부터 2017년 9월까지 57개월간 이어져 통계작성 이후 가장 길었지만 높이는 반대로 가장 낮게 나타났다. 선진국에서 나타나는 장기성장, 낮은 성장률의 패턴이 우리나라에 마침내 나타나게 되었다. 2017년 9월이 경기의 정점이니까 우리 경제는 2년째 위축국면에 들어있는 것이 된다.

지금은 보는 관점에 따라 나쁘게 보면 경기둔화가 언제 끝날지 모른다고 얘기할 수 있고, 좋게 보면 저점이 멀지 않았다는 해석도 가능하다. 이미 수축기간이 과거 평균을 훨씬 넘었기 때문이다. 아직은 경기회복을 보여주는 지표보다 경기둔화를 보여주는 지표가 더 많다. 상황이 조금 나아졌어도 여전히 저점을 예단하기 힘든 상태라는 의미가 되지만 경기 저점 통과가능성에 관심을 가져야 한다.

산업활동동향지표에 대해 삼성증권의 보고서는 2019년 3월에 저점을 찍은 것으로 판단했다. 신한금융투자는 경기의 추세적 반등보다는 저점을 통과하는 구간으로 판단하면서 연말로 갈수록 정부정책의 효과가 나오면 4분기에 반등할 것으로 내다봤다. 디비금융투자는 유의미한 회복으로 보기에는 시기상조라고 평가했다. 실제로 건설경기와 수출부문을 살펴보면 본격적인 회복을 기대하기는 어렵다.

국내총생산 집계에서 건설업 생산은 2019년 1분기에 전년 동기대비 7%, 2분기에 3.8% 감소하였다. 건설수주 전년 동월대비 증감률은 7월에 -21.2%, 8월에 -22.2%였다. 산업통상자원부가 잠정집계한 9월 일평균 수출액은 21.8억달러로 최고치로 나타났지만, 이는 작년에 비해 16% 감소하였다. 세계교역을 위축시키고 있는 미 · 중간 무역갈등도 아직 타결의 기미를 보이지 않고 있다.

제1절 기술적 분석

1. 기본개념
   (1) 증권투자의 정의 : 투자자가 현재의 확실한 소비를 포기하고 미래의 불확실한 소득이 예상되는 증권에 투자
   (2) 기본적 분석의 의의 : 증권의 내재가치를 산출한 후 시장가격과 비교해서 과소평가 또는 과대평가되어 있는 증권을 식별하여 매매종목을 결정하는 방법
   (3) 기본적 분석의 구분 : 질적 분석과 양적 분석
2. 경제분석
   (1) 경기변동 : 총체적인 경제활동수준이 주기적으로 상승과 하강을 반복하는 현상
   (2) 통화지표 : 통화량이 너무 많으면 인플레이션이 발생할 수 있고, 너무 적으면 거래가 위축될 수 있어 통화량을 적정수준으로 유지하는 것은 중요함
   (3) 금리수준 : 금리가 인상되면 금융비용 부담이 늘어나 주가가 하락하고, 금리가 하락하면 금융비용 부담이 줄어들어 주가가 상승함
   (4) 물가수준 : 물가가 큰 폭으로 상승하면 실질소득 감소로 구매력이 감소하여 개인은 금융자산보다 실물자산을 선호하여 주가가 큰 폭으로 하락
   (5) 환율수준 : 환율은 물가상승률, 국내외 금리차, 정치 · 사회 안정여부 등의 영향을 받고 재화가격에 영향을 미쳐 물가, 산출량, 국제수지 등의 결정에 중요한 요인
3. 산업분석
   (1) 산업분석의 의의 : 특정산업의 특성과 전망에 대한 분석으로 개별산업이나 관련산업에 중요한 영향을 미치는 요인들을 광범위하게 연구하고 분석
   (2) 산업분석의 내용 : 과거의 실적분석, 경기변동에 대한 적응력, 산업의 대체관계, 정부의 산업정책, 인력수급 및 노사관계, 산업의 경쟁상황
   (3) 산업구조의 평가 : 포터(M.Porter)는 잠재적인 진출기업, 기존기업간 경쟁, 대체제품, 구매자, 공급자의 5개 요소가 산업의 경쟁강도와 수익성을 결정
4. 기업분석
   (1) 사업단위 경쟁전략 : 원가우위전략, 차별화전략, 집중화전략
   (2) 재무제표의 분석
   1) 재무상태표 분석
   ① 유동성비율 : 기업이 단기에 상환해야 하는 부채에 대한 변제능력을 측정
   ② 레버리지비율 : 손익확대효과를 가져다주는 타인자본 의존도를 측정하는 지표
   ③ 자본배분비율 : 조달자본이 기업자산에 적절히 배분되고 있는지를 측정
   ④ 자산구성비율 : 기업이 보유한 각종 자산의 구성내용과 기업의 자본운용형태

2) 손익계산서 분석

① 수익성비율 : 일정기간 동안 기업의 총괄적인 경영성과와 이익창출능력 측정

② 활동성비율 : 기업이 보유한 자원을 효율적으로 이용했는지에 대한 정보를 제공

③ 성장성비율 : 경영규모와 경영성과가 전기에 비해 얼마나 증가했는지를 측정

④ 생산성비율 : 경영활동의 능률과 경영성과를 측정하는 경영합리화의 지표

제2절 기술적 분석

1. 기술적 분석의 개요

(1) 기술적 분석의 정의 : 도표를 이용하여 과거의 주가와 거래량의 추세 및 패턴을 분석해서 증권의 수급을 예측하고 매매종목과 매매시점을 선택하는 방법

(2) 기술적 분석의 가정

① 주식의 시장가격은 그 주식에 대한 수요와 공급에 의해서만 결정

② 정보가 반영된 주가는 오랜 기간 특정한 추세를 형성하면서 변화

③ 주가는 지속되는 추세에 따라서 상당기간 움직이는 경향이 있음

(3) 기술적 분석의 기법

① 다우이론의 6국면 : 순환과정에서 강세시장은 매집국면, 마크업국면, 과열국면으로 진행되고 약세시장은 분산국면, 공포국면, 침체국면으로 진행됨

② 엘리어트 파동이론 : 주가흐름은 상승 5파와 하락 3파로 순환하며 주가의 장기 대세파동을 파악하고 피보나치수열을 이용하여 상승폭과 하락폭을 예측함

2. 추세분석의 개요

(1) 추세분석의 정의 : 주가의 움직임에서 추세선이나 추세대를 찾아보고 추세선이 언제 붕괴되는가를 관찰하여 주식의 매매시점을 포착하는 기법

(2) 지지선과 저항선

① 지지선 : 이전의 저점과 저점을 수평으로 이은 주가하락 저지가 예상되는 수준

② 저항선 : 이전의 고점과 고점을 수평으로 이은 상승세의 둔화가 예상되는 수준

(3) 추세선의 개요 : 고점이나 저점 중 의미 있는 두 고점 또는 저점을 연결한 선

(4) 이동평균선 개요

① 이동평균선의 개념 : 일정기간 주가평균치의 진행방향을 확인하고 현재주가의 진행방향과의 관계를 분석하여 미래의 주가동향을 미리 예측하는 지표

② 이동평균선의 이용

㉠ 이격도분석 : 현재의 주가와 이동평균선이 떨어져 있는 괴리율을 나타내는 지표

㉡ 방향성분석 : 단기 · 중기 · 장기이동평균선의 방향을 확인하는 방법

㉢ 배열도분석 : 정배열(주가의 상승추세 모양), 역배열(주가의 하락추세 모양)

㉣ 지지선분석 : 강세장에서 단기 · 중기 · 장기이동평균선이 지지선이 되어 상승함

㉤ 저항선분석 : 약세장에서 단기 · 중기 · 장기이동평균선이 저항선이 되어 하락함

㉥ 크로스분석 : 골든크로스(매입신호), 데드크로스(매도신호)

㉦ 밀집도분석 : 이동평균선이 밀집되면 투자자들의 이해관계가 대부분 동일하여 작은 모멘텀에서도 주가는 크게 변화하는 경향이 있음

(5) 그랜빌의 투자전략 : 매입신호 4가지 형태와 매도신호 4가지 형태가 있음

(6) 추세분석의 한계 : 추세의 전환여부가 애매한 단기매매에는 유용성이 떨어짐

3. 패턴분석의 개요

(1) 패턴분석의 정의 : 추세선이 변화할 때 나타나는 주가변동패턴을 정형화해 놓고 이를 분석하여 미래의 주가를 예측하는 기법

(2) 반전형 패턴분석 : 삼봉천장 · 바닥형, 원형천장 · 바닥형, 이중천장 · V자형

(3) 지속형 패턴분석 : 삼각형, 깃대형, 쐐기형, 직사각형

(4) 패턴분석의 한계 : 과거 패턴이 미래에도 똑같이 되풀이되지 않는 경우가 많음

4. 지표분석의 개요

(1) 추세추종형 지표 : MACD, MAO, 소나차트

(2) 추세반전형 지표 : 스토캐스틱, RSI, ROC

(3) 거래량 지표 : OBV, VR, 역시계곡선

연 · 습 · 문 · 제

1 **다음 중 증권분석에 대한 설명으로 가장 옳지 않은 것은?**

① 기본적 분석은 주식의 내재가치를 찾아내어 과소평가된 주식은 매입하고 과대평가된 주식은 매도하는 투자전략이다.

② 기술적 분석은 주가의 체계적 패턴을 찾아내어 초과이익을 얻으려는 투자전략이다.

③ 기본적 분석과 기술적 분석은 증권시장의 비효율성을 가정하고 초과이익을 얻으려는 투자전략이다.

④ 일반적으로 강세장에서는 기본적 분석이 잘 맞고, 약세장에서는 기술적 분석이 잘 맞는 것으로 알려져 있다.

| 해설 | 강세장, 약세장과 무관하다.

2 **다음 중 경기변동의 일반적인 특징에 관련된 설명으로 옳지 않은 것은?**

① 경기변동은 일정한 주기를 갖고 경제상황이 상승과 하강을 반복하는 현상이다.

② 경제성장과 더불어 경기변동이 이루어지기 때문에 대체로 수축국면이 확장국면보다 길다.

③ 내구재의 생산 및 소비가 비내구재보다 경기의 영향을 크게 받는다.

④ 경기변동을 연구하는 학자들의 관심사는 경기의 전환점을 예측하는 것이다.

⑤ 어떤 변수가 실질GDP와 같은 방향으로 변하는 것을 경기순응적이라고 한다.

| 해설 | 경기변동은 경제가 성장하는 추세선을 기준으로 경기가 상승과 하강을 반복하는 것을 말하며 대체로 확장국면이 수축국면보다 길게 나타난다.

3 **다음 중 경기침체에 선행하여 나타나리라고 예상되는 현상은 무엇인가?**

① 예상GDP성장률이 상향조정된다.

② 기업들이 생산시설을 확충할 필요를 느낀다.

③ 재고자산이 증가한다.

④ 노동자를 구하기가 어렵다.

⑤ 수출전망이 좋아진다.

| 해설 | 재고자산이 증가하면 경기가 침체될 것이라는 징조를 나타낸다.

4 다음은 우리나라에서 경기선행지수로 사용되는 경제지표가 아닌 것은?

① 건설수주액　② 제조업가동률지수　③ 종합주가지수
④ 구인구직비율　⑤ 금융기관유동성(L_f)

| 해설 | 제조업가동률은 경기동행지수에 해당한다.

5 각종 경제변수와 주가의 관계에 대한 설명으로 가장 옳지 않은 것은?

① 주가는 경기선행지표이고, 금리는 경기후행지표이다.
② 통화량의 증가는 단기적으로 주가에 긍정적 영향을 주지만, 장기적으로 이자율을 상승시켜 부정적인 영향을 미친다.
③ 물가상승은 항상 주가에 부정적인 영향을 미친다.
④ 이자율 및 원자재 가격은 주가에 부정적인 영향을 미친다.

| 해설 | 완만한 물기상승은 주가상승을 가져올 수 있다

6 다음 중 경기가 변동하는 과정에서 생산물시장, 금융시장, 주식시장은 어떤 순서로 변동하는가?

① 재화시장 - 금융시장 - 주식시장　② 재화시장 - 주식시장 - 금융시장
③ 금융시장 - 주식시장 - 재화시장　④ 주식시장 - 재화시장 - 금융시장

| 해설 | 주식시장의 종합주가지수는 경기선행지수, 재화시장의 산업생산지수는 경기동행지수, 금융시장의 회사채수익률은 경기후행지수에 포함된다. 따라서 경기가 변동하는 과정에서 주식시장-재화시장-금융시장의 순으로 변화가 발생한다.

7 다음 중 경기변동에 대한 서술 중 옳지 않은 것은?

① 경기호황국면에서는 물가가 하락한다.
② 경기후퇴국면에 접어들면 초기에는 이자율이 상승하지만 나중에는 이자율이 하락한다.
③ 경기종합지수를 구성할 때 기계수주액은 경기선행지표이고 기계류수입액은 경기후행지표이다.
④ 은행의 도산과 신용제도가 붕괴하는 것을 신용공황이라고 하는데, 이는 결국 공황으로 연결된다.
⑤ 경기동향지수는 경기상황을 적신호와 청신호로 나누어 표시한다.

| 해설 | 경기상황을 적신호와 청신호로 나누어 표시하는 것은 경기예고지표이다.

8 **다음 중 Porter의 본원적 경쟁전략에 대한 설명으로 옳지 않은 것은?**

① 경쟁범위를 좁게 잡고 전략적 우위요소를 차별화로 정했을 경우 차별적 집중화 전략이 사용되어야 한다.

② 시장점유율이 높을 때에는 차별화전략이나 집중화전략을 사용할 경우 투자수익률이 높아진다.

③ 원가우위전략이나 집중화전략은 시장세분화를 많이 하지 않는다.

④ 원가우위전략은 제조와 자재관리분야에서, 차별화전략은 연구개발분야에서 차별역량을 결정한다.

⑤ 원가우위전략에서는 제품차별화 수준을 낮게 유지하고, 집중화전략에서는 제품차별화 수준이 낮거나 높게 유지될 수 있다.

| 해설 | 시장점유율이 높을 때에는 투자수익률을 높일 수 있는 수단이 된다.

9 **비용우위가 경쟁우위의 중요한 요소로 평가되는 이유는 궁극적으로 낮은 비용이 기업들의 가격경쟁에 유리하게 작용하기 때문이다. 다음 중 가격인하를 주된 경쟁수단으로 하게 하는 요인이 아닌 것은?**

① 초과설비보유시 ② 군소경쟁자의 경우

③ 신규진입자의 경우 ④ 여러 시장에서 경쟁기업과 경쟁시

| 해설 | 여러 시장에서 경쟁자와 만나는 다각화된 기업일수록 가격인하를 자제하려는 경향을 보인다.

10 **다음 중 매출채권에 대한 설명으로 부적절한 것은?**

① 매출채권이 증가하더라도 추가적인 자금부담은 없다.

② 매출채권회전률이 높을수록 기업은 유리하다.

③ 단기매출채권이 항상 기업에게 유리한 것만은 아니다.

④ 비용-효익분석에 입각하여 적절한 매출채권을 유지한다.

⑤ 매출채권의 회수정책 고려시에는 기업이미지에 손상이 없도록 할 필요가 있다.

| 해설 | 매출채권이 증가하면 매출채권의 회전기간이 길어져서 현금회수가 늦어진다. 따라서 매출채권이 증가하면 순운전자본이 증가하므로 추가적인 자금부담이 발생한다.

11 **다음 중 재무제표에 대한 설명으로 가장 적절하지 않은 것은?**

① 재무상태표의 차변에는 자본의 조달상황, 대변에는 자본의 운용상황을 나타낸다.

② 손익계산서의 당기순이익만으로 경영성과를 평가하는 것은 바람직하지 않다.

③ 이익잉여금 처분계산서는 당기순이익의 사용용도를 나타내는 재무제표이다.

④ 현금흐름표는 현금을 어디에서 창출하였고 어떻게 사용했는지를 보여준다.

| 해설 | 재무상태표의 차변에는 자본의 조달상황, 대변에는 자본의 운용상황을 나타낸다.

12 **다음 중 유동성비율이 120%일 때 이 비율을 감소시키는 상황은?**

① 현금으로 단기차입금을 상환할 경우 ② 외상매출금을 현금으로 상환할 경우
③ 현금으로 재고자산을 구입할 경우 ④ 재고자산을 외상으로 구입할 경우

| 해설 | 유동비율=유동자산/유동부채에서 유동비율이 100%보다 커서 유동부채만 증가, 유동자산만 감소, 유동자산과 유동부채의 동일한 금액이 증가하면 유동비율은 감소한다.
① 유동자산의 감소, 유동부채의 감소이므로 유동비율은 증가한다.
② 유동자산의 불변, 유동부채의 불변이므로 유동비율에 미치는 영향이 없다.
③ 유동자산의 불변, 유동부채의 불변이므로 유동비율에 미치는 영향이 없다.
④ 유동자산의 증가, 유동부채의 증가이므로 유동비율은 감소한다.
만일 현재의 유동성비율이 100%보다 작았다면 정답은 ④에서 ①로 바뀌어야 한다.

13 **다음 중 재무비율에 대한 설명으로 옳지 않은 것은?**

① 매출채권 회전율을 알고 있으면 매출채권 평균회수기간을 구할 수 있다.
② PER(Price Earning Ratio)는 일종의 회수기간의 개념이다.
③ 당기순이익이 0보다 클 때 주당순이익의 변화율 위험은 매출액의 변화율 위험보다 작다.
④ ROI(Return on Investment)는 활동성비율과 수익성비율을 결합한 비율이다.
⑤ 유동비율과 당좌비율은 유동성비율에 속한다.

| 해설 | ① 매출채권회수기간 = 365/매출채권회전율
② 주가수익비율 = 주식가격/주당순이익이므로 EPS의 주가에 대한 회수기간을 의미한다.
③ 주당순이익의 변화율이 매출액의 변화율보다 작아지려면 DCL<1이어야 한다. 그러나 손익분기점 이후에서는 DOL과 DFL이 모두 1 이상이므로 EPS의 변화율은 항상 매출액의 변화율보다 크거나 같다.
④ $ROE = \text{매출액순이익률} \times \text{총자산회전율} \times \frac{1}{\text{자기자본비율}}$

14 **갑을기업의 전년도 자기자본순이익률(ROE)은 6%로 업계 평균 10%에 비해 상대적으로 저조하다. 내부 검토결과 매출액순이익률은 1%, 총자산회전율은 2.0으로 업계 평균과 비슷한 것으로 나타나서 이 부분에서의 개선보다는 자본구조의 변경을 통해 현재 자기자본순이익률을 업계 평균 수준으로 끌어올리려고 한다. 이 목표를 달성하기 위한 갑을기업의 적정 부채비율은 얼마인가?**

① 200% ② 300% ③ 400% ④ 500% ⑤ 600%

| 해설 | $ROE = \frac{\text{순이익}}{\text{자기자본}} = \frac{\text{순이익}}{\text{매출액}} \times \frac{\text{매출액}}{S+B} \times \frac{S+B}{\text{자기자본}}$

재투자수익률 = 매출액순이익률×총자산회전율×$(1+\frac{B}{S})$

$0.1 = 0.01 \times 2 \times (1+\frac{B}{S}) \rightarrow \frac{B}{S} = 4(=400\%)$

15 상품매매기업인 (주)기산물산의 영업주기는 상품의 매입시점부터 판매후 대금의 회수 시점까지 기간으로 정의된다. (주)기산물산의 연매출이 120,000원, 이에 대한 매출원가가 75,000원, 연평균 매출채권 잔액이 20,000원, 그리고 연평균 재고자산의 가액이 25,000원이라면 (주)기산물산의 평균 영업주기는? 단, 매출은 전액 외상매출이라고 가정한다. 계산의 편의상 1년은 360일로 간주한다.

① 120일 ② 135일 ③ 156일 ④ 171일 ⑤ 180일

| 해설 | 매출채권회전율 = 120,000/20,000 = 6회
매출채권평균회수기간 = 360일/6회 = 60일
재고자산회전율 = 75,000/25,000 = 3회
재고자산평균처리기간 = 360일/3회 = 120일
영업주기 = 60일+120일 = 180일

16 (주)대한의 매출액은 200억원, 매출액순이익률은 5%, 주가수익비율(PER)은 10배, 유보율은 60%, 발행주식수는 100만주일 때 (주)대한의 배당수익률(dividend yield)은 얼마인가?

① 4% ② 5% ③ 6% ④ 8% ⑤ 10%

| 해설 | (1) 당기순이익 = 매출액×매출액순이익률 = 200억원×0.05 = 10억원
(2) 주당순이익 = 당기순이익/발행주식수 = 10억원/100만주 = 1,000원
(3) $PER = \frac{P}{EPS} \rightarrow P = PER \times EPS = 10 \times 1{,}000\text{원} = 10{,}000\text{원}$
(4) 주당배당금(DPS) = (10억원×0.4)/100만주 = 400원
(5) 배당수익률 = DPS/P = 400/10,00 = 0.04

17 동국기업의 총자본이익률이 40%, 매출액순이익률이 10%일 경우에 동국기업의 총자본회전율은 얼마인가?

① 0.25회 ② 0.50회 ③ 2.00회 ④ 4.00회 ⑤ 5.00회

| 해설 | 총자본이익률(40%) = 매출액순이익률(10%)×총자본회전율

18 다음 중 기술적 분석에 대한 설명으로 옳지 않은 것은?

① 기술적 분석은 주식시장에서 가치가 아니라 가격으로 거래되는 것이라고 믿기 때문에 모든 정보는 가격에 포함되어 있다고 판단한다.
② 기술적 분석은 주식의 매매시점을 파악할 수 있도록 과거 시세흐름과 패턴을 파악해서 정형화하고 이를 분석하여 향후의 주가예측을 하는 데 있다.
③ 기술적 분석의 종류에는 추세분석, 패턴분석, 지표분석, 시장구조이론이 있다.

④ 기술적 분석은 수요와 공급을 변화시키는 원인을 분석한다.
⑤ 기술적 분석의 전제조건은 과거의 주가추세나 패턴이 반복하는 경향을 가지고 있다는 것이다.

| 해설 | 기술적 분석의 가정은 주가는 수요와 공급에 의해서만 결정되고 추세의 변화는 수요와 공급의 변동에 의해 일어나며 도표에 나타나는 모형은 반복하는 경향이 있다.

19 **다음 중 다우이론의 강세국면과 약세국면에 대한 설명으로 옳지 않은 것은?**

① 강세시장의 제1국면(매집국면)을 축적단계라고 한다.
② 전반적인 경제여건과 기업의 경영성과가 호전되어 주가가 상승하고 거래량이 증가하는 국면은 강세시장의 제2국면인 마크업국면이다.
③ 약세시장의 제3국면(침체국면)은 일반투자자들의 투매가 나타나서 주가가 계속 하락하지만 시간이 경과할수록 주가의 낙폭이 작아진다.
④ 기술적 분석을 이용한 투자자들이 가장 높은 수익을 내는 시기는 강세시장 제3국면이다.
⑤ 약세시장의 제2국면(공황국면)은 경제 전반에 관한 각종 통계자료가 악화되어 주식을 매도하려는 투자자들의 마음이 조급해지면서 매수세력이 크게 위축된다.

| 해설 | 기술적 분석을 이용한 투자자들이 가장 높은 수익을 올릴 수 있는 시기는 강세시장 제2국면으로 기술적 추세추종단계라고 한다.

20 **다음 중 다우이론에 대한 설명으로 옳지 않은 것은?**

① 장기추세는 축적단계, 기술적 추세추종단계, 분배단계 등 3단계를 거친다.
② 어떤 종류의 평균적인 주가변동은 다른 종류의 주가변동과 무관하다.
③ 평균적인 주가개념은 전체의 주가흐름을 정확히 반영한다.
④ 약세시장 제3국면(침체국면)은 투매가 나타나면서 주가는 계속 하락하지만 시간이 흐를수록 주가의 낙폭은 작아진다.
⑤ 다우이론은 장기추세의 진행과정을 강세장은 매집, 상승, 과열국면으로 구분하고 약세장은 분산, 공포, 침체국면으로 구분한다.

| 해설 | 어떤 종류의 평균적인 주가변동은 다른 종류의 주가변동을 유발한다.

21 **다음 중 그랜빌(J.E.Granville)의 강세국면과 약세국면의 투자심리와 투자방법에 대한 설명으로 가장 옳은 내용은?**

① 일반투자자들은 강세 제2국면에서 공포심을 갖는다.
② 전문투자자들은 강세 제3국면에서 확신을 갖는다.
③ 전문투자자들이 점차 매수를 시작하는 시기는 약세 제3국면이다.
④ 일반투자자들은 약세 제1, 2국면에서 확신을 갖지만 약세 제3국면부터는 공포심을 갖는다.
⑤ 일반투자자들은 강세 제1, 2국면에서 공포심을 갖고 강세 제3국면에서 확신을 갖는다.

| 해설 | 전문투자자들은 강세 제2국면에서 확신을 갖기 때문에 주식을 매도한다.

22 **다음 중 엘리어트 파동이론에 대한 설명으로 옳지 않은 것은?**

① 2번 파동의 저점은 1번 파동의 저점보다 반드시 높아야 한다.
② 3번 파동이 제일 짧은 파동이 될 수 없다.
③ 4번 파동의 저점은 1번 파동의 고점과 겹칠 수가 없다.
④ 주가는 상승 5파와 하락 3파의 8개 파동으로 구성된다.
⑤ 3번 파동이 연장될 경우 5번 파동은 1번 파동과 다르다.

| 해설 | 3번 파동이 연장될 경우 5번 파동은 1번 파동과 같거나 1번의 61.8%를 형성한다.

23 **다음 중 저항선과 지지선의 의미로 가장 옳지 않은 것은?**

① 저항선과 지지선은 주가의 최소목표치와 최대목표치를 설정하는 데 유용하다.
② 최근에 형성된 저항선과 지지선일수록 신뢰도가 높다고 할 수 있다.
③ 장기적으로 형성된 지지선과 저항선의 의미가 단기적으로 형성된 지지선과 저항선의 의미보다 더 작다고 할 수 있다.
④ 정액가격대에서 심리적인 지지선이나 저항선으로 작용할 수 있다.
⑤ 주가가 상승 추세에 있을 때 저항선을 상향 돌파하면 추가 상승의 의미를 부여할 수 있다.

| 해설 | 장기적으로 형성된 지지선과 저항선의 의미가 단기적으로 형성된 지지선과 저항선의 의미보다 더 크다고 할 수 있다.

24 다음 중 이동평균선에 대한 설명으로 가장 옳지 않은 것은?

① 골든크로스의 경우 매수신호로 본다.

② 이동평균의 기준기간이 길수록 이동평균선은 더욱 유연해진다.

③ 주가가 장기이동평균선을 돌파하면 주추세의 반전을 기대할 수 있다.

④ 이동평균선이 상승한 후 평행 또는 하락국면에서 주가가 이동평균선을 하향 돌파하면 매입신호에 해당한다.

| 해설 | 이동평균선이 상승한 후 평행 또는 하락국면에서 주가가 이동평균선을 하향 돌파하면 매도신호에 해당한다.

25 다음 중 이동평균선에 대한 설명으로 옳지 않은 것은?

① 정배열상태가 상당기간 지속된 후 단기이동평균선이 더 이상 오르지 못하고 약해지면 천장권이 예상되는 시점이다.

② 이동평균선들이 수렴할 때에는 향후 변동성이 크게 확장될 것을 시사한다.

③ 이동평균선의 단점은 과거를 평균하여 미래를 분석함으로써 발생하는 후행성 문제이다.

④ 역배열은 주가, 단기이동평균선, 중기이동평균선, 장기이동평균선이 위에서 아래로 배열된 상태를 말한다.

⑤ 강세국면에서 주가가 이동평균 위에서 움직일 경우 상승세가 지속될 가능성이 높다.

| 해설 | 정배열은 주가, 단기이동평균선, 중기이동평균선, 장기이동평균선이 위에서 아래로 배열된 상태를 말하며 역배열은 반대의 경우이다.

26 다음 중 추세분석에 대한 설명으로 가장 옳지 않은 것은?

① 평행추세선은 고점과 저점의 평균값을 연결한다.

② 상승추세선은 저점과 저점을 연결한 선이다.

③ 저항선이 돌파되면 주식을 적극적으로 매입한다.

④ 추세가 급격히 움직이지 않으면 예측의 신뢰도가 낮아진다.

| 해설 | 평행추세선은 저점끼리 연결한 선이 수평인 경우다.

27 **다음 중 이중바닥형의 특징에 대한 설명으로 가장 옳지 않은 것은?**

① 두 번째 저점보다 첫 번째 저점이 낮게 형성된다.

② 첫 번째 저점에 비해 두 번째 저점이 보다 완만하게 형성된다.

③ 거래량 측면에서 첫 번째 저점에 비해 두 번째 저점에서 거래량이 월등히 많다.

④ 일반적으로 두 번째 저점에서 이동평균선의 골든크로스가 발생한다.

⑤ 이중천장형을 그대로 뒤집어 엎어놓은 형태이다.

| 해설 | 이중바닥형은 주가그래프가 바닥을 두 번 형성하되 두 번째 바닥주가가 첫 번째 바닥주가보다 높으면서 거래량이 증가하는 것이 특징이다.

28 **다음 중 캔들 차트에 대한 설명으로 옳은 것은?**

① 닻 차트는 캔들 차트가 발전되어 만들어진 차트이다.

② 망치형과 교수형은 모두 우산형에 속한다.

③ 십자형은 천장권보다 바닥권에서 신뢰도가 높다.

④ 격리형은 전일 종가와 당일 종가가 같은 패턴이다.

⑤ 석별형은 천장권에서 나타나는 하락 전환신호이다.

| 해설 | 우산형은 추세의 천장권이나 바닥권에서 아래로 달린 꼬리가 몸체의 두 배 이상 되는 모양의 캔들을 말하며 추세전환의 신호로 본다.

29 **두 개의 캔들로 구성되며 첫째 날에 몸체가 긴 양선이 발생한 후 둘째 날 시가는 전일 고가보다 높게 형성되나 종가는 전일 시가의 부근에서 형성되는 경우로 천장권에서 발생하는 하락신호는?**

① 먹구름형 ② 잠자리형 ③ 십자형 ④ 교수형 ⑤ 유성형

| 해설 | 먹구름형은 첫째 날에 몸체가 긴 양선이 나타나고 둘째 날 시가는 전일 고가보다 높게 형성되나 종가는 전일 시가 부근에서 형성되며 천장권에서 하락 전환신호로 본다.

30 **다음 중 각 기술적 지표들의 단점을 지적한 것으로 옳지 않은 것은?**

① 삼선전환도에서 상승의 최종단계에서 상승이 크게 형성될 때 삼선전환이 쉽게 형성되지 않는다.

② 등락주선(ADL)은 보합종목을 고려하지 않아 장기적으로 하락하는 형태를 나타낸다.

③ P&F 차트는 시계열을 무시하여 패턴분석을 활용할 수 없다.

④ OBV는 거래량의 누적차수여서 우상향하는 경향이 있다.

⑤ 볼린저밴드는 시간에 따른 시간에 따른 가격변화의 정도, 즉 변동성을 반영한 지표이다.

| 해설 | P&F 차트는 시계열을 무시하지만 그 자체로서 주가의 장기추세 파악이 가능하다.

정답									
1.④	2.②	3.③	4.②	5.③	6.④	7.⑤	8.②	9.④	10.①
11.①	12.④	13.③	14.③	15.⑤	16.①	17.④	18.④	19.④	20.②
21.①	22.⑤	23.③	24.④	25.④	26.①	27.④	28.②	29.①	30.③

C·h·a·p·t·e·r **06**

채권시장의 개요

한국의 채권시장은 1949년 증권회사에 대한 증권업 허가와 건국국채 발행을 계기로 태동하였고, 지난 70년간 주식시장과 더불어 한국의 경제성장을 견인하는 데 중요한 역할을 담당하였다. 채권시장은 1956년에 개설되어 3종목의 건국국채가 거래되었으나 2018년 현재 13,524종목이 상장되어 세계 5위 시장으로 성장하였다.[1)]

1) 한국거래소, 한국의 채권시장, 2019.

제1절 채권의 발행시장

1. 발행시장의 정의

채권의 발행시장은 정부나 기업 등 발행자가 채권을 발행하여 투자자에게 이를 제공하고 자금을 공급받은 제1차 시장(primary market)으로 투자자의 여유자금을 정부나 기업 등이 필요로 하는 재정정책의 재원 및 산업자금으로 전환하며 발행주체를 기준으로 국공채, 특수채, 회사채시장으로 크게 나눌 수 있다.

채권은 직접 발행되는 경우도 있지만 유가증권의 인수업무를 고유업무로 영위하는 금융투자회사를 통해 공모로 발행된다. 채권의 발행은 발행요건이 관련 법률에 의해 엄격히 제한되어 국채는 국회의 사전의결을 얻어야 하고, 회사채는 금융위원회가 증권신고서를 수리하여 효력이 발생한 다음에 발행할 수 있다.

2. 발행시장의 구조

채권의 발행시장은 자본의 수요자인 발행자에 의해 신규로 발행된 채권이 일반투자자, 기관투자자, 외국인투자자에게 매각됨으로써 자본이 투자자로부터 발행자에게 이전되는 일체의 과정을 포함하며 채권발행자, 발행중개기관, 채권투자자로 구성된다. 채권의 발행시장 구조는 [그림 6-1]과 같이 제시할 수 있다.

그림 6-1 발행시장의 구조

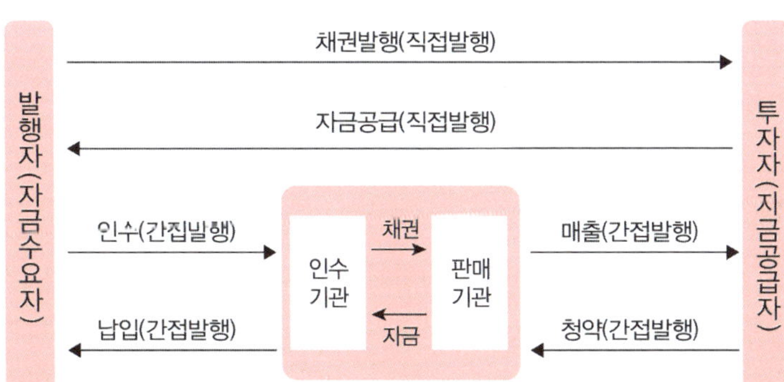

(1) 채권발행자

채권을 발행하여 자금을 조달하는 주체로서 정부, 지방자치단체, 특별법에 의해 설립된 특수법인, 금융기관, 주식회사가 있다. 채권의 발행주체는 투자자가 채권투자전략을 수립하는 데 미치는 영향 때문에 중요한 의미를 갖는다. 이는 채권의 발행조건이나 투자위험이 발행주체에 따라 달라질 수 있기 때문이다.

(2) 발행중개기관

채권의 발행중개기관은 채권발행자와 채권투자자 사이에서 채권발행에 따른 제반 업무절차를 수행하고 채권발행에 따른 위험부담 및 판매기능을 담당하는 전문기관을 말한다. 그리고 채권의 발행중개기관은 수행하는 역할에 따라서 주관회사, 인수기관, 청약기관으로 구분할 수 있다.

① 주관회사

주관회사는 인수기관을 대표하여 채권발행의 타당성, 소화가능, 발행시기, 발행조건 등을 결정하며 채권발행에 대한 모든 업무를 총괄하는 기관이다. 채권발행의 규모가 크면 간사단을 구성하여 공동으로 주관업무를 수행하는데, 주관회사를 대표하는 회사를 대표주관회사, 기타 주관회사를 공동주관회사라고 한다.

② 인수기관

인수기관은 대표주관회사가 지정한 기관으로 주관회사와 협의하여 발행된 채권을 직접 매입하여 인수하는 기관을 말한다. 인수기관은 인수한 채권을 직접 보유할 수도 있고 일반투자자나 청약기관에 매도하는 판매자의 역할을 수행한다. 현재 주관회사의 자격을 지닌 금융기관에는 금융투자회사와 산업은행이 있다.

③ 청약기관

청약기관은 신규로 발행된 채권을 매입하고자 하는 불특정 다수의 투자자에 대한 청약업무만를 대행해주는 기관으로 인수기관과 달리 이들에게 할당된 채권을 매각함으로써 판매액에 대한 일정한 수수료를 수령한다. 일반적으로 청약업무는 인수업무를 허가받은 금융투자회사의 본점과 지점을 통해 이루어지고 있다.

(3) 채권투자자

채권투자자는 채권발행시장에서 모집·매출되는 채권의 청약에 응하여 채권발행자가 발행하는 채권을 취득하는 자를 말하며, 전문적인 지식과 대규모의 자금을 운용하며 법인형태를 취하는 기관투자자와 개인자격으로 자산운용을 목적으로 채권에 투자하는 개인투자자가 있다. 우리나라는 기관투자가의 비중이 높다.

3. 채권의 발행방법

채권의 발행방법은 앞에서 소개한 주식의 발행방법을 준용한다. 채권의 발행방법은 채권을 발행하는 투자자의 대상범위에 따라 공모발행과 사모발행으로 구분된다. 채권의 공모발행은 발행기관의 채권발행업무 대행 및 비발행채권에 대한 위험부담 귀속여부에 따라 직접발행과 간접발행으로 나누어진다.

(1) 공모발행

공모발행은 불특정다수 50인 이상의 투자자를 대상으로 채권을 발행하는 방법을 말한다. 직접발행은 채권발행에 따른 위험을 발행자 또는 발행기업이 부담하는 반면에, 간접발행은 인수기관이 발행자로부터 발행채권의 전부 또는 일부를 인수하여 발행위험을 부담하고 사무를 직접 담당하는 경우를 말한다.

┃그림 6-2┃ 공모발행의 형태

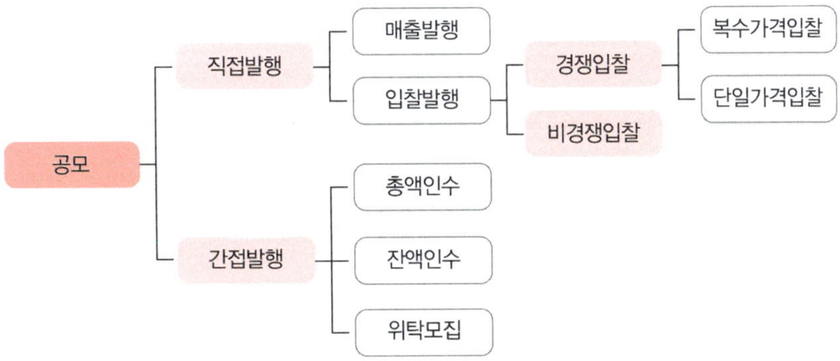

① 직접발행

채권의 직접발행(직접모집)은 채권발행에 따른 제반위험을 채권발행자가 모두 부담하는 방법을 말하며 공모발행의 한 가지이다. 직접발행의 방법에는 채권의 발행조건을 미리 결정하고 발행하는지의 여부에 따라서 매출발행과 입찰발행으로 구분되며, 입찰발행은 경쟁입찰과 비경쟁입찰로 구분된다.

㉠ 매출발행

매출발행은 채권발행액을 미리 확정하지 않고 일정기간 동안 투자자에게 채권을 판매하여 매도한 금액을 발행총액으로 하는 방법을 말한다. 우리나라 상법에서는 "주식회사는 사채전액의 납입이 완료된 후가 아니면 사채를 발행하지 못한다"라고 규정하여 매출발행에 의한 사채모집을 허용하지 않고 있다.

㉡ 입찰발행

경쟁입찰은 채권의 발행조건을 사전에 미리 정하지 않고 가격이나 수익률을 다수의 응찰자에게 희망조건(가격 또는 수익률)을 입찰시켜 그 결과를 기준으로 발행조건을 결정하는 방식을 말한다. 경쟁입찰에 따른 발행금리의 결정방식에 따라 복수금리결정방식, 단일금리결정방식 그리고 차등가격낙찰방식으로 구분된다.

복수금리결정방식은 각 낙찰자가 입찰시 제시한 금리를 발행금리로 하고, 단일금리결정방식은 각 낙찰자가 입찰시 제시한 금리 중 최고금리를 발행금리로 하여 채권을 발행한다. 차등가격낙찰방식은 최고낙찰금리 이하 응찰금리를 일정 간격으로 그룹화하여 각 그룹별 최고금리를 낙찰금리로 적용하여 채권을 발행한다.

비경쟁입찰은 채권의 발행자가 발행조건(표면이자율과 가격)을 일방적으로 결정한 후 응찰자가 구입희망액을 접수하는 정률공모방식과 경쟁입찰에서 결정되는 낙찰조건으로 구입희망액을 입찰하는 방식으로 구분된다. 우리나라에서는 국고채권을 발행할 경우에 경쟁입찰과 비경쟁입찰을 순차적으로 사용한다.

② 간접발행

채권의 간접발행은 투자자 모집이나 채권의 매출을 직접 수행하는 것이 아니라 증권발행전문기관을 중개자로 하여 불특정다수의 투자자를 대상으로 채권을 모집 또는 매출하는 방법을 말한다. 채권의 간접발행은 채권발행총액 미달에 대한 부담의 정도에 따라 위탁모집, 잔액인수, 총액인수로 구분된다.

㉠ 위탁모집

위탁모집은 채권의 발행에 관한 제반업무를 인수기관에 위임하여 발행하는 방법으로 인수기관은 발행회사의 대리인 자격으로 또는 인수기관 자신의 명의로 채권을 발행하는 방법을 말한다. 이때 채권의 모집 또는 매출이 채권발행총액에 미달함으로써 발생하는 위험은 채권의 발행회사가 부담하게 된다.

㉡ 잔액인수

잔액인수는 채권을 발행하려는 기업은 채권발행업무 일체를 주관사와 인수기관에 위탁하고 주관사 회사는 발행회사의 명의로 채권을 모집 또는 매출하는 방법을 말한다. 이때 채권의 모집 또는 매출이 채권발행총액에 미달할 경우에는 인수기관이 그 잔액을 책임지고 인수한다는 계약에 의한 발행방법이다.

㉢ 총액인수

총액인수는 채권발행업무의 일체를 인수기관이 처리하며 채권발행총액을 인수기관이 인수하여 인수기관의 책임하에 채권을 모집 또는 매출하는 방법을 말한다. 총액인수는 모집 또는 매출시 가격차에 의한 손익이 인수기관에 귀속되어 위험부담이 크다. 현재 무보증사채의 발행은 대부분 총액인수를 이용한다.

(2) 사모발행

사모발행은 채권의 발행기관이 직접 특정투자자와 사적인 교섭을 통하여 채권을 매각하는 방법을 말한다. 사모발행은 공모로 발행해도 인수기관을 찾을 수 없거나 단기운영자금 조달을 위해 소규모로 발행할 경우에 이용되며, 감독기관에 증권신고서 등을 제출하지 않아 신속하게 발행할 수 있다는 장점이 있다.

그러나 사모발행에 따른 발행금리는 금융투자협회에서 고시하는 최종호가수익률에 해당 회사의 신용등급에 따라 매수회사와 협의한 일정한 스프레드를 감안하여 결정되어 높은 금리로 발행된다. 우리나라에서 사모사채는 자금대출의 성격을 갖기 때문에 은행이나 보험회사를 상대로 발행하는 경우가 일반적이다.

4. 채권의 발행주체

채권을 발행주체에 따라 살펴보면 국가에서 발행하는 국채, 지자체에서 발행하는 지방채, 공기업에서 발행하는 특수채, 금융기관에서 발행하는 금융채, 주식회사에서 발행하는 회사채로 구분한다. 국채나 지방채는 국가나 지자체의 부도율이 거의 없어 비교적 위험도가 낮아 다른 채권에 비해 이자율이 낮은 편이다.

표 6-1 발행주체에 따른 분류

구분	종류
국　채	국고채권, 외국환평형기금채권, 국민주택채권, 공공용지보상채권 등
지방채	지하철공채, 지역개발공채, 도로공채, 상수도공채, 도시철도채권 등
특수채	토지개발채권, 한국전력채권, 한국가스공사채권, 고속도로건설채권 등
금융채	통화안정증권, 산업금융채권, 주택금융채권, 중소기업채권 등
회사채	보증사채, 담보부사채, 전환사채(CB), 신주인수권부사채(BW) 등

(1) 국채

1) 국채의 정의

국채는 공공목적에 필요한 자금을 확보하기 위해 국가가 발행하는 채권을 말한다. 국가는 공공목적에 필요한 정책목표를 달성하기 위해 통상 조세를 통해 재원을 조달하는 것이 바람직한데 정부지출이 확대되어 조세로 충당하지 못하는 경우에는 국채를 발행하여 시중에 매각하거나 인수하는 방법을 사용한다.

우리나라의 경우 국채는 중앙정부가 발행하는 채권만을 지칭하며 지방자치단체나 공기업 등이 발행하는 채권은 국채의 범위에서 제외하고 있다. 국채는 정부가 발행하기 때문에 신용도가 높으며 정기적으로 발행되어 최근에 발행되어 거래가 가장 활발한 국고채권의 유통수익률이 지표금리의 역할을 하고 있다.

2) 국채의 종류

우리나라 최초의 국채는 정부수립 후 부족한 조세수입을 보전하고 재정수요를 충당하기 위해 1950년에 발행한 건국국채이다. 이후 국고채권, 외국환평형기금채권, 국민주택채권, 양곡증권, 재정증권, 공공용지보상채권 등 총 21종의 국채가 발행되었으나 양곡증권은 2000년 1월부터 국고채로 통합되어 발행되고 있다.

3) 국채의 발행근거

헌법은 "국채를 모집하거나 예산외에 국가의 부담이 될 계약을 체결할 때 정부는 국회의 의결을 얻어야 한다"라고 규정한다. 국가재정법은 "국가의 세출은 국채·차입금 외의 세입을 그 재원으로 하며, 부득이한 경우에 국회의 의결을 얻은 금액의 범위 안에서 국채 또는 차입금으로 충당할 수 있다"라고 규정한다.

4) 국채의 발행방법

국채는 기획재정부장관이 발행한다. 다만, 국고채권의 발행, 상환, 교환, 원리금 지급과 관련된 공고, 입찰, 등록, 상장신청 등 발행사무는 국채법에 따라 한국은행이 대행한다. 입찰참가기관은 한은금융결제망 단말기를 이용하여 입찰정보의 조회, 응찰, 낙찰결과 수신 및 확인, 낙찰대금 납부, 등록신청 등을 수행한다.

5) 국채의 발행절차

국채는 국채법에 따라 기획재정부장관이 중앙정부의 각 부처로부터 발행요청을 받아 국채발행 계획안을 작성한 후 국회의 심의 및 의결을 거쳐 발행된다. 중앙관서의 장은 국채발행이 필요하면 발행한도액, 발행요청액, 액면금액의 종류, 소화계획, 원리금 상환계획 등을 명시하여 기획재정부장관에 발행을 요청한다.

6) 국고채 전문딜러제도

국고채 전문딜러는 국고채에 대한 투자매매업 허가를 받은 기관 중 자금력과 시장운영의 전문성을 갖춘 자로 시장조성기능을 수행하고 있다. 국채의 원활한 발행 및 국채유통시장 활성화를 위해 은행, 증권회사 중에서 재무건전성과 국채거래실적이 우수한 기관을 대상으로 기획재정부장관이 지정하여 운영하고 있다.

7) 국고채 통합발행제도

통합발행제도는 일정기간에 발행하는 채권만기와 표면금리 등 발행조건을 동일하게 하여 이 기간에 발행된 채권을 단일종목으로 취급한다. 예컨대 2018년 6월에 신규로 발행된 3년 만기 국고채는 2018년 4월, 8월, 10월에 동일한 조건으로 통합발행되어 발행시기는 다르지만 유통시장에서는 동일한 종목으로 거래된다.

(2) 지방채

1) 지방채의 정의

지방자치단체인 특별시, 광역시, 시 · 도 · 군의 경비는 원칙적으로 지방세, 세외수입, 지방교부세, 보조금, 지방잉여금 등으로 조달되어야 한다. 그러나 대규모 건설사업(지하철 · 도로 · 교량 · 하수종말처리장 등), 지방공기업의 설비투자나 재해복구 등은 경상적인 수입에 의해 필요경비의 조달이 어려운 경우가 많다.

지방채는 지방자치단체가 재정수입의 부족을 보충하거나 특수목적을 달성하기 위해 자금을 차입하는 채무로 그 이행이 수년에 걸쳐 이루어지면서 증서차입 또는 증권발행의 형식을 취한다. 1995년 지방자치단체가 시행되면서 각 지방의 개발수요가 증가하였고 자금조달을 위한 지방채 발행의 필요성도 점차 증대하였다.

2) 지방채의 기능

첫째, 지방자치단체가 대규모 자본지출이 요구되는 사업이나 자연재해 등으로 재원이 필요한 경우 지방채를 발행할 수 있다. 특히 세율인상시 세법개정, 조세저항, 지역경제 위축의 문제가 발생할 수 있고, 다른 부문의 지출삭감이나 국고보조금 의존에 한계가 있어 지방채에 의한 재원조달은 상대적인 매력을 갖는다.

둘째, 재정적자가 누적되어 지방재정에 압박을 줄 경우 이를 보전하는 수단으로 이용될 수 있고, 높은 이자율로 발행된 지방채를 낮은 이자율의 지방채로 상환하는 차환발행을 할 수 있다. 그러나 과도한 지방채 의존은 지방재정의 원리금 상환불능으로 위기를 초래할 수 있어 무분별한 지방채 발행은 지양해야 한다.

셋째, 지하철 · 도로 · 상하수도와 같은 내구적 공공재의 편익은 미래세대도 향유하지만 건설비용을 지방세로 충당하는 경우에는 현재세대가 모두 부담하는 셈이 된다. 그러나 지방채를 발행하면 납세자가 1년 이상의 장기에 걸쳐 원리금의 상환을 부담하여 비용을 세대간 분담하면 공평하게 편익을 누릴 수 있다.

넷째, 지방채는 금융기관, 일반투자자, 잉여자금을 보유한 다른 지방자치단체도 투자할 수 있다. 따라서 지방채를 발행하는 지방자치단체는 지역발전에 필요한 필요경비를 조달할 수 있으며, 지방채에 투자한 지방자치단체는 채권투자수익으로 해당 지역의 발전을 도모할 수 있어 지역간 균형적 발전이 가능해진다.

3) 지방채의 종류

지방채는 발행방법에 따라 증권발행채와 증서차입채로 구분하고, 채권을 인수하는 자금원에 따라 정부자금채, 지방공공자금채, 민간자금채 등으로 구분하며 사업성격에 따라 일반회계채, 특별회계채, 공기업체 등으로 분류한다. 대표적인 지방채에는 도시철도채권, 지역개발채권 등이 있다.

4) 지방채의 발행근거

지방채의 발행근거 법령은 지방자치법, 지방재정법, 도시철도법, 지방공기업법, 지역개발기금설치 조례, 도시개발법 등이 있다.

5) 지방채의 발행방법

지방채의 발행방법은 모집발행, 매출발행, 교부발행으로 분류할 수 있다.

① 모집발행

모집발행은 불특정다수를 대상으로 청약서에 의해 투자자를 모집하여 현금의 납입을 받은 후에 발행하는 방법으로 공모발행과 사모발행이 있다. 공모발행은 지자체가 자본시장을 통해 투자자를 공개모집하는 반면에, 사모발행은 지자체가 은행·보험·투신사 등 금융기관과 계약을 체결하고 발행하는 것을 말한다.

② 매출발행

매출발행은 지자체가 특정역무를 제공받는 주민이나 법인을 대상으로 지하철, 상하수도, 도로 등의 사업을 위해 특정한 인허가·등기·등록시에 첨가하여 소화시키는 방법으로 준조세적 성격이 있으며, 매입시기나 지역간 형평성을 위해 발행조건을 동일하게 발행하고 있다. 지방채는 대부분 매출발행으로 발행된다.

③ 교부발행

교부발행은 지자체가 공사대금이나 보상금을 현금으로 지급하는 대신 나중에 지급을 약속하는 채권을 발행하여 교부하는 방법으로 채권발행시 자금이동이 발생하지 않는다. 지방채의 교부발행은 과거에 주로 이용되었으나 현재는 시공업체 또는 토지소유자가 지방채 인수를 기피함으로써 거의 이용되지 않고 있다.

6) 지방채의 발행절차

지방채를 발행하려는 지방자치단체와 지방자치단체조합의 장은 행정안전부장관이 시달한 지방채발행계획 수립기준에 따라 발행예정년도 전년도에 지방채발행 종합계획을 수립하고 행정안전부장관에게 지방채발행계획(정기분)을 9월말까지 제출한다. 행정안전부장관은 지방재정법의 규정에 의한 승인대상사업과 지방채인수사업에는 해당 중앙행정기관의 장과 협의하여 10월 31일까지 승인 및 결과를 통보한다.

(3) 특수채

1) 특수채의 정의

특수채는 공공단체나 공적 기관 등 특별법에 의해 설립된 법인이 발행한 채권을 말한다. 특수채는 한국은행이 발행하는 통화안정증권, 특별법에 의해 설립된 특수은행(한국산업은행, 한국수출입은행 등)이 발행하는 금융특수채와 특수은행을 제외한 특별법에 의해 설립된 기관이 발행하는 비금융특수채로 구분한다.

2) 특수채의 발행방법

통화안정증권은 한국은행이 통화량을 조절하기 위해 금융통화위원회의 결정에 따라 한국은행법 및 한국은행 통화안정증권법에 근거하여 금융기관과 일반투자자를 대상으로 발행하는 특수채이며 공개시장운영규정에서 발행한도를 매 3개월마다 금융시장 여건과 유동성 사정을 감안하여 금융통화위원회에서 결정한다.

한국은행은 경상수지의 흑자(적자) 또는 외국인투자자금의 유입(유출)으로 시중의 유동성이 증가(감소)하여 이를 구조적으로 환수(공급)할 필요가 있을 경우에는 통화안정증권을 순발행(순상환)하여 유동성을 흡수(공급)하게 된다. 통화안정증권의 만기는 2년 이내에서 공모발행방식이나 상대매출방식으로 발행한다.

3) 특수채의 종류

① 금융특수채

금융특수채는 특별법에 의해 설립된 특수은행이 발행하는 채권을 말하며, 특수은행에는 한국산업은행, 한국수출입은행, 중소기업은행, 수협은행, 농협은행 등이 있다. 금융특수채의 발행방법에는 매출발행형식의 직접발행과 인수발행형식의 간접발행이 있다. 발행한도는 각각 설립법과 개별법률에 명시하고 있다.

② 비금융특수채

비금융특수채는 각 공사와 공단의 설립법에 근거하여 발행되는 채권으로 발행방법은 인수기관을 통한 간접발행과 교부발행형식의 매출발행이 있다. 금융특수채와 유사하게 각 공사와 공단에서 발행하는 채권의 발행한도는 각 설립근거법에서 명시하고 있다. 2018년 말 현재 특수채의 상장규모는 [표 6-2]와 같다.

표 6-2 특수채의 종류별 상장규모

구분	종목수	상장잔액(백만원)	비율(%)
통화안정증권	44	171,640,000	26.7
금융특수채	1,008	160,799,565	25.0
비금융특수채	2,842	310,663,825	48.3
총계	3,894	643,103,390	100

*자료 : 한국거래소, 한국의 채권시장, 2019.

4) 특수채의 전자입찰시스템

과거 통화안정증권을 제외한 금융·비금융특수채의 입찰은 대부분 우편이나 팩스를 이용한 서면입찰방식으로 이루어졌다. 특수채를 발행하는 기관이 소수의 증권사에 발행사실(계획)을 알리면 각 증권사가 기관투자자들을 대상으로 인수하기 희망하는 금리수준이나 수량을 조사하여 발행기관에 입찰하는 방식이었다.

이러한 서면입찰방식은 증권사와 접촉하지 않은 투자자들은 발행사실을 모르는 투자기회의 불공정성, 담합가능성, 입찰결과의 불투명성, 비효율성, 본사가 지방에 있는 발행기관은 입찰서면이 도달하는 시간에 차이가 있는 물리적 거리의 제약, 입찰내역이 분실·유출·조작될 우려가 있는 문제점들을 가지고 있었다.

이러한 문제점으로 인해 특수채 발행의 입찰방식이 서면입찰방식에서 전자시스템을 이용한 입찰방식으로 바뀌고 있다. 전자입찰시스템을 구축한 한국전력공사, 예금보험공사을 제외한 대부분의 발행기관은 4개 언론사(이데일리, 연합인포맥스, 한국경제, 머니투데이)가 운영하는 채권전자입찰시스템을 이용하고 있다.

대부분의 발행기관들은 복수의 전자입찰시스템을 이용하고 있다. 발행기관의 공적 성격상 입찰시스템 선정의 공정성 문제가 중시되고, 시스템별로 서로 다른 경매기능을 제공하여 특정 투자자가 계속 낙찰되는 경우를 방지할 수 있다. 전자입찰시스템 이용 수수료는 낙찰된 발행금액(인수금액) 기준 1bp가 부과된다.

(4) 회사채

1) 회사채의 정의

회사채는 주식회사가 일반투자자로부터 비교적 장기간에 필요한 대량의 자금을 일시에 조달하고 그 반대급부로 만기까지 약정이자를 지급하고 만기에 원금상환을 약속하고 발행하는 채무증서를 말하며 줄여서 사채(社債)라고도 한다. 현재 발행되는 회사채는 무기명사채, 3년 미만의 만기, 이자는 3개월마다 지급된다.

상법상 주식회사가 채권을 발행하여 조달한 자금은 재무상태표의 대변에 비유동부채로 계상된다. 주식회사가 회사채를 발행하는 경우에 주주의 소유권과 경영권에 영향을 미치지 않으면서 장기자금을 안정적으로 조달할 수 있고 채권의 지급이자는 세법상 손금으로 인정되기 때문에 법인세 절감효과를 얻을 수 있다.

그러나 채권의 과도한 발행은 지급불능위험을 증가시켜 기업을 재무적 곤경에 빠뜨릴 수 있으며, 기업이 채권을 발행할 경우 사채권자와 사채약정을 체결해야 하는데, 이는 기업의 경영활동을 제약하는 요인이 된다. 사채약정의 내용에는 사채권자를 보호하기 위해 배당지급의 제한, 감채기금의 규정 등이 포함된다.

2) 회사채의 발행방법

① 청약범위에 따른 분류

자본시장법은 채권을 발행할 경우에 채권 취득의 청약을 권유받는 대상이 50인 이상이면 공모발행이라 하고, 50인 미만이면 사모발행이라고 한다. 공모발행에는 신규 발행하는 채권에 대해 취득의 청약을 권유받는 모집과 이미 발행된 채권에 대해 매수의 청약을 권유받거나 매도의 청약을 받는 매출이 있다.

② 발행업무에 따른 분류

회사채 발행업무의 담당 및 위험부담에 따라 직접발행과 간접발행으로 구분된다. 직접발행은 발행기업이 투자매매업 인가를 받은 증권회사를 통하지 않고 직접 발행업무를 수행하고 투자위험을 부담한다. 간접발행은 위험부담의 해소를 위해 증권회사를 인수기관으로 계약을 체결하여 모든 발행사무를 위임한다.

③ 발행가액에 따른 분류

표면이자율은 발행기업과 주관회사의 협의에 의해 자율적으로 결정된다. 최근에는 표면이자율을 유통수익률에 맞춰 발행하는 경우가 많아지면서 발행가액과 액면가액이 거의 동일하게 되었다. 회사채의 표면이자율 및 투자자의 기대수익률에 대한 차이에 따라 할증발행, 액면발행, 할인발행으로 구분된다.

3) 회사채의 종류

가. 이자지급에 따른 분류

채권은 이자지급방법에 따라 이표채, 무이표채, 복리채로 구분한다. 이표채는 약정된 이자를 만기까지 지급하고 만기에 원금을 상환하는 채권이고, 무이표채는 만기까지 이자를 지급하지 않는 대신에 할인하여 발행된다. 복리채는 이자가 복리로 재투자되어 만기에 원금과 이자를 동시에 지급하는 채권을 말한다.

나. 이자변동에 따른 분류

채권은 지급이자 변동여부에 따라 고정금리채권과 변동금리채권으로 구분한다. 고정금리채권은 채권발행일에 약정한 표면이자율이 만기까지 계속해서 유지되어 고정된 이자를 지급하고 만기에 원금을 상환하는 채권을 말하고, 변동금리채권은 표면이자율이 기준금리에 연동되어 일정기간마다 재조정되는 채권을 말한다.

다. 지급보증에 따른 분류

채권은 원리금에 대한 제3자의 지급보증여부에 따라서 보증채와 무보증채로 구분된다. 보증채는 보증주체에 의해 정부보증채와 일반보증채로 구분된다. 일반보증채는 신용보증기금, 보증보험회사, 은행 등이 지급을 보증하는 채권을 말하는 반면에 무보증채는 발행자의 신용도에 의해서 발행되는 채권을 말한다.

라. 담보제공에 따른 분류

채권은 발행자의 담보제공여부에 따라 담보부채권과 무담보부채권으로 구분된다. 담보부채권은 원리금 지급불능시 발행자의 재산에 대한 법적 청구권을 지니는 채권이고, 무담보부채권은 발행자의 신용을 바탕으로 발행하는 채권이다. 후순위채권은 발행자의 자산에 대한 청구권을 가지나 다른 무담보사채보다 우선권이 없다.

마. 상환기간에 따른 분류

채권의 만기는 발행자가 채무증권의 조건을 준수하겠다고 약정한 기간을 말하며 항상 확정되어 있는 것은 아니다. 이는 채권약정서에 채권만기의 변경을 허용하는 조항이 포함될 수 있기 때문이다. 이러한 조항은 내포된 옵션이거나 감채기금일 수 있다. 채권은 만기에 따라서 단기채, 중기채, 장기채로 분류할 수 있다.

표 6-3 채권만기에 따른 분류

구분	국내의 경우	미국의 경우
단기채	1년 미만 (통화안정증권, 금융채, 양곡증권)	1년 이하 (T-bill)
중기채	1년~10년 (국민주택채권 1종, 지역개발공채, 회사채)	1년~10년 (T-notes)
장기채	10년 이상 (국민주택채권 2종, 도시철도공채, 국고채)	10년 이상 (T-bonds)

바. 권리부여에 따른 분류

① 전환사채

전환사채(CB : convertible bond)는 채권투자자의 의사에 따라 전환기간에 일정한 조건으로 발행회사 주식으로 전환할 수 있는 권리인 전환권이 부여된 채권을 말한다. 따라서 전환사채는 다른 조건은 동일하고 전환권만 없는 일반사채에 주식으로 전환할 수 있는 전환권이 첨가된 혼성증권으로 볼 수 있다.

전환권이 행사되기 이전에는 이자가 지급되는 채권으로 존재하고 전환권이 행사되면 주식으로 전환된다. 따라서 채권투자자는 전환권을 행사하지 않으면 확정이자 및 만기에 원금을 상환받아 안전하고 전환권을 행사하면 보통주로 전환하여 매도하면 시세차익을 남길 수 있어서 높은 수익률을 달성할 수 있다.

② 신주인수권부사채

신주인수권부사채(BW : bond with warrant bond)는 채권투자자에게 미래의 일정기간에 약정된 가격으로 약정된 신주를 인수할 수 있는 권리인 신주인수권이 부여된 채권을 말한다. 따라서 신주인수권부사채는 다른 조건은 동일하고 전환권만 없는 일반사채에 신주인수권이 결합된 혼성증권으로 볼 수 있다.

신주인수권부사채는 신주인수권이라는 프리미엄이 있어 일반사채보다 낮은 이자율로 발행되고 사채권자가 신주인수권을 행사하면 사채는 그대로 존속하면서 추가자금이 유입되어 총자산이 증가한다. 또한 신주인수권이 행사되더라도 사채는 소멸하지 않고 잔존하기 때문에 확정이자와 원금을 확보할 수 있다.

③ 교환사채

교환사채(EB : exchangeable bond)는 채권투자자에게 일정기간이 경과하면 일정한 가격으로 채권을 발행한 기업이 보유하고 있는 주식으로 교환을 청구할 수 있는 권리인 교환권이 부여된 채권을 말한다. 따라서 다른 조건은 동일하고 전환권만 없는 일반사채에 교환권이 결합된 혼성증권으로 볼 수 있다.

교환사채와 전환사채는 사채의 안정성과 주식의 투기성을 함께 가지고 있으며 교환권이나 전환권을 행사하면 사채는 소멸한다. 그러나 전환사채는 채권소유자의 전환권 청구로 기채회사가 신주를 발행하는 반면에 교환사채는 발행회사가 소유하고 있는 상장유가증권과 교환한다는 점에서 권리의 내용이 다르다.

④ 수의상환사채

수의상환사채(callable bond)는 채권발행자가 정해진 기간 이내에 약정된 가격(수의상환가격)으로 사채를 상환할 수 있는 권리인 수의상환권(call provision)이 첨가된 사채를 말한다. 수의상환사채의 발행자는 이자율이 하락하여 채권가격이 수의상환가격보다 높을 경우 수의상환권을 행사하여 수의상환가격에 채권을 매입한다.

수의상환권은 채권발행자에게 유리한 반면에 채권투자자에게 불리하게 작용하여 수의상환사채의 가치는 일반사채의 가치보다 콜옵션의 가치만큼 낮은 수준에서 형성된다. 따라서 수의상환사채의 가치는 일반사채의 가치에서 콜옵션가격결정모형으로 구한 수의상환권의 가치를 차감하여 구할 수 있다.

⑤ 상환청구사채

상환청구사채(puttable bond)는 수의상환사채와 반대로 채권투자자가 정해진 기간 이내에 약정된 가격(상환청구가격)으로 사채의 상환을 요구할 수 있는 권리인 상환청구권이 첨가된 사채를 말한다. 따라서 상환청구권부사채는 일반사채와 상환청구권이 결합된 혼성증권으로 볼 수 있다.

상환청구사채를 보유한 투자자는 이자율이 상승하여 채권가격이 하락하면 상환청구권을 행사하여 회수한 자금을 높은 이자율로 재투자할 수 있고, 발행자의 신용도가 급락할 경우 원리금을 조기에 회수할 수 있다. 상환청구권은 일반사채를 기초자산으로 하고 상환청구가격을 행사가격으로 하는 풋옵션으로 볼 수 있다.

5. 채권의 발행통계

(1) 채권의 상장 현황

채권의 상장잔액은 2009년 사상 첫 1,000조원을 돌파한 이후 지난 10년간 꾸준한 증가세를 이어가고 있으며, 2018년 말 현재 1,721조원을 기록하고 있다. 국가경제에서 상장채권이 차지하는 비중을 나타내는 지표인 채권상장잔액 대비 GDP 비중은 2009년 말에 88.1%였으나 2018년 말에 95.4%로 증가하였다.

| 표 6-4 | 채권의 상장 추이

(단위: 조 원)

구분	2009	2010	2011	2012	2013	2014	2015	2016	2017	2018
신규상장	693.3	566.9	532.3	557.4	564.0	565.8	634.6	540.8	557.3	561.2
상장잔액	1,014.6	1,115.6	1,201.7	1,290.9	1,396.1	1,457.8	1,559.3	1,598.2	1,659.2	1,721.0
GDP 대비 비중	88.1%	88.2%	91.4%	93.7%	97.7%	98.2%	99.7%	97.4%	95.9%	95.4%*

*한국은행, 2018~19년 경제전망(2018.10.18.)을 참고한 추정치 사용

(2) 종류별 상장 현황

채권의 신규상장은 2009년부터 10년간 매년 500~600조원 규모로 꾸준하게 이루어지고 있다. 2018년 채권의 종류별 신규상장의 비중을 살펴보면 법률에 의해 설립된 특수법인이 발행한 특수채가 54.1%로 절반 이상을 차지하고 있으며 회사채가 25.2%, 국채가 20.2% 순으로 높은 비중을 차지하고 있다.

| 표 6-5 | 종류별 신규상장 추이

(단위: 조 원)

구분*	2009	2010	2011	2012	2013	2014	2015	2016	2017	2018
국채	94.6	86.8	103.0	111.1	136.3	148.0	163.0	138.0	123.1	113.3
국고채	85.0	77.8	81.3	79.7	88.4	97.5	109.3	101.1	100.8	97.4
지방채	4.7	4.1	3.5	3.7	4.4	4.5	5.7	3.5	3.2	3.0
특수채	483.3	377.0	311.0	317.8	311.2	304.9	354.4	299.3	306.2	303.5
통안채	375.5	248.2	197.1	167.2	175.0	189.9	188.0	161.1	163.7	159.8
금융 특수채	46.5	56.8	49.3	49.4	51.0	51.0	78.7	80.2	81.3	93.0
비금융특수채	61.3	72.0	64.6	101.1	85.3	63.9	87.7	58.0	61.2	50.7
회사채	110.3	99.0	114.8	124.8	112.1	108.4	111.3	99.9	124.7	141.4
외국채	0.40	0.0	0.0	0.0	0.0	0.0	0.15	0.12	0.05	0.0
계	693.3	566.9	532.3	557.4	564.0	565.8	634.6	540.8	557.3	561.2

*채권 종류별 구분은 '09.2.4 「자본시장법」 시행 이후 재구분된 분류체계를 적용함

2018년 말 현재 국채와 통안채 상장잔액은 전년 대비 각각 24조원 및 0.7조원 증가하였다. 금융특수채 상장잔액은 전년 대비 11.3조원 증가한 반면에, 비금융특수채 상장잔액은 전년 대비 8.9조원 감소하였다. 회사채 상장잔액은 2018년 신규상장 증가에 힘입어 전년 대비 35.4조원 증가한 것으로 나타났다.

| 표 6-6 | 종류별 상장잔액 추이

(단위: 조 원)

구분*	2009	2010	2011	2012	2013	2014	2015	2016	2017	2018
국채	329.9	360.2	390.5	412.7	452.7	493.8	545.9	582.1	616.1	640.1
국고채	280.9	310.1	340.1	362.9	400.7	438.3	485.1	516.9	546.7	567.0
지방채	15.3	16.2	17.0	17.3	18.4	19.4	21.5	21.3	21.3	20.5
특수채	405.0	468.7	497.7	530.0	579.2	595.4	634.5	633.3	639.9	643.1
통안채	149.2	163.5	168.5	163.1	165.4	178.0	182.1	168.4	170.9	171.6
금융 특수채	71.6	80.9	75.8	71.0	82.4	86.6	141.4	149.7	149.5	160.8
비금융 특수채	181.0	221.8	253.4	295.9	331.4	330.8	311.0	315.2	319.6	310.7
회사채	264.0	270.1	311.9	330.9	345.8	349.2	357.2	361.4	381.7	417.1
외국채	0.40	0.40	0.70	0.0	0.0	0.0	0.15	0.12	0.17	0.17
계	1,014.6	1,115.6	1,217.8	1,290.9	1,396.1	1,457.8	1,559.3	1,598.2	1,659.2	1,721.0

*채권 종류별 구분은 '09.2.4 「자본시장법」 시행 이후 재구분된 분류체계를 적용함

(3) 국채의 상장 현황

2018년 말 현재 국고채의 상장잔액은 567조원으로 전년 대비 증가했으며, 제1종 국민주택채권의 경우 발행규모가 점차 감소하고 있다. 기타 국채의 경우 세수여건의 개선 및 세입·세출관리 합리화로 인해 재정증권의 발행이 감소하면서 상장잔액이 전년과 비슷한 수준을 유지하는 것으로 나타났다.

| 표 6-7 | 국채의 신규상장 추이

(단위: 조 원)

구분	2009	2010	2011	2012	2013	2014	2015	2016	2017	2018
국고채*	85.0	77.8	81.3	79.7	88.4	97.4	109.3	101.1	100.8	97.4
국주1종	9.0	8.9	10.0	9.0	11.2	11.2	16.2	15.9	14.3	13.9
기타 국채**	0.6	0.0	11.7	22.4	36.7	38.0	37.5	20.9	7.9	2.0
계	94.6	86.8	103.0	111.1	136.3	146.6	163.0	138.0	123.1	113.3

*양곡기금채권은 '00.1월, 외국환평형기금채권은 '03.11월 이후 국고채권으로 통합 발생

**기타국채는 재정증권, 국민주택2종, 3종채권, 공공용지보상채권 등

|표 6-8| 국채의 상장잔액 추이

(단위: 조 원)

구분	2009	2010	2011	2012	2013	2014	2015	2016	2017	2018
국고채	280.9	310.1	340.1	362.9	400.7	438.3	485.1	516.9	546.7	567.0
국주1종	43.7	45.1	46.0	46.0	48.5	51.1	58.0	63.9	68.6	72.4
기타 국채*	5.3	5.1	4.4	3.8	3.6	3.1	2.7	1.3	0.7	0.7
계	329.9	360.2	390.5	412.6	452.7	492.5	545.9	582.1	616.1	640.1

*기타국채는 재정증권, 국민주택2종, 3종채권, 공공용지보상채권 등

2018년 말 현재 국고채권 잔존만기는 10년 이상 중 중장기채가 전체의 73.3%를 차지하였다. 2006년부터 발행된 20년 만기 국고채와 2012년부터 발행된 30년 민기 국고채의 빌행비중이 증가하였다. 2016년 9월 장기자금 조달 및 만기구조 다양화 차원에서 50년물이 발행되면서 국고채권의 만기는 장기화 추세에 있다.

|표 6-9| 국고채 상환만기별 발행잔액 추이

(단위: 조 원, %)

구분	3년물		5년물		10년물		20년물		30년물		50년물*		상장잔액 소계
	잔액	비중	잔액	비중	잔액	비중	잔액	비중	잔액	비중	잔액	비중	
2009	46.3	16.5%	102.6	36.5%	108.4	38.6%	23.6	8.4%	–	–	–	–	280.9
2010	44.6	14.4%	104.0	33.5%	126.8	40.9%	34.7	11.2%	–	–	–	–	310.1
2011	50.8	14.9%	97.4	28.6%	145.0	42.6%	46.9	13.8%	–	–	–	–	340.1
2012	47.7	13.1%	95.9	26.4%	160.0	44.1%	57.7	15.9%	1.6	0.5%	–	–	362.9
2013	50.5	12.6%	99.4	24.8%	173.8	43.4%	66.4	16.6%	10.7	2.7%	–	–	400.7
2014	58.5	13.4%	103.0	23.5%	178.5	40.7%	77.2	17.6%	21.0	4.8%	–	–	438.3
2015	64.1	13.2%	110.7	22.8%	189.0	39.0%	88.1	18.2%	33.1	6.8%	–	–	485.1
2016	62.1	12.0%	108.0	20.9%	200.0	38.7%	98.2	19.0%	47.5	9.2%	1.1	0.2%	516.9
2017	51.1	9.3%	109.5	20.0%	209.0	38.2%	108.3	19.8%	67.6	12.4%	1.3	0.2%	546.7
2018	47.2	8.3%	104.2	18.4%	204.5	36.1%	117.5	20.7%	90.2	15.9%	3.4	0.6%	567.0

*'16.9.10. 최초 발행(상환의 '66.9.10. 표면이자율 1.5%)

(4) 회사채 상장 현황

2018년에 일반회사채와 금융회사채는 각각 67.4조원 및 74.0조원이 신규 상장되었다. 회사채는 경기회복에 따른 펀더멘탈의 개선 기대와 금리상승에 따른 기업의 선제적인 자금조달 수요증가, 가계부채의 증가에 따른 은행채 발행의 증가 등으로 인해 신규상장의 규모가 전년 대비 큰 폭(16.7조원)으로 증가하였다.

❙표 6-10❙ 회사채 종류별 신규상장 추이

(단위: 조 원)

구분*		2009	2010	2011	2012	2013	2014	2015	2016	2017	2018
일반회사채		76.4	59.0	75.5	86.4	71.8	62.7	62.1	50.9	57.2	67.4
주권 관련 사채	전환사채	0.491	0.298	0.160	0.044	0.353	0.303	0.292	0.305	0.015	0.0
	교환사채	0.060	0.0	0.372	0.0	0.004	0.0	0.0	0.250	0.0	0.0
	소계	0.551	0.298	0.532	0.044	0.357	0.303	0.292	0.555	0.015	0.0
금융·회사채		33.9	40.0	39.3	38.3	40.3	45.7	49.2	49.0	67.5	74.0
계		110.3	99.0	114.8	124.7	112.1	108.4	111.3	99.9	124.7	141.4

*채권 종류별 구분은 '09.2.4.「자본시장법」 시행 이후 재구분된 분류체계를 적용함

2018년 말 기준 회사채 상장잔액은 417.1조원이다. 회사채는 222.9조원, 금융회사채는 194.2조원으로 각각 53.4%, 46.6%를 차지하고 있다.

❙표 6-11❙ 회사채 종류별 상장잔액 추이

(단위: 조 원)

구분*		2009	2010	2011	2012	2013	2014	2015	2016	2017	2018
일반회사채		145.0	162.4	196.5	217.0	228.3	221.5	219.5	212.4	211.1	222.9
주권 관련 사채	전환사채	1.169	1.026	0.983	0.879	0.620	0.380	0.524	0.537	0.327	0.141
	교환사채	0.058	0.021	0.335	0.330	0.3334	0.185	0.156	0.250	0.250	0.250
	소계	1.227	1.047	1.318	1.209	0.954	0.565	0.680	0.787	0.577	0.391
금융·회사채		119.0	107.7	115.4	113.9	117.5	127.7	137.7	149.0	170.6	194.2
계		264.0	270.1	311.9	330.9	345.8	349.2	357.2	361.4	381.7	417.1

*채권 종류별 구분은 '09.2.4.「자본시장법」 시행 이후 재구분된 분류체계를 적용함

제2절 채권의 유통시장

채권의 유통시장은 이미 발행된 채권이 투자자들 상호간에 매매되는 2차적 시장(secondary market)을 말한다. 따라서 투자자들은 유통시장을 통해 보유하고 있는 채권을 매각함으로써 필요한 자금을 현금화시킬 수 있으며, 여유자금을 채권에 투자함으로써 금융자산을 효율적으로 운용할 수도 있다.

| 그림 6-3 | 유통시장의 구조

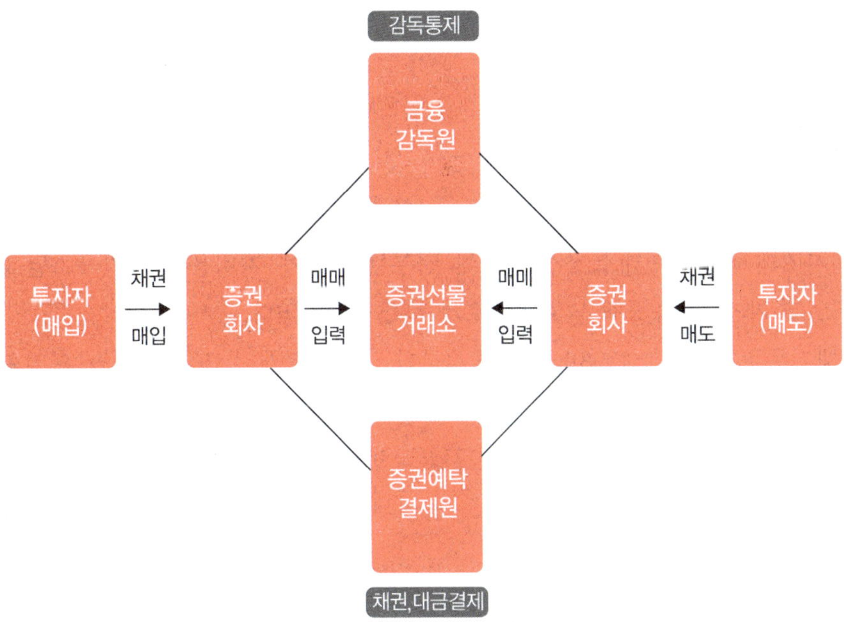

1. 장내 채권시장

채권거래는 거래소라는 지정된 장소에서 집단적으로 이루어지며 매매거래의 대상은 거래소에 상장되어 있는 종목으로 한정된다. 또한 거래조건이 표준화되어 있고 거래시간도 한정되어 있다. 한국거래소에서 성립되는 채권가격은 일반에게 공시되므로 투자자들은 이것을 보고 시장가격의 투명성을 확보할 수 있다.

(1) 국채전문유통시장

전자거래시스템을 이용한 경쟁매매시장은 브로커를 통한 거래상대방 탐색 및 협상을 거치지 않고 익명으로 가격경쟁에 의해 거래가 체결된다. 경쟁매매시장에서는 모든 호가가 스크린으로 집중되기 때문에 시장참가자는 브로커의 중개없이 스크린에 제시된 호가만을 가지고 실시간으로 매매거래를 수행할 수 있다.

전자거래시스템은 거래비용을 줄이고 실시간으로 금리를 공표하여 지표금리를 제시하며 체결가능한 호가가 공개되어 시장투명성을 증대시킨다. 우리나라는 전자거래시스템을 통한 경쟁매매시장을 활성화하고자 정부 지원하에 1999년 3월 한국거래소가 전자거래시스템을 기반으로 한 국채전문유통시장을 개설하였다.

1) 국채전문유통시장의 도입

외환위기 이후 국채발행량이 크게 증가하는 과정에서 사회적 비용절감과 채권시장의 선진화를 위한 시장인프라 구축이 시급히 필요하여 유럽선진국과 같이 IT기술을 접목한 전자거래시장을 거래소에 개설하여 정부는 적시에 저비용으로 자금조달을 할 수 있게 되었고 재정·금융정책을 효과적으로 수행할 수 있다.

국채전문유통시장은 1998년 재정경제부가 국채제도개선 및 채권시장 활성화방안에서 국채시장의 활성화를 위한 지표채권 육성 및 채권시장 하부구조 개선에 대해 언급하면서 본격적인 논의를 시작하여 1999년 3월 국채딜러간 경쟁매매를 위한 완전 전산화된 시스템 형식으로 개설되어 시장효율성도 향상되고 있다.

2) 국채전문유통시장의 역할

국채전문유통시장은 투명한 시장운영을 위해 시장상황이 정확히 반영되는 지표금리를 육성하여 합리적인 투자판단지표를 제공하고 다른 채권의 적정가격형성에 기여하며, 실제 거래정보를 기반으로 국채수익률이 실시간으로 제공되어 은행·기업 등 자금조달 및 채권투자시 지표금리로 국채금리의 활용도가 증대된다.

국채전문유통시장에서는 정부가 지정한 국고채전문딜러가 지표종목별로 매도·매수의 양방향 조성호가를 제시하는 시장조성자 역할을 수행하여 시장참가자는 원하는 종목을 매매할 수 있다. 다수의 시장호가가 충분히 제시되지 않으면 채권의 거래가 적시에 이루어지기 곤란하므로 국고채전문딜러의 역할이 중요하다.

국채전문유통시장에 참여하는 국채딜러는 시장을 통하여 적시에 국채포지션을 조정함으로써 대고객거래에 대한 대응력을 높일 수 있고 딜링을 통해 합리적인 포트폴리오를 구축하고 효율적인 위험관리가 가능해진다. 따라서 국고채 인수부담이 경감되고 적극적인 입찰수요를 모집하여 원활한 시장소화가 가능해진다.

| 그림 6-4 | 국채전문유통시장의 유기적인 협력체계

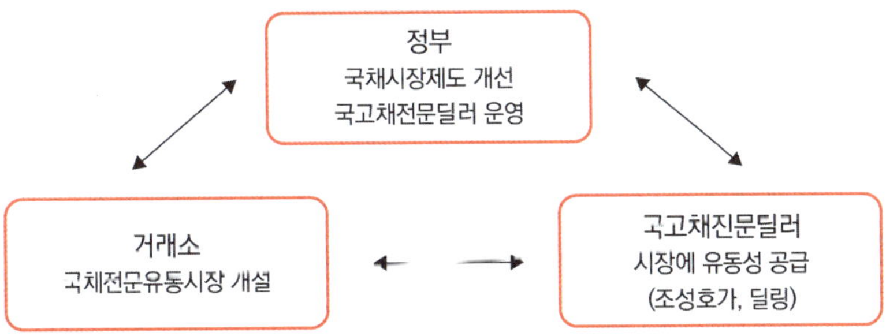

3) 국채전문유통시장의 제도

① 주요 시장참가자

국채전문유통시장의 주요 시장참가자에는 거래소의 채무증권전문회원 인가를 취득한 은행과 금융투자회사(국채딜러)가 있다. 딜러회사는 별도의 전산투자 없이 한국거래소가 개발한 매매프로그램을 거래담당자의 PC에 설치하고 인터넷을 통하여 한국거래소의 국채매매시스템(KTS)에 직접 접속하여 거래를 수행한다.

채무증권전문회원제도는 원칙적으로 한국거래소(KRX)의 회원인 금융투자회사만이 참여가 가능한 거래소시장에 은행의 참여가 가능하도록 마련된 제도를 의미한다. 따라서 채무증권전문회원이 되기 위해서는 국채증권, 지방채증권, 특수채증권, 사채권, 기업어음증권 등의 투자매매업의 인가가 필요하다.

현재 채무증권전문회워의 자격을 갖춘 금융기관은 은행에 한성된다. 그러나 금융투자회사가 국채전문유통시장에서 위탁참여기관의 주문에 대한 수탁 금융투자회사로 시장에 참여할 수 있는 반면에, 은행은 국채의 자기매매(투자매매)에 한해 인가를 취득하였으므로 금융투자회사와 같이 수악기능을 수행할 수는 없다.

｜표 6-12｜ 국채전문유통시장의 참가자 유형

구분		참여방법
국채딜러	국고채전문딜러(PD)	발행시장에 직접 참여할 권리가 있는 대신 시장조성 의무도 수행
	예비국고채전문딜러(PPD)	국고채전문딜러에 비하여 제한적인 발행시장 참여와 시장조성 의무 수행
	일반딜러	국채전문유통시장에 브로커 및 딜러로서 참여가 가능한 반면, 발행시장 참여는 불가능
일반 기관투자자 (연기금, 보험, 자산운용사 등)		국채딜러에게 결제 등을 위탁하는 방식으로 국채전문유통시장에 참여

국채전문유통시장은 주식시장이나 채권시장과는 달리 동시호가제도와 장 종료시 단일가매매제도가 존재하지 않는다. 정규장은 9시부터 15시 30분까지 운영되며 신고매매는 7시 30분부터 16시까지 가능하다. 장개시 이후 조성호가와 매매호가가 집계될 때마다 복수가격에 의한 개별경쟁매매로 매매계약을 체결한다.

｜표 6-13｜ 국채전문유통시장의 거래제도

구　분	내용
거래시간	09:00~15:30(신고매매 : 07:30~16:00)
거래종목	국고채, 통화안정증권, 예금보험기금채권
거래단위	액면 10억원의 정수배
호가방식	가격호가
체결방식	복수가격에 의한 개별경쟁매매
참 가 자	국채딜러(은행, 금융투자회사 중 일부), 위탁참가자(일반기관 등)
결 제 일	T+1일

② 국고채전문딜러의 시장조성제도

전문딜러는 시장조성자로서 유통시장의 유동성을 확보하기 위해 국채전문유통시장에서 매도·매수 양방향 조성호가를 최대 허용 스프레드 이내로 제시해야 한다. 전문딜러의 양방향 조성호가가 실시간으로 호가테이블에 누적됨에 따라 거래를 원하는 시장참가자는 언제든지 호가를 제출하여 거래를 실행할 수 있다.

전문딜러는 국채전문유통시장에서 실시간 시세를 반영하는 양방향 호가를 제시하여 거래가 원활하게 체결되도록 유동성을 공급하는 시장조성자의 역할을 한다. 양방향 조성호가 제출할 경우에는 만기별 지표종목에 매도호가와 매수호가를 각각 10개 이상 제출해야 하며, 제출하는 호가는 액면 10억원 이상이어야 한다.

③ 채권시장 조성회원의 시장조성제도

채권시장 조성회원제도는 거래소가 분기별로 신청을 받아 시장조성회원을 지정하며 국채전문유통시장에 참가자격이 있는 회원은 누구나 신청할 수 있다. 다만, 시장조성회원으로 지정된 이후에 지정 취소를 취소하거나 시장감시위원회로부터 불공정거래로 제재를 받은 사실이 확인된 경우에는 지정을 취소할 수 있다.

❙표 6-14❙ 국채전문유통시장의 거래대상채권

구분		내용
국고채	지표 종목	경쟁입찰을 통해서 발행된 국고채로서 각각의 만기별로 발행일 이후를 기순으로 가장 최근에 발행된 채권(6종목)
	선매출 종목	발행일 이전 선발행된 국고채 종목(0종목)
	비지표 종목	지표종목을 제외한 국고채 종목(49종목)
	스트립채권	국고채 스트립채권(185종목)
통화안정증권		43종목
예금보험기금채권*		22종목

*예보기금특별계정채권(16종목), 예금보험기금채권상환기금채권(6종목)

4) 국채전문유통시장의 제도

국채전문유통시장에서는 국고채권, 통화안정증권, 예금보험기금채권이 거래된다. 국고채권은 전문딜러의 시장조성을 위해 특별하게 취급되는 지표종목과 비지표종목으로 구분된다. 지표종목은 유동성이 풍부하여 유통시장을 통한 지표금리의 형성에 적합하여 특별하게 취급되는 만기별로 가장 최근에 발행된 종목을 말한다.

(2) 환매조건부채권매매시장

1) Repo거래의 정의

Repo(Repurchase Agreement Transaction)거래는 자본시장에서 현재시점(매매일)에 거래대상이 되는 유가증권을 매도(매수)함과 동시에 사전에 약정한 특정시점(환매일)에 동 증권을 환매수(환매도)하기로 하는 두개의 매매계약이 동시에 이루어지는 유가증권의 매도·매수계약, 즉 환매조건부채권 매매거래를 말한다.

RP는 딜러가 자금을 조달하기 위해 채권을 되살 것을 조건으로 매도하는 것을 말하고, reverse RP는 딜러가 자금을 공여하기 위해 일정기간 후 채권을 되팔 것을 조건으로 매입하는 것을 말한다. 채권, 주식, CP, CD, MBS 등과 같은 다양한 증권이 레포거래의 대상이 될 수 있으나 통상적으로 채권이 주류를 이룬다.

❙그림 6-5❙ 환매채(Repo)거래의 구조

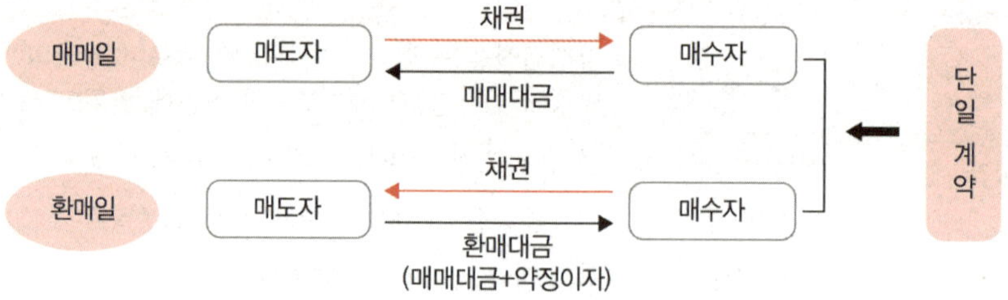

[그림 6-5]에서 보는 바와 같이 Repo매도자는 매매일에 Repo매수자에게 보유한 채권을 교부하고 그 반대급부로 매매대금을 수취하게 된다. 그리고 환매일(사전에 정한 특정시점)이 도래하면 Repo계약에 따라 Repo매도자는 Repo매수자에게 채권을 돌려받고 매매대금과 그 기간에 해당하는 환매이자를 지급하게 된다.

2) Repo거래의 특성

Repo거래의 법률적 형식은 매매일과 환매일에 현금과 대상채권의 소유권 이전이 발생하므로 일반적인 유가증권의 매매와 차이가 없다. 그러나 경제적인 실질의 측면에서는 자금수요자(Repo매도자)가 보유한 유가증권을 담보(collateral)로 제공하고 현금을 차입하는 증권담보부 자금대차거래의 형태에 해당한다.

이러한 Repo거래를 통해 채권을 보유한 자금수요자는 Repo로 채권을 매도하여 대상채권에 대한 권리를 유지하면서 저리로 자금을 조달할 수 있는 반면, 자금공급자는 Repo매수를 통해 자금을 안전하게 운용할 수 있고 Repo기간 동안 매수채권의 자유로운 처분을 통해 매매차익을 획득할 수 있는 기회가 주어진다.

3) Repo시장의 개요

① Repo시장의 특징

거래소 Repo거래의 매매제도와 결제제도는 국제적 표준인 GMRA를 기초로 하여 장내 경쟁매매에 적합하게 설계되었다. 또한 Classic Repo방식으로 매매일의 매도(매수)계약과 환매일의 매수(매도)계약을 연계하여 단일계약으로 Repo거래가 이루어지며 Repo기간 동안의 매매채권에 대한 소유권은 매수자가 보유한다.

가격우선과 시간우선의 원칙에 의거하여 복수가격에 의한 완전경쟁방식과 스크린에 의한 표준화된 거래방식을 도입함으로써 호가의 응집력을 높이는 한편, 공정하고 합리적인 가격결정이 가능하도록 함으로써 시장참가자들의 호가탐색비용을 획기적으로 줄여서 선제 Repo시장의 효율성을 제고하도록 설계되었다.

법적 청산기구인 거래소가 결제상대방인 중앙청산소로서 매도자 및 매수자 각각에 대하여 증권과 대금에 대한 결제이행의 책임을 지며, 일일정산, 증거금 징수와 지급, 채권대체 및 채권교환의 관리업무를 수행한다. 개시증거금은 보전비율로 처리하고, 변동증거금은 추가증거금을 이전하는 방식으로 처리한다.

② Repo시장의 구성

Repo시장에 대한 관리감독은 금융위원회, 기획재정부, 금융감독원이 맡고 시장관리는 거래소가 하며, 시장참가자는 금융투자회사와 은행 등으로 구성된다. Repo거래에 대한 상위 규정체계는 자본시장법이며, 시장의 관리와 매매당사자간의 계약에 대한 권리 및 의무사항은 거래소의 정관 등에서 규정하고 있다.

4) Repo시장의 매매

① Repo시장의 참가자

딜러의 자금조달을 효율적으로 지원하고 차익거래 등을 촉진하기 위해 국채딜러에게 시장참여를 허용하고 있다. 2018년 12월 말 현재 35개 금융투자회사, 22개 은행 및 증권금융 등 총 58개사가 거래소 Repo시장에 참여하고 있다. 거래소는 각 거래당사자의 포지션 위험이 노출되지 않도록 익명으로 처리한다.

모든 매매자료 및 미환매약정자료는 거래상대방별로 관리하게 되며 Repo매매의 결제와 관련해서는 거래소가 매도자에 대한 결제의 상대방 또는 매수자에 대한 결제의 상대방이 된다. 따라서 어느 일방으로부터 결제불이행이 발생하면 거래소는 결제불이행을 초래하는 일방을 대신하여 결제를 이행하게 된다.

② Repo거래 대상채권

매매거래일 현재 미상환액면총액이 2,000억원 이상인 국고채권, 외국환평형기금채권, 통화안정증권, 예금보험기금채권, 발행인의 신용등급이 AA 이상인 회사채로 한정한 것은 위험이 낮고 종목당 유동성이 풍부하며 보유자별 분산도가 높은 채권을 거래대상으로 하여 Repo거래의 안정성을 확보하기 위함이다.

표 6-15 Repo거래 대상채권

구분	대상종목	필요조건
국채분류	국고채권 외국환평형기금채권	미상환액면총액 2천억 원 이상 Plain vanilla 채권*
통안채 및 예보채 분류	통화안정증권 예금보험기금채권 예금보험기금채권상환기금채권	
기타채권 분류	회사채 기타 특수채	미상환액면총액 2천억 원 이상 Plain vanilla 채권 신용등급 AA 이상(AA− 포함)

*만기와 지급금리가 고정되어 있고 조기상환 및 주식전환 등 옵션이 부가되어 있지 않은 채권

③ Repo시장 거래기간

채권딜러는 단기자금과 증권의 과부족을 해소하기 위해 Repo시장을 이용하므로 거래기간은 1일, 2일, 3일, 4일, 7일, 14일, 21일, 30일, 60일, 90일 10개로 구성하였다. 환매일은 매매대금 결제일로부터 기산하여 2일째, 3일째, 4일째, 5일째, 8일째, 15일째, 22일째, 31일째, 61일째, 91일째 되는 날로 한다.

| 그림 6-6 | 거래기간 및 환매일

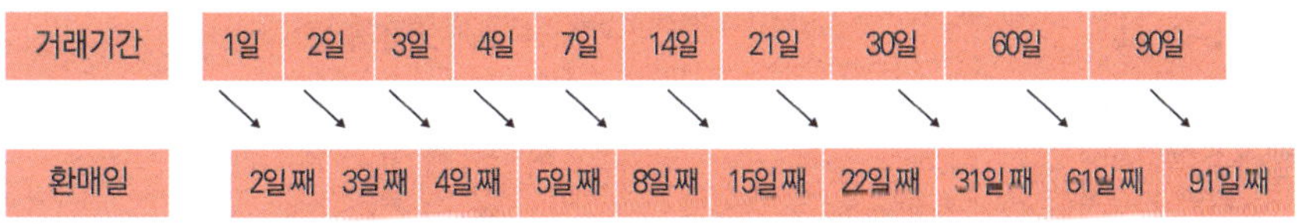

*거래기간별 환매일은 매매대금을 결제한 날부터 가산하여 산출

④ 종류별 호가접수

증권의 호가는 특정종목을 지정하여 매도호가와 매수호가를 제출한다. 그러나 Repo거래에서는 자금의 차입자 또는 제공자가 자금대차의 담보로 수수하는 채권이 일정한 수준의 안정성만 확보되면 종목에 구애받지 않고 호가를 할 수 있다. 따라서 거래소는 매수호가에 대해서만 종목 비지정호가를 허용하고 있다.

Repo시장에서는 비지정매수호가를 매매체결의 환경에 반영하기 위해 호가를 Repo종류별로 접수한다. 종류는 환매채거래분류와 거래기간을 조합하여 만든 것으로 환매채거래분류는 동일한 정도의 위험수준을 가진 매매거래대상채권의 그룹을 나타내는 것이고, 거래기간은 자금 및 증권의 동일한 조달기간을 의미한다.

⑤ 호가 및 매매수량단위

Repo거래의 호가는 자금대차의 거래특성을 반영한 매매대금 기준호가와 채권조달측면의 특성을 반영한 액면가액 기준호가로 구분하는데 거래소의 Repo거래는 액면 기준호가방식을 채택하고 있다. 매매대금 기준호가는 1차적으로 대차금액이 결정되고 그에 따라 담보풀 내에서 인도할 채권수량이 결정되는 방식이다.

액면가액 기준호가는 대차할 채권수량이 결정되고 그에 따라 수수할 자금이 결정되는 방식을 말한다. 호가 및 매매는 채권의 액면기준 10억원의 정수배로 이루어지고 호가가격단위는 소수점 둘째자리의 환매이자율로 나타내는데, 동 환매이자율은 채권액면금액이 아닌 매매대금에 대해 지급할 연 기준금리를 말한다.

표 6-16 호가단위 및 수량단위

구분	내용
호가의 형태	채권의 액면가액 기준 호가방식
호가수량단위	매매대금 1만원
호가가격단위	소수점 둘째자리의 환매이자율
매매수량단위	액면가액 10억원

⑥ 호가 및 매매거래시간

Repo거래의 호가 입력시간은 정규매매 거래시간으로 하고 주식시장과 달리 단일가격에 의한 개별경쟁매매제도는 두지 않고 있다.

5) Repo매매계약의 체결

① 호가간의 경합

각 종류별 호가집계표에서 종목매수호가는 동일한 종목의 매도호가와 경합이 이루어지며, 비지정매수호가는 모든 종목의 매도호가와 경합할 수 있다. 즉 호가간의 경합과 매매거래의 성립은 30개의 종류별 호가집계표에서만 가능하다.

표 6-17 종류별 호가집계 및 경합

<table>
<tr><th>분류</th><th colspan="2">국채(GA)</th><th colspan="2">통안예보(SA)</th><th colspan="2">기타채권(CA)</th></tr>
<tr><td>채권</td><td colspan="2">국고채, 외평채</td><td colspan="2">통안채, 예보채</td><td colspan="2">회사채, 기타 특수채</td></tr>
<tr><td>종류별 집계장</td><td colspan="2">국채
1일물~90일물(10종류)</td><td colspan="2">통안·예보채
1일물~90일물(10종류)</td><td colspan="2">기타 채권
1일물~90일물(10종류)</td></tr>
<tr><td rowspan="3">경합관계</td><td colspan="6">개별 종류별호가집계표</td></tr>
<tr><td colspan="6">매도호가 ↔ 매수호가</td></tr>
<tr><td>종목매도</td><td>종목매수,
비지정매수</td><td>종목매도</td><td>종목매수,
비지정매수</td><td>종목매도</td><td>종목매수,
비지정매수</td></tr>
</table>

② 매매체결의 원칙

종목별 호가집계표에서 가격우선원칙과 시간우선원칙을 적용하여 복수가격에 의한 개별경쟁매매(접속매매방식)로 Repo매매를 성립시킨다.

| 표 6-18 | 복수가격에 의한 개별경쟁매매

원칙	내용
가격우선	높은 환매이자율의 매도호가는 낮은 환매이자율의 매도호가에 우선하고, 낮은 환매이자율의 매수호가는 높은 환매이자율의 매수호가에 우선한다.
시간우선	동일한 환매이자율 호가간의 우선순위는 호가가 행해진 시간의 선후에 따라 먼저 접수된 호가가 뒤에 접수된 호가에 우선한다.
가격결정	가장 높은 환매이자율의 매도호가와 가장 낮은 환매이자율의 매수호가가 합치되는 경우 신행호가의 환매이자율로 매매거래가 성립한다.

③ 매매대금의 산정

매매대금은 Repo매매계약에 따라 매수자가 매매채권에 대한 대가로 매수자에게 지급하는 금액이다. 매매대금을 산정하는 산식은 아래와 같고 원 미만은 절사한다. 시장가치는 액면가액 1만원을 기준으로 산출한 시장가치를, 보전비율은 Repo거래기간에 담보로 제공된 채권의 가격변동위험을 담보하는 할인율이다.

$$\text{매매대금} = \frac{(\text{매매채권의 액면총액} \times \text{시장가치})/10{,}0000}{(1+\text{보전비율})} \tag{6.1}$$

④ 환매대금의 산정

환매대금은 Repo매매계약에 따라 RP매도자가 환매일에 RP매수자에게 지급하는 금액을 말한다. 환매대금을 산정하는 산식은 아래와 같고 원 미만은 절사한다. 외국은 Market/Year Convention을 360으로 나누기도 하지만 한국거래소 Repo시장에서는 보다 정확한 계산을 위해 1년을 365일로 보고 계산한다.

$$\text{환매대금} = \text{매매대금} \times \left(1+\text{환매이자율} \times \frac{\text{약정일수}}{365}\right) \tag{6.2}$$

(3) 소액채권시장

1) 소액채권시장의 개요

소액채권시장은 제1종 국민주택채권, 서울도시철도채권, 지역개발채권, 지방도시철도채권 등과 같이 정부 및 지방자치단체가 공공정책 추진재원을 조달하기 위해 발행하는 첨가소화채권이 장외시장에서 중간상을 통해서 헐값에 매각되는 폐단을 해소하고 채권매입자의 환금성을 보장하기 위해 1995년 개설되었다.

국민들은 부동산 등기, 자동차 등록 등 각종 인허가에 필수적으로 첨가소화채권을 매입해야 하므로 이들 채권의 거래는 국민경제와 밀접한 관련이 있다. 소액채권시장에는 소액채권의무매입자, 소액채권매출대행기관, 소액채권매도대행회원, 소액채권조성회원 등 다른 시장에는 존재하지 않는 시장참여자가 있다.

소액채권의 매매거래는 거래소의 공신력을 활용하여 채권의무매입자의 편의를 제고하고 경제적 부담을 절감하기 위해 장내시장을 통해야 한다.

2) 소액채권시장의 운영

① 매매거래시간

소액채권시장의 호가접수시간은 8시부터 15시 30분까지이고, 정규 매매거래시간은 9시부터 15시 30분까지이다. 15시 10분부터 30분까지 20분간은 전일에 결정된 시장가격으로 거래된다. 한편 거래소는 연초 개장일, 대학수학능력시험일과 같이 시장관리상 필요하다고 인정되면 매매거래시간을 변경할 수 있다.

② 매매수량단위

소액채권시장의 호가가격단위는 0.5원, 호가수량단위는 액면 1만원, 매매수량단위는 액면 1,000원으로 일반채권과 동일하게 적용되고 있다. 소액채권시장에서 1인당 호가수량이 액면 5,000만원 이하는 신규 호가수량과 미체결 호가수량을 합한 것이며, 소액채권별로 매도호가와 매수호가에 대해 각각 적용된다.

③ 주문(호가)의 종류

소액채권시장은 일반채권시장과 동일하게 지정가주문만 가능하다. 일반적으로 이용되는 지정가주문은 투자자가 지정한 가격 또는 그 가격보다 유리한 가격으로 채권의 매매거래를 하고자 하는 주문을 말한다. 즉 매수(매도) 지정가주문은 투자자가 지정한 가격이나 그 보다 낮은(높은) 가격에 매매가 체결된다.

④ 호가의 입력내용

금융투자회사의 회원이 거래소에 호가를 제출할 때에는 위탁매매와 자기매매, 매도와 매수를 각각 구분하여 입력해야 한다. 그리고 호가를 입력할 경우에는 회원명, 종목, 수량, 가격, 호가 유형 등을 입력해야 한다.

3) 소액채권시장의 매매

소액채권시장의 매매체결은 개별경쟁매매방식으로 이루어지고 있다. 그리고 가격우선의 원칙, 시간우선의 원칙, 수량우선의 원칙, 위탁자우선의 원칙 등 4가지의 경쟁매매원칙이 적용되고 있다. 개별경쟁매매방식은 다시 단일가격에 의한 개별경쟁매매와 복수가격에 의한 개별경쟁매매로 구분된다.

소액채권시장은 오전 장 개시전 매매(8시부터 9시까지)와 오후 장 종료 매매(15시 10분부터 15시 30분까지)눈 동시호가방식(단일가격에 의한 개별경쟁매매에서 호가간의 시간우선원칙은 배제되는 매매체결방식)으로, 정규장(9시부터 15시 10분까지)은 복수가격에 의한 개별경쟁매매방식으로 운영되고 있다.

4) 소액채권시장의 관리

거래소는 전산장애가 발생한 사실이 확인되고 전산장애가 계속될 것으로 예상되거나 호가폭주가 발생한 경우에는 호가접수의 정지 또는 매매계약의 체결을 정지할 수 있다. 이러한 경우에 전산장애가 복구되는 때에는 거래소가 정하는 시간부터 호가접수 또는 매매계약의 체결을 재개한다.

전산장애가 복구되어 매매계약의 체결을 재개하는 경우에 최초의 가격결정은 복수가격에 의한 개별경쟁매매방법을 적용한다. 이외의 전산장애와 호가폭주의 종목에는 거래소시스템의 상황 또는 호가상황을 감안하고 매매계약의 체결방법은 거래소가 그 상황에 따라 정하는 방법에 의한다.

5) 소액채권시장의 참가자

① 소액채권 매입의무자

주택, 자동차 등을 구입할 때 첨가소화채권을 매입비율에 따라 의무적으로 매입해야 한다. 그러나 첨가소화채권을 매입하는 즉시 대부분 은행의 창구에서 신고시장가격으로 매도하고 있으며, 매입가격과 매도가격의 차액만 지불하고 있다.

② 소액채권 매출대행기관

매출대행은행은 정부와 지자체 등 첨가소화채권 발행기관과의 업무위임계약에 따라 의무매입자 사이에서 채권매출행위에 따른 제반업무 수행과 발행에 따른 위험부담 및 판매기능을 담당하는 전문기관을 말한다. 당일 매출된 채권이 거래소에서 매도될 수 있도록 금융투자회사에 매도를 의뢰하는 역할을 수행한다.

③ 소액채권 매도대행기관

매출대행기관과 소액채권에 매도주문대행계약을 체결한 회원으로 매출대행기관에서 매출된 채권을 인수받아 소액채권시장에서 신고시장가격으로 매도한다. 이는 국민에게 매도를 통한 환금의 기회를 제공하고 채권의 원활한 유통에 기여하기 위한 것으로 매도대행회원은 소액채권전담회원과 함께 중추적인 역할을 한다.

④ 소액채권 전담회원

소액채권의 매매거래를 원활하게 하기 위해 매도대행기관을 통해 매도호가된 소액채권에 대해 의무적으로 매수호가를 제출하고, 신고시장가격 산출을 위한 신고가격을 제시하고 있다.

| 그림 6-7 | 소액채권 매출 및 장내매매 과정

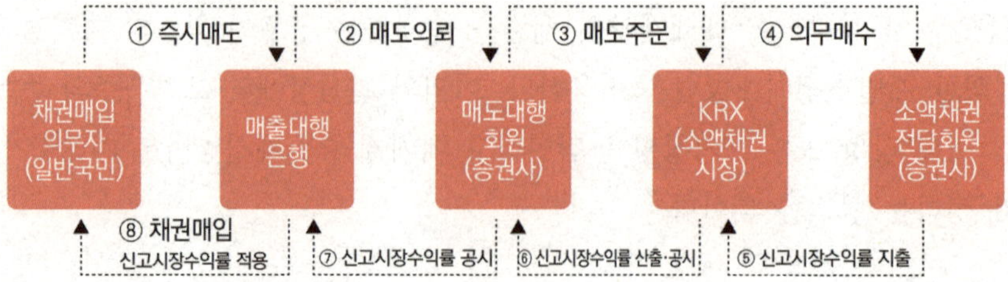

(4) 일반채권시장

1) 일반채권시장의 개요

일반채권시장은 국채전문유통시장, Repo시장, 소액채권시장과 구별하기 위해 국채, 지방채, 특수채, 회사채 등 거래소에 상장된 채권이 거래되는 시장으로 회사채와 주권관련사채권(전환사채, 신주인수권부사채, 교환사채 등)의 거래가 많다. 전환사채의 매매는 공정한 가격형성을 위해 거래소시장을 통해야 한다.

일반적으로 채권시장은 기관투자가와 거액자산가들이 투자하는 시장으로 인식되어 일반투자자의 채권투자는 금융투자회사의 창구를 통해 투자되어 왔다. 따라서 다양한 투자정보를 얻기 위해서는 여러 금융투자회사를 방문하여 계좌를 개설해야 하는 등 절차가 번거로워 일반투자자의 채권투자 활성화가 어려웠다.

이에 일반투자자들도 손쉽게 채권에 투자할 수 있도록 2007년 8월 소규모 금액으로도 거래가 가능한 소매채권시장을 개설하였다. 또한 소매채권시장에 소매채권전문딜러라는 시장조성자 제도를 도입하여 매도호가와 매수호가를 지속적으로 제공하도록 함으로써 투자자들이 채권매매거래시 참조할 수 있도록 하였다.

그리고 동일한 채권이 소매채권시장과 일반채권시장에서 동시에 거래됨에 따른 유동성 분산, 가격발견기능 저하 등을 해소하기 위해 2014년 3월부터 양 시장을 통합하여 운영하고 있다. 또한 일반채권시장의 유동성 공급기능을 강화하기 위해 2015년 7월부터 채권시장 조성회원제도로 개편하여 운영하고 있다.

2) 일반채권시장의 운영

① 시장참가방법

일반채권시장의 참여에는 제한이 없으며, 거래소 회원이 아닌 투자자(개인, 법인, 기관투자가, 외국인 등)는 회원인 금융투자회사를 통해 간접적으로 시장에 참여할 수 있다. 금융투자회사에 위탁자계좌가 있는 경우에는 이를 통해 매매가 가능하며, 위탁자계좌가 없는 경우에는 신규로 개설하여 주문하면 된다.

주문을 받은 금융투자회사는 매매체결을 위해 이를 한국거래소시장에 전달한다. 거래소는 각 금융투자회사로부터 주문받은 내용을 매매원칙에 따라 매매체결을 하며 체결된 결과는 금융투자회사를 통해 일반투자자에게 통보한다. 호가접수시간은 8시부터 15시 30분까지, 정규매매시간은 9시부터 15시 30분까지이다.

채권시장은 장외시장에서 거래가 가능하여 정규시장 외 추가적인 시간외시장은 운영하지 않는다. 휴장일 운영기준은 소액채권시장과 동일하며 시장관리상 필요한 경우 매매거래시간을 임시 변경할 수 있다. 일반채권시장의 호가단위 및 매매수량단위를 채권의 종류에 따라 정리하면 아래 표와 같이 제시할 수 있다.

② 호가가격단위

호가가격단위는 채권의 잔존만기가 2년 미만이면 0.1원, 2년 이상 10년 미만이면 0.5원, 10년 이상이면 1원이며 호가수량단위는 액면가액 1만원을 기준으로 한다. 외화표시채권은 환율을 표준화한 포인트로 거래하여 호가가격단위는 0.1포인트, 0.5포인트, 1포인트이며 호가수량단위는 1만 포인트를 기준으로 한다.

③ 매매수량단위

매매수량단위는 투자자가 주문을 제출할 때 적용되는 최저수량단위를 의미한다. 일반채권시장의 매매수량단위는 액면 10만원이었으나, 투자자의 편의를 제공하기 위해 2014년 3월부터 액면 1,000원으로 하향 조정하였다. 그러나 전자단기사채는 최저발행금액이 1억원임을 감안하여 동 사채는 1억원으로 하고 있다.

❙표 6-19❙ 호가가격단위와 매매수량단위

<table>
<tr><th colspan="4">구분</th><th>일반채권</th><th>주권관련
사채권</th><th>전자단기사채</th><th>외화표시채권</th></tr>
<tr><td rowspan="4">호가단위</td><td rowspan="3">호가
가격
단위</td><td rowspan="3">잔존
만기별</td><td>2년 미만</td><td colspan="3">0.1원</td><td>0.1포인트</td></tr>
<tr><td>2년 이상~10년
미만</td><td colspan="3">0.5원</td><td>0.5포인트</td></tr>
<tr><td>10년 이상</td><td colspan="3">1원</td><td>1포인트</td></tr>
<tr><td colspan="3">호가수량단위</td><td colspan="3">액면 1만원</td><td>1만 포인트</td></tr>
<tr><td colspan="4">매매수량단위</td><td>액면 1,000원</td><td>액면 1,000원</td><td>액면 1억원</td><td>1만 포인트</td></tr>
</table>

*1 포인트=외화표시 통화별 1단위 금액(예: 1달러, 100엔, 1유로, 1위안 등)

④ 주문(호가)의 종류

주문은 거래소의 회원이 아닌 일반투자자가 회원에게 제출하는 매도나 매수의 의사표시를 말하고, 호가는 거래소의 회원인 금융투자회사가 시장에서 매매거래를 하기 위한 매도나 매수의 의사표시를 말한다. 채권시장에서 일반적으로 이용되고 있는 주문형태는 투자자가 지정한 가격으로 매매하는 지정가주문이다.

따라서 매수(매도) 지정가주문은 투자자가 지정한 가격이나 그 보다 낮은(높은) 가격에 매매가 체결되어 투자자가 지정한 가격보다 불리한 가격으로 매매가 체결되지 않는다는 장점이 있다. 그러나 지정한 가격에 부합하는 상대방의 주문이 없는 경우에는 상대주문이 유입될 때까지 매매체결은 이루어지지 않는다.

⑤ 매매체결방식

회원이 거래소에 호가를 제출할 때에는 위탁매매와 자기매매, 매도와 매수를 각각 구분하여 입력해야 한다. 그리고 호가를 입력할 때에는 회원명, 종목, 수량, 가격, 호가유형 등을 입력해야 한다. 일반채권시장은 주식처럼 개별경쟁매매방식으로 가격우선의 원칙, 시간우선의 원칙에 의해 매매가 이루어진다.

가. 단일가격에 의한 개별경쟁매매

단일가격에 의한 개별경쟁매매(Periodic Call Auction)는 채권에 대한 수요와 공급을 집중시켜 균형가격형성의 필요성이 큰 경우에 이용되는 매매방법을 말한다. 따라서 일정시간 동안 매도호가와 매수호가를 접수하여 가격우선 및 시간우선원칙에 따라 우선하는 호가간에 하나의 가격으로 매매체결이 이루어진다.

2014년 3월부터 일반채권시장의 시가결정방식이 동시호가에서 단일가매매로 변경되어 동시호가의 적용을 배제하고 있다. 따라서 동시호가를 통해 시가결정시 시간우선원칙을 배제하고 모든 호가를 동시에 접수된 호가로 간주하여 채권매매를 성립시키나 단일가매매는 시간우선원칙을 적용한다는 점에서 차이가 있다.

나. 복수가격에 의한 개별경쟁매매

단일가매매가 적용되지 않는 매매거래시간에는 복수가격에 의한 개별경쟁매매방식으로 매매체결이 이루어진다. 참가자의 매도호가와 매수호가의 경합에 의해 가장 낮은 매도호가와 가장 높은 매수호가가 합치되면 선행호가의 가격으로 매매체결이 되며 가격 및 시간우선원칙에 따라서 매매가 계속적으로 이루어진다.

3) 일반채권시장의 관리

거래소는 채권종목과 관련한 이벤트가 발생하여 투자자에게 이를 주지시키기 위한 시간적 여유를 부여할 필요성이 있거나 매매거래의 폭주로 인해 시장에서 정상적인 매매체결이 불가능할 경우에 시장에서 안정적인 매매거래를 도모하기 위해 해당 채권에 대한 매매거래를 일시적으로 정지 및 정지해제 할 수 있다.

2. 장외 채권시장

채권은 주식과는 달리 일반투자자에 의해 소화되기가 극히 어렵기 때문에 대부분이 금융기관이나 법인 등 기관투자자 상호간에 대량매매가 이루어진다. 그리고 개별경쟁매매보다는 상대매매에 의해 이루어지므로 장내거래보다는 장외매매거래가 대부분을 차지하고 있으며 비상장종목을 포함한 모든 종목이 거래된다.

장외시장은 금융투자회사의 창구를 중심으로 협의매매방식의 거래가 이루어지며, 딜러시장, 브로커시장, 직접탐색시장 등을 총칭한다. 장내시장은 투자자 보호와 투명성 강화를 실현하는 제도화된 시장이고, 장외시장은 자생적으로 생성된 시장을 사후적으로 제도화하여 관리하는 시장으로 거래관행의 영향력이 크다.

딜러(dealer)는 자신이 직접 고객의 거래상대방이 되어 위험을 부담하면서 자기계정으로 채권거래를 하는 금융기관을 말한다. 딜러를 통해 거래가 이루어지는 딜러시장에서는 딜러가 제시한 호가에 따라서 즉각 채권을 매매할 수 있는 장점이 있으며, 딜러의 이익은 매도호가와 매수호가간의 스프레드로 실현된다.

브로커시장은 투자자들이 거래상대방을 찾기 위하여 대리인(broker)에게 매매를 위임하여 간접적으로 참가하는 시장형태를 말한다. 브로커는 딜러와 달리 자기계정의 포지션을 갖지 않고 채권거래의 중개만을 담당하는데, 자기의 고객을 위해 거래상대방을 찾아가서 거래가격을 협상하고 그 대가로 수수료를 받는다.

장외시장은 1976년 장외거래를 금지했던 증권거래법이 개정되어 국채의 장외거래가 허용되면서 시작되었고, 1980년대 경제발전과 함께 채권의 발행종목 및 시장참여자가 증가하면서 유통시장의 한 축으로 성정했다. 1984년 정부가 모든 채권의 장외거래를 허용하고 장외시장을 제도화하면서 발전기반이 구축되었다.

채권은 발행주체가 동일해도 발행조건에 따라 다른 종목이 되어 종목수는 많으나 종목당 작은 금액은 장외시장에서 거래되고 개인투자자보다는 자산운용사, 은행, 연기금, 보험회사 등 기관투자자간의 대량매매 방식으로 거래되며 거래상대방을 찾기 어려워 금융투자회사를 통한 협의매매 방식으로 거래에 참여한다.

장외시장에서는 금융투자회사 상호간, 금융투자회사와 고객간, 고객 상호간에 상장/비상장 구분없이 모든 채권을 거래대상으로 한다. 장외시장은 장내시장에서 표준화하여 거래하기 곤란한 채권에 유동성을 부여하여 다양한 채권의 유통 원활화에 기여하며 매매시간은 8시 30분부터 16시 30분까지 거래가 이루어진다.

표 6-20 장내 채권시장과 장외 채권시장의 비교

구 분	장내 채권시장	장외 채권시장
주요참가자	딜러, 개인투자자, 기관투자자	딜러, 브로커
매매방식	경쟁매매, 협의매매, 신고매매	상대매매
매매수단	전산시스템	전화, 메신저
호가방법	가격호가(수익률병기)	수익률호가(가격병기)
매매단위	(국채)액면 10억원, (일반)액면 1,000원	주로 100억원
매매시간	09:00~15:30	08:30~16:30
체결이후 정정	불가	상호협의하에 가능
결제시점	(국채)T+1, (일반)T+0	T+1~30
결제방법	(국채)종목별 차감결제, (일반)통합차감결제	총액결제

• 핵심요약 •

제1절 채권의 발행시장

1. 발행시장의 정의

   자금의 수요자가 채권을 발행하여 자금을 공급받는 시장

2. 발행시장의 구조

   (1) 채권발행자 : 정부, 지방자치단체, 특수법인, 금융기관, 주식회사

   (2) 발행중개기관 : 주관회사, 인수기관, 청약기관

   (3) 채권투자자 : 일반투자자, 기관투자가, 외국인투자자

3. 채권의 발행방법

   (1) 공모발행 : 50인 이상의 투자자를 대상으로 채권을 발행

   ① 직접발행 : 매출발행, 입찰발행

   ② 간접발행 : 위탁모집, 잔액인수, 총액인수

   (2) 사모발행 : 50인 미만의 투자자를 대상으로 채권을 발행

4. 채권의 발행주체

   (1) 국가 : 국채(국고채권, 국민주택채권, 공공용지보상채권 등)

   (2) 지자체 : 지방채(지하철공채, 지역개발공채, 도로공채, 상수도공채 등)

   (3) 특수법인 : 특수채(토지개발채권, 한국전력채권, 한국가스공사채권 등)

   (4) 금융기관 : 금융채(통화안정증권, 산업금융채권, 중소기업채권 등)

   (5) 주식회사 : 회사채(보증사채, 담보부사채, 전환사채, 신주인수권부사채 등)

5. 채권의 발행통계

제2절 채권의 유통시장

1. 장내 채권시장

   거래소의 장내에서 중앙집중적으로 제도화된 시장

   (1) 국채전문유통시장 : 전자거래시스템을 이용한 경쟁매매시장

   (2) 환매조건부채권매매시장 : 두개의 매매계약이 성사되는 증권의 매도 · 매수계약

   (3) 소액채권시장 : 정부와 지자체가 공공정책 추진재원을 조달하는 시장

   (4) 일반채권시장 : 거래소에 상장된 모든 채권이 거래되는 시장

2. 장외 채권시장

   거래소 이외의 장소에서 비조직적으로 거래되는 시장

연 · 습 · 문 · 제

1 **다음 중 국내채권의 매매에 대한 설명으로 가장 옳지 않은 것은?**

① 채권거래는 장내거래보다 장외거래의 비중이 높다.

② 채권거래전용시스템(FreeBond)은 장외거래 시스템을 말한다.

③ 채권중개전문회사는 한국거래소에서 채권딜러간의 중개업무를 수행한다.

④ 국채딜러중심의 국채전문유통시장은 거래시간과 조건이 표준화되어 있다.

| 해설 | 채권중개전문회사는 장외에서 채권딜러간의 중개업무를 수행한다.

2 **다음 중 국내채권의 특징에 대한 설명으로 가장 옳지 않은 것은?**

① 국고채권과 국민주택채권은 국채에 해당한다.

② 지방채는 지방의 재정자립도가 낮아 활발히 발행되고 있다.

③ 특수채는 안정성이 높고 장기물 발행이 가능하여 보험사와 연기금이 선호한다.

④ 회사채는 경기가 둔화되면서 등급 하락이 연속되고 있다.

| 해설 | 지방의 재정자립도가 50%를 하회하여 중앙정부의 의존도가 높아 발행요인이 크지 않다.

3 **다음 중 장내 채권시장의 특징으로 가장 옳지 않은 것은?**

① 상장채권으로 거래를 제한한다.

② 한국거래소에서 집단경쟁매매한다.

③ 장외거래에 비해 비중이 현저히 높다.

④ 국채전문유통시장, 소액채권시장, 일반채권시장 등이 있다.

| 해설 | 채권은 주식과 달리 장내거래보다 장외거래의 비중이 현저히 높다.

4 **다음 중 국내 채권시장의 특징으로 가장 옳지 않은 것은?**

① 장외거래의 비중이 현저히 높다.

② 한국거래소에서는 상장채권 및 비상장채권이 모두 거래된다.

③ 국채전문유통시장은 장내시장이다.

④ 채권거래 전용시스템은 장외거래 관련 시스템이다.

| 해설 | 한국거래소에서는 상장채권만 거래된다.

5 아래와 같이 기관투자자의 응모를 받은 경우 각 낙찰조건으로 옳지 않은 것은? 단, 응찰수익률은 내정수익률보다 작다.

참여기관	응찰수익률	참여기관	응찰수익률
A	5.05%	C	5.01%
B	5.04%	D	4.99%

① 단일가격(Dutch) : 모두 5.05%

② 비경쟁입찰 : 경쟁입찰에서 낙찰받은 최고금리를 적용

③ 복수가격(Conventional) : A(5.05%), B(5.04%), C(5.01%), D(4.99%)

④ 차등가격(응찰수익률 간격 2bp 가정) : A와 B(5.05%), C(5.01%), D(4.99%)

| 해설 | 차등가격에서 3bp(=0.03%) 기준이므로 5.05~5.03%는 5.05%, 5.02~5.00%는 5.02%, 4.99~4.97%는 4.99%로 낙찰된다. 따라서 C는 5.02%로 결정된다.

6 아래와 같이 기관투자자가 응모한 경우 각 낙찰조건으로 옳지 않은 것은?

참여기관	응찰수익률	참여기관	응찰수익률
A	5.05%	D	5.01%
B	5.04%	E	5.00%
C	5.03%	F	4.99%

① 단일가격(Dutch) : 모두 5.05%

② 비경쟁입찰 : 경쟁입찰에서 낙찰받은 최고금리를 적용

③ 복수가격(Conventional) : A(5.05%), B(5.04%), C(5.03%), D(5.01%), E(5.00%), F(4.99%)

④ 차등가격(응찰수익률 간격 3bp 가정) : A, B, C(5.05%), D, E(5.01%), F(4.99%)

| 해설 | 차등가격에서 3bp(=0.03%) 기준이므로 5.05~5.03%는 5.05%, 5.02~5.00%는 5.02%, 4.99~4.97%는 4.99%로 낙찰된다. 따라서 D와 E는 5.02%로 결정된다.

7 다음 중 채권발행에 대한 설명으로 가장 옳지 않은 것은?

① 공모발행과 사모발행, 직접발행과 간접발행으로 분류한다.

② 공모발행은 발행을 위함 모집대상이 50인 이상인 경우를 말한다.

③ 채권발행을 위해서는 주관회사, 인수기관, 청약기관의 역할이 중요하다.

④ 직접발행은 발행기관이 발행위험을 일부 또는 전부 부담한다.

| 해설 | 간접발행은 발행기관이 발행위험을 일부 또는 전부 부담한다.

8 **다음 중 채권발행에 대한 설명으로 가장 옳지 않은 것은?**

① 총액인수방식은 간접발행에 해당한다.

② Dutch Auction은 낙찰된 수익률 중 가장 높은 수익률을 일률적으로 적용한다.

③ 매출발행은 발행조건을 미리 정하지 않고 입찰응모결과를 토대로 발행조건을 정한다.

④ 차등가격경매방식은 최고 낙찰수익률 이하 응찰수익률을 일정 간격으로 그룹화하여 각 그룹별로 최고 낙찰수익률을 적용한다.

| 해설 | 매출발행은 발행조건을 사전에 결정하고 발행총액이 사후에 결정된다.

9 **다음은 채권의 공모입찰발행 중 무엇에 대한 설명인가?**

> 최고 낙찰수익률 이하 응찰수익률을 일정한 간격으로 그룹별로 최고 낙찰수익률을 적용하는 국고채 발행에 노입되었다.

① 차등가격 경매방식 ② 단일가격 경매방식

③ 복수가격 경매방식 ④ 비경쟁입찰

| 해설 | 차등가격에 대한 설명이다.

10 **다음 중 채권의 간접발행에서 발행자가 발행위험을 모두 부담하는 방식은?**

① 공모입찰방식 ② 위탁모집방식

③ 잔액인수방식 ④ 총액인수방식

| 해설 | 위탁모집방식은 채권의 발행자가 발행위험을 모두 부담한다.

11 **다음 중 채권의 발행주체 분류상 국채에 해당하지 않은 것은?**

① 국고채권 ② 통화안정증권

③ 국민주택채권 ④ 외국환평형기금채권

| 해설 | 통화안정증권은 한국은행이 발행하는 금융채에 해당한다.

12 **다음 중 전환사채의 최소가격은 어떻게 나타낼 수 있는가?**

① Max(일반채권가치, 패리티가치) ② Max(일반채권가치, 전환프리미엄)

③ Min(일반채권가치, 패리티가치) ④ Min(일반채권가치, 전환프리미엄)

| 해설 | 전환사채의 최소가격은 일반채권의 가치와 패리티가치(전환가치) 중 큰 값이 된다.

13 다음 중 전환사채가 금리보다 주가의 변화에 민감하여 주식의 성격을 많이 나타내는 경우는?

① 주가 〈 전환가격　　② 주가 〉 전환가격

③ 주가 = 전환가격　　④ 주가 = 패리티가치

| 해설 | ① 주가 〈 전환가격 : 채권의 성격을 많이 가져 금리변화에 민감하다.
② 주가 〉 전환가격 : 주식의 성격을 많이 가져 주가변화에 민감하다.
③ 주가 = 전환가격 : 주식과 채권의 성격을 동시에 나타낸다.

14 다음 중 전환사채를 주식으로 전환할 경우 얼마의 차익을 얻을 수 있는가를 판단하는 기준이 되는 지표는?

① 괴리도　　② 괴리율

③ 패리티가치　　④ 전환프리미엄

| 해설 | 패리티가치는 전환사채를 주식으로 전한할 경우 얼마의 가치를 가지는지 나타낸다.

15 다음 중 전환사채에 대한 설명으로 가장 옳지 않은 것은?

① 전환주수는 액면가액을 전환가격으로 나누어 계산한다.

② 전환가치는 주식의 시장가격에 전환주수를 곱하여 계산한다.

③ 패리티가 105이면 전환에 의한 수익률이 105%임을 의미한다.

④ 전환프리미엄은 전환사채의 시장가격에서 전환가치를 차감하여 계산한다.

| 해설 | 패리티가 105이면 전환수익률은 5%가 된다.

16 다음 중 신주인수권부사채에 대한 설명으로 옳지 않은 것은?

① 일반적으로 일반사채의 표면이자율보다 낮은 이자율로 발행된다.

② 전환사채와 동일하게 상환할증금 지급조건과 미지급조건 모두 발행할 수 있다.

③ 비분리형은 채권과 신주인수권을 별도의 증권으로 표창하고 독립하여 양도할 수 있다.

④ 투자자가 신주인수권을 행사하여 주식을 취득하면 주주의 권리를 행사할 수 있고, 취득한 주식을 처분하여 차익을 실현할 수도 있다.

| 해설 | 분리형에 대한 설명이다. 비분리형은 1매의 채권에 사채권과 신주인수권을 함께 표창하고 이 두가지 권리를 따로 양도할 수 없다.

17 **다음 중 국채통합발행제도에 대한 설명으로 가장 옳지 않은 것은?**

① 통합발행은 일정기간에 발행하는 채권의 만기와 표면금리 등을 동일하게 하여 발행하는 제도이다.

② 유동성의 제고, 안정적이고 장기적인 지표금리의 형성, 국채발행 비용절감 등을 위해 도입하였다.

③ 모든 국채를 1년 단위로 만기일과 표면이자율을 단일화하여 발행한다.

④ 발행시기는 다르지만 유통시장에서는 동일한 종목으로 거래된다.

| 해설 | 만기가 3년, 5년, 10년 국채는 6개월 단위로, 만기가 20년, 30년, 물가연동국채는 1년 단위로 단일화한다.

18 **다음 중 국내채권의 유통시장 역할로 가장 옳지 않은 것은?**

① 신규발행채권의 가격지표를 제공한다.

② 자금수요자는 원활한 자금조달을 위해 이용한다.

③ 만기 이전에 채권을 현금화하기 위해 거래가 이루어진다.

④ 채권에 유동성을 부여하고, 공정가격이 형성될 수 있도록 도와준다.

| 해설 | 자금조달기능은 발행시장의 역할에 해당한다.

19 **다음 중 국내채권의 투자주체별 특징으로 가장 옳지 않은 것은?**

① 보험회사는 자산부채 듀레이션 매칭과 고객자산의 안정성을 위해 우량 장기채에 주로 투자한다.

② 투자신탁은 다른 기관에 비해 적극적 운용성향을 보인다.

③ 외국인은 유동성과 신용위험을 고려하여 국채에 주로 투자한다.

④ 은행은 대출비중을 고려하여 회사채에 주로 투자한다.

| 해설 | 은행은 회사채에 투자하지 않고 상대적으로 은행대출의 비중이 낮은 공기업 채권에 투자한다.

20 **다음 중 채권매매에 대한 설명으로 가장 옳지 않은 것은?**

① 채권매도시 증권거래세를 부과하지 않는다.

② 국채전문유통시장에는 증권회사만 참여할 수 있다.

③ 소매채권매매는 매매계약을 체결한 날에 결제할 수 있다.

④ 증권과 대금결제를 동시에 수행하여 신용위험을 제거하는 결제방식인 채권동시결제제도를 적용한다.

| 해설 | 국채, 지방채, 통안채는 신용등급이 없고, 나머지는 신용등급이 있는 채권이다.

정답

1.③	2.②	3.③	4.②	5.④	6.④	7.④	8.③	9.①	10.②
11.②	12.①	13.②	14.③	15.③	16.③	17.③	18.②	19.④	20.②

C·h·a·p·t·e·r 07

채권의 기본개념

채권은 미래의 현금흐름(원리금)이 정해져 있는 확정소득부 증권이기 때문에 채권의 가치를 결정하는 가장 중요한 요소는 시장이자율 또는 채권수익률이다. 채권의 가치는 채권투자로부터 얻게 될 액면이자와 원금을 적절한 할인율인 시장이자율 또는 채권수익률로 할인한 현재가치로 시장이자율에 따라 달라진다.

제1절 채권의 가치

1. 채권의 정의

채권(bond)은 발행자(채무자)가 투자자로부터 비교적 거액의 자금을 일시에 조달하고 반대급부로 약정에 따라서 만기일까지 확정이자를 지급하고 만기일에는 원금(액면가액)을 상환하기로 약속한 일종의 채무증서를 말한다. 따라서 채권에는 이자와 원금의 상환시기, 액면가액, 표면이자율이 기재되어 있다.

2. 채권의 발행조건

채권은 발행조건에 따라서 채권의 가치가 달라지기 때문에 발행조건을 결정하는 것이 무엇보다 중요하다. 채권을 발행할 경우에 발행자와 인수자는 발행시점의 시장이자율 수준을 감안하여 결정해야 한다. 따라서 채권의 중요한 발행조건에는 발행가격, 발행이율, 상환까지의 기간이 있다.

(1) 액면가액

액면가액(face value)은 채권의 만기일에 지급하기로 채권의 권면 위에 표시되어 있는 원금을 말하며 지급이자를 계산하거나 채권의 조건을 결정하는 기본이 된다. 따라서 액면가액의 합계가 그 종목의 발행금액이 되며, 역으로 말하면 각 종목의 발행금액을 적은 단위로 분할한 것이 1매의 채권이 된다.

(2) 표면이자율

표면이자율은 채권의 발행자가 만기동안 지급하기로 약속한 이자율로 액면가액에 대해 1년에 지급하는 이자의 비율을 말한다. 채권 1매마다 권면에 1회의 이자지급을 위한 이표(coupon)가 부착되어 있어, 이 이표와 교환하여 이자를 받게 되므로 발행이율을 표면이자율(coupon rate) 또는 액면이자율이라고도 한다.

(3) 만기

만기는 채권의 발행자가 이자와 원금을 마지막으로 지급하기로 한 날을 말한다. 일반적으로 채권의 상환가액은 액면가액이며 채권발행일로부터 원금상환일까지의 기간을 원금상환기간이라고 하고, 이미 발행되어 유통시장에서 거래되고 있는 채권매입일로부터 원금상환일까지의 기간을 잔존기간이라고 한다.

3. 채권의 가치평가

채권의 가치는 채권투자자가 채권을 보유한 경우에 얻게 될 미래의 현금흐름(이자와 원금)을 적절한 할인율(시장이자율 또는 채권수익률)로 할인한 현재가치를 말한다. 채권은 발행조건이 매우 다양하여 간단하게 분류하기는 쉽지 않지만 표면이자율과 만기의 유무에 따라 이표채, 무이표채, 영구채로 구분된다.

(1) 이표채(coupon bond)

이표채는 가장 일반적인 형태로 만기와 표면이자율이 정해져 있어 만기일까지 매 기간말에 확정된 약정이자(=액면가액×표면이자율)를 지급하고 만기일에는 원금(액면가액)을 상환해 주는 채권을 말한다. 따라서 매기에 적용될 시장이자율이 일정하다고 가정할 경우에 이표채의 가치는 다음과 같이 평가할 수 있다.

$$P_0 = \frac{I}{(1+r)^1} + \frac{I}{(1+r)^2} + \cdots + \frac{I+F}{(1+r)^n} = \sum_{t=1}^{n} \frac{I}{(1+r)^t} + \frac{F}{(1+r)^n} \tag{7.1}$$

이표채는 식(7.1)에서처럼 확정된 약정이자를 지급해야 하기 때문에 확정이자채권이라고 하며 표면이자율과 시장이자율의 관계에 따라 다음과 같이 할인채, 액면채, 할증채로 구분된다.

| 표 7-1 | 이표채의 종류

종류	표면이자율과 시장이자율의 관계	액면가액과 시장가격의 관계
할증발행	표면이자율 > 시장이자율	액면가액 < 시장가격
액면발행	표면이자율 = 시장이자율	액면가액 = 시장가격
할인발행	표면이자율 < 시장이자율	액면가액 > 시장가격

예제 7-1 이표채의 평가

한국기업은 액면가액이 10,000원이고 표면이자율이 10%로 이자후급이며 3년 만기 채권을 발행하고자 한다. 시장이자율이 8%, 10%, 12%일 경우에 채권의 발행가격을 계산하시오.

풀이

1. 시장이자율이 8%인 경우

$$P_0 = \frac{1,000}{(1+0.08)^1} + \frac{1,000}{(1+0.08)^2} + \frac{11,000}{(1+0.08)^3} \rightarrow \therefore P = 10,515$$

2. 시장이자율이 10%인 경우

$$P_0 = \frac{1,000}{(1+0.10)^1} + \frac{1,000}{(1+0.10)^2} + \frac{11,000}{(1+0.10)^3} \rightarrow \therefore P = 10,000$$

3. 시장이자율이 12%인 경우

$$P_0 = \frac{1,000}{(1+0.12)^1} + \frac{1,000}{(1+0.12)^2} + \frac{11,000}{(1+0.12)^3} \rightarrow \therefore P = 9,520$$

(2) 무이표채(zero coupon bond)

무이표채는 표면이자율이 0%인 채권으로 채권의 만기일까지 이자지급은 없고 만기일에 원금(액면가액)만 상환하는 채권을 말하며 항상 할인발행되기 때문에 순수할인채(pure discount bond)라고도 한다. 따라서 만기가 n이고 액면가액이 F인 무이표채의 가치는 다음과 같이 평가할 수 있다.

$$P_0 = \frac{F}{(1+r)^n} \tag{7.2}$$

(3) 영구채(perpetual bond)

영구채(consol)는 만기가 무한대인 채권으로 원금상환은 없고 매기 말에 약정이자만 영구적으로 지급하는 채권을 말한다. 따라서 매기 말에 I만큼의 약정이자가 영원히 계속해서 발생하는 영구채의 가치는 다음과 같이 평가할 수 있다.

$$P_0 = \frac{I}{(1+r)^1} + \frac{I}{(1+r)^2} + \cdots + \frac{I}{(1+r)^\infty} = \frac{I}{r} \tag{7.3}$$

제2절 채권가격의 특성

일반적으로 채권가격은 시장이자율, 만기, 표면이자율에 의해 결정된다. 이러한 요인을 기초로 Malkiel(1962)은 채권수익률과 채권가격간에는 다음과 같은 관계가 성립한다는 채권가격정리(bond price theorem)를 제시하였다. 채권가격은 시장이자율과 반비례 관계에 있어 원점에 대해 볼록한 곡선으로 나타난다.

1. 채권가격과 시장이자율

① 채권가격은 시장이자율과 반비례 관계에 있어서 시장이자율이 하락하면 채권가격은 상승하고 시장이자율이 상승하면 채권가격은 하락한다. 따라서 시장이자율이 하락할 것으로 예상되면 채권투자(매입)을 늘리고 이자율이 상승할 것으로 예상되면 공매의 방법을 사용하는 것이 유리하다.

② 이자율의 변동폭이 동일할 경우에 이자율의 하락으로 인한 채권가격의 상승폭은 이자율의 상승으로 인한 채권가격의 하락폭보다 크게 나타난다. 따라서 이자율이 하락하면 채권가격이 상승하여 채권투자성과가 크게 나타나므로 더욱 많은 채권을 매입하는 것이 유리하다고 할 수 있다.

┃그림 7-1┃ 채권가격과 이자율의 관계

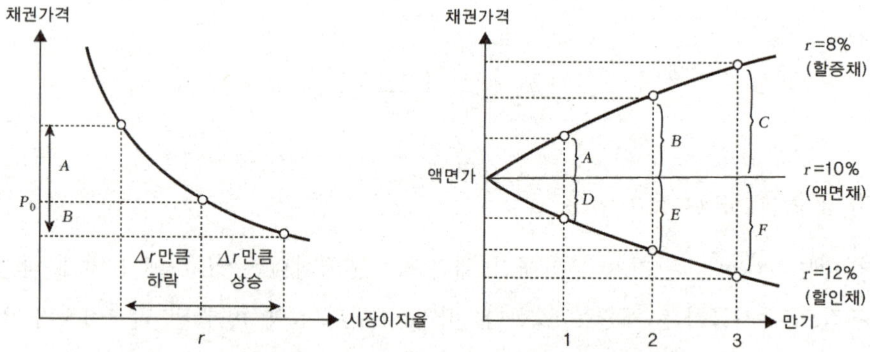

(a) 시장이자율과 채권가격 (b) 만기와 채권가격

2. 채권가격과 만기

③ 다른 조건이 동일하면 채권의 만기가 길수록 일정한 이자율변동에 따른 채권가격의 변동폭이 크게 나타난다. 따라서 이자율이 하락할 것으로 예상되면 장기채에 대한 투자를 증가시켜 시세차익을 극대화시키고, 이자율이 상승할 것으로 예상되면 보유하고 있는 채권을 다른 채권으로 교체하는 매매전략이 유리하다.

④ 이자율의 변동에 따른 채권가격의 변동폭은 만기가 길수록 증가하나 만기 한 단위 증가에 따른 채권가격의 변동폭은 감소한다. 따라서 시세차익을 높이려면 만기가 긴 장기채를 많이 보유하지 않는 것이 유리하다고 할 수 있다. 또한 잔존만기가 감소할수록 만기 한 단위 감소에 따른 채권가격의 상승폭은 커진다.

3. 채권가격과 표면이자율

⑤ 다른 조건이 동일하면 일정한 이자율변동에 대해서 표면이자율이 낮을수록 채권가격의 변동폭이 크게 나타난다. 따라서 채권에 투자하여 높은 매매차익을 얻기 위해서는 표면이자율이 낮은 채권이 유리하다. 요컨대 일정한 이자율변동에 대해 표면이자율이 0%인 순수할인채의 가격변동폭이 가장 크게 나타난다.

제3절 채권수익률의 개념

1. 만기수익률의 정의

채권수익률을 측정하는 가장 일반적인 방법은 만기수익률이다. 만기수익률(YTM : yield to maturity)은 채권의 시장가격(현금유출의 PV)과 채권을 만기까지 보유할 경우 얻게 될 원리금의 현재가치(현금유입의 PV)를 일치시키는 할인율을 말한다. 즉 식(7.4)를 만족시키는 r이 만기수익률이다.

$$P_0 = \sum_{t=1}^{n} \frac{I}{(1+r)^t} + \frac{F}{(1+r)^n} \tag{7.4}$$

만기수익률은 투자자가 채권을 현재의 시장가격으로 매입해서 만기까지 보유하고 약속된 원리금을 약정대로 지급받으며 매기 지급받는 이자를 만기까지 만기수익률로 재투자한다고 가정할 경우에 얻을 수 있는 연평균투자수익률을 말하며 채권투자에 따른 내부수익률(IRR)과 동일한 개념이다.

2. 현물이자율과 선도이자율

(1) 현물이자율

현물이자율(spot rate)은 현재시점부터 미래의 일정기간 동안의 연평균이자율을 말한다. 채권시장에서 형성되어 있는 채권가격이 균형가격이라고 가정하면 현재시점부터 n년 동안의 연평균이자율(n년 만기 현물이자율)은 만기가 n년인 순수할인채의 만기수익률로 측정할 수 있다.

(2) 선도이자율

선도이자율(forward rate)은 현재시점의 현물이자율에 내재되어 있는 미래의 특정시점부터 일정기간 동안의 이자율을 말한다. 따라서 만기가 서로 다른 현물이자율간의 균형관계를 이용하면 현재시점의 현물이자율에 내재된 미래의 특정시점부터 1년 동안의 선도이자율을 산출할 수 있다.

(3) 현물이자율과 선도이자율의 관계

n년 만기 현물이자율을 ${}_0r_n$이라 하고, n−1년 후부터 n년 후까지 1년 동안의 선도이자율을 ${}_{n-1}f_n$이라고 할 경우에 채권시장이 균형상태에 있다면 현물이자율과 선도이자율간에는 다음의 관계가 성립한다.

$$(1+{}_0r_n)^n = (1+{}_0r_1)(1+{}_1f_2)(1+{}_2f_3)\ \cdots\ (1+{}_{n-1}f_n) \tag{7.5}$$

식(7.5)에 의하면 현물이자율에 내재된 기간별 선도이자율은 만기가 서로 다른 현물이자율간의 관계에서 다음과 같이 구할 수 있다.

$$
\begin{aligned}
(1+{}_0r_n)^n &= (1+{}_0r_1)(1+{}_1f_2)\ \cdots\ (1+{}_{n-2}f_{n-1})(1+{}_{n-1}f_n) \\
&= (1+{}_0r_{n-1})^{n-1}(1+{}_{n-1}f_n) \\
\therefore\ {}_{n-1}f_n &= \frac{(1+{}_0r_n)^n}{(1+{}_0r_{n-1})^{n-1}} - 1 \qquad (7.6)
\end{aligned}
$$

| 그림 7-2 | 현물이자율과 선도이자율

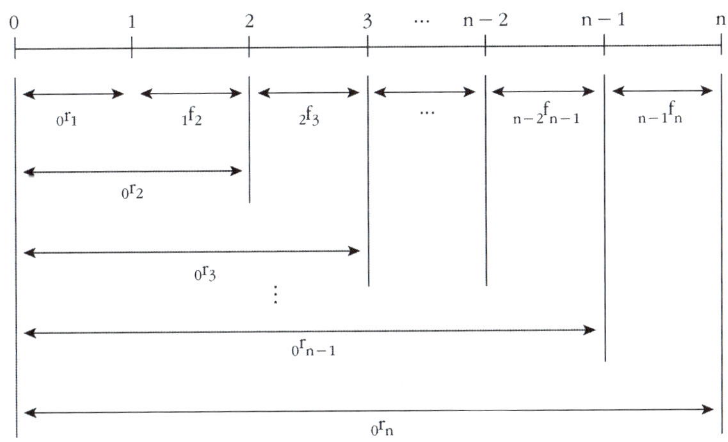

예제 7-2 선도이자율의 계산

채권의 액면가액이 10,000원인 1년 만기 순수할인채의 가격은 9,090.91원, 2년 만기 순수할인채의 가격은 7,971.94원이라고 가정하여 1년 후부터 1년간의 선도이자율을 계산하시오.

풀이

$$9{,}090.91 = \frac{10{,}000}{(1+{}_0r_1)^1} \rightarrow {}_0r_1 = \frac{10{,}000}{9{,}090.91} - 1 = 0.10$$

$$7{,}971.94 = \frac{10{,}000}{(1+{}_0r_2)^2} \rightarrow {}_0r_2 = \sqrt{\frac{10{,}000}{7{,}971.94}} - 1 = 0.12$$

$$\therefore\ {}_1f_2 = \frac{(1+{}_0r_2)^2}{(1+{}_0r_1)^1} - 1 = \frac{(1.12)^2}{(1.10)^1} - 1 = 0.1404$$

3. 수익률의 종류

(1) 약속수익률

약속수익률(promised yield)은 채권의 시장가격과 약속된 원리금의 현재가치를 일치시켜 주는 할인율을 말한다. 채권의 발행자가 채무불이행위험 없이 약정대로 원리금을 지급할 경우에 얻게 될 수익률을 나타낸다.

(2) 실현수익률

실현수익률(realized yield)은 채권의 시장가격과 실제로 지급받게 될 원리금의 현재가치를 일치시켜 주는 할인율을 말한다. 실현수익률은 미래의 각 상황에 따라서 달라질 수 있기 때문에 일정한 확률분포를 갖게 된다.

(3) 기대수익률

기대수익률(expected yield)은 실현수익률의 확률분포에 근거하여 계산된 기대수익률을 말한다. 즉 채무불이행위험(default risk)을 고려할 경우에 실현될 것으로 예상되는 수익률을 말한다.

4. 채권수익률의 스프레드

수익률 스프레드(yield spread)는 위험이 있는 채권의 약속수익률과 위험이 없는 채권의 수익률(무위험이자율)간의 차이로 약속수익률과 기대수익률간의 차이에 해당하는 채무불이행위험에 대한 프리미엄과 기대수익률과 무위험이자율간의 차이에 해당하는 채무불이행위험을 제외한 기타위험에 대한 프리미엄으로 구분한다.

$$\begin{aligned}&\text{채권수익률의 스프레드}\\&= \text{약속수익률} - \text{무위험이자율}\\&= \underbrace{\text{약속수익률} - \text{기대수익률}}_{\text{채무불이행위험의 프리미엄}} + \underbrace{\text{기대수익률} - \text{무위험이자율}}_{\text{기타위험의 프리미엄}}\end{aligned} \tag{7.7}$$

예제 7-3 채권수익률의 스프레드

이화기업은 액면가액 10,000원, 표면이자율 연 10% 이자후급, 만기 2년의 채권을 발행하였는데 현재 시장가격이 9,662원이라고 가정하여 물음에 답하시오.

상황	확률
1년 이내 파산	0.01
2년 이내 파산	0.02
2년 이후 원리금의 90% 지급	0.07
약속이행	0.90

1. 이화기업이 약정대로 원리금을 지급할 경우의 약속수익률을 계산하시오.
2. 지급불능위험이 다음과 같이 예상될 경우에 실현수익률의 기대치를 계산하시오.
3. 이화기업의 지급불능위험으로 인한 수익률스프레드를 계산하시오.

풀이

1. 이화기업이 약정대로 원리금을 지급할 경우에 약속수익률은 12%가 되어 실현수익률과 일치하게 된다.

$$9,662 = \frac{1,000}{(1+r)^1} + \frac{11,000}{(1+r)^2} \rightarrow \therefore r = 0.12(12\%)$$

2. 이화기업의 만기 이전에 지급불능위험을 고려할 경우 상황별 실현수익률은 다음과 같이 계산한다.

① 1년 이내 파산하는 경우 실현수익률

$$9,662 = \frac{0}{(1+r)^1} + \frac{0}{(1+r)^2} \rightarrow \therefore r = -100\%$$

② 2년 이내 파산하는 경우 실현수익률

$$9,662 = \frac{1,000}{(1+r)^1} + \frac{0}{(1+r)^2} \rightarrow \therefore r = -90\%$$

③ 원금의 90%만 상환시 실현수익률

$$9,662 = \frac{1,000}{(1+r)^1} + \frac{10,000}{(1+r)^2} \rightarrow \therefore r = 7\%$$

따라서 실현될 수익률의 기대치는 다음과 같이 8.49%가 된다.

$$E(r) = (-100\%)(0.01) + (-90\%)(0.02) + (7\%)(0.07) + (12\%)(0.9) = 8.49\%$$

3. 이화기업의 지급불능위험으로 인한 수익률 스프레드는 약속수익률 12%에서 실현수익률의 기대치 8.49%를 차감한 3.51%라고 할 수 있다.

제4절 채권수익률의 기간구조

채권수익률의 기간구조는 일정시점에서 다른 조건은 모두 동일하고 만기만 서로 다른 순수할인채의 만기와 만기수익률(현물이자율)이 어떤 관계를 가지며 특정한 관계를 갖는 이유가 무엇인가를 설명하는 이론으로 만기구조라고도 한다. 수익률곡선(yield curve)은 채권수익률의 기간구조를 그림으로 나타낸 것을 말한다.

1. 불편기대이론

(1) 의의

불편기대이론은 선도이자율이 미래의 기간별 기대현물이자율과 일치하도록 현재시점에서 현물이자율이 결정된다는 가설로서 순수기대이론이라고도 한다. 즉 선도이자율이 미래의 기간별 기대현물이자율과 일치하므로 다음의 관계가 성립하고 n년 만기 현물이자율은 n년 동안의 기간별 기대현물이자율에 대한 기하평균이 된다.

$$(1+{}_0r_n)^n = (1+{}_0r_1)\{1+E({}_1r_2)\}\{1+E({}_2r_3)\} \cdots \{1+E({}_{n-1}r_n)\} \tag{7.8}$$

불편기대이론이 성립하는 경우에는 장기채와 단기채간에 완전한 대체관계가 성립하기 때문에 투자기간만 동일하면 투자자들이 만기가 서로 다른 채권에 투자하더라도 투자성과가 동일하게 된다. 따라서 불편기대이론이 성립하면 n년간 채권에 투자할 경우의 연평균수익률은 n년 만기 현물이자율이 된다는 의미이다.

(2) 수익률곡선

수익률곡선은 미래의 기간별 이자율에 대한 투자자들의 예상에 따라 형태가 달라진다. 투자자들이 미래의 이자율이 상승할 것으로 예상하면 우상향의 수익률곡선을 갖게 되고, 이자율이 하락할 것으로 예상하면 우하향의 수익률곡선을 갖게 되며, 이자율이 일정할 것으로 예상하면 수평의 수익률곡선으로 나타난다.

(3) 가정 및 문제점

투자자들은 미래의 단기이자율을 현재시점에서 정확히 예측할 수 있고, 장기채와 단기채는 완전한 대체관계에 있다. 투자자들은 위험중립형이며 만기가 길수록 미래의 불확실성의 증대로 채무불이행위험은 증가하고 유동성이 감소하여 채권가격변동위험이 커지는데 이에 대한 보상을 요구하지 않는다고 가정한다.

| 그림 7-3 | 불편기대이론의 수익률곡선

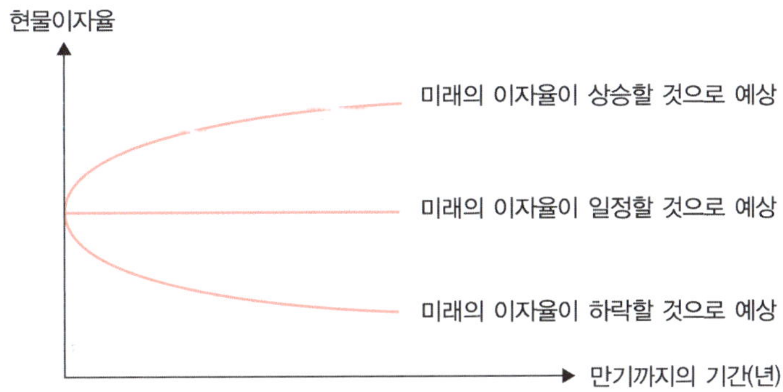

2. 유동성선호이론

(1) 의의

유동성선호이론은 선도이자율이 미래의 기간별 기대현물이자율과 유동성프리미엄의 합이 되도록 현재시점에서 기간별 현물이자율이 결정된다는 가설을 말한다. 즉 선도이자율이 기대현물이자율과 유동성프리미엄의 합이므로 n년 만기 현물이자율은 n년 동안의 기대현물이자율과 유동성프리미엄의 합에 대한 기하평균이 된다.

$$(1+{}_0r_n)^n = (1+{}_0r_1)\{1+E({}_1r_2)+{}_1L_2\}\cdots\{1+E({}_{n-1}r_n)+{}_{n-1}L_n\} \qquad (7.9)$$

유동성선호이론은 장기채일수록 유동성 상실에 대한 프리미엄을 요구하여 선도이자율이 기대현물이자율보다 높게 형성되도록 현재시점에서 현물이자율이 결정된다고 본다. 따라서 투자기간이 동일하더라도 투자채권의 만기에 따라 투자성과가 달라지기 때문에 장기채와 단기채간에 대체관계가 성립하지 않는다.

(2) 수익률곡선

유동성선호이론에 의하면 선도이자율이 미래의 기대현물이자율과 유동성프리미엄에 의해 결정된다. 따라서 유동성프리미엄이론의 수익률곡선은 불편기대이론에 의한 경우보다 유동성프리미엄을 반영한 만큼 높게 나타난다.

(3) 가정 및 문제점

투자자들은 미래의 단기이자율을 현재시점에서 정확히 예측할 수 있다. 그리고 투자자들은 위험회피형이며 만기가 긴 장기채일수록 미래의 불확실성에 따른 채무불이행위험의 증가와 유동성의 상실에 대한 보상을 요구한다.

| 그림 7-4 | 유동성선호이론의 수익률곡선

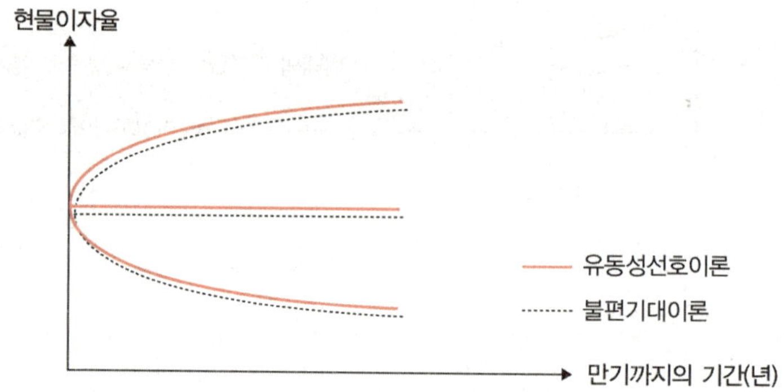

3. 시장분할이론

(1) 의의

시장분할이론은 투자자들이 선호하는 채권의 만기에 대한 선호구조에 따라 채권시장이 단기채, 중기채, 장기채시장으로 분할되고 채권수익률은 분할된 시장에서의 수요와 공급에 의해 독립적으로 결정된다는 가설을 말한다. 시장분할이론의 이론적 근거는 투자자들의 위험헤징형태에서 찾아볼 수 있다.

(2) 수익률곡선

채권시장이 단기채, 중기채, 장기채시장으로 분할되어 독립적으로 형성되므로 수익률곡선은 연속적인 형태를 보이지 않고 불연속적인 형태를 나타낸다.

(3) 가정 및 문제점

투자자들은 완전한 위험회피형이며 채권시장은 투자자들이 선호하는 단기채, 중기채, 장기채시장으로 분할되어 있고 채권시장간에 차익거래가 불가능하여 만기가 다른 채권간에는 대체관계가 성립하지 않는다. 또한 채권시장의 효율성을 무시하고 있으므로 현실적으로 거의 설득력을 잃고 있다.

그림 7-5 시장분할이론의 수익률곡선

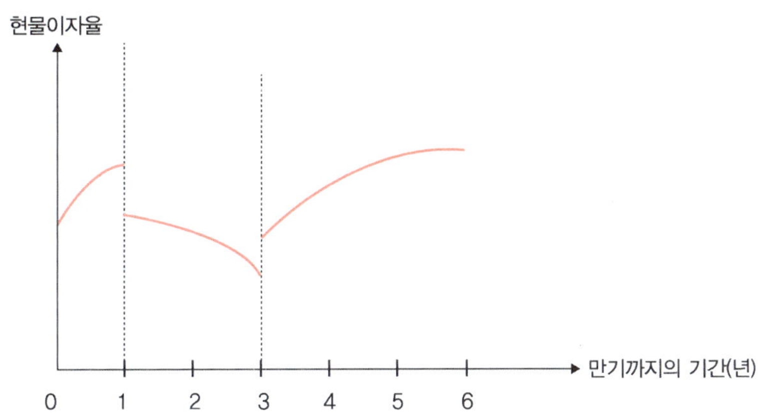

4. 선호영역이론

선호영역이론은 투자자들이 선호하는 만기영역이 존재하며 다른 만기의 시장에서 충분한 대가가 주어지면 자신의 선호영역이 아닌 만기의 채권에도 투자할 수 있다는 이론을 말한다. 예컨대 은행은 주로 단기채에 투자하지만 장기채에 투자하여 확실한 수익을 얻을 수 있다면 장기채에도 투자할 수 있다는 이론이다.

제5절 채권수익률의 위험구조

채권은 지급이자와 원금상환이 계약에 의해 정해진 확정소득증권이지만 발행자의 경영위험과 재무위험으로 원리금을 지급할 수 없는 경우도 있고 수의상환가능성과 같이 불확실성을 내포할 수 있다. 채권수익률의 위험구조는 채권의 발행주체나 발행조건이 달라짐에 따라 나타나는 채권수익률의 체계적 차이를 말한다.

1. 체계적 위험

(1) 이자율변동위험(interest rate risk)

이자율변동위험은 채권에 투자하는 기간 동안 시장이자율이 변동하여 투자종료시점의 투자수익이 채권매입시점에 예상했던 것과 일치하지 않을 가능성을 말한다. 채권투자에 따른 수익은 투자기간에 수령하는 액면이자에 대한 재투자수익과 투자종료시점에 채권을 처분하여 받을 수 있는 채권가격의 합으로 구성된다.

이자율변동위험은 재투자수익위험과 가격으로 구분된다. 재투자수익위험은 이자율이 변동하면 투자기간에 수령하는 이자를 재투자해서 얻게 될 수익이 예상했던 것과 달라질 수 있는 가능성을 말하고, 가격위험은 투자종료시점에 채권을 처분해서 받게 될 가격이 기대했던 것과 달라질 수 있는 가능성을 말한다.

이자율의 변동은 재투자수익위험과 가격위험에 상반된 영향을 미친다. 이자율이 상승하면 이자의 재투자로부터 얻는 재투자수익은 증가하지만 채권을 처분해서 받는 가격은 예상보다 하락한다. 이자율이 하락하면 이자의 재투자로부터 얻는 재투자수익은 감소하지만 채권을 처분해서 받는 가격은 예상보다 상승한다.

▎그림 7-6▎ 채권투자시 가격위험과 재투자수익위험

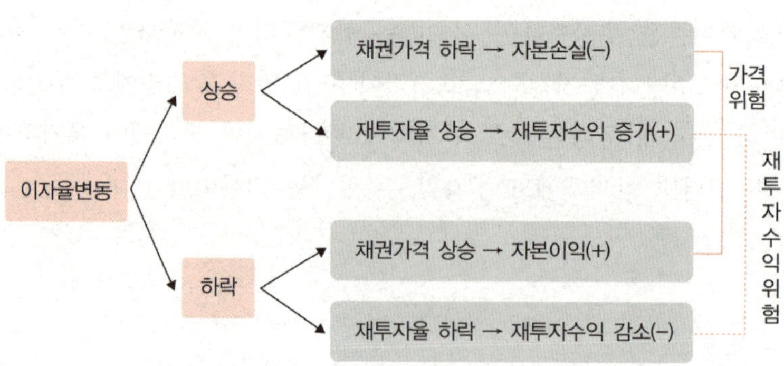

(2) 인플레이션위험(inflation risk)

인플레이션위험은 물가상승으로 인하여 채권의 실질수익률이 하락하는 위험을 말한다. 채권수익률은 실질이자율과 기대인플레이션율의 합으로 결정된다. 미래에 예상되는 인플레이션율이 높을수록 실질수익률이 하락할 가능성이 증가하기 때문에 채권의 명목수익률은 상승하게 되고 채권가격은 하락하게 된다.

2. 비체계적 위험

(1) 채무불이행위험(default risk)

채무불이행위험은 채권의 발행자가 원리금을 약속대로 지급하지 못할 가능성으로 지급불능위험이라고도 한다. 채무불이행위험이 높을수록 약속수익률이 실현되지 않을 가능성이 높기 때문에 투자자들은 불확실성에 따른 위험프리미엄을 요구하게 되어 채권의 명목수익률은 상승하게 되고 채권가격은 하락하게 된다.

채무불이행위험은 신용평가기관의 채권평정으로 측정된다. 채권평정은 채권등급을 평가하는 전문기관이 채권발행자의 신용도와 채무불이행의 가능성을 평가하여 그 정도에 따라 채권의 등급을 결정하는 것으로 질적 평정(quality rating)이라고도 한다. 따라서 신용등급이 낮은 채권일수록 채무불이행위험이 크다.

(2) 수의상환위험(callable risk)

수의상환위험은 채권의 발행자가 만기전에 약정된 가격으로 채권을 매입할 수 있는 수의상환권을 가질 때 발생한다. 수의상환권이 있는 채권은 수의상환권이 없는 채권보다 약속수익률을 달성하지 못할 가능성이 커서 투자자들은 불확실성에 따른 위험프리미엄을 요구하여 채권의 명목수익률은 상승하고 채권가격은 하락한다.

(3) 유동성위험(liquidity risk)

유동성위험은 시장성이 부족하여 채권을 적절한 가격으로 단시일에 매각할 수 없는 위험으로 환금성위험이라고도 한다. 채권을 시장에서 적정한 가격으로 매각할 수 없으면 투자자들은 유동성 부족에 대한 위험프리미엄을 요구하게 되어 채권의 명목수익률은 상승하게 되고 채권가격은 하락하게 된다.

3. 채권의 등급평정

채권수익률의 위험구조에서 가장 중요한 것은 채권의 발행자가 원리금을 약정대로 지급하지 못할 수 있는 채무불이행위험이다. 그런데 채무불이행위험은 투자자 스스로 판단할 수도 있지만, 대부분은 전문적인 채권평가기관에서 여러 자료들을 분석하여 일반에게 공개하는 채권평정에 의존하는 것이 일반적이다.

채권평정(bond rating)은 신용평가기관이 채권발행자의 신용도와 채무불이행의 가능성을 평가하여 그 정도에 따라 채권의 등급을 결정하는 것을 말하며 질적 평정이라고도 한다. 우리나라는 한국신용평가회사와 한국신용정보 등이 채권평정을 하고 있으나 미국의 경우는 채권평정이 실무적으로 보편화되어 있다.

미국의 무디스와 S&P의 채권평정이 널리 사용된다. 채권의 신용위험의 정도에 따라 무디스사는 Aaa에서 C까지 9개의 등급, S&P사는 AAA에서 E까지 11개의 등급을 부여한다. 이들은 투자자보호조항, 담보물, 이자보상비율, 자본화비율, 유동비율 그리고 기타 재무자료 등을 분석하여 일반투자자에게 공개하고 있다.

채권의 질적 평정은 채권을 평가할 때 할인율에 영향을 미치며 채권가격은 할인율에 의해 결정되기 때문에 채권평정은 채권의 가격결정에 직접적인 영향을 미친다. 채권평정이 높은 고급채권일수록 채권수익률이 낮고 스프레드도 낮은 반면에 채권평정이 낮은 저급채권일수록 높은 채권수익률과 높은 스프레드를 갖는다.

그러나 채권평정과 할인율과의 관계는 항상 일정한 것은 아니며 정부의 재정금융정책, 자금의 수요공급 그리고 경기변동 등에 따라 변할 수 있다. 흔히 경기회복기에는 스프레드가 적고 경기후퇴기에는 스프레드가 커진다. 그 이유는 경기변동에 따라 투자자들의 위험에 대한 태도가 달라지기 때문이다.

따라서 낙관적인 분위기가 지배적인 경기회복기에는 일정한 위험에 대해서 보다 적은 위험프리미엄을 요구하고, 경기후퇴기에는 보다 큰 위험프리미엄을 요구하는 것이 일반적이기 때문이다. 채무불이행위험과 잔존기간과의 관계는 등급이 낮은 채권과 등급이 높은 채권의 경우로 나누어 볼 수 있다.

채권의 잔존기간에 동일한 위험률을 가진 채권이 있다고 가정하면 그 위험률은 만기에 가까워질수록 감소한다. 실제로 항상 동일한 위험률 또는 재무상황을 유지하고 있는 발행자는 없겠으나, 등급이 높은 채권의 발행자라면 투자자는 잔존기간이 짧아짐에 따라 위험은 감소한다고 생각해도 좋을 것이다.

우리나라 신용평가기관들은 S&P사와 유사한 신용등급을 사용하고 있고 회사채 신용등급은 원리금의 상환능력에 따라 AAA~D까지 10개의 등급으로 분류된다. AAA~BBB까지는 투자적격등급, BB~D까지는 투기적 등급에 해당한다. 그리고 AA부터 B등급까지는 +와 −를 추가하여 등급을 세분화하고 있다.

| 표 7-2 | 회사채 신용등급의 기호와 의미

등급	의미
AAA	원리금의 지급능력이 최상급임
AA	원리금의 지급능력은 매우 우수하나 AAA의 채권보다는 다소 열위임
A	원리금의 지급능력은 우수하나 상위등급에 비해 경제여건 및 환경악화에 따라 장래 원리금의 지급능력이 저하될 가능성을 내포하고 있음
BBB	원리금의 지급능력은 양호하나 장래 안전에 대해서는 단언할 수 없는 투기적인 요소를 내포하고 있음
BB	원리금의 지급능력이 당장은 문제가 없으나 장래 안전에 대해서는 단언할 수 없는 투기적인 요소를 내포하고 있음
B	원리금의 지급능력이 결핍되어 투기적이며 불황시에 이자지급이 확실하지 않음
CCC	원리금의 지급능력에 관해 현재에도 불안요소가 있으며 채무불이행위험이 커서 매우 투기적임
CC	상위등급에 비해 불안요소가 더욱 큼
C	채무불이행의 위험성이 높고 원리금의 상환능력이 없음
D	원리금의 상환불능 상태임

자료 : 한국신용평가(주)

• 핵심요약 •

제1절 채권가치와 특성

1. 채권가치의 평가 : 채권투자로부터 얻게 될 이자(I)와 원금(F)의 현재가치

   ① 이표채 : $P_0 = \sum_{t=1}^{n} \frac{I}{(1+r)^t} + \frac{F}{(1+r)^n}$

   ② 무이표채 : $P_0 = \frac{F}{(1+r)^n}$

   ③ 영구채 $P_0 = \frac{I}{r}$

2. 채권가격의 특성

   ① 이자율이 하락하면 채권가격은 상승하고 이자율이 상승하면 채권가격은 하락

   ② 이자율의 변동폭이 동일하다면 이자율 하락에 따른 채권가격의 상승폭이 이자율상승에 따른 채권가격의 하락폭보다 크다.

   ③ 만기가 길어질수록 일정한 이자율 변동에 대한 채권가격의 변동폭이 커진다.

   ④ 만기가 길어질수록 만기의 한 단위 증가에 따른 채권가격의 변동폭은 감소

   ⑤ 표면이자율이 낮을수록 이자율 변동에 따른 채권가격의 변동률은 커진다.

제2절 채권수익률의 개념

1. 만기수익률 : 채권을 만기일까지 보유할 경우에 얻게 될 연평균수익률
2. 현물이자율 : 현재시점부터 일정기간 동안의 연평균이자율 → 순수할인채의 만기수익률로 측정함
3. 선도이자율 : 현물이자율에 내재된 미래 특정시점부터 일정기간 동안의 이자율
4. 현물이자율과 선도이자율의 균형관계 : $(1+{}_0r_n)^n = (1+{}_0r_{n-1})^{n-1}(1+{}_{n-1}f_n)$

제3절 채권수익률의 기간구조

1. 불편기대이론 : 선도이자율이 미래의 기간별 기대현물이자율과 일치하도록 현재시점에서 채권수익률이 결정된다는 가설
2. 유동성선호이론 : 선도이자율이 미래의 기간별 기대현물이자율과 유동성프리미엄의 합이 되도록 채권수익률이 결정된다는 가설
3. 시장분할이론 : 투자자들이 선호하는 만기에 따라 채권시장은 몇 개의 하위시장으로 분할되고 채권수익률은 각 시장의 수급에 의해 결정된다는 가설
4. 선호영역이론 : 투자자들이 선호하는 만기가 존재하나 충분한 대가가 주어지면 자신이 선호하지 않는 만기의 채권에도 투자할 수 있다는 가설

제4절 채권수익률의 위험구조

1. 체계적 위험

   ① 이자율변동위험 : 시장이자율의 변동으로 채권투자자의 부가 채권의 매입시점에 예상했던 부와 일치하지 않을 가능성

   ② 인플레이션위험 : 예상되지 않은 인플레이션에 따른 채권의 실질수익률의 하락

2. 비체계적 위험

   ① 채무불이행위험 : 채무자가 이자나 원금을 약속한 대로 지급하지 못할 가능성 (채무불이행위험↑ → 채권수익률↑)

   ② 수의상환위험 : 채무자가 만기 이전에 정해진 가격으로 채권을 상환할 가능성 (수의상환권이 있는 채권의 수익률〉일반채권의 수익률)

   ③ 유동성위험 : 채권을 적정가격에 매각할 수 없는 위험

연·습·문·제

1 **다음 중 채권에 대한 설명으로 옳지 않은 것은?**

① 만기수익률을 계산하려면 반드시 채권의 현재가격을 알아야 한다.
② 채권의 시장가격은 만기일에 근접할수록 액면가액에 접근한다.
③ 무이표채는 이표채와 달리 재투자수익위험은 없고 가격위험만 있다.
④ 시장이자율이 일정하면 할증채는 만기일에 근접할수록 채권가격은 상승한다.
⑤ 시장이자율이 불변이면 액면채의 가격은 시간의 흐름에 관계없이 일정하다.

| 해설 | 시장이자율이 현재수준으로 유지되면 할증채는 만기일에 접근할수록 채권가격은 하락한다.

2 **다음 중 채권가격과 시장이자율간의 관계에 대한 설명으로 옳지 않은 것은?**

① 채권가격과 시장이자율은 반비례한다.
② 이자율 하락에 따른 채권가격 상승폭은 이자율 상승에 따른 채권가격 하락폭보다 크다.
③ 장기채일수록 이자율 변동에 따른 채권가격 변동폭이 크다.
④ 이자율 변동에 따른 채권가격 변동폭은 만기가 길수록 증가하나, 만기 1단위 증가에 따른 채권가격의 변동폭은 체감한다.
⑤ 표면이자율이 낮을수록 이자율 변동에 따른 채권가격 변동폭이 작다.

| 해설 | 표면이자율이 낮을수록 시장이자율 변동에 따른 채권가격 변동폭은 크게 나타난다.

3 **다음 중 시장이자율이 하락할 것으로 예상한 투자자가 앞으로 1년 동안 수익률을 극대화하기 위해 취할 수 있는 채권투자전략으로 가장 유리한 것은?**

① 상대적으로 액면이자율이 낮은 만기 1년 이상의 장기채를 매도한다.
② 상대적으로 액면이자율이 높은 만기 1년 미만의 단기채를 매입한다.
③ 상대적으로 액면이자율이 낮은 만기 1년 미만의 단기채를 매입한다.
④ 상대적으로 액면이자율이 높은 만기 1년 이상의 장기채를 매입한다.
⑤ 상대적으로 액면이자율이 낮은 만기 1년 이상의 장기채를 매입한다.

| 해설 | 시장이자율이 하락하면 채권가격은 상승하므로 시장이자율의 변화에 대한 채권가격의 변화가 큰 채권을 매입하는 것이 유리하다. 따라서 만기가 길고 표면이자율이 낮은 채권을 매입해야 자본이득을 극대화할 수 있다.

4 현재 시장에서 관찰되는 현물이자율이 만기가 길어짐에 따라 감소한다고 하자. 만기가 t년인 현물이자율을 s(t), t년 만기 이표채의 만기수익률을 y(t), t−1년에서 t년 사이의 선도이자율을 f(t)라고 할 때 이들의 관계를 옳게 표시한 것은?

① $s(t) \leq y(t) \leq f(t)$ ② $y(t) \leq s(t) \leq f(t)$ ③ $s(t) \leq f(t) \leq y(t)$
④ $y(t) \leq f(t) \leq s(t)$ ⑤ $f(t) \leq s(t) \leq y(t)$

| 해설 | 만기가 길어짐에 따라 현물이자율은 감소한다. ${}_0R_1 > {}_0R_2 > {}_0R_3$ ⋯
(1) 현물이자율은 단일기간 이자율의 기하평균 → s(t) 〉 f(t)
(2) 이표채의 만기수익률은 각 시점별 현물이자율의 가중평균 → y(t) 〉 s(t)

5 만기까지 3개월 남아있는 액면가액 10,000원인 순수할인채의 현재가격이 9,500원이라면 이 채권의 연간 유효이자율은 대략 얼마인가?

① 15.37% ② 18.34% ③ 21.05% ④ 22.76% ⑤ 25.34%

| 해설 | 3개월 동안의 시장이자율을 r이라고 하면 r = (10,000−9,500)/9,500 = 5.26%
따라서 채권의 연간 유효이자율 r_e은 다음과 같다. $1+r_e = (1+0.0526)^4$ ∴ $r_e = 22.76\%$

6 액면가액 10,000원, 표면이자율 연 16%(이자는 매 분기말 지급), 3년 만기로 발행한 회사채가 있다. 만기일까지 잔존기간이 5개월 남은 현시점에서 이 회사채의 만기수익률이 연 12%일 때 채권의 이론가격은? (가장 근사치를 고를 것)

① 9,890원 ② 10,000원 ③ 10,110원 ④ 10,290원 ⑤ 10,390원

| 해설 | $P_0 = \frac{400}{(1.12)^{2/12}} + \frac{10,400}{(1.12)^{5/12}} = 10,292$ 또는 $P_0 = \frac{400}{1+0.12\times 2/12} + \frac{10,400}{1+0.12\times 5/12} = 10,290$

7 액면가액 10,000원, 표면이자율 10%, 만기 2년인 이표채의 만기수익률이 12%이고, 액면가액 10,000원, 만기 1년인 무이표채의 만기수익률이 5%이다. 2년 만기 현물이자율은 얼마인가?

① 11.75% ② 12.00% ③ 12.38% ④ 12.71% ⑤ 13.19%

| 해설 | $\frac{1,000}{(1.12)^1} + \frac{11,000}{(1.12)^2} = 9,662$원, $\frac{1,000}{(1.05)^1} + \frac{11,000}{(1+{}_0R_2)^2} = 9,662$원 $\rightarrow {}_0R_2 = 12.38\%$

8 **연간 표면이자율이 8%인 이표채의 현재 시장이자율은 10%이며 만기까지 3개월 남아 있다. 앞으로도 현재의 시장금리가 계속해서 유지될 것으로 예상된다면 1년 후에 채권가격은 어떻게 변화할 것으로 예상되는가?**

① 현재보다 높아진다. ② 현재보다 낮아진다.
③ 현재와 동일하다. ④ 액면가액과 일치한다.

| 해설 | 표면이자율이 시장이자율보다 낮아 할인채이므로 만기에 접근할수록 액면가액에 수렴한다. 따라서 1년 후의 채권가격은 현재보다 높아질 것이다.

9 **시장금리가 3% 하락하여 채권가격이 500원 상승했다면, 시장금리가 3% 상승하는 경우에 채권가격은 어떻게 변화할 것으로 것인가?**

① 500원보다 높은 비율로 하락한다. ② 500원보다 낮은 비율로 하락한다.
③ 500원보다 높은 비율로 상승한다. ④ 500원보다 낮은 비율로 상승한다.

| 해설 | 이자율하락에 따른 채권가격의 상승폭은 동일한 크기의 이자율상승에 따른 채권가격의 하락폭보다 크다.

10 **다음 중 만기수익률에 대한 설명으로 가장 옳지 않은 것은?**

① 채권을 만기까지 보유하고 중도에 지급된 이자를 만기수익률로 재투자한다고 가정하여 만기수익률을 계산한다.
② 투자자가 채권을 현재가격에 매입하여 만기까지 보유하는 경우에 얻게 되는 내부수익률이다.
③ 순수할인채의 만기수익률은 현물이자율이 되는 반면에 이표채의 만기수익률은 현물이자율과 다를 수 있다.
④ 만기수익률 10%인 이표채를 만기까지 보유하면 연 10%의 수익률을 달성한다.
⑤ 만기수익률 8%인 무이표채를 만기까지 보유하면 연 8%의 수익률을 달성한다.

| 해설 | 이표채는 중도에 지급되는 이자를 만기수익률로 재투자할 수 없으면 사후적인 채권의 수익률은 만기수익률이 되지 않는다.

11 **다음 중 채권수익률의 기간구조에 대한 설명으로 옳지 않은 것은?**

① 기간구조는 다른 조건은 동일하고 만기만 서로 다른 채권들의 현물이자율과 만기의 관계를 나타낸다.
② 선도이자율은 현재시점의 현물이자율에 의해 암시된 미래의 기간당 이자율이다.
③ 불편기대이론에 의하면 어떠한 만기의 채권을 매입하더라도 보유기간 동안의 연 평균수익률은 동일하다.

④ 유동성선호이론은 선도이자율이 미래의 기대현물이자율과 일치하도록 현재시점에서 현물이자율이 결정된다는 이론이다.

⑤ 유동성선호이론에 의하면 투자자들이 미래의 이자율이 일정할 것으로 예상하더라도 우상향의 수익률곡선을 갖는다.

| 해설 | 불편기대가설은 선도이자율이 미래의 기대현물이자율과 일치하도록 현재시점에서 현물이자율이 결정된다는 이론이다. 유동성선호이론은 선도이자율이 미래의 기대현물이자율과 유동성프리미엄의 합과 일치하도록 현재시점에서 현물이자율이 결정된다는 이론이다.

12 **다음 중 채권수익률의 기간구조에 대한 설명으로 옳지 않은 것은?**

① 불편기대이론에서 선도이자율은 미래의 단기이자율에 대한 투자자들의 기대만을 반영한다.

② 만기에만 현금흐름이 발생하는 채권의 만기수익률은 현물이자율과 일치한다.

③ 유동성선호이론에서 수익률곡선이 수평인 것은 미래의 단기이자율이 동일수준에서 계속 유지될 것이라는 것을 의미한다.

④ 장기채의 수익률은 불편기대이론에서는 단기채 수익률의 기하평균으로, 유동성선호이론에서는 단기채 수익률과 유동성프리미엄의 기하평균으로 나타난다.

⑤ 유동성선호이론에서 선도이자율은 미래의 단기이자율에 대한 투자자들의 기대와 유동성프리미엄으로 구성된다.

| 해설 | 유동성선호이론에서 수익률곡선이 수평이라는 것은 미래의 단기이자율이 하락할 것이라는 것을 의미한다.

13 **다음 중 불편기대이론과 유동성선호이론을 비교한 설명한 것으로 옳지 않은 것은?**

① 불편기대이론에서는 선도이자율이 기대현물이자율과 일치한다고 보는 반면에 유동성선호이론에서는 기대현물이자율보다 크다고 본다.

② 유동성선호이론에서의 수익률곡선은 불편기대이론에서보다 높다.

③ 불편기대이론에서는 위험중립형 투자자를 가정하는 반면에 유동성선호이론에서는 위험회피형 투자자를 가정한다.

④ 불편기대이론에서는 단기채와 장기채간에 완전한 대체관계를 가정하는 반면에 유동성선호이론에서는 장기채에 대해 프리미엄을 요구한다.

⑤ 유동성선호이론에 의하면 다른 조건이 일정할 경우 투자자들은 장기채권을 선호한다.

| 해설 | 유동성선호이론에서는 단기채의 유동성이 높기 때문에 다른 조건이 일정하면 투자자들은 단기채를 선호한다.

14 **다음 중 채권의 만기가 길수록 이자율이 커지는 현상을 설명하는 이론은?**

① 인플레이션 프리미엄이론 ② 불편기대가설 ③ 시장분할가설
④ 유동성선호가설 ⑤ 효율적 시장가설

| 해설 | 투자자들은 유동성을 선호하여 장기채보다는 단기채를 선호한다. 따라서 유동성선호가설에서는 장기채의 경우 유동성 부족에 따른 위험프리미엄을 추가로 요구하기 때문에 가격변동위험이 더 커진다고 설명한다.

15 **다음 중 채권에 관한 설명으로 가장 적절하지 않은 것은?**

① 수익률곡선이 우상향일 때 무이표채권의 만기수익률은 동일 조건인 이표채권의 만기수익률보다 작다.
② 수익률곡선이 우상향일 때 선도이자율은 현물이자율보다 크게 나타난다.
③ 표면이자율이 낮은 채권의 가격변화율은 표면이자율이 높은 동일한 조건의 채권보다 이자율변화에 더 민감하게 반응한다.
④ 무이표채권의 듀레이션은 채권의 잔존만기와 동일하다.
⑤ 수의상환채권의 가격은 동일한 조건인 일반채권의 가격보다 낮다.

| 해설 | ①② 우상향 수익률곡선 : ${}_1f_2 > {}_1R_2$ 우하향 수익률곡선 : ${}_1f_2 < {}_1R_2$
③ 동일한 조건의 채권에서 표면이자율이 낮은 채권의 듀레이션이 길기 때문에 이자율변화에 더 민감하게 반응한다.
④ 순수할인채의 듀레이션 = 채권의 만기, 이표채의 듀레이션 〈 채권의 만기
⑤ 수의상환채권은 투자자 입장에서 수의상환위험을 부담하므로 더 높은 만기수익률을 요구함에 따라 수의상환채권의 가격은 일반채권의 가격보다 낮게 형성된다.
수의상환채권(callable bond) 〈 일반사채(straight bond)의 가격
상환조건채권(puttable bond) 〉 일반사채(straight bond)의 가격

16 **다음 중 채권에 대한 설명으로 적절하지 않은 것은?**

① 순수기대이론에 따르면 시장에서 향후 이자율이 상승할 것이라고 기대될 경우에만 우상향하는 수익률곡선이 나타난다.
② 유동성선호이론은 수익률곡선이 항상 우상향 모양을 띠게 된다고 주장한다.
③ 국채의 수익률곡선이 평평할 때 회사채의 수익률곡선은 우상향할 수 있다.
④ 기대이론에 따르면 선도지자율이 미래의 각 기간별 기대현물이자율과 일치한다.
⑤ 3년 만기 회사채 만기수익률이 5년 만기 국채 만기수익률보다 더 낮을 수 있다.

| 해설 | ①④ 순수기대이론에 따르면 선도이자율은 미래 기대현물이자율과 일치하므로 향후 시장이자율의 상승이 예상되는 경우에만 우상향하는 수익률곡선이 나타난다.
② 유동성선호이론에 따르면 선도이자율은 미래 기대현물이자율과 유동성프리미엄에 의해 결정되며 수익률곡선은 우상향, 우하향, 평평한 곡선이 모두 가능하다.
③⑤ 회사채는 채무불이행위험이 있지만 국채는 채무불이행위험이 없기 때문에 동일한 조건하에서는 회사채의 수익률이 국채의 수익률보다 더 높다.

17 **다음 중 채권에 관한 설명으로 옳은 것은?**

① 이자율 기간구조상에서 만기가 긴 채권의 만기수익률은 만기가 짧은 채권의 만기수익률보다 항상 높다.

② 다른 조건이 동일하다면 유동성위험이 큰 채권의 만기수익률은 유동성위험이 낮은 채권의 만기수익률보다 낮다.

③ 만기가 긴 채권의 듀레이션이 만기가 짧은 채권의 듀레이션보다 클 수도 있고 작을 수도 있다.

④ 다른 조건이 동일하다면 수의상환조건이 있는 채권의 만기수익률은 수의상환조건이 없는 채권의 만기수익률보다 낮다.

⑤ 일반적으로 채권의 가격위험은 채권의 만기와 관련이 없다.

| 해설 | ① 순수기대이론에서 미래의 시장이자율이 상승할 것으로 예상되면 수익률곡선이 우상향으로 나타난다. 그러나 수익률곡선이 항상 우상향하는 것은 아니다.

② 유동성위험이 큰 채권은 위험프리미엄(RP)이 증가하여 만기수익률이 더 높게 된다.

③ 듀레이션은 만기, 시장이자율, 표면이자율의 크기에 따라서 달라진다. 다른 조건이 동일하면 만기가 길수록 듀레이션이 길지만 현금흐름의 형태가 다르다면 만기가 짧아도 듀레이션이 길 수 있다. 예컨대 5년 만기 할인채가 6년 만기 이표채보다 듀레이션이 길 수 있다.

④ 수의상환채권에서 투자자는 수의상환위험이 있으므로 더 높은 수익률을 요구하게 된다. 수의상환사채의 가격<일반사채의 가격, 수의상환사채의 수익률>일반사채의 수익률

⑤ 다른 조건이 동일하면 만기가 길수록 듀레이션이 길어지기 때문에 시장이자율의 변동에 따른 채권가격변동위험은 커진다.

18 **어느 채권에 대한 자료가 다음과 같으며 약속수익률이 16%이고 무위험이자율이 8%이면 채무불이행위험에 대한 프리미엄과 수익률 스프레드는 얼마인가?**

실현수익률	−100%	−89%	16%
확률	1%	5%	94%

	채무불이행 프리미엄	수익률 스프레드
①	1.59%	6.41%
②	1.59%	9.59%
③	6.41%	8.00%
④	6.41%	9.59%
⑤	9.59%	1.59%

| 해설 | 기대수익률 = (−100%)×0.01+(−89%)×0.05+16%×0.94 = 9.59%

채무불이행위험에 대한 프리미엄 = 16%−9.59% = 6.41%

수익률 스프레드 = 16%−8% = 8%

19 **다음 중 채권투자시 분산투자로 제거할 수 없는 위험은?**

① 이자율변동위험　② 채무불이행위험

③ 수의상환위험　④ 유동성위험

| 해설 | 채무불이행위험, 수의상환위험, 유동성위험은 채권시장과 무관한 개별기업의 비체계적 위험이므로 분산투자를 통해 제거할 수 있다. 그러나 이자율변동위험과 인플레이션위험은 전체 채권시장에 영향을 미치는 체계적 위험이므로 분산투자를 통해 제거할 수 없다.

20 **다음 중 채권수익률의 위험구조에 대한 설명으로 옳지 않은 것은?**

① 채무불이행 위험이 높을수록 채권자들이 요구하는 수익률은 높아진다.

② 기대인플레이션이 높을수록 채권가격은 낮아진다.

③ 수의상환채권의 수익률은 수의상환권이 없는 일반채권의 수익률보다 낮다.

④ 유동성위험이 높을수록 채권가격은 낮아진다.

⑤ 채무불이행위험은 채권발행자가 약정대로 원리금을 상환하지 못할 가능성이다.

| 해설 | 수의상환권이 있는 채권은 없는 채권에 비해 약속된 수익률이 실현되지 않을 가능성이 높아 투자자들은 불확실성에 따른 위험프리미엄을 요구할 것이므로 명목수익률은 상승하고 채권가격은 하락한다.

정답

1.④ 2.⑤ 3.⑤ 4.⑤ 5.④ 6.④ 7.③ 8.① 9.② 10.④
11.④ 12.③ 13.⑤ 14.④ 15.① 16.② 17.③ 18.③ 19.① 20.③

C·h·a·p·t·e·r **08**

채권투자의 전략

시장이자율의 변화에 따른 채권가격의 변화정도는 듀레이션과 볼록성을 이용하여 측정할 수 있다. 채권투자전략에는 채권투자에 따른 위험을 최소화하기 위한 소극적 투자전략과 채권에 투자하여 초과이익을 얻고자 하는 적극적 투자전략이 있다. 채권포트폴리오관리에서는 이자율 변동위험을 제거하는 면역전략이 중요하다.

제1절 채권의 듀레이션

시장이자율의 변화에 따른 채권가격의 변화를 정확히 측정하려면 듀레이션과 볼록성이 동시에 고려되어야 한다. 그러나 이자율의 변동이 작을 경우에는 듀레이션에 의해 측정되는 접선상의 채권가격과 실제 채권가격이 거의 동일하게 나타나서 듀레이션이 채권가격의 변동을 측정하는 유용한 수단이 될 수 있다.

1. 듀레이션의 의의

듀레이션(D : duration)은 McCaulay가 이자율의 변화에 따른 채권가격의 민감도를 측정하고자 고안했으며 채권투자에서 발생하는 현금흐름을 회수하는 데 걸리는 평균기간을 말한다. 각 기간별 현금흐름의 현재가치가 전체 현금흐름의 현재가치에서 차지하는 비율을 가중치로 하여 현금흐름이 발생하는 기간을 곱해 산출한다.

$$D = \sum_{t=1}^{n} t \times \frac{\frac{C_t}{(1+r)^t}}{\sum_{t=1}^{n} \frac{C_t}{(1+r)^t}} = \sum_{t=1}^{n} t \times \frac{\frac{C_t}{(1+r)^t}}{P_0} \tag{8.1}$$

예제 8-1 듀레이션의 계산

고려기업은 액면가액이 10,000원이고 표면이자율이 연 12% 이자후급이며 만기 3년의 채권을 발행하였다. 시장이자율을 10%로 가정하여 고려기업이 발행한 채권의 시장가격과 듀레이션을 계산하시오.

풀이

1. 채권의 시장가격

$$P_0 = \frac{1,200}{(1+0.10)^1} + \frac{1,200}{(1+0.10)^2} + \frac{11,200}{(1+0.10)^3} = 10,497$$

2. 채권의 듀레이션

한편 듀레이션의 계산과정을 식으로 표시하면 다음과 같다.

기간	C	PVIF(10%)	C의 현재가치	가중치	가중치×기간
1	1,200	0.9091	1,090.92	0.1039	0.1039
2	1,200	0.8265	991.80	0.0945	0.1890
3	11,200	0.7513	8,414.56	0.8016	2.4049
합계			P=10,497.28		D=2.6977

$$D = [1\times\frac{1,200}{(1.1)^1}+2\times\frac{1,200}{(1.1)^2}+3\times\frac{11,200}{(1.1)^3}]\frac{1}{10,497.28} = 2.6977\text{년}$$

일반적으로 채권의 기간을 나타내는 보편적인 척도로 만기를 사용한다. 그러나 만기는 최종현금흐름이 발생하는 시점까지의 기간을 나타낼 뿐 만기 이전에 발생하는 현금흐름에 대해서는 아무런 정보도 제공하지 못한다. 반면에 듀레이션은 만기 이전에 발생하는 현금흐름도 모두 고려하는 평균상환기간을 말한다.

듀레이션은 현금흐름의 형태에 따라 다른 특성을 갖는다. 채권의 종류별로 살펴보면 이표채의 듀레이션은 만기보다 짧다. 이표채에 투자하면 전체현금의 일부가 이자를 통해 만기 이전에 회수되기 때문이다. 무이표채의 듀레이션은 만기와 일치한다. 무이표채에 투자하면 현금흐름이 만기에만 발생하기 때문이다.

그러나 만기가 무한대인 영구채의 듀레이션은 시장이자율이 변동하지 않는다면 시간의 경과에 관계없이 일정한 값을 갖는다. 영구채의 만기는 무한대이지만 듀레이션은 유한하며, 그 크기는 시장이자율에 의해 결정되기 때문이다. 따라서 영구채의 듀레이션은 다음과 같은 공식을 이용하여 구할 수 있다.

$$D = \frac{1+r}{r} \tag{8.2}$$

그리고 채권포트폴리오에 포함되는 개별채권들의 만기수익률이 모두 동일하다고 가정하면 채권포트폴리오의 듀레이션은 개별채권들의 듀레이션(D_i)을 개별채권에 대한 투자비율(W_i)로 가중평균하여 구할 수 있다.

$$D_p = \sum_{i=1}^{n} D_i \times W_i \tag{8.3}$$

2. 듀레이션의 특징

듀레이션은 채권의 만기, 표면이자율, 시장이자율, 이자지급회수의 네 가지 요인에 의해 영향을 받는다. 다른 조건이 동일한 경우에 채권의 만기가 길수록, 표면이자율과 만기수익률이 낮을수록, 이자지급회수가 감소할수록 듀레이션은 길어진다. 그러나 만기와 듀레이션의 관계는 채권의 발행형태에 따라 달라진다.

(1) 듀레이션과 만기

다른 조건이 동일한 경우에 채권의 만기가 길수록 듀레이션은 길어진다. 이것은 만기가 길수록 원리금의 회수기간이 길어지기 때문이다. 그러나 만기와 듀레이션의 관계는 다소 복잡하여 채권의 발행형태에 따라 달라진다. 채권의 발행형태에 따른 만기와 듀레이션의 관계는 [그림 8-1]에 제시되어 있다.

┃그림 8-1┃ 만기와 듀레이션의 관계

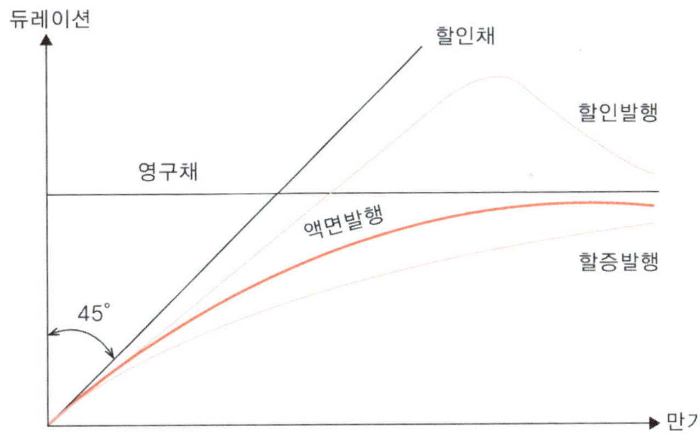

순수할인채는 만기일에만 현금흐름이 발생하기 때문에 듀레이션은 항상 만기와 동일하여 45° 대각선상에 표시된다. 한편 영구채는 만기의 변동에 관계없이 듀레이션이 $(1+r)/r$로 일정하다. 그리고 이표채는 만기가 길수록 듀레이션이 증가하지만 그 증가율은 체감하는 양상을 보이고 있어 약간 차이가 있다.

(2) 듀레이션과 표면이자율

다른 조건이 동일한 경우에 표면이자율이 높을수록 듀레이션은 짧아진다. 표면이자율이 높을수록 각 기간별 현금흐름이 동일액씩 증가하지만 그 현재가치는 현재에 가까운 시점의 현금흐름일수록 크게 나타나기 때문이다. 따라서 가까운 시점의 가중치는 커지고 먼 시점의 가중치는 작아지므로 듀레이션은 짧아진다.

(3) 듀레이션과 만기수익률

다른 조건이 동일한 경우에 만기수익률이 높을수록 듀레이션은 짧아진다. 만기수익률이 높을수록 미래현금흐름의 현재가치가 감소하는데, 현재로부터 먼 시점의 현금흐름일수록 더 큰 폭으로 감소하기 때문이다. 따라서 가까운 시점의 가중치는 커지고 먼 시점의 가중치는 작아지므로 듀레이션은 짧아진다.

3. 듀레이션과 채권가격변화

듀레이션은 채권현금흐름의 현재가치로부터 채권투자금액을 회수하는 데 걸리는 평균회수기간의 의미뿐만 아니라 시장이자율의 변화에 대한 채권가격의 변화정도인 민감도의 의미도 가지고 있다. 따라서 듀레이션을 이용하면 시장이자율이 변화할 경우에 채권가격이 어떻게 변화할 것인지를 쉽게 파악할 수 있다.

(1) 듀레이션과 채권가격의 이자율탄력성

시장이자율이 변화하면 채권가격이 변화하게 되는데, 일정한 이자율 변화에 대해 채권가격이 어느 정도 변화할 것인가는 채권가격의 이자율탄력성을 이용하여 측정할 수 있다. 시장이자율의 변화에 따른 채권가격의 변화정도를 측정하는 채권가격의 이자율탄력성(ε)은 다음과 같이 듀레이션을 이용하여 구할 수 있다.

$$\varepsilon = \frac{dP_0/P_0}{dr/r} = -\left(\frac{r}{1+r}\right)D \tag{8.4}$$

식(8.4)에서 채권가격의 이자율탄력성은 음수(−)로 나타나는데, 이는 채권가격의변화가 시장이자율의 변화와 반비례관계에 있음을 의미한다. 또한 듀레이션이 길수록 채권가격의 이자율탄력성이 크게 나타나는데, 이는 듀레이션이 긴 채권이 일정한 시장이자율의 변화에 따른 채권가격의 변화율이 큰 채권임을 의미한다.

(2) 듀레이션과 채권가격변화위험

다른 조건이 동일하다면 만기가 길수록, 표면이자율과 만기수익률이 낮을수록 채권가격의 변동위험이 크게 나타난다. 따라서 이자율하락이 예상되면 만기가 길고 표면이자율이 낮은 채권을 매입하여 자본이득을 극대화하고, 이자율상승이 예상되면 만기가 짧고 표면이자율이 높은 채권을 매입하면 자본손실을 극소화할 수 있다.

(3) 듀레이션을 이용한 채권가격변화

채권가격의 이자율탄력성으로부터 이자율이 r에서 dr만큼 변화할 때 듀레이션에 의해 예측되는 채권가격변화율은 다음과 같다.

$$\frac{dP_0}{P_0} = -\frac{dr}{1+r} \times D \tag{8.5}$$

식(8.5)의 양변에 P_0을 곱하여 정리하면 채권가격변화액은 다음과 같다.

$$dP_0 = -\frac{D}{1+r} \times dr \times P_0 \tag{8.6}$$

이자율이 r에서 dr만큼 변화하여 r′가 되었을 때 채권가격은 다음과 같다.

$$P_0(r) = P_0 - \frac{D}{1+r} \times dr \times P_0 \tag{8.7}$$

이와 같이 예측된 채권가격은 채권가격선의 접선에 의해 예측된 값으로 이자율의 변화가 작을 경우에만 의미가 있고 듀레이션을 이용한 채권가격은 실제의 채권가격과 차이가 발생한다. 따라서 듀레이션은 물론 볼록성까지 추가로 고려하면 시장이자율의 변화에 따른 채권가격의 변화액을 정확히 추정할 수 있게 된다.

▌그림 8-2▐ 듀레이션과 채권가격변화

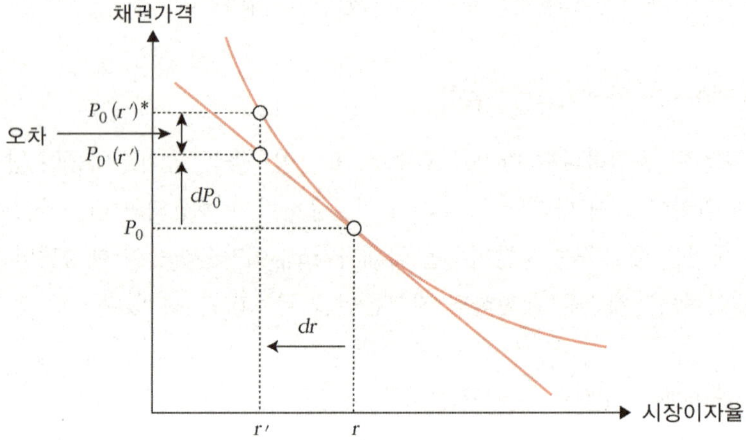

예제 8-2 듀레이션을 이용한 채권가격의 변화

연세기업은 액면가액이 10,000원이고 표면이자율 연 10% 이자후급이며 만기 3년의 채권을 발행하고자 한다. 시장이자율을 8%로 가정하여 다음 물음에 답하시오.

1. 연세기업이 발행하는 채권의 현재 시장가격을 계산하시오.
2. 연세기업이 발행하는 채권의 듀레이션을 계산하시오.
3. 시장이자율이 8%에서 10%로 상승할 경우 채권의 가격은 얼마나 변화하는가?
4. 3에서 연세기업 채권의 새로운 가격을 계산하시오.
5. 시장이자율이 10%일 때 실제 채권가격을 계산하고 4의 결과와 비교하시오.

풀이

1. 연세기업이 발행하는 채권의 시장가격은 다음과 같이 구할 수 있다.

$$P_0 = \frac{1,000}{(1+0.08)^1} + \frac{1,000}{(1+0.08)^2} + \frac{11,000}{(1+0.08)^3} = 10,515.42\text{원}$$

2. 연세기업이 발행하는 채권의 듀레이션은 다음과 같이 구할 수 있다.

$$D = [1 \times \frac{1,000}{(1.08)^1} + 2 \times \frac{1,000}{(1.08)^2} + 3 \times \frac{11,000}{(1.08)^3}] \frac{1}{10,515.42} = 2.74\text{년}$$

3. $dP_0 = -\frac{D}{1+r} \times dr \times P_0 = -\frac{2.74}{1.08} \times (0.02) \times (10,515.42) = -533.56\text{원}$

4. 3으로부터 연세기업 채권의 새로운 가격은 다음과 같이 구할 수 있다.

$P_0 = 10,515.42 - 533.56 = 9,981.86$원

5. 시장이자율이 10%일 때 실제 채권가격은 다음과 같이 구할 수 있다.

$$P_0 = \frac{1,000}{(1+0.1)^1} + \frac{1,000}{(1+0.10)^2} + \frac{11,000}{(1+0.10)^3} = 10,000$$

4의 결과와 비교하면 듀레이션으로 측정된 채권가격이 실제 채권가격보다 적다. 이는 채권가격과 채권수익률의 관계가 선형이 아닌 원점에 볼록한 형태를 가지고 있기 때문이다.

4. 듀레이션의 한계점

이자율의 변화가 작을 경우에는 듀레이션에 의해 측정되는 접선상의 채권가격과 실제 채권가격이 거의 동일하여 듀레이션이 채권가격의 변화를 측정하는 유용한 수단이 될 수 있다. 그러나 이자율의 변화가 클 경우에는 듀레이션에 의해 예측된 채권가격과 실제 채권가격간의 오차가 발생하여 볼록성을 추가로 고려해야 한다.

또한 맥콜리의 듀레이션은 모든 기간의 현금흐름에 동일한 이자율을 적용하고, 모든 기간의 이자율이 동일한 폭만큼 변화하므로 모든 기간의 현물이자율이 동일한 수평의 수익률곡선을 가정하고 있다. 따라서 시장이자율이 기간마다 다르거나 시장이자율의 변화가 기간마다 다르다면 맥콜리의 듀레이션을 이용할 수 없다.

제2절 채권의 볼록성

1. 볼록성의 개념

듀레이션을 이용하여 측정한 채권가격의 변화가 실제 채권가격의 변화와 다른 것은 이자율과 채권가격의 관계는 원점에 볼록한 형태의 곡선인데, 듀레이션을 이용하여 측정한 채권가격의 변화는 이자율과 채권가격이 선형관계를 갖는다고 가정하기 때문이다. [그림 8-3]에서 채권가격선이 볼록할수록 차이가 크게 나타난다.

볼록성(convexity)은 시장이자율과 채권가격간의 관계를 나타내는 채권가격선의 볼록한 정도를 말한다. 수학적으로는 이자율의 변화에 따른 채권가격선의 기울기의 변화율을 나타내며 채권가격을 이자율로 2차 미분한 값에 해당한다. 따라서 볼록성을 고려하면 듀레이션에 의해 예측된 채권가격의 오차문제를 해결할 수 있다.

❙그림 8-3❙ 볼록성과 듀레이션의 오차

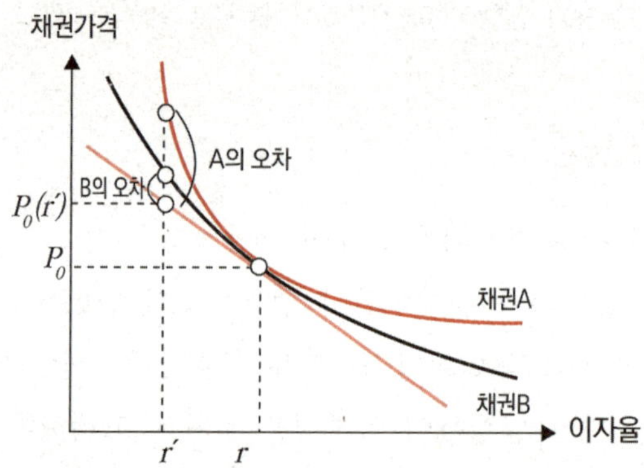

2. 볼록성과 채권가격변동

테일러 확장식에 의하면 시장이자율이 r에서 dr만큼 변화하여 r′가 되었을 경우 채권가격 P(r′)는 시장이자율 변동 전의 채권가격(P_0)와 다음의 관계를 갖는다.

$$P_0(r) = P_0 + \frac{1}{1} P_0 dr + \frac{1}{2} P_0 (dr)^2 + 3\text{차항 이상의 합} \qquad (8.8)$$

P_0 : 채권가격의 이자율에 대한 1차 미분항

P_0 : 채권가격의 이자율에 대한 2차 미분항

식(7.8)에서 3차항 이상의 합은 거의 0에 가까운 값이므로 0으로 놓고 우변의 P를 좌변으로 이항시키면, 좌변은 $P_0(r) - P_0$가 되어 채권가격의 변화액을 의미한다. 따라서 이자율 변화에 따른 채권가격 변화액(dP_0)은 다음과 같이 측정할 수 있다.

$$dP_0 = P_0 dr + \frac{1}{2} P_0 (dr)^2 \tag{8.9}$$

식(8.9)의 양변을 채권의 현재가격 P_0로 나누면 다음과 같다.

$$\frac{dP_0}{P_0} = P_0 \frac{1}{P_0} dr + \frac{1}{2} P_0 \frac{1}{P_0} (dr)^2 \tag{8.10}$$

식(8.10)의 우변에서 ①은 듀레이션을 이용하여 측정한 채권가격 변화율을 나타내고, ②는 볼록성에 의한 채권가격 변화율을 나타낸다. 따라서 채권의 볼록성은 채권가격의 시장이자율에 대한 2차 미분항을 이용하여 다음과 같이 구할 수 있다.

$$C = \frac{1}{2} P_0 \frac{1}{P_0} = \frac{1}{2} \sum_{t=1}^{n} \frac{t(t+1)C_t}{(1+r)^{t+2}} \frac{1}{P_0} \tag{8.11}$$

시장이자율이 r에서 dr만큼 변화할 경우의 볼록성에 의한 채권가격변화율과 채권가격변화액은 다음과 같다.

$$\frac{dP_0}{P_0} = C(dr)^2$$

$$dP_0 = C(dr)^2 P_0 \tag{8.12}$$

따라서 듀레이션과 볼록성을 모두 이용하면 시장이자율 변화후의 채권가격은 다음과 같이 구할 수 있다. 이렇게 계산한 채권가격은 실제 채권가격과 거의 일치하게 된다.

$$P_0(r') = P_0 - \frac{D}{1+r} dr P_0 + C(dr)^2 P_0 \tag{8.13}$$

제3절 채권의 투자전략

1. 소극적 채권투자전략

소극적 채권투자전략은 채권시장이 효율적임을 전제로 채권투자에 따른 이자율변동위험을 최소화시키고자 하는 방어적 전략을 말한다. 채권시장이 효율적이면 시장평균보다 더 높은 성과를 얻기가 어렵기 때문에 위험을 최소화하는 전략이 효과적이다. 소극적 채권투자전략은 면역전략과 만기전략으로 구분된다.

(1) 채권면역전략

일반적으로 채권은 확정이자부증권으로 투자자가 채권에 투자하면 정기적인 확정이자의 지급과 만기시 원금의 상환을 보장받게 되어 주식투자에 비해 상대적으로 안정성을 갖는 투자대상이다. 그러나 채권도 주식과 마찬가지로 채권고유의 위험을 내포하고 있으며 이자율변화에 따른 위험이 가장 중요시되고 있다.

채권투자와 관련된 시장이자율의 변화위험은 가격변동위험과 재투자수익변동위험으로 구분되는데, 시장이자율이 변화하면 이들은 서로 반대방향으로 움직인다. 즉 시장이자율이 상승하면 채권가격은 하락하나 재투자수익은 증가하고, 시장이자율이 하락하면 채권가격은 상승하나 재투자수익은 감소한다.

따라서 두 효과를 적절히 상쇄시키면 체계적 위험인 이자율변화위험을 제거할 수 있어 이자율이 급변하는 투자환경 속에서도 투자자산을 방어할 수 있다는 매혹적인 결론에 이르게 된다. 이처럼 이자율변화의 상쇄효과에 착안하여 이자율변동이라는 시장위험을 회피하려는 채권투자전략이 면역전략이다.

| 그림 8-4 | 채권투자시 가격위험과 재투자수익위험

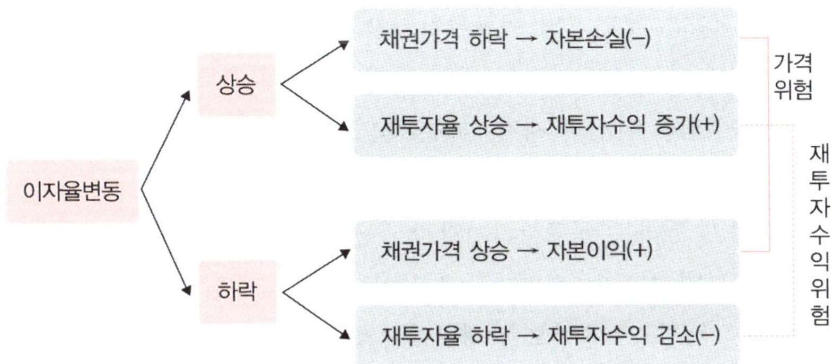

요컨대 면역전략(immunization strategy)은 채권포트폴리오의 듀레이션과 채권투자기간을 일치시키면 채권투자종료시(목표시점) 채권포트폴리오의 실현수익률이 투자기간 동안의 시장이자율의 변화에 관계없이 약속수익률을 상회하게 될 것을 보장하는 전략을 말하며 듀레이션의 개념을 기초로 하고 있다.

즉 투자기간을 듀레이션과 일치시키면 이자율변화위험을 회피할 수 있는 면역상태가 가능하게 되어 미래현금흐름의 편차를 적게 하면서 약속수익률을 달성할 수 있다. 예컨대 어느 채권투자자가 2.7년 후에 자금이 필요한데 이자율변화위험을 제거하고 싶으면 듀레이션이 2.7년인 채권에 투자하면 된다.

따라서 채권면역전략은 시장이자율이 변화하면 채권가격위험과 재투자수익위험이 서로 반대방향으로 움직인다는 상쇄효과에 착안하여 이자율변화위험을 제거하려는 채권투자전략으로 이용이 확산되고 있다. 그러나 면역전략의 일반적인 적용에 다음과 같은 현실적인 문제점들이 없는 것은 아니다.

먼저 채권에 대한 투자규모가 상당액 이상이어야 하므로 소액투자자는 이용하기 어렵고 여러 채권에 대한 듀레이션을 계산하려면 컴퓨터시스템의 이용이 전제되어야 하며 완벽하게 이자율변동위험을 제거시키려면 이자율이 변화할 때마다 모든 채권의 듀레이션이 조금씩 변하므로 채권포트폴리오를 재면역시켜야 한다.

또한 투자자들이 실제로 원하는 목표투자기간과 동일한 듀레이션을 갖는 채권을 찾는다는 것은 쉬운 일이 아니다. 그러나 듀레이션은 가법성을 갖기 때문에 여러 가지 채권을 결합시켜 원하는 듀레이션의 채권포트폴리오를 구성할 수 있다. 채권면역전략은 목표시기면역전략과 순자산가치면역전략으로 구분된다.

1) 목표시기면역전략

목표시기면역전략은 투자자의 목표투자기간과 동일한 듀레이션을 갖는 채권에 투자하면 이자율변화에 따른 채권가격의 변화와 액면이자의 재투자수익의 변화가 서로 상쇄되어 이자율변화위험을 완전히 제거시키는 면역전략을 말하며 미래현금흐름의 편차를 적게 하면서 약속수익률을 얻을 수 있게 된다.

그러나 투자자가 원하는 목표투자기간과 동일한 듀레이션을 갖는 채권을 찾는다는 것은 쉬운 일이 아니며 시간이 경과하고 시장이자율이 변화할 때마다 채권의 듀레이션이 조금씩 변하므로 채권포트폴리오를 재면역시켜야 하고 채권포트폴리오를 재구성함에 따라 거래비용이 증가한다는 문제점이 있다.

예제 8-3 목표시기면역전략

서강기업은 액면가액 10,000원이고 표면이자율 연 12% 이자후급이며 시장이자율은 8%, 만기 3년의 채권을 발행하였다. 시장이자율이 10%로 상승할 경우 채권의 시장가격은 10,497원이고 듀레이션은 2,6977년이다. 다음 물음에 답하시오.

1. 시장이자율이 8%로 불변인 경우 2.7년 후 투자자의 부를 계산하시오.
2. 시장이자율이 10%로 상승한 경우 2.7년 후 투자자의 부를 계산하시오.

풀이

1. 시장이자율이 8%로 유지될 경우 2.7년 후에 투자자의 부는 13,578원이 된다.

① 이자소득의 재투자수입은 이자수입이 있을 때마다 남은 기간 재투자수익률 8%에 재투자한다.

$1{,}200(1.08)^{1.7} + 1{,}200(1.08)^{0.7} = 1{,}368 + 1{,}264 = 2{,}634$원

② 2.7년 시점에서 채권의 매각대금은 시장이자율 8%로 할인하여 구한다.

$11{,}200/(1.08)^{3-2.7} = 10{,}944$원

∴ 2.7년 후의 부 = ①+② = 2,634+10,944 = 13,578원

2. 시장이자율이 8%로 상승할 경우 2.7년 후에 투자자의 부는 13,578원이 된다.

① 이자소득의 재투자수입은 이자수입이 있을 때마다 남은 기간 재투자수익률 10%에 재투자한다.

$1{,}200(1.10)^{1.7} + 1{,}200(1.10)^{0.7} = 1{,}411 + 1{,}283 = 2{,}694$원

② 2.7년 시점에서 채권의 매각대금은 시장이자율 10%로 할인하여 구한다.

$11{,}200/(1.10)^{3-2.7} = 10{,}884$원

∴ 2.7년 후의 부 = ①+② = 2,694+10,884 = 13,578원

시장이자율이 8%에서 10%로 상승하면 자본손실이 60원 발생하지만, 이자수입의 재투자 수익은 60원 증가하는 소득효과가 발생하여 서로 상쇄됨으로써 시장이자율이 8%로 유지되었을 경우 부와 동일하게 되어 이자율변동위험을 제거시키는 채권면역이 가능하게 된다.

2) 순자산가치면역전략

순자산가치면역전략은 시장이자율이 변화하면 자산가치의 변동과 부채가치의 변동이 서로 달라져서 순자산가치가 변동하는 경우에 자산과 부채의 듀레이션을 적절하게 조정하여 이자율변화에 따른 자산가치변화액과 부채가치변화액을 상쇄시킴으로써 순자산가치의 변화위험을 제거하기 위한 투자전략을 말한다.

자산의 시장가치를 A, 부채의 시장가치를 L, 자산의 듀레이션을 D_A, 부채의 듀레이션을 D_L이라고 하면 시장이자율의 변화에 따른 자산가치의 변화액(dA)과 부채가치의 변화액(dL)은 식(8.6)으로부터 다음과 같이 나타낼 수 있다.

$$dA = -\frac{D_A}{1+r} \times dr \times A \tag{8.14}$$

$$dL = -\frac{D_L}{1+r} \times dr \times L \tag{8.15}$$

식(8.14)와 식(8.15)에서 dA=dL이 되면 시장이자율의 변동에 따른 순자산가치의 변화위험을 제거할 수 있게 된다. 따라서 자산과 부채의 시장이자율과 시장이자율의 변동이 동일하다면 다음의 관계가 성립하도록 자산과 부채를 구성할 경우 dA=dL이 되어 순자산가치의 변화위험을 제거할 수 있다.

$$D_A \times A = D_L \times L \tag{8.16}$$

그리고 자산의 시장가치와 부채의 시장가치가 동일한 경우에는 $D_A=D_L$이 되도록 자산과 부채를 구성하면 dA=dL이 되어 순자산가치변화위험을 제거할 수 있다.

$$D_A = D_L \tag{8.17}$$

(2) 만기구성전략

1) 래더형 전략

래더형 전략은 채권의 투자자금을 단기채부터 장기채까지 보유량을 동일하게 유지하여 이자율변동으로 인한 위험을 평준화시키고 수익성도 어느 정도 확보하려는 만기구성전략을 말한다. 예를 들면 만기 1년물부터 10년물까지 투자자금의 10%씩을 균등하게 분배하는 방법을 말한다.

래더형 전략은 채권포트폴리오를 구성하여 1년 후에 최단기채가 상환되면 상환금액을 10년물에 재투자하여 그 시점에서 채권포트폴리오는 다시 1년물부터 10년물까지 균등하게 배분되어 관리가 용이하고 평균수익률이 상대적으로 높으며 이자율예측이 필요하지 않다는 장점이 있다.

그러나 래더형 전략은 시장이자율 예측에 관계없이 상환금액을 즉시 기계적으로 재투자하기 때문에 평균적으로 수익률은 높지만 이자율변화위험을 유리하게 이용하여 수익을 극대화하려는 적극적인 채권투자전략에 비해서 아무래도 수익성이 낮을 수밖에 없다는 단점이 존재한다.

2) 바벨형 전략

바벨형 전략은 채권의 잔존기간의 장단에 따라 최단기채에서 최장기채까지 골고루 편입하는 래더형 전략과는 달리 단기채와 장기채만으로 포트폴리오를 구성하고 중기채는 포트폴리오에 편입하지 않아 이자율변화로 인한 위험을 평준화하면서 유동성과 수익성을 동시에 확보하려는 전략을 말한다.

바벨형 전략의 기본개념은 중기채는 장기채에 비해 표면금리 및 가치상승에 의한 이익이 적고, 단기채만큼 가치하락에 대해 강하지 않다. [표 8-1]에서 보는 바와 같이 장기채는 시장이자률이 하락할 때의 가격상승폭이 크고 시장이자율이 상승할 때의 가격하락률도 크며 환금성은 단기채만큼 풍부하지 못하다.

| 표 8-1 | 장기채와 단기채의 비교

구분	단기채	장기채
유동성	크다	작다
수익성	낮다	높다
가격변동성	작다	크다

바벨형 전략은 단기채의 유동성과 장기채의 수익성이 맞물려 이자율변화위험을 상쇄시키고 장래의 금리전망이 확실하면 단기채 또는 장기채 주력형으로 전환하여 수익성을 높일 수 있다. 그러나 매년 장기채를 매입해야 하므로 관리가 어렵고 장기채의 교환에 따른 수수료가 증가한다는 단점이 있다.

2. 적극적 채권투자전략

적극적 채권투자전략은 시장이자율의 변화위험을 유리하게 이용하여 채권투자를 통해 얻을 수 있는 이자수입, 이자를 재투자해서 얻는 수익, 시세차익을 추구하는 전략을 말한다. 적극적 투자전략에는 이자율예측에 의한 만기구성선략, 채권스왑전략, 수익률 곡선타기전략, 스프레드 운용, 조건부 면역전략 등이 있다.

(1) 이자율예측에 의한 만기구성전략

채권포트폴리오의 만기구성을 가능한 유리하게 하려면 무엇보다도 정확한 이자율 전망이 선행되어야 하며, 그 전망에 기초하여 채권포트폴리오의 만기구성을 그때그때 적절히 변경시키지 않으면 안 된다. 또한 이자율은 경기변동에 따라 움직이는 경향이 있으므로 경기변동도 감안할 필요가 있다.

이자율 하락이 예상되는 경우에는 장기채일수록 가격상승폭이 커지므로 시세차익을 적극적으로 얻고자 한다면 채권포트폴리오 전체의 만기구성을 가능한 한 길게 하는 것이 유리하다. 또한 표면이자율이 낮은 채권의 포트폴리오가 이자율 하락에 따른 가격 상승이익을 보다 많이 올릴 수 있다.

이자율 상승이 예상되는 경우에는 장기채를 많이 보유하면 가격하락폭이 단기채에 비해 커지게 되어 큰 손실을 입는다. 따라서 이자율 상승에 따른 손실을 최소화하려면 가격하락폭이 작은 단기채 중심의 포트폴리오가 효과적이다. 또한 표면이자율이 높은 채권의 포트폴리오가 손실을 최소화할 수 있다.

| 그림 8-5 | 채권포트폴리오 만기구성 패턴

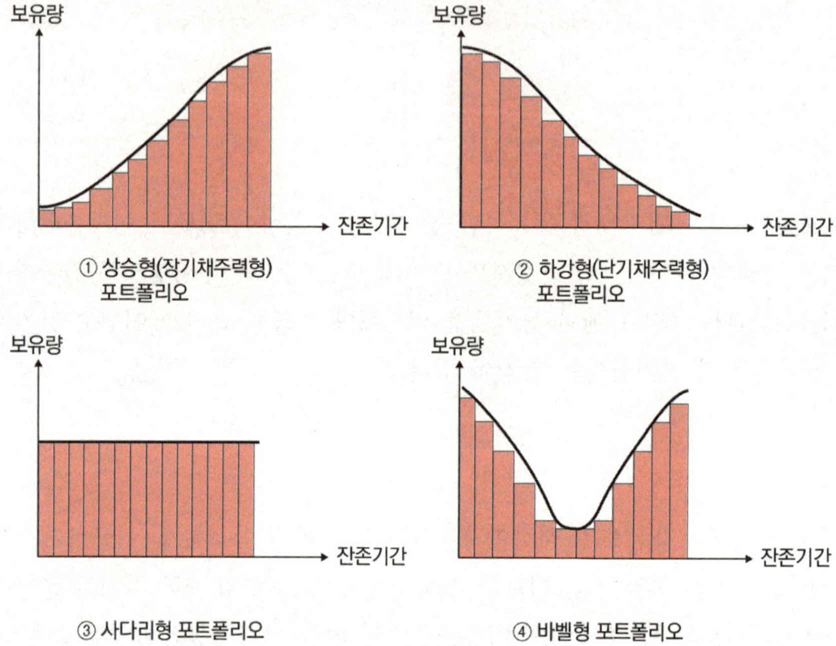

이자율 수준이 보합을 형성하여 향후의 이자율 전망이 불투명하면 상승형 또는 하강형의 패턴을 취하는 것보다는 이자율 상승과 하락에 대처할 수 있도록 채권포트폴리오를 구성하는 것이 바람직하다. 즉 이자율이 상승국면으로 진입하면 단기채, 하락국면으로 진입하면 장기채로 변경하는 것이 필요하다.

그리고 시장이자율은 경기순환변동에 따라 움직이는 경향이 있으므로 이자율 예측을 할 때 경기순환변동을 감안해야 한다. 따라서 호황이나 이자율 상승이 예상되면 채권의 만기구성을 단기화하고, 불황이나 이자율 하락이 예상되면 채권의 만기구성을 장기화하여 투자수익을 극대화시키는 전략이 필요하다.

(2) 채권스왑전략

스왑전략은 본래 단기적인 매매차익을 얻기 위한 목적에서 채권의 수익률, 만기, 향후의 이자율변화, 세금관계 등 채권가격에 영향을 미칠 수 있는 요인들을 종합적으로 고려하여 현재 보유하고 있는 채권을 수익성이 더 좋을 것으로 예상되는 새로운 채권으로 교체하는 투자전략을 말한다.

1) 대체스왑

대체스왑(substitution swap)은 현재 보유한 채권과 유사한 조건의 새로운 채권이 발행될 때 일시적인 공급초과로 현재의 채권보다 조금 낮은 가격에 발행되는 것을 이용하여 보유한 채권을 매도하고 새로운 채권을 매입하여 두 채권가격간의 차이만큼 이익을 얻는 전략을 말하며 일종의 금리차익거래라고 할 수 있다.

예를 들어 만기 30년, 표면이자율, 7%, 채권등급 AAA의 어느 회사채가 액면가액 10,000원에 판매되고 있다. 만약 이 회사채와 동일한 채권이 새로 발행되면서 일시적인 공급과다로 9,800원에 판매된다면 채권관리자는 앞의 채권을 매도하고 뒤의 채권을 매입함으로써 수익률을 높이거나 자본차익을 남길 수 있다.

2) 이자율예상스왑

금리예상스왑(interest rate anticipation swap)은 전체적인 금리수준의 변동성을 미리 예측하여 이러한 변화가 실제로 일어났을 때 유리하도록 단기채를 장기채 또는 장기채를 단기채로 교체하여 투자성과를 높이는 전략을 말한다. 채권포트폴리오의 만기구성을 유리하게 하려면 정확한 금리전망이 선행되어야 한다.

따라서 금리하락이 예상되면 만기가 짧고 표면이자율이 높은 채권을 매도하고 만기가 길고 표면이자율이 낮은 채권을 매입하여 자본이득을 극대화한다. 그리고 금리상승이 예상되면 만기가 길고 표면이자율이 낮은 채권을 매도하고 만기가 짧고 표면이자율이 높은 채권을 매입함으로써 자본손실을 극소화한다.

3) 스프레드운용스왑

스프레드운용스왑(intermarket spread swap)는 서로 다른 두 종목간의 수익률격차가 어떠한 이유로 인해 일시적으로 확대 또는 축소되었다가 시간이 경과하면 원래의 상태로 되돌아가는 채권의 특성을 이용하여 수익률격차가 확대 또는 축소된 시점을 파악하여 교체매매로 수익률을 높이려는 방법을 말한다.

예컨대, 채권 A와 B의 수익률 추이가 [그림 8-6]과 같다고 하자. 채권 B를 보유하고 있는 투자자는 두 채권의 수익률격차가 확대되는 시점(a)에 B채권에서 A채권으로 교체하고, 격차가 축소되는 시점(b)에는 A채권에서 B채권으로 교체한다. 다시 격차가 확대되는 시점(c)에는 B채권에서 A채권으로 교체한다.

스프레드운용전략은 수익률을 높이려면 비싼 채권을 매도하고 싼 채권을 매입하는 교체시점의 포착이 중요하다. 따라서 두 채권의 수익률 차이가 확대되면 수익률이 낮은 종목에서 높은 종목으로 교체하고, 두 채권의 수익률 차이가 축소되면 수익률이 높은 종목에서 낮은 종목으로 교체하여 수익률을 극대화한다.

| 그림 8-6 | 스프레드 운용

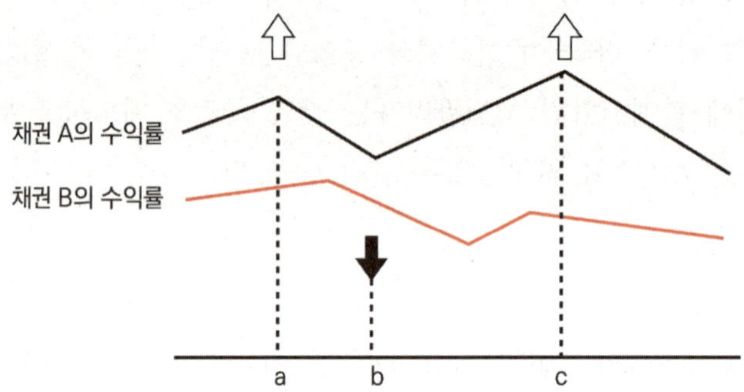

4) 질적 스왑

이종채권과의 교체는 보유하고 있는 채권을 다른 종류의 채권으로 교체하는 것이다. 그런데 경기변동이 채권가격에 미치는 영향이 채권의 질적 차이에 따라 다르게 나타나는 점을 이용하여 다음과 같이 거래함으로써 자본이득을 극대화하고자 하는 전략을 질적 스왑(quality swap)이라고 한다.

따라서 경기가 호황에서 불황으로 전환할 경우에는 질이 낮은 위험이 큰 채권을 매도하고 질이 높은 위험이 작은 채권을 매입한다. 그리고 경기가 불황에서 호황으로 전환할 경우에는 질이 높은 위험이 작은 채권을 매도하고 질이 낮은 위험이 큰 채권을 매입함으로써 투자성과를 높인다.

5) 이자율획득스왑

이자율획득스왑(yield pick up swap)은 동종채권과의 교체는 두 채권의 수익률이 동일해야 하는데 일시적으로 차이가 있을 경우에 유리한 채권으로 교체하여 만기수익률이 낮은 채권은 매도하고 만기수익률이 높은 채권은 매입함으로써 투자수익률을 극대화하는 전략을 말한다.

(3) 수익률곡선타기전략(riding the yield curve)

수익률곡선은 시장환경에 따라서 여러 가지 형태로 그 형태가 변한다. 모양이 바뀔 뿐만 아니라 금리수준의 등락에 따라 상하로 위치까지도 바뀌게 된다. 따라서 수익률곡선을 이용하면 시세의 추이를 정확하게 파악할 수 있다. 일반적으로 채권수익률곡선은 이자율수준의 변화에 따라 다음과 같이 변한다.

금리최저기에는 완만하게 우상승하며, 금리상승기에는 점차로 상승하고, 금리상승기말에는 상승과 함께 평행을 이루며, 금리최상기에는 금리수준이 최고로 되고 좌측이 급상승한다. 그리고 금리가 하락할 때는 금리의 상승과 반대의 과정이 진행된다. 따라서 예상되는 수익률곡선의 변동에 따라 투자방법이 다르다.

채권수익률의 곡선은 시장이자율의 예측은 물론이고 만기별 채권수익률이 차이를 발견하는 데도 이용될 수 있기 때문에 채권투자수익을 높이는 적극적 채권투자전략에 활용되고 있다. 그리고 시장이자율의 수준이 일정하더라도 잔존기간이 짧아지면 채권수익률은 떨어지고 채권가격은 상승한다.

| 그림 8-7 | 수익률곡선상의 롤링효과와 숄더

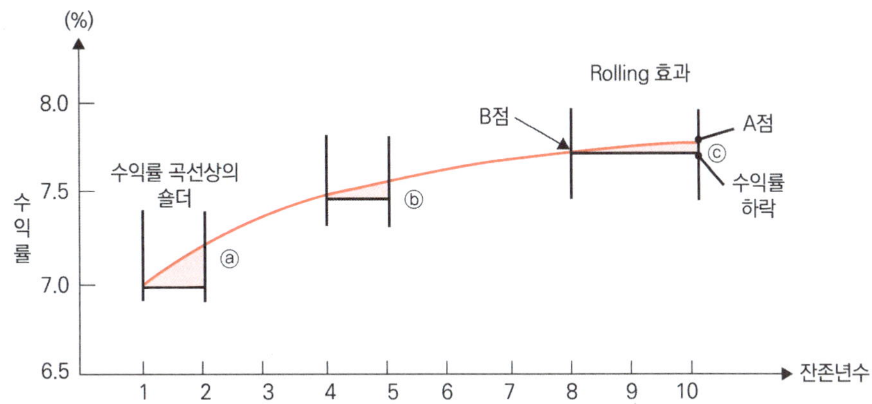

잔존년	1	2	3	4	5	6	7	8	9	10
수익률	6.98	7.22	7.36	7.46	7.53	7.60	7.65	7.69	7.73	7.77

예컨대 잔존기간이 10년인 채권을 수익률 7.7%로 매입하고(A점) 2년이 경과하여 잔존기간이 8년이 되면 수익률은 7.69%까지 하락하여 0.08% 수익률 하락에 따른 시세차익

과 경과이자를 투자수익으로 얻는다. 이때의 시세차익은 금리수준의 변동에 의한 것이 아니고 잔존기간이 짧아짐에 따라 얻게 된 것이다.

잔존기간이 단축됨에 따라 수익률이 하락하여 가격이 상승하는 효과를 롤링효과(rolling effect)라고 한다. 즉 잔존기간이 단축되면 수익률 하락을 기대할 수 있어 채권을 매입하여 만기까지 보유하지 않고 중도에 매도하고 다시 채권을 매입하여 투자수익률을 높이려는 적극적 채권투자전략을 수익률곡선타기전략이라고 한다.

채권수익률의 곡선은 금리보합기에도 상승형이 되지만 각 잔존년수마다 그 수익률 격차가 일정한 것은 아니다. [그림 8-7]에서 10년 만기채가 9년 만기채로 잔존기간이 단축되는 데 따른 수익률 하락폭보다 5년 만기채가 4년 만기채로 단축되는 데 따른 수익률 하락폭이 크게 나타난다는 것을 알 수 있다.

만기 2년 만기채가 1년 만기채로 잔존기간이 짧아지면 수익률 하락폭은 극단적으로 커지며, 단기채에서 볼 수 있는 극단적인 수익률 하락폭을 숄더라고 한다. 채권투자기간이 1년이면 만기 1년짜리 채권에 투자하는 것보다 2년 만기채에 투자했다 1년 후에 매도하는 것이 투자수익률을 높일 수 있다.

그러면 항상 숄더(shoulder)를 이용하는 것이 수익률하락폭(가격상승폭)이 크므로 롤링효과(rolling effect)를 이용하는 것보다 투자수익률을 높일 수 있는가? 반드시 그렇다고 할 수 없다. 왜냐하면 2년 만기채와 10년 만기채의 경우 시장이자율 변화에 따른 채권가격의 변동성이 크게 다르기 때문이다.

(4) 조건부 면역전략

조건부 면역전략(contingent immunization strategy)은 보수적 전략과 적극적 전략을 결합한 투자전략으로 이자율변동의 상황이 유리하지 않으면 면역전략을 사용하고 초과수익을 얻을 수 있는 얻을 수 있는 유리한 상황으로 전개되면 적극적으로 채권포트폴리오를 관리해 나가는 전략을 말한다.

전형적 면역전략에서는 목표투자수익률과 목표투자기간이 고정되어 있는 반면에 조건부 면역전략에서는 최초의 목표투자수익률에서 약간 낮은 투자수익률을 허용하고 투자자금을 회수하는 목표투자기간에도 일정기간의 범위 내에서 약간의 융통성을 부여하게 된다.

조건부 면역전략은 당초의 목표투자수익률보다 약간 낮은 수익률을 최저치로 설정한 후 시장수익률이 하락하여 운용수익률이 최저목표수익률을 상회하면 적극적으로 운용하고 시장수익률이 상승하여 운용수익률이 최저목표수익률을 하회하면 전형적 면역전략을 구사하여 최저목표수익률을 확보하는 탄력적인 운용전략이다.

| 그림 8-8 | 조건부 면역전략

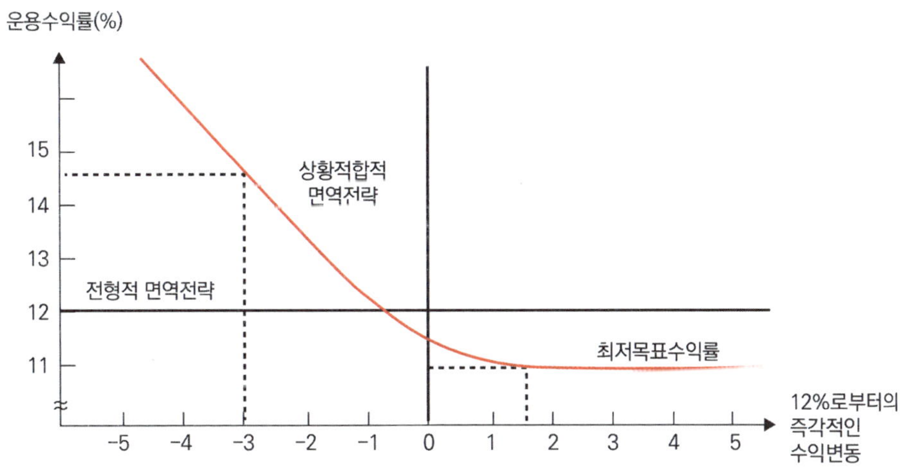

• 핵심요약 •

제1절 채권의 듀레이션

1. 듀레이션의 개요
   ① 듀레이션의 의의 : 채권투자에 따른 현금흐름을 회수하는 데 걸리는 평균기간
   ② 듀레이션의 특성 : 만기↑→ D↑, 표면이자율↑→ D↓, 만기수익률↑ → D↓
2. 듀레이션과 채권가격변동
   ① 채권가격의 이자율탄력성 : $\varepsilon = \dfrac{dP_0/P_0}{dr/r} = -(\dfrac{r}{1+r})D$
   ② 듀레이션에 의한 채권가격변동 : $dP_0 = -\dfrac{D}{1+r} \times dr \times P_0$

제2절 채권의 볼록성

1. 볼록성의 의의 : 이자율변화에 따른 채권가격선의 기울기의 변화율을 나타내며 채권가격을 이자율로 2차 미분한 값에 해당함
2. 볼록성에 의한 채권가격변동 : $dP_0 = C \times (dr)^2 \times P_0$

제3절 채권의 투자전략

1. 소극적 투자전략
   (1) 면역전략
   시장이자율의 변동에 따른 채권가격의 변동위험을 제거하기 위한 채권투자전략
   ① 목표시기면역전략 : 채권투자기간 = 채권의 듀레이션
   ② 순자산가치면역전략 : $D_A \times A = D_L \times L$
   (2) 만기전략
   ① 래더형 만기전략 : 단기채, 중기채, 장기채의 보유량을 동일하게 유지
   ② 바벨형 만기전략 : 단기채와 장기채에 자금을 배분하고 중기채는 편입하지 않음
2. 적극적 투자전략
   (1) 채권스왑전략
   ① 대체스왑 : 보유채권을 일시적 요인에 의해 과소평가된 채권으로 교체
   ② 이자율예상스왑 : 금리의 변동가능성을 미리 예측하여 유리한 채권으로 교체
   ③ 스프레드스왑 : 매매시점을 잘 포착하여 가격상승이 보다 큰 종목으로 교체
   ④ 질적 스왑 : 보유채권을 수익률격차의 변동을 이용하여 이종채권으로 교체
   (2) 수익률곡선타기전략
   수익률곡선이 우상향하며 투자기간에 수평형 수익률곡선에 유용한 전략

연·습·문·제

1 **다음 중 투자자들의 요구수익률이 어떤 요인에 의해 달라졌을 경우에 어느 채권가격의 변화가 가장 크다고 생각하는가?**

① 쿠폰이자율이 높은 경우 ② 쿠폰이자율이 낮은 경우
③ 만기수익률이 높은 경우 ④ 액면가액이 높은 경우

| 해설 | 채권의 만기가 길수록, 표면이자율이 낮을수록, 만기수익률이 낮을수록 듀레이션이 길다. 따라서 시장이자율의 변동에 따른 채권가격의 변동이 커지려면 듀레이션이 긴 채권에 투자해야 하므로 만기가 길고 표면이자율이 낮은 채권에 투자해야 한다.

2 **채권 A의 표면이자율은 연 8%, 채권 B의 표면이자율은 연 15%, 채권 C는 순수할인채이다. 이들 채권은 모두 액면가액이 10만원, 잔존만기 3년, 이자지급시기가 같고 현재시점에서 만기수익률도 12%로 동일할 경우에 다음의 설명 중 옳지 않은 것은?**

① 채권 A의 듀레이션은 3년보다 작다.
② 채권 C의 듀레이션은 3년이다.
③ 현재시점에서 채권 B의 가격이 가장 높다.
④ 시장이자율이 상승하면 채권 B의 가격하락률이 가장 높다.
⑤ 3년간 연 12%의 수익률을 실현하려면 채권 C를 매입해야 한다.

| 해설 | ① 이표채(A, B)의 듀레이션은 만기(3년)보다 짧다.
② 순수할인채(C)의 듀레이션은 만기와 동일하다.
③ 다른 조건이 동일하면 표면이자율이 높을수록 채권의 가격은 높다.
④ 표면이자율이 낮을수록 듀레이션이 커지는데 $D_B < D_A < D_C$=3년이므로 채권 C의 가격변동률이 가장 크다.
⑤ 순수할인채를 만기까지 보유하면 재투자위험과 가격위험이 없기 때문에 채무불이행위험이 없는 한 만기수익률 12%를 달성하려면 채권C를 매입해야 한다.

3 **다음 중 채권에 관한 설명으로 가장 적절하지 않은 것은?**

① 수익률곡선이 우상향일 때 무이표채권의 만기수익률은 동일 조건인 이표채권의 만기수익률보다 작다.
② 수익률곡선이 우상향일 때 선도이자율은 현물이자율보다 크게 나타난다.
③ 표면이자율이 낮은 채권의 가격변화율은 표면이자율이 높은 동일한 조건의 채권보다 이자율변화에 더 민감하게 반응한다.
④ 무이표채권의 듀레이션은 채권의 잔존만기와 동일하다.
⑤ 수의상환채권의 가격은 동일한 조건인 일반채권의 가격보다 낮다.

| 해설 | ①② 우상향 수익률곡선 : ${}_1f_2 > {}_1R_2$ 우하향 수익률곡선 : ${}_1f_2 < {}_1R_2$

③ 동일한 조건의 채권에서 표면이자율이 낮은 채권의 듀레이션이 길기 때문에 이자율변화에 더 민감하게 반응한다.

④ 할인채의 듀레이션 = 만기, 이표채의 듀레이션<만기

⑤ 수의상환채권은 투자자 입장에서 수의상환위험을 부담하여 더 높은 만기수익률을 요구함에 따라 수의상환채권의 가격은 일반채권의 가격보다 낮게 형성된다.
수의상환채권(callable bond) 〈 일반사채(straight bond)의 가격
상환조건채권(puttable bond) 〉 일반사채(straight bond)의 가격

4 **이표이자를 1년마다 한 번씩 지급하는 채권의 만기수익률은 연 10%이며 듀레이션을 구한 결과 4.5년으로 나타났다. 이 채권의 만기수익률이 0.1% 상승할 경우 채권가격의 변화율은 근사치로 얼마이겠는가? 단, 채권가격의 비례적인 변화율과 만기수익률 변화간의 관계식을 이용해야 한다.**

① −0.4286% ② −0.4091% ③ −0.2953%
④ −0.2143% ⑤ −0.2045%

| 해설 | $\frac{dP_0}{P_0} = -\frac{D}{1+r}\times dr = -\frac{4.5}{1.1}\times(0.1\%) = -0.4091$

5 **현재 시장이자율이 6%이고 듀레이션이 3년인 채권에 1,000만원을 투자하였다. 만일 시장이자율의 변화에 의해 566원의 채권가격상승이 있었다면 시장이자율은 얼마로 변화한 것인가?**

① 3% ② 4% ③ 6% ④ 8% ⑤ 9%

| 해설 | $D' = \frac{D}{1+r} = \frac{3}{1.06} = 2.83$

$P_0 = -dr\times D'$에서 $\frac{566}{10,000} = -dr\times 2.83$에서 $dr = -0.02$

6 **다음 중 옵션의 특성이 없는 일반사채에 대한 설명으로 가장 옳은 것은?**

① 만기에 가까워질수록 할증채와 할인채 모두 할증폭과 할인폭이 작아지며, 가격변화율도 작아진다.

② 만기에 가까워질수록 액면채는 이자수익률이 커지며 자본이득률이 작아진다.

③ 시장분할가설은 만기에 따라 분할된 하위시장 자체 내에서 기대이자율과 유동성프리미엄에 의해 이자율이 결정된다는 가설을 말한다.

④ 순수할인채나 이표채는 영구채에 비해 이자율변동위험에 더 크게 노출된다.

⑤ 순수할인채의 재투자위험은 없으며 현재수익률이 0이다.

| 해설 | ① 만기가 감소하면 듀레이션은 감소하나 이자율이 하락하면 듀레이션은 증가할 수도 있다. 따라서 만기에 가까워질수록 할증폭과 할인폭은 작아지지만 가벽변화율은 커진다.

② 액면채는 이자수익률과 자본이득률이 만기와 무관하며 일정하다.

③ 시장분할가설은 만기에 따라 분할된 하위시장 자체내의 수요와 공급에 의해 이자율이 결정된다는 가설을 말한다. 유동성프리미엄가설은 선도이자율은 미래 기대현물이자율과 유동성프리미엄에 의해 결정된다는 가설을 말한다.

④ 영구채의 $D=\frac{1+r}{r}$이므로 할인채/이표채의 D보다 클 수도 작을 수도 있다.

⑤ 현재수익률(current yield)은 C/B이므로 C=0인 할인채의 현재수익률은 0이다. 할인채는 C=0이므로 시장이자율의 변동에 따른 재투자위험은 없으며 가격변동위험만 존재한다.

7 **다음 중 듀레이션에 대한 설명으로 옳지 않는 것은?**

① 채권을 소유함으로써 실현될 총수입의 현재가치에 대한 각 시점에 실현될 수입의 현재가치 비율을 그 수입 실현시기까지의 기간에 따라 가중평균한 값을 말한다.

② 각 시점의 미래현금흐름에 기간을 가중평균한 값을 현재가치화한 금액의 합계와 채권의 발행가액과의 비율을 말한다.

③ 시장이자율이 변동에 대한 채권가격의 단력싱을 나타낸다.

④ 채권의 표면이자율이 낮을수록 듀레이션은 커진다.

⑤ 장기채권의 듀레이션은 단기채권의 듀레이션보다 작다.

| 해설 | 만기가 길수록, 표면이자율이 낮을수록, 만기수익률이 낮을수록, 이자지급회수가 적을수록 듀레이션이 길다. 따라서 듀레이션과 만기와는 비례관계에 있나.

8 **다음 중 듀레이션에 대한 특징으로 적절하지 않은 것은?**

① 순수할인채의 듀레이션은 만기와 같으며, 이표채의 듀레이션은 만기보다 크다.

② 다른 조건이 동일하다면 표면이자율이 낮을수록 듀레이션은 커진다.

③ 다른 조건이 동일하다면 만기가 길어질수록 듀레이션은 커진다.

④ 다른 조건이 동일하다면 만기수익률이 높을수록 듀레이션은 작아진다.

⑤ 듀레이션은 가법성을 갖는다.

| 해설 | 순수할인채의 듀레이션은 만기와 동일하여 정비례한다. 영구채의 듀레이션은 D=(1+r)/r이므로 만기와 무관하고, 이표채의 듀레이션은 만기에 비례하나 만기보다 작다.

9 **다음 중 시장이자율이 1% 상승할 때 채권의 가격하락폭이 가장 적은 것은?**

① 볼록성이 없는 만기가 5년인 할인채

② 볼록성이 없는 만기가 5년인 이표채

③ 볼록성이 있는 만기가 5년인 할인채

④ 볼록성이 있는 만기가 7년인 할인채

⑤ 볼록성이 있는 만기가 5년인 이표채

| 해설 | 채권가격의 변동 = 듀레이션 변동분 + 볼록성(단, 볼록성 〉0)
시장이자율이 상승하면 (−듀레이션변동분+볼록성)만큼 채권가격이 하락하므로 듀레이션이 작고 볼록성이 있는 채권을 매입해야 가격하락을 최소화할 수 있다.

10 다음 중 여러 채권의 볼록성에 대한 설명으로 옳지 않은 것은?

① 일반사채의 경우 볼록성이 심할수록 이자율 상승시 채권가격이 적게 하락하고 이자율 하락시 채권가격이 많이 상승한다.

② 일반사채의 볼록성은 이자율이 상승하거나 하락하거나 양(+)의 값을 가진다.

③ 이자율이 상승하면 일반사채에 비해 상환청구권부 사채의 볼록성이 약하다.

④ 이자율이 하락하면 수의상환사채의 볼록성은 음(−)의 값을 가진다.

⑤ 이자율이 상승하면 수의상환사채의 볼록성은 일반사채와 같다.

| 해설 | ② 옵션적 특성이 없는 일반사채의 경우에 볼록성은 항상 양(+)의 값을 갖는다.
③ 상환청구권부사채는 이자율 상승시 상환청구권의 행사가능성이 높기 때문에 일반사채보다 채권가격이 적게 하락한다.
④⑤ 수의상환사채는 시장이자율 상승시 수의상환권의 행사가능성이 낮아 일반사채와 동일한 볼록성을 갖지만, 시장이자율 하락시 수의상환권의 행사가능성이 높기 때문에 부(−)의 볼록성을 갖게 된다.

채권의 종류	이자율 상승시	이자율 하락시
일반사채	양의 볼록성	양의 볼록성
상환청구권부사채	더 큰 양의 볼록성	양의 볼록성
수의상환사채	양의 볼록성	음의 볼록성 가능

11 다음 중 채권투자에 관한 설명으로 가장 옳은 것은?

① 채권수익률 하락이 예상되면 장기채와 표면이자율이 높은 채권에 대한 투자를 증가시킨다.

② 채권수익률 기간구조이론 중 불편기대가설이 성립하는 경우 정부 발행 5년 만기 할인채에 투자하는 장기투자전략과 정부 발행 1년 만기 할인채에 5년 동안 반복 투자하는 롤오버전략의 사후적인 투자성과는 같다.

③ 만기가 동일한 채권에서 채권수익률 상승으로 인한 가격하락폭보다 같은 크기의 수익률하락으로 인한 가격상승폭이 더 크다.

④ 이표채의 듀레이션은 만기에 정비례하고 만기가 동일한 경우에는 표면이자율이 높은 채권의 듀레이션이 짧다.

⑤ 수익률곡선타기전략(riding yield curve)은 수익률곡선이 상향이동하는 경우에만 효과적인 전략이다.

| 해설 | ① 시장이자율이 하락하면 채권가격은 상승하므로 만기가 길고 표면이자율이 낮은 채권에 투자를 해야 한다.

② 불편기대가설이 성립하면 장기채에 대한 투자와 단기채에 연속 재투자한 사전적인 투자성과는 동일하지만 미래의 예상이자율과 실제이자율이 불일치하면 사후적인 투자성과는 다르게 나타날 수 있다.

③ 일반사채는 정(+)의 볼록성을 가지고 있다. 따라서 시장이자율이 상승하면 채권가격의 하락은 듀레이션을 반영한 변동분보다는 덜 하락하고, 시장이자율이 하락하면 채권가격의 상승은 듀레이션을 반영한 변동분보다는 더 상승한다.

④ 순수할인채의 듀레이션은 만기와 동일하여 정비례하며, 영구채의 듀레이션은 D=(1+r)/r 이므로 만기와 무관하고, 이표채의 듀레이션은 만기에 비례하나 정비례하지는 않는다.

⑤ 수익률곡선타기전략은 채권을 만기까지 보유하지 않고 도중에 만기가 동일한 다른 채권과 교체하는 전략으로 수익률곡선이 우상향의 기울기를 가지고 그 형태가 변하지 않을 때 효과적이다.

12 **다음 중 채권투자전략에 대한 설명으로 옳은 것은?**

① 조건부 면역전략은 항상 수익률이 낮은 채권은 매도하고 수익률이 높은 채권은 매입한다.

② 채권면역전략은 초과수익을 창출하는 적극적 채권투자전략이다.

③ 바벨형 만기전략은 모든 만기의 채권에 분산투자하는 전략이다.

④ 면역전략은 목표보유기간과 동일한 듀레이션을 가진 포트폴리오를 구성한다.

⑤ 적극적 전략은 이자율 상승시 듀레이션이 긴 채권에 투자한다.

| 해설 | ① 조건부 면역전략은 유리한 상황에서는 적극적 투자전략을 취하고, 불리한 상황에서는 소극적 투자전략을 취한다.

② 채권면역전략은 이자율변동위험을 제거하기 위한 소극적 채권투자전략이다.

③ 바벨형 만기전략은 단기채와 장기채에 분산투자하며, 래더형 만기전략은 모든 만기의 채권에 분산투자한다.

④ 면역전략은 목표보유기간과 동일한 듀레이션을 가진 포트폴리오를 구성하여 가격위험과 재투자수익위험을 상쇄시킨다.

⑤ 적극적 전략은 이자율 상승시 듀레이션이 짧은 채권에 투자한다.

13 **자산의 시장가치가 1,000억원이고 듀레이션은 4년이며, 부채의 시장가치가 700억원이고 듀레이션이 5년인 가상은행이 있다고 하자. 가상은행은 어떤 금리위험에 노출되어 있으며 이를 줄이기 위해 어떤 조치를 취할 수 있는가? 단, 아래 각 항의 조치는 나머지 변수들에는 영향을 미치지 않는다고 가정한다.**

① 금리상승위험을 줄이기 위해 부채의 시장가치를 줄인다.
② 금리하락위험을 줄이기 위해 부채의 듀레이션을 늘린다.
③ 금리상승위험을 줄이기 위해 자산의 시장가치를 줄인다.
④ 금리하락위험을 줄이기 위해 자산의 듀레이션을 늘린다.
⑤ 금리하락위험을 줄이기 위해 자산과 부채의 듀레이션을 일치시킨다.

| 해설 | 자산의 시장가치(A) = 1,000억원, 자산의 듀레이션(D_A) = 4년
부채의 시장가치(L) = 700억원, 부채의 듀레이션(D_L) = 5년
현재 D_A×A(=4년×1,000억원) 〉 D_L×L(=5년×700억원)이므로 시장이자율이 하락하면 자본이득이 발생하고 시장이자율이 상승하면 자본손실이 발생한다. 따라서 자산의 듀레이션을 감소시키거나 부채의 듀레이션을 증가시켜야 금리상승위험을 제거할 수 있다.

14 **강남은행은 총자산이 100조원이고 자기자본비율이 8%이며 자산과 부채의 듀레이션은 각각 6년과 4년이다. 강남은행의 경영자는 향후 이자율이 8%에서 9%로 상승한다고 예측하여 대응전략을 강구하고 있다. 이러한 예측이 사실이라면 채권의 볼록성을 무시할 경우에 주주의 입장에서 얼마만큼의 손익이 발생하는가?**

① 2.148조원 손실 ② 2.008조원 이익 ③ 1.525조원 손실
④ 1.525조원 이익 ⑤ 1.945조원 이익

| 해설 | 1. 자기자본비율 = 자기자본/총자산 =8%
총자산 100조원 = 부채 92조원+자기자본 8조원
2. 이자율 8%에서 9%로 1% 상승하는 경우

$$dA = \frac{D_A}{1+r} \times A \times dr = \frac{6}{1.08} \times 100\text{兆} \times (-0.01) = -5.555\text{兆}$$

$$dL = \frac{D_L}{1+r} \times L \times dr = \frac{4}{1.08} \times 92\text{兆} \times (-0.01) = -3.4707\text{兆}$$

$$dK = dA - dL = -5.555 + 3.4707 = -2.148\text{兆}$$

15 투자자 홍길동은 액면가액 100,000원, 표면이자율 연 20%(이자는 매년 말 1회 지급), 만기 2년인 채권의 매입을 검토하고 있다. 1년간의 현물이자율과 그 후 1년간의 선도이자율은 모두 15%로 알려져 있다. 채권가격과 이자율간의 볼록성 관계는 무시하기로 한다. 이 채권투자에 따른 이자율위험을 제거하기 위해 투자기간을 얼마로 해야 하는가? (소수점 셋째자리에서 반올림할 것)

① 1.57년 ② 1.66년 ③ 1.75년 ④ 1.84년 ⑤ 1.93년

| 해설 | 1. 목표시기면역전략은 목표투자기간과 채권의 듀레이션을 일치시켜 시장이자율의 변화에 따른 재투자위험과 가격변동위험을 상쇄시키는 투자전략을 말한다.

2. 채권의 가격과 듀레이션 계산

$$P_0 = \frac{20,000}{(1.15)^1} + \frac{120,000}{(1.15)^2} = 108,128\text{원},\ D = \frac{1\times\frac{20,000}{(1.15)^1} + 2\times\frac{120,000}{(1.15)^2}}{108,128} = 1.838\text{년}$$

16 채권시장에는 다음과 같은 채권이 거래되고 있다. 4년 후에 자금이 필요한 투자자가 이자율 변동에 따른 가격변동과 재투자수익의 변동크기를 동일하게 하여 일정한 수익을 보장받기 위해서는 B채권에 얼마만큼 투자해야 하는가?

채권	액면가액	표시이자율	만기	듀레이션
A	10,000	5%	5년	4.5년
B	10,000	0	3년	?

① 33% ② 40% ③ 50% ④ 67% ⑤ 70%

| 해설 | B채권은 순수할인채이므로 만기 = 듀레이션 = 3년이다.

$D_P = (W_AD_A)+(W_BD_B) = (1-X)\times4.5\text{년}+X\times3\text{년} = 4\text{년}$이므로 X=1/3이다. 따라서 A채권에 2/3, B채권에 1/3을 투자한다.

17 다음 중 앞으로 시장이자율이 하락할 경우에 채권가격의 상승률이 가장 클 것으로 예상되는 채권은?

① 표면이자율이 10%이고 만기가 5년인 이표채
② 표면이자율이 5%이고 만기가 5년인 이표채
③ 표면이자율이 10%이고 만기가 10년인 이표채
④ 만기가 5년인 순수할인채
⑤ 만기가 10년인 순수할인채

| 해설 | 만기가 동일하면 표면이자율이 낮은 채권의 듀레이션이 길다. 따라서 만기가 5년인 채권들 중에서는 ④ 순수할인채가, 만기가 10년인 채권들 중에서는 ⑤ 순수할인채가 듀레이션이 길다. 또한 순수할인채 중에서는 만기가 긴 ⑤ 채권의 듀레이션이 길다.

18 다음 중 시장이자율이 상승한다고 가정할 경우에 은행의 가치를 제고하기 위한 자산 및 부채관리전략이 아닌 것은?

① 장기대출을 단기대출로 전환한다.

② 자산의 듀레이션을 감소시킨다.

③ 부채의 듀레이션을 증가시킨다.

④ 변동금리를 고정금리로 전환한다.

⑤ 만기일시상환대출보다는 분할상환조건의 대출을 도모한다.

| 해설 | 시장이자율이 상승할 경우에는 자본의 듀레이션을 감소시켜야 한다. 따라서 자산의 듀레이션은 감소시키고, 부채의 듀레이션은 증가시킨다. 그리고 고정금리대출을 변동금리대출로 전환시켜야 한다.

19 다음은 독도은행의 재무상태표이며 현재 자산과 부채에 적용되는 할인율은 10%이다. 시장이자율이 1% 상승할 것으로 예상하여 순자산면역전략을 취한다면 자산의 목표듀레이션은 얼마인가?

항목	금액	듀레이션
자산	600억원	?
부채	450억원	5년
자본	150억원	

① 3년 ② 3.25년 ③ 3.5년 ④ 3.75년 ⑤ 4년

| 해설 | 순자산면역전략은 금리상승에 대한 자산의 변동과 부채의 변동을 동일하게 하는 전략이다.

$$dA=\frac{D_A}{1+r}\times A\times dr=\frac{D_A}{1.1}\times 600\text{억}\times(-0.01)$$

$$dL=\frac{D_L}{1+r}\times L\times dr=\frac{5}{1.1}\times 450\text{억}\times(-0.01)=-22.5\text{억원}$$

$dA=dL$ 에서 $D_A=3.75$년

20 다음 중 채권포트폴리오관리에 대한 설명으로 가장 적절하지 않은 것은?

① 다른 조건은 동일하고 만기만 다른 채권 A(1년), B(3년), C(5년)가 있다. 시장이자율이 상승할 때 채권 A와 채권 B의 가격하락폭의 차이는 채권 B와 채권 C의 가격하락폭의 차이보다 작다.

② 다른 조건이 일정할 경우 시장이자율이 하락하면 채권의 듀레이션은 길어진다.

③ 시장이자율이 하락할 때 채권가격이 상승하는 정도는 시장이자율이 같은 크기만큼 상승할 때 채권가격이 하락하는 정도보다 더 크다.

④ 채권포트폴리오의 이자율위험을 면역화하기 위해서는 시간이 경과함에 따라 채권포트폴리오를 지속적으로 재조정해야 한다.

⑤ 채권포트폴리오의 이자율위험을 면역화하기 위해서는 시장이자율이 변동할 때마다 채권포트폴리오를 지속적으로 재조정해야 한다.

| 해설 | ① 장기채일수록 이자율변동에 따른 채권가격의 변화폭이 크지만 그 변화폭은 체감적으로 증가한다. 따라서 채권 A와 채권 B의 가격하락폭의 차이는 채권 B와 채권 C의 가격하락폭의 차이보다 크다.

④⑤ 시간이 경과하거나 시장이자율이 변화하면 듀레이션이 변화하므로 채권포트폴리오의 이자율위험을 면역화하려면 채권포트폴리오를 지속적으로 재조정해야 한다.

정답

1.②	2.④	3.①	4.②	5.④	6.⑤	7.⑤	8.①	9.⑤	10.③
11.③	12.④	13.③	14.①	15.④	16.①	17.⑤	18.④	19.④	20.①

C·h·a·p·t·e·r 09

선물거래의 개요

선물은 미래시점에서 거래될 가격을 현재시점에서 확정시키는 계약을 말하며 기초자산의 가격변동위험을 회피하는 수단으로 많이 이용된다. 차익거래의 기회가 없는 시장균형상태에서 선물가격은 기초자산의 현물가격과 일정한 관계를 갖는다. 선물가격과 현물가격간의 균형관계를 설명하기 위해 보유비용모형이 이용된다.

제1절 파생상품의 개념

1. 파생상품의 정의

파생상품은 영어로 Derivatives라고 한다. Derivatives는 파생하다의 의미를 가진 영어 동사 Derive에서 유래한 것으로 원래 어떤 것으로부터 유도된 파생물이라는 의미를 가지고 있다. 어원에서 유추할 수 있듯이, 금융시장에서 파생상품은 기초자산으로부터 그 가치가 파생되어 나온 상품을 말한다.

예컨대 기초자산이 삼성전자인 개별주식선물과 개별주식옵션은 삼성전자 주식가치의 변동(주가상승 또는 주가하락)에 따라 가치가 결정된다. 여기서 기초자산(Underlying Asset)은 파생상품의 거래대상을 나타내며 파생상품의 가치를 산정하는 데 기초가 되는 금융상품이나 일반상품을 의미한다.

파생상품의 발달초기에는 농축산물이나 원자재 같은 실물자산들이 주된 기초자산이었으나, 현대에 와서는 수치화될 수 있는 모든 대상이 파생상품의 기초자산이 되고 있다. 따라서 전세계적으로 증권, 외국환은 물론 주가지수처럼 통계적으로 산출된 수치를 기초자산으로 하는 파생상품이 발달하였다.

2. 파생상품의 종류

(1) 선도(Forward)

선도는 가장 기본이 되는 파생상품으로 미래 특정시점에 계약시점에 약정한 가격으로 기초자산을 매매하기로 약속하는 계약을 말한다. 봄철에 농가와 유통업자가 가격을 정하여 가을에 수확 예정인 농산물을 수확철에 거래하기로 약속하는 밭떼기 거래가 선도거래의 대표적인 사례에 해당한다.

선도계약은 거래상대방의 결제불이행 위험(default risk)이 발생할 수 있고 일일이 거래상대방을 찾아서 거래조건을 협상해야 하는 불편함이 있다. 이러한 불편함을 없애기 위해 기초자산의 수량을 균일화하여 거래조건을 표준화하고 거래절차를 체계화하여 거래소에서 거래하는 것이 선물이다.

▎그림 9-1▎ 선도거래의 구조

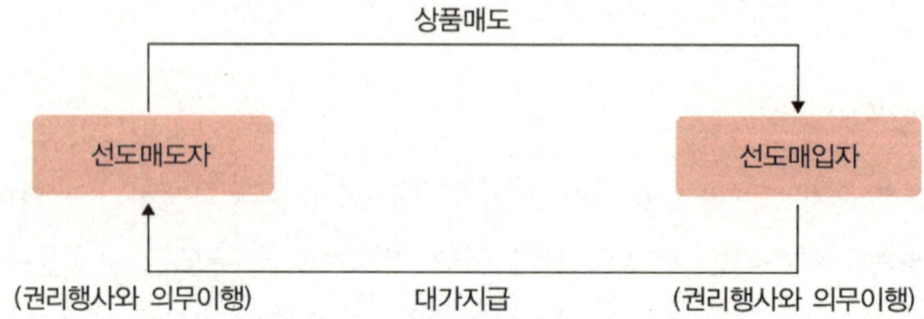

(2) 선물(Futures)

선물은 미래 특정시점에 계약시점에 약정한 가격으로 기초자산을 매매하기로 약속하는 계약을 말한다. 따라서 선도와 선물은 장외파생상품과 장내파생상품이라는 차이점 외에는 유사하다. 매수 또는 매도포지션을 취한 선물거래자는 만기일에 현물을 인수도하거나 가격변화에 따른 현금결제를 하게 된다.

선물은 거래조건이 표준화되어 있고, 청산소라는 결제기관이 있다. 그리고 거래소가 상대방의 결제불이행 위험에 대비하기 위해 증거금을 수령하고 매일 전일 종가와 당일 종가의 차이로 정산하여 증거금에 가감하며 체계적으로 위험을 관리하는 시스템을 갖추고 있어 계약이행이 보장된다는 장점이 있다.

▎그림 9-2▎ 선물거래의 구조

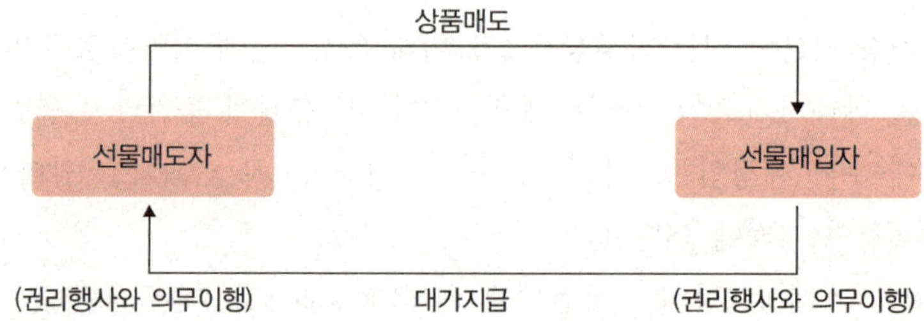

(3) 옵션(Option)

옵션은 미래의 특정시점(만기일)에 현재시점에서 약정한 가격(행사가격)으로 기초자산을 매입하거나 매도할 수 있는 권리가 부여된 계약을 말한다. 기초자산을 행사가격에 매입할 수 있는 권리가 부여된 계약을 콜옵션, 행사가격에 매도할 수 있는 권리가 부여된 계약을 풋옵션이라고 한다.

선도거래에서 매수자와 매도자는 모두 권리와 의무를 동시에 갖는 반면에 옵션거래에서 매수자는 권리만을 갖고 매도자는 의무만을 부담한다. 따라서 옵션매수자는 옵션이라는 권리를 매도자로부터 부여받는 대신 옵션매도자에게 일정한 대가(옵션가격 또는 옵션프리미엄)을 지급하게 된다.

| 그림 9-3 | 옵션거래의 구조

(4) 스왑(Swap)

스왑은 장래 일정기간 동안 실물이나 현금흐름을 교환하는 계약을 말한다. 앞에서 살펴본 선물과 옵션은 미래 발생할 거래가격을 고정하지만, 스왑은 미래 일정기간 동안 발생할 일련의 현금흐름을 고정한다. 스왑은 만기와 현금흐름의 교환시기가 각각인 일련의 선도계약의 합으로 볼 수 있다.

| 그림 9-4 | 스왑거래의 구조

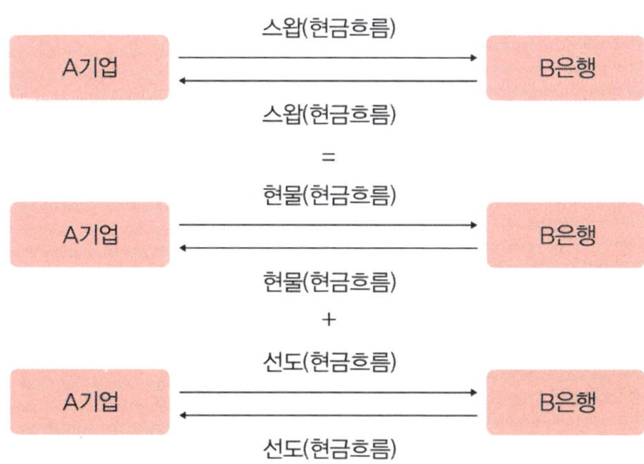

3. 파생상품의 목적

(1) 헤지거래

파생상품의 핵심적인 기능은 가격변동위험을 헤지하는 수단을 제공한다. 따라서 헤지거래자(hedger)는 주가, 금리, 환율, 상품가격이 변동함에 따라 발생하는 위험을 파생상품을 활용하여 투기거래자(speculator)에게 효과적으로 이전시킴으로써 가격변동위험을 회피하거나 축소시킬 수 있게 된다.

(2) 투기거래

투기거래는 현물포지션은 없이 시세차익을 얻기 위해 향후 자산의 미래가격에 대한 예측에 근거하여 파생상품을 거래한다. 따라서 기초자산의 가격이 상승할 것으로 예상되면 선물을 매수하거나 콜옵션을 매수하고, 기초자산의 가격이 하락할 것으로 예상되면 선물을 매도하거나 풋옵션을 매수한다.

(3) 차익거래

일시적인 시장불균형으로 인한 가격차이를 이용하여 이익을 얻으려는 차익거래는 현물과 선물의 가격차이를 이용하여 거래한다. 같은 상품이라도 시장간에 가격차이가 생기면 싼 시장에서 매입해 비싼 시장에서 팔 수 있는데 이를 차익거래라 한다. 차익거래에 의해 시장간 가격차이는 순간적으로 해소된다.

4. 파생상품의 특징

(1) 표준화된 계약

거래소에서 이루어지는 장내파생상품은 거래의 내용이나 조건이 표준화되어 있으므로 당사자간의 합의에 따라 개개인의 다양한 수요를 충족시킬 수 있는 장외파생상품과는 차이가 있다. 즉 거래대상, 거래단위, 결제월, 호가단위, 결제방법, 거래시간 등의 상품명세가 거래소에 의해 표준화되어 있다.

선도거래는 계약조건이 당사자의 합의에 의해 결정되지만, 선물거래는 표준화된 선물계약을 기준으로 거래가 이루어진다. 선물계약의 표준화는 선물시장의 참여자로 하여 금 계약조건에 대한 충분한 이해가 가능하게 되고, 시장유동성을 제고하여 거래시마다 상대방을 찾는 번거로움을 줄일 수 있다.

(2) 청산소의 결제

청산기관은 매수자와 매도자의 중간에서 거래상대방의 역할을 맡아 계약이행을 책임지는 역할을 수행하고, 이 역할은 재무적 건전도가 충실한 청산회원들에 의해 수행된다. 회원자격은 신용위험에 대한 노출을 감소시키기 위해 신용도와 경영능력에 관한 적절한 기준을 충족하는 회원들에게만 부여된다.

청산기관은 투자자들이 채무를 변제하지 못하는 경우를 대비하여 청산회원들로부터 보증기금을 확보한다. 청산회원이 아닌 거래소회원들은 청산회원을 통해 파생상품계약을 청산해야 하며, 그 대가로 일정한 수수료를 지급한다. 따라서 투자자들은 파생상품거래시 상대방의 신용상태를 파악할 필요가 없다.

(3) 결제의 안정화

파생상품거래는 현물거래에 비해서 계약시점과 결제시점의 시간적 간격이 길다. 계약일로부터 장시간이 경과한 후에 결제되는 파생상품거래의 특성상 매수자 또는 매도자 일방이 결제를 이행하지 않을 위험이 있다. 따라서 거래소는 결제불이행위험을 방지하기 위해 일일정산 및 증거금제도를 운영한다.

5. 국내파생상품시장

우리나라는 1996년 5월 3일 최초로 KOSPI 200을 기초자산으로 하는 주가지수선물거래가 시작되었고, 1997년 7월 7일 주가지수선물과 동일한 KOSPI 200을 거래대상으로 하는 주가지수옵션이 한국거래소에 상장되었다. 1999년 4월에 금융선물 및 상품선물을 통합관리할 수 있는 선물거래소가 개설되었다.

선물거래소가 개설될 당시 상장상품은 미국달러선물, 미국달러옵션, CD금리선물 등 금융선물 3종류와 상품선물 1종류였다. 그러나 한국거래소는 1999년 9월 29일 정부에 의해 발행된 국고채를 기초자산으로 하는 3년 국채선물, 2003년 8월 22일 5년 국채선물, 2008년 2월 25일 10년 국채선물이 상장되었다.

선물거래소가 개설된 이후 거래량이 꾸준히 증가하였다. 상장상품도 3년 국채선물옵션, CD금리선물, 통안증권금리선물, 미국달러선물, 미국달러옵션, 금선물로 다양화되었다. 선물시장은 2005년 1월 27일 선물거래소, 증권거래소, 코스닥시장을 통합하여 설립된 한국거래소 파생상품시장본부에서 운영한다.

통합 이후 한국거래소는 스타지수, 엔화, 유로화, 10년 국채, 개별주식, 돈육, 미니금을 기초자산으로 하는 선물이 상장되었고, 최근에 KOSPI 200 변동성지수선물, 다수의 KOSPI 200 산업부문지수선물, 미니 KOSPI 200지수선물과 옵션, 위안화, KOSPI 고배당 50선물, KOSDAQ 150선물, ETF선물이 상장되었다.

한편 그동안 거래가 부진한 CD선물, 3년 국채선물옵션, 금선물은 상장폐지되었으며, 스타지수선물은 상장폐지된 후 KOSDAQ 150선물로 대체되었다. 미니금선물은 상품명세를 일부 수정하여 새롭게 상장된 금선물은 거래단위를 1/10로 낮추고 최종결제방식이 실물인수도방식에서 현금결제방식으로 변경되었다.

| 표 9-1 | 국내 파생상품 상장연혁

일 자	파생상품	비고
1996. 5. 3	KOSPI200선물 상장(KSE)	한국 최초 선물
1997. 7. 7	KOSPI200옵션 상장(KSE)	한국 최초 옵션
1999. 4.23	CD금리선물, 미국달러선물, 미국달러옵션, 금선물 상장(KOFEX)	KOFEX 개장
1999. 9.29	3년 국채선물 상장(KOFEX)	한국 최초 채권선물
2001. 1.30	KOSDAQ50선물 상장(KOFEX)	
2001.12.14	KOSDAQ50옵션 상장(KOFEX)	
2002. 1.28	개별주식옵션 상장(KSE) (삼성전자, SKT, 국민은행, POSCO, 한국전력, KT, 현대자동차 7종목)	한국 최초 개별 주식옵션
2002. 5.10	국채선물옵션 상장(KOFEX)	한국 최초 선물옵션
2002.12. 5	통안증권 금리선물 상장(KOFEX)	
2003. 8.22	5년 국채선물 상장(KOFEX)	
2005. 1.27	한국증권선물거래소(KRX) 설립*	
2005. 9.26	개별주식옵션 추가상장(23개 종목 추가)	
2005.11. 7	스타지수선물 상장(KRX), KOSDAQ50옵션 상장 폐지	
2005.12. 8	KOSDAQ50선물 상장 폐지	

일 자	파생상품	비고
2006. 5.26	엔선물, 유로선물 상장(KRX)	
2007.12.26	CD 금리선물, 3년 국채선물옵션 상장 폐지	
2008. 2.25	10년 국채선물 상장(KRX)	
2008. 5. 6	개별주식선물(15개 종목) 상장(KRX)	
2008. 7.21	돈육선물 상장(KRX)	
2009. 2. 4	한국거래소(KRX)로 명칭 변경	
2010. 9.13	미니금선물 상장(KRX)	
2014.11.17	KOSPI200변동성지수선물, KOSPI200에너지/화학, KOSPI 200정보기술, KOSPI200금융, KOSPI200경기소비재 선물 상장	
2015. 7.20	미니 KOSPI200선물 및 옵션 상장	
2015.10. 5	위안화선물, KOSPI고배당50선물, KOSPI배당성장50선물 상장	
2015.11.23	KOSDAQ150선물 상장, 금신물 새상상 스타지수선물, 기존 금선물과 미니금선물 상장 폐지	
2016. 3.28	KOSPI200 섹터지수 3개(건설, 중공업, 헬스케어) 추가 상장	
2016. 6.27	유로스톡스50선물 상장	
2017. 6.26	ETF선물 상장	

* 현재 선물시장은 2005년 1월 27일 기존의 선물거래소(KOFEX), 증권거래소(KSE), 코스닥증권시장을 통합하여 설립된 한국거래소(KRX)의 파생상품시장본부에서 운영하고 있다.

제2절 선물거래의 개요

1. 선물거래의 정의

(1) 선물계약과 선물거래

선물계약(futures contract)은 거래당시자인 신물배노자와 선물매입자가 미래의 일정시점에 선물거래의 대상이 되는 기초자산을 현재시점에서 약정한 선물가격으로 매입하거나 매도하기로 체결한 계약을 말한다. 따라서 선물거래는 이러한 선물계약을 현재시점에서 매입하거나 매도하는 거래를 말한다.

┃그림 9-5┃ 선물거래의 구조

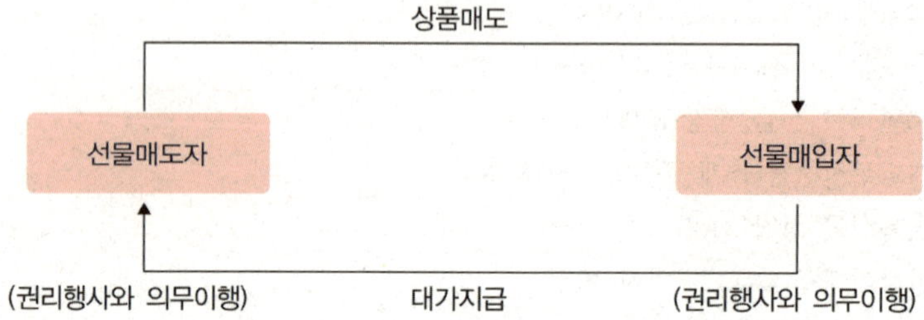

① 기초자산

기초자산(underlying asset)은 선물계약의 만기일에 매입하거나 매도할 선물거래의 대상이 되는 특정자산을 말한다. 선물거래는 농산물, 축산물, 귀금속, 에너지와 같은 실물상품을 기초자산으로 하는 상품선물과 주식, 주가지수, 금리, 통화와 같은 금융상품을 기초자산으로 하는 금융선물로 구분된다.

┃표 9-2┃ 한국거래소 상품안내

구 분	상장선물
주식상품	주식선물, 코스피 200선물, 코스닥 150선물, 배당지수선물
금리상품	3년 국채선물, 5년 국채선물, 10년 국채선물
통화상품	미국달러선물, 유로선물, 엔선물, 위안선물
일반상품	금선물, 돈육선물

② 최종거래일

최종거래일(maturity)은 기초자산을 매입하거나 매도하는 미래의 특정시점을 의미하며 만기일 또는 인도일이라고도 한다. 선물거래는 기초자산뿐만 아니라 최종거래일이 표준화되어 있다. 예컨대 코스피 200선물, 코스닥 150선물, 배당지수선물의 최종거래일은 각 결제월의 두번째 목요일로 지정되어 있다.

┃표 9-3┃ 선물거래의 최종거래일

구 분	최종거래일
주식상품	최종결제월의 두번째 목요일
금리상품	최종결제월의 세번째 화요일
통화상품	최종결제월의 세번째 월요일
일반상품	최종결제월의 세번째 수요일

③ 선물가격

선물가격(futures price)은 만기일에 기초자산을 매입하거나 매도할 때 적용되는 가격을 말한다. 선물가격은 만기일에 기초자산을 인수도할 때 그 대가로 지불하거나 수령하는 가격으로 선물계약 자체의 가치를 의미하는 것은 아니다. 따라서 선물가격은 옵션의 행사가격과 유사한 개념이라고 할 수 있다.

(2) 현물거래와 선물거래

① 현물거래 : 계약시점 = 결제시점

현물거래(spot transaction)는 현재시점에서 기초자산의 가격을 지불하고 기초자산을 인수하거나 기초자산의 가격을 수령하고 기초자산을 인도하는 거래를 말한다. 따라서 매매계약의 체결과 거래대금의 결제 및 기초자산의 인수도가 현재시점에서 이루어지는 주식거래와 채권거래는 현물거래에 해당한다.

② 선물거래 : 계약시점 ≠ 결제시점

선물거래(futures transaction)는 미래의 일정시점에 기초자산을 현재시점에 약정한 가격으로 결제하기로 거래당사자가 약정한 계약을 말한다. 따라서 선물거래는 현물거래와 달리 매매계약의 체결은 현재시점에서 이루어지고 거래대금의 결제와 기초자산의 인수도는 미래시점에 이루어지는 거래를 말한다.

┃그림 9-6┃ 현물거래와 선물거래

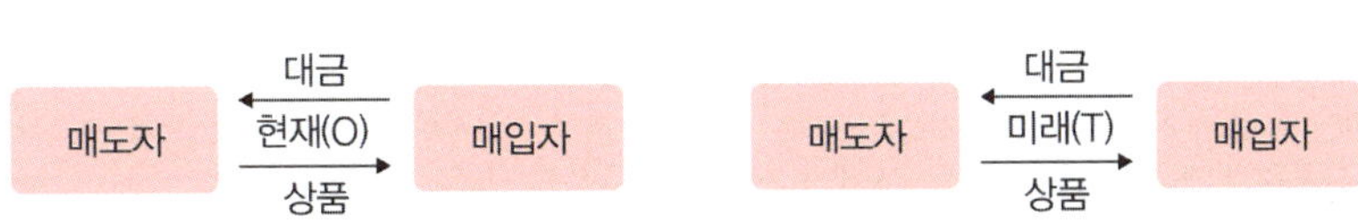

(a) 현물거래 (b) 선물거래

표 9-4 현물거래와 선물거래

구분	계약시점	실물인도	대금결제
현물거래	현재	현재	현재
외상거래	현재	현재	미래
선물거래	현재	미래	미래

(3) 선도거래와 선물거래

선도거래(forward transaction)는 미래의 일정시점에 특정상품을 현재시점에서 약정한 가격으로 인수도하기로 거래당사자가 일대일로 체결한 계약을 말한다. 그러나 선도거래는 기초자산의 가격이 자신에게 불리하게 변동하면 거래당사자가 계약을 이행하지 않을 계약불이행위험이 존재한다.1)

선물거래는 미래의 일정시점에 특정상품을 현재시점에서 약정한 가격으로 인수 또는 인도하기로 계약한다는 점에서 선도거래와 본질적으로 동일하다. 그러나 선물거래의 조건은 표준화되어 있으며 선물거래소, 청산소, 증거금, 일일정산제도 등이 있다는 점에서 선도거래와 차이점이 있다.

그림 9-7 선도거래와 계약불이행위험

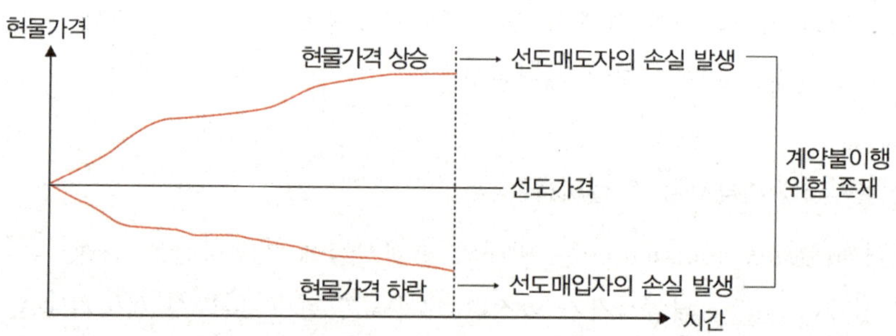

첫째, 선물거래는 거래대상, 거래단위, 만기일 등의 거래조건이 표준화되어 있고 선물거래소라는 조직화된 공식적인 시장에서 이루어진다. 반면에 선도거래는 거래당사자의 필요에 따라 계약이 직접 체결되기 때문에 거래조건이 표준화되어 있지 않고 특정한

1) 농산물을 재배하는 농부가 수확기의 가격하락위험을 헤지하기 위해 중간상인과 매매계약을 체결하는 시점에서 약정한 가격으로 농산물을 판매하는 밭떼기나 입도선매가 선도거래의 예라고 할 수 있다.

장소가 없이 장외시장에서 주로 딜러를 통해 이루어진다.

둘째, 선물거래는 거래당사자가 선물계약의 청산에 대해 책임을 지며 계약이행을 보증하는 청산소를 통해 일일정산되어 신용위험이 없으나 증거금을 청산소에 예치해야 한다. 반면에 선도거래는 신용위험을 거래당사자가 직접 부담해야 하고 만기일에만 결제가 이루어지므로 청산소에 증거금을 예치할 필요가 없다.

셋째, 선물거래는 대부분 만기일 이전에 반대매매를 통해 청산되고 청산소가 거래상대로서 계약이행을 보증하므로 거래상대방의 신용상태를 조사할 필요가 없다. 반면에 선도거래는 만기일에 실물인수도와 대금결제가 이루어지고 보증기관이 없어 딜러와 신용라인을 설정하여 상대방의 신용상태를 조사할 필요가 있다.

| 표 9-5 | 선물거래와 선도거래의 비교

구 분	선물거래	선도거래
거래장소	선물거래소	장외시장
거래조건	표준화되어 있음	거래당사자간의 합의
거래방법	공개호가방식, 전산매매방식	거래당사자간의 계약
가격형성	거래일 매일 형성	계약시 1회 형성
시장성격	완전경쟁시장	불완전경쟁시장
거래참가	불특정 다수	한정된 실수요자
거래보증	청산소가 보증	상대방의 신용
증 거 금	증거금 예치 및 유지	딜러와 신용라인 설치
거래청산	대부분 만기전에 반대매매	대부분 만기일에 실물인수도
거래상대	거래소를 통한 간접거래	거래상대방과의 직접거래
거래시간	거래소 개장시간	제한이 없음
거래규제	공식적인 규제	자율적인 규제
가격제한	가격제한 있음	가격제한 없음

(4) 선물거래와 옵션거래

선물거래와 옵션거래는 미래의 일정시점에 대금수수와 특정상품을 인수도할 것을 계약하는 거래라는 측면에서 유사하지만 다음과 같은 차이점이 있다. 선물거래는 매입자와 매도자에게 권리와 의무가 동시에 주어진다. 그러나 옵션거래는 매입자와 매도자에게 권리와 의무가 분리되어 있다.

| 표 9-6 | 선물거래와 옵션거래의 비교

구　　분	선물거래	옵션거래
권리와 의무	양자 모두 권리와 의무가 있음	매입자 : 권리, 매도자 : 의무
증거금 납부	양자 모두 납부함	매도자만 납부함
매 매 형 태	방향성 매매	방향성+변동성 매매
손 익 구 조	대칭적	비대칭
손익분기점	매매가격	행사가격±프리미엄
위험의 범위	손익에 한계가 없음	매입자는 손익을 한정

2. 선물거래의 종류

선물거래는 거래대상이 되는 기초자산의 종류에 따라 크게 상품선물(commodity futures)과 금융선물(financial futures)로 구분된다.

(1) 상품선물

상품선물은 선물거래의 대상이 되는 기초자산이 농산물, 축산물, 귀금속, 비철금속, 에너지 등의 실물상품을 말한다. 미국에서는 1848년 4월에 시카고상품거래소(CBOT)가 개설된 이후에 1865년 10월부터 밀, 귀리, 대두, 옥수수, 대두박 등을 대상으로 하는 농산물에 대한 선물거래가 거래되었다.

1877년에 런던금속거래소(LME)가 개설된 이후 은, 동, 납, 아연 등을 대상으로 하는 금속선물이 거래되었다. 상품선물은 1970년대 이전까지는 세계 선물거래의 주류를 이루었으나 1970년대 이후에 금융선물이 도입되어 금융선물의 비중은 계속해서 확대되면서 상품선물의 비중은 점차 축소되었다.

우리나라는 국내 최초의 농축산물 관련 상품선물로 돼지가격의 변동위험을 회피하기 위한 돈육선물이 2008년 7월 21일 상장되었다. 또한 금을 기초자산으로 금가격의 변동위험을 회피하기 위한 선물거래가 가능하도록 만든 상품으로 기존의 미니금선물이 2015년 11월 23일에 새롭게 상장되었다.

(2) 금융선물

금융선물은 선물거래의 대상이 되는 기초자산이 통화, 금리, 채권, 주식, 주가지수 등의 금융상품을 말한다. 시카고상업거래소(CME)의 부속거래소로 1972년 설립된 국제통화시장(IMM)에 의해 통화선물이 도입되었고, 1975년 이후에 금리선물이 도입되었으며, 1982년 이후에 주가지수선물이 도입되었다.

한국거래소는 1996년 5월 4일 KOSPI 200을 기초자산으로 하는 KOSPI 200선물, 2015년 11월 23일 KOSDAQ 150을 기초자산으로 하는 KOSDAQ 150선물을 상장하였다. 2014년 11월과 2015년 10월 KOSPI 200 섹터지수선물과 배당지수선물을 상장하였고, 2016년 6월 유로스톡스 50선물이 상장되었다.

그리고 2001년 4월에 개별주식을 기초자산으로 하는 개별주식선물과 개별주식옵션이 상장되었다. 또한 금리변동을 관리하기 위해 정부가 발행한 국고채를 기초자산으로 하는 3년 국채선물이 1999년 9월 29일, 5년 국채선물이 2003년 8월 22일 그리고 10년 국채선물이 2008년 2월 25일에 상장되었다.

통화선물은 수출입 및 국제자본거래로 수취 또는 지급하는 외국통화를 대상으로 하는 선물거래를 말한다. 환율변동위험을 관리하는 파생금융상품으로 미국달러선물이 1999년 4월 23일 국내 통화선물로서는 최초로 상장되었다. 2006년 5월 26일 엔선물과 유로선물, 2015년 10월 5일 위안선물이 상장되었다.

| 그림 9-8 | 선물거래의 종류

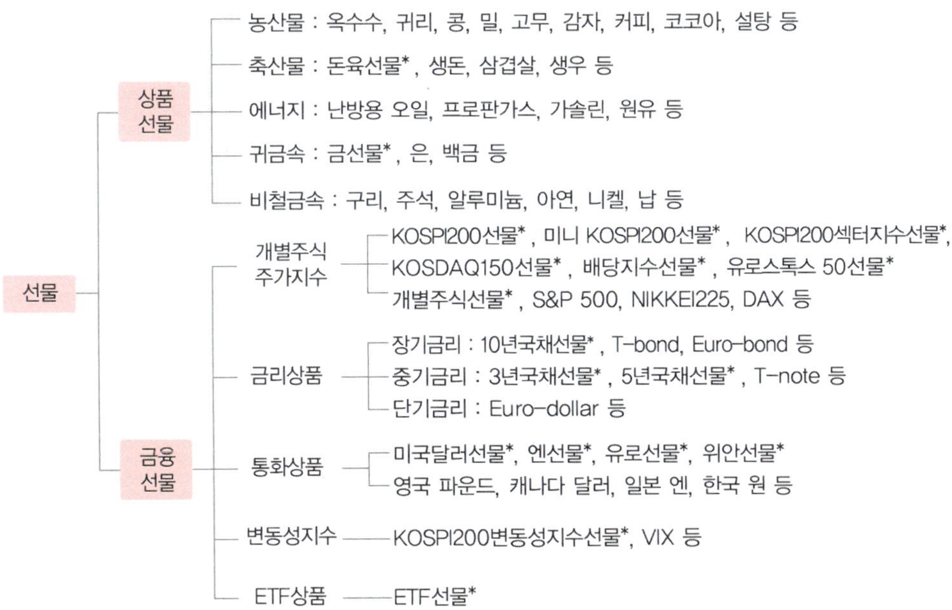

*한국거래소에 상장되어 있는 선물거래임

3. 선물거래의 손익

(1) 선물거래의 구분

선물거래는 크게 선물매입(long position)과 선물매도(short position)로 구분된다. 선물매입은 최종거래일에 현재시점에서 약정한 선물가격으로 기초자산을 매입하기로 약정한 것을 말하고, 선물매도는 최종거래일에 현재시점에서 약정한 선물가격으로 기초자산을 매도하기로 약정한 것을 말한다.

① 선물매입(long position)

선물매입은 최종거래일에 선물가격을 지불하고 기초자산을 매입하기로 약속한 것으로 기초자산을 인수할 의무를 갖는다. 선물을 매입하여 보유하고 있으면 매입포지션을 취하고 있다고 하고, 만기일 이전에 동일한 조건의 선물을 매도하여(轉賣) 기초자산을 인수할 의무가 없어지면 매입포지션을 청산했다고 한다.

② 선물매도(short position)

선물매도는 최종거래일에 선물가격을 지불받고 기초자산을 매도하기로 약속한 것으로 기초자산을 인도할 의무를 갖는다. 선물을 매도하여 보유하고 있으면 매도포지션을 취하고 있다고 하고, 만기일 이전에 동일한 조건의 선물을 매입하여(還買) 기초자산을 인도할 의무가 없어지면 매도포지션을 청산했다고 한다.

| 그림 9-9 | 선물거래의 손익

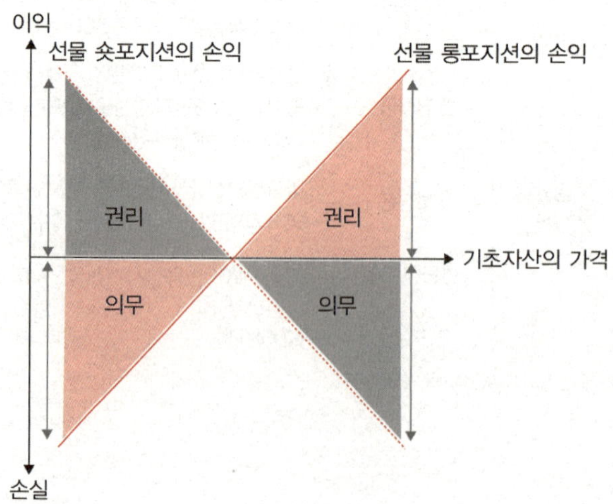

(2) 선물거래의 청산

선물거래의 청산은 현금결제와 실물결제가 있고 대부분 반대매매를 통해 포지션이 청산된다. 현금결제는 선물매입자(매도자)는 동일한 조건의 선물을 매도(매입)하여 선물가격의 차액만큼을 현금결제로 포지션을 청산하는 방식을 말하고, 실물결제는 최종거래일에 실물의 인수도로 포지션을 청산하는 방식을 말한다.

| 표 9-7 | 선물거래의 결제방법

구 분	대상품목
현금결제	주식상품(주식선물, 코스피 200선물, 배당지수선물) 금리상품(3년 국채선물, 5년 국채선물, 10년 국채선물) 일반상품(금선물, 돈육선물)
실물결제	통화상품(미국달러선물, 유로선물, 엔선물, 위안선물)

(3) 선물거래의 손익

선물거래자는 최종거래일의 현물가격에 관계없이 선물가격으로 기초자산을 인수도해야 하는 의무가 있다. 따라서 선물거래의 손익은 청산일의 현물가격(S_T)이 체결일의 선물가격($F_{0,T}$)보다 상승하느냐 아니면 하락하느냐에 따라 달라지며, 이익과 손실의 크기는 동일하기 때문에 선물거래의 손익은 항상 0이 된다.

① 선물매입자의 손익($=S_T - F_{0,T}$)

선물매입자는 선물가격에 기초자산을 매입해야 한다. 따라서 선물매입자는 매입포지션 청산일의 현물가격이 체결일의 선물가격보다 상승하면 이익을 얻게 되고, 체결일의 선물가격보다 하락하면 손실을 보게 된다.

② 선물매도자의 손익($=F_{0,T} - S_T$)

선물매도자는 선물가격에 기초자산을 매도해야 한다. 따라서 선물매도자는 매도포지션 청산일의 현물가격이 체결일의 선물가격보다 하락하면 이익을 얻게 되고, 체결일의 선물가격보다 상승하면 손실을 보게 된다.

| 그림 9-10 | 선물거래의 손익

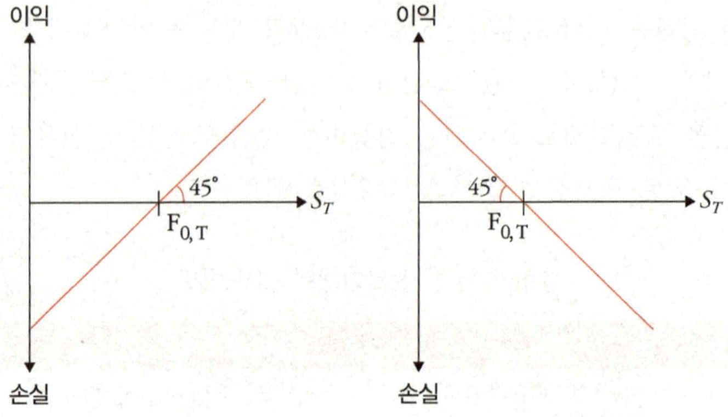

예제 9-1 선물거래의 손익

일반투자자 홍길동은 약세장(bear market)을 예상하여 2019년 8월 13일 한국거래소에서 KOSPI 200선물 5계약을 274포인트에 매도하였다. 9월 11일 최종거래일에 KOSPI 200선물의 가격이 다음과 같을 경우에 손익을 계산하시오.

1. 최종거래일에 KOSPI 200선물의 가격이 270포인트인 경우
2. 최종거래일에 KOSPI 200선물의 가격이 280포인트인 경우

풀이

1. 최종거래일에 주가지수선물가격이 하락하면 투자자 홍길동은 이익을 보게 된다.
   (274−270)×250,000원×5계약 = +5,000,000원
2. 최종거래일에 주가지수선물가격이 상승하면 투자자 홍길동은 손실을 보게 된다.
   (274−280)×250,000원×5계약 = −7,500,000원

4. 선물거래의 목적

선물거래는 투자자들이 선물계약을 이용하는 목적에 따라서 헤지거래, 투기거래, 차익거래 그리고 스프레드거래로 구분된다. 여기서 헤지거래와 차익거래는 투자자들이 현물시장과 선물시장을 동시에 이용한다. 그러나 투기거래와 스프레드거래는 선물시장만을 이용한다는 점에서 차이가 있다.

(1) 헤지거래

헤지거래(hedging)는 현물시장에서 현재 기초자산을 보유하여 미래에 매도할 예정이거나 현재 기초자산을 공매하여 미래에 매입할 예정인 기초자산의 불확실한 가격변화에 대해 선물시장에서 현물시장과 반대되는 포지션을 취함으로써 기초자산의 가격변동위험을 회피하거나 축소시키기 위한 거래를 말한다.

헤지거래자가 선물시장에서 현물시장과 반대되는 포지션을 취하면 현물포지션의 손실(이익)은 선물포지션의 이익(손실)으로 상쇄되어 기초자산의 가격변동위험을 회피하거나 축소시킬 수 있다. 이와 같이 기초자산의 가격변동위험을 회피하기 위해 선물거래를 이용하는 투자자를 헤지거래자(hedger)라고 한다.

현물시장	상황	선물시장
매입포지션	현재 자산보유, 미래 자산매도 예정 → 자산가격 하락시 손실발생	매도포지션
매도포지션	현재 자산공매, 미래 자산매입 예정 → 자산가격 상승시 손실발생	매입포지션

① 매입헤지

매입헤지(long hedge)는 현물시장에서 매도포지션을 취하고 있는 투자자가 기초자산의 가격상승위험을 헤지하기 위해 선물시장에서 해당현물에 대한 매입포지션을 취함으로써 현물자산의 가격상승위험을 회피하는 거래를 말한다.

| 표 9-8 | 매입헤지

구 분	계약시점	청산시점
현물시장	매도	매입
선물시장	매입	매도

② 매도헤지

매도헤지(short hedge)는 현물시장에서 매입포지션을 취하고 있는 투자자가 기초자산의 가격하락위험을 헤지하기 위해 선물시장에서 해당현물에 대한 매도포지션을 취함으로써 현물자산의 가격하락위험을 회피하는 거래를 말한다.

표 9-9 매도헤지

구 분	계약시점	청산시점
현물시장	매입	매도
선물시장	매도	매입

(2) 투기거래

투기거래(speculation)는 현물시장의 포지션에 관계없이 선물시장에서 특정상품에 대한 선물가격을 예측하고 이를 바탕으로 선물계약을 매입 또는 매도하여 시세변동에 따른 이익을 목적으로 하는 거래를 말한다. 따라서 가격상승이 예상되면 선물계약을 매입하고 가격하락이 예상되면 선물계약을 매도한다.

투기거래는 선물시장에서 가격변동위험을 감수하고 투기적인 이익을 도모하기 위해 실행하는 거래를 말한다. 그런데 선물거래는 현물거래에 비해서 손익이 확대되는 레버리지효과를 갖기 때문에 투기거래자의 예측이 정확하면 많은 이익을 얻을 수 있는 반면에 예측이 빗나가면 많은 손실을 보게 된다.

(3) 차익거래

모든 자산이 시장에서 균형가격에 거래되고 있는 시장균형상태에서는 일물일가의 법칙(law of one price)이 성립하여 차익거래가 발생하지 않는다. 그러나 특정 자산이 시장에서 균형가격과 다른 가격으로 거래되는 시장불균형상태에서는 일물일가의 법칙이 성립하지 않아 차익거래가 발생한다.

차익거래(arbitrage)는 동일한 상품이 현물시장과 선물시장에서 상이한 가격으로 거래될 때 과소평가된 시장에서는 매입하고 과대평가된 시장에서는 매도함으로써 추가적인 자금이나 위험부담 없이 이익(free lunch)을 얻는 거래를 말하며, 시장이 일시적인 불균형상태에 있을 경우에 발생한다.

차익거래의 과정에서 과소평가된 시장에서는 수요가 증가하여 가격이 상승하고, 과대평가된 시장에서는 공급이 증가하여 가격이 하락한다. 따라서 일물일가의 법칙이 성립할 때까지 차익거래가 지속되며 차익거래를 통해서 시장이 균형상태에 도달하게 되면 차익거래의 기회는 소멸하게 된다.

(4) 스프레드거래

스프레드거래(spread)는 조건이 서로 다른 선물계약간의 가격차이를 이용하여 과소평가된 선물은 매입하고 과대평가된 선물은 매도함으로써 이익을 추구하는 거래를 말한다. 스프레드거래는 서로 다른 선물의 종류에 따라 만기간 스프레드, 상품간 스프레드, 시장간 스프레드로 구분된다.

① 만기간 스프레드

만기간 스프레드(inter-delivery spread)는 동일한 기초자산을 대상으로 만기일이 서로 다른 선물을 동시에 매입하고 매도하는 거래를 말하며, 캘린더 스프레드(calendar spread) 또는 시간스프레드(time spread)라고도 한다. 만기간 스프레드는 강세스프레드와 약세스프레드로 구분된다.

㉠ 강세스프레드

강세스프레드(bull spread)는 시장이 강세장(bull market)인 경우 근월물의 가격상승폭이 원월물의 가격상승폭보다 클 것으로 예상하고, 약세장(bear market)인 경우 근월물의 가격하락폭이 원월물의 가격하락폭보다 적을 것으로 예상할 때 근월물을 매입하고 원월물을 매도하는 전략을 말한다.

㉡ 약세스프레드

약세스프레드(bear spread)는 시장이 강세장(bull market)인 경우 원월물의 가격상승폭이 근월물의 가격상승폭보다 클 것으로 예상하고, 약세장(bear market)인 경우 원월물의 가격하락폭이 근월물의 가격하락폭보다 적을 것으로 예상할 때 원월물을 매입하고 근월물을 매도하는 전략을 말한다.

② 상품간 스프레드

상품간 스프레드(inter-commodity spread)는 동일한 시장에서 선물의 만기일은 같지만 기초자산이 서로 다른 선물을 동시에 매입하고 매도하는 거래를 말한다. 예컨대 동일한 거래소에서 거래되고 있는 6월물 금선물은 매입하고, 6월물 은선물은 매도한 경우가 상품간 스프레드에 해당한다.

③ 시장간 스프레드

시장간 스프레드(inter−market spread)는 동일한 기초자산이 서로 다른 시장(거래소)에서 거래되는 경우에 한쪽 시장에서는 선물을 매입하고 다른 시장에서는 선물을 매도하는 거래를 말한다. 예컨대 달러선물을 미국에서는 매입하고 한국에서는 매도하는 경우가 시장간 스프레드에 해당한다.

5. 선물거래의 기능

선물시장은 선물거래를 이용하여 기초자산의 가격변동위험을 회피할 수 있는 위험전가기능을 수행한다. 또한 미래의 현물가격에 대한 가격예시기능을 수행하고 한정된 자원의 효율적 배분을 가능하게 하며 투기거래자의 부동자금을 헤지거래자의 산업자금으로 자본형성기능을 촉진하여 경제활성화에 기여한다.

(1) 가격예시의 기능

선물시장에서 결정되는 선물가격은 선물시장에 참여한 수많은 거래자들의 해당 기초자산에 대한 수요와 공급 등 각종 정보를 바탕으로 결정되기 때문에 미래의 현물가격에 대한 예시기능을 수행한다. 따라서 만기가 서로 다른 선물가격들은 미래의 특정시점에서 형성될 기대현물가격을 예측하는 기능이 있다.

(2) 위험이전의 기능

헤지거래자는 기초자산의 가격변동위험을 투기거래자에게 이전할 수 있고, 투기거래자는 헤지거래자로부터 이전되는 가격변동위험을 부담하지만 투기적인 이익을 도모한다. 따라서 선물시장은 헤지거래자가 회피하는 위험이 투기거래자에게 전가되는 위험이전기능을 수행하여 현물시장의 유동성을 증대시킨다.

(3) 자원배분의 기능

선물가격은 현물시장의 수급에 관한 정보들을 집약하여 상품의 생산, 저장, 소비의 시간적 배분을 통해 자원배분의 효율성을 증대시킨다. 미래에 재고부족이 예상되는 상품은 선물가격이 높게 형성되어 생산을 촉진시키고, 현재 재고가 부족한 상품은 가격하락이 예상되는 미래시점으로 소비를 연기하도록 한다.

(4) 자본형성의 기능

선물시장은 투기거래자의 부동자금을 헤지거래자의 산업자금으로 이전시키는 자본형성의 기능을 간접적으로 수행한다. 특히 금융기관은 금융선물을 이용하여 주가, 환율, 금리변동위험을 효과적으로 관리할 수 있으며, 기업은 자본비용을 절감할 수 있기 때문에 투자가 촉진되어 국가전체의 부를 증진시킬 수 있다.

(5) 시장유동성의 증가

선물거래는 거래당사자들이 상대방의 계약불이행위험에 노출되어 있고 장외시장에서 거래가 이루어져 유동성이 부족한 선도거래의 문제점을 발전시킨 것이다. 선물거래는 기초자산, 거래단위, 최종거래일 등의 거래조건이 표준화되어 있고 조직화된 거래소에서 거래가 이루어지므로 유동성이 증가한다.

(6) 신금융상품의 개발

1980년대 중반 이후에 금융공학이 발전하면서 파생상품을 이용한 새로운 금융상품과 금융기법들이 개발되고 있다. 선물시장은 다양한 금융상품의 개발을 통해서 투자기회를 계속 확대시켜 왔으며 향후에는 금융공학의 발전으로 기초자산의 가격변동위험을 효과적으로 관리할 것으로 예상된다.

제3절 선물시장의 구성

1. 선물시장의 조직

선물거래가 안정적으로 이루어지고 선물시장에 정보가 효율적으로 전달되기 위해서는 여러 가지의 조직과 규제가 필요하다. 일반적으로 선물시장은 국가마다 약간의 차이는 있으나 선물거래소, 청산소, 선물중개회사, 선물거래자로 구성되어 있다. [그림 9-11]에는 선물시장의 구조가 제시되어 있다.

그림 9-11 선물시장의 구조

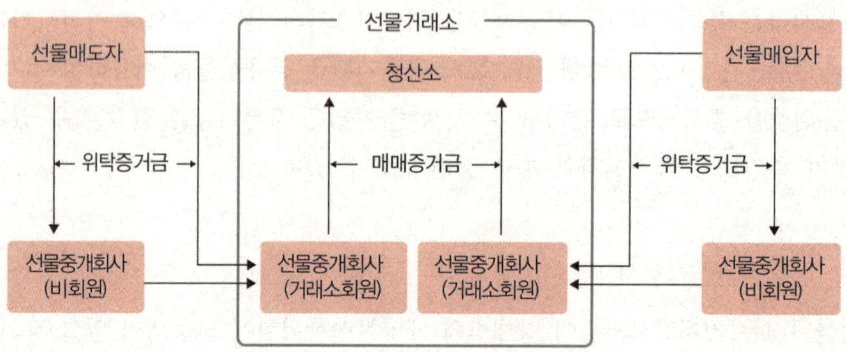

(1) 선물거래소

선물거래소(futures exchange)는 회원들에게 거래장소를 제공하고 표준화된 선물상품을 상장시키며 선물거래에 관련된 규칙을 제정하여 규제한다. 선물중개회사는 선물거래소에 회원으로 등록한 후 선물거래와 관련된 중개업무를 수행하며 선물거래자나 비회원인 선물중개회사는 회원을 통해 선물거래에 참가할 수 있다.

우리나라는 한국거래소(KRX)가 1996년 5월 3일 KOSPI 200선물을 도입하여 선물시대가 도래하였다. 1999년 4월 23일에 미국달러선물, 1999년 9월 29일에 국채선물, 2006년 5월 26일에 엔선물과 유로선물, 2008년에 돈육선물, 2015년 10월에 위안선물, 2015년 11월 23일에 금선물이 새롭게 상장되어 거래되고 있다.

(2) 청산소

청산소(clearing house)는 선물거래소에 이루어지는 선물계약의 청산에 대해 책임을 지고 일일정산과 증거금제도를 통해 계약이행을 보증하는 역할을 수행한다. 청산소가 없는 선도거래는 매입자와 매도자가 거래의 직접적인 당사자이기 때문에 계약의 이행여부가 거래당사자들의 신용에 의해 좌우된다.

그러나 선물거래의 경우에는 거래당사자간에 선물계약이 체결되면 청산소가 개입하여 거래상대방이 된다. 따라서 선물매입자에게는 대금을 수령하고 기초자산을 인도해야 하는 선물매도자의 의무를 부담하고, 선물매도자에게는 대금을 지불하고 기초자산을 매입해야 하는 선물매입자의 의무를 부담한다.

예컨대 갑은 매입포지션을, 을은 매도포지션을 취했다고 가정하자. 갑과 을간에 선물거래가 성립하면 청산소가 개입하여 갑에게는 매도포지션을 취하고, 을에게는 매입포지션을 취하여 두 거래자간에 계약관계를 분리시킨다. 그러나 청산소는 매입포지션과 매도포지션을 동시에 취하여 순포지션은 0이 된다.

❙그림 9-12❙ 청산소의 역할

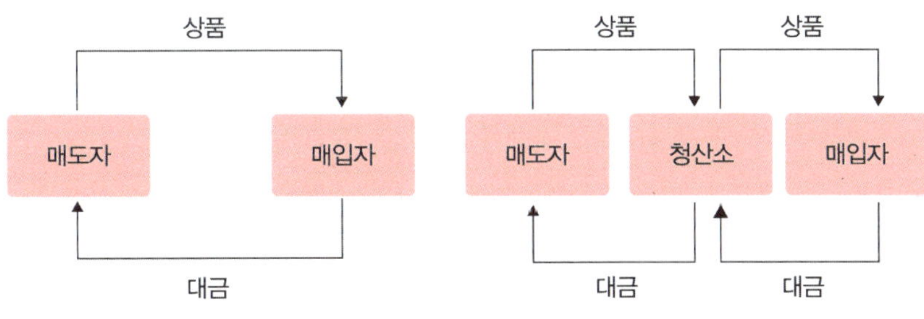

(a) 선도거래　　(b) 선물거래

(3) 선물중개회사

선물중개회사(futures commission merchant)는 고객으로부터 주문을 위탁받아 선물거래를 대행하는 업무를 담당하고 고객의 미청산계약에 대한 기록을 유지하여 고객의 예탁금과 증거금을 관리하며 계좌개설부터 매매종결까지 선물중개 및 관리업무를 수행하면서 그 대가로 일정한 수수료를 받는 회사를 말한다.

선물중개회사는 거래소 회원과 거래소 회원이 아닌 경우로 구분되는데, 거래소 회원인 선물중개회사만 고객의 주문을 직접 처리할 수 있다. 따라서 비회원인 선물중개회사는 거래소 회원인 선물중개회사를 통해서 주문을 처리해야 한다. 이러한 회원제도의 운영은 결제제도에도 동일하게 작용되어 운용되고 있다.

(4) 신물거래사

선물시장의 참가자는 선물거래의 동기에 따라 헤지거래자, 투기거래자, 차익거래자, 스프레드거래자의 네 가지 유형으로 구분할 수 있다. 여기서 헤지거래자와 차익거래자는 현물시장과 선물시장을 동시에 이용한다. 그러나 투기거래자와 스프레드거래자는 선물시장만을 이용한다는 점에서 차이가 있다.

1) 헤지거래자

헤지거래자(hedger)는 현재 기초자산을 매입하여 보유하고 있거나 미래에 매도할 예정인 현물자산 또는 현재 기초자산을 공매하거나 미래에 매입할 예정인 현물자산의 불확실한 가격변화에 대해 선물시장에서 반대포지션을 취함으로써 현물시장에서의 가격변동위험을 회피하기 위해 선물거래를 이용하는 투자자를 말한다.

선물시장의 참가자 중에서 비중이 가장 높은 헤지거래자가 선물거래를 이용하는 목적은 현물자산의 가격변동으로 인한 손실을 극소화시키는 데 있다. 헤지거래자는 헤지거래를 수행하는 과정에서 기회손실을 입을 수 있으나, 이는 현물포지션에서 발생할 수 있는 손실을 회피하기 위해 지불하는 대가로 보아야 할 것이다.

2) 투기거래자

투기거래자(speculator)는 현물시장의 포지션에 관계없이 선물시장의 포지션만을 이용하여 선물가격의 변동에 따른 위험을 감수하면서 미래의 선물가격변동에 대한 예상에 의해 시세차익을 얻을 목적으로 선물거래를 이용하는 투자자를 말하며 헤지거래자가 전가한 위험을 부담하는 대가로 일정한 수익을 얻을 수 있다.

투기거래자가 선물거래를 이용하는 목적은 선물가격의 상승이 예상되면 선물거래를 매입하고, 선물가격의 하락이 예상되면 매도한 후 반대매매로 포지션을 청산함으로써 투기적인 이익을 도모하는 데 있다. 따라서 투기거래자의 예상이 적중하면 많은 이익을 얻을 수 있고 예상이 빗나가면 많은 손실을 보게 된다.

투기거래자들은 보호되지 않은 포지션(uncovered position)을 보유하여 선물가격의 변동에 따른 위험을 감수하더라도 높은 투기적 이익을 얻고자 한다. 투기거래자는 선물시장에서 헤지거래자가 전가한 위험을 떠안을 뿐만 아니라 극단적인 가격변동을 예방하고 선물시장의 안정을 도모하는 중요한 기능을 수행한다.

3) 차익거래자

차익거래자(arbitrageur)는 동일한 상품이 현물시장과 선물시장에서 상이한 가격으로 거래될 경우에 선물가격과 현물가격 또는 서로 다른 선물계약간의 일시적인 불균형을 이용하여 추가적인 자금이나 위험을 부담하지 않으면서 이익을 얻을 목적으로 선물거래를 이용하는 투자자를 말한다.

선물거래는 파생상품으로 선물계약의 가격은 기초자산의 현재가격인 현물가격과 밀접한 관계가 있다. 이론적으로 선물가격은 현물가격과 보유비용의 합으로 결정된다. 따라서 선물가격과 현물가격간의 차이가 보유비용보다 크거나 작다면 균형관계가 이탈되어 차익거래의 기회가 발생한다.

요컨대 선물가격이 현물가격보다 과대평가되어 있는 경우에 과대평가된 선물을 매도하고 자금을 차입하여 과소평가된 현물을 매입하는 현물매입차익거래를 통해서 차익을 얻게 된다. 이러한 차익거래의 과정에서 선물가격은 하락하고 현물가격은 상승하여 균형상태에 도달하게 된다.

그리고 선물가격이 현물가격보다 과소평가되어 있는 경우에 과대평가된 현물을 공매하여 자금을 대출하고 과소평가된 선물을 매입하는 현물매도차익거래를 통해서 차익을 얻게 된다. 이러한 차익거래의 과정에서 현물가격은 하락하고 선물가격은 상승하여 균형상태에 도달하게 된다.

선물거래의 만기일에 인도일수렴현상(convergence)에 의해 선물가격과 현물가격이 일치하는 것은 차익거래의 결과물이라고 할 수 있다. 만약 선물거래의 만기일에 선물가격과 현물가격이 일치하지 않는다면 즉시 차익거래의 기회가 발생하고 선물가격과 현물가격은 일치하게 된다.

4) 스프레드거래자

스프레드거래자(spreader)는 만기일 또는 기초자산이 서로 다른 선물계약의 가격 차이에 해당하는 스프레드의 변동을 이용하여 과소평가된 선물은 매입하고 과대평가된 선물은 매도하여 이익을 얻는 투자자를 말한다. 스프레드거래에 따른 손익은 두 선물가격의 절대적 변화가 아니라 상대적 변화에 의해 결정된다.

┃표 9-10┃ 선물시장의 구성요소

<table>
<tr><th colspan="3">구 분</th><th>주요 기능</th></tr>
<tr><td colspan="3">선물거래소</td><td>거래장소 제공, 선물상품의 표준화, 거래관련 규칙 제정</td></tr>
<tr><td colspan="3">청 산 소</td><td>증거금 징수, 청산업무, 일일정산, 결제업무</td></tr>
<tr><td rowspan="3">중개인</td><td rowspan="2">거래소 회원</td><td>결 제 회 원</td><td>선물거래자의 주문처리, 청산업무, 결제업무</td></tr>
<tr><td>비결제회원</td><td>선물거래자의 주문처리</td></tr>
<tr><td colspan="2">거래소 비회원</td><td>선물거래자의 주문을 거래소회원에게 위탁</td></tr>
<tr><td colspan="3">선물거래자</td><td>헤지거래, 투기거래, 차익거래, 스프레드거래</td></tr>
</table>

2. 선물시장의 운용

(1) 계약의 표준화

선물거래는 거래대상인 기초자산의 수량과 품질, 거래단위, 결제월, 상장결제월, 호가가격단위, 최소가격변동금액, 가격표시방법, 거래시간, 최종거래일, 최종결제일, 결제방법, 가격제한폭 등이 표준화되어 있어서 선물가격을 쉽게 비교할 수 있으며 표준화된 선물계약에 거래가 집중되기 때문에 유동성이 증가한다.

Ⅰ표 9-11Ⅰ 국내에서 거래되는 선물계약의 명세

구 분	주가지수선물	3년 국채선물	미국달러선물	돈육선물
기초자산	KOSPI 200지수	표면금리 연 5% 만기 3년 국채	미국달러	돈육대표가격
계약금액	KOSPI 200지수 × 25만원(거래승수)	액면가액 1억원	US $10,000	1,000kg
상장결제월	3년 이내 7개 결제월	2개 결제월	총 20개 결제월	6개 결제월
가격표시	KOSPI 200선물 수치	액면 100원당 원화	US $1당 원화	원/kg
최소가격변동폭	12,500원 (25만원×0.05)	10,000원 (1억원×0.01)	1,000원 (1만불×0.1원)	5,000원 (1,000kg×5원)
최종거래일	각 결제월의 두번째 목요일	최종결제월의 세번째 화요일	최종결제월의 세번째 월요일	최종결제월의 세번째 수요일
최종결제일	최종거래일의 다음 거래일	최종거래일의 다음 거래일	최종거래일의 3일째 거래일	최종거래일의 3일째 거래일
최종결제방법	현금결제	현금결제	실물결제	현금결제

(2) 일일정산제도

선도거래와 달리 선물거래는 선물시장에서 매일 거래가 이루어지고 선물가격이 변하게 된다. 이와 같이 선물가격이 변화하면 청산소는 선물거래자의 미청산계약(open interest)을 매일 전일 종가와 당일 종가의 차이로 정산하여 손익을 선물거래자의 증거금에 가감하는 제도를 일일정산제도라고 한다.

일일정산이 없다면 선물가격의 불리한 변동이 지속되어 손실이 누적되면 거래당사

자의 일방이 계약을 이행하지 않을 위험에 직면한다. 따라서 청산소는 선물계약의 이행을 보증하기 위해 선물거래자의 증거금이 손실을 보전할 수 있는 수준으로 유지되고 있는가를 확인하고자 일일정산제도를 운영한다.

(3) 증거금제도

1) 증거금의 의의

증거금(margin)은 일일정산을 원활하게 하고 선물가격이 불리하게 변동하더라도 선물거래의 결제를 성실히 이행하겠다는 선물계약의 이행을 보증하기 위한 보증금의 성격으로 선물거래자가 선물중개회사에 예치해야 하는 현금 또는 현금등가물을 말하며 미결제약정에 대한 손익을 정산하는 수단으로 사용된다.

증거금제도는 실제로 선물가격이 하락하는 경우에는 선물매입자의 계약위반가능성으로부터 선물매도자를 보호하고, 반대로 선물가격이 상승하는 경우에는 선물매도자의 계약위반가능성으로부터 선물매입자를 보호함으로써 거래상대방의 계약불이행위험을 제거하고 선물거래의 유동성을 확보할 수 있게 된다.

2) 증거금의 종류

증거금은 2단계로 구분된다. 선물거래자는 선물중개회사를 통해 결제회사에 증거금을 예치하고, 결제회사는 청산소에 증거금을 예치한다. 우리나라는 선물거래자가 선물중개회사에 예치하는 증거금을 위탁증거금이라고 하고, 선물중개회사가 청산소에 예치하는 증거금을 매매증거금이라고 한다.

① 위탁증거금

위탁증거금(customer margin)은 선물거래자가 선물중개회사(FCM)에 계좌를 개설한 후에 예치하는 증거금을 말한다. 위탁증거금은 크게 개시증거금, 유지증거금, 추가증거금 그리고 초과증거금으로 구분된다.

㉠ 개시증거금

개시증거금(initial margin)은 선물거래자가 선물계약을 매입하거나 매도할 경우 자신의 위탁계좌에 예치해야 하는 증거금을 말한다. 선물거래소는 기초자산의 가격수준, 가격변동성, 선물거래의 이용목적 등을 감안하여 개시증거금을 결정하는데, 대체로 계약금액의 5~15% 수준에서 결정된다.

㉡ 유지증거금

선물가격의 변동에 따라 일일정산과정에서 발생하는 모든 입출금은 선물거래자의 위탁계좌를 통해 이루어진다. 선물거래에서는 선물가격의 변동에 따라 발생하는 손익이 매일 일일정산되어 고객의 증거금에 반영되는데, 선물가격이 크게 변동하여 손실액이 증거금잔액을 초과하면 증거금은 그 기능을 상실한다.

유지증거금(maintenance margin)은 선물계약의 이행을 보증하기 위해 미청산계약(open interset)의 위탁계좌에서 반드시 유지해야 하는 최소한의 증거금을 말한다. 일반적으로 유지증거금은 개시증거금의 75~90% 수준에서 결정된다. 예컨대 KOSPI 200선물의 유지증거금은 개시증거금의 2/3인 10%이다.

㉢ 추가증거금

추가증거금(additional margin)은 선물가격의 불리한 변동으로 손실이 발생하여 증거금이 유지증거금 이하로 떨어지면, 선물중개회사가 익일 오전까지 증거금을 개시증거금 수준까지 예치하도록 요구할 경우에 선물거래자가 추가로 예치해야 하는 증거금을 말하며, 변동증거금(variation margin)이라고도 한다.

㉣ 초과증거금

초과증거금(excess margin)은 선물가격의 유리한 변동으로 이익이 발생하여 증거금잔고가 개시증거금 수준을 초과하면 선물거래자는 초과분을 언제든지 인출할 수 있는데, 이 인출가능한 금액을 말한다.

② 매매증거금

매매증거금(member's margin)은 선물거래소의 회원인 선물중개회사가 고객이나 비회원인 선물중개회사로부터 받은 위탁증거금의 일부를 선물거래의 결제이행을 위해 청산소에 납부해야 하는 증거금을 말한다.

예제 9-2 일일정산과 증거금제도

투자자 홍길동은 3월 11일 현재 상품선물시장에서 6월물 옥수수선물 10계약을 부셀당 5,000원에 매입하였다. 옥수수선물 1계약은 5,000부셀이며 개시증거금은 계약금의 10%이고, 유지증거금은 개시증거금의 80%라고 가정하자. 3월 11일 옥수수선물의 가격은 매입시점의 가격보다 상승하여 5,200원으로 마감되었다.

3월 12일에는 옥수수선물의 가격이 큰 폭으로 하락하여 4,950원이 되었고, 3월 13일에도 하락하여 4,800원이 되었다. 홍길동은 옥수수선물의 가격이 더 떨어질 것으로 예상하고 3월 14일 손해를 감수하고 부셀당 4,700원에 10계약을 매도하여 포지션을 청산했다고 가정하여 일일정산과 증거금계정의 변화를 설명하시오.

풀이

먼저 옥수수선물의 계약금액을 계산한 후에 게시증거금과 유지증거금을 산출한다.

계 약 금 액 : 5,000원×5,000부셀×10계약 = 250,000,000원

개시증거금 : 250,000,000원×0.10 = 25,000,000원

유지증거금 : 25,000,000원×0.80 = 20,000,000원

3월 11일에 선물가격이 매입가격보다 200원 상승하여 선물매입자인 홍길동은 10,000,000원의 이익을 얻게 되어 증거금잔고는 35,000,000원이 된다. 홍길동은 증거금계정에 있는 35,000,000원 중 개시증거금 25,000,000원을 제외한 10,000,000원을 인출할 수도 있다.

(5,200원－5,000원)×5000부셀×10계약 = 10,000,000원

3월 12일에 선물가격은 전일보다 250원 하락하여 선물매입자인 홍길동은 12,500,000원의 손실을 보게 되어 증거금잔고는 전일의 35,000,000원에서 당일 손실 12,500,000원을 차감한 22,500,000원이 된다. 이때 증거금잔고가 유지증거금을 초과하고 있어 추가로 증거금을 적립할 필요는 없다.

(4,950원－5,200원)×5000부셀×10계약 = －12,500,000원

3월 13일에 선물가격은 전일보다 150원 하락하여 홍길동은 7,500,000원의 손실을 보게 되어 증거금잔고는 전일의 22,500,000원에서 당일 손실 7,500,000원을 차감한 15,000,000원이 된다. 이때 증거금잔고가 유지증거금 아래로 하락하여 개시증거금과 증거금잔고의 차액인 10,000,000원을 추가로 입금해야 한다.

(4,800원－4,950원)×5000부셀×10계약 = －7,500,000원

3월 14일에 홍길동은 옥수수선물계약을 부셀당 4,700원에 매도하여 자신이 매입한 포지션을 청산하였다. 이 거래로 홍길동은 전일에 비해 5,000,000원의 손실을 보았다. 따라서 홍길동은 전일의 증거금수준 25,000,000원에서 당일 손실 5,000,000원을 차감한 잔액 20,000,000원을 인출하면 거래는 종결된다.

(4,700원－4,800원)×5000부셀×10계약 = －5,000,000원

개시증거금은 옥수수선물 계약시 납부할 금액이며, 증거금잔고가 유지증거금 이하로 내려가면 홍길동은 증거금잔고와 개시증거금의 차액만큼을 익일 정오까지 추가로 납부해야 매입포지션을 유지할 수 있다. 일별 선물가격의 변동에 따른 일일정산의 과정은 [표 9-12]과 같이 나타낼 수 있고, 증거금계정의 변화는 [그림 9-13]과 같이 제시할 수 있다.

표 9-12 일일정산의 과정

날짜	선물가격	선물손익	납부금액	증거금잔고
3월 11일	5,200원	10,000,000원	-	35,000,000원
3월 12일	4,950원	-12,500,000원	-	22,500,000원
3월 13일	4,800원	-7,500,000원	10,000,000원	25,000,000원
3월 14일	4,700원	-5,000,000원	-	20,000,000원

그림 9-13 증거금계정의 변화

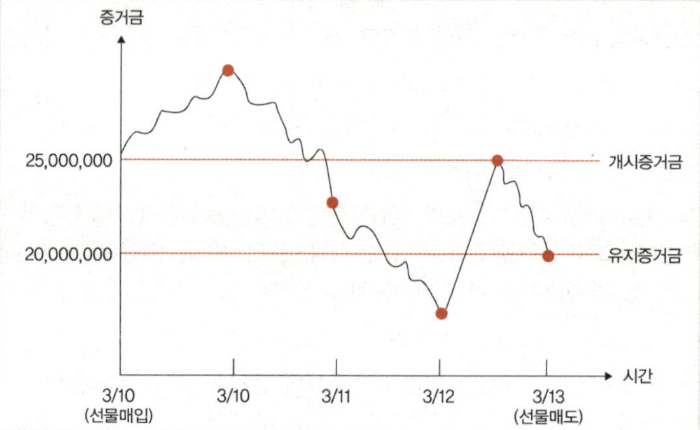

제4절 선물가격의 결정

선물계약은 파생상품이므로 선물계약의 가격은 기초자산의 현물가격과 밀접한 관계를 갖는다. 선물가격과 현물가격간의 관계를 살펴봄으로써 선물가격을 결정할 수 있는데, 이러한 선물가격의 결정모형을 보유비용모형(cost of carry model) 또는 현물-선물 등가이론(spot futures parity theorm)이라고도 한다.

1. 선물가격과 현물가격의 관계

선물거래는 거래대상이 되는 기초자산이 현물시장에서 거래되고 있으므로 선물가격은 현물가격과 연관되어 움직인다. 일반적으로 현물가격이 상승하면 선물가격도 상승하고, 현물가격이 하락하면 선물가격도 하락한다. 이러한 현물가격과 선물가격간의 균형관계는 차익거래에 의해 형성되고 유지된다.

보유비용모형은 선물계약을 매입하는 것과 현물자산을 매입하여 만기일까지 보유하는 것은 동일한 효과를 갖기 때문에 차익거래의 기회가 없는 시장균형상태에서 이론선물가격($F_{0,T}$)은 현물가격(S_0)에 만기일까지 보유비용(CC)은 가산하고 보유수익(CR)은 차감한 값과 동일해야 한다는 모형을 말한다.

현재시점에서 선물계약을 매입하면 만기일에 $F_{0,T}$의 가격을 지불하고 기초자산을 매입하여 만기일에 $F_{0,T}$의 비용을 부담하는 반면에, 현재시점에서 현물자산을 매입하여 만기일까지 보유하면 현물가격과 현물보유에 따른 보유비용을 부담하여 선물가격과 현물가격간에 다음과 같은 등가관계가 성립해야 한다.

$$\begin{aligned} F_{0,T} &= S_0 + CC - CR \\ &= S[1+(r-d)\times T/360] \end{aligned} \qquad (9.1)$$

$F_{0,T}$: 만기일이 T인 선물계약의 현재가격
S_0 : 현재시점의 현물가격
CC : 현물보유에 따른 보유비용
CR : 현물보유에 다른 보유수익

만일 식(9.1)의 관계가 성립하지 않으면 투자자는 선물시장과 현물시장간의 차익거래로 추가적인 투자금액과 위험부담 없이 이익을 얻을 수 있는 차익거래가 발생한다. 한편 현물자산을 매입하여 선물만기일까지 보유하는 동안에 발생하는 보유비용은 다음과 같은 세 가지 유형으로 구분할 수 있다.

① 현물매입의 기회비용

현재시점에서 현물자산을 매입하면 S_0만큼의 현금유출이 발생한다. 따라서 현물자

산의 매입금액을 선물의 만기일까지 재투자한다고 가정하면 재투자수익($S_0 \times r$)의 수익을 포기하게 되어 기회비용이 발생한다.

② 현물자산의 보유비용

현물자산을 매입하여 선물의 최종거래일까지 보유하면 여러 가지의 비용을 부담하므로 정(+)의 보유비용을 갖는다. 수송비, 보관비, 보험료가 상품선물의 보유비용이고, 이자비용이 금융선물의 보유비용이다.

③ 현물자산의 보유수익

금융선물의 경우 현물인 주식과 채권을 매입하여 선물의 만기일까지 보유하면 배당수익과 이자수익을 얻을 수 있어 부(−)의 보유비용을 갖는다. 따라서 현재시점에 현물자산을 매입하여 선물의 만기일까지 현물보유에 따른 세 가지 유형의 비용을 고려하면 식(9.1)은 다음과 같이 나타낼 수 있다.

$$F_{0,T} = S_0 + \text{기회비용} + \text{보유비용} - \text{보유수익} \tag{9.2}$$

(1) 완전자본시장에서의 선물가격

완전자본시장의 가정하에서 보유비용모형을 산출하기 위한 가정은 다음과 같다. 보유비용모형을 이용하여 선물가격을 도출할 때 선물계약을 중도에 청산하지 않고 선물의 최종거래일까지 보유하며 일일정산은 없는 것으로 가정한다.

첫째, 선물시장과 현물시장은 거래비용과 세금이 없는 완전자본시장이다.
둘째, 기초자산의 공매에 제한이 없고 공매대금은 전액 사용할 수 있다.
셋째, 자금차입과 대출에 제한이 없고 예금금리와 대출금리는 동일하다.

1) 기회비용만 고려하는 경우

선물의 최종거래일까지 보유비용과 보유수익이 없는 경우에 선물가격은 다음과 같이 결정된다.

$$F_{0,T} = S_0 + 기회비용 = S_0(1 + r\frac{T}{360}) \qquad (9.3)$$

2) 보유비용을 고려하는 경우

선물의 최종거래일까지 보유비용은 있고 보유수익은 없는 경우에 선물가격은 다음과 같이 결정된다.

$$F_{0,T} = S_0 + 기회비용 + 보유비용 = S_0(1 + r \times \frac{T}{365}) + C(1 + r \times \frac{T-t}{365}) \qquad (9.4)$$

3) 보유수익을 고려하는 경우

선물의 최종거래일까지 보유비용은 없고 보유수익은 있는 경우에 선물가격은 다음과 같이 결정된다.

$$F_{0,T} = S_0 + 기회비용 - 보유수익 = S_0(1 + r \times \frac{T}{365}) - D(1 + r \times \frac{T-t}{365}) \qquad (9.5)$$

(2) 불완전자본시장에서의 선물가격

지금까지는 세금과 거래비용이 존재하지 않는 완전자본시장을 가정하여 선물가격과 현물가격간의 균형관계를 설명하였다. 그러나 현실적으로 다양한 형태의 시장불완전요인이 존재하므로 앞에서 유도한 보유비용모형도 수정되어야 한다.

1) 시장불완전요인

현물시장과 선물시장에는 호가스프레드, 거래비용, 예대마진, 차입과 공매의 제한과 같은 여러 가지 시장불완전요인이 존재하여 차익거래의 실행을 제약하고 있다.

① 호가스프레드

현물시장과 선물시장에서 딜러가 고객에게 제시하는 매입가격을 매입호가(bid price), 매도가격을 매도호가(ask price)라고 하며, 매입가격과 매도가격의 차이를 호가스프레드(bid-ask spread)라고 한다. 따라서 고객의 입장에서는 딜러의 매입호가가 매도가격이 되고, 매도호가가 매입가격이 된다.

② 거래수수료

거래수수료(transaction fees)는 투자자가 현물자산이나 선물계약을 매입하거나 매도할 때 선물중개회사에 지급하는 수수료를 말한다.

㉠ 현물포지션의 청산을 위한 거래수수료가 없는 상품선물

선물계약의 최종결제가 실물인수도에 의해 청산되는 경우에는 선물의 최종거래일에 현물과 선물이 서로 상쇄되어 청산될 수 있기 때문에 현물포지션의 청산을 위한 거래수수료가 발생하지 않는다.

㉡ 현물포지션의 청산을 위한 거래수수료가 있는 지수선물

선물계약의 최종결제가 현금결제에 의해 청산되는 경우에는 선물포지션의 청산에 현물자산을 이용할 수 없기 때문에 선물의 최종거래일에 현물포지션의 청산을 위한 거래수수료가 발생할 수 있다.

③ 예대마진의 차이

일반적으로 대출이자율은 예금이자율보다 높다. 따라서 고객이 자금을 차입할 경우에 자산의 여유자금을 예금할 때보다 더 높은 금리를 지불해야 한다.

④ 차입과 공매의 제한

차익거래자가 현물매입차익거래를 수행하려면 현물매입자금을 차입해야 하는데 차입한도가 제한되는 경우가 있다. 그리고 현물매도차익거래를 수행하기 위해 공매할 경우 공매대금을 완전히 사용할 수 없는 경우가 발생할 수도 있다.

2) 선물가격의 범위

시장불완전요인을 고려할 경우에 차익거래가 발생하지 않기 위한 선물가격은 일정

한 범위 내에서 결정된다. 현물보유에 따른 보유비용과 보유수익이 발생하지 않는다는 가정하에서 호가스프레드, 거래수수료, 예금이자율과 대출이자율의 차이를 고려할 경우에 선물가격의 결정범위는 다음과 같다.

① 선물가격의 상한 : 선물매입호가≤현물매입비용

선물가격이 이론가격보다 높은 경우에 과대평가된 선물을 매도하고 자금을 차입하여 과소평가된 현물을 매입하는 현물매입차익거래는 현재 S_a의 자금유출과 F_b의 현금유입을 고정시키는 합성대출과 같다. 이때 현물은 현재시점에서 S_a(매도호가)에 매입하고 선물만기일에 F_b(매입가격)으로 매도한다.

$$\frac{(F_b - TF) - S_a}{S_a} \le r_B \rightarrow F_b \le S_a(1 + r_B) + TF \tag{9.6}$$

② 선물가격의 하한 : 선물매입호가≥현물매입비용

선물가격이 이론가격보다 낮은 경우에 과대평가된 현물을 공매하여 자금을 대출하고 과소평가된 선물을 매입하는 현물매도차익거래는 현재 S_b의 자금유출과 F_a의 현금유출을 고정시키는 합성차입과 같다. 이때 현물은 현재시점에서 S_b(매입호가)에 공매하고 선물만기일에 F_a(매도가격)으로 매입한다.

$$\frac{(F_a - TF) - S_b}{S_b} \ge r_B \rightarrow F_a \le S_b(1 + r_L) - TF \tag{9.7}$$

③ 선물가격의 범위

시장불완전요인을 고려할 경우에 차익거래가 발생하지 않기 위한 무차익거래영역(no arbitrage bound)을 제시하면 선불가격의 결정범위는 식(9.8)과 같다. 여기서 좌변은 현물공매에 의한 현금유입액으로 무차익거래영역의 하한이 되고, 우변은 현물보유에 따른 현금유출액으로 무차익거래영역의 상한이 된다.

$$S_b(1 + r_L) - TF \le F \le S_a(1 + r_B) + TF \tag{9.8}$$

그러나 현물공매자금에 사용제한이 있는 경우에는 선물매도호가를 결정할 때 이를 반영해야 한다. 공매자금 중에서 일정비율(f)만 사용가능할 경우에 대출가능한 금액은 $S_b \cdot f$가 되고, 나머지 공매자금$S_b \cdot (1-f)$은 증거금으로 보유하고 있어야 한다. 따라서 선물가격의 하한은 다음과 같이 수정되어야 한다.

$$S_b(1+f \cdot r_L) - TF \leq F \leq S_a(1+r_B) + TF \tag{9.9}$$

예제 9-3 불완전자본시장에서 선물가격

2019년 3월 18일 현재 KOSPI 200선물시장에서는 만기가 3개월 남은 KOSPI 200이 280포인트에 거래되고 있다. KOSPI 200에 포함된 주식들의 평균배당수익률은 연 2%이고, KOSPI 200선물의 1포인트당 가격은 250,000원이다. 1년은 360일로 가정하여 다음 물음에 답하시오.

1. 예금이자율과 대출이자율이 연 4%로 동일하고 기타의 거래비용은 없다고 할 때 KOSPI 200지수선물의 균형가격을 구하시오.
2. 예금이자율은 연 3%, 대출이자율은 연 5%이며 기타의 거래비용은 없다고 할 때 KOSPI 200지수선물의 균형가격을 구하시오.
3. 예금이자율은 연 3%, 대출이자율은 연 5%이며 호가스프레드가 0.01 존재한다. KOSPI 200현물의 경우에는 매입과 매도 및 청산할 때 1계약당 0.05의 거래비용이 발생하고, KOSPI 200선물의 경우에는 1계약당 0.03의 거래비용이 발생한다. 차익거래가 발생하지 않기 위한 KOSPI 200선물의 균형가격을 구하시오.

풀이

1. 만기일이 2019년 6월 13일인 KOSPI 200선물의 균형가격은 다음과 같이 구할 수 있다.

$$F_{0,T} = S_0[1+(r-d)\times\frac{T}{360}]$$
$$= 280[1+(0.04-0.02)\times\frac{60}{360}] = 280.93$$

2. 차익거래가 발생하지 않기 위한 선물가격의 상한과 하한은 다음과 같이 구할 수 있다.

① 선물가격의 상한 : $F_{0,T} \leq S_0[1+(r_B-d)\times\frac{T}{360}]$

$$= 280[1+(0.05-0.02)\times\frac{60}{360}] = 281.40$$

② 선물가격의 하한 : $F_{0,T} \geq S_0[1+(r_L-d)\times\frac{T}{360}]$

$$= 280[1+(0.03-0.02)\times\frac{60}{360}] = 280.47$$

∴ 280.47 ≤ F≤ 281.40

3. 차익거래가 발생하지 않기 위한 선물가격의 상한과 하한은 다음과 같이 구할 수 있다.

① 선물가격의 상한 :

$$F_{0,T} \leq S_0[1+(r_B-d)\times\frac{T}{360}] + \text{거래수수료} + \text{호가스프레드}$$

$$= 280[1+(0.05-0.02)\times\frac{60}{360}] + 0.05 + 0.03 + 0.01 = 281.49$$

② 선물가격의 하한 :

$$F_{0,T} \geq S_0[1+(r_L-d)\times\frac{T}{360}] - \text{거래수수료} - \text{호가스프레드}$$

$$= 280[1+(0.03-0.02)\times\frac{60}{360}] - 0.05 - 0.03 - 0.01 = 280.38$$

∴ 280.38 ≤ F≤ 281.49

2. 선물가격과 선물가격의 관계

보유비용모형에 의하면 선물가격과 현물가격의 차이는 현물가격에 대한 선물만기일까지 보유비용은 가산하고 보유수익은 차감한 값이다. 이러한 관계는 동일한 기초자산에 대한 만기가 상이한 선물계약의 가격간에도 성립한다. 시장균형상태에서 원월물가격과 근월물가격간에는 다음과 같은 관계가 성립한다.

$$F_{0,T2} = F_{0,T1}(1+r_{T1,T2}) + C_{T1,T2} - D_{T1,T2} \tag{9.10}$$

근월물의 만기(T_1)와 원월물(T_2)의 만기일 사이에 보유비용과 보유수익이 없다고 가정하는 경우에 식(9.10)은 다음과 같이 바꾸어 쓸 수 있다.

$$F_{0,T2} = F_{0,T1}(1+r_{T1,T2}) = F_{0,T1}(1+r\times\frac{T_2-T_1}{360}) \tag{9.11}$$

따라서 서로 다른 선물계약의 가격간에 식(8.1)의 균형관계가 성립하지 않으면 선물시장과 현물시장간의 추가적인 투자금액과 위험부담 없이 이익을 얻을 수 있는 차익거래가 발생한다. 차익거래는 실제선물가격이 균형선물가격보다 과대평가 또는 과소평가 되었는가에 따라 현물매입차익거래와 현물매도차익거래로 구분된다.

① F 〉 S+CC−CR : 현물매입차익거래(cash & carry arbitrage)

현물매입차익거래는 실제선물가격이 이론선물가격보다 높은 경우 선물의 시장가격이 과대평가되어 과대평가된 선물을 매도하고 과소평가된 현물을 자금을 차입하여 매입하는 차익거래를 말한다. 차익거래의 과정에서 선물가격은 하락하고 현물가격은 상승하여 균형관계가 다시 회복된다.

② F 〈 S+CC−CR : 현물매도차익거래(reverse cash & carry arbitrage)

현물매도차익거래는 실제선물가격이 이론선물가격보다 낮은 경우 선물의 시장가격이 과소평가되어 과대평가된 현물을 공매하여 자금을 대출하고 과소평가된 선물을 매입하는 차익거래를 말한다. 차익거래의 과정에서 현물가격은 하락하고 선물가격은 상승하여 균형관계가 다시 회복된다.

3. 베이시스의 개념

(1) 베이시스의 정의

베이시스(basis)는 특정 장소에서 거래되는 특정 상품의 현물가격과 선물가격간의 차이 또는 선물가격과 현물가격간의 차이를 말하며 현물가격이 선물가격과 어떤 관계를 가지고 움직이는가를 나타내는 척도로 사용된다. 여기서는 실무와 일관성을 유지하기 위해 후자의 방법을 사용한다.

$$\text{베이시스}(B) = \text{선물가격}(F) - \text{현물가격}(S) \tag{9.12}$$

상품선물은 선물가격이 현물가격보다 높게 형성되어 베이시스가 정(+)의 값을 갖는데, 이러한 현상을 콘탱고(contango)라고 한다. 금융선물은 보유비용보다 보유수익이 더 크면 선물가격이 현물가격보다 낮게 형성되어 베이시스가 부(−)의 값을 갖는데, 이러한 현상을 백워데이션(backwardation)이라고 한다.

| 표 9-13 | 정상시장과 역조시장

구 분	정상시장	역조시장
명 칭	콘탱고(contango)	백워데이션(backwardation)
가 격	선물가격 > 현물가격	선물가격 < 현물가격
보유비용	정(+)	부(−)
베이시스	정(+)	부(−)

| 그림 9-14 | 베이시스와 인도일 수렴현상

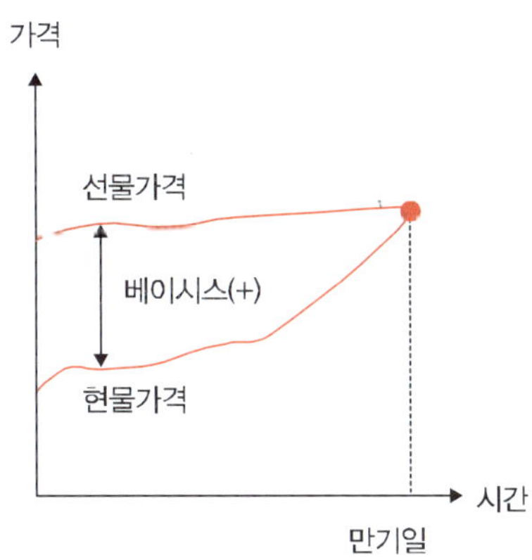

(a) 콘탱고

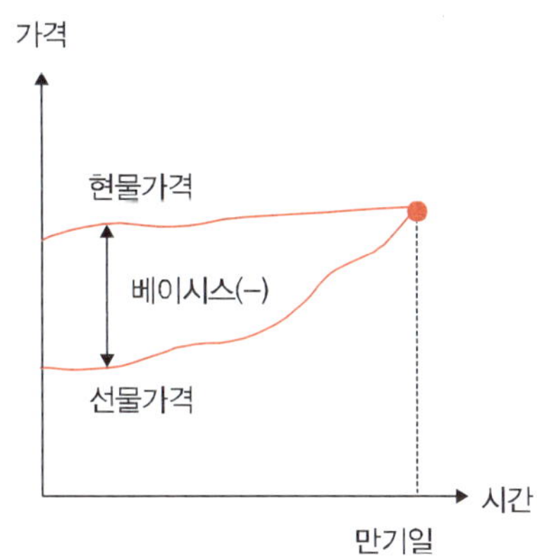

(b) 백워데이션

동일한 상품이 선물시장과 현물시장에서 거래되면 선물가격과 현물가격간에는 밀접한 관계가 있을 것이다. 베이시스는 만기까지 기간이 길수록 확대되고 만기일에 근접하면 축소되어 만기일에는 0이 되는데, 선물가격이 만기일에 가까워짐에 따라 현물가격에 수렴하는 현상을 인도일 수렴현상(convergence)이라고 한다.

(2) 베이시스의 위험

선물의 만기일 이전에는 선물가격과 현물가격이 계속해서 변동하게 되고 선물가격과 현물가격의 변동이 정확히 일치하지 않기 때문에 베이시스는 0이 되지 않으며 계속해서 변화하게 된다. 그러나 선물의 만기일이 다가올수록 선물가격은 현물가격에 수렴하게 되어 만기일에는 현물가격과 일치하게 된다.

따라서 베이시스는 만기일에 접근할수록 감소하여 만기일에는 0이 된다. 베이시스 위험은 베이시스의 변동에 따라 선물거래자의 손익이 달라지는 위험을 말한다. 베이시스의 변동폭은 선물가격과 현물가격의 변동폭에 비해 적게 변화하여 헤지거래는 가격변동위험을 베이시스위험으로 대체하는 것이다.

개시베이시스는 선물을 거래할 경우 선물가격과 현물가격의 차이를 말하고, 커버베이시스는 선물을 청산할 때 선물가격과 현물가격의 차이를 말한다. 선물거래의 계약시점부터 청산시점까지 선물가격의 변동과 현물가격의 변동이 동일하면 개시베이시스와 커버베이시스가 일치하여 완전헤지가 달성된다.

(3) 베이시스를 이용한 투기거래

베이시스가 확대되면 콘탱고에서 현물은 매도하고 선물은 매입하며, 백워데이션에서 현물은 매입하고 선물을 매도하면 베이시스 변동만큼의 이익을 얻을 수 있다. 베이시스가 축소되면 콘탱고에서 현물은 매입하고 선물은 매도하며, 백워데이션에서 현물은 매도하고 선물을 매입하면 베이시스 변동만큼의 이익을 얻을 수 있다.

| 표 9-14 | 베이시스의 변화에 따른 손익

구분	베이시스	매입헤지	매도헤지
콘탱고 (선물가격>현물가격)	축소	순손실	순이익
	확대	순이익	순손실
백워데이션 (선물가격<현물가격)	축소	순이익	순손실
	확대	순손실	순이익

4. 스프레드의 개념

(1) 스프레드의 정의

스프레드(spread)는 조건이 서로 다른 선물계약간의 가격차이를 말한다. 그리고 스프레드거래는 스프레드의 변동을 예상하여 과대평가된 선물은 매도하고 과소평가된 선

물은 매입하는 전략을 말한다. 스프레드거래에 따른 손익은 매도포지션과 매입포지션의 상대적인 크기에 따라 결정된다.

$$\text{스프레드}(S) = \text{원월물가격}(F_2) - \text{근월물가격}(F_1) \qquad (9.13)$$

(2) 스프레드의 종류

① 만기간 스프레드(inter-delivery spread)

만기간 스프레드는 동일한 거래소에서 거래되는 기초자산은 동일하지만 만기가 서로 다른 선물계약간의 가격차이를 말하며 캘린더 스프레드(calendar spread)라고도 한다. 예컨대 한국거래소(KRX)에서 거래되는 KOSPI 200선물 6월물은 매입하고, 9월물은 매도한 경우가 만기간 스프레드 포지션에 해당한다.

만기간 스프레드에서 만기가 가까운 선물은 근월물(nearby futures)이라 하고, 만기가 먼 선물은 원월물(distant futures)이라고 한다. 보유비용모형을 이용할 경우에 원월물가격은 근월물가격에 보유비용은 가산하고 보유수익은 차감하여 결정된다. 만기간 스프레드는 강세스프레드와 약세스프레드로 구분된다.

㉠ 강세스프레드

강세스프레드(bull spread)는 근월물가격이 원월물가격에 비해 더 상승할 것으로 예상하여 근월물을 매입하고 원월물을 매도하는 전략을 말한다. 강세장에서는 초과수요가 존재하여 근월물가격이 원월물가격보다 더 크게 상승하므로 강세장이 예상되면 강세스프레드를 구성한다.

㉡ 약세스프레드

약세스프레드(bear spread)는 근월물가격이 원월물가격에 비해 더 하락할 것으로 예상하여 근월물을 매도하고 원월물을 매입하는 전략을 말한다. 약세장에서는 초과공급이 존재하여 근월물가격이 원월물가격보다 더 크게 하락하므로 약세장이 예상되면 약세스프레드를 구성한다.

② 상품간 스프레드(inter-commodity spread)

상품간 스프레드는 동일한 거래소에서 거래되는 만기는 동일하지만 기초자산이 서로 다른 선물계약간의 가격차이를 말한다. 예컨대 뉴욕상업거래소(NYMEX)에서 거래되는 6월물 금선물은 매입하고, 6월물 은선물은 매도하여 스프레드 포지션을 취한 경우가 상품간 스프레드 포지션에 해당한다.

③ 시장간 스프레드(inter-market spread)

시장간 스프레드는 상품간 스프레드의 변형으로 만기와 기초자산은 동일하지만 서로 다른 선물시장에서 거래되는 선물계약간의 가격차이를 말한다. 예컨대 6월물 미국 달러선물을 미국 시장에서는 매입하고 한국거래소(KRX) 시장에서는 매도하여 스프레드 포지션을 취한 경우가 시장간 스프레드 포지션에 해당한다.

(3) 스프레드를 이용한 투기거래

스프레드를 이용한 투기거래도 베이시스를 이용한 투기거래처럼 선물가격 자체가 아니라 두 선물가격의 상대적 가격차이를 이용하여 투기거래를 하는 것을 말한다. 스프레드의 축소(확대)가 예상되는 경우에 근월물을 매입(매도)하고 원월물을 매도(매입)하면 스프레드 변동만큼의 이익을 얻을 수 있다.

표 9-15 스프레드의 변화에 따른 손익

구분	매입스프레드거래	매도스프레드거래
스프레드 확대	이익	손실
스프레드 축소	손실	이익

5. 선물가격과 기대현물가격의 관계

보유비용모형은 현재의 선물가격과 현재의 현물가격간의 관계를 나타낸다. 여기서는 현재의 선물가격이 미래의 기대현물가격과 어떠한 관계를 갖는지에 대해 살펴보고자 한다. 현재의 선물가격과 미래의 기대현물가격의 관계를 설명하는 이론은 크게 순수기대가설과 위험프리미엄가설로 구분된다.

(1) $F_{0,T} = E(S_T)$: 순수기대가설

선물계약은 만기일에 현물을 인수도할 것을 계약한 것이므로 현재의 선물가격은 현재시점에서 형성되는 만기일의 기대현물가격과 일치해야 한다고 주장한다. 미래의 불확실성으로 만기일의 실제현물가격이 기대현물가격과 달라질 가능성이 있는데 위험중립형 투자자들은 현물가격변동에 대한 보상을 요구하지 않는다.

(2) 위험프리미엄가설

현재의 선물가격과 만기일의 기대현물가격간의 차이가 존재하는 이유는 헤지거래자가 가격변동위험을 헤지하는 대가로 투기거래자에게 지급하는 위험프리미엄 때문이라고 주장한다.

1) $F_{0,T} < E(S_T)$: 백워데이션가설

현재의 선물가격은 만기일의 기대현물가격보다 낮게 형성되었다가 만기일에 근접할수록 선물가격이 상승하여 만기일에는 인도일 수렴현상에 의해서 선물가격이 기대현물가격과 일치한다는 가설을 말한다. 현물시장에서 매입포지션에 있는 헤지거래자가 가격하락위험을 헤지하려면 선물시장에서 매도포지션을 취해야 한다.

이때 투기거래자들이 매입포지션을 취하도록 유인하기 위해 선물가격은 만기일의 기대현물가격보다 낮아야 한다는 것이다. 따라서 기대현물가격과 선물가격간의 차이는 현물시장에서 매입포지션에 있는 헤지거래자가 가격하락위험을 헤지하는 대가로 투기거래자에게 지급하는 위험프리미엄이라고 할 수 있다.

2) $F_{0,T} > E(S_T)$: 콘탱고가설

현재의 선물가격이 만기일의 기대현물가격보다 높게 형성되었다가 만기일에 근접할수록 선물가격이 하락하여 만기일에는 인도일 수렴현상에 의해서 선물가격이 기대현물가격과 일치한다는 가설을 말한다. 현물시장에서 매도포지션에 있는 헤지거래자가 가격상승위험을 헤지하려면 선물시장에서 매입포지션을 취해야 한다.

이때 투기거래자들이 매도포지션을 취하도록 유인하기 위해 선물가격은 만기일의 기대현물가격보다 높아야 한다는 것이다. 따라서 선물가격과 기대현물가격간의 차이는 현물시장에서 매도포지션에 있는 헤지거래자가 가격상승위험을 헤지하는 대가로 투기거래자에게 지급하는 위험프리미엄이라고 할 수 있다.

| 그림 9-15 | 선물가격과 기대현물가격의 관계

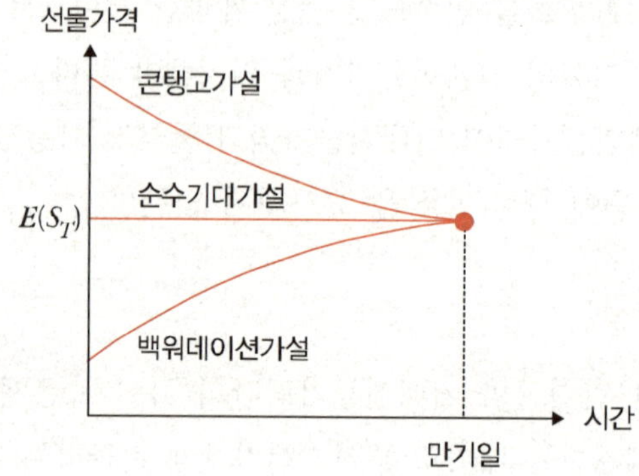

(3) 선물가격과 위험프리미엄

선물가격과 기대현물가격간의 관계는 자본자산가격결정모형(CAPM)을 이용하여 설명할 수도 있다. 개별자산 i의 미래 T시점에서의 기대현물가격을 $E(S_T)$, 자산의 위험을 적절히 반영한 요구수익률을 $E(R_i)$라고 하면 현재의 현물가격(S_0)은 다음과 같이 구할 수 있다.

$$S_0 = \frac{E(S_T)}{[1+E(R_i)]^T} \tag{9.14}$$

식(9.14)에서 $E(R_i)$는 CAPM을 이용하여 다음과 같이 구할 수 있다.

$$E(R_i) = R_f + [E(R_m) - R_f]\beta_i \tag{9.15}$$

선물의 만기일까지 보유비용과 보유수익이 없다고 가정하면 현재의 현물가격은 다음과 같이 나타낼 수 있다.

$$S_0 = \frac{F_{0,T}}{(1+R_f)^T} \tag{9.16}$$

식(9.14)와 식(9.16)에서 선물가격은 만기일의 기대현물가격과 다음의 관계를 갖는다.

$$F_{0,T} = E(S_T)[\frac{1+R_f}{1+E(R_i)}]^T \qquad (9.17)$$

식(9.17)에서 선물가격과 기대현물가격간의 관계는 기초자산의 체계적 위험(β_i)에 따라서 다음과 같이 달라진다.

첫째, $\beta_i = 0$이면 $R_i = E(R_i)$이므로 $F_{O,T} = E(S_T)$가 되어 순수기대가설이 성립한다. 따라서 선물매입자는 위험프리미엄을 요구하지 않고, 선물매도자도 위험프리미엄을 요구하지 않는다.

둘째, $\beta_i > 0$이면 $R_i < E(R_i)$이므로 $F_{O,T} < E(S_T)$가 되어 백워데이션가설이 성립한다. 따라서 매도헤지거래자는 가격하락위험을 헤지하는 대신에 $E(S_T) - F_{O,T}$의 위험프리미엄을 부담하고, 매입투기거래자는 가격하락위험을 감수하는 대가로 만기일까지 선물가격이 상승할 경우에 $E(S_T) - F_{O,T}$의 위험프리미엄을 받는다.

셋째, $\beta_i < 0$이면 $R_i > E(R_i)$이므로 $F_{O,T} > E(S_T)$가 되어 콘탱고가설이 성립한다. 따라서 매도헤지거래자는 가격하락위험을 헤지하는 대신에 $F_{O,T} - E(S_T)$의 위험프리미엄을 부담하고, 매입투기거래자는 가격하락위험을 감수하는 대가로 만기일까지 선물가격이 상승할 경우에 $F_{O,T} - E(S_T)$의 위험프리미엄을 받는다.

• 핵심요약 •

제1절 파생상품의 개요

1. 파생상품의 정의 : 기초자산의 가치에서 그 가치가 파생되어 나온 상품
2. 파생상품의 종류 : 선도, 선물, 옵션, 스왑
3. 파생상품의 목적 : 헤지거래, 투기거래, 차익거래, 스프레드거래
4. 파생상품의 특징 : 표준화된 계약, 청산소의 결제, 결제의 안정화
5. 국내파생상품시장
   (1) 주가지수상품 : 코스피 200선물, 코스피 200옵션, 코스닥 150선물 등
   (2) 개별주식상품 : 주식선물, 주식옵션
   (3) 변동성지수상품 : 코스피 200변동성지수선물
   (4) ETF상품 : ARIRANG 고배당주, KODEX 삼성그룹주, TIGER 헬스케어
   (5) 금리상품 : 3년 국채선물, 5년 국채선물, 10년 국채선물
   (6) 통화상품 : 미국달러선물, 미국달러옵션, 엔선물, 유로선물, 위안선물
   (7) 일반상품 : 금선물, 돈육선물

제2절 선물거래의 개요

1. 선물거래의 정의 : 기초자산을 약정한 선물가격으로 매매하기로 체결한 계약
2. 선물거래의 종류 : 기초자산의 종류에 따라 상품선물과 금융선물로 구분
   ① 상품선물 : 기초자산이 실물상품(농산물, 축산물, 귀금속, 비철금속, 에너지 등)
   ② 금융선물 : 기초자산이 금융상품(개별주식, 주가지수, 금리, 통화 등)
3. 선물거래의 손익
   ① 선물매입자 : 청산일의 현물가격이 체결일 선물가격보다 상승하면 이익이 발생
   ② 선물매도자 : 청산일의 현물가격이 체결일 선물가격보다 하락하면 이익이 발생
4. 선물거래의 목적 : 헤지거래, 투기거래, 차익거래, 스프레드거래
5. 선물거래의 기능 : 가격예시, 위험이전, 자원배분, 자본형성, 유동성 증가

제3절 선물시장의 구성

1. 선물시장의 조직 : 선물거래소, 청산소, 선물중개회사, 선물거래자
2. 선물시장의 운용 : 계약의 표준화, 일일정산제도, 증거금제도, 가격안정화제도

제4절 선물가격의 결정

1. 선물가격과 현물가격의 관계

   (1) 완전자본시장에서의 선물가격 : $F_{0,T} = S_0 + CC - CR$

   (2) 불완전자본시장에서 선물가격

   ① 선물가격의 상한 : 현물매입차익거래가 발생할 수 없는 선물가격의 범위

   ② 선물가격의 하한 : 현물매도차익거래가 발생할 수 없는 선물가격의 범위

2. 선물가격과 선물가격의 관계 : $F_{0,\,T2} = F_{0,\,T1}(1 + r_{T1,\,T2}) + C_{T1,\,T2} - D_{T1,\,T2}$

3. 베이시스의 정의 : 베이시스(B) = 선물가격(F) − 현물가격(S)

4. 스프레드의 정의 : 스프레드(S) = 원월물가격(F_2) − 근월물가격(F_1)

5. 선물가격과 기대현물가격의 관계

   ① $F_{0,T} = E(S_T)$: 순수기대가설

   ② $F_{0,T} < E(S_T)$: 백워데이션가설

   ③ $F_{0,T} > E(S_T)$: 콘탱고가설

연·습·문·제

1 **다음 중 선물거래와 선도거래에 대한 설명으로 옳지 않은 것은?**

① 선물거래에서는 거래상대방의 신용을 고려할 필요가 없지만, 선도거래에서는 상대방의 신용을 고려해야 한다.

② 선물거래에서는 가격제한폭이 적용되지만, 선도거래에서는 가격제한폭이 없다.

③ 선물거래의 참여자는 헤지거래자, 투기거래자, 차익거래자 등으로 다양한 반면 선도거래의 참여자는 실수요자 중심으로 이루어진다.

④ 선물거래는 선도거래에 비해 시장의 유동성이 높고 가격조작의 가능성이 적다.

⑤ 선도거는 선물거래와 달리 거래당사자가 계약을 반드시 이행해야 할 의무가 없다.

| 해설 | 선도거래와 선물거래 모두 거래당사자가 계약을 반드시 이행해야 할 의무가 있다. 다만 선도거래는 직접거래이기 때문에 계약불이행의 위험이 많이 존재한다.

2 **다음 중 선물거래에 대한 설명으로 적절하지 않은 것은?**

① 선물거래는 계약이행을 보증하기 위해 일일정산제도와 증거금제도가 있다.

② 선물가격은 인도일에 다수의 매입자와 매도자가 시장경쟁을 통해 결정된다.

③ 선물거래는 옵션과 달리 만기일에 불리한 경우라도 반드시 계약을 이행해야 할 의무를 부담한다.

④ 선물거래는 옵션과 마찬가지로 반대매매를 통해 포지션을 청산할 수 있다.

⑤ 옵션매입자는 옵션가격을 지불하지만, 선물매입자는 증거금만 납부할 뿐 별도의 대가 수수는 없다.

| 해설 | 선물가격은 계약이 체결될 때 다수의 매입자와 매도자가 시장경쟁을 통한 공개호가방식으로 결정된다.

3 **다음 중 선물거래에 대한 설명으로 옳은 것은?**

① 선물거래의 대부분은 만기일에 실제 실물의 인수도로 포지션이 청산된다.

② 선물거래는 현물거래에 비해 매매방법이 간단하다.

③ 선물매도자는 기초자산가격이 선물가격보다 높으면 이익을 얻고, 선물매입자는 반대의 경우가 되면 이익을 얻는다.

④ 선물거래는 제로섬(zero-sum)게임에 해당한다.

⑤ 선물거래는 거래상대방에 대한 신용이 거래의 이행에 중요한 역할을 한다.

| 해설 | ① 선물거래는 대부분의 경우 반대매매를 통해 포지션이 청산된다.
② 선물거래는 공식적인 시장에서 이루어지므로 현물거래에 비해 매매방법이 복잡하다.
③ 선물매도자는 기초자산가격이 선물가격보다 하락하면 이익을 얻고, 선물매입자는 반대가 된다.
⑤ 직접거래의 형태인 선도거래에서 거래상대방의 신용은 중요하다.

4 **다음 중 선물거래에 대한 설명으로 적절하지 않은 것은?**

① 정상시장에서 선물가격은 현물가격보다 높게 형성된다.

② 특정자산의 선물계약에서 원월물의 선물가격이 근월물의 선물가격보다 높다.

③ 상품선물은 콘탱고(contango)가 일반적이다.

④ 상품선물에서 일시적으로 공급이 수요를 초과하면 백워데이션이 발생한다.

⑤ 선물만기일에는 항상 베이시스가 0이 되며, 선물가격과 현물가격은 일치한다.

| 해설 | 수요가 공급을 초과할 경우에 백워데이션이 발생할 수 있다.

5 **다음 중 한국거래소에서 거래되는 선물계약의 설명으로 옳지 않은 것은?**

① 선물거래는 만기일에 결제위험이 없다.

② 선물거래는 일일정산을 통해 증거금이 관리된다.

③ 경쟁매매방식을 통해 선물거래가 이루어진다.

④ 상품이 표준화되어 있어 선도거래에 비해 헤지거래에 적합하다.

| 해설 | 장내 선물거래는 상품이 표준화되어 있는 반면에 장외 선도거래는 고객의 수요에 따라 상품의 조건을 맞출 수 있어 기초자산의 가격변동위험을 회피하려는 헤지거래를 위해서는 장외 선도거래가 더 적합하다.

6 **다음 중 장외파생상품에 해당하지 않은 것은?**

① 차액결제 선물환(NDF) ② 선도금리계약(FRA)

③ 선물환 ④ 통화선물

| 해설 | ① NDF는 선물환계약의 일종으로, 만기에 계약원금의 교환없이 계약 선물환율과 현물환율(지정환율)간의 차이만을 계약시점에 약속한 지정통화로 결제하는 파생금융상품을 말한다.

② FRA는 미래의 일정시점으로부터 일정기일까지의 기산에 적용될 이자율을 계약 시점에서 고정시키는 계약을 말한다.

③ 선물환은 장래의 일정기일 또는 기간내에 일정금액, 일정종류의 외환을 일정 환율로써 수도할 것이 약정된 외환을 말하고, 이러한 약정을 선물환계약이라 한다.

7 **다음 중 장외파생상품에 대한 설명으로 옳지 않은 것은?**

① 장내파생상품에 비해 유동성이 적다.

② 계약불이행위험이 존재한다.

③ 장내파생상품에 비해 규제가 심하지 않다.

④ 만기일 이전에 반대매매를 통해 포지션을 청산하는 것이 자유롭다.

| 해설 | 장외파생상품의 하나인 선도거래는 거래당사자간의 직접거래로 계약의 불이행과 관련된 신용위험을 거래당사자가 부담해야 하고 대부분 만기일에 결제가 이루어진다.

8 **다음 중 선물거래의 최종결제방법이 다른 상품은?**

① 주식선물　　② 돈육선물

③ 통화선물　　④ 국채선물

| 해설 | 선물거래의 결제방법에는 청산시점과 계약시점의 선물가격의 차이만큼을 현금으로 정산하는 현금결제방식과 선물의 만기일에 현물을 인수도하는 실물인수도방식이 있다.

결제방법	대상품목
현금결제	· KOSPI 200선물, KOSDAQ 150선물, 주식선물, KOSPI200옵션, 주식옵션 · 금리선물, 돈육선물, 금선물, 미국달러옵션
실물인수도	· 통화선물(미국달러선물, 엔선물, 유로선물, 위안선물)

9 **다음 중 실물인수도방식으로 최종결제되는 상품이 아닌 것은?**

① 미달러옵션　　② 돈육선물

③ 유로화선물　　④ 위안선물

| 해설 | 한국거래소에 상장되어 있는 상품 가운데 실물인수도방식으로 결제되는 상품은 통화선물뿐이고 나머지 상품은 현금결제방식으로 포지션이 청산된다.

10 **한국거래소가 선물계약의 이행을 보증하고 결제가 이루어지도록 마련하고 있는 제도적 장치와 관련이 없는 것은?**

① 일일정산제도　　② 증거금제도

③ 청산소　　④ 가격제한폭제도

| 해설 | 가격제한폭제도, 상품의 표준화는 결제불이행을 방지하기 위한 제도적 장치와 관련이 없다.

구분	선물	옵션
주식상품	주식, 코스피 200지수, 코스닥 150지수	주식, 코스피200지수
금리상품	3년국채, 5년국채, 10년국채	
환율상품	미달러, 유로, 엔, 위안	미달러
일반상품	돈육, 금	

11 **다음 중 한국거래소에 상장되어 있는 상품끼리 묶여 있지 않은 것은?**

① 3년 국채선물, 돈육선물, 금선물　　② 코스피 200선물, 금선물, 엔옵션

③ 10년 국채선물, 유로선물, 엔선물　　④ 미달러옵션, 위안선물, 금선물

| 해설 | 한국거래소에 상장되어 있는 상품은 다음과 같다.

12 2019년 3월 18일 현재 KOSPI 200선물의 시가는 280.25포인트이다. 투자자 홍길동이 종가인 280포인트에 KOSPI 200선물 2계약을 매입할 경우 선물거래대금과 개시증거금은 얼마인가?

	선물거래대금	개시증거금
①	140,000,000원	21,000,000원
②	140,000,000원	14,000,000원
③	280,000,000원	28,000,000원
④	280,000,000원	42,000,000원

| 해설 | 거래대금을 계산할 때 KOSPI 200선물과 KOSPI 200옵션은 1포인트에 25만원을 곱한다. 따라서 선물거래대금은 280×250,000×2 = 140,000,000원이다. KOSPI 200선물에서 개시증거금은 선물거래대금의 15%, 유지증거금은 선물거래대금의 10%이다.

13 다음 중 선물거래의 경제적 기능에 대한 설명으로 옳지 않은 것은?

① 헤지거래자는 기초자산의 가격변동위험을 투기거래자에게 전가할 수 있다.

② 표준화된 선물거래는 현물시장의 안정성과 유동성을 제고한다.

③ 투기거래자의 거래과열로 자원배분의 왜곡이 발생한다.

④ 선물가격은 다양한 시장참가자들의 예측을 반영하여 결정되기 때문에 미래의 현물가격에 대한 예시기능을 수행한다.

| 해설 | 선물가격은 현물시장의 수급에 관한 각종 정보를 집약하고 있어 특정 상품의 시간적 배분기능을 통해 자원배분의 효율성을 증대시킬 수 있다.

14 다음 중 헤지거래에 대한 설명으로 옳지 않은 것은?

① 헤지거래는 현물가격과 선물가격이 동일하게 움직일 때 효과가 크게 나타난다.

② 고정금리 채권자는 금리상승위험에 노출되어 있어 금리선물을 매도한다.

③ 수입업자는 환율이 상승하는 경우에 손실이 발생하여 통화선물을 매입한다.

④ 금 보유자가 가격하락에 대비하여 금선물을 매도하는 것은 매입헤지이다.

| 해설 | 매도헤지는 현물시장에서 매입포지션에 있는 투자자가 현물자산의 가격이 하락할 것으로 예상될 경우 선물시장에서 매도포지션을 취하여 가격하락위험을 회피하는 전략이다.

15 다음 중 선물가격과 현물가격간의 완전헤지가 되기 위한 조건은?

① 선물가격과 현물가격간에 완전한 정(+)의 상관관계가 존재해야 한다.

② 미래에 채권을 구입하고자 할 때 이자율의 하락이 예상되어야 한다.

③ 미래 현물시장에서 금리가 하락할 것을 예상하여 현물시장에서 채권의 매입포지션을 취했을 경우 선물을 매도하는 포지션을 취해야 한다.

④ 선물가격과 현물가격간에 완전한 부(−)의 상관관계가 존재해야 한다.

⑤ 채권가격의 상승시 현물시장에서 채권의 매도포지션을 취했을 경우 선물을 매입하는 포지션을 취해야 한다.

| 해설 | 완전헤지가 달성되려면 헤지대상이 되는 현물자산과 헤지수단으로 이용하는 선물계약의 기초자산이 동일하고, 계약일부터 청산일까지 베이시스가 일정하며, 현물가격과 선물가격간의 상관계수가 1인 경우에만 가능하다.

16 다음 중 차익거래에 대한 설명으로 옳지 않은 것은?

① 매도차익거래는 선물만기일에 주가지수를 상승시키는 요인으로 작용한다.

② 공매도에 대한 제약은 차익거래 불가능영역의 하한선에 영향을 미친다.

③ 실제선물가격이 이론선물가격보다 낮으면 매수차익거래의 기회가 발생한다.

④ 현물시장의 거래비용이 증가할수록 차익거래 불가능영역이 확대된다.

| 해설 | 실제선물가격이 이론선물가격보다 낮으면 과대평가된 현물을 공매하여 대금을 대출하고 과소평가된 선물을 매입하는 현물매도차익거래가 발생한다.

17 보유비용모형에 의한 KOSPI 200선물의 이론가격이 282포인트이고 실제선물가격이 280포인트라면 어떤 차익거래가 가능한가?

① 매입차익거래, 자금차입+현물매입+선물매도

② 매입차익거래, 현물매도+자금대출+선물매입

③ 매도차익거래, 자금차입+현물매도+선물매입

④ 매도차익거래, 현물매도+자금대출+선물매입

| 해설 | 선물의 시장가격이 이론가격보다 낮아 과소평가된 선물은 매입하고 과대평가된 현물은 공매하여 대금을 대출하는 매도차익거래가 가능하다.

18 **보유비용모형에 의한 KOSPI 200선물의 이론가격이 278포인트이고 실제선물가격이 280포인트라면 어떤 차익거래가 가능한가?**

① 매입차익거래, 자금차입+현물매입+선물매도
② 매입차익거래, 현물매도+자금대출+선물매입
③ 매도차익거래, 자금차입+현물매도+선물매입
④ 매도차익거래, 현물매도+자금대출+선물매입

| 해설 | 선물의 시장가격이 이론가격보다 높아 과소평가된 현물은 자금을 차입하여 매입하고 과대평가된 선물은 매도하는 매입차익거래가 가능하다.

19 **일반투자자 홍길동이 향후 기초자산의 가격하락을 우려하여 매도헤지를 실행하는 경우에 이익을 보는 경우가 아닌 것은?**

① 선물가격의 상승이 현물가격의 상승보다 큰 경우
② 선물가격은 불변이고 현물가격의 상승이 큰 경우
③ 선물가격의 하락이 현물가격의 하락보다 큰 경우
④ 베이시스가 축소되는 경우

| 해설 | 매도헤지는 현물을 매입하고 선물을 매도하는 거래를 말한다. 따라서 현물가격이 선물가격보다 많이 상승하여 베이시스가 축소되어야 이익이 발생한다.

20 **다음 중 선물가격의 결정과 관련된 설명으로 옳지 않은 것은?**

① 정상시장에서는 선물가격이 현물가격보다 높다.
② 역조시장에서는 현물가격이 선물가격보다 높다.
③ 정상시장을 백워데이션이라고 한다.
④ 선물가격은 현물가격에 보유비용은 가산하고 보유수익은 차감하여 계산한다.

| 해설 | 선물가격이 현물가격보다 높은 정상시장을 콘탱고(contango), 선물가격이 현물가격보다 낮은 역조시장을 백워데이션(backwardation)이라고 한다.

정답

1.⑤	2.②	3.④	4.④	5.④	6.④	7.④	8.③	9.②	10.④
11.②	12.②	13.③	14.④	15.①	16.③	17.④	18.①	19.①	20.③

C·h·a·p·t·e·r 10

금융선물의 개요

선물계약은 거래대상이 되는 기초자산의 종류에 따라 상품선물과 금융선물로 구분된다. 금융선물은 기초자산이 되는 금융상품에 따라 개별주식 및 주가지수를 거래대상으로 하는 주식관련선물, 금리에 의해 가격이 결정되는 장단기 채권을 기초자산으로 하는 금리선물, 주요국의 통화를 대상으로 하는 통화선물이 있다.

제1절 주식선물의 개요

2008년 5월 6일 한국거래소(KRX)에 상장된 개별주식선물은 유가증권시장에 상장되어 있고 유통주식수가 200만주 이상, 소액주주수가 2,000명 이상, 1년간 총거래대금이 5,000억원 이상인 보통주 중에서 시가총액과 재무상태 등을 감안하여 선정한 132개 기업이 발행한 주식을 기초자산으로 하는 상품을 말한다.

주식선물은 주식시장의 다양한 규제로 인해 거래가 어려운 공매도(short selling) 등의 거래수요를 상대적으로 저렴하고 편리한 방법으로 충족시켜 준다. 공매도를 위한 주식대차는 각종 금융비용을 발생시키고 규제가 많지만, 투자자는 주식선물의 매도거래를 통해 거래소시장에서 손쉽게 공매도 효과를 볼 수 있다.

주식선물의 거래단위는 계약당 주식 10주이다. 즉 주식선물 1계약은 해당 주식 10주의 가치와 같다. 최종거래일은 각 결제월의 두번째 목요일, 최종결제방법은 현금결제이다. 주식의 변동성은 주가지수보다 높기 때문에 주식선물의 위탁증거금률은 KOSPI 200선물의 위탁증거금률보다 약간 높게 설정되어 있다.

| 표 10-1 | 주식선물의 상품명세

<table>
<tr><th>구 분</th><th colspan="4">주식선물</th></tr>
<tr><td>기초자산</td><td colspan="4">유가증권시장 113개 종목, 코스닥시장 19개 종목(2017년 10월말 현재)</td></tr>
<tr><td>계약금액</td><td colspan="4">주식선물가격×10(거래승수)</td></tr>
<tr><td>결제월</td><td colspan="4">기타월(1,2,4,5,7,8,10,11월) 2개, 분기월(3, 9월) 2개,
반기월(6월) 2개. 연월(12월) 3개</td></tr>
<tr><td>상장결제월</td><td colspan="4">3년 이내의 9개 결제월</td></tr>
<tr><td>가격표시</td><td colspan="4">주식선물가격(원)</td></tr>
<tr><td rowspan="4">호가가격단위</td><td>선물가격</td><td>호가단위</td><td>선물가격</td><td>호가단위</td></tr>
<tr><td>10,000원 미만</td><td>10원</td><td>100,000원~500,000원</td><td>500원</td></tr>
<tr><td>10,000원~50,000원</td><td>50원</td><td>500,000원 이상</td><td>1,000원</td></tr>
<tr><td>50.000원~100,000원</td><td>100원</td><td></td><td></td></tr>
<tr><td>거래시간</td><td colspan="4">09:00~15:45(최종거래일 09:00~15:20)</td></tr>
<tr><td>최종거래일</td><td colspan="4">각 결제월의 두 번째 목요일(공휴일인 경우 순차적으로 앞당김)</td></tr>
<tr><td>거래개시일</td><td colspan="4">최종거래일의 다음 거래일</td></tr>
</table>

결 제 방 법	현금결제
가 격 제 한 폭	기준가격 대비 각 단계별로 확대 적용 ①±10% ②±20% ③±30%
단일가격경쟁거래	개장시(08:00~09:00) 및 최종거래일 이외의 거래종료시(15:35~15:45)
필요적 거래중단	현물가격 급변시 주식선물거래 일시중단

제2절 주가지수선물의 개요

한국거래소는 1996년 5월 3일 유가증권시장에 상장된 주식 중 200개 종목으로 구성된 KOSPI 200을 기초자산으로 하는 KOSPI 200선물을 도입하였다. 또한 2015년 11월 23일 코스닥시장에 상장된 주식 중에서 150개 종목으로 구성된 코스닥 150을 기초자산으로 하는 KOSDAQ 150선물이 개설되었다.

1. 주가지수선물의 개념

주가지수선물(stock price futures)은 주가지수를 기초자산으로 체계적 위험을 제거하는 수단으로 이용된다. 주가지수선물을 이용한 위험헤지는 헤지대상 현물자산과 헤지수단의 기초자산이 다른 교차헤지에 해당되어 선물가격변화에 대한 현물가격변화에 대한 민감도를 고려해야 효과적인 헤지를 할 수 있다.

2. 주가지수선물의 특징

주가지수는 주가지수선물과 주가지수옵션의 거래대상이 될 뿐만 아니라 주가지수 연계상품의 기초지수가 된다. 주가지수선물은 주식시장에서 거래되지 않는 특정 주가지수를 거래대상으로 했다는 점에서 혁신적인 금융상품에 해당하며, 다른 금융선물거래와 비교하여 다음과 같은 특징을 갖는다.

첫째, 주가지수는 추상적인 개념으로 실체가 있는 유형의 상품이 아니라 실체가 없는 무형의 지수이기 때문에 포지션을 청산하는 경우에 주가지수를 인수도할 수 없다. 따라서 선물거래자는 계약시점의 주가지수와 청산시점의 주가지수의 차액만큼을 현금으로 결제하고 선물포지션을 청산한다.

둘째, 주가지수선물은 주식가격의 움직임을 나타내는 지수에 불과하기 때문에 그 자체로서는 아무런 가치도 갖지 못한다. 따라서 주가지수옵션과 동일하게 주가지수 1포인트당 일정한 금액을 부여해서 거래한다. 예컨대 KOSPI 200선물의 경우 지수 1포인트당 250,000원의 금액을 부여한다.

셋째, 주가지수선물은 소규모 증거금으로 대규모의 거래가 가능하여 높은 수익률과 높은 위험을 수반하는 투자수단이며 현물시장에서 분산투자로 제거되지 않는 체계적 위험을 제거하는 수단으로 사용된다. 또한 선물시장과 현물시장간의 차익거래로 주식시장의 유동성 확대에 기여하였다.

3. KOSPI 200선물의 특징

KOSPI 200지수는 우리나라 주가지수선물과 주가지수옵션의 대상이 되는 지수로 한국거래소에 상장된 주식 중에서 시장대표성, 업종대표성, 유동성이 높은 200개 주식으로 선정한다. KOSPI 200은 1990년 1월 3일을 기준시점으로 하여 시가총액방식으로 산출한다. 즉 기준시점의 지수를 100으로 하여 다음과 같이 계산한다.

$$KOSPI\ 200 = \frac{\text{비교시점의 시가총액}}{\text{기준시점의 시가총액}} \times 100 \qquad (10.1)$$

거래종목은 결제월을 기준으로 3년 이내 7개가 상장되고 최종거래일은 각 결제월의 두 번째 목요일로 하며 최종결제일은 최종거래일의 다음 거래일로 한다. 거래단위의 승수인 지수 1포인트당 250,000원의 가치를 부여하므로 KOSPI 200선물 1계약의 가격은 KOSPI 200지수에 250,000원을 곱해 계산한다.

호가단위는 0.05포인트로 설정되어 최소가격변동폭은 12,500원(=0.05×250,000)이 된다. 개시증거금은 계약금액의 15%이며 유지증거금은 미결제약정에 한해 계약금액의 10%로 한다. 또한 주가지수선물의 이론가격을 산정할 경우 기회비용(차입 및 대출이자율)은 91일물 양도성예금증서(CD) 금리로 한다.

4. 주가지수선물의 가격결정

주가지수선물의 균형가격을 결정하는 경우에도 보유비용모형을 적용할 수 있다. 주가지수선물의 기초자산인 주가지수는 주식시장에서 거래되는 전체 또는 일부 주식의 가격수준을 나타내는 지표이므로 주가지수의 산출대상이 되는 현물지수에 선물만기일까지 이자비용은 가산하고 배당수익은 차감하여 결정된다.

$$F_{0,T} = S_0(1 + r \times \frac{T}{360}) - D_T \tag{10.2}$$

식(10.2)에서 주가지수산출에 포함된 모든 주식에 대한 배당금과 배당지급시점을 정확히 예측하여 선물만기일의 가치를 구하는 것은 현실적으로 매우 어렵기 때문에 주가지수의 산출에 포함된 주식들의 평균배당수익률로 측정한다. 따라서 식(10.3)의 균형관계가 성립되지 않으면 차익거래의 기회가 발생한다.

$$F_{0,T} = S_0[1 + (r - d) \times \frac{T}{360}] \tag{10.3}$$

예제 10-1 주가지수선물의 가격결정

2020년 3월 18일 현재 KOSPI 200지수는 280포인트이다. 주가지수선물시장에서는 3개월 후에 만기가 도래하는 6월물 KOSPI 200지수선물이 거래되고 있다. 90일물 양도성예금증서(CD)금리는 연 5%이고 KOSPI 200지수에 포함된 주식들의 평균배당수익률은 연 3%이며 KOSPI 200지수선물의 1포인트당 가격은 250,000원이다. 1년을 360일로 가정하여 다음 물음에 답하시오.

1. 2020년 6월 만기 KOSPI 200지수선물의 균형가격을 구하시오.
2. 다음의 경우에 차익거래과정을 설명하고 주가지수선물 1계약당 차익거래이익을 구하시오.

(1) KOSPI 200지수선물의 시장가격이 282.6포인트일 경우

(2) KOSPI 200지수선물의 시장가격이 280.2포인트일 경우

풀이

1. 만기일이 2020년 6월 13일인 KOSPI 200지수선물의 균형가격은 다음과 같다.

$$F_{0,T} = S_0[1+(r-d)\times\frac{T}{360}] = 280[1+(0.05-0.03)\times\frac{90}{360}] = 281.4$$

2. 차익거래

(1) $F_{0,T} > S_0[1+(r-d)\times\frac{T}{360}]$: 현물매입차익거래

주가지수선물의 시장가격이 균형가격보다 높은 경우에 과대평가된 주가지수선물을 282.4포인트에 매도하고, 자금을 차입하여 과소평가된 현물주식포트폴리오를 280포인트에 매입하는 현물매입차익거래(cash & carry arbitrage)를 통해서 주가지수선물 1계약당 300,000 [=(282.6−281.4)×250,000]의 이익을 얻을 수 있다.

(2) $F_{0,T} < S_0[1+(r-d)\times\frac{T}{360}]$: 현물매도차익거래

주가지수선물의 시장가격이 균형가격보다 낮은 경우에 과대평가된 현물주식포트폴리오를 281.4포인트에 공매하여 자금을 대출하고, 과소평가된 주가지수선물을 280.2포인트에 매입하는 현물매도차익거래(reverse cash & carry arbitrage)를 통해서 주가지수선물 1계약당 300,000원[=(281.4−280.2)×250,000]의 이익을 얻을 수 있다.

5. 주가지수선물의 거래유형

(1) 헤지거래

가. 헤지포지션

현재 주식을 보유하고 있거나 현재 주식을 공매한 투자자는 주가지수선물을 이용하여 주가변동위험을 헤지할 수 있다. 현재 주식을 보유한 투자자는 주가지수선물을 매도하여 주가하락위험을 헤지할 수 있고, 미래에 주식을 매입하고자 하는 투자자는 주가지수선물을 매입하여 주가상승위험을 헤지할 수 있다.

현물시장	상황	선물시장
매입포지션	현재 주식보유, 미래 주식매도 예정 → 주가하락시 손실발생	매도포지션
매도포지션	현재 주식공매, 미래 주식매입 예정 → 주가상승시 손실발생	매입포지션

나. 헤지전략

주가지수선물을 이용한 헤지거래는 헤지대상의 현물자산과 헤지수단의 기초자산이 다른 교차헤지에 해당한다. 따라서 효과적인 헤지를 하기 위해서는 헤지비율에 따라 적절한 수량의 선물계약을 매입하거나 매도해야 주가변동위험을 효과적으로 관리할 수 있는데, 구체적인 방법들을 살펴보면 다음과 같다.

① 단순헤지

단순헤지(naive hedge)는 현물주식의 가격변화율과 선물지수의 가격변화율이 동일하다고 가정하여 헤지대상 현물주식의 가치와 상반되는 동일한 금액의 포지션을 선물시장에서 취한다. 만일 현물주식의 가격변화율과 선물지수의 가격변화율이 동일하다고 가정하면 단순헤지만으로 완전헤지를 달성할 수 있다.

현물주식 또는 주식포트폴리오의 가격을 S_0, 주가지수선물 1계약의 가격을 F_0라고 하면 단순헤지에서 현물포지션의 주가변동위험을 회피하기 위해 필요한 선물계약수(N_F)는 식(9.4)를 이용하여 다음과 같이 구할 수 있다.

$$N_F = -\frac{S_0}{F_0} = -\frac{\text{헤지대상 현물주식의 가치}}{\text{주가지수선물 1계약의 가치}} \tag{10.4}$$

② 베타헤지

그러나 일반적으로 현물주식의 가격변화율과 선물지수의 가격변화율이 일치하지 않기 때문에 완전헤지를 달성하기가 어렵다. 따라서 베타헤지(beta hedge)는 헤지대상 현물주식의 현물지수(시장포트폴리오)에 대한 베타계수를 이용하여 선물계약수를 조정해야 헤지성과를 개선할 수 있게 된다.

$$N_F = -\frac{S_0}{F_0} \times \beta_{SI} \tag{10.5}$$

식(10.5)에서 β_{SI}는 현물주가지수(I) 또는 현물주식포트폴리오에 대한 현물주식의 베타계수로서 현물주가지수 수익률에 대한 현물주식포트폴리오 수익률의 민감도를 나타내고 자본자산가격결정모형(CAPM)의 베타와 동일한 의미를 갖는다.

③ 최소분산헤지

최소분산헤지(minimum variance hedge)는 현물주식과 주가지수선물로 구성된 헤지 포트폴리오의 수익률변동위험을 최소화하고자 하는 헤지를 말한다. 따라서 최소분산헤지를 달성하는 데 필요한 선물계약수는 다음과 같이 구할 수 있다.

$$N_F = -\frac{S_0}{F_0} \times \beta_{SF} \tag{10.6}$$

식(10.6)에서 β_{SF}는 선물지수에 대한 현물주식의 베타계수로서 현물자산과 헤지수단으로 이용하는 선물지수간의 공분산을 선물의 분산으로 나눈 값이다. 이는 베타헤지의 베타(β_{SI})와는 다른 값이며 다음의 관계가 성립한다.

$$\beta_{SF} = \beta_{SI} \times \beta_{IF} \tag{10.7}$$

여기서 현물가격의 변화율과 선물지수의 변화율이 동일하다고 가정하면 $\beta_{IF}=1$이 되기 때문에 최소분산헤지는 베타헤지와 동일하게 된다. 일반적으로 실무에서는 $\beta_{IF}=1$으로 가정하여 베타헤지를 사용하고 있다.

| 그림 10-1 | 헤지거래의 분석

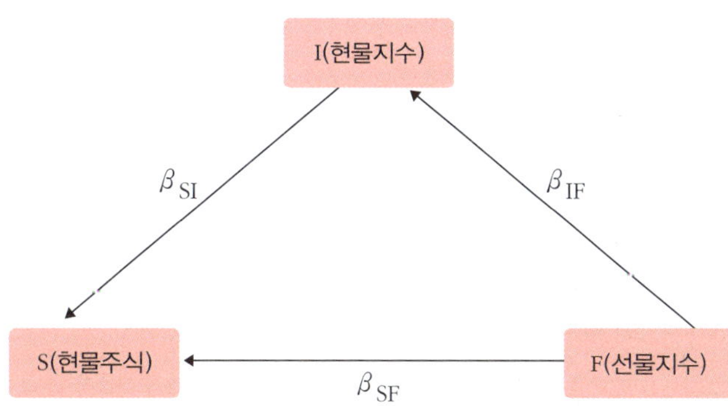

예제 10-2 주가지수선물을 이용한 위험헤지

다음과 같이 두 종목으로 구성된 주식포트폴리오를 운용하고 있는 펀드매니저 홍길동은 90일 만기 KOSPI 200지수선물을 이용하여 보유중인 주식포트폴리오의 가치하락위험을 헤지하려고 한다. 현재 주가지수선물시장에서 90일 만기 KOSPI 200지수선물이 250포인트에 거래되고 있고 1포인트당 가격은 250,000원이다. 시장포트폴리오의 수익률은 0.18%이고 수익률의 분산은 0.1이다. 1개월 후에 선물지수가 238포인트로 하락하고 A주식의 가격이 11,000원, B주식의 가격이 48,000원으로 하락했다고 가정하여 다음 물음에 답하시오.

주식	현재주가	발행주식수	공분산
A	12,500원	40,000주	0.15
B	50,000원	20,000주	0.12

1. 단순헤지를 할 경우 필요한 선물계약수를 구하고 헤지결과를 설명하시오.
2. 베타헤지를 할 경우 필요한 선물계약수를 구하고 헤지결과를 설명하시오.
3. 최소분산헤지를 할 경우 필요한 선물계약수를 구하고 헤지결과를 설명하시오.

단, 선물지수에 대한 현물지수의 베타는 1.0679이며 선물계약은 분할가능하다.

풀이

1. ① 단순헤지를 할 경우 매도해야 할 선물계약수는 다음과 같다.

$$N_F = -\frac{S_0}{F_0} = -\frac{12,500 \times 40,000 + 50,000 \times 20,000}{250 \times 250,000} = -24\text{계약}$$

② 1개월 후의 헤지결과

시점	현물시장	선물시장
현재	보유중인 주식포트폴리오의 가치 12,500×40,000+50,000×20,000 = 1,500,000,000	250포인트에 24계약 매도 250×250,000×24 = 1,500,000,000
1개월 후	보유중인 주식포트폴리오의 가치 11,000×40,000+48,000×20,000 = 1,400,000,000	238포인트에 24계약 매입 238×250,000×24 = 1,428,000,000
손익	−100,000,000	72,000,000

∴ 순손익 $= -100,00$

$0,000 + 72,000,000 = -28,000,000$

2. 홍길동이 보유하고 있는 주식포트폴리오의 베타계수는 다음과 같다.

$$\beta_P = \sum_{i=1}^{n} W_i \beta_i = \frac{1}{3}(1.5) + \frac{2}{3}(1.2) = 1.3$$

① 베타헤지를 할 경우 매도해야 할 선물계약수는 다음과 같다.

$$N_F = -\frac{S_0}{F_0} \times \beta_{SI} = -\frac{12,500 \times 40,000 + 50,000 \times 20,000}{250 \times 250,000} \times 1.3 \fallingdotseq -31.2\text{계약}$$

② 1개월 후의 헤지결과

시점	현물시장	선물시장
현재	보유중인 주식포트폴리오의 가치 12,500×40,000+50,000×20,000 = 1,500,000,000	250포인트에 31계약 매도 250×250,000×31 = 1,937,500,000
1개월 후	보유중인 주식포트폴리오의 가치 11,000×40,000+48,000×20,000 = 1,400,000,000	238포인트에 31계약 매입 238×250,000×31 = 1,844,500,000
손익	−100,000,000	93,000,000

∴ 순손익 = −100,000,000+96,000,000 = −4,000,000

3. ① 최소분산헤지를 할 경우 매도해야 할 선물계약수는 다음과 같다.

$$N_F = -\frac{S_0}{F_0} \times \beta_{SF} = -\frac{12,500 \times 40,000 + 50,000 \times 20,000}{250 \times 250,000} \times 1.3 \times 1.0679 = -33.31\text{계약}$$

② 1개월 후의 헤지결과

시점	현물시장	선물시장
현재	보유중인 주식포트폴리오의 가치 12,500×40,000+50,000×20,000 = 1,500,000,000	250포인트에 33계약 매도 250×250,000×33 = 2,062,500,000
1개월 후	보유중인 주식포트폴리오의 가치 11,000×40,000+48,000×20,000 = 1,400,000,000	238포인트에 33계약 매입 238×250,000×33 = 1,963,500,000
손익	−100,000,000	99,000,000

∴ 순손익 = −100,000,000+99,000,000 = −1,000,000

다. 위험관리

주가지수선물은 현재 보유하고 있는 현물포지션의 체계적 위험을 관리하는 데 유용하게 활용할 수 있다. 식(10.8)은 현재 보유하고 있는 현물주식의 베타(β_{SI})를 현물주식과 주가지수선물로 구성된 헤지포트폴리오의 목표베타(β_P)로 조정하기 위해서 매입 또는 매도해야 할 선물계약수(N_F)를 나타낸다.

$$N_F = \frac{S_0}{F_0} \times (\beta_P - \beta_{SI}) \tag{10.8}$$

첫째, 주가가 지속적으로 상승하는 강세장(Bull Market)이 예상되면 베타계수를 높이는 것이 유리하다. 따라서 앞으로 주가상승이 예상되어 헤지포트폴리오의 베타를 현물주식의 베타보다 크게 하려고 하는 $\beta_P > \beta_{SI}$인 경우에는 N_F은 정(+)의 값을 갖기 때문에 주가지수선물의 매입계약수를 증가시켜야 한다.

둘째, 주가가 지속적으로 하락하는 약세장(Bear Market)이 예상되면 베타계수를 낮추는 것이 유리하다. 따라서 앞으로 주가하락이 예상되어 헤지포트폴리오의 베타를 현물주식의 베타보다 작게 하려고 하는 $\beta_P < \beta_{SI}$인 경우에는 N_F은 부(−)의 값을 갖기 때문에 주가지수선물의 매도계약수를 증가시켜야 한다.

예제 10-3 주가지수선물을 이용한 체계적 위험의 관리

2020년 3월 18일 현재 아래와 같은 주식포트폴리오를 운용하고 있는 펀드매니저 홍길동은 주가지선물을 이용해 주식포트폴리오의 체계적 위험을 관리하고자 한다.

선물시장에서 12월물 KOSPI 200지수선물은 280포인트에 거래되고 있으며 지수 1포인트당 가격은 250,000원이다. 시장포트폴리오수익률은 0.15이고 시장수익률의 분산은 0.04라고 가정하여 다음 물음에 답하시오.

주식	주당가격	보유주식수	분산	상관계수
A	20,000원	10,000주	0.36	0.4
B	40,000원	10,000주	0.49	0.8
C	10,000원	10,000주	0.25	0.4
D	10,000원	30,000주	0.64	0.7

1. 홍길동이 주식포트폴리오와 주가지수선물을 이용하여 최소분산포트폴리오를 구성하려면 6월물 KOSPI 200선물을 어떻게 이용해야 하는가?
2. 홍길동은 향후 주가가 상승할 것으로 예상하고 주식포트폴리오의 베타를 3.0으로 증가시키려고 한다. 6월물 KOSPI 200선물을 어떻게 이용해야 하는가?
3. 홍길동은 향후 주가가 하락할 것으로 예상하고 주식포트폴리오의 베타를 1.0으로 감소시키려고 한다. 6월물 KOSPI 200선물을 어떻게 이용해야 하는가?

풀이

1. 현재 주식포트폴리오를 보유하고 있어 주가하락시 손실을 방지하려면 선물을 매도해야 하며 최소분산포트폴리오를 구성하는 데 필요한 선물계약수는 다음과 같다.

$$N_F = \frac{S_0}{F_0} \times \beta_{SI} = \frac{1,000,000,000}{280 \times 250,000} \times 2.3^{*} = 32.9\text{계약}$$

$$^{*}\beta_P = \sum_{i=1}^{n} W\beta = 0.2(1.2) + 0.4(2.8) + 0.1(1.0) + 0.3(2.8) = 2.3$$

2. 6월물 KOSPI 200지수선물을 10계약 매입하면 주식포트폴리오의 베타를 3.0으로 높일 수 있다.

$$N_F = \frac{S_0}{F_0} \times (\beta_P - \beta_{SI}) = \frac{1,000,000,000}{280 \times 250,000} \times (3.0 - 2.3) = 10\text{계약}$$

3. 6월물 KOSPI 200지수선물을 18.6계약 매도하면 주식포트폴리오의 베타를 1.0으로 낮출 수 있다.

$$N_F = \frac{S_0}{F_0} \times (\beta_P - \beta_{SI}) = \frac{1,000,000,000}{280 \times 250,000} \times (1.0 - 2.3) = -18.6\text{계약}$$

(2) 투기거래

투기거래(speculation)는 현물시장의 포지션에 관계없이 미래의 가격변동을 예측하여 선물계약을 매수하거나 매도함으로써 선물시장에서 선물가격의 등락에 따른 시세차익을 얻을 목적으로 위험을 감수하고 잠재적인 이익을 추구하기 위해 행하는 거래를 말하며 단순투기거래와 스프레드거래로 구분된다.

1) 단순투기거래

단순투기거래는 특정자산에 대한 미래의 선물가격을 예측하여 선물가격이 상승할 것으로 예상되면 매입포지션을 취하고 선물가격이 하락할 것으로 예상되면 매도포지션을 취한다. 따라서 투기거래자의 예상이 정확하면 큰 이익(대박)을 얻을 수 있는 반면 예상이 빗나가면 큰 손실(쪽박)을 감수해야 한다.

2) 스프레드거래

스프레드거래는 조건이 서로 다른 주가지수선물계약을 동시에 매입하고 매도하는 거래를 말한다. 단순투기거래는 미래의 선물가격을 예측하여 한쪽 방향에만 포지션을 취하여 예상이 빗나갈 경우 큰 손실을 감수해야 한다. 반면에 스프레드거래는 양쪽에 반대 포지션을 취하기 때문에 한정된 위험을 갖는다.

① 상품내 스프레드

상품내 스프레드는 동일한 상품내에서 상이한 만기월간의 스프레드변화를 예상하여 매입포지션과 매도포지션을 동시에 취하여 이익을 얻는 거래를 말하며 시간스프레드라고도 한다. 일반적으로 주가지수선물은 주식시장의 변화에 대해 원월물이 근월물에 비해 큰 폭으로 변화한다.

따라서 주가의 상승이 예상되면 근월물을 매도하고 원월물을 매입하는 스프레드포지션을 취하고, 주가의 하락이 예상되면 근월물을 매입하고 원월물을 매도하는 스프레드 포지션을 취한다. 우리나라는 최근월물을 중심으로 거래가 집중되어 상품내 스프레드가 사실상 불가능하다.

② 상품간 스프레드

상품간스프레드는 상관계수가 높은 유사한 상품간의 스프레드변화를 예상하여 매입포지션과 매도포지션을 동시에 취하여 이익을 얻는 거래를 말하며 교차스프레드라고도 한다. 일반적으로 시장이 큰 폭으로 움직이면 기업규모가 작은 소형주가 기업규모가 큰 대형주보다 크게 변화한다.

따라서 주가의 상승이 예상되면 변동폭이 큰 주가지수선물을 매입하고 변동폭이 작은 선물을 매도하며, 주가의 하락이 예상되면 변동폭이 큰 주가지수선물을 매도하고 변동폭이 작은 선물을 매입한다. 이때 양쪽 선물의 만기가 같도록 해야 하고 전체의 순포지션이 0이 되도록 한다.

예제 10-4 만기간 스프레드를 이용한 투기거래

투자자 홍길동은 KOSPI 200선물의 가격변화를 이용하여 투기거래를 하려고 한다. 2020년 3월 18일 현재 주가지수선물시장에서 6월물 가격은 280포인트이고 9월물 가격은 285포인트에 거래되고 있다. 홍길동은 1개월 후 KOSPI 200선물가격이 6월물은 283, 9월물은 290으로 상승할 것으로 예상하고 있다. 스프레드를 이용한 투기거래의 전략을 수립하고 투기거래의 성과를 구하시오.

풀이

스프레드가 현재 5포인트(=285-280)에서 7포인트(=290-283)로 확대될 것으로 예상되어 근월물(6월물)은 매도하고 원월물(9월물)은 매입하는 스프레드포지션을 취하면 500,000원(=2포인트×250,000)의 이익을 얻을 수 있다.

	근월물(6월물)	원월물(9월물)
현재 청산	220 매도 223 매입	225 매입 230 매도
손익	3포인트 손실	5포인트 이익

제3절 국채선물의 개요

1. 국채선물의 정의

국채선물은 정부가 발행한 국고채를 거래대상으로 하는 장내파생상품으로 모든 국채선물은 액면가액 1억원, 표면금리 연 5%, 6개월 이표 지급방식의 가상국채이며, 최종결제방법으로 현금결제방식을 채택하고 있다. 국채선물의 가격은 액면가액 100원을 기준으로 공시되며 소수점 이하의 숫자는 1/100%를 말한다.

국채선물의 가격이 106-45로 공시되면, 이는 액면가의 106.45%라는 의미이다. 국채선물의 결제는 실물인수도가 아닌 선물가격과 청산시점에 현물가격간의 차액으로 거래를 종결시키는 현금결제방식을 채택하여 T-bond선물과 같이 전환계수, 최저가 인도채권, 매도자선택권 등의 복잡한 문제를 고려할 필요가 없다.

$$\text{공시가격} = 1\text{억원} \times 106.45 \times 0.01 = 1.0645\text{억원} \quad (10.9)$$

국채선물은 금리변동으로 발생하는 자산가치의 변동위험을 관리하기 위해 만든 금융상품이다. 국고채는 신용도가 매우 높아 위험이 없는 무위험자산으로 분류한다. 한국거래소는 1999년 9월 29일 국채선물, 2003년 8월 22일 5년 국채선물, 2010년 10월 25일 10년 국채선물을 각각 상장하여 투자자에게 제공하고 있다.

| 표 10-2 | 국채선물의 상품명세

구분	3년 국채선물	5년 국채선물	10년 국채선물
기초자산	만기 3년	만기 5년	만기 10년
	표면금리 5%	표면금리 5%	표면금리 5%
	6개월 이표채	6개월 이표채	6개월 이표채
거래단위	액면가액 1억원	액면가액 1억원	액면가액 1억원
가격표시	액면 100원당 원화	액면 100원당 원화	액면 100원당 원화
호가가격단위	0.01원	0.01원	0.01원
최소가격변동금액	10,000원	10,000원	10,000원
상장결제월	2개 결제월	2개 결제월	2개 결제월
거래시간	월~금: 09:00~15:45, 최종거래일: 09:00~11:30		
최종거래일	세번째 화요일	세번째 화요일	세번째 화요일
최종결제일	최종거래일의 익일	최종거래일의 익일	최종거래일의 익일
결제방법	현금결제	현금결제	현금결제

2. 금리선물의 가격결정

(1) 단기금리선물

순수할인채를 기초자산으로 하는 금리선물의 가격결정방법에는 보유비용을 이용하는 방법과 선도이자율을 이용해서 기초채권을 할인하는 방법이 있다.

1) 보유비용모형

기초자산이 제로쿠폰채인 경우 만기일까지 보유수익이 발생하지 않기 때문에 보유비용모형에 의한 금리선물의 이론가격은 다음과 같이 구할 수 있다.

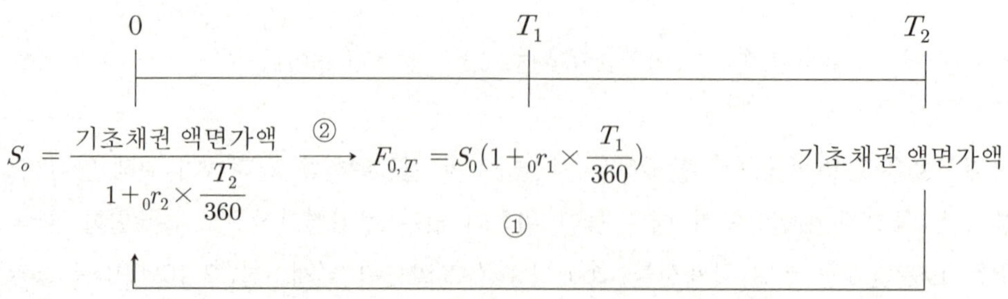

$$F_{0,T} = S_0(1+r_{0,T}) = S_0(1+{}_0r_1 \times \frac{T_1}{360}) \tag{10.10}$$

따라서 이론선물가격은 T_2시점에 발생할 기초채권 액면가액을 T_2(선물만기+채권만기)기간 동안의 현물이자율로 할인한 현재가치에 선물만기일까지 현물이자율(${}_0r_1$)을 적용하여 선물만기일가치로 환산한 값이다.

2) 기초채권할인

기초채권의 할인은 T_2시점에 발생할 기초채권 액면가액을 선물만기(T_1)부터 채권만기(T_2)까지 선도이자율로 할인하여 선물만기일인 T_1시점의 가치로 환산해서 선물가격을 계산하는 방법이다.

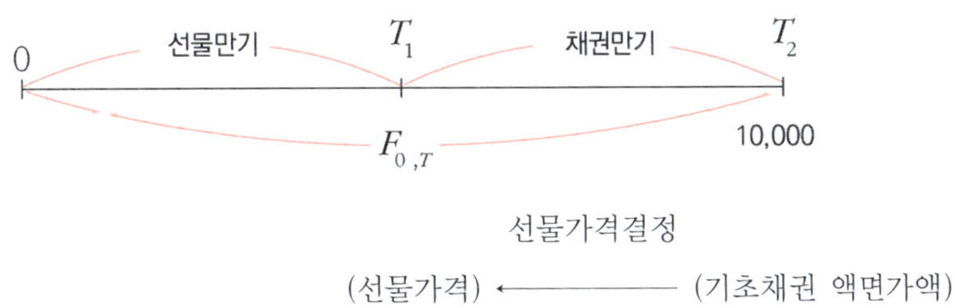

따라서 연단위로 측정한 T_1(선물만기)까지의 현물이자율을 ${}_0r_1$이라 하고 T_2(T_1+채권만기)까지의 현물이자율을 ${}_0r_2$라고 하면 T_1부터 T_2까지 선도이자율은 다음의 관계를 이용하여 구할 수 있다.

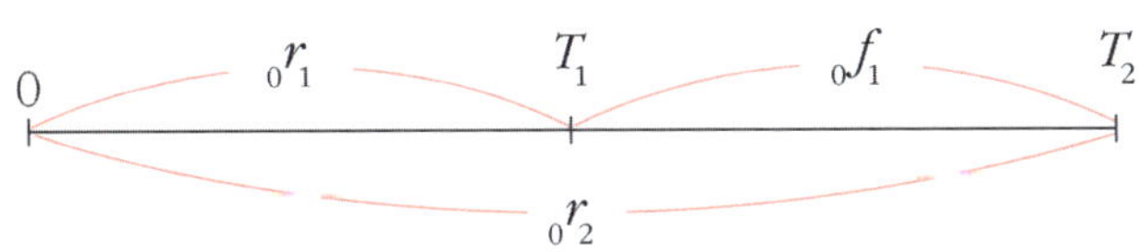

$$(1+{}_0r_2 \times \frac{T_2}{360}) = (1+{}_0r_1 \times \frac{T_1}{360})(1+{}_1f_2 \times \frac{T_2-T_1}{360}) \tag{10.11}$$

이렇게 산출한 선도이자율로 T_2시점에 발생하는 기초채권 액면가액을 T_1시점의 가치로 환산한 값이 이론선물가격이다.

$$F_{0,T} = \frac{\text{기초채권 액면가액}}{1 + {}_1f_2 \times \dfrac{T_2 - T_1}{360}} \tag{10.12}$$

예제 10-5 T-bill선물의 이론가격

현재시점부터 앞으로 80일 동안의 현물이자율은 연 10%이고 170일 동안의 현물이자율은 연 11%이라고 가정하여 다음 물음에 답하시오.

1. 80일부터 170일까지 90일 동안의 연간 선도이자율을 구하시오.
2. 액면가액 $1,000,000이고 만기 90일인 T-bill을 기초자산으로 하고 80일 후에 인도되는 선물계약의 균형가격을 구하시오.
3. 액면가액 $1,000,000이고 만기 90일인 T-bill의 현재가격을 구하고 이를 이용하여 선물계약의 균형가격을 구하시오.

풀이

1. 주어진 이자율을 시간선상에 표시하면 다음과 같이 나타낼 수 있다.

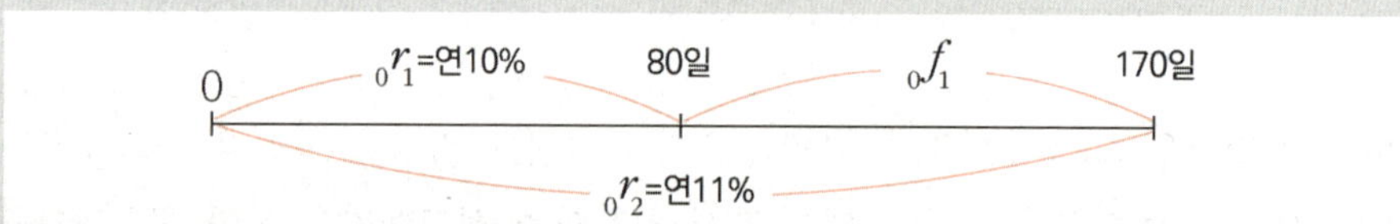

$$(1+0.11\times\frac{170}{360}) = (1+0.10\times\frac{80}{360})(1+{}_1f_2\times\frac{90}{360}) \rightarrow {}_1f_2 = 0.1162$$

2. 선물의 균형가격은 기초채권의 액면가액 $1,000,000을 80일부터 170일 사이의 선도이자율로 할인하여 구한다.

$$F_{0,T} = \frac{1{,}000{,}000}{1+0.1162\times\dfrac{90}{360}} = \$971{,}770$$

3. 액면가액 $1,000,000이고 만기가 170일인 T-bill의 현재가격은 다음과 같다.

$$S_0 = \frac{\text{액면가액}}{1+{}_0r_2\times\dfrac{T_2}{360}} = \frac{1{,}000{,}000}{1+0.11\times\dfrac{170}{360}} = \$950{,}646$$

보유비용모형을 이용하여 선물의 현물가격을 구하면 다음과 같다.

$$F_{0,T} = S_0(1+{}_0r_1 \times \frac{T_1}{360}) = 950,646(1+0.1\times\frac{80}{360}) = \$971,770$$

(2) 장기금리선물

기초자산이 이표채인 경우에 현물을 매입해서 보유하면 이자수익이 발생하기 때문에 보유비용모형에 의한 금리선물의 이론가격은 현물채권의 가격에 보유비용은 가산하고 보유수익은 차감하여 구할 수 있다.

$$F_{0,T} = S_0 + CC - CR = S_0(1+r) - CR \tag{10.13}$$

기초채권의 액면가액이 B, 선물만기까지 표면이자율이 $i_{0,T}$, 연간 표면이자율이 i라면 식(4.32)는 나음과 같이 바꾸어 쓸 수 있다.

$$\begin{aligned} F_{0,T} &= S_0(1+r_{0,T}) - B\times i_{0,T} \\ &= S(1+r\times\frac{T}{360}) - B\times i\times\frac{T}{360} \end{aligned} \tag{10.14}$$

예제 10-6 금리선물의 차익거래

현재 현물채권시장에는 액면가액이 100,000원이고 표면이자율이 10%인 채권이 100,000원에 거래되고 있다. 채권선물시장에서는 위의 현물채권을 기초자산으로 하고 만기가 1년인 선물계약이 거래되고 있다. 연간 무위험이자율이 10%, 6개월 후와 1년 후에 5,000원의 이자지급이 있다고 가정하여 다음 물음에 답하시오.

1. 채권선눌의 균형가격을 구하시오.
2. 채권선물의 가격이 100,000원일 때 차익거래과정을 설명하시오.
3. 채권선물의 가격이 98,000원일 때 차익거래과정을 설명하시오.

풀이

1. 채권선물의 균형가격은 보유비용모형을 이용하여 다음과 같이 구할 수 있다.

$F_{0,T} = S_0(1+r)-CR = 100{,}000(1+0.1)-10{,}250^* = 99{,}750$원

$^*CR = 5{,}000(1+0.1\times\frac{6}{12})+5{,}000 = 10{,}250$원

2. 선물가격이 균형가격에 비해서 과대평가되어 있어 과대평가된 선물을 100,000원에 매도하고 100,000원을 차입하여 과소평가된 현물채권을 매입하는 차익거래를 통해 선물만기일에 250원의 차익거래이익을 얻을 수 있다.

거 래	현재의 현금흐름	6개월 후의 현금흐름	1년 후의 현금흐름
선물매도	–	–	$100{,}000-S_T$
자금차입	100,000	–	−110,000
현물매입	−100,000	5,000	$S_T+5{,}000$
이자대출	–	−5,000	5,250*
합 계	0	0	250원

* 대출원리금 $= 5{,}000(1+0.1\times\frac{6}{12}) = 5{,}250$원

3. 선물가격이 균형가격에 비해서 과소평가되어 있어 과대평가된 현물채권을 100,000원에 공매하여 자금을 대출하고 과소평가된 선물을 100,000원에 매입하는 차익거래를 통해 선물만기일에 1,750원의 차익거래이익을 얻을 수 있다.

거 래	현재의 현금흐름	6개월 후의 현금흐름	1년 후의 현금흐름
현물공매	100,000	−5,000	$-S_T-5{,}000$
자금대출	−100,000	–	110,000
이자지급	–	5,000	−5,250*
선물매입	–	–	$S_T-98{,}000$
합 계	0	0	1,750원

* 차입원리금 $= -5{,}000(1+0.1\times\frac{6}{12}) = -5{,}250$원

4. 금리선물의 거래유형

(1) 헤지거래의 개요

1) 헤지거래의 원리

채권시장에서 현재 채권을 대량으로 매입하여 보유하고 있는 채권투자자들은 금리선물을 매도하면 금리상승위험(채권가격하락위험)을 회피할 수 있다. 그리고 미래시점에

채권을 매입하고자 하는 채권투자자들은 금리선물을 매입하면 금리하락위험(채권가격상승위험)을 회피할 수 있다.

현물시장	상황	선물시장
매입포지션	현재 채권보유, 채권투자자 → 채권가격 하락시 손실발생	매도포지션
매도포지션	미래 채권매입, 채권발행자 → 채권가격 상승시 손실발생	매입포지션

2) 헤지거래의 종류

① 매입헤지

매입헤지(long hedge)는 미래에 채권을 매입하고자 하는 투자자는 이자율이 하락하면 채권가격의 상승으로 손실이 발생하므로 금리선물을 매입했다가 일정기간이 경과한 후 금리선물을 매도하여 청산한다.

② 매도헤지

매도헤지(short hedge)는 현재 채권을 보유하고 있는 투자자는 이자율이 상승하면 채권가격의 하락으로 손실이 발생하므로 금리선물을 매도했다가 일정기간이 경과한 후 금리선물을 매입하여 청산한다.

┃표 10-3┃ 헤지거래의 유형

시장참가자	위험노출	헤지거래
변동금리 차입자, 고정금리 운용자	금리상승(채권가격하락)	매도헤지
변동금리 운용자, 고정금리 차입자	금리하락(채권가격상승)	매입헤지

3) 헤지거래의 모형

금리선물을 이용한 헤지거래는 이자율변동에 따른 현물포지션의 손익을 선물포지션의 손익으로 상쇄시키는 데 있다. 그러나 헤지대상의 채권과 헤지수단으로 이용하는 채권이 동일하지 않은 교차헤지의 경우에는 헤지비율의 조정을 통해서 베이시스위험을 최소화하는 것이 중요하다.

① 단순헤지모형

단순헤지모형은 헤지대상 채권가치와 동일한 금액의 포지션을 선물시장에서 반대로 취하는 전략으로 헤지기간 동안 현물가격의 변동과 선물가격의 변동이 일치하면 완전헤지를 달성할 수 있으나 그러한 경우는 드물어 두 가격간의 민감도 또는 헤지비율을 고려해서 선물계약수를 조정해야 효과적인 헤지를 할 수 있다.

$$N_F = \frac{S_0}{F_0} = \frac{\text{헤지대상 현물채권의 가치}}{\text{금리선물 1계약의 가치}} \leftarrow S_0 = N_F \times F_0 \qquad (10.15)$$

② BPV모형

베이시스포인트가치(BPV : basis point value)는 채권수익률이 1베이시스 포인트(0.01%) 변동했을 때 채권가격의 변화정도를 말한다. BPV는 채권가격의 절대적인 변동치로 표시되며 이 값이 클수록 채권가격의 변동성이 크다는 의미이다. BPV의 값은 채권의 만기가 길고 표면이자율이 높을수록 크게 나타난다.

여기서 선물의 BPV는 금리선물 1계약의 가치를 나타내고, 현물의 BPV는 금리선물 1계약의 거래단위에 해당하는 현물채권의 BPV를 나타낸다. 선물 1계약의 BPV는 금리수준에 관계없이 고정되어 있는 반면에, 현물채권의 BPV는 금리수준과 만기에 따라서 달라지기 때문에 필요한 선물계약수가 달라진다.

$$N_F = \frac{S_0}{F_0} \times \frac{\text{현물의 } BPV}{\text{선물의 } BPV} \qquad (10.16)$$

③ 듀레이션모형

듀레이션모형은 수익률변동에 대한 채권가격의 변화를 BPV는 절대금액으로 측정하는 반면에 듀레이션은 백분율로 측정한다는 점에서 차이가 있다. 이자율변동에 따른 현물채권의 가치변동액을 ΔS, 금리선물 1계약의 가치변동액을 ΔF라고 하면 완전헤지에 필요한 선물계약수(N)는 다음과 같다.

$$N_F = \frac{\Delta S}{\Delta F} \leftarrow \Delta S = N_F \times \Delta F \qquad (10.17)$$

이자율변동에 따른 현물채권의 가치변동액(ΔS)은 현물채권의 듀레이션을 이용하여 다음과 같이 구할 수 있다.

$$\Delta S = -\frac{D_S}{1+r_S}\Delta r_S\, S_0 \tag{10.18}$$

이자율변동에 따른 선물 1계약의 가치변동액(ΔF)은 기초채권의 듀레이션을 이용하여 다음과 같이 구할 수 있다.

$$\Delta F = -\frac{D_F}{1+r_F}\Delta r_F\, S_0 \tag{10.19}$$

식(10.18)과 식(10.19)를 식(10.17)에 대입하면 완전헤지에 필요한 선물계약수는 다음과 같이 구할 수 있다.

$$N_F = \frac{S_0}{F_0} \times \frac{\dfrac{D_S}{1+r_S}}{\dfrac{D_F}{1+r_F}} \times \frac{\Delta r_S}{\Delta r_F} \tag{10.20}$$

만일 현물채권과 선물기초채권의 이자율이 같고 변화율도 동일할 경우 필요한 선물계약수는 다음과 같이 산출할 수 있다.

$$N_F = \frac{S_0}{F_0} \times \frac{D_S}{D_F} \tag{10.21}$$

④ 회귀분석모형

회귀분석모형은 헤지대상 현물채권과 선물계약의 기초자산이 다른 교차헤지에서 수익률스프레드가 변동할 가능성이 높을 경우에 이용한다. 회귀분석은 과거자료를 이용하여 헤지비율을 측정하는데 헤지대상자산의 수익률을 종속변수로 놓고 헤지에 이용할 선물의 수익률을 독립변수로 하여 다음과 같은 회귀식을 추정한다.

$$S_t = \alpha + \beta F_t + \epsilon_t \tag{10.22}$$

식(10.22)에서 회귀계수(β)의 값이 최적헤지비율이 되고, 회귀식의 결정계수(R^2)가 헤지의 효과를 측정하는 척도가 된다.

예제 10-7 금리선물을 이용한 헤지거래

덕성기업은 액면가액 $10,000,000이고 만기가 180일인 T-bill을 1개월 후 매도할 예정이다. 향후 1개월간 금리상승이 예상되어 만기가 60일인 T-bill선물을 이용하여 매도시점의 부를 헤지하고자 한다. 이는 만기가 90일인 T-bill을 기초자산으로 하는 선물계약이다. 현재 현물시장의 채권가격은 90-00, 선물가격은 90-50이며 T-bill선물의 거래단위는 액면가액이 $10,000,000이라고 가정하여 다음 물음에 답하시오.

1. 덕성기업이 금리상승위험을 헤지하려면 어떤 포지션을 취해야 하는가?
2. 단순헤지모형에서 필요한 선물계약수를 구하고 1개월 후에 현물금리와 선물금리가 모두 1% 상승할 때 헤지결과를 설명하시오.
3. BPV모형에서 필요한 선물계약수를 구하고 1개월 후에 현물금리와 선물금리가 모두 1% 상승할 때 헤지결과를 설명하시오.
4. 듀레이션모형에서 필요한 선물계약수를 구하고 1개월 후에 현물금리와 선물금리가 모두 1% 상승할 때 헤지결과를 설명하시오.

풀이

1. 금리가 상승하면 채권가격이 하락하여 현물시장에서 손실이 발생할 수 있으므로 낮은 금리수준(높은 채권가격)에서 선물계약을 매도하고 헤지시점에 높은 금리수준(낮은 채권가격)에서 금리선물을 매입하면 이익을 얻을 수 있다.

2. (1) 단순헤지에 필요한 선물계약수

$$N_F = \frac{S_0}{F_0} = \frac{10{,}000{,}000}{1{,}000{,}000} = 10\text{계약}$$

* T-bill의 현물금리와 선물금리가 모두 액면기준금리(할인율)이므로 액면가액을 사용함

(2) 1개월 후의 헤지결과

시점	현물시장	선물시장
현재	상승 전 금리수준 10%에 매입 $10,000,000-10,000,000\times 0.10\times\frac{180}{360}$ $= \$9,500,000$	90.50(=9.5%)에 10계약 매도 $(1,000,000-1,000,000\times 0.095\times\frac{90}{360})\times 10$ $= \$9,762,500$
1개월 후	상승 후 금리수준 11%에 매도 $10,000,000-10,000,000\times 0.11\times\frac{180}{360}$ $= \$9,450,000$	89.50(=10.5%)에 10계약 매입 $(1,000,000-1,000,000\times 0.105\times\frac{90}{360})\times 10$ $= \$9,737,500$
손익	-$50,000	$25,000

∴ 순손익 = $-50,000+25,000 = -25,000$

3. (1) BPV헤지에 필요한 선물계약수

$$N_F = \frac{S_0}{F_0}\times\frac{\text{현물의 }BPV}{\text{선물의 }BPV} = \frac{10,000,000}{1,000,000}\times\frac{50}{25} = 20\text{계약}$$

(2) 1개월 후의 헤지결과

시점	현물시장	선물시장
현재	상승 전 금리수준 10%에 매입 $10,000,000-10,000,000\times 0.10\times\frac{180}{360}$ $= \$9,500,000$	90.50(=9.5%)에 20계약 매도 $(1,000,000-1,000,000\times 0.095\times\frac{90}{360})\times 20$ $= \$19,525,500$
1개월 후	상승 후 금리수준 11%에 매도 $10,000,000-10,000,000\times 0.11\times\frac{180}{360}$ $= \$9,450,000$	89.50(=10.5%)에 20계약 매입 $(1,000,000-1,000,000\times 0.105\times\frac{90}{360})\times 20$ $= \$19,475,500$
손익	-$50,000	$50,000

∴ 순손익 = $-50,000+50,000 = 0$(완전헤지)

4. (1) 듀레이션헤지에 필요한 선물계약수

$$N_F = \frac{S_0}{F_0}\times\frac{D_S}{D_F} = \frac{10,000,000}{1,000,000}\times\frac{180}{90} = 20\text{계약}$$

(2) 1개월 후의 헤지결과

시점	현물시장	선물시장
현재	상승 전 금리수준 10%에 매입 $10,000,000-10,000,000\times 0.10\times\frac{180}{360}$ $= \$9,500,000$	90.50(=9.5%)에 20계약 매도 $(1,000,000-1,000,000\times 0.095\times\frac{90}{360})\times 20$ $= \$19,525,500$
1개월 후	상승 후 금리수준 11%에 매도 $10,000,000-10,000,000\times 0.11\times\frac{180}{360}$ $= \$9,450,000$	89.50(=10.5%)에 10계약 매입 $(1,000,000-1,000,000\times 0.105\times\frac{90}{360})\times 20$ $= \$19,475,500$
손익	-$50,000	$50,000

∴ 순손익 = $-50,000+50,000 = 0$(완전헤지)

(2) 투기거래의 개요

투기거래는 현물시장 포지션에 관계없이 선물가격의 등락을 이용하여 시세차익을 얻을 목적으로 위험을 감수하면서 이익을 얻는 거래를 말하며, 단순투기거래와 스프레드거래로 구분된다. 단순투기거래는 선물가격의 상승이 예상되면 매입포지션, 선물가격의 하락이 예상되면 매도포지션을 취한다.

스프레드는 조건이 서로 다른 선물계약간의 차이를 말한다. 스프레드거래는 스프레드의 변화로부터 이익을 얻기 위해 서로 관련된 선물들의 가격차이가 적정하지 못하다고 판단되는 경우에 특정 선물에 매입포지션을 취하는 동시에 다른 선물에 매도포지션을 취하는 투기거래의 일종에 해당한다.

1) 만기간 스프레드

만기간 스프레드는 기초자산은 동일하나 결제월이 서로 다른 선물계약간의 가격차이를 말하며, 스프레드의 확대를 예상하는 강세스프레드거래와 스프레드의 축소를 예상하는 약세 스프레드거래가 있다. 스프레드거래는 예상한 스프레드가 반대 방향으로 움직이면 손실을 보지만 단순투기거래보다는 손실위험이 적다.

① 강세스프레드거래

강세스프레드(bull spread)는 만기가 가까운 근월물 선물가격이 만기가 먼 원월물 선물가격에 비해 상대적으로 더 많이 상승하거나 더 적게 하락할 것으로 예상될 경우에 근월물 선물계약에 대해서는 매입포지션을 취하고 동시에 원월물 선물계약에 대해서는 매도포지션을 취하는 거래를 말한다.

② 약세스프레드거래

약세스프레드(bear spread)는 만기가 먼 원월물 선물가격이 만기가 가까운 근월물 선물가격에 비해 상대적으로 더 많이 상승하거나 더 적게 하락할 것으로 예상될 경우에 근월물 선물계약에 대해서는 매도포지션을 취하고 동시에 원월물 선물계약에 대해서는 매입포지션을 취하는 거래를 말한다.

❙표 10-4❙ 스프레드거래의 유형

시장상황	포지션 구성
금리상승이 예상되는 경우	근월물 매입 + 원월물 매도
금리하락이 예상되는 경우	근월물 매도 + 원월물 매입

2) 상품간 스프레드

상품간 스프레드는 동일한 거래소에서 거래되는 동일한 만기를 가진 선물계약 중에서 기초자산만 서로 다른 선물계약간의 가격차이를 말한다. 따라서 특정상품의 선물계약을 매입하고 동시에 관련성이 있는 상품의 선물계약 중에서 만기가 동일한 선물계약을 매도하는 거래에 해당한다.

제4절 통화선물의 개요

1. 통화선물의 정의

우리나라는 2017년 기준으로 국내총생산(GDP)이 1조 5,380억 달러를 기록하여 세계 12위의 경제대국으로 국제교역량이 많은 국가에 속한다. 특히 미국과의 교역규모는 중국에 이어서 2위를 기록하고 있다. 수출입 등의 국제교역에는 자금결제가 발생하는데 이때 가장 많이 활용되는 통화가 미국달러이다.

미국달러의 가치변동, 즉 환율변동은 수출입 비중이 높은 우리 경제에 큰 영향을 미친다. 따라서 우리나라 경제의 안정적 운영 및 개별 경제주체의 환위험관리를 위해 미국달러의 환율변동위험을 관리할 수 있는 미국달러선물이 장내파생금융상품으로 1999년 4월 23일 국내통화선물로는 최초로 상장되었다.

우리나라는 1999년 4월에 선물거래소가 개설되어 미국달러선물을 시작으로 현재는 엔선물, 유로선물, 위안선물이 상장되어 환위험의 헤지나 환차익을 얻기 위한 수단으로 이용되고 있다. 우리나라 한국거래소에서 거래되고 있는 통화선물의 주요상품을 살펴보면 [표 10-5]과 같이 제시할 수 있다.

| 표 10-5 | 통화선물의 주요상품

구 분	미국달러선물	엔선물	유로선물	위안선물
거래대상	미국 달러	일본 엔	유로화	중국 위안화
거래단위	10,000달러	1,000,000엔	10,000유로	100,000위안
가격표시방법	1달러당 원화	100엔당 원화	1유로당 원화	1위안당 원화
최소가격변동폭	0.1원 → 1틱의 가치			
최소가격변동액	1,000원 (10,000×0.1)	1,000원 (1,000,000×0.1×1/100)	1,000원 (10,000×0.1)	1,000원 (100,000×0.01)
가격제한폭	기준가격±4.5%	기준가격±5.25%		기준가격±4.5%
상장결제월	달러선물 : 총 20개(1년 이내 매월,1년 초과 매분기월 상장) 엔, 유로, 위안선물 : 1년 이내의 8개 결제월			
최종결제방법	실물 인수도			
최종거래일	결제월의 세 번째 월요일(공휴일 경우 순차적으로 앞당김)			
최종결제일	최종거래일로부터 기산하여 3일째 거래일			
거래시간	09:00~15:15, 최종거래일 09:00~11:30			

2. 통화선물의 특징

(1) 직접거래 상품

국내외환시장에서 엔화는 달러/엔, 유로화는 유로/달러와 달러/원을 이용한 재정환율에 근거하여 거래되며, 엔선물은 일본 엔화, 유로선물은 유로화의 시장수급에 의해 환율이 결정된다. 한국거래소(KRX)에 상장된 엔선물과 유로선물을 이용하면 엔/원과 유로/원의 환위험헤지가 가능하다.

미국 시카고상업거래소(CME)에도 엔선물과 유로선물이 상장되어 있다. 그러나 시카고상업거래소(CME)의 통화선물은 미국달러 표시상품으로 국내 투자자들은 CME의 엔선물 또는 유로선물과 국내 미국달러선물을 이중으로 거래해야 엔/원과 유로/원의 환율변동위험을 헤지할 수 있다.

(2) 장내거래 상품

미국달러선물, 엔선물, 유로선물, 위안선물은 한국거래소(KRX)에 상장되어 거래되는 장내파생상품으로 다양한 정보를 가진 다수의 투자자들이 경쟁거래에 의해 가격이 결정되어 시장투명성이 높으며 홈트레이딩시스템(HTS)을 통해 실시간으로 투자자가 원하는 가격으로 거래할 수 있는 상품에 해당한다.

그리고 모든 통화선물에 대해 한국거래소가 결제이행을 보증하고 있어 투자자들은 거래상대방의 신용도에 대한 우려없이 누구나 손쉽게 거래에 참여할 수 있게 된다. 따라서 신용도가 낮아 은행에 높은 비용을 지불하거나 은행상품을 이용할 수 없었던 투자자에게 매력적인 환위험관리상품이 될 것이다.

3. 통화선물의 효과

(1) 헤지수요의 충족

엔/원 및 유로/원 환율변동위험에 노출된 국내투자자들에게 가격투명성이 높고 실시간 환율로 거래할 수 있는 환위험관리수단을 제공할 수 있다. 특히 신용도가 낮아 은행의 장외파생상품을 이용할 수 없었던 일반투자자나 중소기업에게 환위험을 효과적으로 관리할 수 있는 기회를 제공할 수 있다.

(2) 결제통화의 다양화

우리나라의 대외교역이 커지면서 결제통화도 엔화, 유로화 등 달러 이외로 다양해졌다. 종전의 미국 달러화로 집중된 결제통화를 이제는 엔화와 유로화로 다양화할 수 있어 국제교역거래에서 결제통화의 선택권이 확대될 수 있으며 국내 경제의 미국 달러화 편중현상을 해소하는 데 기여할 수 있다.

(3) 투자편의의 증진

직거래상품이 없어 교차거래나 이중거래로 환위험헤지를 수행했던 투자자들에게 원화표시의 직거래상품 제공으로 거래비용의 감소, 교차거래로 인한 불편사항이 크게 개선될 것이다. 또한 미국 달러선물과 동일한 계좌를 이용하여 복수의 통화선물을 거래하면 증거금의 감면과 결제금액의 축소효과를 얻을 수 있다.

(4) 외환시장의 효율성

재정환율이 아닌 실거래에 기초한 원화표시 엔화의 직거래 환율이 실시간으로 일반인에게 공시되면서 엔/원 현물환율에 대한 지표(가격발견기능)를 제공할 수 있게 된다. 또한 선물시장과 현물시장간 연계거래의 촉진으로 그동안 거래가 부진한 엔/원의 직거래 현물거래도 촉진시킬 수 있을 것으로 기대된다.

(5) 해외투자수요 흡수

우리나라의 대외교역이 커지면서 결제통화도 엔화, 유로화 등 달러 이외의 통화로 다양해졌다. 따라서 달러선물, 유로선물, 엔선물의 상장으로 엔/달러선물 및 유로/달러선물 등 해외통화선물거래를 이용한 환위험의 헤지수요와 해외 FX마진 현물환거래를 통한 투자수요를 국내의 선물시장으로 유인할 수 있게 된다.

(6) 원화의 국제화

세계 4대 통화(달러, 유로, 위안, 엔)에 대한 통화선물의 상장으로 동북아 최고의 통화선물시장으로 위상제고를 기대할 수 있고, 원화의 국제화에 필요한 인프라를 제공하여 원화에 기초한 국제거래의 촉진과 국내금융시장의 동북아허브 구축, 나아가 국제규모에 걸맞는 위상확보 및 국가경쟁력 제고에 기여할 수 있다.

4. 통화선물의 거래절차

(1) 계좌개설

통화선물의 거래절차는 크게 계약의 체결과 자금의 결제로 나누어진다. 엔선물과 유로선물을 거래하고자 하는 투자자는 우선 한국거래소의 회원사인 선물중개회사에 선물옵션 거래계좌를 개설해야 한다. 그러나 미국달러선물을 거래하기 위한 계좌를 가지고 있는 경우에는 기존의 위탁계좌를 이용할 수 있다.

(2) 증거금 납부

통화선물을 이용하려면 계좌를 개설하고 거래를 하기 전에 결제이행을 보증하기 위해 선물중개회사에 품목별 위탁증거금률을 적용해 산출된 위탁증거금을 납부해야 한다. 위탁증거금률은 거래대상의 변동성을 감안하여 산출되며 선물거래소는 정기적으로 이를 검토하여 적정한 수준을 유지하고 있다.

통화선물은 투자자의 거래편의를 위해 계약당 주문증거금을 설정하여 거래개시에 납부하는 금액을 정한다. 따라서 투자자는 주문증거금을 납입한 후 거래를 할 수 있고 선물거래에 따른 손실이 발생하여 예탁금이 유지증거금 수준을 하회하면 추가증거금을 납입하여 개시증거금 수준으로 맞추어야 한다.

1) 증거금의 예탁수단

투자자는 증거금으로 현금, 대용증권, 외화 등을 예탁할 수 있다. 외화는 가격이 매일 변동하므로 매매기준율에 사정비율 95%를 곱하여 원화로 평가한 가격을 매일 산출하고 해당가치가 유지증거금을 하회하지 않도록 하고 있다. 미국 달러화, 일본 엔화, 유럽연합 유로화, 영국 파운드화, 홍콩 달러화 등을 예탁할 수 있다.

표 10-6 외화의 기준시세(매매기준율)

구분	미국 달러화	미국 달러화 이외의 통화
거래종료 전 위탁증거금 산출	산출하는 날에 지정·고시되는 재정된 매매기준율	산출하는 날의 직전일에 지정·고시되는 재정된 매매기준율
거래종료 후 위탁증거금 산출	산출하는 날의 다음날에 지정·고시되는 매매기준율	산출하는 날에 지정·고시되는 재정된 매매기준율

유가증권시장에 상장된 주식과 채권, 코스닥시장에 상장된 채권, 상장외국주식예탁증서, 유가증권시장 상장규정에 의해 채권으로 보는 수익증권 등은 대용증권으로 예탁할 수 있다. 그러나 관련규정에 의해 관리종목, 정리매매, 투자유의종목으로 지정되거나 매매거래 정지종목은 대용증권으로 사용할 수 없다.

상장주권, 상장외국주식예탁증서 등은 매일 가격을 산출하고, 상장채권 등은 매주 토요일에 산출한다. 대용가격은 기준시세에 사정비율을 곱한 금액으로 한다. 상장주권, 상장외국주식예탁증서, 외화표시채권을 제외한 상장채권은 10원 미만으로 절사하고 상장채권 중 외화표시채권은 1포인트 미만으로 절사한다.

▌표 10-7▐ 외화의 기준시세(매매기준율)

구 분	기준시세	사정비율
상장주권	거래종료전 위탁증거금을 산출시 : 산출하는 날의 전일의 종가	상장주권 및 상장외국주식예탁증서의 사정비율은 70% KOSPI200 구성종목 중 시가총액 상위 50개는 80%
	거래종료후 위탁증거금을 산출시 : 산출하는 날의 종가	
상장채권	기준일로부터 기산하여 소급한 5거래일 일별종가의 단순산술평균가격	주식관련사채권을 제외한 사채권 85% 주식관련사채권, 수익증권 80%
수익증권	기준일로부터 기산하여 소급한 20거래일 거래량가중평균가격	

2) 사후위탁증거금

선물거래소는 회원이 기관투자가 중 재무건전성, 신용상태, 미결제약정 보유상황, 결제이행능력 등을 감안하여 선정한 적격기관투자자가 당일 장중에 거래한 경우에 한하여 선물거래가 종료된 후에 위탁증거금을 납입하는 사후위탁증거금을 적용할 수 있도록 하고 있다.

3) 추가증거금의 예탁

투자자는 통화선물에 대해 장종료 후 예탁총액에 정산차금을 가감한 금액이 유지증거금보다 작은 경우에는 회원사에 위탁증거금을 추가로 예탁해야 한다. 이때 추가로 예탁해야 하는 위탁증거금을 추가증거금이라고 하며 예탁총액에 정산차금의 수수를 위해 예탁현금을 차감한 금액과 개시증거금의 차액 이상으로 한다.

$$\text{추가증거금} \geq \text{개시증거금} - \{\text{예탁총액} - \text{Min}(\text{정산차금}, \text{예탁현금})\} \qquad (10.23)$$

추가증거금의 예탁시한은 품목별 거래일의 다음 거래일 12시까지이며, 투자자가 예탁시한 전에 미결제약정을 소멸시키는 거래를 실행하여 위탁증거금 수준을 충족시킨 경우에는 추가증거금을 예탁한 것으로 본다.

(3) 거래주문

투자자가 통화선물을 거래할 경우 매매거래계좌를 개설한 선물중개회사를 직접 방문하거나 전화 또는 온라인(HTS) 등을 이용하여 주문을 제출할 수 있다. 주문시에는 계좌번호, 주문의 유형, 종목, 수량, 지정가주문의 경우 가격, 매입과 매도의 구분, 주문의 조건이 있는 경우 조건 등이 포함되어야 한다.

주문의 유형은 가격의 지정여부에 따라 지정가주문과 시장가주문으로 분류된다. 지정가주문은 투자자가 사거나 팔고자 하는 종목, 수량, 가격을 지정하는 주문을 말하고, 시장가주문은 투자자가 사거나 팔고자 하는 종목과 수량만 지정하고 가격은 지정하지 않은 주문으로 즉시 체결하고자 할 때 사용된다.

지정가주문과 시장가주문은 해당주문이 효력을 가지는 범위와 시간에 따라 전량조건, 충족조건, 당일조건으로 구분한다. 전량조건은 주문전달 즉시 전량이 체결될 수 있으면 체결이 이루어지고 그렇지 않으면 주문이 취소되는 조건이고, 충족조건은 즉시 체결가능한 주문만 체결되고 나머지는 취소되는 조건을 말한다.

주문은 종목의 복합여부에 따라 단일종목에 대한 일반주문과 복수의 다른 종목을 동시에 체결시키기 위해 복수종목으로 구성된 복합주문으로 분류된다. 복합주문은 두 개의 종목 중 한 종목은 매입하고 다른 종목은 매도하는 거래를 정형화한 정형복합주문과 회원이 정하는 종목들로 구성된 비정형복합주문으로 나뉜다.

| 표 10-8 | 주문의 유형

구 분		설 명
가격지정여부	지정가주문	가격을 지정하여 지정한 가격 또는 그보다 유리한 가격으로 거래를 체결하고자 하는 주문
	시장가주문	가격을 지정하지 않고 가장 유리한 가격 조건이나 시장에서 형성된 가격으로 거래를 체결하고자 하는 주문
종목복합여부	일반주문	단일종목에 대한 주문
	복합주문	복수의 다른 종목을 동시에 체결시킬 것을 조건으로 복수의 종목으로 구성된 주문

(4) 거래체결

선물거래의 체결은 복수가격에 의한 경쟁거래와 단일가격에 의한 경쟁거래로 이루어진다. 복수가격에 의한 경쟁거래는 개별 품목의 거래시간 동안 이루어지며, 단일가격에 의한 경쟁거래는 각 품목의 장 개시전 30분과 시스템 장애 등으로 거래가 정지 또는 중단된 경우에 종료된 때로부터 10분간 이루어진다.

선물중개회사에 접수된 투자자의 매매주문은 즉시 한국거래소 전산시스템에 전달되고 전달된 주문은 가격우선 및 시간우선의 원칙에 의해 거래가 체결된다. 거래가 체결되면 선물거래소는 당해 체결내역을 거래하는 선물중개회사로 통보되며 고객은 전화 또는 온라인 등의 방법을 통해 체결내역을 확인할 수 있다.

(5) 일일정산

선물거래가 종료되면 선물회사는 당일의 정산가격에 의해 일일정산을 실시한다. 일일정산은 투자자가 선물거래로 발생한 확정손익과 보유중인 미결제약정에서 발생한 손익을 합산하는 과정을 말한다. 일일정산에 따른 손익은 결제시한(익일 12시) 이후에 투자자의 예탁금에서 가감되는 방식으로 결제가 이루어진다.

(6) 최종결제

투자자가 거래가 만료된 종목에 대한 미결제약정을 보유하고 있으면 해당종목의 결제가격을 기준으로 산출한 인수도금액과 특정통화를 수수하는 방법으로 최종결제를 실행한다. 인수도결제는 계좌별로 해당종목의 매도(매입)미결제약정을 초과하는 매입(매도)미결제약정에 대해 이루어지고 결제시한은 최종결제일 12시이다.

5. 통화선물의 거래유형

(1) 헤지거래의 개요

1) 헤지거래의 정의

헤지거래의 목적은 미래의 환율변동에 따른 손실을 회피하는 데 있다. 따라서 현재 외환을 보유하고 있거나 미래에 외환을 매입하는 경우 환위험을 회피하기 위해 현물시장과 반대방향의 포지션을 선물시장에서 취함으로써 선물시장의 이익(손실)으로 현물시장의 손실(이익)을 상쇄시키는 전략을 말한다.

현물시장	상황	선물시장
매입포지션	현재 외환보유, 수출업자, 대출자 → 환율하락시 손실발생	매도포지션
매도포지션	미래 외환매입, 수입업자, 차입자 → 환율상승시 손실발생	매입포지션

2) 헤지거래의 원리

현물가격의 변화에 대해 반대방향의 선물포지션을 구성하되 현물가격과 선물가격의 변화 크기를 최대한 일치시켜야 헤지거래의 효율성이 극대화된다. 이를 위해 현물과 선물간 가격탄력성을 고려한 선물계약수의 정확한 산정이 중요하다. 따라서 헤지거래에 필요한 선물계약수는 다음과 같이 구할 수 있다.

$$\text{선물계약수} = \frac{\text{현물시장가치}}{\text{선물시장가치}} \times \beta \tag{10.24}$$

3) 헤지거래의 효율성

선물계약이 특성상 만기일 이전에는 베이시스위험이 존재하여 완전헤지를 달성하기 어렵다. 선물의 베이시스는 통화간 금리차에 의해 결정되므로 만기일 이전의 선물헤지에는 금리변동에 따른 베이시스위험이 존재한다. 이러한 위험요인을 제거하기 위한 적정 헤지계약수의 산정이 헤지거래의 핵심이 된다.

4) 헤지거래의 종류

① 매입헤지(long hedge)

매입헤지는 미래시점에 엔화, 유로화, 달러화로 결제하는 수입업자나 외화차입자는 환율이 현재시점보다 상승하는 경우에 발생할 수 있는 손실을 극소화하기 위해 통화선물시장에서 매입포지션을 취하는 투자전략을 말한다.

예제 10-8 엔선물 매입헤지거래

한국의 대한기업은 2019년 12월 3일 일본의 소한기업과 2,000만엔 규모의 반도체부품 수입계약을 체결하였고 수입대금은 동년 12월 15일에 지급할 예정이다. 12월 11일 현재 엔 현물환율은 817원이고, 엔선물은 818원이라고 가정하자. 12월 15일에 엔 현물환율이 817원 이상으로 상승하면 손실위험에 노출되므로 엔선물 6월물을 4계약 매입하여 환위험을 헤지할 경우에 헤지결과는 다음과 같다.

구분	현물시장	선물시장
2019. 12. 3	817×20,000,000/100 ₩163,400,000	12월물 4계약 818원에 매입 ₩163,600,000
2019. 12.15	824×20,000,000/100 ₩164,800,000	12월물 4계약 825원에 매도 ₩165,000,000
거래손익	₩−1,400,000	₩+1,400,000

② 매도헤지(short hedge)

매도헤지는 미래시점에 엔화, 유로화, 달러화를 수취하는 수출업자나 외화운용자는 환율이 현재시점보다 하락하는 경우에 발생할 수 있는 손실을 극소화하기 위해 통화선물시장에서 매도포지션을 취하는 투자전략을 말한다.

예제 10-9 유로선물 매도헤지거래

한국의 삼성기업은 2019년 5월 15일 독일의 뮌헨기업과 50만 유로 규모의 휴대폰 수출계약을 체결하였고 수출대금은 동년 6월 15일에 수령할 예정이다. 5월 15일 현재 유로 현물환율은 1,195원이고, 유로선물은 1,197원이라고 가정하자. 6월 15일에 유로 현물환율이 1,195원 이하로 하락하면 손실위험에 노출되므로 유로선물 6월물을 10계약 매입하여 환위험을 헤지할 경우에 헤지결과는 다음과 같다.

구분	현물시장	선물시장
2019. 5.15	1,195×500,000 ₩597,500,000	6월물 10계약 1,197원에 매도 ₩598,500,000
2019. 6.15	1,155×500,000 ₩577,500,000	6월물 10계약 1,157원에 매입 ₩578,500,000
거래손익	₩−20,000,000	₩+20,000,000

(2) 투기거래의 개요

1) 투기거래의 정의

투기거래는 가격변동위험에 노출된 현물포지션이 없는 상태에서 미래의 환율방향을 예측하여 이를 바탕으로 환율변동시 이익을 얻기 위해 특정 통화에 대한 선물포지션을 취하여 매매차익을 얻는 투자전략을 말한다. 따라서 미래의 상황이 예상과 맞으면 큰 이익을 얻을 수 있지만, 예상과 틀리면 큰 손실을 보게 된다.

2) 투기거래의 기능

투기거래자는 보호되지 않은 포지션(uncovered position)을 보유함으로써 헤지거래자가 전가하는 가격변동위험을 떠안으며 선물시장의 유동성과 변동성을 확대시키는 역할을 수행한다. 그리고 매입호가와 매도호가간 스프레드를 축소시켜 적정한 선물가격의 형성에 기여할 수 있다.

3) 투기거래의 종류

① 단순투기거래

단순투기거래는 현물시장에서는 아무런 포지션도 취하지 않고 미래 달러선물, 유로선물, 엔선물의 가격을 예상하여 환율상승이 예상되면 매입포지션을 취하고 환율하락이 예상되면 매도포지션을 취한 후 환율변동이 발생하면 포지션을 청산하거나 반매매매를 통해 이익을 얻는 투자전략을 말한다.

② 스프레드거래

스프레드거래는 특정 선물과 다른 선물의 가격차이(스프레드)가 일정한 범위를 이탈하여 변동할 것을 예상하여 두 개의 선물 중에서 상대적으로 과대평가된 선물은 매도하고 과소평가된 선물은 매입하는 상반된 포지션을 취한 후에 청산 및 반대매매를 통해 이익을 실현하는 투자전략을 말한다.

스프레드거래에 따른 손익은 두 선물가격의 절대적 변동이 아니라 상대적 변동의 크기에 따라 결정된다. 즉 스프레드거래에서는 선물가격 그 자체가 아니라 두 선물가격간의 차이가 중요하며, 이 두 선물가격간의 차이를 나타내는 스프레드가 변동함에 따라 이익을 얻을 수 있는 기회가 발생한다.

따라서 스프레드거래자는 선물가격 그 자체의 변동방향보다는 자신이 보유하고 있는 매입포지션(long leg)과 매도포지션(short leg) 사이의 가격변동에 더 큰 관심을 갖는다. 선물에 대한 단순한 매입 또는 매도포지션은 위험이 높은 반면에 스프레드포지션은 상대적으로 위험이 낮은 편에 속한다.

스프레드거래는 만기간 스프레드거래, 상품간 스프레드거래, 시장간 스프레드거래로 구분된다. 만기간 스프레드거래는 기초자산은 동일하나 만기가 서로 다른 선물계약간의 가격차이를 이용한다. 따라서 강세(약세)장이 예상되면 근월물을 매입(매도)하고 원월물을 매도(매입)하는 강세(약세)스프레드를 구성한다.

상품간 스프레드거래는 만기는 동일하지만 기초자산이 서로 다른 선물계약간의 가격차이를 이용한다. 통상 동일한 선물거래소에서 거래되는 만기가 동일한 이종선물간의 가격차이를 말한다. 상품간 스프레드의 특수한 형태로 하나의 원료와 그 원료로 생산한 제품간의 스프레드가 있다.

시장간 스프레드거래는 상품간 스프레드에서 변형되었으며 상품선물거래와 금리선물거래에서 많이 이용된다. 동일한 기초자산에 대한 이들 시장가격간의 차이는 이론상 수송비용과 동일해야 한다. 그러나 일시적인 상황으로 이들 가격간의 차이가 수송비용 이상으로 벌어지면 시장간 스프레드를 통해 이익을 얻을 수 있다.

예제 10-10 엔선물을 이용한 단순매입투기거래

일반투자자 홍길동은 2019년 5월 20일 일본의 경기회복 및 주가상승으로 원화 대비 엔화 강세를 전망하여 엔선물 5계약을 매입하기로 하였다. 5월 20일 현재 엔 현물환율은 855원으로 가정하고 5월 27일 867원에 엔선물 5계약을 매도하여 포지션을 청산하는 경우 투자결과는 다음과 같다.

구분	선물시장	비고
2019.5.20	6월물 5계약 855원에 매입 ₩42,750,000*1	증거금 계약당 170만원 5계약 보유시 850만원
2019.5.27	6월물 5계약 867원에 매도 ₩43,350,000*2	2억 1,375만원/850만원 ≒ 레버리지 25.2배
거래손익	₩600,000	

*1 855×1,000,000/100×5

*2 867×1,000,000/100×5

예제 10-11 유로선물을 이용한 단순매도투기거래

우리은행은 2019년 6월 5일 국내의 경제성장 대비 유럽의 경기둔화로 유로화 약세를 전망하여 유로선물 5계약을 매도하기로 하였다. 6월 5일 현재 유로 현물환율은 1,200원으로 가정하고 7월 5일 1,167원에 유로선물 5계약을 매입하여 포지션을 청산하는 경우 투자결과는 다음과 같다.

구분	선물시장	비고
2019.6.5	6월물 5계약 1,200원에 매도 ₩60,000,000*1	증거금 계약당 220만원 5계약 보유시 1,100만원
2019.7.5	6월물 5계약 1,167원에 매입 ₩58,350,000*2	3억원/1.100만원 ≒ 레버리지 27.3배
거래손익	₩1,650,000	

*1 1,200×10,000×5

*2 1,167×10,000×5

(3) 차익거래의 개요

1) 차익거래의 정의

차익거래는 선물가격과 현물가격간 일시적인 가격 불균형현상이 발생하면 현물과 선물간 가격괴리를 이용하여 과소평가된 시장에서는 매입포지션(long position)을 취하고 과대평가된 시장에서는 매도포지션(short position)을 취함으로써 가격방향에 관계없이 무위험 차익을 확보하는 투자전략을 말한다.

2) 차익거래의 기회

선물과 현물간의 차익거래기회가 존재하는지를 파악하려면 선물가격과 현물가격 사이의 균형관계가 성립하는지 확인하고 선물가격의 괴리여부를 판단하는 이론가격의 산정이 중요하다. 차익거래를 실행하려면 차입비용과 시장충격비용 등을 고려하고 가격 괴리의 빠른 포착과 순간적인 포지션 진입이 요구된다.

3) 차익거래의 종류

통화선물에서 차익거래여부를 판단하기 위해서는 이자율평가설을 이용한 통화선물의 균형가격이 통화선물의 시장가격(선물환율)과 양국의 이자율차이를 감안하여 균형상태인가를 파악해야 한다. 따라서 균형선물환율이 선물시장에서 형성된 현재의 선물환율과 일치하지 않으면 차익거래가 발생하게 된다.

┃표 10-9┃ 차익거래의 종류

구분	가격상황	포지션 구성
매입차익거래	시장선물환율 > 이론선물환율	선물매도 + 현물매입
매도차익거래	시장선물환율 < 이론선물환율	선물매입 + 현물매도

① 현물매입차익거래 : F 〉 S+CC−CR

현물매입차익거래는 실제선물가격이 이론선물가격보다 높은 경우 선물의 시장가격이 과대평가되어 있어 과대평가된 선물을 매도하고 과소평가된 현물을 자금을 차입하여 매입하는 차익거래를 말한다. 차익거래의 과정에서 선물가격은 하락하고 현물가격은 상승하여 균형관계가 다시 회복된다.

예제 10-12 엔선물을 이용한 매입차익거래

국민기업은 2019년 5월 25일 일본에서 ￥50,000,000을 차입하고 25일 후에 상환할 예정이다. 국민기업은 최근에 환율이 하락하는 추세가 향후 지속될 것으로 예상하여 엔선물 10계약을 이용하려고 한다. 현재 현물시장에서 엔화에 대한 원화의 환율은 852원, 3개월 만기 선물환율은 856원, 이론가격은 854원, 원화금리는 4.0%, 엔화금리는 0.5%로 가정할 경우에 투자결과는 다음과 같다.

구분	현물시장	선물시장
2019.5.25	엔화 매입 ￥50,000,000 @852 ₩426,000,000	6월물 10계약 매도 @856 ₩428,000,000*1
2019.6.19	엔화 매도 ￥50,000,000 @831 ₩415,500,000	6월물 10계약 매입 @831 ₩415,500,000*2
매매손익(₩)	₩−10,500,000	₩+12,500,000
차입비용(₩)	₩−1,167,123(=426,000,000×4%×25/365)	
대출수익(￥)	￥17,123(=50,000,000×0.5%×25/365)*3	
순 손 익(₩)	₩975,172(=2,000,000−1,167,123+142,295)	

*1 ₩856×￥1,000,000/100×10계약

*2 ₩831×￥1,000,000/100×10계약

*3 142,295(=￥17,123×831/100)

② 현물매도차익거래 : F 〈 S+CC−CR

현물매도차익거래는 실제선물가격이 이론선물가격보다 낮은 경우 선물의 시장가격이 과소평가되어 과대평가된 현물을 공매하여 자금을 대출하고 과소평가된 선물을 매입하는 차익거래를 말한다. 차익거래의 과정에서 현물가격은 하락하고 선물가격은 상승하여 균형관계가 다시 회복된다.

예제 10-13 유로선물을 이용한 매도차익거래

명지기업은 2019년 5월 25일 영국기업에 €500,000을 대출하고 25일 후에 회수할 예정이다. 명지기업은 최근에 환율이 상승하는 추세가 향후 지속될 것으로 예상하여 유로선물 10계약을 이용하려고 한다. 현재 현물시장에서 유로화에 대한 원화의 환율은 1,191원, 3개월 만기 선물환율은 1,192원, 이론기격은 1,192.3원, 원화금리는 4.0%, 유로화금리는 2.4%로 가정할 경우에 투자결과는 다음과 같다.

구분	현물시장	선물시장
2019.5.25	유로화 매도 €500,000 @1,191 ₩595,500,000	6월물 10계약 매입 @1,192 ₩596,000,000[*1]
2019.6.19	유로화 매입 €500,000 @1,163.5 ₩581,750,000	6월물 10계약 매입 @1,163.5 ₩581,750,000[*2]
매매손익(₩)	₩+13,750,000	₩−14,250,000
차입비용(₩)	₩−822(=500,000×2.4%×25/365)	
대출수익(₩)	₩1,631,507(=595,500,000×4%×25/365)	
순 손 익(₩)	₩175,206(=−500,000−956,301+1,631,507)	

*1 ₩1,192×€500,000×10계약

*2 ₩1,163.5×€500,000×10계약€

앞에서는 선물가격과 현물가격간의 불균형을 이용한 차익거래에 대해 설명하였다. 이제는 동일한 기초자산에 대한 만기가 서로 다른 선물을 이용하는 차익거래를 살펴보겠다. 시장이 균형상태에 있다면 원월물과 근월물간에는 다음과 같은 관계식이 성립해야 하며, 이러한 관계가 성립하지 않으면 차익거래가 발생한다.

$$F_2 = F_1 + CC - CR \tag{10.25}$$

① 근월물매입차익거래 : $F_2 > F_1+CC-CR$

원월물이 근월물에 비해 상대적으로 고평가되어 있는 불균형상태에서 저평가된 근월물을 매입하고 고평가된 원월물을 매도하면 차익거래를 통해 위험부담없이 이익을 얻을 수 있다. 근월물만기와 원월물만기 사이의 기간에 발생하는 수익은 없다고 가정하고 근월물매입차익거래의 현금흐름을 나타내면 [표 10−10]과 같다.

표 10−10 근월물매입차익거래의 현금흐름

거래	현재	1년 후	2년 후
근월물매입	0	S_1-F_1	−
원월물매도	0	−	F_2-S_2
시점 1에서 F_1차입	−	F_1	$-F_1(1+r)$
시점 1에서 현물매입	−	$-S_1$	S_2
	0	0	$F_2-F_1(1+r)$

[표 10−10]에서 F_1과 F_2는 각각 근월물가격과 원월물가격을 나타내고 S_1과 S_2는 각각 시점 1과 시점 2에서의 현물가격을 의미한다. 따라서 근월물매입차익거래를 통해 얻게 되는 이익은 $F_2-F_1(1+r)$이 된다. 여기서 차익거래의 이익이 0이 되면 선물시장은 식(10.24)가 성립하는 균형상태가 된다.

② 근월물매도차익거래 : $F_2 < F_1+CC-CR$

원월물이 근월물에 비해 상대적으로 저평가되어 있는 불균형상태에서 저평가된 원월물을 매입하고 고평가된 근월물을 매도하면 차익거래를 통해 이익을 얻을 수 있다. 근월물만기와 원월물만기 사이의 기간에 발생하는 수익은 없다고 가정하고 근월물매도차익거래의 현금흐름을 나타내면 [표 10−11]과 같다.

표 10−11 근월물매도차익거래의 현금흐름

거래	현재	1년 후	2년 후
근월물매도	0	F_1-S_1	−
원월물매입	0	−	S_2-F_2
시점 1에서 F_1대출	−	$-F_1$	$F_1(1+r)$
시점 1에서 현물매도	−	S_1	$-S_2$
	0	0	$F_1(1+r)-F_2$

제5절 금선물의 개요

1. 금선물의 정의

금선물(Gold Futures)은 금을 기초자산으로 하는 선물계약으로 1999년 4월에 금선물이 상장되고 2010년 9월에 미니금선물이 상장되었다. 그러나 두 상품은 거래가 부진하여 2015년 11월 19일 기준으로 모두 상장폐지되고, 기존의 미니금선물이 2015년 11월 23일 유일한 금선물로 새롭게 상장되었다.

금의 가격변동위험에 노출된 기업은 금선물을 이용하여 금 가격위험을 헤지할 수 있고, 투자자는 재테크 수단으로 금선물을 활용할 수 있다. 새롭게 상장된 금선물은 기존 실물인수도 방식의 금선물에 비해 거래단위를 1/10 규모로 낮추었고, 거래일의 금가격과 청산일의 금가격 차액을 현금으로 수수한다.

그러나 현물시장의 여건 미비와 수요부족으로 국내 상품선물거래는 활성화되지 못하고 있다. 최종결제가격으로 기존의 런던금시장 기준가격 대신에 한국거래소 금현물시장의 종가를 사용하여 기존의 금선물과 차이가 있다. 한국거래소의 금현물시장은 2014년 3월 24일 개장 이후 꾸준히 성장하고 있다.

2. 금선물의 특징

첫째, 금현물 100g을 매입하면 약 500만원(1009×50,000원)이 필요하지만 금선물 1계약을 매수하면 약 50만원(500만원×증거금률 10%)이 필요하여, 나머지 금액을 MMF와 같은 상품에 투자하면 추가수익을 얻을 수 있다. 또한 현금 이외의 대용증권으로 증거금 납부가 가능하여 국내주식을 증거금으로 활용할 수 있다.

둘째, 금현물을 매입하면 10%의 부가가치세를 부담해야 하고, 수입된 금을 구입하는 경우 3%의 관세를 추가로 납부해야 한다. 그러나 금선물을 활용하는 경우에 번거로운 절차 금현물 투자와 동일한 효과를 얻을 수 있다. 따라서 금선물을 활용하면 동일한 관세 면제혜택을 보면서 100g 단위로 금을 거래할 수 있다.

셋째, 국내 금선물을 활용하는 경우 거래수수료가 해외 금선물에 비해 훨씬 저렴하고 환전비용이 들지 않는다. 다만, 국내 금선물의 증거금률 10%가 해외 금선물 3~5% 수준에 비해 높은 수준이지만 거래수수료와 환전수수료 등 거래비용을 종합적으로 비교하면 국내 금선물을 이용하는 것이 유리하다고 할 수 있다.

❙표 10-12❙ 금선물 상품명세

항목	내용
거래대상	순도 99.99% 이상 1kg 벽돌모양 직육면체 금지금
거래단위	100g
결제월	총7개(2월, 4월, 6월, 8월, 10월, 12월 중 6개와 짝수월이 아닌 월 중 1개)
상장결제월	1년 이내 7개 결제월
가격표시방법	1g당 원화
최소가격변동폭	10원/g
최소가격변동금액	10,000원(=1,000g×10원)
주문가격제한범위	기준가격±2,000원
거래시간	09:00~15:45(최종거래일 09:00~15:20)
최종거래일	각 결제월의 세 번째 수요일
결제시한	최종거래일 T+1일 16:00
최종결제가격	최종거래일 KRX 금시장 종가
결제방법	현금결제
가격제한폭	기준가격 ± (기준가격×10%)

제6절 돈육선물의 개요

1. 돈육선물의 정의

돈육선물은 돼지가격의 변동위험을 회피하기 위해 1계약당 1,000kg에 해당하는 돈육대표가격을 현재 계약시점에서 약정한 가격으로 미래 특정시점(최종거래일)에 매입하거나 매도하기로 약정하는 선물거래를 말한다. 즉 실제로 돼지를 사고파는 것이 아니라 돈육의 가격을 거래대상으로 하는 선물거래이다.

한국거래소에 상장된 돈육선물의 결제방법은 현금결제방식으로 종료된다. 따라서 최종결제일(최종거래일+2일)에 실제로 돈육도체를 주고받는 대신에 최종결제가격(최종거래일 다음날 오전 10시에 발표되는 돈육대표가격)을 이용하여 차금을 주고받음으로써 돈육선물계약이 종료된다.

현금결제방식은 돼지고기의 유통 특성상 변질가능성이 높아 저장이 용이하지 않고, 돼지고기의 실물인수도에 따른 번잡성 및 소요비용 등을 제거하기 위한 것이다. 돈육선물은 경쟁거래로 이루어지므로 현물시장에 비해 가격투명성이 높으며 거래소에 의한 결제이행보증으로 안정성도 높다.

한국거래소는 선물거래의 계약당사자는 아니지만 결제시점에 결제이행을 보증하기 위해 매도회원에 대해서는 매입자, 매입회원에 대해서는 매도자가 되어 법적으로 결제이행의 당사자가 된다. 따라서 투자자는 거래상대방의 신용도를 파악할 필요가 없이 안심하고 거래에 참여할 수 있다.

돼지고기는 저장성이 낮고 가격의 계절적 변동요인이 크게 작용하며, 질병발생 등으로 인한 공급량의 변동으로 현물가격의 변동성이 매우 높다. 따라서 돈육선물의 가격도 변동성이 높으며, 이러한 특성을 반영하여 한국거래소에 상장된 선물상품 중 위탁증거금률이 21%로 가장 높다.

2. 돈육선물의 명세

(1) 기초자산

돈육선물의 거래대상은 돈육대표가격, 거래단위는 1계약당 돈육도체 1,000kg이다. 이는 양돈농가의 1회 평균출하두수(20~30마리)를 고려하여 출하규모에 상응하는 헤지거래를 하도록 계약당 1,000kg(13~14마리)으로 정하였다. 예컨대 돈육대표가격이 1kg당 4,000원일 때 거래금액은 4백만원(=4,000원×1,000kg)이 된다.

(2) 가격표시

돈육선물의 가격은 kg당 가격(예, kg당 4,000원)으로 표시한다.

(3) 호가단위

돈육선물을 거래할 경우 매입주문과 매도주문을 낼 수 있는 가격단위는 5원이다. 돈육선물의 거래단위가 1계약당 1,000kg이므로 최소가격변동금액은 5천원(=1,000kg×5원)이 된다. 따라서 돈육가격 1단위가 움직이면 1계약당 5천원의 손익이 발생한다.

(4) 상장결제월

돈육선물의 상장결제월은 최근 연속 6개월이다. 예컨대 7월말 현재 8, 9, 10, 11, 12월 그리고 1월물이 상장되어 거래되다 8월물 거래가 종료되면 내년 2월물이 상장된다. 결제월을 6개로 설정하여 최장거래기간을 6개월로 하는 이유는 비육돈의 평균생육기간이 6개월임을 감안하여 헤지거래의 수요를 충당하기 위함이다.

(5) 최종거래일

최종거래일(T)은 각 결제월의 세 번째 수요일, 최종결제일은 최종거래일부터 기산하여 세 번째 거래일(T+2일)이다. 돈육가격은 월요일에는 돈육에 대한 수요증가로 가격이 평균대비 높게 형성되고, 주 후반에는 수요가 감소하여 가격이 낮게 형성되어 돈육가격이 주 평균가격에 근접하는 수요일을 최종거래일로 정한 것이다.

(6) 최종결제

돈육선물의 최종결제는 현금결제방식으로 포지션을 청산한다. 따라서 최종결제일에 실제 돈육도체를 주고받는 대신 최종결제가격인 돈육대표가격과의 차이를 현금으로 정산하여 수수하고 선물거래를 종결한다. 최종결제가격은 최종거래일 다음 날 축산물등급판정장소가 공표하는 돈육대표가격을 말한다.

(7) 거래시간

돈육선물의 거래시간은 오전 10시 15분부터 오후 3시 45분까지이며, 주문접수는 9시 15분부터 가능하다. 돈육선물의 거래개시시간이 다른 선물상품과 다른 이유는 돈육대표가격이 오전 10시에 공표되므로 공표 후 15분 동안 투자자들에게 정보가 전달되는 시간과 투자판단 시간을 제공하기 위해서이다.

표 10-13 돈육선물의 명세

기 초 자 산	돈육대표가격(산출기관 : 축산품질평가원)
계 약 크 기	1,000kg
결 제 월	최근 연속 6개월(분기월 중 2개와 그 밖의 월 중 4개)

최 장 거 래 기 간	6개월
가 격 표 시	원/kg
호 가 가 격 단 위	5원/kg
최소가격변동금액	5,000원(1,000kg×5원)
거 래 시 간	10:15~15:45(최종거래일도 동일)
최 종 거 래 일	각 결제월의 세 번째 수요일
최 종 결 제 일	결제월의 최종거래일부터 기산하여 3일째 거래일(T+2)
증 거 금 률	위탁증거금률 21%, 유지증거금률 14%
결 제 방 법	현금결제
가 격 제 한 폭	기준가격대비 상하 ± 21%
단일가격경쟁거래	개장시(09:15~10:15) 및 거래종료시(15:05~15:45)

3. 돈육선물의 효과

(1) 체계적인 위험관리수단

돈육선물은 돈육가격변동위험에 노출된 양돈업자 등 현물시장 참여자에게 실시간으로 이용할 수 있는 가격위험 관리수단이 될 수 있다. 그동안 특별히 별다른 위험관리의 수단이 없어 돈육가격변동에 따른 손실을 감내할 수밖에 없었던 양돈농가, 육가공업체 등에게 매우 유용한 위험관리수단이 될 것이다.

양돈농가는 돈육가격변동에 대한 위험관리를 통해 안정적인 소득기반을 확보하여 돈육가격의 하락에 대한 우려없이 양돈업에 전념할 수 있다. 돈육가공업자는 돈육선물을 이용하여 구매비용을 안정화시키고 선물시장의 가격발견기능을 이용하여 재료구매시기 및 생산량 조절 등 안정적인 경영활동이 가능하다.

(2) 현물시장의 가격발견기능

선물시장은 완전경쟁시장의 형태로 미래 돈육현물가격에 대한 예측치를 제공하여 생산, 가공, 판매, 소비에 이르는 전반에 걸쳐 양돈업계 종사자가 향후 경영계획을 수립하는데 유용할 것이다. 돈육선물이 상장되면 투자자들의 미래예측가격이 실시간으로 모든 투자자에게 공시되어 돈육현물가격의 지표로 활용될 수 있다.

4. 돈육선물의 거래절차

(1) 계좌개설

돈육선물을 거래하고자 하는 투자자는 주식 등의 현물계좌와는 별도로 고객이 선택한 거래소와 회원사인 선물회사를 방문하여 선물·옵션거래위험고지서를 교부받아 내용을 숙지한 뒤 계좌를 개설한다. 이미 선물회사에 옵션매수전용계좌나 국채 등 전용계좌를 가지고 있는 경우에도 별도로 일반계좌를 개설해야 한다.

(2) 예탁금 납부

돈육선물을 거래하고자 하는 투자자는 계좌를 개설하고 주문을 내는 경우 기본예탁금(1,500만원)을 납부해야 한다. 기본예탁금은 전액 대용증권으로 납부할 수 있으며 위탁증거금으로 사용할 수 있다.

(3) 증거금 납부

일상생활에서 상행위를 위한 매매계약시 계약이행을 보증하기 위해 계약금을 지불하듯 돈육선물도 결제이행을 보증하기 위해 증거금을 납부해야 한다. 매일 장이 마감되면 일일정산을 통해 손익을 가감하되 증거금이 유지증거금을 하회하면 투자자는 증거금이 개시증거금 수준 이상이 되도록 추가증거금을 납입해야 한다.

(4) 주문유형

투자자는 회원사를 직접 방문하거나 전화나 온라인(HTS)으로 종목, 수량, 가격, 매수 또는 매도의 내용을 지정하여 지정가주문을 낸다. 돈육선물은 돈육대표가격이 1일 경과 후 공표되어 다른 상품과 달리 돈육선물가격은 전일과 당일의 현물가격을 일시에 반영할 수 있어 가격변동성이 높아 시장가주문을 허용하지 않는다.

(5) 거래체결

회원사에 접수된 투자자의 주문은 즉시 한국거래소 거래체결시스템에 전달되어 가격우선, 시간우선 등의 거래체결원칙에 따라 거래가 체결된다. 매입(매도)은 높은(낮은)

가격이 먼저 체결된다. 거래가 체결되면 즉시 해당 회원사에 통보되므로 투자자는 주문 이후 회원사를 통해 체결내역을 실시간으로 확인할 수 있다.

(6) 일일정산

매일 시장이 종료되면 회원사는 당일 종가(정산가격)를 기초로 일일정산을 한다. 즉 체결된 선물거래의 체결가격 및 보유중인 미결제약정의 가격을 매일 당일의 정산가격으로 재평가하고 그에 따른 손익은 투자자의 예탁금에 반영되며 예탁금이 유지증거금 수준 이하로 내려가면 그 다음날까지 추가증거금을 납부해야 한다.

(7) 최종결제

최종거래일의 거래시간 종료 전까지 포지션이 반대거래되지 않고 남아 있는 미결제약정은 최종결제가격(최종거래일 다음날 발표되는 돈육대표가격)으로 손익을 평가하며 투자자가 그 차이를 현금으로 수수하면 돈육선물거래는 종료된다.

5. 돈육선물의 활용사례

(1) 양돈농가

향후에 돈육을 매도할 경우에 돈육가격이 현재보다 하락하여 발생할 수 있는 잠재손실을 최소화하기 위해 선물시장에서 돈육선물을 매도하여 보유하는 투자전략을 구사할 수 있다. 돈육선물 매도거래는 선물계약 체결시점에 원했던 가격으로 미래의 판매수익을 고정시키는 효과가 있다.

예컨대 7월초 현재 돈육가격은 5,000원을 상회하고 있으나 돼지를 생산하는 양돈농가는 예상출하시점인 10월에 돈육가격 하락을 우려하고 있다. 가격하락위험을 회피하고자 하는 양돈농가는 적정이윤 확보가 가능하다고 판단되는 가격인 kg당 5,200원에 선물매도 10계약을 체결하였다.

① 돈육가격이 하락한 경우

	현물시장		선물시장
7월	현물시장가격 5,200원		돈육선물 10월물 5,200원에 매도
10월	현물시장가격 4,000원		돈육선물 10월물 4,000원에 청산
결과	돼지판매수입 4천만원 4,000원×10계약×1,000kg	+	선물거래이익 1천2백만원 (5,200원－4,000원)×10계약×1,000kg
효과	출하시점 10월의 판매수입은 4천만원이고 선물거래이익 1천2백만원이 발생하여 총판매수입은 5천2백만원 → 선물매도헤지를 통해 판매수입을 7월에 기대한 대로 5천2백만원에 고정시키는 효과		

② 돈육가격이 상승한 경우

	현물시장		선물시장
7월	현물시장가격 5,200원		돈육선물 10월물 5,200원에 매도
10월	현물시장가격 5,500원		돈육선물 10월물 5,500원에 청산
결과	돼지판매수입 5천5백만원 5,500원×10계약×1,000kg	+	선물거래손실 3백만원 (5,200원－5,500원)×10계약×1,000kg
효과	출하시점 10월의 판매수입은 5천5백만원이나 선물거래손실 3백만원이 발생하여 총판매수입은 5천2백만원 → 10월 현물가격 상승시에 선물매도헤지에서 손실이 발생하나 현물수입 확보로 경영상 애로 없음		

(2) 유통업체

향후에 돈육을 매입할 경우에 돈육가격이 현재보다 상승하여 발생할 수 있는 잠재손실을 최소화하기 위해 선물시장에서 돈육선물을 매입하여 보유하는 투자전략을 구사할 수 있다. 돈육선물 매입거래는 선물계약 체결시점에 원했던 가격으로 미래의 구매비용을 고정시키는 효과가 있다.

예컨대 7월초 현재 돈육가격은 5,000원을 상회하고 있는데 육가공업체는 10월로 예정된 햄납품계약을 위한 돼지구매비용을 고정시키고자 한다. 가격상승위험을 회피하고자 하는 육가공업체는 돈육가격이 상승할 것으로 예상하여 현재 가격인 kg당 5,200원에 선물매입 10계약을 체결하였다.

① 돈육가격이 상승한 경우

	현물시장	선물시장
7월	현물시장가격 5,200원	돈육선물 10월물 5,200원에 매입
10월	현물시장가격 5,500원	돈육선물 10월물 5,500원에 청산
결과	돼지판매수입 5천5백만원 5,500원×10계약×1,000kg	+ 선물거래이익 3백만원 (5,500원−5,200원)×10계약×1,000kg
효과	10월의 구매비용은 5천5백만원이지만 선물거래에서 3백만원 이익이 발생하여 총구매비용은 5천2백만원 → 돈육선물 매입헤지를 통해 구매비용을 7월에 기대한 대로 5천2백만원에 고정시키는 효과	

② 돈육가격이 하락한 경우

	현물시장	선물시장
7월	현물시장가격 5,200원	돈육선물 10월물 5,200원에 매입
10월	현물시장가격 4,800원	돈육선물 10월물 4,800원에 청산
결과	돼지판매수입 4천8백만원 4,000원×10계약×1,000kg	+ 선물거래손실 4백만원 (5,200원 4,000원)×10세약×1,000kg
효과	10월의 구매비용은 4천8백만원이지만 선물거래에서 4백만원의 손실이 발생하여 총구매비용은 5천2백만원 → 돈육가격이 하락한 경우에는 선물매입헤지를 통해 발생한 손실을 현물시장에서 만회	

• 핵심요약 •

제1절 주식선물의 개요

거래소에 상장된 주식 중 시가총액과 재무상태를 감안하여 유가증권시장 113개, 코스닥시장 19개 기업이 발행한 보통주를 기초자산으로 하는 선물상품

제2절 주가지수선물의 개요

1. 주가지수선물의 정의 : 실체가 없는 주가지수를 기초자산으로 하는 선물거래
2. 주가지수선물의 가격결정 : $F_{0,T} = S_0[1+(r-d)\times\frac{T}{360}]$
3. 주가지수선물의 거래유형

(1) 헤지거래

① 헤지포지션 : 현재 주식을 보유(공매)한 투자자는 주가지수선물을 매도(매입)

② 헤지전략 : 주가지수선물의 헤지거래는 헤지대상의 현물자산과 헤지수단의 기초자산이 다른 교차헤지에 해당하며 단순헤지, 베타헤지, 최소분산헤지가 있음

③ 위험관리 : $N_F = \frac{S_0}{F_0}\times(\beta_P - \beta_{SI})$

㉠ 강세장이 예상되면 베타를 높이는 것이 유리하여 $\beta_P > \beta_{SI}$인 경우에 N_F은 정(+)의 값을 갖기 때문에 주가지수선물의 매입계약수를 증가시켜야 함

㉡ 약세장이 예상되면 베타를 낮추는 것이 유리하여 $\beta_P < \beta_{SI}$인 경우에 N_F은 부(−)의 값을 갖기 때문에 주가지수선물의 매도계약수를 증가시켜야 함

(2) 투기거래

① 단순투기거래 : 미래의 선물가격을 예측하여 선물가격의 상승이 예상되면 매입포지션을 취하고 선물가격의 하락이 예상되면 매도포지션을 취하는 거래

② 스프레드거래 : 상품내 스프레드, 상품간 스프레드

(3) 차익거래

① $F_{0,T} > S_0[1+(r-d)\times\frac{T}{360}]$: 현물매입차익거래

② $F_{0,T} < S_0[1+(r-d)\times\frac{T}{360}]$: 현물매도차익거래

제3절 금리선물의 개요

1. 금리선물의 정의 : 기초자산이 금리변동에 따라 가치가 변하는 금융자산인 선물
2. 금리선물의 종류

① T-bill선물 : 미국 재무성이 발행하는 액면가액 $1,000,000이고 잔존만기가 90일인 T-bill(순수할인채)을 기초자산으로 하는 선물거래

② T-bond선물 : 미국 재무성이 발행하는 액면가액 $100,000, 표면이자율 8%(연 2회 이자지급), 만기 20년인 T-bond를 기초자산으로 하는 선물거래

③ 국채선물 : 3년 국채선물은 액면가액 1억원, 표면이자율 5%(연 2회 이자지급), 만기 3년, 5년 국채선물은 만기 5년, 10년 국채선물은 만기 10년이며 나머지는 3년 국채선물과 동일함

3. 금리선물의 가격결정

① 단기금리선물 : 보유비용모형을 이용, 선도이자율을 이용하여 기초채권을 할인

② 장기금리선물 : 보유비용모형을 이용

4. 금리선물의 헤지거래

① 매입헤지 : 미래에 채권을 매입하려는 투자자는 금리하락시 채권가격상승으로 손실이 발생하므로 금리선물을 매입한 후 금리선물을 매도하여 청산

② 매도헤지 : 현재에 채권을 보유한 투자자는 금리가 상승하면 채권가격하락으로 손실이 발생하므로 금리선물을 매도한 후 금리선물을 매입하여 청산

제4절 통화선물의 개요

1. 통화선물의 정의 : 거래소에 상장된 특정통화를 사전에 약정한 선물환율로 만기일에 인수도하기로 약속하는 선물거래

2. 선물환거래와 비교

① 선물환거래는 특정통화를 현재시점에 약정한 환율로 매매하기로 체결한 거래로 계약내용을 고객의 편의에 맞추어 신축적으로 결정할 수 있음

② 통화선물거래는 특정통화를 현재시점에서 약정한 환율로 거래하여 선물환거래와 동일하나 거래소, 청산소, 계약의 표준화, 증거금 및 일일정산제도 등이 있음

3. 통화선물시장의 구성 : 선물거래소, 선물거래자, 선물중개회사

4. 통화선물거래의 절차

투자자는 선물중개회사에 위탁계좌를 개설하고 거래금액에 맞추어 개시증거금을 예치하고, 선물중개회사를 통해 매매주문을 내고 거래가 체결되면 선물거래소는 선물중개회사를 통해 체결내역을 투자자에게 통보함

5. 통화선물의 거래유형

(1) 헤지거래의 개요

1) 헤지거래의 원리

① 외화대출자와 수출업자는 통화선물을 매도하면 환율하락위험을 헤지할 수 있음

② 외화차입자와 수입업자는 외환선물을 매입하면 환율상승위험을 헤지할 수 있음

2) 헤지거래의 종류

① 매입헤지 : 미래의 예상치 못한 환율변동으로 매입해야 할 통화의 가치가 상승하여 환차손이 발생할 가능성에 대비하여 통화선물을 매입하는 거래

② 매도헤지 : 미래의 예상치 못한 환율변동으로 매도해야 할 통화의 가치가 하락하여 환차손이 발생할 가능성에 대비하여 통화선물을 매도하는 거래

2. 투기거래의 개요

① 환율상승이 예상 : 강세로 예상되는 통화에 대한 선물계약을 매입한 후 선물계약을 매도하여 포지션을 청산하면 투기적 이익을 얻을 수 있음

② 환율하락이 예상 : 약세로 예상되는 통화에 대한 선물계약을 매도한 후 선물계약을 매입하여 포지션을 청산하면 투기적 이익을 얻을 수 있음

3. 차익거래의 개요

(1) 차익거래의 원리 : 균형선물환율이 선물시장에서 형성된 실제선물환율과 다르면 차익거래가 발생함

(2) 차익거래의 종류

① $F_1 > S_0 \dfrac{1+N_a}{1+N_b}$: 현물매입차익거래

② $F_1 < S_0 \dfrac{1+N_a}{1+N_b}$: 현물매도차익거래

제5절 금선물

1. 금선물의 개요

미래의 일정시점에 인수도할 금을 현재 선물시장을 통해 매매하는 계약으로 금가격의 변동위험에 노출된 기업은 금선물을 이용하여 가격변동위험을 헤지할 수 있고, 투자자는 재테크의 수단으로 금선물을 활용할 수 있음

2. 금선물의 장점 : 가격변동위험 헤지, 현물시장 가격발견기능 제고, 새로운 금융투자 서비스 제공

3. 금선물의 명세

① 거래대상은 순도 99.99% 이상 벽돌모양 금지금이며, 거래단위는 중량 1kg

② 국제금시세는 1온스당 달러화로 표시, 국내 금선물가격은 1g당 원화로 표시

③ 최소가격변동폭은 10원, 계약당 최소가격변동금액은 10,000원(10원×1,000g)

④ 2월, 4월, 6월, 8월, 10월, 12월 중 6개와 짝수월이 아닌 월 중 1개로 7개 상장

⑤ 거래시간은 오전 9시~오후 3시 45분(최종거래일은 09:00~15:20), 호가접수시간은 오전 8시~오후 3시 45분(최종거래일은 08:00~15:20)

⑥ 최종결제는 현금결제방식, 최종결제가격은 최종거래일 금시장 종가

⑦ 최종거래일은 각 결제월의 세번째 수요일이며, 결제시한은 최종거래일 다음 날(T+1일) 16:00

제6절 돈육선물

1. 돈육선물의 정의

돼지가격변동위험을 회피하려고 1계약당 1,000kg에 해당하는 돈육가격을 계약시점에 약정한 가격으로 최종거래일에 매입하거나 매도하며 실제로 돼지를 사고 파는 것이 아니라 돈육의 가격을 거래대상으로 하는 선물거래

2. 돈육선물의 명세

① 기초자산은 돈육대표가격이며 거래단위는 1계약당 돈육도체 1,000kg

② 돈육선물의 가격은 kg당 가격(예, kg당 4,000원)으로 표시함

③ 돈육선물에 대해 주문을 낼 수 있는 가격단위는 5원으로 돈육선물의 거래단위가 1계약 1,000kg이므로 최소가격변동금액은 5천원(=1,000kg×5원)

④ 돈육선물의 상장결제월은 최근 연속 6개월로 설정함

⑤ 최종거래일(T)은 각 결제월의 세 번째 수요일이며 최종결제일은 최종거래일부터 기산하여 세 번째 거래일(T+2일)

⑥ 최종결제는 현금결제방식으로 최종결제가격인 돈육대표가격과의 차이를 정산

⑦ 거래시간은 오전 10시 15분~오후 3시 45분, 주문접수는 9시 15분부터 가능

3. 돈육선물의 효과 : 체계적인 위험관리수단 제공, 현물시장의 가격발견기능 제고

연 · 습 · 문 · 제

1 **다음 중 개별주식선물에 대한 설명으로 옳지 않은 것은?**

① 모든 상장주식에 대한 선물거래가 가능하다.

② 개별주식에 대한 리스크관리에 도움이 된다.

③ 공매제한의 적용을 받는 개별주식에 비해 매매가 자유롭다.

④ 개별주식에 대한 선물거래로 현금결제방식이다.

| **해설** | 개별주식선물에 대한 기초자산은 25개 종목으로 제한되어 있다.

2 **다음 주가지수 중 산정방식이 다른 것은?**

① 다우존스지수 ② FTSE

③ KOSPI 200 ④ NASDAQ 100

| **해설** | 다우존스지수와 니케이지수는 가격가중방식이고 나머지는 시가총액방식이다.

3 **우리나라 KOSPI 200에 사용되는 주가지수 산정방식으로 옳은 것은?**

① 시가총액방식+파쉐식 ② 시가총액방식+피셔식

③ 시가총액방식+라스파이레식 ④ 가격가중방식+라스파이레식

| **해설** | 시가총액을 산출하는 방법

① 파쉐식 : 시가총액을 계산할 때 비교시점의 가중치를 이용

② 피셔식 : 파쉐식과 라스파이레식으로 산출한 지수값을 기하평균

③ 라스파이레식 : 시가총액을 계산할 때 기준시점의 가중치를 이용

4 **다음 중 주가지수선물의 경제적 기능에 대한 설명으로 옳지 않은 것은?**

① 선물가격은 미래 현물가격을 예시하는 기능을 수행한다.

② 주식포트폴리오의 체계적 위험관리가 용이하다.

③ 주식시장의 비효율화를 가능하게 한다.

④ 적은 증거금으로 손익확대효과를 갖는다.

| **해설** | 시장이 일시적인 불균형상태에 있으면 차익거래가 가능하여 시장효율성에 기여한다.

5 **다음 중 주가지수선물에 대한 설명으로 옳지 않은 것은?**

① 주가지수선물은 유가증권으로 의제되어 한국거래소에서 거래된다.

② 표준화된 계약으로 일일정산되어 증거금계정에 반영된다.

③ 주가지수선물을 매입하는 경우 만기일에 현물을 인도받는다.

④ 매입자에게 발생하는 손익은 매도자의 손익과 정확히 일치한다.

| **해설** | 주가지수선물은 만기일이 되어도 실물의 인수도가 일어나지 않고 청산거래나 현금결제로 거래를 종결시킨다.

6 다음 중 주가지수선물에 대한 설명으로 옳지 않은 것은?

① 주가지수선물의 거래비용은 주식현물의 거래비용보다 낮다.

② 주가지수선물을 이용하면 주식포트폴리오의 비체계적 위험은 물론 체계적 위험도 감소시킬 수 있다.

③ 주가지수선물에 참여하는 투자자들이 작을수록 잡음이 적어지므로 신뢰도가 높은 미래가격을 예측할 수 있다.

④ 주가지수선물의 위탁증거금은 약정금액에 비해 작기 때문에 적은 자금으로 거액의 투자가 가능하다.

| 해설 | 주가지수선물에 참여하는 투자자들이 작을수록 잡음이 적어지므로 신뢰도가 높은 미래가격을 예측할 수 있다.

7 다음 중 주가지수선물에 대한 설명으로 옳지 않은 것은?

① 투기거래는 현물보유에 관계없이 미래 가격방향을 예측하여 시세차익을 얻으려 하는 거래를 말한다.

② 주가지수선물을 이용한 헤지거래는 비체계적 위험을 제거한다.

③ 스프레드거래는 선물상품간 가격차이를 이용하여 한정된 위험만 감수하여 시세차익을 얻으려는 거래를 말한다.

④ 차익거래는 현물과 선물간 가격불균형을 이용하여 무위험수익을 얻는다.

| 해설 | 주가지수선물을 이용하면 주식포트폴리오의 비체계적 위험은 물론 체계적 위험도 감소시킬 수 있다.

8 다음 중 주가지수선물에 대한 설명으로 옳지 않은 것은?

① 만기일까지 청산되지 않더라도 실물의 인수도 없이 현금결제로 거래를 종결한다.

② 미래에 주식을 매입하고자 하는 투자자가 주가상승위험을 헤지하려면 주가지수선물을 매입해야 한다.

③ 단순헤지를 하더라도 헤지기간에 선물가격과 현물가격의 변동률이 일치하면 완전헤지가 이루어진다.

④ 주식을 보유한 투자자는 주가상승이 예상될 때 주가지수선물을 매도하여 베타를 높임으로써 이익을 증가시킬 수 있다.

| 해설 | 주가지수선물을 매도하면 베타가 낮아진다. 향후 강세장이 예상되면 베타를 높여야 하므로 주가지수선물을 매입해야 한다.

9 **다음 중 주가지수선물의 이론가격에 대한 설명으로 옳지 않은 것은?**

① 보유비용모형에 의한 주가지수선물의 이론가격은 주식가격에 보유비용을 합산한 값으로 결정된다.

② 보유비용모형의 조건에 위반되면 차익거래의 기회가 발생한다.

③ 현물보유전략은 주식가격이 선물가격에 비해 높을 때 유용하다.

④ 무위험이자율이 배당수익률보다 크면 보유비용이 발생하여 선물가격이 현물가격보다 크게 된다.

| 해설 | 현물보유전략(cash & carry arbitrage)은 선물가격이 현물가격보다 높을 때 과대평가된 선물을 매도하고 자금을 차입하여 과소평가된 현물을 매입하는 전략을 말한다. 역현물보유전략(reverse cash & carry arbitrage)은 현물가격이 선물가격보다 높을 때 과대평가된 현물을 공매하여 자금을 대출하고 과소평가된 선물을 매입하는 전략을 말한다.

10 **2019년 3월 14일 현재 KOSPI 200 주가지수는 279.87포인트이다. 91일물 CD유통수익률은 4%, 연 배당수익률이 2%일 때 만기가 3개월 남아있는 KOSPI 200선물 6월물의 보유비용모형을 이용하여 계산한 이론가격은?**

① 274.5포인트 ② 216.7포인트

③ 278.7포인트 ④ 280.8포인트

| 해설 | 만기일이 2019년 6월 13일인 KOSPI 200지수선물의 균형가격은 다음과 같다.

$$F_{0,T} = S_0[1+(r-d)\times\frac{T}{360}] = 279.87[1+(0.04-0.02)\times\frac{60}{360}] = 280.8$$

11 **2019년 3월 18일 현재 KOSPI 200 주가지수는 280포인트이고 시장이자율은 5%이며 배당수익률은 1%이다. 잔존기간 6개월의 이론선물가격은 얼마인가?**

① 283.9포인트 ② 285.6포인트

③ 287.6포인트 ④ 289.4포인트

| 해설 | $F_{0,T} = S_0[1+(r-d)\times\frac{T}{360}] = 280[1+(0.05-0.01)\times\frac{180}{360}] = 285.6$포인트

12 **2019년 3월 18일 현재 KOSPI 200 주가지수는 280포인트이고 시장이자율은 6%이며 선물배당액 지수는 1포인트이다. 잔존기간 6개월의 이론선물가격은 얼마인가?**

① 279.6포인트 ② 280.3포인트

③ 281.8포인트 ④ 283.7포인트

| 해설 | $F_{0,T} = S_0[1+r\times\frac{T}{360}] - D = 280[1+0.06\times\frac{60}{360}]-1 = 281.8$포인트

13 연간 시장포트폴리오의 기대수익률이 14%이고, 무위험이자율은 10%이다. 베타가 0.5인 주식 A의 1년 후 기대현물가격이 800원인 경우에 주식 A를 기초자산으로 하는 만기가 1년인 선물계약의 균형선물가격은 얼마인가?

① 714.3원 ② 727.3원 ③ 754.2원 ④ 785.7원

| 해설 | $k_e = R_f + [E(R_m) - R_f]\beta_A = 0.1 + [0.14 - 0.1]0.5 = 0.12$

$S_0 = \dfrac{E(S_T)}{(1+k_e)} = \dfrac{800}{1+0.12} = 714.29$원 $F = 714.29 \times (1+0.1) = 785.7$원

14 현재 동국기업의 주식은 한국거래소에서 18,000원에 거래되고 있다. 만기 1년인 동국기업의 선물이론가격은 19,080원이고 무위험이자율이 9%일 경우에 보유비용모형에 의한 배당수익률은 얼마인가?

① 1% ② 2% ③ 3% ④ 4%

| 해설 | 보유비용모형을 이용하여 배당수익률(d)을 구하면 다음과 같다.

$F_{0,T} = S_0[1 + (r-d) \times \dfrac{T}{360}] = 19,080[1 + (0.09 - d) \times \dfrac{360}{360}] \rightarrow d = 3\%$

15 현재 동국기업의 주식을 기초자산으로 하는 만기 1년, 행사가격 11,000원인 콜옵션의 가격은 2,000원, 풋옵션의 가격은 1,500원이다. 무위험이자율은 10%일 때 동국기업의 주식을 기초자산으로 하는 만기 1년인 선물계약의 균형가격은?

① 10,500원 ② 10,909원 ③ 11,818원 ④ 11,550원

| 해설 | $S_0 = 2,000 - 1,500 + \dfrac{11,000}{1.1} = 10,500$원

$F_0 = 10,500 \times 1.1 = 11,550$원

16 다음 중 주가지수선물의 이론가격 결정변수와 선물이론가격에 대한 설명으로 옳은 것은?

> ㉠ 주가가 상승할수록 선물이론가격은 하락한다.
> ㉡ 금리가 상승할수록 선물이론가격은 상승한다.
> ㉢ 잔존기간이 길수록 선물이론가격은 상승한다.
> ㉣ 배당수익률이 높을수록 선물이론가격은 상승한다.

① ㉠, ㉡, ㉢, ㉣ ② ㉠, ㉡, ㉢

③ ㉡, ㉢, ㉣ ④ ㉡, ㉢,

| 해설 | 주가지수선물 결정변수에 따른 선물이론가격의 방향

선물이론가격 결정변수	선물이론가격의 방향
주가의 상승	선물이론가격의 상승
금리의 상승	선물이론가격의 상승
배당수익률의 상승	선물이론가격의 하락
잔존기간의 증가	선물이론가격의 상승

17 현재 주식 10억원을 보유한 전업투자자 홍길동이 주가지수선물을 이용하여 주가변동 위험을 헤지하고자 한다. 현재 KOSPI 200선물의 가격이 240포인트일 경우에 필요한 헤지계약수는 얼마인가?

① 10계약 매입 ② 10계약 매도 ③ 17계약 매입 ④ 17계약 매도

| 해설 | $N_F = -\frac{S_0}{F_0} = -\frac{10\text{억원}}{240\text{포인트} \times 25\text{만원}} = -17\text{계약}$

18 현재 주식 10억원을 공매한 투기거래자 홍길동이 주가지수선물을 이용하여 주가변동 위험을 회피하고자 한다. 현재 KOSPI 200선물의 가격이 250포인트일 경우에 필요한 헤지계약수는 얼마인가?

① 16계약 매입 ② 16계약 매도 ③ 20계약 매입 ④ 20계약 매도

| 해설 | $N_F = -\frac{S_0}{F_0} = \frac{10\text{억원}}{250\text{포인트} \times 25\text{만원}} = 16\text{계약}$

19 펀드매니저 홍길동은 1,000억원의 주식포트폴리오를 1년간 관리하는 임무를 맡았다. 현재 주식포트폴리오의 베타는 1.5이다. 홍길동은 향후 약세장을 예상하고 주가지수선물을 이용하여 주식포트폴리오의 베타를 1.0으로 줄이려고 한다. 현재 1년 만기 주가지수선물의 지수가 290포인트(1포인트당 25만원)라고 할 때 어떻게 해야 하는가?

① 690계약 매입 ② 690계약 매도 ③ 980계약 매입 ④ 980계약 매도

| 해설 | $N_F = -\frac{S_0}{F_0} \times (\beta_P - \beta_{SF}) = -\frac{1{,}000\text{억원}}{290\text{포인트} \times 25\text{만원}} \times (1.0 - 1.5) = -690\text{계약}$

20 100억원의 주식을 보유한 펀드매니저 홍길동은 KOSPI 200선물을 이용하여 완전 매도헤지전략을 실행하고자 한다. 보유중인 주식포트폴리오의 베타가 0.8이고 KOSPI 200선물의 가격이 200포인트(1포인트당 25만원)일 경우에 매도해야 할 선물계약수는 얼마인가?

① 10계약 ② 16계약 ③ 20계약 ④ 36계약

| 해설 | 베타헤지는 현물주식포트폴리오에 대한 베타계수를 이용하여 선물계약수를 구한다.

$$N_F = -\frac{S_0}{F_0} \times \beta_{SI} = -\frac{10\text{억원}}{200 \times 250{,}000} \times 0.8 = -16\text{계약}$$

21 현재 보유하고 있는 주식포트폴리오의 총가치는 10억원이고, 주식포트폴리오의 베타는 1.2이며, KOSPI 200선물의 가격은 200포인트(1포인트당 25만원)이다. 최소분산헤지를 위해 매도해야 할 선물계약수는?

① 10계약 ② 12계약 ③ 18계약 ④ 24계약

| 해설 | 최소분산헤지에서 매도해야 할 선물계약수는 다음과 같이 구할 수 있다.

$$N_F = -\frac{S_0}{F_0} \times \beta_{SF} = -\frac{10\text{억원}}{200 \times 250{,}000} \times 1.2 = -24\text{계약}$$

22 무위험이자율이 5%이며, 시장이자율이 15%인 경제사회에서 보유중인 갑주식(300주, 주당시가 800원)의 베타는 1.5이다. 지수 1포인트당 가격이 500원, 선물지수는 104인 경우에 주가하락위험을 회피하기 위해 매도해야 할 선물계약수는?

① 3계약 ② 5.471계약 ③ 5계약 ④ 6.923계약

| 해설 | 최소분산헤지에서 매도해야 할 선물계약수는 다음과 같이 구할 수 있다.

$$N_F = -\frac{S_0}{F_0} \times \beta_{SF} = -\frac{300\text{주} \times 800\text{원}}{104\text{포인트} \times 500\text{원}} \times 1.5 = -6.923\text{계약}$$

23 다음 중 현물을 매도하여 차익거래가 발생하는 상황은 어느 것인가?

① 이론선물가격〉현물가격 ② 이론선물가격〉실제선물가격
③ 실제선물가격〉현물가격 ④ 실제선물가격〉이론선물가격

| 해설 | 이론선물가격이 실제선물가격보다 높을 때 과대평가된 현물은 공매하여 자금을 대출하고 과소평가된 선물은 매입하는 현물매도차익거래가 발생한다.

24 KOSPI 200현물 주가지수가 180포인트, 무위험이자율 연 7%, 배당수익률 연 2%, 잔존만기가 90일인 KOSPI 200선물가격이 181.5포인트일 경우에 어떤 전략을 구사해야 이익을 얻을 수 있는가?

① 선물매입, 현물매입 ② 선물매입, 현물매도
③ 선물매도, 현물매도 ④ 선물매도, 현물매입

| 해설 | $F_{0,T} = S_0[1+(r-d)\times\frac{T}{360}] = 180[1+(0.07-0.02)\times\frac{90}{360}] = 182.2\text{포인트}$

이론선물가격 182.2포인트가 실제선물가격 181.5포인트보다 크다. 따라서 과대평가된 현물을 공매하여 대출하고 과소평가된 선물을 매입하는 현물매도차익거래가 발생한다.

25 **현재 KOSPI 200은 240포인트이고 3개월물 KOSPI 200선물은 241포인트이다. KOSPI 200을 구성하는 주식들의 평균배당수익률은 연 4%이고, 무위험이자율은 5%이다. 이러한 상황에서 지수차익거래가 가능한가? 단, 차익거래와 관련된 모든 비용은 무시한다.**

① 차익거래에 의해 KOSPI 200지수와 3개월물 KOSPI 200선물가격이 상승한다.

② 차익거래에 의해 KOSPI 200지수는 상승하고 3개월물 KOSPI 200선물가격은 하락한다.

③ 차익거래에 의해 KOSPI 200지수는 하락하고 3개월물 KOSPI 200선물가격은 상승한다.

④ 차익거래에 의해 KOSPI 200지수와 3개월물 KOSPI 200선물가격이 하락한다.

| 해설 | (1) 이론가격

$$F_{0,T} = S_0[1+(r-d)\times\frac{T}{360}] = 240[1+(0.05-0.04)\times\frac{3}{12}] = 240.6\text{포인트}$$

(2) 차익거래

선물의 시장가격은 240포인트로 이론가격 240.6포인트보다 과대평가되어 있어 과대평가된 선물은 매도하고 과소평가된 현물은 자금을 차입하여 매입하는 현물매입차익거래가 발생한다. 차익거래의 과정에서 선물가격은 하락하고 현물가격은 상승한다.

26 **한국거래소에서 현재 10,000원에 거래되는 (주)베타의 주식을 기초자산으로 만기가 6개월인 주식선물이 선물시장에서 11,000원에 거래되고 있다. (주)베타는 앞으로 6개월간 배당을 지급하지 않으며 현물과 선물의 거래비용은 없다고 가정한다. 무위험이자율은 연 10%로 차입과 대출이 가능할 때 어떤 차익거래가 가능한가?**

① [주식공매+대출+선물매입]전략을 이용하면 차익거래이익을 얻을 수 있다.

② [주식공매+차입+선물매입]전략을 이용하면 차익거래이익을 얻을 수 있다.

③ [주식매입+대출+선물매도]전략을 이용하면 차익거래이익을 얻을 수 있다.

④ [주식매입+차입+선물매도]전략을 이용하면 차익거래이익을 얻을 수 있다.

| 해설 | (1) 이론가격 $F_{0,T} = S_0[1+r\times\frac{T}{360}] = 10,000[1+0.1\times\frac{6}{12}] = 10,500\text{원}$

(2) 차익거래

선물의 시장가격은 11,000원으로 이론가격 10,500원보다 과대평가되어 있어 과대평가된 선물은 매도하고 과소평가된 현물은 자금을 차입하여 매입하는 현물매입차익거래가 발생하고 1차익거래의 과정에서 선물가격은 하락하고 현물가격은 상승한다.

27 **현재 KOSPI 200은 210포인트이며 차입이자율은 7%이고 대출이자율은 4%이다. 배당수익률은 2%이고 잔존만기는 3개월이다. 거래비용은 무시하고 KOSPI 200선물을 이용하여 차익거래를 실행하고자 할 경우에 차익거래 불가능영역(하한선~상한선)을 구하면?**

① 211.05≤선물가격≤212.62
② 212.75≤선물가격≤213.38
③ 214.83≤선물가격≤215.65
④ 215.90≤선물가격≤216.60

| 해설 | 하한선 = 210[1+(0.04−0.02)×3/12] = 211.05포인트
상한선 = 210[1+(0.07−0.02)×3/12] = 212.62포인트

28 **주가지수선물과 인덱스펀드를 이용한 차익거래 실행과정에서 현물바스켓과 대상지수의 종목별 편입비중이 서로 다른 상황을 설명하는 것은?**

① 추적오차
② 유동성위험
③ 시장충격
④ 바스켓효과

| 해설 | 추적오차(Tracking error)는 주식포트폴리오 구성종목의 가격변동과 벤치마크의 가격변동간의 의도하지 않은 차이를 말한다. 즉 포트폴리오 구성종목이 벤치마크를 쫓아가지 못하는 정도를 나타내어 예기치 못한 이익이나 손실을 발생시킬 수 있는 가능성을 의미한다.

29 **다음 중 주가지수선물시장과 관련한 프로그램매매호가 정지제도(side car)에 대한 설명으로 옳지 않은 것은?**

① 주식시장의 매매거래 종료시간 40분 이전에는 적용되지 않는다.
② side car가 발동되어 프로그램 매매호가에 대해 그 효력이 정지되면 지수차익거래에 의한 프로그램 매매호가도 적용대상이다.
③ 발동 5분 후 자동으로 해제된다.
④ 직전일의 거래량이 가장 많은 선물종목의 약정가격이 전일 종가 대비 5% 이상 상승 또는 하락하여 1분 이상 지속되는 경우 매수프로그램 매매호가는 10분간 지연하여 체결된다.

| 해설 | 직전일의 거래량이 가장 많은 선물종목의 약정가격이 전일 종가 대비 5% 이상 상승 또는 하락하여 1분 이상 지속되면 매수프로그램 매매호가는 5분간 지연하여 체결된다.

30 국고채 5년물 100억원(액면기준)을 보유한 투자자가 향후 금리상승에 따른 채권가격의 하락위험을 회피하기 위해 국채선물을 이용하고자 한다. 다음과 같은 상황에서 듀레이션모형을 이용한 선물계약수를 구하면? 단, 채권단가는 액면 100원 기준가격이다.

구분	보유채권	5년 국채선물
가격	105.50	115.50
듀레이션	4.1520	4.3520

① 87계약 매도 ② 87계약 매입 ③ 58계약 매도 ④ 58계약 매도

| 해설 | 듀레이션헤지에 필요한 선물계약수는 다음과 같이 구할 수 있다.

$$N_F = \frac{S_0}{F_0} \times \frac{D_S}{D_F} = \frac{100\text{억원} \times 105.50}{115.50 \times 1,000,000} \times \frac{4.1520}{4.3520} = 87\text{계약 매도}$$

31 현재 듀레이션이 2.5이고 채권가격 100억원의 포트폴리오를 보유하고 있는 투자자가 향후 경기침체에 따른 금리하락을 예상하여 듀레이션을 증가시키려고 한다. 이때 3년 국채선물의 듀레이션이 2.8로 추정되고 가격이 102.10일 때 필요한 선물계약수는?

① 7계약 매입 ② 7계약 매도 ③ 12계약 매입 ④ 12계약 매도

| 해설 | 금리가 하락하면 채권가격이 상승하므로 채권포트폴리오의 듀레이션을 증가시켜야 한다. 따라서 장기채를 매입하고 단기채를 매도해야 하며, 금리선물을 매입하면 듀레이션을 증가시킬 수 있다. 듀레이션조정을 위한 선물계약수는 다음과 같이 구할 수 있다.

$$N_F = \frac{S_0}{F_0} \times \frac{(D_P - D_S)}{D_F} = \frac{100\text{억원}}{1\text{억원} \times 102.10} \times \frac{(2.7 - 2.5)}{2.8} = 7\text{계약 매입}$$

32 전문투자자 홍길동은 3년 국채선물과 5년 국채선물간 스프레드거래를 고려하고 있다. 현재 3년 만기 국채금리는 5년 만기 국채금리보다 낮은 수준에 있으나, 향후 1개월 후에는 3년 만기 국채금리와 5년 만기 국채금리간의 스프레드가 축소될 것으로 예상된다. 투자자 홍길동이 취해야 할 적절한 스프레드전략은?

① 3년 국채선물 매입 + 5년 국채선물 매입

② 3년 국채선물 매도 + 5년 국채선물 매도

③ 3년 국채선물 매도 + 5년 국채선물 매입

④ 3년 국채선물 매입 + 5년 국채선물 매도

| 해설 | 금리가 하락시 3년 금리 하락 크기〈5년 금리 하락 크기이면 스프레드가 축소되고 금리가 상승시 3년 금리 상승 크기〉5년 금리 상승 크기이면 스프레드가 축소될 것이다.

㉠ 금리하락시 3년 채권가격 상승 크기〈5년 채권가격 상승 크기이면 3년 국채선물매도+5년 국채선물 매입전략이 유효하다.

㉡ 금리상승시 3년 채권가격 하락 크기〉5년 채권가격 하락 크기이면 3년 국채선물매도+5년 국채선물 매입전략이 유효하다.

33 향후 채권의 수익률곡선은 가파를 것으로 예상되어 3년 국채선물과 5년 국채선물을 이용하여 상품간 스프레드전략을 구사하고자 한다. 3년 국채선물(듀레이션 2.7) 50계약 매입에 대해 5년 국채선물(듀레이션 4.5) 매도계약수를 구하면?

① 30계약 ② 33계약 ③ 40계약 ④ 44계약

| 해설 | 향후 수익률곡선의 기울기가 가파를 것으로 예상되면 3년 국채선물을 매입하고 5년 국채선물을 매도한다. 수익률곡선 투자를 위해 매매해야 하는 선물계약수는 3년 국채선물과 5년 국채선물의 가격민감도를 반영한 듀레이션을 이용하여 산출한다.

$$5\text{년 국채계약수} = \frac{3\text{년 국채선물듀레이션}}{5\text{년 국채선물듀레이션}} \times 3\text{년 국채계약수} = \frac{2.7}{4.5} \times 50 = 30\text{계약 매도}$$

34 향후 채권의 수익률곡선은 완만할 것으로 예상되어 3년 국채선물과 5년 국채선물을 이용하여 수익률곡선 거래를 계획하고 있다. 3년 국채선물(듀레이션 2.7) 100계약에 대해 5년 국채선물(듀레이션 4.33)에 적절한 계약수를 구하면?

① 3년 국채선물 100계약 매입, 5년 국채선물 60계약 매도

② 3년 국채선물 100계약 매도, 5년 국채선물 60계약 매입

③ 5년 국채선물 100계약 매입, 3년 국채선물 60계약 매도

④ 5년 국채선물 100계약 매도, 3년 국채선물 60계약 매입

| 해설 | 향후 수익률곡선의 기울기가 완만할 것으로 예상되면 3년 국채선물을 매도하고 5년 국채선물을 매입한다. 수익률곡선 투자를 위해 매매해야 하는 선물계약수는 3년 국채선물과 5년 국채선물의 가격민감도를 반영한 듀레이션을 이용하여 산출한다.

$$5\text{년 국채계약수} = \frac{3\text{년 국채선물듀레이션}}{5\text{년 국채선물듀레이션}} \times 3\text{년 국채계약수} = \frac{2.60}{4.33} \times 100 = 60\text{계약 매입}$$

35 기관투자가 홍길동은 3년 국채선물을 110.50에 10계약 매도하고, 5년 국채선물을 112.50에 5계약 매입하였다. 금리가 상승하여 3년 국채선물은 109.50, 5년 국채선물은 110.20에 모두 청산했을 경우에 발생하는 손익은?

① 1,500,000원 이익 ② 1,500,000원 손실

③ 2,500,000원 이익 ④ 1,500,000원 손실

| 해설 | ㉠ 3년 국채선물 매도 : (110.50−109.50)×1,000,000×10계약 = 10,000,000원 이익
㉡ 5년 국채선물 매입 : (110.20−112.50)×1,000,000×5계약 = 11,500,000원 손실
㉢ 총기래손익 = 10,000,000−11,500,000 = −1,500,000원

36 **미래에 채권을 매입하고자 하는 투자자 홍길동의 금리선물을 이용한 헤지방법으로 옳은 것은?**

① 금리선물을 매도하여 이자율상승에 따른 채권가격의 하락위험을 헤지한다.
② 금리선물을 매도하여 이자율하락에 따른 채권가격의 상승위험을 헤지한다.
③ 금리선물을 매입하여 이자율상승에 따른 채권가격의 하락위험을 헤지한다.
④ 금리선물을 매입하여 이자율하락에 따른 채권가격의 상승위험을 헤지한다.

| 해설 | 투자자 홍길동은 현물시장에서 매도포지션상태에 있어 이자율하락에 따른 채권가격의 상승위험을 헤지하기 위해 금리선물을 매입해야 한다.

37 **다음 중 채권선물에 대한 설명으로 옳지 않은 것은?**

① 현물채권을 보유한 투자자는 이자율하락이 예상되는 경우에 채권선물을 매도함으로써 이익을 극대화할 수 있다.
② 미래에 채권을 매입하고자 하는 투자자는 채권선물을 매입하여 이자율하락위험을 헤지할 수 있다.
③ 1개월 후에 자금을 차입하려고 하는 기업이 헤지를 하기 위해서는 채권선물을 매도해야 한다.
④ 채권선물은 현물채권시장을 통해 직접 듀레이션을 조정하는 것에 비해 훨씬 적은 거래비용으로 위험자산에 대한 관리를 쉽게 해준다.

| 해설 | 채권포트폴리오를 보유한 투자자는 이자율이 하락 즉 채권가격이 상승하는 시장에서는 채권선물을 매입하면 듀레이션을 증가시키고 이익을 극대화할 수 있다.

38 **다음 중 선물환과 통화선물에 대한 설명으로 옳지 않은 것은?**

① 선물환과 통화선물은 미래에 거래할 외환의 가격인 환율을 고정시킨다는 측면에서 동일한 형태의 계약이다.
② 선물환은 선도계약으로 장외시장에서 거래되는 반면에 통화선물은 선물계약으로 장내시장에서 거래된다.
③ 통화선물은 거래상대방을 보호하기 위해 증거금과 일일정산제도가 존재한다.
④ 통화선물은 거래상대방이 약속을 이행할 것인가에 대한 계약불이행 위험이 존재한다.

| 해설 | 통화선물은 청산소가 거래상대방의 역할을 수행하여 선물계약의 이행을 보증하기 때문에 계약불이행위험이 존재하지 않는다.

39 (주)한국은 중국에서 원자재를 수입하고 수입대금 U$1,750,000을 3개월 후에 지급할 예정이다. 오늘 원/달러환율이 ₩1,230/U$이며 3개월 달러 선물환 고시가격이 ₩1,255/U$이라고 한다. 다음 중 환위험을 회피하기 위한 적절한 전략으로 옳은 것은?

① 환율의 상승이 예상되면 달러선물을 매입하는 전략을 사용해야 한다.

② 환율의 상승이 예상되면 풋옵션을 매입하는 전략을 사용해야 한다.

③ 환율의 하락이 예상되면 콜옵션을 매도하는 전략을 사용해야 한다.

④ 단기금융시장에서 외화대출을 받아 미리 원화로 환전하여 예금하는 전략을 사용해야 한다.

| 해설 | 수입업자는 현물시장에서 매도포지션과 동일한 상태에 있어 환율상승시 손실이 발생하므로 헤지거래를 하려면 환율상승시 이익을 얻을 수 있는 선물매입, 콜옵션매입, 풋옵션매도, 원화를 차입하여 달러로 바꾼 후 달러에 투자하는 단기금융시장을 이용해야 한다.

40 (수)한국은 6개월 후 수취하는 달러화 수출대금에 대한 환위험을 헤지하려고 180일 달러 선물환계약을 체결하였다. 현재 180일 달러 선물환율은 1,050원이다. 만일 180일 후 현물환율이 1,200원이면 (주)한국의 손익은 어떻게 되겠는가?

① 달러 선물환을 매도했을 것이므로 헤지포지션에서 손실이 발생했다.

② 달러 선물환을 매입했을 것이므로 헤지포지션에서 이익이 발생했다.

③ 달러 선물환을 매도했을 것이므로 헤지포지션에서 이익이 발생했다.

④ 달러 선물환을 매입했을 것이므로 헤지포지션에서 손실이 발생했다.

| 해설 | 향후 수령할 수출대금의 달러가치의 하락위험을 헤지하려면 달러 선물환을 매도해야 한다. 선물환을 매도했는데 향후 환율이 상승하면 선물환 매도포지션에서 손실이 발생한다.

41 ABC회사는 180일 후에 $1,000,000을 ¥105/$의 선물환율에 매도하였다. 현재의 현물환율은 ¥100/$이나 180일 후에 ¥120/$이 되었다면 이 거래에서 발생한 ABC회사의 손익은?

① $125,000 이익 ② $125,000 손실

③ $166,667 이익 ④ $166,667 손실

| 해설 | 선물시장에서 달러를 매도했는데 만기에 달러화의 가치가 상승했으므로 ABC회사는 선물환거래를 통해 손실을 입게 된다. 손실은 달러당 ¥15이므로 ¥15,000,000의 손실이 발생한다. ¥120/$이므로 이는 $125,000에 해당한다.

42 **다음 중 환위험을 헤지하기 위해 달러화선물을 매도해야 하는 경우는?**

> 가. 보유중인 미국 주식을 3개월 후에 매도하여 국내 주식에 투자할 계획이다.
> 나. 3개월 후에 달러화 차입금을 상환해야 한다.
> 다. 3개월 후에 원자재를 수입할 계획으로 있다.
> 라. 3개월 후에 달러화 표시 채권을 발행하여 원화로 자금을 확보할 계획이다.

① 가, 나　　② 다, 라　　③ 가, 라　　④ 나, 다

| 해설 | 현물시장에서 매입포지션에 있어 3개월 후에 달러화 유입이 있는 경우 달러화선물을 매도함으로써 가격하락위험을 헤지할 수 있다.

43 **다음 중 달러화선물에 대한 설명으로 적절한 것은?**

① 다른 요인의 변화가 없다면 원화 금리가 상승할수록 달러 선물가격은 하락한다.
② 다른 요인의 변화가 없다면 달러 금리가 상승할수록 달러 선물가격은 상승한다.
③ 원/달러 환율의 하락을 예상한 투기전략은 달러 선물매입이다.
④ 달러화 매입포지션의 헤지전략은 달러 선물매도이다.

| 해설 | 다른 요인의 변화가 없다면 원(달러) 금리가 상승할수록 달러 선물가격은 상승(하락)한다. 원/달러 환율의 하락을 예상한 투기전략은 달러 선물매도이다. 달러 매입포지션의 헤지전략은 달러 선물매도이다.

44 **한국전자는 미국의 A기업과 $1,000,000의 부품공급계약을 체결하고 3개월 후 판매대금을 수취하기로 약정하였다. 또한 미국의 B기업으로부터 $800,000의 부품을 수입하고 3개월 후에 부품대금을 지급하기로 하였다. 한국전자가 완전헤지를 한다고 가정할 경우 취해야 할 가장 바람직한 거래는?**

① $1,000,000에 대한 원/달러 선물환 매도 및 $800,000에 대한 원/달러 선물환 매입
② $1,000,000에 대한 원/달러 선물환 매입 및 $800,000에 대한 원/달러 선물환 매도
③ $200,000에 대한 원/달러 선물환 매도
④ $200,000에 대한 원/달러 선물환 매입

| 해설 | 상계 후 포지션을 구해보면 6개월 후 $200,000의 미국 달러를 대금으로 수취하게 된다. 선물거래에 대한 거래수수료가 존재하는 경우 선물포지션이 커질수록 거래수수료가 추가되므로 상계 후 남아있는 환위험 포지션에 헤지를 하는 것이 바람직하다. 즉 $200,000에 대한 원/달러 선물을 매도하는 경우 거래비용을 최소화하는 완전헤지가 가능하다.

45 (주)한국은 캐나다달러(CD$)로 이루어질 수입자금 결제에 대해 선물거래소에서 거래되는 미국달러(US$)선물을 활용하여 환위험을 헤지하고자 한다. CD$와 US$에 대한 통계량이 다음과 같이 주어졌을 경우에 제3국 통화로 헤지함에 따라 발생하는 베이시스위험을 최소화시키는 최소분산헤지비율은 얼마가 되어야 하는가?

① 0.567 ② 0.694
③ 1.041 ④ 1.275

| 해설 | 베이시스위험을 최소화시키는 최소분산헤지비율은 (상관계수×현물환율의 표준편차/선물환율의 표준편차) = (0.85×0.1/0.15) = 0.567이다.

46 다음 중 환위험을 헤지하기 위해 달러화 선물을 매도해야 하는 경우는?

가. 보유하고 있는 미국 주식을 3개월 후에 매도하여 국내 주식에 투자할 계획이다.
나. 3개월 후에 달러하 차입금을 상환해야 한나.
다. 3개월 후에 원자재를 수입할 계획으로 있다.
라. 3개월 후에 달러화 표시채권을 발행하여 원화로 자금을 확보할 계획이다.

① 가, 나 ② 다, 라 ③ 가, 라 ④ 나, 다

| 해설 | 현물시장에서 매입포지션인 경우 환율하락시 손실이 발생히기 때문에 선물시상에서는 환율하락위험을 회피하기 위해 달러선물을 매도해야 한다.

47 (주)가나는 6개월 후에 수입대금 100만달러를 지불해야 한다. 원/달러 환율이 상승하는 경우 달러당 지급하는 원화금액을 일정한 수준으로 제한할 수 있으며 환율이 하락할 경우에는 달러당 지급하는 원화금액이 낮아질 수 있는 헤지전략은?

① 달러화 선물 매입 ② 달러화 선물 매도
③ 달러화 콜옵션 매입 ④ 달러화 풋옵션 매입

| 해설 | 현물시장에서 매도포지션인 경우 환율상승시 손실이 발생하기 때문에 선물시장에서는 환율상승위험을 회피하기 위해 달러선물을 매입해야 한다. 그런데 환율하락시 원화금액이 낮아지는 것도 필요하므로 콜옵션을 매입해야 한다.

48 다음 중 (가)와 (나)에 들어갈 말은?

> * 향후 원유가격의 상승을 예상하여 투기하려면 원유선물을 (가)해야 한다.
> * 1개월 후 원유를 구매하는 사람이 가격상승을 헤지하려면 원유선물을 (나)해야 한다.

	①	②	③	④
(가)	매입	매입	매도	매도
(나)	매입	매도	매입	매도

| 해설 | 원유 현물가격이 상승하면 원유 선물가격도 상승한다. 따라서 투기거래자는 원유선물을 매입해야 한다. 그리고 향후 원유를 구매할 경우 원유가격 상승위험에 노출되어 있어 원유선물을 매입하면 이를 회피할 수 있다.

* 다음 표를 참고하여 49~51번 문제에 답하시오.
아래의 표는 한국선물거래소(KRX)에서 거래되는 9월 만기 달러선물 데이터의 가상 내역이며 1계약은 $50,000이다.

시간	10:00	10:10	10:20	종가(정산가격)
금액	1,200	1,300	1,350	1,320
A	매입	전매		
B	매도		매입	
C		매입		
D			매도	

49 A는 1,200원/$에 1계약을 매입한 후 1,300원/$의 가격에 1계약을 매도하였다. A의 손익은 얼마인가?

① 100만원 이익 ② 100만원 손실 ③ 500만원 이익 ④ 500만원 손실

| 해설 | A의 손익 = (매도가격−매입가격)×계약수
= (1,300원/$−1,200원/$)×$50,000×1계약 = 500만원 이익

50 B는 1,200원/$에 1계약을 매도한 후 1,350원/$의 가격에 1계약을 매입하였다. B의 손익은 얼마인가?

① 250만원 이익 ② 250만원 손실 ③ 750만원 이익 ④ 750만원 손실

| 해설 | B의 손익 = (매도가격−매입가격)×계약수
= (1,200원/$−1,350원/$)×$50,000×1계약 = 750만원 손실

51 **C는 1,300원/$에 1계약을 매입한 후 일일정산을 실시하였다. C의 손익은?**

① 100만원 이익 ② 100만원 손실 ③ 500만원 이익 ④ 500만원 손실

| 해설 | C의 손익 = (매도가격-매입가격)×계약수
= (1,320원/$-1,300원/$)×$50,000×1계약 = 100만원 이익

52 **다음 중 스프레드거래에 대한 설명으로 옳은 것으로만 묶은 것을 고르면?**

가. 스프레드의 변동을 예상하여 상대적으로 과소평가된 선물은 매입하는 동시에 과대평가된 선물은 매도하는 거래를 말한다.
나. 스프레드의 축소가 예상되면 근월물을 매입하고 원월물을 매도하면 무위험 이익을 얻을 수 있다.
다. 스프레드거래는 투기거래 중에서도 상대적으로 보수적인 투자자들에게 적절한 거래이다.

① 가, 나 ② 가, 다 ③ 나, 다 ④ 가, 나, 다

| 해설 | 상품내 스프레드(inter-delivery spread)

유형	강세스프레드(bull spread) 매입스프레드(long spread)	약세스프레드(bear spread) 매도스프레드(short spread)
상황	스프레드 축소	스프레드 확대
전략	근월물매입+원월물매도	근월물매도+원월물매입

53 **현재 외환시장에서 현물 1달러가 1,300원에 거래되고 있다. 3월물 원화금리는 연 6%, 3개월 달러금리는 연 4%일 때 시장선물환율이 1,302원으로 거래되고 있을 경우 차익거래를 위한 거래가 아닌 것은?**

① 달러 선물환 1,302원에 매입한다.
② 달러 현물을 1,300원에 매도한다.
③ 달러를 4%로 운용한다.
④ 달러매도대금을 원화 6%로 운용(예치)한다.

| 해설 | 금리평가설에 의한 1,300(1+0.06×3/12)=$1(1+0.04×3/12)F를 만족하는 선물환율은 1,306.44원이다. 시장선물환율<이론선물환율인 경우 선물이 저평가되어 있다. 따라서 달러선불환을 매입하고 달러 현물매도(달러차입 매도후 원화예치)하는 차익거래가 가능하다.

54 **국내 외국주식 투자자가 환율상승에 대비하여 1,000만 달러 역외선물환(NDF) 매입계약을 1,250원에 체결한 반면에 국내은행은 NDF 매도계약을 체결하였다. 만기에 적용할 환율이 1,258원으로 발표되었다면 외국주식 투자자의 손익은?**

① $63,593 수취　② $68,000 지불　③ $71,253 수취　④ $73,270 지불

| 해설 | 결제금액 = 명목원금×(지정환율−선물환율)/지정환율
결제금액〉0이면 선물환매도자가 매입자에게 결제금액을 지급하고, 결제금액〈0이면 선물환매입자가 매도자에게 결제금액을 지급한다. 따라서 국내은행은 결제금액=$10,000,000×(1,258−1,250)/1,258=$63,593을 국내 외국주식투자자에게 지급한다.

정답

1.①	2.①	3.①	4.③	5.③	6.③	7.②	8.④	9.③	10.④
11.②	12.③	13.④	14.③	15.④	16.④	17.④	18.①	19.②	20.②
21.④	22.④	23.②	24.②	25.②	26.④	27.①	28.①	29.④	30.①
31.①	32.③	33.①	34.②	35.②	36.④	37.①	38.④	39.①	40.①
41.②	42.③	43.④	44.③	45.①	46.③	47.③	48.①	49.③	50.④
51.①	52.④	53.③	54.①						

C·h·a·p·t·e·r 11

옵션거래의 개요

옵션은 현물이나 선물과 달리 다양한 결합이 가능하여 독특한 투자전략을 구사할 수 있고 선도나 선물과 차이가 있다. 옵션은 소유자에게 어떤 행동을 할 수 있는 권리를 부여하나, 소유자가 그 권리를 반드시 행사할 필요는 없다. 반면에 선도나 선물에서 거래당사자들은 어떤 행동을 수행해야 할 의무를 갖는다.

제1절 옵션거래의 개요

1. 옵션거래의 정의

옵션(option)은 미래의 특정시점 또는 그 이전에 미리 정해진 가격으로 옵션거래의 대상인 특정자산을 매입하거나 매도할 수 있는 권리가 부여된 증권을 말한다. 여기서 미래의 특정시점은 옵션의 만기일을 말하고 미리 정해진 가격을 행사가격이라고 하며, 특정자산은 기초자산을 의미한다.

(1) 기초자산

기초자산(underlying asset)은 옵션거래의 대상이 되는 특정자산을 말한다. 옵션의 기초자산이 농산물, 축산물, 에너지, 귀금속, 비철금속과 같은 일반상품을 대상으로 하면 상품옵션이라고 하고, 기초자산이 개별주식, 주가지수, 통화, 금리와 같은 금융상품을 대상으로 하면 금융옵션이라고 한다.

(2) 최종거래일

옵션은 권리를 행사할 수 있는 최종거래일이 정해져 있다. 옵션매입자가 옵션에 부여되어 있는 권리를 행사할 수 있는 마지막 날을 최종거래일 또는 만기일(maturity)이라고 한다. 따라서 옵션매입자가 옵션의 최종거래일까지 권리를 행사하지 않으면 옵션매도자의 의무는 자동으로 소멸된다.

(3) 행사가격

옵션은 권리를 행사하여 기초자산을 매입하거나 매도할 수 있는 가격이 현재시점에 정해져 있다. 행사가격(exercise price)은 만기일 또는 그 이전에 권리를 행사할 때 적용되는 가격을 말한다. 그리고 행사가격은 기초자산의 시장가격을 기준으로 내가격옵션, 등가격옵션, 외가격옵션으로 설정한다.

(4) 옵션가격

옵션은 매입자에게 권리가 부여되고 매도자에게 의무가 수반된다. 즉 옵션은 매도자가 매입자에게 기초자산을 매입하거나 매도할 수 있는 권리를 부여한다. 따라서 옵션매입자가 선택권을 갖는 대가로 옵션매도자에게 지불하는 금액을 옵션가격 또는 옵션프리미엄(option premium)이라고 한다.

| 그림 11-1 | 옵션거래의 구조

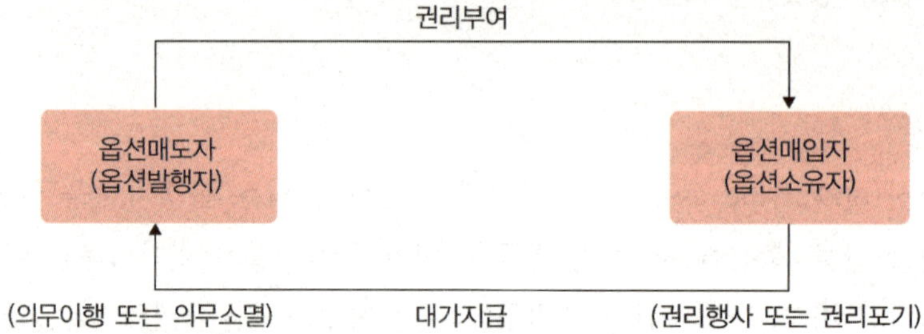

2. 옵션거래의 특징

(1) 옵션거래자

① 옵션매도자(option seller)

옵션을 매도한 사람으로 옵션매입자로부터 옵션프리미엄을 지급받는 대신 매입자가 권리를 행사하면 의무를 이행해야 하며 옵션발행자(option writer)라고도 한다. 즉 콜옵션매입자가 권리를 행사하면 기초자산을 행사가격에 매도해야 하고 풋옵션매입자가 권리를 행사하면 기초자산을 행사가격에 매입해야 한다.

② 옵션매입자(option buyer)

옵션을 매입한 사람으로 옵션매도자에게 옵션프리미엄을 지불하는 대신에 행사가격으로 기초자산을 매입하거나 매도할 수 있는 권리를 소유하여 옵션소유자(option holder)라고도 한다. 즉 기초자산의 가격과 행사가격을 비교하여 유리한 경우에는 권리를 행사하고 불리한 경우에는 권리의 행사를 포기할 수 있다.

(2) 옵션거래의 청산

옵션거래는 옵션매입자가 권리를 행사하고 옵션매도자가 의무를 이행하는 경우, 옵션매입자가 권리행사를 포기하는 경우 그리고 최종거래일 이전에 반대매매에 의해 옵션거래를 청산하는 경우에 권리와 의무관계가 소멸된다.[1)]

(3) 조건부청구권

옵션의 행사가격과 최종거래일은 사전에 정해져 있다. 옵션은 기초자산의 가격에 따라서 옵션의 가치가 결정되고 옵션매입자의 권리의 행사여부가 결정되는 조건부청구권(contingent claim)에 해당한다.

(4) 비내칭 손익구조

현물과 선물은 기초자산의 가격이 상승하거나 하락할 경우에 동일한 크기로 손익이 발생하여 대칭적인 손익구조를 갖는다. 그러나 옵션은 서로 다른 크기로 손익이 발생하여 비대칭적인 손이구조를 갖는다.

(5) 제로섬게임

옵션은 선물과 마찬가지로 거래당사자 중 어느 한쪽이 이익을 얻게 되면 다른 한쪽은 그만큼의 손실을 보게 된다. 따라서 옵션거래 당사자의 손익을 합산하면 항상 0이 되는 영합게임(zero sum game)이다.

(6) 가치소모성자산

옵션가격은 내재가치와 시간가치로 구성된다. 시간가치는 만기일까지 잔존기간이 길수록 크지만 만기일에 근접할수록 감소하다가 만기일에는 시간가치가 소멸하는 소모성자산(decaying assct)이라고 할 수 있다.

---

1) 선도, 선물, 스왑은 거래당사자 모두에게 권리와 의무를 부여하지만 옵션은 매입자에게 권리만 부여하고 의무는 부여하지 않는다는 점에서 차이가 있다.

(7) 기초자산 발행기업과 무관

옵션거래는 기초자산을 발행하는 기업과 관계없이 옵션투자자들 상호간에 이루어지는 거래이다. 따라서 기초자산을 발행한 기업의 기업가치나 기초자산의 가격에 직접적으로 영향을 미치지 않는다.

3. 옵션거래의 종류

(1) 권리의 내용

콜옵션(call option)은 옵션의 거래대상인 기초자산을 행사가격으로 매입할 수 있는 권리가 부여된 옵션을 말한다. 풋옵션(put option)은 옵션의 거래대상인 기초자산을 행사가격으로 매도할 수 있는 권리가 부여된 옵션을 말한다.

(2) 권리의 행사시기

유럽형옵션(European option)은 옵션의 만기일에만 권리를 행사할 수 있는 옵션을 말한다. 반면에 미국형옵션(American option)은 만기일은 물론이고 만기일 이전에 언제든지 권리를 행사할 수 있는 옵션을 말하며 권리의 행사기회가 유럽형옵션보다 많아 다른 조건이 동일하면 유럽형옵션의 가격보다 높게 형성된다.

(3) 기초자산의 종류

옵션거래의 대상이 되는 기초자산이 농산물, 축산물, 귀금속, 에너지와 같은 일반상품이면 상품옵션(commodity option)이라고 하고, 기초자산이 주식, 주가지수, 통화, 금리와 같은 금융상품이면 금융옵션(financial option)이라고 한다.

① 개별주식옵션

개별주식옵션(stock option)은 한국거래소에 상장된 기업의 주식을 기초자산으로 하는 옵션을 말한다. 2002년 1월 7종목이 상장되었고, 2017년 6월말 30종목이 거래되고 있다. 한국거래소는 2005년 9월 26일 실물인수도방식을 현금결제방식으로 전환하여 투자자들이 주가변동위험을 효과적으로 관리할 수 있도록 하였다.

| 표 11-1 | 주식옵션의 상품내용

<table>
<tr><th>구 분</th><th>상품명세</th></tr>
<tr><td>기 초 자 산</td><td>유가증권시장 28종목, 코스닥시장 2종목(2017년 6월말 기준)</td></tr>
<tr><td>계 약 금 액</td><td>주식옵션가격×10(거래승수)</td></tr>
<tr><td>결 제 월</td><td>매월</td></tr>
<tr><td>상장결제월</td><td>3년 이내의 9개 결제월</td></tr>
<tr><td>가 격 표 시</td><td>프리미엄(원화)</td></tr>
<tr><td>호가가격단위</td><td><table>
<tr><th>옵션가격</th><th>호가단위</th><th>옵션가격</th><th>호가단위</th></tr>
<tr><td>1,000원 미만</td><td>10원</td><td>1,000원~2,000원</td><td>20원</td></tr>
<tr><td>2,000원~5,000원</td><td>50원</td><td>5,000원~10,000원</td><td>100원</td></tr>
<tr><td>10,000원 이상</td><td>200원</td><td></td><td></td></tr>
</table></td></tr>
<tr><td>거 래 시 간</td><td>09:00~15:45(최종거래일 09:00~15:20)</td></tr>
<tr><td>최종거래일</td><td>각 결제월의 두번째 목요일(공휴일인 경우 순차적으로 앞당김)</td></tr>
<tr><td>최종결제일</td><td>최종거래일의 다음 거래일</td></tr>
<tr><td>권 리 행 사</td><td>최종거래일에만 가능(유럽형 옵션)</td></tr>
<tr><td>결 제 방 법</td><td>현금결제</td></tr>
<tr><td>가격제한폭</td><td>기초자산 기준가격 대비 각 단계에 해당하는 옵션이론가격으로 확대
①±10% ②±20% ③±30%</td></tr>
<tr><td>단일가격경쟁거래</td><td>개장시(08:00~09:00) 및 최종거래일 이외의 거래종료시(15:35~15:45)</td></tr>
<tr><td>필요적 거래중단</td><td>현물가격 급변시 주식옵션거래 일시중단</td></tr>
</table>

② 주가지수옵션

주가지수옵션(stock index option)은 주식시장의 전반적인 동향을 나타내는 주가지수를 구성하는 주식포트폴리오를 기초자산으로 하는 옵션을 말한다. 주가지수옵션은 권리가 행사되면 행사일의 최종지수와 행사가격의 차이를 현금으로 결제하며 1997년 7월부터 KOSPI 200지수옵션이 거래되고 있다.

| 표 11-2 | 주가지수옵션의 상품내용

구 분	상품명세
기 초 자 산	KOSPI200
거 래 단 위	KOSPI200옵션가격×25만원(거래승수)
결 제 월	매월
상 장 결 제 월	비분기월 4개 및 분기월 7개(3, 9월 각1개, 6월 2개, 12월 3개)
가 격 표 시	프리미엄(포인트)
호가가격단위	• 프리미엄 10포인트 미만 : 0.01포인트 • 프리미엄 10포인트 이상 : 0.05포인트
최소가격변동금액	• 프리미엄 10포인트 미만 : 2,500원(25만원×0.01포인트) • 프리미엄 10포인트 이상 : 12,500원(25만원×0.05포인트)
거 래 시 간	09:00~15:45(최종거래일 09:00~15:20)
최 종 거 래 일	각 결제월의 두번째 목요일(공휴일인 경우 순차적으로 앞당김)
최 종 결 제 일	최종거래일의 다음 거래일
권 리 행 사	최종거래일에만 가능(유럽형)
결 제 방 법	현금결제

③ 통화옵션

통화옵션(currency option)은 외국통화를 기초자산으로 하는 옵션을 말하며 환위험을 관리하는 유용한 수단이다. 우리나라 한국거래소에 상장되어 거래되는 미국달러옵션은 기초자산이 미국달러화(US$)이고 권리행사의 유형은 최종거래일에만 가능한 유럽형 옵션이며 결제방식은 현금결제로 이루어진다.

| 표 11-3 | 미국달러옵션의 상품내용

구 분	상품명세
거 래 대 상	미국달러화(US$)
권 리 행 사	최종거래일에만 행사가능(유럽형옵션)
거 래 단 위	US $10,000
결 제 월 주 기	3, 6, 9, 12월 중 2개와 그 밖의 월 중 2개
상 장 결 제 월	6개월 이내의 4개 결제월
행사가격의 설정	등가격(ATM) 기준으로 10원 간격으로 상하 각 3개(총 7개)

가격표시	프리미엄(원화로 소수점 둘째자리까지 표시)
호가가격단위	0.10원
최소가격변동금액	1,000원(US $10,000×0.10)
가격제한폭	기준가격 대비 상하 ±4.5%
가격제한범위	블랙－숄즈옵션모형으로 산출한 가격을 상한과 하한으로 설정
포지션 한도	한국거래소가 필요하다고 판단되는 경우 설정가능
거래시간	월~금요일(09:00~15:45), 최종거래일(9:00~15:30)
최종거래일	결제월의 세번째 월요일(공휴일인 경우 순차적으로 앞당김)
최종결제일	최종거래일의 다음 거래일
옵션대금수수	거래일의 다음 영업일
최종결제방법	현금결제
권리행사기준가격	매매기준율(시장평균환율) : 외국환중개회사가 최종거래일에 거래된 환율 및 거래량을 가중평균한 환율로서 당일 외환시장 종료 후 공표

4. 옵션거래의 기능

옵션을 이용하면 손실의 위험이 제한되는 반면에 이이을 얻을 수 있는 레버리지효과는 크게 나타난다. 따라서 주식이나 채권과는 다른 투자수단을 제공하기 때문에 위험헤지와 투기수단으로 이용될 수 있다. 그리고 가격변동위험을 한정시킬 수 있어 선물과 더불어 주식투자의 수단으로 활용되고 있다.

(1) 위험헤지의 기능

옵션은 기초자산의 가격변동위험을 회피하거나 축소시킬 수 있는 위험헤지의 수단으로 활용될 수 있다. 따라서 미래에 기초자산가격이 유리한 방향으로 변화하면 권리를 행사하여 이익을 실현하고, 기초자산의 기격이 불리한 방향으로 변화하면 권리의 행사를 포기하여 손실을 옵션가격으로 제한할 수 있다.

(2) 레버리지의 기능

옵션은 기초자산에 비해 상대적으로 적은 투자비용으로 높은 투자수익률을 올릴 수 있는 레버리지의 수단으로 활용될 수 있다. 따라서 옵션을 이용하면 상대적으로 저렴한 옵션가격을 지불하고 주식투자의 효과를 달성할 수 있기 때문에 현물투자에 비해 손익변동률이 확대되는 레버리지효과가 발생한다.

(3) 합성증권의 창출

옵션을 현물, 선물, 다른 옵션과 결합하여 투자하면 다양한 손익구조를 복제하거나 새로운 손익구조를 창출할 수 있다. 파생상품을 이용하여 기존의 금융상품을 요소별로 분해한 다음 분해된 요소들을 재결합하여 혁신적인 금융상품을 개발하는 분야를 금융공학(financial engineering)이라고 한다.

(4) 위험한정의 기능

옵션매입자는 기초자산의 가격이 불리하게 변동할 경우에는 권리의 행사를 포기할 수 있기 때문에 최대손실액을 옵션가격으로 한정시킬 수 있다.

제2절 옵션의 만기가치

1. 콜옵션의 만기가치

(1) 콜옵션매입자

콜옵션은 만기일에 행사가격을 지불하고 기초주식을 살 수 있는 권리이기 때문에 콜옵션매입자는 만기일의 주가가 행사가격보다 높은 경우에는 콜옵션을 행사하여 S_T-E 만큼의 이익을 실현할 수 있다. 그러나 만기일의 주가가 행사가격보다 낮은 경우에는 콜옵션을 행사하지 않을 것이므로 콜옵션의 가치는 0이 된다.

$$C_T = Max[S_T-E, 0] \tag{11.1}$$

(2) 콜옵션매도자

콜옵션매도자는 만기일의 주가가 행사가격보다 높은 경우 콜옵션매입자가 권리를 행사하면 기초주식을 시장가격보다 낮은 행사가격에 매도해야 하므로 S_T-E만큼의 손실을 보게 된다. 그러나 만기일의 주가가 행사가격보다 낮은 경우에는 콜옵션매입자가 권리를 행사하지 않을 것이므로 콜옵션의 가치는 0이 된다.

$$C_T = Min[E - S_T, 0] \quad (11.2)$$

그림 11-2 콜옵션의 만기가치

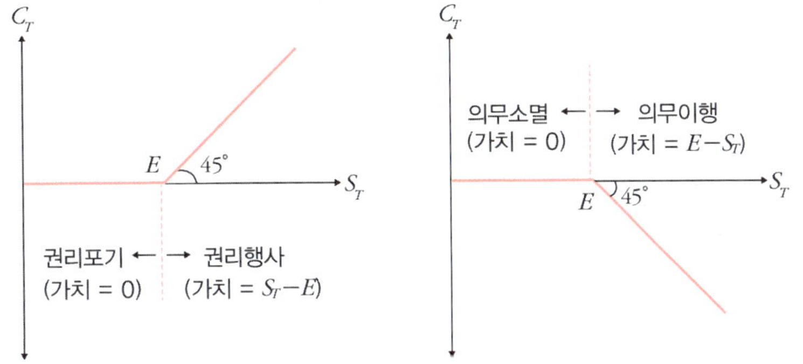

2. 풋옵션의 만기가치

(1) 풋옵션매입자

풋옵션은 만기일에 행사가격을 지불하고 기초주식을 팔 수 있는 권리이기 때문에 풋옵션매입자는 만기일의 주가가 행사가격보다 낮은 경우에는 풋옵션을 행사하여 $S_T - E$ 만큼의 이익을 실현할 수 있다. 그러나 만기일의 주가가 행사가격보다 높은 경우에는 풋옵션을 행사하지 않을 것이므로 풋옵션의 가치는 0이 된다.

$$P_T = Max[E - S_T, 0] \quad (11.3)$$

(2) 풋옵션매도자

풋옵션매도자는 만기일의 주가가 행사가격보다 낮은 경우 풋옵션매입자가 권리를 행사하면 기초주식을 시장가격보다 높은 행사가격에 매입해야 하므로 $S_T - E$만큼의 손실을 보게 된다. 그러나 만기일의 주가가 행사가격보다 높은 경우에는 풋옵션매입자가 권리를 행사하지 않을 것이므로 풋옵션의 가치는 0이 된다.

$$P_T = Min[S_T - E, 0] \quad (11.4)$$

▌그림 11-3▐ 풋옵션의 만기가치

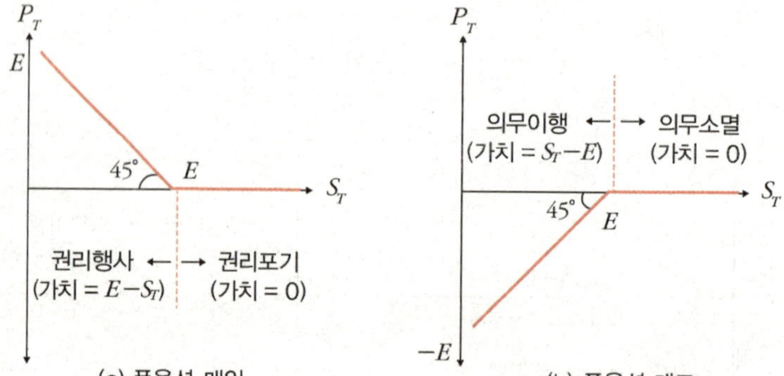

(a) 풋옵션 매입 (b) 풋옵션 매도

예제 11-1 옵션의 만기가치

서울기업 주식을 기초자산으로 하고 행사가격이 1,000원인 유럽형 콜옵션과 유럽형 풋옵션이 있다. 옵션만기일의 서울기업 주가가 각각 900원, 950원, 1,000원, 1,050원, 1,100원일 경우에 콜옵션매입자와 풋옵션매입자가 얻게 될 가치를 계산하고, 이를 이용하여 옵션만기일의 주가와 옵션가치의 관계를 도시하라.

풀이

만기일 주가(S_T)	900원	950원	1,000원	1,050원	1,100원
콜옵션 매입[*1]	0	0	0	50원	100원
풋옵션 매입[*2]	100원	50원	0	0	0

* 1 $S_T>1{,}000$원이면 $S_T-1{,}000$원, $S_T\le 1{,}000$원이면 0

* 2 $S_T<1{,}000$원이면 $1{,}000$원$-S_T$, $S_T\ge 1{,}000$원이면 0

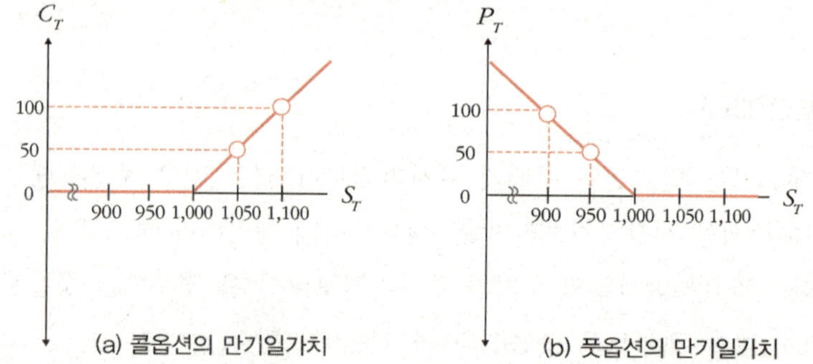

(a) 콜옵션의 만기일가치 (b) 풋옵션의 만기일가치

제3절 옵션의 투자전략

1. 순수포지션

순수포지션(naked position)은 하나의 주식이나 하나의 옵션만을 매입하거나 매도하는 전략을 말하며 기본포지션(uncovered position)이라고도 한다. 만기가치는 주식거래나 옵션의 권리행사에 따른 수익의 개념이며, 여기에 현재시점에서 주고받는 대가를 고려하면 만기손익이 된다.

(1) 주식의 매입과 공매

주식매입자는 매도시점의 주가(S_T)가 매입시점의 주가(S)보다 상승하면 주가가 상승한 것만큼 자본이득을 얻고, 주식공매자는 매입시점의 주가(S_T)가 매도시점의 주가(S)보다 하락하면 주가가 하락한 만큼 자본이득을 얻게 된다. 따라서 주식매입자(공매자)의 손익선은 주가와 정비례(반비례)하는 45°선으로 나타난다.

그림 11-4 주식거래의 손익

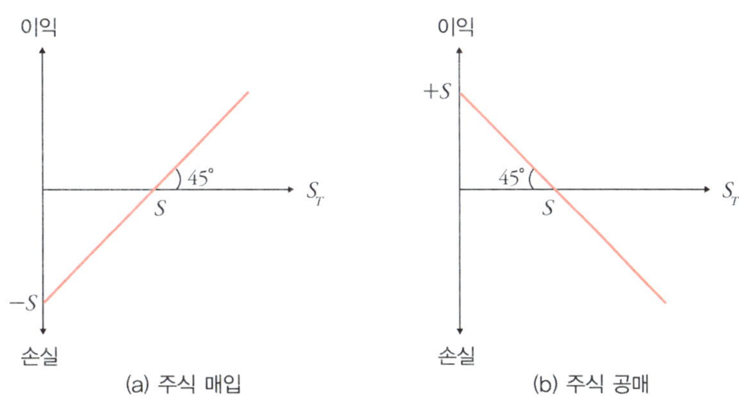

(2) 콜옵션의 매입과 매도

콜옵션매입은 옵션의 기초자산인 주식가격이 상승할 것으로 예상될 경우에, 콜옵션매도는 주식가격이 하락할 것으로 예상될 경우에 사용할 수 있는 투자전략이다. 따라서 콜옵션매입자는 만기일의 주식가격이 행사가격에 콜옵션가격을 가산한 가격 이상으로 상승해야 이익을 얻는다.

┃그림 11-5┃ 콜옵션의 손익

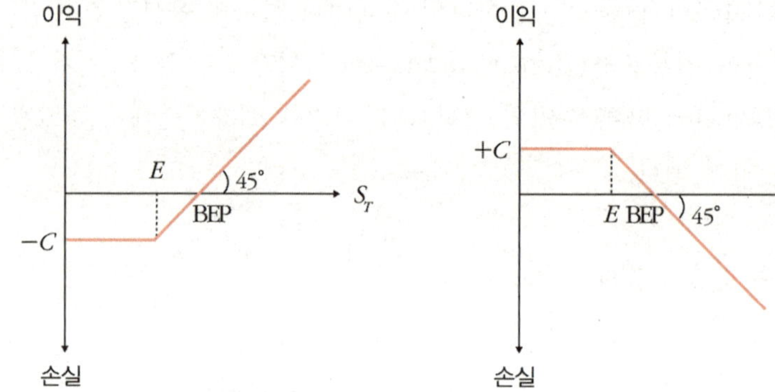

(a) 콜옵션 매입　　(b) 콜옵션 매도

(3) 풋옵션의 매입과 매도

풋옵션매입은 옵션의 기초자산인 주식가격이 하락할 것으로 예상될 경우에, 풋옵션매도는 주식가격이 상승할 것으로 예상될 경우에 사용할 수 있는 투자전략이다. 따라서 풋옵션매입자는 만기일의 주식가격이 행사가격에서 풋옵션가격을 차감한 가격 이상으로 하락해야 이익을 얻는다.

┃그림 11-6┃ 풋옵션의 손익

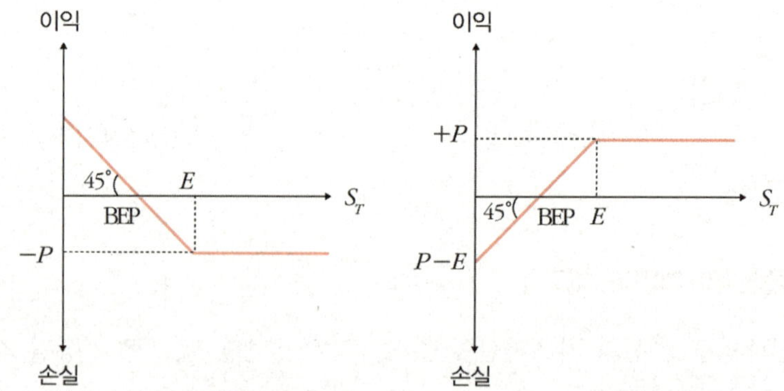

(a) 풋옵션 매입　　(b) 풋옵션 매도

2. 헤지포지션

헤지포지션(hedge position)은 주식과 옵션을 결합하여 주식의 손실을 옵션으로 보전하거나 옵션의 손실을 주식으로 보전하는 전략을 말한다. 따라서 주식을 매입하는 경우에는 콜옵션을 매도하거나 풋옵션을 매입하고, 주식을 공매하는 경우에는 콜옵션을 매입하거나 풋옵션을 매도한다.

(1) 커버된 콜 : 주식매입+콜옵션매도

커버된 콜옵션(covered call)은 주식을 1주 매입하고 그 주식을 기초자산으로 하며 현재주가를 행사가격으로 하는 콜옵션을 1개 매도하는 전략을 말한다. 주가가 상승할 경우에는 콜옵션매도의 손실을 주식매입의 이익으로 상쇄시켜 이익은 일정하지만 주가가 하락할 경우에 손실을 줄일 수 있다.

(2) 방어적 풋 : 주식매입+풋옵션매입

방어적 풋옵션(protective put)은 주식을 1주 매입하고 그 주식을 기초자산으로 하며 현재주가를 행사가격으로 하는 풋옵션을 1개 매입하는 전략을 말한다. 주가가 상승할 경우에 이익은 시세에 편승하면서 주가가 하락할 경우에 손실은 일정한 하한선 이하로 내려가지 않게 하도록 제한할 수 있다.

┃그림 11-7┃ 헤지포지션

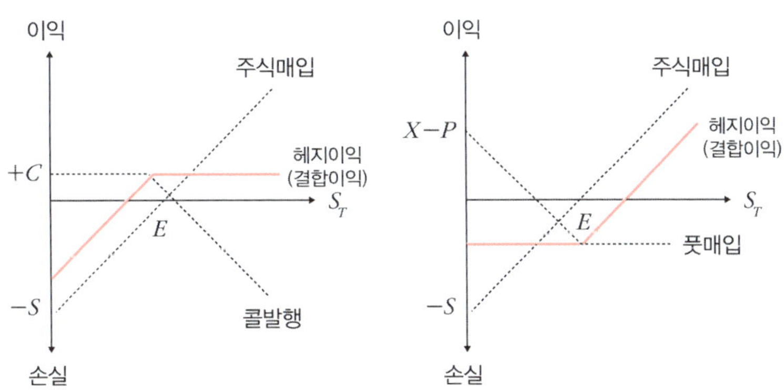

(a) 주식과 콜매도의 결합 (b) 주식과 풋매입의 결합

3. 스프레드

스프레드(spread)는 기초자산이 동일한 종류의 옵션 중에서 행사가격과 만기일이 상이한 옵션을 하나는 매입하고 다른 하나는 매도하는 전략을 말한다. 즉 스프레드는 두 개 이상의 콜옵션 또는 풋옵션을 결합시키는 전략으로 시장가격이 예상대로 변화할 경우에 이익을 얻지만 예상이 빗나가더라도 손실은 한정된다.

(1) 수직스프레드

수직스프레드(vertical spread)는 다른 조건은 같고 행사가격만 서로 다른 옵션을 하나는 매입하고 다른 하나는 매도하는 전략으로 가격스프레드(price spread)라고도 한다. 수직스프레드는 행사가격이 낮은 옵션과 높은 옵션 중에서 어떤 것을 매입 또는 매도하느냐에 따라 강세스프레드와 약세스프레드로 구분된다.

1) 강세스프레드

강세스프레드(bull spread)는 기초주식의 가격이 강세(bull market)를 보일 것으로 예상될 경우에 행사가격이 낮은 옵션은 매입하고 행사가격이 높은 옵션은 매도하는 전략을 말하며 주가가 상승할 경우에 얻을 수 있는 이익과 주가가 하락할 경우에 발생하는 손실을 일정한 수준으로 한정시킨다.

① 강세콜스프레드

강세콜스프레드는 기초주식과 만기일이 동일한 두 가지 콜옵션 중에서 행사가격이 낮은 콜옵션은 매입하고, 행사가격이 높은 콜옵션은 매도하는 전략을 말한다. 따라서 만기일에 기초주식의 가격이 두 행사가격보다 하락하면 최대손실이 발생하고 두 행사가격보다 상승하면 최대이익이 발생한다.[2)]

② 강세풋스프레드

강세풋스프레드는 기초주식과 만기일이 동일한 두 가지 풋옵션 중에서 행사가격이 낮은 풋옵션은 매입하고, 행사가격이 높은 풋옵션은 매도하는 전략을 말한다. 따라서 만

2) 강세콜스프레드는 행사가격이 낮은 콜옵션은 매입하고 행사가격이 높은 콜옵션은 매도하므로 행사가격이 높은 콜옵션의 프리미엄은 매입비용이 되고 행사가격이 낮은 콜옵션의 프리미엄은 매도수입이 된다.

기일에 기초주식의 가격이 두 행사가격보다 상승하면 최대손실이 발생하고 두 행사가격보다 하락하면 최대이익이 발생한다.

2) 약세스프레드

약세스프레드(bear spread)는 기초주식의 가격이 약세(bear market)를 보일 것으로 예상될 경우 행사가격이 낮은 옵션은 매도하고 행사가격이 높은 옵션은 매입하는 전략을 말하며 주가가 하락할 경우에 얻을 수 있는 이익과 주가가 상승할 경우에 발생하는 손실을 일정한 수준으로 한정시킨다.

① 약세콜스프레드

기초주식과 만기일이 동일한 두 가지 콜옵션 중에서 행사가격이 낮은 콜옵션은 매도하고 행사가격이 높은 콜옵션은 매입하는 전략을 말한다.

② 약세풋스프레드

기초주식과 만기일이 동일한 두 가지 풋옵션 중에서 행사가격이 낮은 풋옵션은 매도하고 행사가격이 높은 풋옵션은 매입하는 전략을 말한다.

┃그림 11-8┃ 수직스프레드

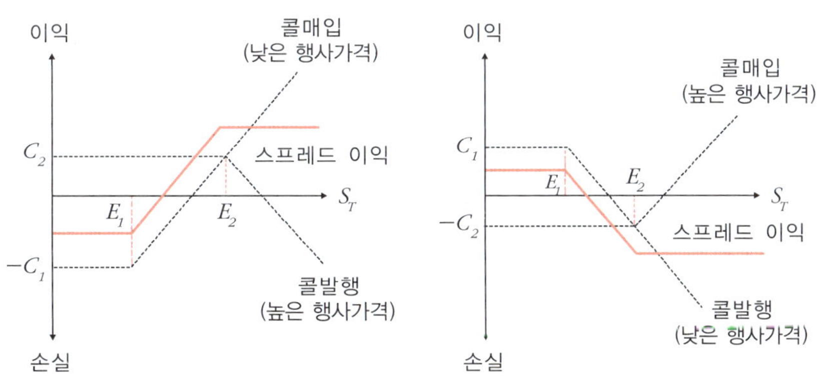

(a) 강세스프레드 (b) 약세스프레드

(2) 수평스프레드

수평스프레드(horizontal spread)는 다른 조건은 같고 만기일만 서로 다른 옵션을 하나는 매입하고 다른 하나는 매도하는 전략으로 시간스프레드(time spread)라고도 한다. 즉 옵션의 시간가치의 차이에 착안하여 기초자산인 주식가격이 행사가격 부근에서 크게 변동하지 않을 때 효과적인 전략이다.

1) 콜옵션의 경우

만기일까지 기간이 짧은 콜옵션은 매도하고 만기일까지 기간이 긴 콜옵션은 매입하여 수평스프레드를 만들면 기초주가가 단기콜옵션의 행사가격에 가까울수록 이익을 실현하고 기초주가가 매우 낮거나 높은 경우에 손실이 발생한다.

2) 풋옵션의 경우

만기일까지 기간이 짧은 풋옵션은 매도하고 만기일까지 기간이 긴 풋옵션은 매입하여 수평스프레드를 만들면 기초주가가 단기풋옵션의 행사가격에 가까울수록 이익을 실현하고 기초주가가 매우 낮거나 높은 경우에 손실이 발생한다.

(3) 나비형 스프레드

나비형 스프레드(butterfly spread)는 미래 기초주식의 가격이 세 개의 행사가격 중에서 중간의 행사가격과 일치할 것으로 예상될 경우 취하는 스프레드를 말하며 나비형 콜스프레드와 나비형 풋스프레드로 구분된다.

① 나비형 콜스프레드

나비형 콜스프레드는 기초주식과 만기일은 동일하지만 행사가격이 가장 낮은 콜옵션과 가장 높은 콜옵션은 한 개씩 매입하고 행사가격이 중간인 콜옵션은 두 개 매도하는 전략을 말한다. 기초자산인 주식가격이 비교적 좁은 범위내에서 변동할 경우에 이익을 얻을 수 있다.

② 나비형 풋스프레드

나비형 풋스프레드는 기초주식과 만기일은 동일하지만 행사가격이 가장 낮은 풋옵션과 가장 높은 풋옵션은 한 개씩 매입하고 행사가격이 중간인 풋옵션은 두 개 매도하는 전략을 말한다. 기초자산인 주식가격이 비교적 좁은 범위내에서 변동할 경우에 이익을 얻을 수 있다.

(4) 샌드위치형 스프레드(sandwitch spread)

나비형 스프레드와 반대로 행사가격이 가장 낮은 옵션과 가장 높은 옵션은 한 개씩 매도하고 행사가격이 중간인 옵션은 두 개 매입하는 전략으로 주가가 가장 낮은 행사가격과 가장 높은 행사가격의 범위를 벗어나서 크게 변동할 경우에 유리하며 역나비형 스프레드(reverse butterfly spread)라고도 한다.

┃그림 11-9┃ 나비형 스프레드

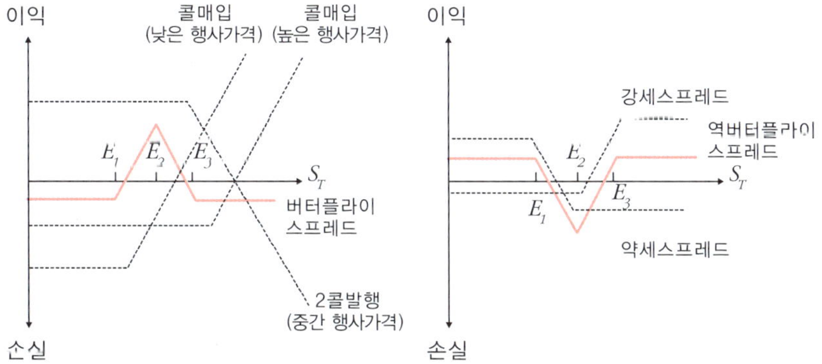

4. 콤비네이션

콤비네이션(combination)은 기초자산이 동일한 콜옵션과 풋옵션을 동시에 매입하거나 매도하는 전략을 말한다. 스프레드는 동일한 종류의 옵션을 결합한다. 그러나 콤비네이션은 상이한 종류의 옵션을 결합하는데 결합하는 방법에 따라 스트래들, 스트립, 스트랩, 스트랭글로 구분된다.

(1) 스트래들

스트래들(straddle)은 기초사산, 행사가격, 만기일이 동일한 콜옵션과 풋옵션을 동일한 비율로 동시에 매입하거나 매도하는 전략이다. 이는 주가변동이 매우 클 것으로 예상되지만 방향을 알 수 없을 때 유용하며 두 옵션을 동시에 매입하면 스트래들 매입, 동시에 매도하면 스트래들 매도라고 한다.

기초자산의 가격이 행사가격과 옵션프리미엄을 합한 가격보다 크게 변동할 것으로 예상이 되면 스트래들을 매입하고, 적게 변동할 것으로 예상이 되면 스트래들을 매도한다. 스트래들 매입자(매도자)는 기초자산의 가격변동성이 높은(낮은) 경우에 이익을 얻기 때문에 변동성매입자(매도자)라고 한다.

┃그림 11-10┃ 스트래들

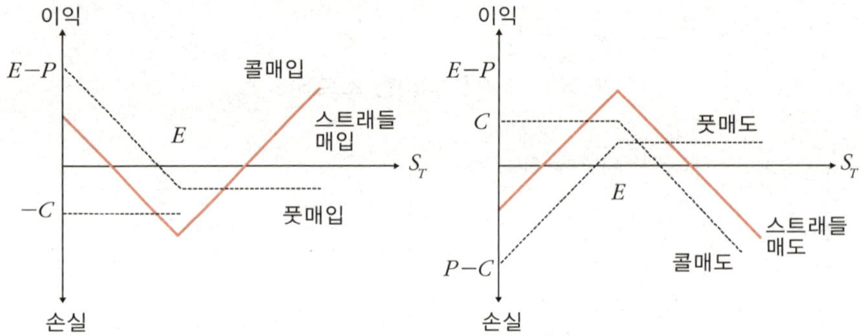

(a) 스트래들 매입 (b) 스트래들 매도

(2) 스트립과 스트랩

스트립과 스트랩은 기초주식, 행사가격, 만기일이 동일한 콜옵션과 풋옵션을 동시에 결합하면서 결합비율만 서로 다르게 하는 전략을 말하며 주가의 변동성이 높은 경우에 유용하다. 스트립(strip)은 콜옵션 한 개와 풋옵션 두 개를 결합하고 스트랩(strap)은 콜옵션 두 개와 풋옵션 한 개를 결합한다.

(3) 스트랭글

스트랭글(strangle)은 기초주식과 만기일이 동일하지만 행사가격이 서로 다른 콜옵션과 풋옵션을 한 개씩 또는 동일한 비율로 매입하거나 매도하는 전략을 말한다. 여기서 콜옵션매입과 풋옵션매입의 결합은 스트랭글 매입이라고 하고, 콜옵션매도와 풋옵션매도의 결합은 스트랭글 매도라고 한다.

기초주가가 두 옵션의 행사가격과 프리미엄을 합한 가격보다 크게 변할 것으로 예상되면 스트랭글을 매입하고 적게 변화할 것으로 예상되면 스트랭글을 매도한다. 스트랭글매입자는 기초주가가 두 행사가격의 범위를 크게 벗어날 때 이익을 얻고 스트랭글매도자는 기초주가가 두 행사가격의 범위내에서 움직일 때 이익을 얻는다.

┃그림 11-11┃ 스트랭글

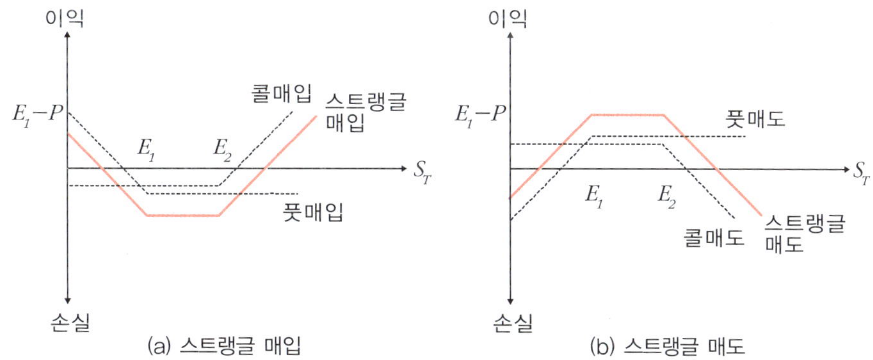

5. 옵션투자전략의 활용

옵션은 투자자에게 다양한 투자기회를 제공하고 옵션과 현물, 옵션과 선물, 옵션과 다른 옵션과의 결합 등을 통해 투자자들이 원하는 다양한 형태의 이익을 실현할 수 있는 투자전략을 구사할 수 있다. 옵션을 이용한 투자전략은 기초자산인 주가의 변동방향과 주가의 변동정도에 따라 다음과 같이 달라진다.

(1) 기초주식가격의 변동방향

① 주식가격에 대한 강세전략

기초주식의 가격이 상승할 경우에 이익을 얻을 수 있는 전략에는 콜옵션매입, 풋옵션매도, 강세스프레드 등이 있다.

② 주식가격에 대한 약세전략

기초주식의 가격이 하락할 경우에 이익을 얻을 수 있는 전략에는 콜옵션매도, 풋옵션매입, 약세스프레드 등이 있다.

(2) 기초주식가격의 변동정도

① 주가변동성에 대한 강세전략

기초주식의 가격변동성이 현재 수준에서 크게 변동할 경우에 이익을 얻을 수 있는 전략에는 샌드위치형 스프레드, 스트래들 매입, 스트랭글 매입 등이 있다.

② 주가변동성에 대한 약세전략

기초주식의 가격변동성이 현재 수준에서 작게 변동할 경우에 이익을 얻을 수 있는 전략에는 버터플라이스프레드, 스트래들 매도, 스트랭글 매도 등이 있다.

❙그림 11-12❙ 옵션투자전략

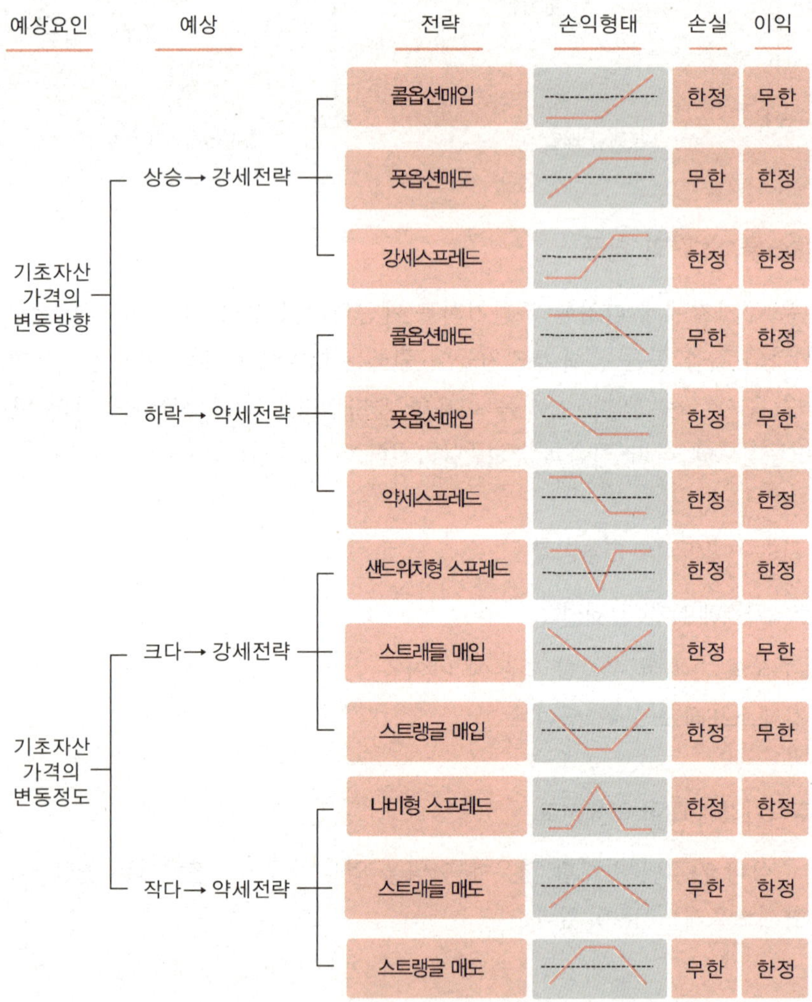

제4절 옵션가격결정의 개요

1. 옵션가격의 결정요인

옵션은 정해진 조건에 따라 기초자산을 매입하거나 매도할 수 있는 권리이기 때문에 옵션의 가격은 기초자산의 특성과 옵션의 조건에 따라 달라진다. 구체적으로는 기초자산의 현재가격(S), 행사가격(E), 옵션의 만기(T), 기초자산의 분산(σ^2), 무위험이자율(R_f), 기초자산의 배당(D) 등이 옵션가격에 영향을 미친다.

$$C \text{ 또는 } P = f(S,\ E,\ T,\ \sigma^2,\ R_f,\ D) \tag{11.5}$$

(1) 콜옵션가격

옵션가격에 영향을 미치는 다른 요인이 일정하다는 가정하에서 옵션가격의 결정요인이 S−E의 값을 커지게 하는 방향으로 영향을 미치면 콜옵션가격은 상승한다. 즉 기초자산의 현재가격, 만기까지 잔존기간, 기초자산의 가격분산, 무위험이자율과는 정(+)의 관계에 있고 행사가격과 기초자산의 배당과는 부(−)의 관계에 있다.

(2) 풋옵션가격

옵션가격에 영향을 미치는 다른 요인이 일정하다는 가정하에서 옵션가격의 결정요인이 E−S의 값을 커지게 하는 방향으로 영향을 미치면 풋옵션가격은 상승한다. 즉 행사가격, 만기까지 잔존기간, 기초자산의 가격분산, 기초자산의 배당과는 정(+)의 관계에 있고 기초자산의 현재가격, 무위험이자율과는 부(−)의 관계에 있다.

┃표 11-4┃ 옵션가격의 결정요인

결정요인	콜옵션가격	풋옵션가격
기초자산의 현재가격↑	상승	하락
행사가격↑	하락	상승
만기까지 잔존기간↑	상승	상승
기초자산의 가격분산↑	상승	상승
무위험이자율↑	상승	하락
기초자산의 현금배당↑	하락	상승

2. 옵션가격의 결정범위

옵션매입자는 권리를 보유하는 대신 옵션매도자에게 지불하는 권리에 대한 대가인 콜옵션가격과 풋옵션가격은 시장균형상태에서 상한과 하한의 일정한 범위내에서 결정된다. 이러한 옵션가격의 범위는 차익거래에 의해 유도되며 콜옵션가격과 풋옵션가격간에도 차익거래의 원리에 따라 일정한 관계식이 성립한다.

(1) 콜옵션가격

옵션의 최종거래일까지 기초주식에 대해 배당이 지급되지 않는다고 가정하면, 콜옵션가격은 다음과 같은 특성을 갖는다.

첫째, 콜옵션가격은 기초주식의 가격보다 클 수 없다. → $C \leq S$

콜옵션은 기초자산을 행사가격에 매입할 수 있는 권리이므로 콜옵션가격은 기초자산의 가격보다 클 수는 없다. 콜옵션가격이 기초자산의 가격보다 크면 콜옵션을 매도하고 기초자산을 매입하는 차익거래로 이익을 얻을 수 있다.

둘째, 콜옵션가격은 0보다 크거나 같다. → $C \geq 0$

옵션은 유리한 경우에만 권리를 행사하고 불리한 경우에는 행사하지 않아도 되는 권리만 있을 뿐 의무는 없다. 따라서 행사가격을 지불하고 주식을 매입할 수 있는 권리행사에 대한 콜옵션가격은 어떠한 경우에도 0 이상의 가치를 갖는다.

셋째, 콜옵션가격은 기초주식의 가격에서 행사가격의 현재가치를 차감한 값보다 크거나 같다. → $C \geq S-PV(E)$

이상의 세 가지 조건에서 첫째는 콜옵션가격의 상한이고 둘째와 셋째는 콜옵션가격의 하한에 해당하기 때문에 콜옵션가격의 결정범위는 다음과 같다. 콜옵션가격은 기초자산인 주가의 증가함수이므로 우상향하는 곡선으로 나타난다.

$$\text{Max}[S-PV(E),\ 0] \leq C \leq S \tag{11.6}$$

| 그림 11-13 | 콜옵션가격의 결정범위

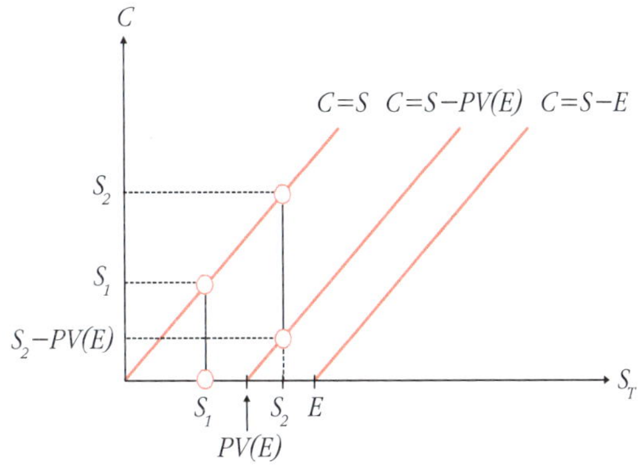

예제 11-2 콜옵션가격의 결정범위

연세기업의 현재 주가는 45,000원이고 이산복리 무위험이자율은 연 5%이다. 옵션시장에서 연세동기업 주식을 기초자산으로 하고 행사가격이 42,000원이며 만기가 1년인 유럽형 콜옵션이 거래되고 있다고 가정하여 다음 물음에 답하시오.

1. 유럽형 콜옵션의 가격결정범위를 구하시오.
2. 유럽형 콜옵션가격이 3,000원일 경우 차익거래과정을 설명하시오.
3. 유럽형 콜옵션가격이 47,000원일 경우 차익거래과정을 설명하시오.

풀이

1. 유럽형 콜옵션의 가격결정범위는 다음과 같이 제시할 수 있다.

   ① C ≤ S = 45,000원

   ② C ≥ Max[S−PV(E)] = $Max[45,000-\frac{42,000}{1.05}, 0] = 5,000$원

   ∴ 5,000원 ≤ C ≤ 45,000원

2. 유럽형 콜옵션가격 3,000원은 하한기격 5,000원보나 삭으므로 콜옵션은 과소평가되고 S−PV(E)은 과대평가되어 있다. 따라서 과대평가된 S−PV(E)를 매도하고 과소평가된 콜옵션을 매입하면 현재시점에서 2,000원의 이익을 얻을 수 있다.

거래	현재의 현금흐름	만기의 현금흐름	
		$S_T > 42,000$	$S_T < 42,000$
주식공매 무위험할인채매입 콜옵션매입	45,000 -40,000 -3,000	$-S_T$ 42,000 $S_T - 42,000$	$-S_T$ 42,000 0
합계	2,000	0	$42,000 - S_T > 0$

3. 유럽형 콜옵션가격 47,000원은 기초주식의 현재가격 45,000원보다 클 수 없으므로 콜옵션은 과대평가되고 S-PV(E)은 과소평가되어 있다. 따라서 과대평가된 콜옵션을 매도하고 과소평가된 S-PV(E)를 매입하면 현재시점에서 2,000원의 이익을 얻을 수 있다.

거래	현재의 현금흐름	만기의 현금흐름	
		$S_T > 42,000$	$S_T < 42,000$
주식공매 콜옵션매입	47,000 -45,000	$-(S_T-42,000)$ S_T	0 S_T
합계	2,000	42,000	$S_T > 0$

(2) 풋옵션가격

옵션의 최종거래일까지 기초주식에 대해 배당이 지급되지 않는다고 가정하면, 풋옵션가격은 다음과 같은 특성을 갖는다.

첫째, 풋옵션가격은 행사가격의 현재가치보다 클 수 없다. → $P \leq PV(E)$

풋옵션의 매입시 최대이익은 행사가격이므로 풋옵션가격은 행사가격을 무위험이자율로 할인한 현재가치보다 클 수 없다. 풋옵션가격이 행사가격의 현재가치보다 크면 풋옵션을 매도하고 무위험채권을 매입하는 차익거래로 이익이 발생한다.

둘째, 풋옵션가격은 부(-)가 될 수 없다. → $P \geq 0$

옵션은 유리한 경우에만 권리를 행사하고 불리한 경우에는 행사하지 않아도 되는 권리만 있을 뿐 의무는 없다. 따라서 행사가격을 지불하고 주식을 매도할 수 있는 권리행사에 대한 풋옵션가격은 어떠한 경우에도 0 이상의 가치를 갖는다.

셋째, 풋옵션가격은 행사가격의 현재가치에서 기초주식의 현재가격을 차감한 값보다 크다. → $P \geq PV(E) - S$

이상의 세 가지 조건에서 첫째는 풋옵션가격의 상한이고 둘째와 셋째는 풋옵션가격의 하한에 해당하기 때문에 풋옵션가격의 결정범위는 다음과 같다. 풋옵션가격은 기초자산인 주가의 감소함수이므로 우상향하는 곡선으로 나타난다.

$$\mathrm{Max}[PV(E)-S,\ 0] \le P \le PV(E) \tag{11.7}$$

그림 11-14 풋옵션가격의 결정범위

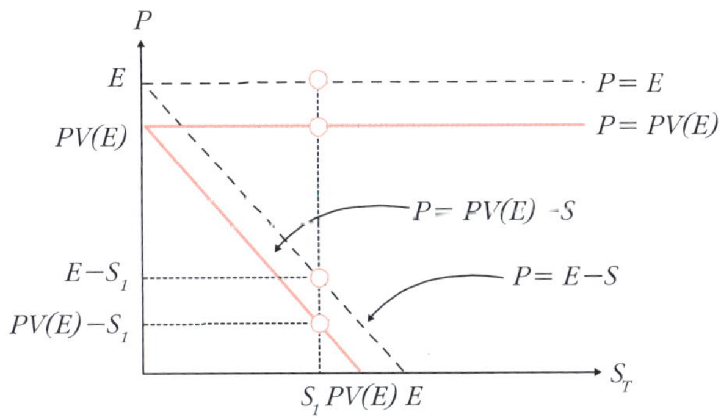

예제 11-3 풋옵션가격의 결정범위

서강기업의 현재 주가는 37,000원이고 이산복리 무위험이자율은 연 5%이다. 옵션시장에서 서강기업 주식을 기초자산으로 하고 행사가격이 42,000원이며 만기가 1년인 유럽형 풋옵션이 거래되고 있다고 가정하여 다음 물음에 답하시오.

1. 유럽형 풋옵션의 가격결정범위를 구하시오.
2. 유럽형 풋옵션가격이 2,000원일 경우 차익거래과정을 설명하시오.
3. 유럽형 콜옵션가격이 42,000원일 경우 차익거래과정을 설명하시오.

풀이

1. 유럽형 풋옵션의 가격결정범위는 다음과 같이 제시할 수 있다.

① $P \le PV(E) = \dfrac{42{,}000}{1.05} = 40{,}000$원

② $P \geq Max[PV(E) - S, O] = Max[\frac{42,000}{1.05}, 0] = 3,000$원

∴ 3,000원 ≤ C ≤ 40,000원

2. 유럽형 풋옵션가격 2,000원은 하한가격 3,000원보다 작으므로 풋옵션은 과소평가되고 PV(E)−S는 과대평가되어 있다. 따라서 과대평가된 PV(E)−S를 매도하고 과소평가된 풋옵션을 매입하면 현재시점에서 1,000원의 이익을 얻을 수 있다.

거래	현재의 현금흐름	만기의 현금흐름	
		S_T>42,000	S_T<42,000
무위험할인채공매 주식매입 풋옵션매입	40,000 −37,000 −2,000	−42,000 S_T 0	−42,000 S_T 42,000−S_T
합계	1,000	S_T−42,000	0

3. 유럽형 풋옵션가격 42,000원은 행사가격의 현재가치 40,000원보다 클 수 없으므로 풋옵션은 과대평가되고 PV(E)−S는 과소평가되어 있다. 따라서 과대평가된 풋옵션을 매도하고 과소평가된 무위험할인채를 매입하면 현재시점에서 2,000원의 이익을 얻을 수 있다.

거래	현재의 현금흐름	만기의 현금흐름	
		S_T>42,000	S_T<42,000
풋옵션매도 무위험할인채매입	42,000 −40,000	0 42,000	−(42,000−S_T) 42,000
합계	2,000	42,000	S_T>0

3. 옵션가격의 구성요소

옵션은 약정에 따라 기초자산을 매입하거나 매도할 수 있는 권리를 말한다. 옵션가격은 옵션매입자가 계약이행의 선택권을 갖는 대가로 옵션매도자에게 지불하는 가격을 말하며 옵션프리미엄(option premium)이라고도 한다. 옵션의 최종거래일 이전에 옵션가격은 내재가치와 외재가치로 구성된다.

(1) 내재가치(intrinsic value)

옵션의 내재가치는 옵션매입자가 지금 당장 옵션의 권리를 행사했을 경우에 발생하는 가치를 말한다. 내재가치는 기초자산의 가격과 행사가격을 비교해서 결정되고 행사가치(exercise value) 또는 경제적 가치(economic value)라고도 한다. 따라서 옵션의 내재가치는 옵션이 가지고 있는 현재의 행사가치를 나타낸다.

콜옵션은 현재주가가 행사가격보다 높은 내가격상태에 있으면 옵션을 행사하여 S−E만큼의 내재가치를 얻을 수 있다. 그러나 등가격상태나 외가격상태에 있으면 옵션을 행사하지 않을 것이므로 내재가치는 0이 된다. 따라서 콜옵션의 내재가치는 기초자산의 가격과 행사가격의 차이와 0 중에서 큰 값으로 측정한다.

$$\text{콜옵션의 내재가치} = Max[S-E,\ 0] \tag{11.8}$$

풋옵션은 현재주가가 행사가격보다 낮은 내가격상태에 있으면 옵션을 행사하여 E−S만큼의 내재가치를 얻을 수 있다. 그러나 등가격상태나 외가격상태에 있으면 옵션을 행사하지 않을 것이므로 내재가치는 0이 된다. 따라서 풋옵션의 내재가치는 행사가격과 기초자산의 가격의 차이와 0 중에서 큰 값으로 측정한다.

$$\text{풋옵션의 내재가치} = Max[E-S,\ 0] \tag{11.9}$$

옵션은 기초자산의 현재가격과 행사가격을 비교하여 어느 위치에 있느냐에 따라 내가격옵션(ITM), 등가격옵션(ATM), 외가격옵션(OTM)으로 구분된다.

| 표 11-5 | 옵션의 상태

구 분	콜옵션	풋옵션
내가격(ITM)	기초자산가격(S) > 행사가격(E)	기초자산가격(S) < 행사가격(E)
등가격(ATM)	기초자산가격(S) = 행사가격(E)	기초자산가격(S) = 행사가격(E)
외가격(OTM)	기초자산가격(S) < 행사가격(E)	기초자산가격(S) > 행사가격(E)

(2) 외재가치(extrinsic value)

옵션의 외재가치는 옵션의 최종거래일까지 잔존기간 동안 옵션이 유리한 방향으로 변동하여 옵션가치가 상승할 것이라고 예상하는 옵션매입자의 기대가 반영되어 있는 가치를 말하며 시간가치(time value)라고도 한다. 옵션의 시간가치는 옵션가격에서 내재가치를 차감하여 다음과 같이 구할 수 있다.

$$\text{시간가치} = \text{옵션가격} - \text{내재가치} \tag{11.10}$$

콜옵션(풋옵션)의 내재가치는 주가가 상승(하락)할수록 증가하고 옵션의 시간가치는 콜옵션과 풋옵션에 관계없이 잔존만기가 길수록 증가한다. 옵션의 시간가치는 콜옵션과 풋옵션에 관계없이 등가격옵션(ATM)에서 가장 크고 내가격옵션(ITM)에서는 감소하며 외가격옵션(OTM)에서는 내재가치는 없고 시간가치만 존재한다.

| 그림 11-15 | 옵션가격의 구성

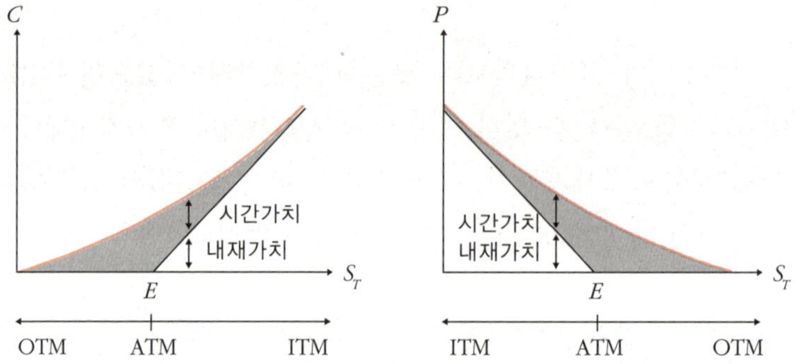

(a) 콜옵션　　　(b) 풋옵션

예제 11-4 옵션가격의 구성

현재 한국거래소 옵션시장에는 강남기업 주식을 기초자산으로 하고 행사가격이 42,000원이며 만기가 1년인 유럽형 콜옵션과 풋옵션이 거래되고 있다. 이산복리 무위험이자율이 5%라고 가정하여 다음 물음에 답하시오.

1. 강남기업 주식의 현재가격이 45,000원이고 콜옵션가격이 5,000원일 경우 콜옵션의 내재가치와 시간가치를 구하시오.
2. 강남기업 주식의 현재가격이 37,000원이고 풋옵션가격이 6,000원일 경우 풋옵션의 내재가치와 시간가치를 구하시오.

풀이

1. 콜옵션가격을 내재가치와 시간가치로 구분하면 다음과 같다.
   ① 내재가치 = Max[S−E, 0] = Max[45,000−42,000, 0] = 3,000원
   ② 시간가치 = 콜옵션가격−내재가치 = 5,000−3,000 = 2,000원
2. 풋옵션가격을 내재가치와 시간가치로 구분하면 다음과 같다.
   ① 내재가치 = Max[E−S, 0] = Max[42,000−37,000, 0] = 5,000원
   ② 시간가치 = 풋옵션가격−내재가치 = 6,000−5,000 = 1,000원

4. 풋-콜 등가

(1) 풋-콜 등가의 정의

시장균형상태에서 기초자산, 행사가격, 만기일이 모두 동일한 콜옵션가격과 풋옵션가격은 일정한 등가관계를 갖는데, 이를 풋-콜 등가(put-call parity)라고 한다. 즉 주식, 풋옵션 그리고 콜옵션을 이용하여 무위험헤지포트폴리오를 구성할 경우에 콜옵션가격과 풋옵션가격간의 등가관계를 말한다.

(2) 풋-콜 등가의 도출

주식 1주를 매입하고 이 주식을 기초자산으로 하는 풋옵션 1개를 매입하며 풋옵션과 행사가격 및 만기일이 동일한 콜옵션 1개를 매도하는 포트폴리오를 구성하면 옵션만기일에 포트폴리오가치는 만기일의 주가변동에 관계없이 행사가격 E로 항상 동일하게 유지되어 무위험헤지상태에 있게 된다.

| 표 11-6 | 무위험헤지포트폴리오의 구성

거 래	현재가치	만기가치	
		$S_T > E$	$S_T < E$
주 식 매 입	S	S_T	S_T
풋 옵 션 매 입	P	0	$E-S_T$
콜 옵 션 매 도	$-C$	$-(S_T-E)$	0
합계	$S+P-C$	E	E

무위험헤지포트폴리오를 구성한 투자자는 만기일의 주가변동에 관계없이 아무런 위험을 부담하지 않아 이러한 포트폴리오의 수익률은 시장균형상태에서 무위험이자율과 같아야 한다. 즉 무위험헤지포트폴리오의 현재가치(PV)는 포트폴리오의 만기가치(FV)를 무위험이자율로 할인한 현재가치와 동일해야 한다.

$$S+P-C = \frac{E}{(1+R_f)^T} = PV(E) \leftarrow PV = \frac{FV_T}{(1+r)^T} \qquad (11.11)$$

그리고 무위험헤지포트폴리오 최종거래일의 현금흐름(FV)은 현재의 투자금액(PV)을 무위험이자율로 투자한 결과와 동일해야 한다.

$$(S+P-C)(1+R)^T = E \leftarrow PV(1+r)^T = FV_T \tag{11.12}$$

┃그림 11-16┃ 무위험헤지포트폴리오

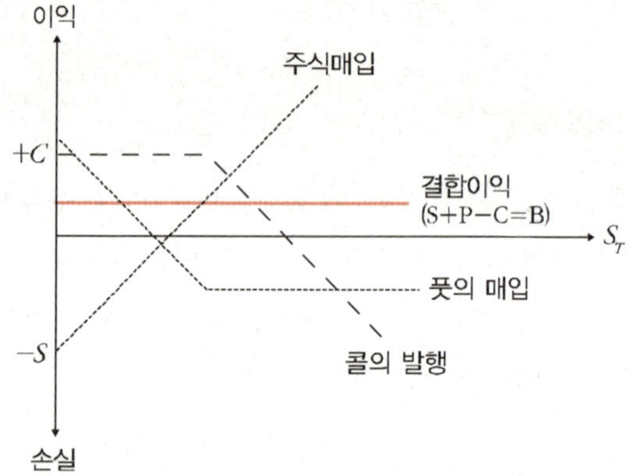

(3) 풋-콜 등가의 의미

시장균형상태에서 콜옵션가격과 풋옵션가격간의 균형관계를 나타내는 풋-콜 등가는 옵션가격을 결정하거나 옵션을 이용한 투자전략을 수립하는 데 유용하게 사용되는 중요한 식이다. 풋-콜 등가에 의한 균형관계가 성립하지 않으면 차익거래가 발생하고 차익거래로 인해 풋-콜 등가가 성립하는 균형상태로 돌아간다.

첫째, 콜옵션가격과 풋옵션가격 중에서 어느 하나의 옵션가격을 알게 되면 모든 조건이 동일한 다른 옵션의 가격은 풋-콜 등가를 이용하여 쉽게 구할 수 있다. 예컨대 콜옵션가격을 알고 있다면 콜옵션과 모든 조건이 동일한 풋옵션가격은 풋-콜 등가를 이용하여 다음과 같이 구할 수 있다.

$$S+P-C = PV(E) \rightarrow P = C-S+PV(E) \tag{11.13}$$

둘째, 무위험헤지포트폴리오의 수익은 액면가액이 E인 순수할인채를 매입한 것과 동일한 효과를 갖는다. 이러한 순수할인채의 현재가격을 B로 표시하면 다음과 같이 나타낼 수 있다.

$$PV(E) = S + P - C \rightarrow B = S + P - C \tag{11.14}$$

셋째, 주식, 콜옵션, 풋옵션, 순수할인채를 적절히 결합하면 다양한 형태의 합성포지션(synthetic position)을 창출할 수 있다. 그리고 풋-콜 등가를 통해서 등가격옵션(ATM)의 경우 콜옵션가격은 풋옵션가격보다 행사가격에 대한 화폐의 시간가치만큼 높다는 것을 알 수 있다.

【표 11-7】 합성포지션

합성포지션	풋-콜 등가(+는 매입, -는 매도)
합성주식	$S = C - P + PV(E)$
합성풋	$P = C - S + PV(E)$
합성콜	$C = S + P - PV(E)$
합성할인채	$PV(E) = S + P - C$
합성커버된 콜	$S - C = -P + PV(E)$
합성커버된 풋	$S + P = C + PV(E)$

예제 11-5 풋-콜 등가와 차익거래

건국기업의 현재 주가는 21,000원이고 이 주식을 기초자산으로 하고 행사가격이 22,000원이며 만기까지 1년 남아있는 콜옵션가격은 2,000원이다. 이산복리무위험이자율이 10%라고 가정하여 다음 물음에 답하시오.

1. 시장균형상태에서 위의 콜옵션과 조건이 동일한 풋옵션의 가격을 구하시오.
2. 위의 풋옵션이 시장에서 1,300원에 거래될 경우 차익거래과정을 설명하시오.
3. 위의 풋옵션이 시장에서 700원에 거래될 경우에 차익거래과정을 설명하시오.

풀이

1. 시장균형상태에서 풋옵션가격은 풋-콜 등가를 이용하여 구할 수 있다.

$$P = C - S + \frac{E}{(1+R_f)^T} = 2{,}000 - 21{,}000 + \frac{22{,}000}{1.1} = 1{,}000\text{원}$$

2. P〉C–S+PV(E) : 풋옵션의 실제가격 1,300원은 균형가격 1,000원보다 비싸게 거래되고 있다. 따라서 과대평가된 풋옵션은 매도하고 과소평가된 C–S+PV(E)를 매입, 즉 콜옵션매입, 주식공매, 무위험채권매입하면 300원의 이익을 얻을 수 있다.

거래	현재의 현금흐름	미래의 현금흐름	
		$S_T > E$	$S_T < E$
풋옵션매도	1,300	0	$-(22{,}000 - S_T)$
콜옵션매입	–2,000	$S_T - 22{,}000$	0
주식공매	21,000	$-S_T$	$-S_T$
무위험할인채매입	–20,000	22,000	22,000
합계	300	0	0

3. P〈C–S+PV(E) : 풋옵션의 실제가격 700원은 균형가격 1,000원보다 싸게 거래되고 있다. 따라서 과소가된 풋옵션은 매입하고 과대평가된 C–S+PV(E)를 매도, 즉 콜옵션매도, 주식매입, 무위험채권매도하면 300원의 이익을 얻을 수 있다.

거래	현재의 현금흐름	미래의 현금흐름	
		$S_T > E$	$S_T < E$
콜옵션매도	2,000	$-(S_T - 22{,}000)$	0
주식매도	–21,000	S_T	S_T
무위험할인채매도	20,000	–22,000	–22,000
풋옵션매입	–700	0	$22{,}000 - S_T$
합계	300	0	0

• 핵심요약 •

제1절 옵션의 개요

1. 옵션의 정의 : 만기일 또는 만기일 이전에 기초자산을 행사가격으로 매입하거나 매도할 수 있는 권리가 부여된 증권이나 계약
2. 옵션의 특징 : 옵션매입자는 권리만 보유하고 옵션매도자는 의무만 부담함
3. 옵션의 종류 : 콜옵션과 풋옵션, 유럽형옵션과 미국형옵션, 상품옵션과 금융옵션
4. 옵션의 기능 : 위험헤지의 기능, 레버리지의 기능, 합성증권의 창출

제2절 옵션의 만기가치

1. 콜옵션의 만기가치 : 매입자 $C_T = Max[S_T-E, 0]$, 매도자 $C_T = Min[E-S_T, 0]$
2. 풋옵션의 만기가치 : 매입자 $P_T = Max[E-S_T, 0]$, 매도자 $P_T = Min[S_T-E, 0]$

제3절 옵션의 투자전략

1. 순수포시션 : 하나의 주식이나 옵션만을 매입하거나 매도하는 전략
2. 헤지포지션 : 주식과 옵션을 결합하여 주식(옵션)의 손실을 옵션(주식)으로 보전
3. 스프레드 : 행사가격과 만기일만 상이한 옵션을 하나는 매입하고 다른 하나는 매도하는 전략
4. 콤비네이션 : 기초자산이 동일한 콜옵션과 풋옵션을 매입하거나 매도하는 전략

제4절 옵션가격결정의 개요

1. 옵션가격의 결정요인 : C 또는 P = $f(S, E, T, \sigma^2, R_f, D)$

결정요인	콜옵션가격	풋옵션가격
기초자산의 현재가격↑	+	−
행사가격↑	−	+
만기까지 잔존기간↑	+	+(?)
기초자산의 가격분산↑	+	+
무위험이자율↑	+	−
기초자산의 현금배당↑	−	+

2. 옵션가격의 결정범위
   ① 콜옵션가격의 범위 : $Max[S-PV(E), 0] \leq C \leq S$
   ② 풋옵션가격의 범위 : $Max[PV(E)-S, 0] \leq P \leq PV(E)$
3. 옵션가격의 구성 : 옵션가격 = 내재가치+시간가치
4. 풋-콜 등가 : 모든 조건이 동일한 콜옵션가격과 풋옵션가격간의 균형관계식
   $S+P-C = PV(E)$

연·습·문·제

1 **다음 중 옵션에 대한 설명으로 옳지 않은 것은?**

① 옵션은 조건부청구권으로 매입자의 의사에 따라 행사되지 않을 수도 있다.
② 옵션매도자는 옵션매입자가 권리를 행사하면 반드시 의무를 이행해야 한다.
③ 옵션은 불리한 가격변동으로 인한 위험에 대한 헤지수단이 된다.
④ 옵션은 기업가치에 중요한 영향을 미친다.

| 해설 | 옵션은 매도자와 매입자간의 거래이므로 기업가치와는 무관하다.

2 **다음 중 옵션에 대한 설명으로 옳지 않은 것은?**

① 옵션에는 만기일에만 행사할 수 있는 옵션도 있을 수 있으나 대부분의 경우에 옵션은 만기일 이전에 아무 때나 행사할 수도 있다.
② 기초자산이 주식인 콜옵션의 현재가격은 그 주식의 현재가격이 아닌 거래가격에 의해 변동된다.
③ 옵션은 조건부청구권을 나타내는 증권의 일종으로 투자자들에게 위험을 회피할 수 있는 수단을 제공한다.
④ 기초자산을 매입할 수 있는 권리가 콜옵션이고, 매도할 수 있는 권리가 풋옵션이다.
⑤ 콜옵션의 현재가격은 기초자산 수익률의 변동성이 클수록 증가한다.

| 해설 |

결정요인	콜옵션가격	풋옵션가격
기초자산의 현재가격↑	상승	하락
행사가격↑	하락	상승
만기까지 잔존기간↑	상승	상승
기초자산의 가격분산↑	상승	상승
무위험이자율↑	상승	하락
기초자산의 현금배당↑	하락	상승

3 **완전자본시장에서 차익거래기회가 없다고 가정할 경우에 주식을 기초자산으로 하는 유럽형옵션에 관한 설명 중 가장 적절하지 않은 것은? 단, 문항에서 제시한 조건 이외에 다른 모든 조건은 일정하다.**

① 주식가격이 상승하면 풋옵션의 가격은 하락한다.
② 행사가격이 클수록 콜옵션의 가격은 낮게 형성된다.
③ 잔존만기가 길수록 풋옵션의 가격은 높게 형성된다.
④ 무위험이자율이 상승하면 콜옵션의 가격은 상승한다.
⑤ 예상배당이 클수록 풋옵션의 가격은 높게 형성된다.

| 해설 | 만기가 유럽형 풋옵션의 가격에 미치는 영향은 명확하지 않다. 만기가 길수록 행사가격의 현재가치가 작아져서 풋옵션가격이 낮아지는 효과와 기초주식의 가격분산이 커져서 풋옵션가격이 높아지는 효과도 있기 때문이다.

4 **다음 중 유럽형옵션의 가격변동에 대한 설명으로 옳지 않은 것은?**

① 기초증권의 가격이 상승하면 콜옵션의 가격은 상승한다.

② 기초증권의 가격이 상승하면 풋옵션의 가격은 하락한다.

③ 기초증권의 수익률의 분산이 증가하면 콜옵션의 가격은 상승한다.

④ 기초증권의 수익률의 분산이 증가하면 풋옵션의 가격은 하락한다.

⑤ 무위험이자율이 상승하면 콜옵션의 가격은 상승한다.

| 해설 | 기초자산의 수익률의 분산이 증가하면 콜옵션이나 풋옵션 모두 가격이 상승한다.

5 **다음 중 옵션의 시간가치에 대한 설명으로 옳은 것은?**

① 시간가치는 기초자산의 가격이 옵션매입자에게 유리한 방향으로 변동할 가능성 때문이다.

② 내재가치가 없는 외가격옵션은 시간가치도 없다.

③ 시간가치와 내재가치는 정비례한다.

④ 시간가치는 옵션의 만기와 무관하게 결정된다.

| 해설 | ② 내재가치가 없는 외가격옵션도 시간가치는 없다.
③ 시간가치는 등가격옵션에서 가장 크다.
④ 시간가치는 옵션의 만기에 근접하면 감소한다.

6 **현재 기초자산의 가격은 205포인트이고 행사가격이 210포인트인 콜옵션을 프리미엄 6에 매도한 경우에 어떤 상태에 있는 옵션인가?**

① 외가격옵션(out of the money) ② 심외가격옵션(deep out of the money)

③ 내가격옵션(in of the money) ④ 등가격옵션(at the money)

| 해설 | 콜옵션매도자는 기초자산의 가격이 손익분기점(행사가격+콜옵션가격)보다 작을 경우에 이익이 발생한다.

구분	콜옵션	풋옵션
내가격(ITM)	기초자산가격(S) 〉 행사가격(E)	기초자산가격(S) 〈 행사가격(E)
등가격(ATM)	기초자산가격(S) = 행사가격(E)	기초자산가격(S) = 행사가격(E)
외가격(OTM)	기초자산가격(S) 〈 행사가격(E)	기초자산가격(S) 〉 행사가격(E)

7 공주기업 주식의 현재가격은 20,000원이고 행사가격은 15,000원이다. 옵션의 만기가 1개월 남은 공주기업의 콜옵션 프리미엄은 7,000원이라고 가정할 경우에 콜옵션의 시간가치는 얼마인가?

① 2,000원 ② 3,000원
③ 4,000원 ④ 5,000원

| 해설 | 옵션가격 = 내재가치+시간가치 → 시간가치 = 옵션가격-내재가치
내재가치는 5,000원(=20,000-15,000)이므로 시간가치는 2,000원이다.

8 다음 중 옵션가격이 시간가치로만 구성되어 있는 경우로 옳은 것은?

가. 내가격옵션(ITM)	나. 등가격옵션(ATM)	다. 외가격옵션(OTM)

① 가, 나 ② 나, 다
③ 가, 다 ④ 가, 나, 다

| 해설 | 옵션가격은 내재가치와 시간가치로 구성된다. 내가격상태의 옵션은 내재가치와 시간가치로 구성되고, 등가격상태나 외가격상태의 옵션가격은 시간가치로만 구성된다.

9 다음 중 옵션의 시간가치와 내재가치에 대한 설명으로 옳은 것은?

① 시간가치는 기초자산의 가격이 옵션매입자에게 유리한 방향으로 변동할 가능성 때문에 발생한다.
② 내재가치는 옵션이 등가격(ATM)옵션이 될수록 커진다.
③ 시간가치는 옵션이 내가격(ITM)옵션이 될수록 커진다.
④ 시간가치는 옵션의 만기와는 무관하다.
⑤ 만기가 많이 남은 옵션일수록 옵션의 내재가치가 크다.

| 해설 | ②와 ⑤는 시간가치에 대한 설명이며, ③은 시간가치에 대한 설명이다. 시간가치는 옵션의 만기가 길수록 커진다.

10 현재 한국거래소에서 10,000원에 거래되는 동국기업의 주식을 기초자산으로 하는 유럽형 콜옵션과 풋옵션을 거래하려고 한다. 옵션의 만기가 1개월 남았을 경우 다음 중 내재가치가 가장 큰 옵션은?

① 행사가격 8,000원인 풋옵션 ② 행사가격 8,500원인 콜옵션
③ 행사가격 10,000원인 콜옵션 ④ 행사가격 10,000원인 풋옵션

| 해설 | 콜옵션의 내재가치 = 기초자산의 가격 − 행사가격
풋옵션의 내재가치 = 행사가격 − 기초자산의 가격

11 **투자자 홍길동은 행사가격이 25,000원인 콜옵션을 4,000원에 2개 매입하였고, 행사가격이 40,000원인 콜옵션을 2,500원에 1개 발행하였다. 옵션의 만기일에 기초주식가격이 50,000원, 옵션의 기초주식과 만기일은 동일하며 거래비용은 없다고 가정하여 이러한 투자전략의 만기가치와 투자자의 만기손익을 각각 구하면?**

	투자전략의 만기가치	투자자의 만기손익
①	15,000원	13,500원
②	25,000원	23,500원
③	30,000원	27,000원
④	35,000원	30,000원
⑤	40,000원	34,500원

| 해설 | 행사가격 25,000원 콜옵션의 가치 : $C = Max[50,000 - 25,000, 0] = 25,000$원
행사가격 40,000원 콜옵션의 가치 : $C = Max[50,000 - 40,000, 0] = 10,000$원
투자자의 만기가치 = 25,000원×2개–10,000원×1개 = 40,000원
현재시점 투자금액 = 4,000원×2개–2,500원×1개 = 5,500원
투자자의 만기손익 = 40,000원–5,500원 = 34,500원

12 **동국기업의 주식은 다음과 같은 확률분포를 가지고 있다. 동국기업의 주식에 대해 유럽형 콜옵션이 발행되었고, 옵션만기일은 3개월 후이며 행사가격은 5,000원이다. 옵션의 만기일에 콜옵션 기대값은 얼마인가?**

주가	2,000원	4,000원	6,000원	8,000원	10,000원
확률	0.1	0.2	0.4	0.2	0.1

① 500원 ② 1,000원 ③ 1,500원 ④ 2,000원 ⑤ 3,000원

| 해설 | E(C) = 1,000×0.4+3,000×0.2+5,000×0.1 = 1,500원

13 **다음 중 콜옵션매입자는 기초자산의 가격이 어떤 범위에 있을 때 이익을 얻을 수 있는가?**

① 기초자산의 가격〉행사가격
② 기초자산의 가격〈행사가격
③ 기초자산의 가격〉행사가격+콜옵션가격
④ 기초자산의 가격〈행사가격+콜옵션가격

| 해설 | 콜옵션매입자는 기초자산의 가격이 손익분기점(행사가격+콜옵션가격)보다 클 경우에 이익이 발생한다.

14 다음 중 풋옵션매입자는 기초자산의 가격이 어떤 범위에 있을 때 이익을 얻을 수 있는가?

① 기초자산의 가격〉행사가격
② 기초자산의 가격〈행사가격
③ 기초자산의 가격〉행사가격－풋옵션가격
④ 기초자산의 가격〈행사가격－풋옵션가격

| 해설 | 풋옵션매입자는 기초자산의 가격이 손익분기점(행사가격－풋옵션가격)보다 작을 경우에 이익이 발생한다.

15 다음 중 주가가 하락할 것으로 예상하여 주식을 공매한 투자자가 불리한 가격변동위험을 회피할 수 있는 방법은?

① 콜옵션을 매입한다.
② 콜옵션을 매도한다.
③ 풋옵션을 매입한다.
④ 풋옵션을 매도한다.

| 해설 | 주가가 하락할 것으로 예상하여 주식을 공매한 투자자는 예상과 달리 주가가 상승하면 손실을 입게 된다. 이때 주식공매와 함께 콜옵션을 매입하면 손실을 크게 줄일 수 있다.

16 콜옵션을 보유한 투자자 홍길동은 기초자산인 주식가격이 앞으로 상승할 것으로 예상하여 주식을 매입하고자 한다. 주식을 매입하지 않고 콜옵션과 결합하여 주식을 매입한 경우와 동일한 투자성과를 실현시킬 수 있는 방법은?

① 풋옵션매입
② 풋옵션매도
③ 콜옵션매도
④ 주식공매

| 해설 | 콜옵션을 매입하고 동일한 조건의 풋옵션을 매도할 경우에 주식을 매입한 경우와 동일한 손익을 얻을 수 있다. S+P−C = PV(E) → C−P = S−PV(E)

17 풋옵션을 보유한 투자자 홍길동은 기초자산인 주식가격이 앞으로 하락할 것으로 예상하여 주식을 공매하고자 한다. 주식을 공매하지 않고 풋옵션과 결합하여 주식을 공매한 경우와 동일한 투자성과를 실현시킬 수 있는 방법은?

① 콜옵션매입
② 콜옵션매도
③ 풋옵션매도
④ 주식매입

| 해설 | 풋옵션을 매입하고 동일한 조건의 콜옵션을 매도할 경우에 주식을 공매한 경우와 동일한 손익을 얻을 수 있다. S+P−C = PV(E) → P−C = PV(E)−S

18 **다음 중 풋-콜 등가(put-call parity)로 옳은 것은?**

① 주식매입+풋옵션매입 = 콜옵션매입+채권매입

② 주식매입+풋옵션매도 = 콜옵션매도+채권매입

③ 주식매입+풋옵션매입 = 콜옵션매도+채권매입

④ 주식매입+풋옵션매도 = 콜옵션매입+채권매입

| 해설 | S+P−C = PV(E) → S+P = C+PV(E)

19 **(주)가나다는 만기가 1년이고 행사가격이 10,000원인 유럽형 콜옵션과 풋옵션을 발행하였다. 가나다의 현재주가는 10,000원이고, 액면가액이 10,000원인 1년 만기 무위험채권의 가격은 9,000원이다. 현재 콜옵션의 가격이 2,000원이라고 가정할 경우에 풋옵션의 가격은 얼마인가?**

① 1,000원 ② 1,500원 ③ 2,000원 ④ 2,500원

| 해설 | 액면가액이 10,000원인 1년 만기 무위험채권의 가격은 9,000원이다. 풋-콜 등가를 이용하면 행사가격의 현재가치는 9,000원이 되고, 풋옵션가격은 1,000원이 된다.

$$P = -S + C + \frac{E}{(1+R_f)^T} = -10,000 + 2,000 + 9,000 = 1,000$$

20 **다음 중 행사가격이 동일한 풋-콜 등가에 대한 설명으로 옳은 것은?**

① 동일한 기초주식에 대해 발행된 동일한 만기의 등가격 풋옵션과 콜옵션의 가격은 항상 같다.

② 동일한 기초주식에 대해 발행된 동일한 만기의 풋옵션과 콜옵션간에는 일정한 관계가 유지되어야 한다.

③ 동일한 기초주식에 대해 발행된 동일한 만기의 등가격 풋옵션과 콜옵션의 가격은 평행으로 움직인다.

④ 만기가 서로 다른 풋옵션과 콜옵션의 경우에도 풋-콜 등가는 성립한다.

| 해설 | 시장균형상태에서 기초자산, 행사가격, 만기일이 모두 동일한 풋옵션가격과 콜옵션가격은 일정한 관계를 갖는데, 이를 풋-콜 등가(put-call parity)라고 한다.

정답

1.④ 2.② 3.③ 4.④ 5.① 6.③ 7.① 8.② 9.① 10.③
11.⑤ 12.③ 13.③ 14.④ 15.① 16.② 17.② 18.① 19.① 20.②

C·h·a·p·t·e·r 12

금융옵션의 개요

옵션계약은 거래대상이 되는 기초자산의 종류에 따라 상품옵션과 금융옵션으로 구분된다. 금융옵션은 기초자산이 되는 금융상품에 따라 개별주식 및 주가지수를 거래대상으로 하는 주식관련옵션, 금리에 의해 가격이 결정되는 장단기 채권을 기초자산으로 하는 금리옵션, 주요국의 통화를 대상으로 하는 통화옵션이 있다.

제1절 개별주식옵션의 개요

개별주식옵션은 한국거래소(KRX)의 유가증권시장에 상장되어 있고 유통주식수가 1,000만주 이상이고 소액주주수가 10,000명 이상이며 1년간 총거래대금이 5,000억원 이상인 보통주식 중에서 시가총액과 재무상태 등을 감안하여 선정한 30개 기업이 발행한 주식을 기초자산으로 하는 상품을 말한다.

주식옵션의 1계약당 거래단위는 주식 10주로 하며, 주식옵션 1계약의 실제가격은 옵션가격×10주로 계산된다. 주식옵션은 주식거래와 달리 가격제한폭이 없고 행사가격은 기초주가의 수준에 따라 9가지를 설정할 수 있으며, 만기일에만 권리행사가 가능한 유럽형옵션으로 결제방법은 현금결제를 사용한다.

| 표 12-1 | 주식옵션의 상품명세

<table>
<tr><th>구 분</th><th>주식옵션</th></tr>
<tr><td>기초자산</td><td>유가증권시장 28종목, 코스닥시장 2종목(2017년 6월말 기준)</td></tr>
<tr><td>계약금액</td><td>주식옵션가격×10(거래승수)</td></tr>
<tr><td>결제월</td><td>매월</td></tr>
<tr><td>상장결제월</td><td>3년 이내의 9개 결제월</td></tr>
<tr><td>가격표시</td><td>프리미엄(원화)</td></tr>
<tr><td>호가가격단위</td><td><table>
<tr><th>옵션가격</th><th>호가단위</th><th>옵션가격</th><th>호가단위</th></tr>
<tr><td>1,000원 미만</td><td>10원</td><td>1,000원~2,000원</td><td>20원</td></tr>
<tr><td>2,000원~5,000원</td><td>50원</td><td>5,000원~10,000원</td><td>100원</td></tr>
<tr><td>10,000원 이상</td><td>200원</td><td></td><td></td></tr>
</table></td></tr>
<tr><td>거래시간</td><td>09:00~15:45(최종거래일 09:00~15:20)</td></tr>
<tr><td>최종거래일</td><td>각 결제월의 두 번째 목요일(공휴일인 경우 순차적으로 앞당김)</td></tr>
<tr><td>최종결제일</td><td>최종거래일의 다음 거래일</td></tr>
<tr><td>권리행사</td><td>최종거래일에만 가능(유럽형 옵션)</td></tr>
<tr><td>결제방법</td><td>현금결제</td></tr>
<tr><td>가격제한폭</td><td>기초자산 기준가격 대비 각 단계에 해당하는 옵션이론가격으로 확대
①±10% ②±20% ③±30%</td></tr>
<tr><td>단일가격경쟁거래</td><td>개장시(08:00~09:00) 및 최종거래일 이외의 거래종료시(15:35~15:45)</td></tr>
<tr><td>필요적 거래중단</td><td>현물가격 급변시 주식옵션거래 일시중단</td></tr>
</table>

제2절 주가지수옵션의 개요

1. 주가지수옵션의 정의

주가지수옵션은 주가지수선물과 기초자산이 동일하고 선물시장과 옵션시장간의 연계성이 높고, 국제적인 파생상품 거래기준에도 충족되어 국내투자자는 물론 외국인도 투자가 가능하다. 또한 만기일에만 권리행사가 가능한 유럽형을 채택하여 투자자들이 투자기간을 안정적으로 유지할 수 있다.

주가지수옵션은 주식시장에서 거래되는 현물주식들의 주가를 가중평균하여 산출한 이론적인 주가지수를 기초자산으로 하는 옵션을 말한다. 따라서 주가지수옵션은 다른 옵션과 달리 대상지수에 포함된 모든 종목의 가격변동에 대한 위험을 관리할 수 있는 금융상품으로 다음과 같은 특징을 갖는다.

첫째, 주가지수는 실체가 없는 추상적인 개념으로 주가의 움직임을 나타내는 지수에 불과하여 아무런 가치도 갖지 못한다. 따라서 주가지수옵션에서는 주가지수에 일정한 가치를 부여해서 거래한다. 예컨대 KOSPI 200지수옵션은 지수 1포인트당 250,000원의 가격을 부여해서 거래한다.

둘째, 주가지수는 다른 옵션의 기초자산과 달리 실체가 없는 무형자산으로 만기일에 옵션이 행사되더라도 기초자산을 실물로 인수도하기가 불가능하기 때문에 주가지수선물과 동일하게 행사일의 최종지수와 행사가격의 차이에 1포인트당 금액을 현금으로 결제하면서 거래를 종결시킨다.

2. KOSPI 200지수옵션

KOSPI 200은 우리나라에서 거래되고 있는 주가지수선물과 주가지수옵션의 대상이 되는 지수로 상장주식 중에서 상장주식 중에서 시장대표성, 업종대표성, 유동성을 고려하여 선정한 200 종목으로 구성한 주가지수를 말한다. KOSPI 200은 1990년 1월 3일을 기준시점 100으로 다음과 같이 시가총액방식으로 계산한다.

$$KOSPI\,200 = \frac{\text{비교시점의 시가총액}}{\text{기준시점의 시가총액}} \times 100 \qquad (12.1)$$

식(12.1)에서 KOSPI 200은 현물(주가지수)을 의미하며 주가지수옵션의 거래제도상의 주요 특징을 살펴보면 다음과 같다.

첫째, 옵션의 권리행사는 만기일에만 행사할 수 있는 유럽형옵션을 거래대상으로 하며 행사가격은 최근 6개월은 2.5포인트 간격, 제7 및 8근월물은 5포인트 간격, 최종결제월이 가장 나중에 도래하는 3개 월물은 10포인트로 설정하였다. 계약단위는 지수 1포인트당 가격이 250,000원이며 KOSPI 200선물과 같다.

둘째, 결제월은 매월이고, 상장결제월은 비분기월 4개 및 분기월 7개(3, 9월 각 1개, 6월 2개, 12월 3개)가 되도록 하였다. 최종거래일은 각 결제월의 두 번째 목요일, 최종결제일은 최종거래일의 다음 거래일로 하고, 결제방법은 최종거래일의 현물지수와 행사가격간의 차이로 계산하여 현금결제한다.

셋째, 최소가격변동폭인 호가단위는 옵션프리미엄이 10포인드 미만이면 0.01포인트, 옵션프리미엄이 10포인트 이상이면 0.05포인트로 한다. 가격제한폭은 설정하지 않았다. 가격제한폭을 설정하면 수급불균형에 따른 시장불안정을 예방할 수 있으나 균형가격결정과 거래형성을 저해할 우려가 있기 때문이다.

3. 주가지수옵션의 손익

주가지수옵션은 행사가격과 옵션가격이 화폐금액 대신에 주가지수로 표시되며 주가지수에 1포인트당 가치 25만원을 곱한 값이 금액이라는 점을 제외하고는 개별주식옵션과 차이가 없다. 따라서 지수에 의한 주가지수옵션의 만기손익은 주식옵션과 동일한 방법으로 계산하면 된다.

(1) 콜옵션의 만기손익

콜옵션매입자는 만기일의 주가지수가 행사가격보다 상승하면 권리를 행사하여 매도자로부터 [(만기일의 주가지수−행사가격)×250,000]의 금액을 받게 되며, 만기일의 주가지수가 행사가격보다 하락하면 권리를 행사하지 않을 것이므로 옵션가치는 0이 되며, 옵션의 매입비용인 콜옵션가격만큼의 손실을 보게 된다.

(2) 풋옵션의 만기손익

풋옵션매입자는 만기일의 주가지수가 행사가격보다 하락하면 권리를 행사하여 매도자로부터 [(행사가격－만기일의 주가지수)×250,000]의 금액을 받게 되며, 만기일의 주가지수가 행사가격보다 상승하면 권리를 행사하지 않을 것이므로 옵션가치는 0이 되며, 옵션의 매입비용인 풋옵션가격만큼의 손실을 보게 된다.

4. 주가지수옵션을 이용한 위험헤지

현재 주식을 보유한 투자자와 주식을 공매한 투자자는 다음과 같이 주가지수옵션을 이용하면 주가변동위험을 헤지할 수 있다.

현물시장	상황	옵션시장
매입포지션	현재 주식보유(미래 주식매도) → 주가하락시 손실발생	콜옵션매도, 풋옵션매입
매도포지션	현재 주식공매(미래 주식매입) → 주가상승시 손실발생	콜옵션매입, 풋옵션매도

(1) 주가지수콜옵션을 이용한 헤지거래

주식포트폴리오의 가치가 S이고, 주가지수콜옵션 1개의 가격이 C인 경우에 현재 주식포트폴리오를 보유하고 있는 투자자가 주가하락위험을 헤지하기 위해 주식포트폴리오와 주가지수콜옵션을 N_C개 결합하여 포트폴리오를 구성할 경우에 포트폴리오가치(V_P)는 다음과 같다.

$$V_P = S + N_C \times C \tag{12.2}$$

식(12.2)의 포트폴리오가 무위험헤지포트폴리오가 되기 위해서는 주가지수의 변화에 관계없이 헤지포트폴리오의 가치가 일정해야 한다. 따라서 주가지수의 변화에 따른 주식포트폴리오의 가치변화(△V)를 0으로 만들어주는 주가지수콜옵션의 수량(N_C)을 구하면 다음과 같다.

$$N_C = -\frac{S}{I} \times \beta_{SI} \times \frac{1}{\delta_C} \tag{12.3}$$

식(12.3)에서 N_C가 부(－)의 값을 갖는데, 이는 주식을 보유하고 있는 투자자가 주가지수콜옵션을 이용하여 주가하락위험을 헤지하기 위해서는 주가지수콜옵션을 N_C개만큼 매도해야 한다는 의미이다. 왜냐하면 주가지수풋옵션의 델타는 항상 부(−)의 값을 갖기 때문이다.

(2) 주가지수풋옵션을 이용한 헤지거래

주식포트폴리오의 가치가 S이고, 주가지수풋옵션 1개의 가격이 P인 경우에 현재 주식포트폴리오를 보유하고 있는 투자자가 주가하락위험을 헤지하기 위해 주식포트폴리오와 주가지수풋옵션을 N_P개 결합하여 포트폴리오를 구성할 경우에 포트폴리오가치(V_P)는 다음과 같다.

$$V_P = S + N_P \times P \tag{12.4}$$

식(12.4)의 포트폴리오가 무위험헤지포트폴리오가 되기 위해서는 주가지수의 변화에 관계없이 헤지포트폴리오의 가치가 일정해야 한다. 따라서 주가지수의 변하에 따른 주식포트폴리오의 가치변화(△V)를 0으로 만들어주는 주가지수풋옵션의 수량(N_P)을 구하면 다음과 같다.

$$N_P = -\frac{S}{I} \times \beta_{SI} \times \frac{1}{\delta_P} \tag{12.5}$$

식(12.5)에서 N_P가 부(−)의 값을 갖는데, 이는 주식을 보유하고 있는 투자자가 주가지수풋옵션을 이용하여 주가하락위험을 헤지하기 위해서는 주가지수풋옵션을 N_P개만큼 매입해야 한다는 의미이다. 왜냐하면 주가지수풋옵션의 델타는 항상 부(−)의 값을 갖기 때문이다.

예제 12-1 주가지수옵션을 이용한 위험헤지

대박자산운용회사 펀드매니저 홍길동은 다음과 같이 구성된 포트폴리오를 운용하고 있으며 KOSPI 200지수옵션을 이용하여 주가하락위험을 헤지하고자 한다. 현재 KOSPI 200지수는 100포인트이고 주가지수 1포인트당 가격은 10만원이다. 주가지수콜옵션과 주가지수풋옵션의 가격이 2.5포인트와 2포인트이며 주가지수콜옵션의 델타를 0.6으로 가정하여 다음 물음에 답하시오.

주식	주식가격	보유주식수	표준편차	상관계수
A	10,000원	4,000주	0.40	0.75
B	20,000원	2,000주	0.60	0.20
C	40,000원	1,000주	0.60	0.50

1. 주가하락위험을 헤지하기 위해 홍길동이 매입 또는 매도해야 하는 주가지수 콜옵션의 계약수를 구하시오.
2. 주가하락위험을 헤지하기 위해 홍길동이 매입 또는 매도해야 하는 주가지수 풋옵션의 계약수를 구하시오.
3. KOSPI 200지수가 95포인트로 하락했을 경우의 헤지결과를 설명하시오.

풀이

1. 홍길동이 매입 또는 매도해야 하는 주가지수 콜옵션의 계약수는 다음과 같다.

$$N_C = -\frac{S}{I}\times\beta_{SI}\times\frac{1}{\delta_C} = -\frac{120,000,000}{100\times100,000}\times1.2^{*}\times\frac{1}{0.6} = -24$$

* $\beta_{SI}=\sum_{i=1}^{n}W_i\beta i = (1/3)(1.5)+1/3(0.6)+1/3(1.5) = 1.2$

홍길동은 주가지수 콜옵션을 24개 매도해야 주가하락위험을 헤지할 수 있다.

2. 홍길동이 매입 또는 매도해야 하는 주가지수 풋옵션의 계약수는 다음과 같다.

$$N_P = -\frac{S}{I}\times\beta_{SI}\times\frac{1}{\delta_P} = -\frac{120,000,000}{100\times100,000}\times1.2\times\frac{1}{-0.4} = 36$$

* $\delta_P = -(1-\delta_C) = -(1-0.6) = -0.4$

홍길동은 주가지수 풋옵션을 36개 매입해야 주가하락위험을 헤지할 수 있다.

3. (1) 주가지수가 95포인트로 하락할 경우에 주식포트폴리오의 가치변동(△S)과 주가지수 콜옵션의 가치변동(N_C×△C)은 다음과 같다.

① $\Delta S = S\times\frac{\Delta I}{I}\times\beta_{SI} = 120,000,000\times\frac{-5}{100}\times1.2 = -7,200,000$원

② $N_C\times\Delta C = N_C\times\Delta I\times\delta_C = -24\times(-5\times100,000)\times0.6 = 7,200,000$원

주가지수의 하락으로 보유중인 주식포트폴리오의 가치가 하락하여 720만원의 손실이 발생했으나, 주가지수 콜옵션의 매도로부터 720만원의 이익이 발생하여 주가하락위험을 완전헤지하였다.

(2) 주가지수가 95포인트로 하락할 경우에 주식포트폴리오의 가치변동(△S)과 주가지수 풋옵션의 가치변동($N_P \times \Delta P$)은 다음과 같다.

① $\Delta S = S \times \frac{\Delta I}{I} \times \beta_{SI} = 120,000,000 \times \frac{-5}{100} \times 1.2 = -7,200,000$원

② $N_P \times \Delta P = N_P \times \Delta I \times \delta_P = 36 \times (-5 \times 100,000) \times (-0.4) = 7,200,000$원

주가지수의 하락으로 보유중인 주식포트폴리오의 가치가 하락하여 720만원의 손실이 발생했으나 주가지수풋옵션 매입에서 720만원의 이익이 발생하여 주가하락위험을 헤지하였다.

5. 포트폴리오보험의 개요

(1) 포트폴리오보험전략의 정의

포트폴리오보험전략(portfolio insurance strategy)은 주식시장의 시세변동에 관계없이 투자기간말에 포트폴리오가치를 최저유지수준 이상으로 보장해주는 전략으로 주가가 하락하는 약세장에서 손실은 일정한도로 제한하고 주가가 상승하는 강세장에서 시세상승에 편승하여 콜옵션매입자의 손익을 달성한다.

(2) 포트폴리오보험전략의 구성

포트폴리오보험전략은 주가지수옵션을 이용한 방어적 풋옵션전략과 신탁적 콜옵션전략, 주가지수선물을 이용한 동적 헤징전략, 합성옵션을 창출하는 전략 그리고 위험자산인 주식과 무위험자산인 채권에 대한 투자비율을 주식시장의 상황에 따라 계속해서 조정하는 동적자산배분전략 등으로 구분된다.

(3) 포트폴리오보험전략의 종류

1) 방어적 풋옵션전략

방어적 풋옵션전략(protective put option strategy)은 현재 보유하고 있는 주식포트폴리오를 기초자산으로 하고 원하는 최저수준의 가치를 행사가격으로 하며 목표투자기간을 만기로 하는 주가지수풋옵션을 매입하는 전략을 말하며 주식을 보유한 상태에서 풋옵션을 매입하면 포트폴리오보험이 달성된다.

방어적 풋옵션전략을 이용하면 만기일의 포트폴리오가치가 행사가격보다 낮을 경우에는 주가하락에 따른 손실을 풋옵션의 이익으로 상쇄시켜 포트폴리오가치를 행사가격으로 유지하며, 포트폴리오가치가 행사가격보다 높을 경우에는 풋옵션의 행사를 포기하나 주가상승에 따른 이익을 얻을 수 있다.

| 그림 12-1 | 방어적 풋옵션전략

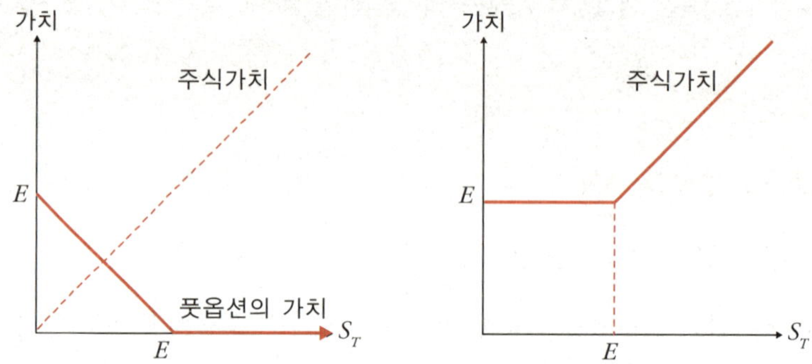

(a) 주식과 풋옵션의 가치　　(b) 방어적 풋옵션의 가치

예제 12-2 방어적 풋옵션전략

대박자산운용회사 펀드매니저 홍길동은 시장가격이 125,000원인 독도기업의 주식을 매입하려고 한다. 현재 자본시장에는 이자율이 연 10%인 무위험할인채와 독도기업의 주식을 기초자산으로 하며 행사가격이 125,000원이고 만기가 1년인 풋옵션이 5,000원에 거래되고 있다. 투자금액 13억원을 1년 동안 운용하려는 홍길동이 포트폴리오보험전략을 실행한다고 가정하여 다음 물음에 답하시오.

1. 매입해야 할 주식과 풋옵션의 수량을 구하시오.
2. 1년후 독도기업의 주식가격이 150,000원인 경우와 100,000원인 경우의 투자성과를 비교하시오.

풀이

1. 펀드매니저인 홍길동이 포트폴리오보험전략을 실행하려면 동일한 수량의 주식과 풋옵션을 매입해야 하므로 다음과 같이 구사할 수 있다.

$$N = \frac{V}{S+P} = \frac{1,300,000,000}{125,000+5,000} = 10,000\text{개}$$

2. ① 만기일의 주가가 150,000원인 경우

만기일의 주가가 행사가격보다 높은 경우 풋옵션은 행사되지 않으므로 투자성과는 주식포트폴리오의 기말가치에서 풋옵션가격을 차감하여 구한다.

10,000주×150,000원 − 10,000개×5,000 = 1,450,000,000원

② 만기일의 주가가 100,000원인 경우

만기일의 주가가 행사가격보다 낮은 경우 풋옵션은 행사될 것이므로 투자성과는 주식포트폴리오의 기말가치에서 풋옵션가격을 차감하여 구한다.

10,000주×125,000원 − 10,000개×5,000 = 1,200,000,000원

따라서 독도기업의 주식가격이 100,000원보다 낮은 수준으로 하락하더라도 포트폴리오의 가치는 12억원을 유지할 수 있게 된다.

2) 신탁적 콜옵션전략

신탁적 콜옵션전략(fiduciary put option strategy)은 투자금액의 원금이 만기에 보장될 수 있도록 만기원금의 현재가치만큼을 무위험자산인 채권에 투자하고 나머지 금액으로 주가지수콜옵션을 매입하는 전략을 말하며 채권을 보유한 상태에서 콜옵션을 매입하면 포트폴리오보험이 달성된다.

신탁적 콜옵션전략을 이용하면 만기일의 포트폴리오가치가 행사가격보다 낮을 경우에는 콜옵션의 행사를 포기하나 채권의 가치가 행사가격만큼 되므로 포트폴리오가치를 행사가격으로 유지하고, 포트폴리오가치가 행사가격보다 높으면 콜옵션을 행사하여 주가상승에 따른 이익을 얻을 수 있다.

예제 12-3 신탁적 콜옵션전략

연금보험을 관리하는 홍길동은 무위험채권과 콜옵션을 이용하여 포트폴리오의 가치를 10억원 이상으로 유지하고자 한다. 현재 자본시장에는 액면가액이 100만원이고 이자율은 연 5%이며 만기가 1년 남은 무위험할인채와 현재 주식가격이 125,00원인 강남기업의 주식을 기초자산으로 하며 행사가격이 125,000원이고 만기가 1년인 콜옵션이 10,000원에 거래되고 있다. 투자금액 10억원을 1년간 운용하려는 홍길동이 포트폴리오보험전략을 실행할 경우 다음 물음에 답하시오.

1. 매입해야 할 채권과 콜옵션의 수량을 구하시오.
2. 1년후 강남기업의 주가가 150,000원인 경우와 100,000원인 경우의 투자성과를 비교하시오.

풀이

1. 목표포트폴리오의 가치를 10억원으로 설정하여 매입해야 할 채권은 1,000단위가 된다. 액면가액 100만원인 채권의 현재가격은 952,381원(=100만원÷1.05)이므로 매입해야 할 콜옵션의 수는 다음과 같이 구할 수 있다.

$$N_c = \frac{V - N_B \times B}{C} = \frac{1,000,000,000 - 952,381 \times 1,000}{10,000} = 4,762\text{개}$$

2 ① 만기일의 주가가 150,000원인 경우

만기일의 주가가 행사가격보다 높은 경우 콜옵션은 행사될 것이므로 투자성과는 채권포트폴리오의 기말가치에서 콜옵션가격을 차감하여 구한다.

1,000개×1,000,000원+4,762×(150,000−125,000)−4,762×10,000개

= 1,071,430,000원

② 만기일의 주가가 100,000원인 경우

만기일의 주가가 행사가격보다 낮은 경우 콜옵션은 행사되지 않을 것이므로 투자성과는 채권포트폴리오의 기말가치에서 콜옵션가격을 차감하여 구한다.

1,000개×1,000,000원 − 4,762개×10000 = 952,380,000원

3) 옵션복제전략

옵션복제전략(option replication strategy)은 주식포트폴리오를 보유한 상태에서 주가지수 풋옵션을 매입하는 대신에 풋옵션가격결정모형에 근거한 헤지비율에 의해 위험자산인 주식과 무위험자산인 채권의 투자비율을 시장상황에 따라 조정함으로써 방어적 풋옵션전략과 동일한 효과를 달성하는 전략을 말한다.

예컨대 주식과 채권으로 포트폴리오를 구성한 후 주가가 하락하면 주식을 매도하여 채권에 투자하고, 주가가 상승하면 채권을 매도하여 주식에 투자하면 무위험수익을 보장받으면서 주가상승에 따른 이익을 얻을 수 있다. 블랙−숄즈옵션모형을 이용하면 방어적 풋옵션전략은 다음과 같이 나타낼 수 있다.

$$S+P = S+E^{-RfT}[1-N(d_2)]-S[1-N(d_1)] \tag{12.6}$$
$$= SN(d_1)+E^{-RfT}[1-N(d_2)]$$

식(12.6)는 기초주식을 $N(d_1)$단위 매입하고 무위험할인채를 $[1-N(d_2)]$단위 매입하면 방어적 풋옵션전략과 동일한 성과를 얻을 수 있다는 의미이다. 다만, $N(d_1)$과 $N(d_2)$는 기초주식의 가격이 변동함에 따라 변화하므로 주식과 채권의 투자비율을 계속해서 재조정해야 포트폴리오보험을 달성할 수 있다.

4) 동적 헤징전략

동적 헤징전략(dynamic hedging strategy)은 주식포트폴리오를 보유한 상태에서 주가가 하락하는 약세장에서는 주가지수선물의 매도포지션을 늘려 헤지비율을 증가시키고, 주가가 상승하는 강세장에서는 주가지수선물의 매입포지션을 늘려 헤지비율을 감소시켜서 포트폴리오가치를 보호하는 보험전략을 말한다.

주가가 하락하면 현물포지션의 손실을 선물포지션의 이익으로, 주가가 상승하면 현물포지션의 이익으로 선물포지션의 손실을 보전하는데 주가지수선물을 이용하면 방어적 풋옵션전략을 복제할 수 있다. 배당수익률이 q인 주식포트폴리오를 기초자산으로 하는 선물가격(F)과 현물가격(S)간에는 다음의 관계가 성립한다.

$$F = Se^{(Rf-q)T} \rightarrow S = Fe^{-(Rf-q)T} \tag{12.7}$$

식(12.7)를 식(12.6)에 대입하여 정리하면 다음의 관계가 성립한다.

$$S+P = Fe^{-(Rf-q)T}N(d_1)+Ee^{-RfT}[1-N(d_2)] \tag{12.8}$$

식(12.8)은 주가지수선물을 $N(d_1)$단위 매입하고 무위험할인채를 $[1-N(d_2)]$단위 매입하면 방어적 풋옵션전략과 동일한 성과를 얻을 수 있다는 의미이다. 다만, $N(d_1)$과 $N(d_2)$는 기초주식의 가격이 변동함에 따라 변화하므로 주식과 채권의 투자비율을 계속해서 재조정해야 포트폴리오보험을 달성할 수 있다.

5) 일정비율 포트폴리오보험전략

CPPI전략은 보험기간 초기에 설정한 최저유지수준은 채권에 투자하고 포트폴리오 가치가 최저유지수준을 상회하는 초과분은 주식에 투자하는 운용전략을 말한다. CPPI전략을 실행하려면 최저유지수준과 승수가 필요하며 주식투자금액을 쿠션의 승수배로 유지하면 주가하락시 포트폴리오가치를 최저수준으로 유지하고, 주가상승시 시세상승에 편승하여 콜옵션매입자의 손익을 복제할 수 있다.

6) 시간불변 포트폴리오보험전략

CPPI전략은 보험기간 초기에 설정한 최저유지수준이 무위험이자율로 증가하나 TIPI전략은 포트폴리오의 구성시점에서 기존의 유지수준과 새로운 유지수준을 비교하여 큰 금액을 새로운 최저유지수준으로 정한다. TIPI전략은 주가의 변화양상에 따라서 보험의 성과가 크게 좌우되지 않기 때문에 CPPI전략이나 옵션복제전략과 달리 불필요한 거래가 절약되므로 거래비용의 감소효과가 존재한다.

제3절 미국달러옵션의 개요

우리나라에서는 1999년 4월 23일 미국달러옵션이 한국거래소(KRX)에 상장되어 거래되고 있다. 기초자산은 미국달러이고 현물옵션의 형태이며 권리의 행사유형은 만기일에만 옵션을 행사할 수 있는 유럽형이고 권리행사에 따른 결제는 미국달러선물과 달리 현금결제방식으로 이루어진다.

1. 미국달러옵션의 의의

미국달러옵션은 미래의 특정시점에 기초자산(미국달러)을 옵션매입자와 옵션매도자가 현재시점에서 약정한 환율(행사가격)로 매입하거나 매도할 수 있는 권리가 부여된 계약을 말한다. 이때 미국달러를 매입할 수 있는 권리를 콜옵션이라고 하고, 매도할 수 있는 권리를 풋옵션이라고 한다.

옵션매입자는 옵션매도자에게 옵션가격을 지불하는 대신 행사가격으로 미국달러를 매입하거나 매도할 수 있는 권리를 보유한다. 옵션매입자는 만기시점의 환율과 계약시점의 환율(행사가격)을 비교하여 유리한 경우에는 권리를 행사하고, 불리한 경우에는 권리의 행사를 포기할 수 있다.

옵션매도자는 옵션가격을 수령하지만 옵션매입자가 권리를 행사하면 의무를 이행해야 한다. 따라서 콜옵션매입자가 권리를 행사하면 미국달러를 행사가격에 매도하고, 풋옵션매입자가 권리를 행사하면 미국달러를 행사가격에 매입해야 한다. 그러나 옵션매입자가 권리를 행사하지 않으면 의무는 소멸된다.

| 표 12-2 | 권리행사시 포지션 형태

구분	포지션	
콜옵션	매입자	해당 통화 수취 + 상대 통화 지불
	매도자	해당 통화 지불 + 상대 통화 수취
풋옵션	매입자	해당 통화 지불 + 상대 통화 수취
	매도자	해당 통화 수취 + 상대 통화 지불

2. 미국달러옵션의 내용

미국달러옵션은 미국달러화를 기초자산으로 하는 현물옵션이고 옵션의 만기일에만 권리를 행사할 수 있는 유럽형옵션이다. 따라서 옵션매입자가 만기일의 현물가격과 행사가격을 비교하여 권리를 행사하는 경우 포지션의 결제는 미국달러선물과 달리 현금결제방식으로 이루어진다.

미국달러옵션의 기초자산은 미국달러선물과 동일하게 거래단위는 US$10,000이다. 결제월은 매월 있으며, 상장결제월은 6개월 이내의 4개 결제월(분기월 중 2개와 그 밖의 월 중 2개)이다. 호가가격단위는 0.10원이며, 최소가격변동금액은 1,000원(US$10,000×0.10원)이다.

미국달러옵션의 행사가격수는 신규상장시 등가격옵션을 기준으로 외가격옵션과 내가격옵션 3개씩 총 7개를 상장하며 행사가격 폭은 10원으로 정해져 있다. 예컨대 현물환율이 1,200원이라면 1,170원, 1,180원, 1,190원, 1,200원, 1,210원, 1,220원, 1,230원의 7가지 행사가격이 상장된다.

행사가격의 설정은 당일 현물환율의 종가가 변동할 경우 등가격옵션(ATM)을 기준으로 외가격옵션(OTM)과 내가격옵션(ITM)이 3개 이상 존재하도록 다음날 새로운 행사가격의 옵션이 추가로 상장된다. 최소가격변동폭은 0.10원이고 최소가격변동금액은 1,000원(=US$10,000×0.10원)이다.

일일가격변동폭은 이론적으로 산출한 기초자산 기준가격의 상하 4.5% 이내이다. 최종거래일은 선물거래와 옵션거래가 연계된 거래의 편의성을 고려하여 미국달러선물과 같이 최종결제월 세번째 월요일로 하였고, 최종결제일은 미국달러선물과 달리 최종거래일의 다음 거래일로 되어 있다.

권리행사의 기준가격은 최종거래일에 미국달러 현물환시장에서 형성된 환율을 기준으로 정한다. 권리행사는 행사거부요청을 하지 않은 포지션을 거래소가 정한 기준에 따라 내가격옵션은 자동적으로 행사된다. 거래소는 행사된 옵션을 무작위로 배정하고 이를 회원에게 통보하면 회원은 투자자에게 통지한다.

옵션행사와 배정결과에 따라서 옵션매입자와 옵션매도자는 미국 달러화 및 원화대금을 수수한다. 이때 콜옵션매입자와 풋옵션매도자는 원화를 지급하고 달러를 수취하며, 콜옵션매도자와 풋옵션매입자는 달러를 지급하고 원화를 수취한다. [표 12-3]에는 미국달러옵션에 대한 주요내용이 제시되어 있다.

| 표 12-3 | 미국달러옵션의 주요내용

항목	주요내용
거래대상	미국달러화(US$)
권리행사	최종거래일에만 행사가능(유럽형옵션)
거래단위	US $10,000
결제월주기	3, 6, 9, 12월 중 2개와 그 밖의 월 중 2개
상장결제월	6개월 이내의 4개 결제월
행사가격의 설정	등가격(ATM) 기준으로 10원 간격으로 상하 각 3개(총 7개)
가격표시	프리미엄(원화로 소수점 둘째자리까지 표시)
호가가격단위	0.10원
최소가격변동금액	1,000원(US$10,000×0.10)
가격제한폭	기준가격 대비 상하 ±4.5%
가격제한범위	블랙-숄즈옵션모형으로 산출한 가격을 상한과 하한으로 설정
포지션 한도	한국거래소가 필요하다고 판단되는 경우 설정가능

거 래 시 간	월~금요일(09:00~15:45), 최종거래일(9:00~15:30)
최 종 거 래 일	결제월의 세 번째 월요일(공휴일인 경우 순차적으로 앞당김)
최 종 결 제 일	최종거래일의 다음 거래일
옵 션 대 금 수 수	거래일의 다음 영업일
최 종 결 제 방 법	현금결제
권리행사기준가격	매매기준율(시장평균환율) : 외국환중개회사가 최종거래일에 거래된 환율 및 거래량을 가중평균한 환율로서 당일 외환시장 종료 후 공표

자료 : 한국거래소 홈페이지(http://www.krx.co.kr)

3. 미국달러옵션의 투자전략

통화옵션거래에서 옵션매입자와 옵션매도자의 손익구조는 정반대의 상황에 있다. 미국달러옵션을 이용한 투자전략은 기본적으로 콜옵션의 매입, 콜옵션의 매도, 풋옵션의 매입, 풋옵션의 매도전략으로 구분된다. 향후 외환시장의 상황에 따른 옵션투자전략은 다음과 같이 제시할 수 있다.

표 12-4 미국달러옵션의 투자전략

구 분	상황
미국달러 콜옵션 매입	환율이 상승할 것으로 예상되는 경우
미국달러 콜옵션 매도	환율이 하락하거나 보합으로 예상되는 경우
미국달러 풋옵션 매입	환율이 하락할 것으로 예상되는 경우
미국달러 풋옵션 매도	환율이 상승하거나 보합으로 예상되는 경우

(1) 콜옵션의 손익구조

1) 콜옵션매입자의 손익

미국달러 콜옵션매입자는 옵션만기일에 미국달러가격이 행사가격보다 높은 경우에는 권리를 행사하여 미국달러를 행사가격에 매입할 수 있다. 반면에 미국달러가격이 행사가격보다 낮은 경우에는 권리행사를 포기하게 되고 손실은 콜옵션매도자에게 지급한 콜옵션프리미엄으로 한정된다.

| 그림 12-2 | 콜옵션매입자의 손익

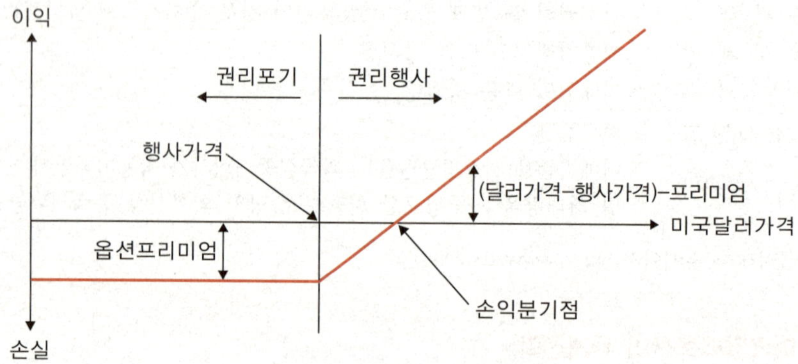

| 표 12-5 | 콜옵션매입자의 손익구조

구분	손익구조
이익	* 콜옵션매입자의 권리행사가 있는 경우 이익 = 미국달러가격 − 행사가격 − 콜옵션가격
손실	* 콜옵션매입자의 권리행사가 없는 경우 손실 = 콜옵션가격

2) 콜옵션매도자의 손익

미국달러 콜옵션매도자는 옵션만기일에 미국달러가격이 행사가격보다 높은 경우 콜옵션매입자의 권리행사로 배정을 받게 되어 미국달러를 행사가격에 인도할 의무가 있다. 반면에 미국달러가격이 행사가격보다 낮은 경우에는 콜옵션매입자가 권리의 행사를 포기하게 되어 의무가 소멸한다.

| 그림 12-3 | 콜옵션매도자의 손익

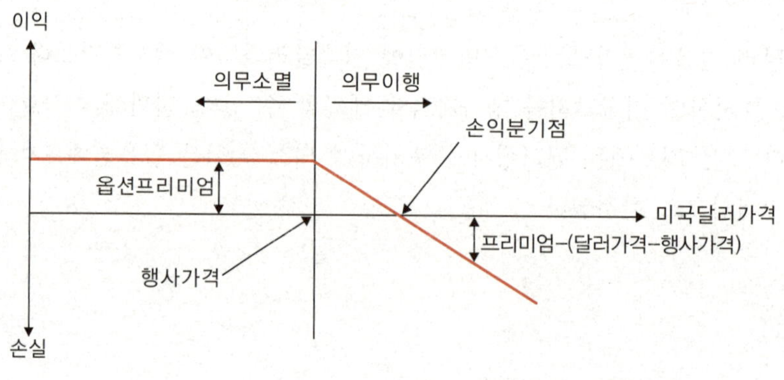

표 12-6 콜옵션매도자의 손익구조

구분	손익구조
이익	* 콜옵션매입자의 권리행사가 없는 경우 이익 = 콜옵션가격
손실	* 콜옵션매입자의 권리행사가 있는 경우 손실 = 콜옵션가격 − (미국달러가격 − 행사가격)

(2) 풋옵션의 손익구조

1) 풋옵션매입자의 손익

미국달러 풋옵션매입자는 옵션만기일에 미국달러가격이 행사가격보다 낮은 경우에는 권리를 행사하여 미국달러를 행사가격에 매도할 수 있다. 반면에 미국달러가격이 행사가격보다 높은 경우에는 권리행사를 포기하게 되고 손실은 풋옵션매도자에게 지급한 풋옵션프리미엄으로 한정된다.

그림 12-4 풋옵션매입자의 손익

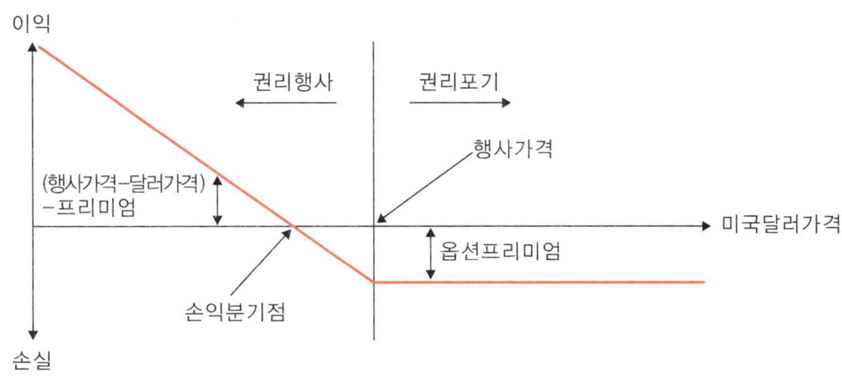

표 12-7 풋옵션매입자의 손익구조

구분	손익구조
이익	* 풋옵션매입자의 권리행사가 없는 경우 이익 = (행사가격 − 미국달러가격) − 풋옵션가격
손실	* 풋옵션매입자의 권리행사가 있는 경우 손실 = 풋옵션가격

2) 풋옵션매도자의 손익

미국달러 풋옵션매도자는 옵션만기일에 미국달러가격이 행사가격보다 낮은 경우 풋옵션매입자의 권리행사로 배정을 받게 되어 미국달러를 행사가격에 인수할 의무가 있다. 반면에 미국달러가격이 행사가격보다 높은 경우에는 풋옵션매입자가 권리의 행사를 포기하게 되어 의무가 소멸한다.

▌그림 12-5▌ 풋옵션매도자의 손익

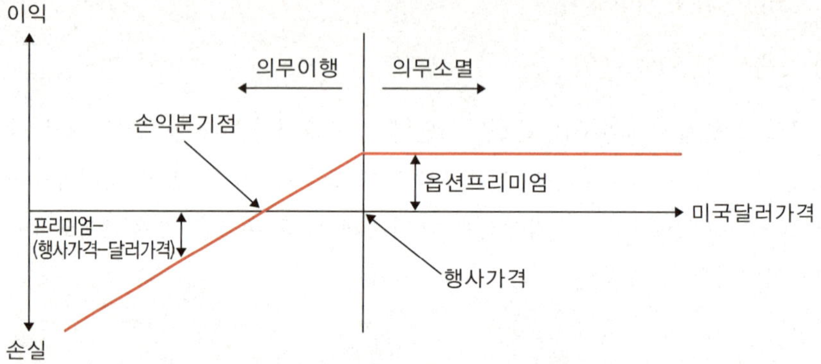

▌표 12-8▌ 풋옵션매도자의 손익구조

구분	손익구조
이익	* 풋옵션매입자의 권리행사가 없는 경우 이익 = 풋옵션가격
손실	* 풋옵션매입자의 권리행사가 있는 경우 손실 = 풋옵션가격 − (행사가격 − 미국달러가격)

(3) 스프레드거래

스프레드거래는 기초자산은 동일하지만 행사가격이나 만기일이 서로 다른 옵션을 하나는 매입하고 다른 하나는 매도하는 전략을 말한다. 스프레드거래는 기초자산의 가격이 예상대로 변동할 때 이익을 얻는 반면에 예상이 빗나가더라도 손실은 한정되며 구성방법에 따라 강세스프레드와 약세스프레드로 구분된다.

1) 강세스프레드

강세스프레드(bull spread)는 기초자산의 가격이 강세를 보일 것으로 예상되지만 확신이 없을 경우에 선택하는 보수적인 투자전략으로 행사가격이 낮은 옵션은 매입하고 행사가격이 높은 옵션은 매도한다. 강세스프레드는 기초자산의 가격이 상승할 경우에 이익과 하락할 경우에 손실을 일정수준으로 한정시키는 효과를 가져온다.

그림 12-6 강세스프레드의 손익

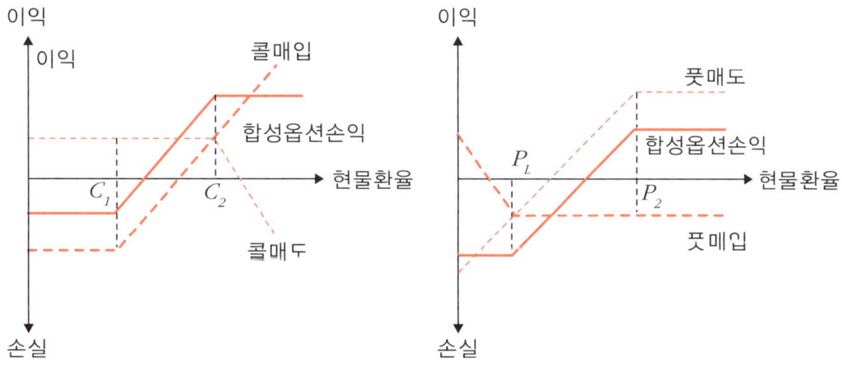

(a) 콜옵션을 이용한 강세스프레드　(b) 풋옵션을 이용한 강세스프레드

2) 약세스프레드

약세스프레드(bear spread)는 기초자산의 가격이 약세를 보일 것으로 예상되지만 확신이 없을 경우에 선택하는 보수적인 투자전략으로 행사가격이 높은 옵션은 매입하고 행사가격이 낮은 옵션은 매도한다. 약세스프레드는 기초자산의 가격이 하락할 경우에 이익과 상승할 경우에 손실을 일정수준으로 한정시키는 효과를 가져온다.

그림 12-7 약세스프레드의 손익

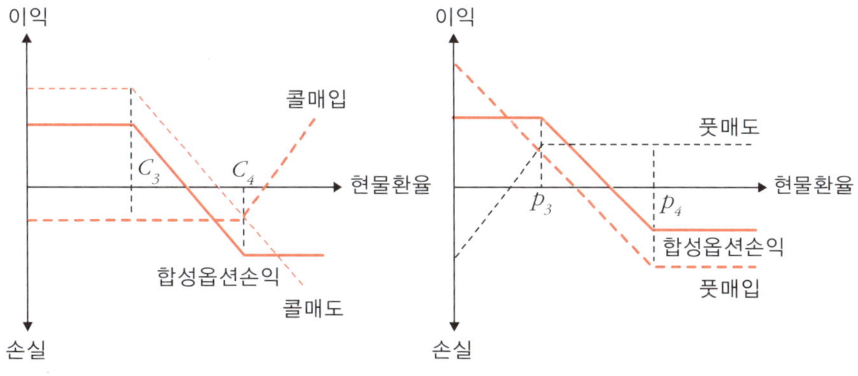

(a) 콜옵션을 이용한 약세스프레드　(b) 풋옵션을 이용한 약세스프레드

(4) 콤비네이션

콤비네이션(combination)은 기초자산이 동일한 콜옵션과 풋옵션을 결합하여 동시에 매입하거나 매도하는 전략을 말한다. 스프레드가 같은 종류의 옵션을 결합하는 반면에 콤비네이션은 서로 다른 종류의 옵션을 결합한다. 옵션의 결합방법에 따라 스트래들, 스트랭글, 버터플라이 등으로 구분된다.

1) 스트래들

스트래들(straddle)은 기초자산, 행사가격, 만기일이 동일한 콜옵션과 풋옵션을 하나씩 동일한 비율로 동시에 매입하거나 매도하는 전략을 말하며 변동성을 고려할 경우 유용하다. 이때 두 옵션을 동시에 매입하면 스트래들 매입(long straddle), 동시에 매도하면 스트래들 매도(short straddle)라고 한다.

기초자산의 가격이 행사가격과 프리미엄을 합한 것보다 큰 폭으로 변동할 것으로 예상되면 스트래들을 매입하고, 적은 폭으로 변동할 것으로 예상되면 스트래들을 매도한다. 스트래들 매입자(매도자)는 기초자산의 가격변동성이 높은(낮은) 경우에 이익을 얻기 때문에 변동성 매입자(매도자)라고 한다.

┃그림 12-8┃ 스트래들의 손익

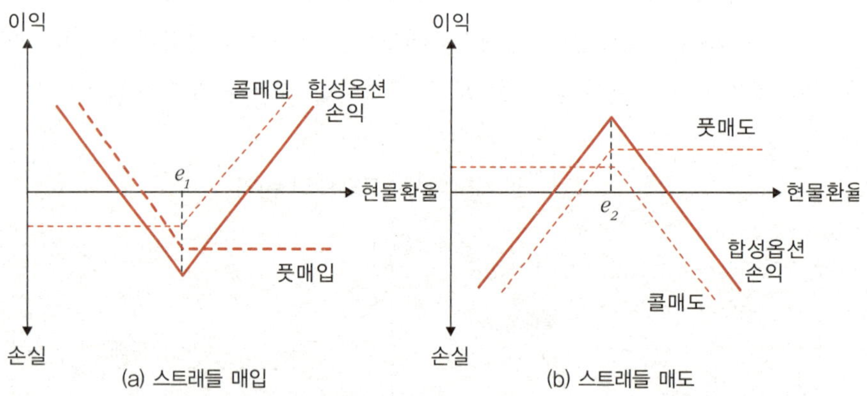

2) 스트랭글

스트랭글(strangle)은 기초자산과 만기일은 동일하지만 행사가격이 다른 콜옵션과 풋옵션을 동일한 비율로 매입하거나 매도하는 전략을 말한다. 여기서 콜옵션매입과 풋옵션매입은 스트랭글 매입, 콜옵션매도와 풋옵션매도는 스트랭글 매도라고 한다. 스트랭글 매입은 기초자산의 가격변동성이 클 때 이익을 얻을 수 있으며 가격변동성이 작더라도 손실을 일정수준으로 제한할 수 있다.

기초자산가격이 두 옵션의 행사가격과 프리미엄을 합한 것보다 큰 폭으로 변동할 것으로 예상되면 스트랭글을 매입하고, 적은 폭으로 변동할 것으로 예상되면 스트랭글을 매도한다. 스트랭글 매입자는 기초자산의 가격이 두 행사가격의 범위를 크게 이탈할 때, 스트랭글 매도자는 두 행사가격의 범위에서 안정될 때 이익을 얻는다.

| 그림 12-9 | 스트랭글의 손익

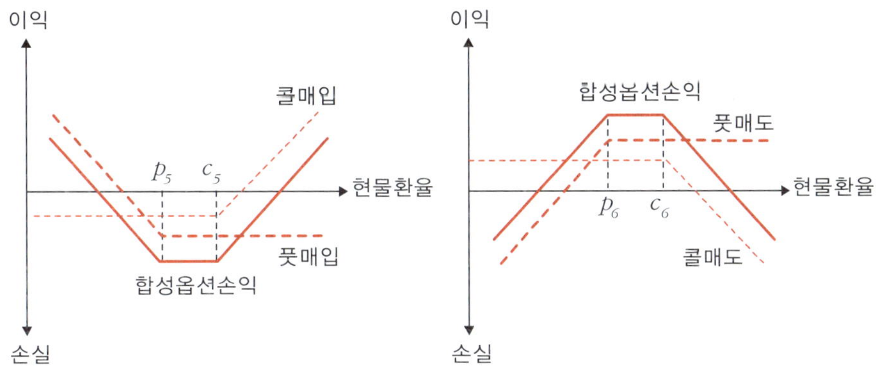

(a) 스트랭글 매수　　　　(b) 스트랭글 매도

3) 버터플라이

버터플라이(butterfiy)는 미래에 기초자산가격의 변동성을 예측하여 기초자산의 가격이 세 개의 행사가격 중에서 중간의 행사가격과 일치할 것으로 예상되는 경우에 취하는 투자전략을 말한다. 버터플라이는 콜옵션을 이용하느냐 풋옵션을 이용하느냐에 따라 버터플라이콜과 버터플라이풋으로 구분된다.

버터플라이매도는 기초자산의 가격변동성이 커질 가능성이 높지만 이익과 손실을 제한시키고자 하는 전략이다. 기초자산과 만기일은 같으나 행사가격이 서로 다른 세 개의 옵션을 이용하는데 행사가격이 중간인 콜옵션은 두 개를 매입하고, 행사가격이 가장 높은 옵션과 가장 낮은 옵션은 한 개씩 매도하는 전략을 말한다.

버터플라이매입은 기초자산의 가격이 안정적일 것으로 예상되지만 이익과 손실을 제한시키고자 하는 전략이다. 기초자산과 만기일은 같으나 행사가격이 서로 다른 세 개의 옵션을 이용하는데 행사가격이 중간인 콜옵션은 두 개를 매도하고, 행사가격이 가장 높은 옵션과 가장 낮은 옵션은 한 개씩 매입하는 전략을 말한다.

▌그림 12-10▐ 버터플라이의 손익

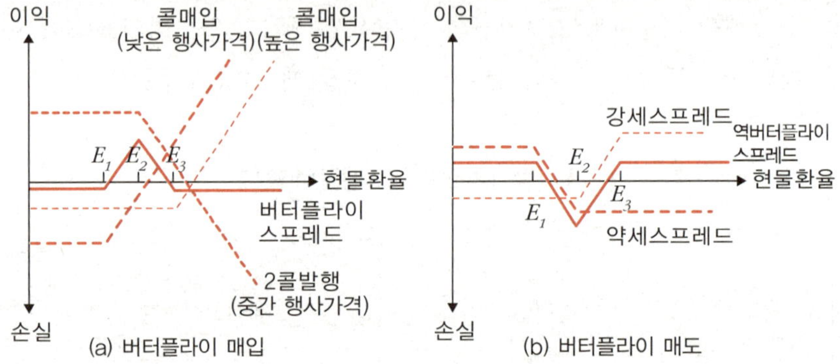

4. 풋-콜-선물환 등가

풋-콜-선물환 등가(put-call forward exchange parity)는 행사가격이 동일한 콜옵션을 매입하는 동시에 풋옵션을 매도하는 옵션결합거래는 행사가격과 동일한 환율(E)에서 특정통화를 선물환으로 매입하는 거래와 같은 효과를 갖는 것을 말하며 이러한 등가관계는 옵션시장과 선물환시장간의 차익거래로 성립한다.

왜냐하면 콜옵션매입은 만기일에 현물환율이 행사가격을 상회하면 이익이 발생하는 반면에 풋옵션매도는 현물환율이 행사가격을 하회하면 손실이 발생한다. 이러한 옵션거래의 손익선은 환율 E로 선물환을 매입한 경우에 현물환율이 선물환율을 상회하거나 또는 하회하는 경우와 동일한 손익구조를 가져오기 때문이다.

【그림 12-11】 풋–콜–선물환 등가

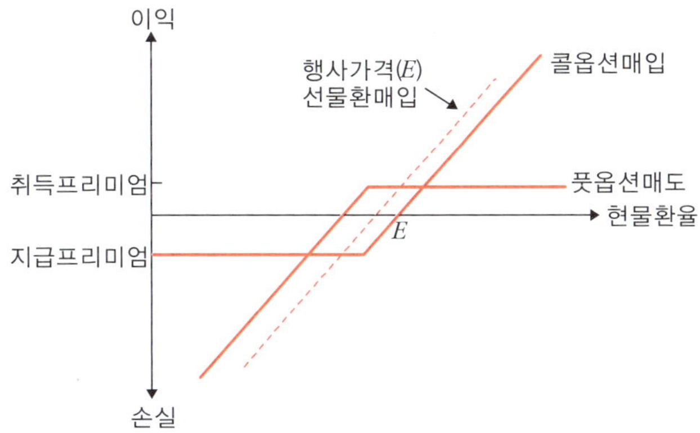

콜옵션가격 C(E)와 풋옵션가격 P(E)의 차이는 선물환율(F)과 행사가격(E)의 차이를 시장이자율로 할인하는 것과 같다. 왜냐하면 동일한 행사가격으로 콜옵션매입과 풋옵션매도는 선물환계약의 매입과 동일한 효과를 갖기 때문에 선물환매입비용에는 콜옵션프리미엄지급액과 풋옵션프리미엄수취액이 차액이 반영되이아 한나.

그런데 콜옵션매입프리미엄과 풋옵션매도프리미엄의 차이는 콜옵션과 풋옵션을 계약할 때 수취(콜매입프리리엄이 풋매도프리미엄을 상회할 경우) 또는 지급(콜매입프리미엄이 풋매도프리미엄을 하회할 경우)되어야 하므로 옵션의 계약시점에서 만기시점까지의 기간 동안 시장이자율로 차입 또는 투자되어야 한다.

여기서 선물환의 매입비용은 $E+[C(E)-P(E)](1+r)^t$이 된다. 만일 합성옵션에 따른 비용과 선물환의 매입에 따른 비용간에 차이가 있다면 옵션시장과 선물환시장간에 차익을 노리는 재정거래가 발생하게 된다. 따라서 선물환계약을 선물환시장에서 선물환율 F로 매도할 경우에 손익은 다음과 같이 표시할 수 있다.

$$F-\{E+[C(E)-P(E)](1+R)^t\} \qquad (12.9)$$

그리고 선물환율이 고정되어 있다고 가정하면 풋옵션가격과 콜옵션가격의 등락을 통해 손익이 소멸될 때까지 옵션시장과 선물시장간에는 차익거래가 진행될 것이다. 즉 옵션시장과 선물시장간에 차익거래의 기회가 존재하지 않는 시장균형상태에서는 식(12.10)이 성립해야 하며 균형상태에서 이탈하면 차익거래가 발생한다.

$$F-\{E+[C(E)-P(E)](1+R)^t\} = 0 \rightarrow C(E)-P(E)=\frac{F-E}{(1+R)^t} \quad (12.10)$$

$$C(E)-P(E)>\frac{F-E}{(1+R)^t} \quad (12.11)$$

식(12.11)의 경우에는 동일한 행사가격(E)에서 이루어지는 콜옵션매도가격과 풋옵션매입가격간의 차액을 투자한다. 그리고 여기서 발생하는 이자수입을 콜옵션매도가격에 가산한 풋옵션의 실제매도수입이 환율 F로 선물환을 매입할 경우의 비용을 상회하여 이익을 실현하게 된다.

$$C(E)-P(E)<\frac{F-E}{(1+R)^t} \quad (12.12)$$

식(12.12)의 경우에는 동일한 행사가격(E)에서 이루어지는 콜옵션매입가격과 풋옵션매도가격간의 차액을 투자하여 여기서 발생하는 이자수입을 콜옵션매입가격에서 차감한 풋옵션의 실제매입비용이 환율 F로 선물환을 매도할 경우의 수입보다 적어 이익을 실현하게 된다.

5. 통화옵션의 헤지거래

통화옵션을 이용하여 환위험을 헤지할 경우 헤지비용을 옵션프리미엄에 국한시킬 수 있으며 경우에 따라 환차익을 기대할 수 있는 장점이 있다. 그리고 통화옵션은 기초자산가격의 변동에 따라 다양한 손익구조를 가지고 있기 때문에 다양한 헤지전략을 신축적으로 구사할 수 있다.

환율의 상승위험에 노출된 경우에 콜옵션을 매입하거나 풋옵션을 매도함으로써 환율상승으로 인한 손실을 옵션거래의 이익으로 상쇄시킬 수 있다. 반면에 환율의 하락위험에 노출된 경우에 콜옵션을 매도하거나 풋옵션을 매입함으로써 환율하락으로 인한 손실을 옵션거래의 이익으로 상쇄시킬 수 있다.

통화옵션의 매도를 통한 환위험헤지는 매입헤지에 비해 위험이 크기 때문에 전문적인 위험관리체계가 갖추어지지 않으면 사용하기가 어렵다. 왜냐하면 환율이 크게 변동할 경우에 매도포지션의 이익은 제한되어 있는 반면에 환율의 예측이 반대로 움직일 경우에 옵션매도자의 손실은 무제한이기 때문이다.

| 표 12-9 | 통화옵션의 헤지전략

구분	위험노출	헤지전략	헤지결과
수입상, 외화채무자	환율상승위험	콜옵션매입	매입가격 상한선 설정
수출상, 외화채권자	환율하락위험	풋옵션매입	매도가격 하한선 설정

* 순매입가격 = 매입가격 + 콜옵션프리미엄 − 옵션거래이익
* 순매도가격 = 매도가격 − 풋옵션프리미엄 + 옵션거래이익

(1) 콜옵션을 이용한 헤지거래

해외에서 상품과 서비스를 수입하거나 자금을 차입하는 경우 수입대금의 결제나 차입금의 상환에 따른 환위험이 발생한다. 이때 환위험을 헤지하기 위해 선물환, 통화선물, 통화옵션 등을 이용할 수 있다. 여기서는 선물환매입에 의한 헤지결과와 콜옵션매입에 의한 헤지결과를 비교하고자 한다.

① 선물환매입에 의한 헤지

우선 수입업자가 결제시점의 선물환율을 근거로 수입가격을 책정하고 수입계약을 체결했다고 가정하자. 수입업자는 수입대금의 결제에 따른 숏 포지션이 발생하므로 결제시점의 현물환율이 선물환율보다 상승하면 환차손이 발생하게 되고, 반대로 현물환율이 선물환율보다 하락하면 환차익을 얻게 된다.

해외에서 상품과 서비스를 수입하는 수입업자가 선물환을 매입하는 롱 포지션을 취함으로써 환위험을 헤지했다고 가정하자. 수입업자는 선물환을 매입했기 때문에 결제시점의 현물환율이 선물환율보다 상승하면 환차익을 얻게 되고, 반대로 현물환율이 선물환율보다 하락하면 환차손이 발생한다.

선물환매입에 의한 헤지전략은 환위험을 완벽하게 회피할 수 있는 반면에 환율의 유리한 변동으로 얻을 수 있는 환차익을 포기해야 한다. 만일 결제시점의 현물환율이 약정한 선물환율보다 상승하면 당초 숏포지션에서 발생한 손실이 선물환매입에 의한 롱 포지션의 이익으로 완벽하게 상쇄된다.

반면에 결제시점의 현물환율이 약정한 선물환율보다 하락하면 당초 숏포지션에서 발생한 이익이 선물환매입에 따른 롱 포지션에서 발생한 손실에 의해서 완벽하게 상쇄된다. 이러한 경우에 수입업자는 선물환을 매입하지 않았더라면 실현할 수 있었던 환차익을 포기하는 결과를 초래한다.

② 콜옵션매입에 의한 헤지

수입업자가 상품을 수입하여 발생한 숏 포지션을 콜옵션매입에 따른 롱 포지션을 취하므로써 환위험을 헤지하는 경우를 살펴보자. 수입업자는 수입대금 결제시점에 현물환율이 행사가격보다 상승하면 권리를 행사하고, 현물환율이 행사가격보다 하락하면 권리행사를 포기할 것이다.

결제시점의 현물환율이 행사가격보다 상승하면 콜옵션매입자는 콜옵션을 행사할 것이다. 이때 당초포지션에서 발생하는 손실이 콜옵션을 행사함으로써 얻는 이익에 의해 상쇄된다. 그러나 선물환매입과 비교하면 콜옵션매도자에게 지급하는 프리미엄에 상당하는 손실이 발생한다.

결제시점의 현물환율이 행사가격보다 하락하면 콜옵션매입자는 콜옵션을 행사하지 않기 때문에 당초포지션에서 발생한 환차익에서 콜옵션매도자에게 지급한 프리미엄을 차감한 만큼의 이익을 얻을 수 있다. 따라서 콜옵션매입은 선물환매입과 달리 환율이 유리하게 변동할 때 환차익을 얻을 수 있다.

┃그림 12-12┃ 선물환매입과 콜옵션매입의 헤지결과

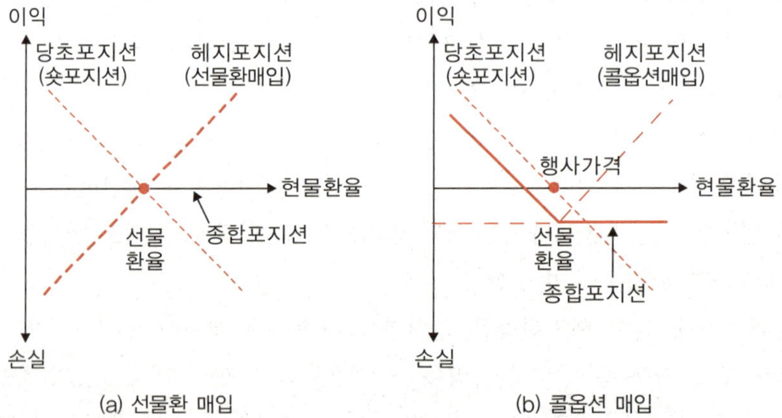

예제 12-4 콜옵션의 매입헤지

해외에서 원자재를 수입하여 판매하는 강동기업은 오늘 국내의 강서기업에 대한 제품 공급입찰에 들어갔다. 입찰결과는 1개월 후에 발표할 예정이며 입찰결과에 따라 원자재가 필요하여 수입계약을 체결할 경우 2개월 후에 수입대금을 지급하기 위해서 미국 달러화 $100만가 필요하다.

강동기업은 채산성을 맞추기 위해 오늘 환율인 950원 이하로 환율을 고정할 필요가 있다고 판단하고 있다. 그러나 입찰결과가 불확실하여 미국 달러를 매입하기 어려우므로 미국 달러 옵션을 이용하여 헤지거래를 하기로 결정하였다. 1월 15일 현물환율은 ₩930/$, 3월 15일 예상환율은 ₩940/$이다.

미국 달러 콜옵션 3월물 행사가격은 ₩940, 만기일은 3월 18일, 프리미엄은 ₩10/$으로 가정하자. 강동기업은 수입대금 결제시점의 환율을 950원 이하로 고정하기 위해 행사가격 ₩940/$인 미국달러 콜옵션 3월물 100계약(계약당 $10,000)을 프리미엄 1천만원(10원×$100만)을 지급하고 매입하였다.

풀이

① 환율이 상승한 경우
입찰에 성공한 경우 3월 18일의 환율 970원은 행사가격 940원보다 높아 옵션을 행사하여 $100만를 원자재의 대금으로 결제한다. 이때 강동기업은 $100만 매입에 9.4억원(₩940×$100만), 콜옵션의 매입비용 0.1억원 총 9.5억원을 지출하게 되어 콜옵션을 매입하지 않았을 경우 9.7억원에 비해 0.2억원의 손실을 줄일 수 있다.
입찰에 실패한 경우 2월 18일에 보유하고 있던 콜옵션을 청산한다. 이때 2월 18일의 환율이 ₩950/$이므로 옵션이 내가격상태가 되어 콜옵션의 매입시점인 1월 18일에 비해 프리미엄이 상승한다. 옵션프리미엄을 ₩20/$으로 가정하면 수입은 0.2억원이고 콜옵션 매입비용은 0.1억원이므로 총 0.1억원의 이익이 발생한다.

② 환율이 하락한 경우
입찰에 성공한 경우 3월 18일의 환율 900원이 행사가격 940원보다 낮아 옵션의 행사를 포기하고 현물 외환시장에서 $100만를 원자재의 대금으로 결제한다. 이때 강동기업은 $100만 매입에 9억원(₩900×$100만), 콜옵션의 매입비용 0.1억원 총 9.1억원을 지출하게 되어 ₩910/$의 환율로 미국달러를 매입한 효과를 본다.
입찰에 실패한 경우 2월 18일에 보유하고 있던 콜옵션을 청산한다. 이때 2월 18일의 환율이 ₩910/$이므로 옵션이 외가격상태가 되어 콜옵션의 매입시점인 1월 18일에 비해 프리미엄이 하락한다. 옵션프리미엄을 ₩5/$으로 가정하면 수입은 5백만원이고 콜옵션 매입비용은 0.1억원이므로 총 5백만원의 손실이 발생한다.
따라서 미국달러 콜옵션을 매입하여 환위험을 헤지했을 때 입찰에 성공하면 환율변동에 관계없이 ₩950/$ 이하로 달러를 매입하여 원자재대금을 결제할 수 있다. 반면에 입찰에 실패하여 미국달러가 필요하지 않더라도 콜옵션을 매입할 때 지급한 0.1억원 이상의 손실은 발생하지 않게 된다.

(2) 풋옵션을 이용한 헤지거래

해외에 상품과 서비스를 수출하거나 투자를 하는 경우 수출대금이나 투자원리금의 회수에 따른 환위험이 발생한다. 이때 환위험을 헤지하기 위해 선물환, 통화선물, 통화옵션 등을 이용할 수 있다. 여기서는 선물환매도에 의한 헤지결과와 풋옵션매입에 의한 헤지결과를 비교하고자 한다.

① 선물환매도에 의한 헤지

수출업자가 결제시점의 선물환율을 근거로 수출가격을 책정하고 수출계약을 체결했다고 가정하자. 수출업자는 수출대금의 수취로 롱 포지션이 발생하므로 결제시점에서 현물환율이 선물환율보다 상승하면 환차익을 얻게 되고, 반대로 현물환율이 선물환율보다 하락하면 환차손이 발생하게 된다.

해외에 상품이나 서비스를 수출하는 수출업자가 선물환을 매도하는 숏 포지션을 취함으로써 환위험을 헤지했다고 가정하자. 수출업자는 선물환을 매도함으로써 결제시점에 현물환율이 선물환율보다 상승하면 환차손이 발생하고, 반대로 현물환율이 선물환율보다 하락하면 환차익을 얻게 된다.

선물환매도에 의한 헤지전략은 환위험을 완벽하게 회피할 수 있는 반면에 환율의 유리한 변동으로 얻을 수 있는 환차익을 포기해야 한다. 만일 결제시점의 현물환율이 약정한 선물환율보다 하락하면 당초 롱포지션에서 발생한 손실은 선물환매도에 따른 숏 포지션의 이익에 의해 완벽하게 상쇄된다.

반면에 결제시점의 현물환율이 약정한 선물환율보다 상승하면 당초 롱포지션에서 발생한 이익이 선물환매도에 따른 숏 포지션에서 발생한 손실에 의해서 완벽하게 상쇄된다. 이러한 경우에 수출업자는 선물환을 매도하지 않았더라면 실현할 수 있었던 환차익을 포기하는 결과를 초래한다.

② 풋옵션매입에 의한 헤지

수출업자가 상품을 수출하여 발생한 롱 포지션을 풋옵션 매입에 따른 숏 포지션을 취하므로써 환위험을 헤지하는 경우를 살펴보자. 수출업자는 수출대금 결제시점에 현물환율이 행사가격보다 하락하면 권리를 행사하고, 현물환율이 행사가격보다 상승하면 권리행사를 포기할 것이다.

| 그림 12-13 | 선물환매도와 풋옵션매입의 헤지결과

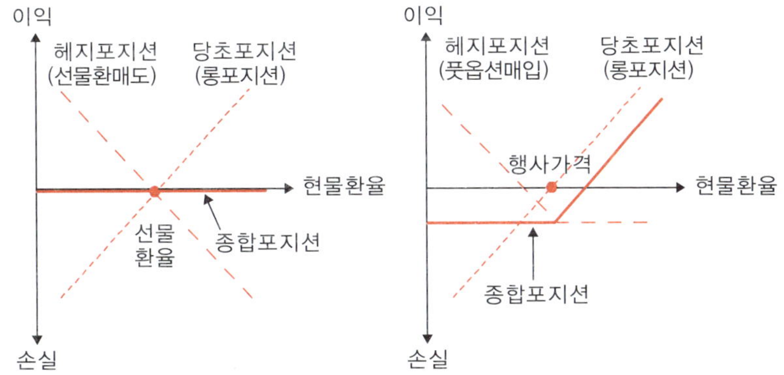

(a) 선물환 매도 (b) 풋옵션 매입

결제시점의 현물환율이 행사가격보다 하락하면 풋옵션매입자는 풋옵션을 행사할 수 있다. 이때 당초포지션에서 발생하는 손실이 풋옵션을 행사함으로써 얻는 이익에 의해 상쇄된다. 그러나 선물환매도와 비교하면 풋옵션매도자에게 지급하는 프리미엄에 상당하는 손실이 발생하게 된다.

결제시점의 현물환율이 행사가격보다 상승하면 풋옵션매입자는 풋옵션을 행사하지 않기 때문에 당초포지션에서 발생한 환차익에서 풋옵션매도자에게 지급한 프리미엄을 차감한 만큼의 이익을 얻을 수 있다. 따라서 풋옵션매입은 선물환매도와 달리 환율이 유리하게 변동할 때 환차익을 얻을 수 있다.

예제 12-5 풋옵션의 매입헤지

1월 18일 현재 해외에 자동차를 수출하는 현대기업은 3월 18일 미국의 수입상으로부터 수출대금 $100만를 지급받기로 했는데 ₩930/$ 이상으로 환전해야 채산성을 맞출 수 있어 미국달러 풋옵션을 매입하여 헤지거래를 수행하기로 결정하였다. 1월 18일 현물환율은 ₩930/$, 3월 18일 예상환율은 ₩940/$이다.

미국달러 풋옵션 3월물의 행사가격은 ₩940, 만기일은 3월 18일, 프리미엄은 ₩10/$으로 가정하자. 현대자동차은 수출대금 결제시점의 환율을 930원 이상으로 고정하기 위해 행사가격 ₩940/$인 미국달러 풋옵션 3월물 100계약(계약당 $10,000)을 프리미엄 1천만원(10원×$100만)을 지급하고 매입하였다.

풀이

① 환율이 상승한 경우

옵션의 만기일인 3월 18일 현물환율 970원이 행사가격 940원보다 높아 풋옵션의 행사를 포기하고 현물 외환시장에서 $100만를 매도한다. 이때 현대자동차는 9.7억원(₩970×$100만)를 수령하고 풋옵션의 매입비용 0.1억원을 지출하여 총 9.6억원의 원화가 발생하여 ₩960/$의 환율로 미국달러를 매도한 효과와 같다.

② 환율이 하락한 경우

옵션의 만기일인 3월 18일 현물환율 900원이 행사가격 940원보다 낮아 풋옵션을 행사하여 미화 $100만를 매도한다. 이때 현대자동차는 풋옵션의 행사를 통해 얻은 9.4억원 중 풋옵션의 매입비용 0.1억원을 차감한 총 9.3억원의 원화가 발생하여 ₩930/$의 환율로 미국달러를 매도함으로써 채산성을 맞출 수 있게 된다.

• 핵심요약 •

제1절 개별주식옵션의 개요

한국거래소의 유가증권시장에 상장된 보통주 중 시가총액과 재무상태를 감안해 선정한 30개 기업이 발행한 주식을 기초자산으로 하는 상품

제2절 주가지수옵션의 개요

1. 주가지수옵션의 정의 : 실체가 없는 추상적인 개념으로 주가지수를 기초자산
2. KOSPI 200지수옵션 : 주가지수선물과 주가지수옵션의 대상이 되는 지수로 시장 대표성, 업종대표성, 유동성을 고려하여 선정한 200 종목으로 구성
3. 주가지수옵션의 손익
   (1) 콜옵션매입자의 만기손익
   ① 만기일의 주가지수가 행사가격보다 상승하면 권리를 행사하여 매도자로부터 [(만기일의 주가지수−행사가격)×250,000]의 금액을 수령
   ② 만기일의 주가지수가 행사가격보다 하락하면 권리를 포기하여 옵션가치는 0이 되며, 옵션의 매입비용인 콜옵션가격의 손실이 발생함
   (2) 풋옵션매입자의 만기손익
   ① 만기일의 주가지수가 행사가격보다 하락하면 권리를 행사하여 매도자로부터 [(행사가격−만기일의 주가지수)×250,000]의 금액을 수령
   ② 만기일의 주가지수가 행사가격보다 상승하면 권리를 포기하여 옵션가치는 0이 되며, 옵션의 매입비용인 풋옵션가격의 손실이 발생함
4. 주가지수옵션을 이용한 위험헤지
   ① 주가지수 콜옵션을 이용한 헤지 : $N_C = -\frac{S}{I} \times \beta_{SI} \times \frac{1}{\delta_C}$
   ② 주가지수 풋옵션을 이용한 헤지 : $N_P = -\frac{S}{I} \times \beta_{SI} \times \frac{1}{\delta_P}$
5. 포트폴리오보험전략의 개요
   (1) 포트폴리오보험전략의 정의 : 시세변동에 관계없이 포트폴리오가치를 최저유지 수준 이상으로 보장
   (2) 포트폴리오보험전략의 유형
   ① 방어적 풋옵션전략 : 주식매입+풋옵션매입 = 콜옵션매입+순수할인채매입
   ② 옵션복제전략 : 방어적 풋옵션전략과 동일
   ③ 동적 헤징전략 : $S+P = Fe^{-(Rf-q)T}N(d_1) + Ee^{-RfT}[1-N(d_2)]$
   ④ 일정비율 포트폴리오보험전략
   ⑤ 시간불변 포트폴리오보험전략

제3절 미국달러옵션

1. 미국달러옵션의 정의 : 미래의 특정시점에 미국달러를 옵션매입자와 옵션매도 자가 현재시점에서 약정한 환율으로 매입 또는 매도할 수 있는 권리
2. 미국달러옵션의 내용 : 미국달러를 기초자산으로 만기일에만 권리를 행사할 수 있는 유럽형옵션이며 포지션의 결제는 실물인수도방식으로 청산됨
3. 미국달러옵션의 투자전략
   ① 미국달러 콜옵션 매입 : 환율이 상승할 것으로 예상되는 경우
   ② 미국달러 콜옵션 매도 : 환율이 하락하거나 보합으로 예상되는 경우
   ③ 미국달러 풋옵션 매입 : 환율이 하락할 것으로 예상되는 경우
   ④ 미국달러 풋옵션 매도 : 환율이 상승하거나 보합으로 예상되는 경우
4. 콜옵션을 이용한 헤지거래
   (1) 선물환매입에 의한 헤지 : 수입업자가 환위험을 완벽히 회피할 수 있는 반면에 환율의 유리한 변동으로 얻을 수 있는 환차익을 포기해야 함
   (2) 콜옵션매입에 의한 헤지 : 수입업자는 현물환율이 행사가격보다 상승시 권리를 행사하고, 현물환율이 행사가격보다 하락시 권리행사를 포기
5. 풋옵션을 이용한 헤지거래
   (1) 선물환매도에 의한 헤지 : 수출업자가 환위험을 완벽히 회피할 수 있는 반면에 환율의 유리한 변동으로 얻을 수 있는 환차익을 포기해야 함
   (2) 풋옵션매입에 의한 헤지 : 수출업자는 현물환율이 행사가격보다 하락시 권리를 행사하고, 현물환율이 행사가격보다 상승하면 권리행사를 포기

연 · 습 · 문 · 제

1 **한국거래소에 상장된 개별주식옵션에 대한 설명으로 옳지 않은 것은?**

① 한국거래소에 상장된 보통주 30개 종목을 대상으로 한다.
② 만기에만 권리행사가 가능한 유럽형옵션이다.
③ 거래승수는 1계약당 10주이며 실물인수도방식을 채택하고 있다.
④ 행사가격은 기초자산의 가격에 따라 설정간격이 상이하게 적용된다.

| 해설 | 거래승수는 1계약당 10주이며 결제방법은 현금결제를 채택하고 있다.

2 **한국거래소에 상장된 주가지수옵션에 대한 설명으로 옳지 않은 것은?**

① 거래단위승수인 지수 1포인트당 가격은 10만원으로 한다.
② 거래대상은 만기일에만 권리를 행사할 수 있는 유럽형옵션이다.
③ 결제방법은 실물인수도가 아닌 현금결제방식으로 결제된다.
④ 만기일 이전에 반대매매를 통해 포지션을 청산할 수 없다.

| 해설 | 주가지수옵션은 만기일 이전에 반대매매를 통해 포지션을 청산할 수 있다.

3 **KOSPI 200옵션의 투자자는 만기 3개월, 행사가격 100인 콜옵션을 2에 매입하였다. 현재 주가지수가 99라고 할 때 콜옵션의 시간가치는?**

① 0 ② 1 ③ 2 ④ 3

| 해설 | 시간가치 = 옵션가격 − 내재가치 = 2 − 0 = 2

4 **한국거래소에 상장된 KOSPI 200지수는 230포인트이다. 다음 중 옵션가격이 가장 높을 것으로 예상되는 옵션은?**

① 행사가격 227.5 콜옵션 ② 행사가격 227.5 풋옵션
③ 행사가격 235.0 콜옵션 ④ 행사가격 235.0 풋옵션

| 해설 | 내가격상태의 옵션이 가장 가격이 높은 옵션이다. 풋옵션의 내재가치는 행사가격(235포인트)−기초자산가격(230포인트)=5포인트이다. 여기에 시간가치를 고려하더라도 행사가격 235 풋옵션이 가장 비싸다.

5 **다음 중 거래비용을 고려하지 않는 경우에 KOSPI 200지수 풋옵션 매입전략에 대한 설명으로 옳은 것은?**

① KOSPI 200이 강세일 것으로 예상될 때 사용하는 투자전략이다.
② 옵션만기일의 손익분기점은 행사가격에 풋옵션프리미엄을 가산한다.
③ 옵션만기일의 KOSPI 200이 손익분기점보다 낮은 경우에 이익이 발생한다.
④ 옵션만기일의 KOSPI 200이 행사가격보다 낮은 경우에 손실이 발생하고, 최대 손실금액은 지불한 프리미엄이 된다.

| 해설 | ① 풋옵션매입은 KOSPI 200이 약세일 것으로 예상될 때 사용하는 투자전략이다.
② 옵션만기일의 손익분기점은 행사가격에서 풋옵션프리미엄을 차감한다.
④ 옵션만기일의 KOSPI 200이 행사가격보다 낮은 경우에 이익이 발생하고, 최대손실금액은 지불한 프리미엄이 된다.

6 **KOSPI 200을 추적하는 현물을 보유한 투자자가 주가하락에 대비하여 행사가격이 250포인트인 KOSPI 200 풋옵션을 4포인트에 매입하는 경우에 손익분기점이 되는 KOSPI 200지수는?**

① 246포인트　② 250포인트
③ 254포인트　④ 258포인트

| 해설 | 풋옵션매입자의 손익분기점 = 행사가격－풋옵션프리미엄 = 250－4 = 246포인트

7 **2018년 9월 2일 KOSPI 200지수가 250포인트이다. 한국거래소에서 행사가격이 217.50포인트이고 만기가 9월 12일인 콜옵션이 프리미엄 4.70포인트에 거래되고 있다. 콜옵션을 1계약 매입한 후 만기일에 주가지수가 226.00포인트로 상승한 경우 콜옵션매입자의 프리미엄을 고려한 순손익은?**

① 38만원 이익　② 38만원 손실
③ 65만원 이익　④ 65만원 손실

| 해설 | 권리행사시 순이익 = 내재가치 － 콜옵션프리미엄 = 85만원 － 47만원 = 38만원
㉠ 내재가치 = (226.00－217.50)×100,000원 = 850,000원
㉡ 프리미엄 = 4.70×100,000원 = 470,000원

8 **KOSPI 200의 합성콜옵션가격이 2이고, 실제로 시장에서 거래되는 콜옵션가격이 3이라면 차익거래를 위해 어떤 포지션을 취해야 하는가?**

① 콜옵션 매도, 풋옵션 매도, KOSPI 200선물 매입
② 콜옵션 매도, 풋옵션 매입, KOSPI 200선물 매입
③ 콜옵션 매입, 풋옵션 매도, KOSPI 200선물 매도
④ 콜옵션 매입, 풋옵션 매입, KOSPI 200선물 매도

| 해설 | 시장가격이 이론가격(합성콜옵션)보다 높은 경우 과대평가된 콜옵션을 매도하고 과소평가된 합성콜옵션을 매입해야 한다. 합성콜옵션매입은 풋옵션매입과 KOSPI 200선물매입으로 구성된다.

9 **다음 중 커버드 콜매도(covered call)거래에 대한 설명으로 옳은 것은?**

① 주가지수의 상승위험을 헤지하기 위한 거래이다.

② 주가지수가 하락하는 경우에 손실을 일정수준으로 제한시켜 준다.

③ 방어적 풋매입보다 바람직한 헤지방법이다.

④ 커버드 콜매도거래는 풋옵션매도와 유사한 경제적 효과를 가진다.

| 해설 | ① 주가지수의 하락위험을 헤지하기 위한 거래이다.
② 주가지수가 하락하는 경우에 손실이 무한대로 확대될 수 있다.
③ 방어적 풋매입보다 헤지거래 측면에서 바람직하지 못하다.

10 **펀드매니저 홍길동은 다음과 같이 구성된 주식포트포리오를 보유하고 있다.**

주식	시장가격	보유주식수	베타
A	5,000원	20,000주	1.3
B	10,000원	10,000주	1.9

홍길동은 향후 주가지수의 하락에 따른 포트폴리오의 가치하락위험에 대비하기 위해 KOSPI 200옵션을 이용하고자 한다. 현재의 KOSPI 200은 100포인트, 주가지수 콜옵션의 델타는 0.8, 콜옵션의 가격은 2, KOSPI 200옵션의 포인트당 가격은 100,000원이다. 무위험헤지를 위해 홍길동이 매입 또는 매도해야 할 수가지수 콜옵션의 계약수는?

① 20계약 매입　　② 20계약 매도

③ 40계약 매입　　④ 40계약 매도

| 해설 | 주가지수 콜옵션을 이용하여 보유중인 주식포트폴리오의 가치하락위험을 헤지하려면 콜옵션을 매도해야 하며, 홍길동이 매도해야 할 주가지수 콜옵션의 계약수는 다음과 같다.

$$m = \frac{S}{I}\times\beta_P\times\frac{1}{\delta_C} = \frac{2억^*}{100\times100,000}\times1.6^{**}\times\frac{1}{0.8} = 40$$

$^*S = 5,000원\times20,000주 + 10,000원\times10,000주 = 2억원$

$^{**}\beta_P = W_A\beta_A + W_B\beta_B = \frac{1}{2}\times1.3 + \frac{1}{2}\times1.9 = 1.6$

11 **다음 중 포트폴리오보험전략에 대한 설명으로 옳지 않은 것은?**

① 포트폴리오보험전략은 콜옵션의 성과를 복제하려는 투자전략으로 현물매입과 풋옵션매입을 통한 방어적 풋옵션전략이 있다.

② 포트폴리오보험전략은 지수가 폭등하거나 폭락할 때도 원하는 결과를 달성할 수 있는 안정적인 투자전략이다.

③ 방어적 풋옵션전략을 통해 기초자산가격이 상승하면 이익을 향유하면서 기초자산가격이 하락하면 손실이 제한적이다.

④ 포트폴리오를 주식과 채권으로 구성한 뒤 기초주식의 가격이 변동함에 따라 포트폴리오 재조정을 통한 동적 자산배분전략이 있다.

| 해설 | 포트폴리오보험전략은 기초주식의 가격변화에 따라 추가적인 포지션 조정이 필요한데 기초주식의 가격이 급등락하면 추가비용이 발생하여 원하는 결과를 얻지 못할 수 있다.

12 **다음 중 방어적 풋매입(protective put) 포지션으로 옳은 것은?**

① 현물매입+콜옵션매입 ② 현물매입+콜옵션매도

③ 선물매입+풋옵션매입 ④ 선물매입+풋옵션매도

| 해설 | 방어적 풋옵션전략은 선물(현물)매입과 풋옵션매입의 합성포지션으로 구성된다.

13 **다음 중 방어적 풋옵션전략에 대한 설명으로 옳지 않은 것은?**

① 주가가 하락할 경우에는 손실회피효과가 없다.

② 강세장에서는 주가상승에 따른 이익의 확대효과가 있다.

③ 콜옵션매입과 동일한 성과도의 형태를 갖는다.

④ 주가가 하락하면 손실은 한정되고 주가가 상승하면 이익은 확대된다.

| 해설 | 방어적 풋옵션전략은 현재 보유하고 있는 주식포트폴리오를 기초자산으로 하고, 원하는 최저유지수준의 가치를 행사가격으로 하며, 목표투자기간을 만기로 하는 주가지수풋옵션을 매입하는 전략을 말한다.

14 **다음 중 보호적 풋매입(protective put)에 대한 설명으로 옳지 않은 것은?**

① 주가지수선물을 매입한 후 주가하락에 대비하여 풋옵션을 매입하는 거래이다.

② 주가지수가 하락하는 경우에 손실이 제한된다.

③ 주가지수가 상승하는 경우에 이익이 제한된다.

④ 콜옵션 매입과 동일한 경제적 효과를 갖는다.

| 해설 | 주가지수가 상승하는 경우에 지수상승에 따른 이익을 누릴 수 있다.

15 **다음 중 통화옵션에 대한 설명으로 가장 옳은 것은?**

① 달러표시 채권을 가진 기업은 환위험을 헤지하기 위해 콜옵션을 매입한다.

② 기업이 옵션을 이용하여 헤지하는 경우에 옵션을 매도하는 것보다 옵션을 매입하는 것이 바람직하다.

③ 선물환과 달리 장내옵션이 장외옵션에 비해 거래가 활발하다.

④ 수입업자는 환율상승위험에 노출되어 있으므로 풋옵션을 매입한다.

| 해설 | ① 외화채권을 가진 기업은 환위험을 헤지하기 위해 풋옵션을 매입한다.
③ 장외옵션이 거래소에서 거래되는 장내옵션에 비해 거래가 활발하다.
④ 수입업자는 환율상승위험에 노출되어 있으므로 콜옵션을 매입한다.

16 다음 중 통화옵션에 대한 설명으로 가장 옳은 것은?

① 미국으로 수출하는 기업이 원/달러 리스크를 헤지하려면 달러 풋옵션을 매입해야 한다.

② 원/달러 현물환율이 1,170원일 때 행사가격이 1,160원인 달러 콜옵션은 내가격옵션이다.

③ 원화가 달러에 대해 강세가 된다고 전망하면 달러 콜옵션을 매입해야 한다.

④ 일본에서 원자재를 수입하는 미국기업이 수입대금을 엔화로 결제할 경우 엔/달러 리스크를 헤지하려면 달러 풋옵션을 매입해야 한다.

| 해설 | 원화강세는 달러약세를 의미하여 달러가치 하락에 대비하여 달러 풋옵션을 매입해야 한다.

17 한국거래소에 상장된 미국달러옵션에 대한 설명으로 옳지 않은 것은?

① 실물인수방식으로 결제가 이루어진다.

② 만기에만 권리행사가 가능한 유럽형옵션이다.

③ 반대의견이 없는 경우 만기에 내가격옵션은 자동으로 행사된다.

④ 달러 콜옵션매입자는 달러를 지급하고 원화를 수취한다.

| 해설 | 달러 콜옵션매입자는 원화를 지급하고 달러를 수취한다.

18 한국거래소에 상장된 미국달러옵션의 만기에 권리행사에 대한 설명으로 옳지 않은 것은?

① 콜옵션매입자는 원화를 지불하고 달러를 수취한다.

② 콜옵션매도자는 원화를 수취하고 달러를 지불한다.

③ 풋옵션매입자는 원화를 지불하고 달러를 수취한다.

④ 권리행사시 거부요청이 없으면 내가격옵션으로 자동 행사된다.

| 해설 | 풋옵션매입자는 원화를 수취하고 달러를 지급한다.

19 달러표시채권 1백만달러를 보유하고 있는 기업이 환리스크를 헤지하기 위해 미달러옵션을 이용하는 경우에 바람직한 거래는?

① 콜옵션 100계약 매입　　② 콜옵션 100계약 매도

③ 풋옵션 100계약 매입　　④ 풋옵션 100계약 매도

| 해설 | 미달러옵션은 계약단위가 1만달러이므로 헤지계약수는 100계약이다. 외화채권 보유자는 환율하락위험에 노출되어 있으므로 풋옵션을 매입해야 한다.

20 3개월 후에 1백만달러를 수취할 예정인 기업이 환리스크를 헤지하기 위해 미달러옵션을 이용하는 경우에 바람직한 거래는?

① 콜옵션 100계약 매입 ② 콜옵션 100계약 매도

③ 풋옵션 100계약 매입 ④ 풋옵션 100계약 매도

| 해설 | 미달러옵션은 계약단위가 1만달러이므로 헤지계약수는 100계약이다. 외환을 수취할 예정인 기업은 환율하락위험에 노출되어 있으므로 풋옵션을 매입해야 한다.

21 행사가격 1,100원인 달러 풋옵션을 계약당 10원의 프리미엄을 주고 10계약 매입하였다. 외환시장에서 환율이 1,070원일 때 반대매매를 통해 포지션을 청산했다면 프리미엄을 고려한 거래손익은?

① 200,000원 이익 ② 200,000원 손실

③ 300,000원 이익 ④ 300,000원 손실

| 해설 | 거래손익 = (1,100−1,070−10)×10계약수×1만달러 = 200,000원 이익

22 잔여만기 6개월인 달러표시채권 1백만달러를 보유한 투자자가 환율하락을 예상하여 행사가격 1,100원인 달러 풋옵션을 달러당 20원의 프리미엄을 주고 100계약을 매입하였다. 만기일에 환율이 1,140원으로 상승했다면 수취하는 금액은?

① 1,100백만원 ② 1,120백만원

③ 1,160백만원 ④ 1,180백만원

| 해설 | 달러당 순수취금액 = 1,140−20(프리미엄) = 1,120
원화 순수취금액 = 1백만달러×1,120원 = 1,120백만원

23 서울기업은 3개월 후 수입대금 1백만달러를 결제해야 한다. 향후 환율상승위험을 헤지하기 위해 현물환율 1,120원, 콜옵션의 행사가격 1,120원, 달러당 옵션프리미엄 20원의 조건으로 거래한 경우에 옳지 않은 것은?

① 최대결제비용을 1,140백만원에 고정하는 효과가 있다.

② 3개월 후 환율이 급등하는 경우 손실이 무한대로 갈 가능성이 있다.

③ 달러선물을 이용한 헤지에 비해 비용면에서 불리하다.

④ 달러선물매입을 통한 헤지와 달리 환율하락시 이익을 볼 수 있다.

| 해설 | 향후 환율이 급등하더라도 최대 결제비용은 1,140백만원으로 고정되며 환율하락시 이익이 발생한다.

24 연세기업은 1개월 후에 미화 1백만달러의 수입대금이 필요하다. 현재 현물환율은 달러당 1,250원이나, 앞으로 환율의 상승을 우려하여 한국거래소에서 거래되는 만기 1개월, 행사가격 1,200원/$인 미국달러 콜옵션(1계약=$10,000)을 달러당 80원의 프리미엄에 100계약을 매입하였다. 1개월 후 현물환율이 1,350원이고 거래비용을 무시하면 연세기업이 1백만달러를 결제하는 데 소요되는 원화대금은?

① 12.8억원　② 13.0억원
③ 14.2억원　④ 15.2억원

| 해설 | 1달러당 결제비용(1,350원)−옵션행사이익(150원)+옵션프리미엄(80원) = 1,280원
1,280원×100계약×10,000 = 12.8억원

25 고려기업은 2개월 후에 미화 1백만달러의 수입대금이 필요하다. 현재 현물환율은 달러당 1,200원이나, 앞으로 환율상승에 대비하여 만기 2개월, 행사가격 1,200원/$인 미국달러 콜옵션(1계약=$10,000)을 달러당 30원의 프리미엄에 100계약을 매입하였다. 2개월 후 현물환율이 1,260원이라면 옵션의 권리행사를 고려한 고려기업의 총결제비용은?

① 11.4억원　② 12.0억원
③ 12.3억원　④ 12.9억원

| 해설 | 총결제비용 = 수입결제비용+옵션행사이익 = 12.3억원
수입결제비용 = $1,000,000×1,260원 = 12.6억원
옵션행사이익 = 30원×10,000×100계약 = 0.3억원

26 건국기업은 1개월 후에 미국 달러로 수입대금을 결제해야 한다. 현재 현물환율은 1,260원이다. 앞으로 환율상승에 대비하여 한국거래소에서 거래되는 미국달러 콜옵션(행사가격 1,270원)을 25원에 매입하여 헤지한 경우에 옳은 설명은?

① 미국달러 상환비용을 1달러당 1,260원으로 고정하였다.
② 미국달러 상환비용을 1달러당 1,285원으로 고정하였다.
③ 미국달러 상환비용을 1달러당 1,245원으로 고정하였다.
④ 미국달러 상환비용을 1달러당 1,295원으로 고정하였다.

| 해설 | 현물 매도포지션 상태와 동일한 수입상이 헤지하기 위해 콜옵션을 매입하는 경우에 현물매도+콜옵션매입=풋옵션매입 손익구조와 동일하고, 이는 최고상환비용을 고정시킨다.
최고상환비용 = 행사가격+콜옵션프리미엄 = 1,270원+25원 = 1,295원

27 **홍익기업은 1개월 후에 1백만달러 수출대금을 수취할 예정이다. 홍익기업은 달러약세를 우려하여 미국달러 풋옵션(행사가격 1,280원) 100계약을 프리미엄 15원에 매입하여 헤지한 경우에 옳은 설명은?**

① 미국달러 최고매도가격을 1달러당 1,280원에 고정하였다.

② 미국달러 최저매도가격을 1달러당 1,280원에 고정하였다.

③ 미국달러 최고매도가격을 1달러당 1,265원에 고정하였다.

④ 미국달러 최저매도가격을 1달러당 1,265원에 고정하였다.

| **해설** | 현물 매입포지션 상태와 동일한 수출상이 헤지하기 위해 풋옵션을 매입하는 경우에 현물매입+풋옵션매입=콜옵션매입 손익구조와 동일하고, 이는 최저매도가격을 고정시킨다.
최저매도가격 = 행사가격−풋옵션프리미엄 = 1,280원−15원 = 1,265원

28 **단국기업은 2개월 후에 1백만달러 수출대금을 수취할 예정이다. 현재 현물환율은 1,260원이다. 단국기업은 앞으로 환율하락에 대비하여 한국거래소에서 거래되는 만기 2개월 미국달러 풋옵션(행사가격 1,250원)을 10원의 프리미엄을 주고 100계약을 매입하였다. 만일 2개월 후 현물환율이 1,242원일 경우에 프리미엄을 고려한 순원화 수취금액은?**

① 1,240,000,000원 ② 1,242,000,000원
③ 1,250,000,000원 ④ 1,260,000,000원

| **해설** | 2개월 후에 현물환율이 1,242원이면 풋옵션의 권리행사가 이루어질 것이다.
1$ 수취금액 1,242원+8원(옵션행사이익)−10원(프리미엄지불) = 1,240원
1,240원×1,000,000원/$ = 1,240,000,000원

29 **다음 중 장외시장에서 미달러 콜옵션을 매입하는 경우와 동일한 결과를 가져오는 것은?**

① 원화 콜옵션 매입 ② 원화 콜옵션 매도
③ 원화 풋옵션 매입 ④ 원화 콜옵션 매도

| **해설** | 통화옵션은 두 개의 환율과 관계되어 특정 통화의 콜옵션 매입은 상대 통화의 풋옵션 매입과 동일한 효과가 있다.

30 **앞으로 환율의 움직임이 안정적일 경우에 적절한 옵션전략은?**

① 버터플라이 매입, 스트래들 매도 ② 버터플라이 매도, 스트래들 매도
③ 버터플라이 매입, 스트래들 매입 ④ 버터플라이 매입, 스트랭글 매입

| **해설** | 향후 환율이 안정적인 경우에는 버터플라이 매입, 스트래들 매도의 경우에 이익이 발생한다.

31 **다음 중 환리스크 헤지거래와 관련된 설명으로 옳지 않은 것은?**

① 수입상이 콜옵션을 매입하여 환리스크를 헤지한 경우에 달러당 결제비용은 행사가격에 프리미엄을 가산한다.

② 수출상이 풋옵션을 매입하여 환리스크를 헤지한 경우에 달러당 결제비용은 행사가격에서 프리미엄을 차감한다.

③ 수입상은 콜옵션을 매입하여 환리스크를 헤지한 경우에 최저 결제금액을 설정할 수 있다.

④ 수출상은 풋옵션을 매입하여 환리스크를 헤지한 경우에 콜옵션의 매입과 동일한 손익구조를 가진다.

| 해설 | 수입상은 콜옵션을 매입하여 환리스크를 헤지한 경우에 최고 결제금액을 설정할 수 있다.

정답

1.③ 2.④ 3.③ 4.④ 5.③ 6.① 7.① 8.② 9.④ 10.④
11.② 12.③ 13.① 14.③ 15.② 16.③ 17.④ 18.③ 19.③ 20.③
21.① 22.② 23.② 24.① 25.③ 26.④ 27.④ 28.① 29.③ 30.①
31.③

C·h·a·p·t·e·r 13

스왑거래의 개요

스왑은 거래당사자의 일방이 상대방에게 고정금리를 지급하는 대신에 변동금리를 수취하기로 약정한 계약을 말하며 계약내용이 거래당사자의 합의에 의해 결정되고 장외시장에서 거래된다는 점에서 선도거래와 유사하다. 스왑을 이용하면 금리변동이나 환율변동에 따른 위험을 효과적으로 관리할 수 있다.

제1절 스왑거래의 개념

1. 스왑거래의 등장

스왑거래의 기원은 1970년대 초 미국과 영국간에 성행한 평행대출과 국제상호직접대출에서 찾을 수 있다. 당시 대부분의 국가는 자금의 해외유출을 막기 위해 외환통제가 엄격했는데, 금융기관과 다국적기업은 외환통제를 회피하기 위한 수단으로 평행대출과 국제상호직접대출을 많이 이용하였다.

1980년대 들어 통화스왑을 포함한 스왑금융은 금리변동과 환율변동에 따른 위험을 효과적으로 관리하는 동시에 차입비용도 절감하는 금융기법으로 발전되어 왔다. 최근에는 다국적기업을 비롯한 개별기업이 스왑거래를 적극 활용하고 있으며, 세계은행 등 국제금융기구와 정부도 스왑금융시장에 참여하고 있다.

스왑거래는 외환시장에서 이종통화간 현물환거래와 선물환거래가 반대방향으로 동시에 이루어지는 거래로서 환위험을 회피하거나 통화간 일시적인 불균형을 해소하기 위한 수단으로 널리 이용되었다. 그러나 최근에는 금리스왑, 통화스왑 그리고 혼합스왑 등 거래목적에 따라 다양한 형태로 발전해 가고 있다.

스왑거래는 국제무역에서 비교우위의 원리를 금융거래에 응용한 것이다. 개별기업이나 금융기관들은 서로 다른 금융시장에서 자금을 조달하기 때문에 비교우위가 발생한다. 따라서 비교우위가 있는 시장에서 자금을 차입한 후 차입금리, 지급조건을 서로 교환하면 이익을 얻기 때문에 스왑거래가 이루어진다.

스왑거래는 이용이 편리하고 다양한 상품이 개발될 수 있다는 장점으로 외환금융거래상품 가운데 빠른 속도로 증가하고 있다. 또한 국제스왑딜러협회(ISDA)가 금리스왑과 통화스왑의 표준계약을 발행하면서 스왑시장의 유동성은 크게 증가하였다. 오늘날 스왑거래는 일반증권과 같은 형태로 발전해 가고 있다.

| 그림 13-1 | 직접대출, 평행대출, 국제상호직접대출의 현금흐름

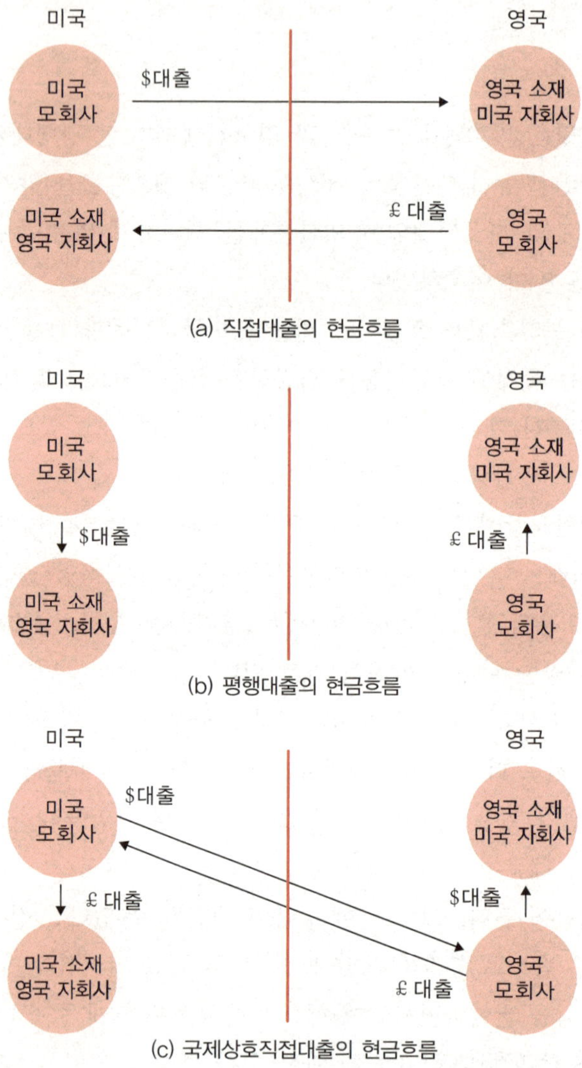

(a) 직접대출의 현금흐름

(b) 평행대출의 현금흐름

(c) 국제상호직접대출의 현금흐름

(a)는 미국 모회사가 영국소재 미국 자회사에 달러자금을 직접대출하거나 영국 모회사가 미국소재 영국 자회사에 파운드자금을 직접대출하는 경우의 현금흐름을 나타낸다. 미국과 영국의 모회사가 직접대출에서 외환통제를 받을 경우에 양국의 모회사는 평행대출을 통해 자국소재 상대국 자회사에 자국통화를 대출할 수 있다.

(b)는 미국 모회사가 미국소재 영국 자회사에 달러자금을 대출해 주는 대신에 영국 모회사는 영국소재 미국 자회사에 파운드자금을 대출해 주는 평행대출의 현금흐름을 나타내며 국제간에 자금이동이 발생하지 않아 정부의 외환통제를 회피할 수 있는 반면에 대출과정에 금융기관이 개입하지 않아 신용위험이 발생할 수 있다.

(c)는 미국과 영국의 모회사가 달러자금과 파운드자금을 상호 직접대출한 후 이를 다시 양국의 자회사에 평행대출을 실시할 경우 현금흐름을 나타낸다. 국제상호직접대출은 양국의 모회사간에 채무를 상계할 수 있어 평행대출보다 신용위험을 감소시킬 수 있으나 국가간에 자금이동이 발생하여 정부의 외환통제를 피할 수 없다.

1971년 미국의 닉슨대통령이 금태환 중지를 선언한 이후에 브레튼우즈협정이 붕괴되고 고정환율제도가 변동환율제도로 전환되면서 외환통제는 점차 철폐되었다. 이에 따라 다국적기업들은 세계 각국의 자회사에 자금을 무제한으로 대출할 수 있었던 반면에 변동환율제도의 시행으로 환율변동위험이 크게 증가하였다.

한편 1970년대 두 차례의 오일쇼크에 의한 인플레이션과 세계경제의 불황으로 각국 금리변동이 확대되는 상황에서 직접대출시 발생하는 환위험과 평행대출시 발생하는 신용위험을 제거할 수 있는 통화스왑이 1976년에 영국에서 최초로 등장하였다. 또한 1981년에는 금리변동위험을 제거하기 위한 금리스왑이 개발되었다.

2. 스왑거래의 정의

스왑(swap)은 교환한다는 의미이다. 교환의 대상이 원유나 곡물과 같은 일반상품이면 상품스왑이라 하고, 통화나 채권과 같은 금융상품이면 금융스왑이라고 한다. 금융스왑은 미래의 정해진 기간 또는 기간 동안에 각자가 소유한 서로 다른 현금을 교환하기로 스왑거래의 당사자간에 약정을 체결한 계약을 의미한다.

스왑거래는 거래당사자가 미래현금흐름을 일정기간 교환하기로 약정한 계약으로 계약내용이 당사자의 합의에 의해 결정되고 장외시장에서 사적인 형태로 계약이 체결된다는 점에서 선도거래와 유사하다. 다만, 선도거래가 미래의 한 시점에서 현금흐름을 교환하지만 스왑거래는 여러 시점에서 현금흐름을 교환한다.

전통적 스왑거래는 외환시장에서 이종통화간의 현물환거래와 선물환거래가 서로 반대방향으로 동시에 이루어지는 이중거래를 말한다. 대부분 환포지션을 커버하여 환율변동에 따른 환위험을 회피하거나 외환시장에서 이종통화간에 일시적인 자금수지의 불균형을 해소하기 위한 수단으로 이용되어 왔다.

최근에 스왑금융은 시장간 스프레드의 차익거래를 통해 위험부담 없이 추가적인 이익실현을 가능하게 하고 차입비용의 절감과 이종통화간 자금수지의 불균형에 의한 유동성제약을 해소한다. 또한 새로운 시장에의 접근을 용이하게 하는 등 과거의 스왑거래에 비해서 다양한 이용가치를 제공하고 있다.

스왑거래가 성립되기 위해서는 스왑거래당사자들의 거래조건에 대한 합의가 이루어져야 한다. 그런데 스왑계약을 체결하면 스왑거래를 하지 않았을 경우에 얻을 수 있는 기회이익을 포기해야 하고 스왑거래 자체의 거래불이행에 따른 신용위험과 시장위험이 내포되어 있다는 점에 유의할 필요가 있다.

3. 스왑거래의 종류

국제금융시장의 통합화, 정보기술의 혁신 그리고 장부외거래의 신장을 배경으로 급속히 발전한 스왑거래는 거래대상과 교환되는 현금흐름에 따라서 이자지급조건을 교환하는 금리스왑, 서로 다른 통화의 원리금상환의무를 교환하는 통화스왑, 금리스왑과 통화스왑을 결합한 혼합스왑 그리고 외환스왑으로 구분된다.

(1) 금리스왑

금리스왑(interest rate swap)은 스왑거래당사자가 동일한 통화로 표시된 각자의 차입금에 대한 이자지급의무를 서로 교환하여 지급하기로 약정한 거래를 말한다. 스왑금융에서 가장 큰 비중을 차지하는 금리스왑은 차입금에 대한 금리변동위험의 헤지나 차입비용을 절감하기 위해 이루어진다.

금리스왑은 동일한 통화로 표시된 차입금을 부담할 경우 변동금리와 고정금리를 교환하는 형태로 거래가 발생하기 때문에 환위험이 발생하지 않는다. 특히 순수한 금리스왑은 통화스왑과 달리 스왑거래의 당사자가 실제로 원금상환의무를 교환하지 않고 성격이 다른 이자지급의무만 서로 교환한다.

(2) 통화스왑

통화스왑(currency swaps)은 스왑거래의 당사자가 상이한 통화로 차입한 자금의 원리금상환의무를 서로 교환하여 지급하기로 약정한 거래를 말한다. 즉 상이한 통화로 표시된 명목원금을 교환하고, 만기까지 명목원금에 기초하여 상이한 통화로 표시된 이자를 지급하며, 만기일에 약정한 환율로 명목원금을 다시 교환한다.

금리스왑은 동일한 통화간 변동금리와 고정금리를 교환하는 반면 통화스왑은 상이한 통화의 금리와 원금을 교환한다. 통화스왑이 금리조건을 교환한다는 점에서는 금리스왑과 같지만 거래시점과 종료시점에 원금의 실질적인 교환이 수반되고 서로 다른 통화간의 교환으로서 외환스왑의 성격을 가지고 있다는 점에서 다르다.

(3) 혼합스왑

혼합스왑(cocktail swap)은 금리스왑과 통화스왑을 혼합한 형태의 거래를 말하며 통상 은행이 스왑중개기관으로서의 기능을 수행하고 복합스왑 또는 통화금리스왑이라고도 한다. 이는 거래대상이 되는 자산의 표시통화가 서로 다르며, 금리기준도 서로 다른 경우를 말하며 원금은 물론 이자지급의무도 교환된다.

(4) 외환스왑

외환스왑(FX swap)은 스왑거래의 당사자가 현재환율로 서로 다른 통화를 교환하고 일정기간이 경과한 후 계약시점에 약정한 선물환율로 원금을 재교환하기로 하는 거래를 말한다. 즉 동일한 거래상대방과 현물환과 선물환, 만기가 상이한 선물환과 선물환, 현물환과 현물환을 서로 반대방향으로 동시에 매매한다.

4. 스왑거래의 기능

스왑거래는 장외파생상품으로 장내파생상품인 선물거래와 옵션거래에 비해 거래비용은 높고 유동성은 낮으나 융통성은 높고 신용위험에 대한 노출도 크다. 스왑거래는 차입비용의 절감, 이자수익의 증대, 가격위험의 헤지, 시장규제의 회피, 금융시장의 보완, 합성상품의 창출 등 다양한 목적으로 활용되고 있다.

(1) 차입비용의 절감

국제금융시장에서 차입자의 신용도, 개별시장의 특성, 지역간 금융환경의 차이로 인해 기업들은 서로 다른 차입조건을 갖는다. 이때 두 차입자가 상대적으로 비교우위가 있는 금융시장에서 자금을 조달한 후 현금흐름을 교환하면 차입비용을 절감할 수 있고, 금리위험과 환위험을 효과적으로 관리할 수 있다.

예컨대 한쪽은 고정금리 자금조달에 비교우위가 있으나 변동금리 자금조달을 원하고 다른 쪽은 변동금리 자금조달에 비교우위가 있으나 고정금리 자금조달을 원하는 경우 비교우위가 있는 자금조달방법으로 자금을 조달한 후 이자지급의무를 서로 교환하는 금리스왑을 체결하면 차입비용을 절감할 수 있다.

(2) 이자수익의 증대

금융시장에서 변동금리자산에 투자한 투자자는 미래에 금리가 하락할 것으로 예상되는 경우 변동금리자산을 고정금리자산으로 변경시키고, 고정금리자산에 투자한 투자자는 미래에 금리가 상승할 것으로 예상되는 경우 고정금리자산을 변동금리자산으로 변경시키면 이자수익을 증대시킬 수 있다.

차입자가 스왑거래를 이용하여 변동금리부채를 고정금리부채로 변경시키고, 고정금리부채를 변동금리부채로 변경시켜 차입조건을 개선하면 이자부담과 금리위험을 크게 줄일 수 있다. 그리고 개별기업과 금융기관들이 스왑거래를 이용하면 장래의 자금수지나 환위험을 쉽게 관리할 수 있게 된다.

(3) 가격위험의 헤지

스왑거래를 이용하면 금리와 환율의 변동에 따라 발생하는 가격변동위험을 헤지할 수 있다. 선물거래과 옵션거래는 단기헤지에 이용되는 반면 스왑거래는 장기간 헤지에도 사용할 수 있다. 또한 신용도가 높은 중개은행에 의해 스왑거래가 이루어지는 경우 거래상대방의 위험노출도 크게 줄어든다.

(4) 시장규제의 회피

장래에 발생할 자금의 유출입이 기간별·통화별로 일치하지 않거나 중장기 외화자금의 거래증가로 헤지가 어려운 경우 스왑거래는 정상적인 거래를 어렵게 하거나 불가능하게 하는 각국의 조세, 금융, 외환상의 규제를 회피하는 수단으로 이용되어 각종 규제가 있는 시장에서는 기대할 수 없었던 이익을 얻을 수 있다.

(5) 금융시장의 보완

스왑거래는 장기계약과 유동성이 낮은 통화에 대한 계약도 가능하기 때문에 선물시장과 옵션시장이 충족시키지 못하는 위험헤지에 대한 보완적 기능을 수행한다. 특히 금융시장에서 신인도가 낮아 자본시장에 접근이 어려운 경우에 신인도가 높은 차입자와 스왑거래를 체결하면 차입비용을 절감할 수 있다.

제2절 금리스왑의 개요

1. 금리스왑의 정의

금리스왑(interest rate swap)은 동일한 통화로 표시된 채무를 부담하고 있는 스왑거래의 당사자가 계약기간동안 일정한 간격으로 이자지급의무를 교환하여 부담하기로 약정한 계약을 말한다. 금리스왑은 이자지급의무만 교환하고 원금상환의무는 교환하지 않는다는 점에서 통화스왑과 차이가 있다.[1)]

금리스왑은 고정금리로 자금차입을 원하지만 변동금리로 보다 유리하게 차입할 수 있는 차입자와 변동금리로 자금차입을 원하지만 고정금리로 보다 유리하게 차입할 수 있는 차입자가 일정금액에 대해 서로 다른 조건의 이자지급의무를 상호 교환하는 거래를 말하며 장부외거래의 성격을 가진다.

대부분의 금리스왑은 LIBOR, 프라임레이트 등에 연계된 변동금리채무와 고정금리채 발행에 따른 고정금리채무를 교환하는 거래가 주축을 이루고 있다. 금리스왑은 동일한 통화에 대해 이자만 교환되는 단일통화 금리스왑과 상이한 통화에 대해 원리금이 교환되는 이종통화 금리스왑으로 구분된다.

1) 금리스왑에서 교환의 대상이 되는 원금은 동일한 통화이며 금액도 동일하기 때문에 원금상환의무는 교환하지 않는다.

2. 금리스왑의 설계

현재 국제금융시장에서 신용도가 높은 A기업과 신용도가 낮은 B기업의 차입조건이 다음과 같다고 가정하자.

Ⅰ표 13-1Ⅰ 차입조건

기업	고정금리	변동금리
A	10.0%	LIBOR+0.4%
B	11.2%	LIBOR+1.0%
금리차이	1.2%	0.6%

고정금리시장과 변동금리시장에서 모두 절대우위에 있는 A기업은 고정금리 자금조달에 비교우위가 있으나 변동금리로 자금조달을 원하고, B기업은 변동금리 자금조달에 비교우위가 있으나 고정금리로 차입을 원한다고 가정하자.

A기업은 비교우위가 있는 고정금리로 차입하고 B기업은 변동금리로 차입한 다음 이자지급의무를 서로 교환하는 금리스왑을 체결하면 고정금리의 차이 1.2%와 변동금리의 차이 0.6%의 차이인 0.6%의 차입비용을 절감할 수 있다.

(1) 은행의 중개가 없는 경우

은행의 중개없이 스왑계약을 체결하여 차입비용의 절감으로 인한 이득을 50%씩 분배할 경우 변동금리로 차입을 원하는 A기업은 원래의 변동금리 LIBOR+0.4%보다 0.3%가 낮은 LIBOR+0.1%에, 고정금리로 차입을 원하는 B기업은 원래의 고정금리 11.2%보다 0.3%가 낮은 10.9%에 자금조달효과가 있도록 스왑계약을 체결한다.

A기업은 외부대출자에게 연 10%를 지급한다. B기업으로부터 연 9.9%를 받는다. B기업에게 LIBOR를 지급한다는 세 가지 현금흐름을 모두 고려하면 A기업은 연 LIBOR+0.1%의 이자를 지급하는 것이 되어 변동금리시장에서 직접 지급할 때보다 연 0.3% 낮은 이자율이다.

B기업은 외부대출자에게 LIBOR+1%를 지급한다. A기업으로부터 LIBOR를 받는다. A기업에게 연 9.9%를 지급한다는 세 가지 현금흐름을 모두 고려하면 B기업은 연 10.9%의 이자를 지급하는 것이 되어 고정금리시장에서 직접 지급할 때보다 연 0.3% 낮은 이자율이다.

스왑거래가 없었다면 A기업이 부담해야 하는 변동금리는 LIBOR+0.4%이고, B기업이 부담해야 하는 고정금리는 11.2%이다. 그러나 스왑거래를 이용하면 A기업은 LIBOR+0.1%의 변동금리로, B기업은 10.9%의 고정금리로 차입할 수 있어 두 기업 모두 0.3%의 차입비용을 절감할 수 있게 된다. 금리스왑거래를 통해서 A기업과 B기업이 얻게 되는 차입비용의 절감효과를 분석하면 다음과 같다.

구분	A기업	B기업
자사의 차입금에 대한 이자	10%	LIBOR+1.0%
상대방에게 지급하는 이자	LIBOR	9.9%
상대방으로부터 받는 이자	(9.9%)	(LIBOR)
실제로 부담하는 이자	LIBOR+0.1%	10.9%
스왑거래 이전의 이자	LIBOR+0.4%	11.2%
차입비용의 절감효과	0.3%	0.3%

그림 13-2 은행의 중개가 없는 금리스왑

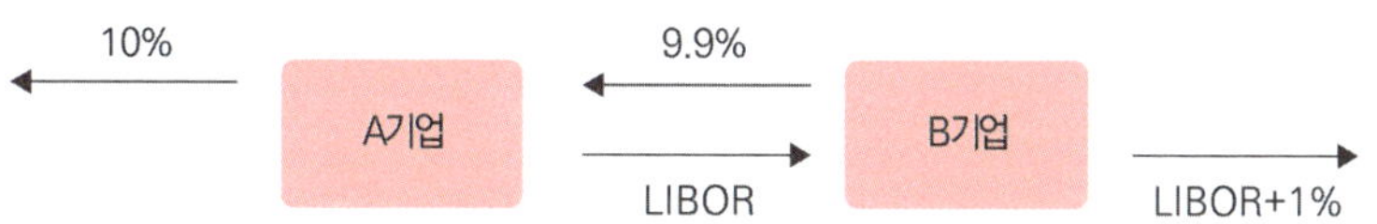

(2) 은행의 중개가 있는 경우

스왑중개인으로서 은행은 스왑거래 당사자의 요구조건을 충족시킬 수 있는 스왑계약을 설계해 주고 호가스프레드(bid-ask spread)의 형태로 스왑거래에 따른 차입비용 절감액의 일부를 수수료로 가져간다. 스왑딜러인 은행이 중개하는 스왑계약의 설계방법은 무수히 많은데 그중 하나는 다음과 같다.

A기업은 10.00%의 고정금리로 자금을 조달한 후 은행과 6개월 LIBOR+0.20%의 변동금리를 지급하고 10.00%의 고정금리를 수취하는 스왑계약을 체결하면 A기업이 부담하는 금리수준은 LIBOR+0.20%가 되는데, 이는 변동금리시장을 이용할 경우에 부담하는 수준 LIBOR+0.40%보다 0.20% 낮은 수준이다.

B기업은 LIBOR+1.00%의 변동금리로 자금을 조달한 다음 은행과 고정금리 11.00%를 지급하는 대신 6개월 LIBOR+1.00%의 변동금리를 수취하는 스왑계약을 체결하면 B기업이 부담하는 금리수준은 11.00%가 되는데, 이는 고정금리시장을 이용할 경우에 부담하는 수준 11.20%보다 0.20% 낮은 수준이다.

은행은 변동금리로 LIBOR+0.20%를 받아 LIBOR+1.00%를 지급하고, 고정금리로 11.00%를 받아 10.00%를 지급하여 그 차이에 해당하는 0.2%의 스프레드를 수익으로 얻는다. 따라서 고정금리차이 1.20%에서 변동금리차이 0.60%를 차감한 0.60%를 세 당사자가 모두 동일한 크기로 나누어 갖는다. 금리스왑거래를 통해서 A기업과 B기업이 얻게 되는 차입비용의 절감효과를 분석하면 다음과 같다.

구분	A기업	B기업
자사의 차입금에 대한 이자	10%	LIBOR+1.0%
중개은행에 지급하는 이자	LIBOR+0.2%	11%
중개은행으로부터 받는 이자	(10%)	(LIBOR+1.0%)
실제로 부담하는 이자	LIBOR+0.2%	11.0%
스왑거래 이전의 이자	LIBOR+0.4%	11.2%
차입비용의 절감효과	0.2%	0.2%

그림 13-3 은행의 중개가 있는 금리스왑

제3절 통화스왑의 개요

1. 통화스왑의 정의

통화스왑(currency swap)은 상이한 통화로 표시된 채무를 부담하는 거래당사자가 계약기간 동안 원금에 기초하여 상이한 통화로 표시된 이자를 지급하고 만기에는 계약시점에 약정한 환율에 의해 원금을 교환하는 계약을 말한다. 즉 통화스왑은 특정통화로 차입한 자금을 다른 통화차입으로 맞교환하는 거래에 해당한다.

금리스왑은 일반적으로 고정금리와 변동금리의 교환에 국한되는 거래인 반면에 통화스왑은 다양한 형태의 이자지급이 교환된다. 고정금리이자간의 교환과 변동금리이자간의 교환이 있고 고정금리이자와 변동금리이자간의 교환도 있다. 전자의 방식을 순수통화스왑이라고 하고, 후자의 방식을 금리통화스왑이라고 부른다.

통화스왑은 이자지급의무를 교환하고 금리교환이 스왑거래자의 상황에 따라 결정된다는 점에서는 금리스왑과 동일하다. 그러나 스왑거래의 개시시점과 종료시점에 원금의 실질적인 교환이 수반되고 서로 다른 통화간의 원금교환으로서 외환스왑의 성격을 갖는다는 점에서 금리스왑과 큰 차이가 있다.

2. 통화스왑의 설계

현재 국제금융시장에서 신용도가 높은 A기업과 신용도가 낮은 B기업의 달러화와 원화에 대한 차입조건이 다음과 같다고 가정하자.

| 표 13-2 | 차입조건

기업	달러화	원화
A	7.00%	10.60%
B	8.00%	11.00%
금리차이	1.00%	0.40%

A기업은 달러화시장에서 비교우위가 있으나 원화로 자금조달을 원하고 B기업은 원화시장에서 비교우위에 있으나 달러화로 자금조달을 원한다고 가정하자. A기업은 달러화로 차입하고 B기업은 원화로 자금을 차입한 후 A기업은 B기업에 9.80%의 원화 원리금을, B기업은 8.00%의 달러화 원리금을 지급하는 스왑계약을 체결하면 두 통화시장의 금리차이인 0.60%만큼의 이자비용을 절감할 수 있다.

(1) 은행의 중개가 없는 경우

은행의 중개없이 직접 스왑계약을 체결하여 차입비용의 절감으로 인한 이득을 50%씩 분배할 경우 원화로 차입을 원하는 A기업은 원래의 원화로 차입할 경우의 금리인 10.60%보다 낮은 0.30%가 낮은 10.30%, 달러화로 차입을 원하는 B기업은 원래의 달러화로 차입할 경우의 금리인 8.00%보다 0.30%가 낮은 7.70%에 자금을 조달하는 효과가 있도록 통화스왑계약을 체결하면 된다.

A기업은 비교우위에 있는 달러화로 자금을 차입한 후 원화로 자금을 차입할 경우에 부담하는 이자율 10.60%보다 차입비용의 절감액 0.30%보다 낮은 10.30%를 B기업에 지급하고, B기업은 비교우위에 있는 원화로 자금을 차입한 후 A기업의 달러화 이자를 지급하면 원하는 스왑계약을 체결할 수 있다.

스왑거래가 없었다면 A기업이 부담하는 원화금리는 10.60%, B기업이 부담하는 달러화금리는 8.00%이다. 그러나 스왑거래를 이용하면 A기업은 10.3%의 원화금리, B기업은 7.7%의 달러화금리로 차입할 수 있어 두 기업 모두 0.30%의 차입비용을 절감할 수 있다. 따라서 통화스왑거래를 통해 A기업과 B기업이 얻게 되는 차입비용의 절감효과를 분석하면 다음과 같다.

구분	A기업	B기업
자사의 차입금에 대한 이자 상대방에 지급하는 이자 상대방으로부터 받는 이자	달러 7.0% 원 10.3% (달러 7.0%)	원 11.0% 달러 7.0% (원 10.3%)
실제로 부담하는 이자	원 10.3% –	달러 7.0% 원 0.7%
스왑거래 이전의 이자	10.3% 원 10.6%	7.7% 달러 8.0%
차입비용의 절감효과	0.3%	0.3%

▌그림 13-4▐ 은행의 중개가 없는 통화스왑

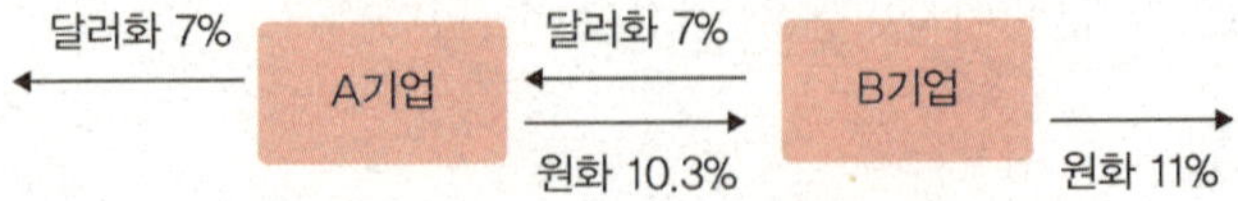

(2) 은행의 중개가 있는 경우

A기업과 B기업이 직접 거래하지 않고 은행을 통해 스왑계약을 체결하고 차입비용의 절감에 따른 이득을 공평하게 분배할 경우에 원하는 자금조달효과를 달성할 수 있도록 스왑계약을 설계하는 방법은 많다. 은행이 중개하는 스왑설계는 두 기업이 직접 거래하는 것보다 쉽게 해결할 수 있는데 그중 하나는 다음과 같다.

A기업은 7.00%의 달러화이자를 지급해야 하므로 은행으로부터 7.00%의 달러화이자를 수취하는 계약을 체결한 다음 원래의 원화에서 부담해야 할 이자율 10.60%보다 0.20%가 낮은 10.40%를 은행에 지급하는 계약을 체결하면 10.40%의 원화금리로 차입할 수 있게 되어 0.20%만큼의 차입비용을 절감할 수 있다.

B기업은 11.00%의 원화이자를 지급해야 하므로 은행으로부터 11.00%의 원화이자를 수취하는 계약을 체결한 다음 원래의 달러화시장에서 부담해야 할 이자율 8.00%보다 0.20%가 낮은 7.80%를 은행에 지급하는 계약을 체결하면 7.80%의 원화금리로 차입할 수 있어 0.20%만큼의 차입비용을 절감할 수 있다.

은행은 원화시장에서 0.60%(=11.00−10.40)의 손실을 보지만 달러화시장에서 0.80%(=7.8−7.0)의 이익을 얻는다. 따라서 달러화의 금리차이 1.00%에서 원화의 금리차이 0.40%를 차감한 0.60%를 세 당사자가 똑같이 나누어 갖는다. 통화스왑을 통해 두 기업이 얻는 차입비용의 절감효과를 분석하면 다음과 같다.

구분	A기업	B기업
자사의 차입금에 대한 이자 중개은행에 지급하는 이자 중개은행으로부터 받는 이자	달러 7.0% 원 10.4% (달러 7.0%)	원 11.0% 달러 7.8% (원 11.0%)
실제로 부담하는 이자 스왑거래 이전의 이자	원 10.4% 원 10.6%	달러 7.8% 달러 8.0%
차입비용의 절감효과	0.2%	0.2%

통화스왑에서 외국통화로 지급하는 이자와 수령하는 이자가 같지 않으면 환위험에 노출된다. 스왑중개인이 미국(한국)의 은행이면 원화(달러화)차입금에 대한 이자지급액(수령액)이 환위험에 노출되는데, 환위험에 노출된 기업이나 은행은 환위험에 노출된 통화에 대한 선물계약을 이용하면 환위험을 회피할 수 있다.

[그림 13-5]에서 은행은 원화에 대해 0.6%의 이자를 지급하고, 달러화에 대해 0.8%의 이자를 수령한다. 따라서 스왑중개은행이 미국의 은행이면 원화차입금에 대한 이자지급액이 환위험에 노출되는 반면에 스왑중개은행이 한국의 은행이면 달러화차입금에 대한 0.8%의 이자수령액이 환위험에 노출된다.

┃그림 13-5┃ 은행의 중개가 있는 통화스왑

제4절 외환스왑의 개요

1. 외환스왑의 정의

외환스왑(FX swap)은 거래당사자가 현재의 환율에 따라 상이한 통화를 교환하고 일정기간 후 계약시점에 약정한 선물환율에 따라 원금을 재교환하기로 하는 거래를 말한다. 즉 동일한 거래상대방과 현물환과 선물환, 만기가 상이한 선물환과 선물환, 현물환과 현물환을 서로 반대방향으로 동시에 매매한다.

외환스왑은 외환매매의 당사자가 가까운 만기(near date)의 거래와 동시에 반대방향으로 동일한 금액의 먼 만기(far date)의 거래의 방향을 반대로 하여 체결된다. 따라서 전체포지션은 스퀘어가 되므로 환위험은 없으며 외환스왑기간 동안에 다른 통화의 자금을 창출하여 사용하는 자금거래의 일종이다.

외환스왑은 특정 통화의 외환시장이 발달되어 있지 않아 그 시장에 접근이 쉽지 않은 경우 차입거래와 예치거래가 여의치 않을 때 차입이 용이한 통화를 먼저 차입하고 이를 담보로 특정 통화를 차입하는 효과를 얻되 통화간 금리차이를 환율로 계산해서 정산하며 통화스왑과 달리 만기까지 이자교환이 이루어지지 않는다.

외환스왑은 상이한 통화의 차입과 예금으로 구성되어 있다고 해석할 수 있다. 즉 EUR 차입과 USD 예금을 합성하면 외환스왑(EUR buy & sell)이 된다. 그리고 외환스왑은 EUR 현물환 매입과 EUR 선물환 매도로 구성되어 있다고 해석할 수 있다. 따라서 외환스왑을 현물환거래와 결합하면 선물환거래가 복제될 수 있다.

EUR 매입 + EUR 선물환매도 = EUR Buy & Sell(FX Swap)
EUR Buy & Sell(FX Swap) + EUR 매도 = EUR 선물환매도

외환스왑거래의 가격은 일반선물환(outright forward)을 거래할 때 적용하는 선물환포인트(forward point)와 동일하며 스왑포인트(swap point)라고 부른다. 외환스왑거래에 적용하는 환율은 현물환 부분에 적용하는 환율을 기준으로 스왑포인트를 가산하여 선물환 부분의 환율을 결정한다.

현물환율 + 스왑레이트 = 선물환율

일반선물환거래에 적용하는 선물환포인트와 스왑거래에 적용하는 스왑포인트는 동일하기 때문에 거래되는 두 통화의 금리차이에 의해서 결정되는 가격결정원리도 동일하다. 외환스왑거래에서 일반선물환 호가를 사용하기보다는 일반선물환 호가에서 현물환 호가를 차감한 선물환포인트로 호가를 한다.

일반선물환 호가는 현물환율의 수준에 의해 영향을 받는 반면에 선물환포인트는 현물환율의 움직임과는 독립적이며 단지 이자율의 차이에 의해서 영향을 받는다. 따라서 외환시장의 참가자들은 선물환포인트로 호가를 하면 현물환율의 움직임과 관련된 위험과 금리차이와 관련된 위험을 분리할 수 있다.

2. 외환스왑의 동기

외환스왑은 환위험을 관리하는 측면에서 매우 유용하게 활용되고 있으며, 환위험관리에 사용되는 파생금융상품 중에서 활용도가 높은 상품이라고 할 수 있다. 수출입업체가 외환스왑을 활용할 경우에 외환의 수취시점과 지급시점간의 불일치문제를 해소할 수 있으며 외환거래의 결제일을 조정할 수 있다.

(1) 단기자금의 조달

외환스왑은 외화자금에 여유가 있으나 원화자금이 필요한 외국은행 국내지점과 원화자금은 풍부하나 외화자금이 부족한 국내은행간에 일시적인 자금조달수단, 현재의 스왑레이트와 국내외 금리차간의 차이를 이용한 재정거래 그리고 향후의 국내외 금리차 및 장단기 금리차의 변동을 예상한 투기거래에 이용된다.

(2) 환리스크의 회피

수출자금 유입과 수입자금 유출이 빈번히 발생할 경우 외환의 수취시점과 지급시점을 예상하여 결제시점의 차이 기간 동안 외환스왑을 체결하면 환위험을 회피할 수 있고, 예상결제일보다 자금이 조기 또는 늦게 회수될 경우에 외환스왑을 통해 자금흐름의 시차문제를 해소하여 환위험을 헤지할 수 있다.

수출입기업은 외환스왑을 이용하여 외환의 수취시점과 결제시점간의 불일치에 따른 환위험을 관리하고 외환거래의 결제일을 조정할 수 있다. 예컨대 수출대금의 입금시점이 수입대금의 결제시점보다 빠를 때 현물환을 매도하고 선물환을 매입하면 외환의 수취시점과 결제시점의 불일치 문제를 해소할 수 있다.

(3) 외환거래의 결제일 조정

수출입기업은 외환스왑을 활용하여 외환거래의 결제일을 조정할 수 있다. 수출입기업이 환위험관리를 위해 선물환을 이용한 경우, 현물환의 결제일이 변경될 경우 헤지거래인 선물환의 만기일을 조정해야 하는 경우도 발생한다. 여기서는 선물환의 만기일을 연장하는 경우와 만기일을 앞당기는 경우에 대해 살펴본다.

3. 외환스왑의 장점

(1) 회계처리상의 장점

자금을 차입하면 재무상태표 대변에 부채로 계상되기 때문에 부채비율의 증가로 신용도 평가상에 불이익을 초래할 수 있다. 그러나 외환스왑은 부채로 기록되지 않는 부외거래(off balance sheet engagement)로 취급되기 때문에 신용도 평가에 영향을 미치지 않는다.

(2) 신용위험의 최소화

외환스왑에서는 만기가 짧은 일자(near date)와 만기가 긴 일자(far date)에 거래당사자간에 해당 통화의 실질적인 교환이 발생한다. 따라서 금융시장에서 투자원금을 회수할 때까지 상대방에 대한 신용위험이 있는 은행측의 입장에서 보면 외환스왑은 신용위험이 적은 편이며 환율변동위험만 부담하면 된다.

(3) 은행간금리의 적용

신용도가 상대적으로 낮은 기업은 금융시장을 이용하면 은행간금리에 스프레드를 가산한 불리한 금리를 적용받는다. 그러나 외환스왑을 이용하면 은행간 거래에 적용하는 금리에 차입하거나 예치하는 효과를 얻을 수 있기 때문에 신용도가 낮은 기업도 유리할 수 있다.

(4) 풍부한 유동성

외환스왑이 갖는 여러 가지의 장점으로 인해 수요 통화에 대한 외환스왑의 유동성이 금융시장보다 훨씬 풍부하다.

4. 통화스왑과 비교

외환스왑(FX Swap)과 통화스왑(Currency Swap)은 기본적으로 현물환과 선물환으로 원금의 교환이 이루어진다는 점에서 동일하다. 그러나 외환스왑과 통화스왑은 모두 스왑이라는 용어를 사용하고 있어 혼동될 우려가 있기 때문에 유사점과 차이점을 비교하면 다음과 같다.

(1) 유사점

외환스왑과 통화스왑은 모두 스왑계약기간 동안 거래당사자들이 특정 통화를 다른 통화로 바꾸어 사용한 후 만기일에 원래의 통화로 다시 바꾸는 거래를 말한다. 따라서 스왑거래의 성격이 동일하기 때문에 두 통화간의 금리차이를 정산하는 등 거래원리는 동일하다.

(2) 차이점

외환스왑은 단기자금조달 및 환위험 헤지수단으로 이용되고 두 통화간의 금리차이를 환율로 전환하여 만기가 긴 일자(far date)의 환율에 반영하기 때문에 만기가 짧은 일자(near date)의 환율과 만기가 긴 일자(far date)의 환율이 서로 다르며 만기가 주로 1년 내외이다.

• 핵심요약 •

제1절 스왑거래의 개념

1. 스왑거래의 정의 : 미래현금흐름을 일정기간 교환하기로 약정한 계약
2. 스왑거래의 종류
   ① 금리스왑 : 변동–고정금리스왑, 베이시스스왑, 크로스커런시스왑, 기준금리스왑
   ② 통화스왑 : 장기선물환계약, 직접통화스왑, 채무교환스왑
   ③ 혼합스왑 : 금리스왑과 통화스왑이 결합된 것
3. 스왑거래의 기능 : 차입비용의 절감, 이자수익의 증대, 가격위험의 헤지, 시장규제의 회피, 금융시장의 보완
4. 스왑거래의 설계
   ① 은행의 중개가 없는 경우 : 자신의 차입금에 대한 이자를 상대방으로부터 지급받고 원래 차입을 원했던 시장에서 부담해야 하는 금리보다 낮은 이자를 지급
   ② 은행의 중개가 있는 경우 : 자신의 차입금에 대한 이자를 상대방으로부터 지급받고 원래 차입을 원했던 시장에서 부담해야 하는 금리보다 낮은 이자를 지급

제2절 금리스왑의 개요

1. 금리스왑의 정의 : 동일한 통화로 표시된 채무에 이자지급 교환하기로 약정
2. 금리스왑의 평가
   ① 선도계약으로 구성된 포트폴리오로 이해하여 평가하는 방법
   ② 채권포트폴리오로 이해하여 평가하는 방법 : $NPV = B_V - B_F$

제3절 통화스왑의 개요

1. 통화스왑의 의의 : 상이한 통화로 표시된 채무에 원리금을 교환하기로 약정
2. 통화스왑의 평가
   ① 선도계약으로 구성된 포트폴리오로 이해하여 평가하는 방법
   ② 채권포트폴리오로 이해하여 평가하는 방법 : $NPV = S_0 \times B_F - B_D$

제4절 외환스왑의 개요

1. 외환스왑의 의의 : 현재의 환율로 서로 다른 통화를 교환하고 일정기간 후 계약 시점에 약정한 환율에 따라 원금을 재교환하기로 약정한 계약
2. 외환스왑의 동기 : 단기자금의 조달, 환리스크의 회피, 외환결제일의 조정
3. 외환스왑의 종류 : 현물환과 현물환, 현물환과 선물환, 선물환과 선물환

1 **다음 중 스왑에 대한 설명으로 가장 옳지 않은 것은?**

① 스왑은 거래당사자간 미래현금흐름을 교환하는 계약으로 일련의 선도거래 또는 선물계약을 한번에 체결하는 것과 유사한 효과를 갖는다.

② 스왑은 표준화된 상품인 선물, 옵션과 같이 거래소에서 거래되지 않고 스왑딜러 및 브로커의 도움을 얻어 주로 장외에서 거래가 이루어진다.

③ 금리스왑은 미래 일정기간동안 거래당사자간 명목원금에 대한 변동금리 이자와 고정금리 이자를 교환하며 원금교환은 이루어지지 않는다.

④ 통화스왑은 미래 일정기간동안 거래당사자간 서로 다른 통화표시 채무 원금에 대한 이자금액을 교환하며 원금교환은 이루어지지 않는다.

⑤ 스왑은 거래당사자간 필요에 따라 다양하게 설계될 수 있는 장점이 있어 금리 또는 환위험관리를 위해 적절하게 사용될 수 있다.

| 해설 | 금리스왑은 이자만을 교환하는 반면에 통화스왑은 이자와 원금을 교환한다. 그리고 통화스왑은 고정금리와 고정금리, 변동금리와 변동금리, 고정금리와 변동금리 모두 가능한 형태로 스왑이 이루어진다.

2 **다음 중 스왑에 대한 설명으로 적절하지 않은 것은?**

① 스왑은 기업들이 부담하는 환율과 금리변동위험에 대처하기 위해 도입된 금융기법의 하나이다.

② 스왑은 선물이나 옵션과 마찬가지로 헤지의 대상기간이 비교적 짧다.

③ 스왑은 외환통제, 세금차별 등 각종 규제가 있는 자본시장에서 기대할 수 없는 이익을 얻을 수 있는 기회를 제공한다.

④ 스왑은 유동성이 낮은 통화에 대한 계약도 가능하므로 선물과 옵션으로 충족시키지 못하는 부분에 대한 보완적 상품이라고 할 수 있다.

⑤ 중복금리스왑에서는 스왑거래당사자 사이에 스왑중개은행이 개입하여 차입비용의 절감액 중 일부를 가져간다.

| 해설 | 선물거래와 옵션거래는 비교적 헤지기간이 짧은 단기헤지에 적합한 반면에 스왑거래는 보통 1년 이상의 장기헤지에 적합하다.

3 기업 A와 B는 국제금융시장에서 다음과 같은 조건으로 자금을 차입할 수 있다. 은행이 기업 A와 B사이에서 스왑을 중개하고자 한다. 은행이 기업 A에게 변동금리를 지급하고 고정금리를 수취하는 스왑계약을 체결하며, 기업 B와는 그 반대의 스왑계약을 체결한다. 본 스왑으로 인한 은행의 총마진은 0.2%이며, 스왑이득은 두 기업에게 동일하다. 만약 은행이 기업 A에게 LIBOR+1%를 지급한다면 기업 A는 은행에게 얼마의 고정금리를 지급해야 하는가?

기업	유로본드 시장	유로달러 시장
A	8%	LIBOR + 1%
B	9%	LIBOR + 3%

① 8.0% ② 7.8%
③ 7.6% ④ 7.4%

| 해설 | 고정금리 스프레드는 1%이고 변동금리 스프레드는 2%이므로 두 기업은 스왑거래를 통해 1%의 이자비용을 절감할 수 있다. 그러나 스왑을 중개하는 은행에서 0.2%의 마진이 발생하면 A기업과 B기업은 각각 0.4%의 이익이 있어야 한다.

4 기업 A와 B는 달러화시장에서 3년간 100만달러를 차입하려고 하는데 차입조건은 아래와 같다. 기업 A와 B는 스왑계약을 체결하면서 차입비용의 절김으로 인한 이익을 50%씩 분배하기로 하였다. 스왑계약에 따른 고정금리를 11%로 할 경우에 변동금리는 얼마나 되겠는가?

기업	고정금리	변동금리
A	10%	LIBOR + 2%
B	12%	LIBOR + 3%

① LIBOR+1% ② LIBOR+1.5%
③ LIBOR+2% ④ LIBOR+2.5%

| 해설 | 고정금리가 11%이므로 B기업이 A기업으로부터 지급받는 변동금리를 x라고 하면 B기업이 부담하는 금리는 (LIBOR+3%)+11%−x이며 B기업이 스왑계약 후 부담하는 고정금리는 11.5%가 되어야 한다. (LIBOR+3%)+11%−x=11.5% ∴ x = LIBOR+2.5%

5 문제 4에서 변동금리를 LIBOR+2%로 한다면 고정금리는 얼마나 되겠는가?

① 9% ② 9.5% ③ 10% ④ 10.5%

| 해설 | A기업이 B기업으로부터 지급받는 고정금리를 x라고 하면 A기업이 부담하는 금리는 10%+LIBOR+2%−x이며 A기업이 스왑계약 후 부담하는 변동금리는 LIBOR+1.5%가 되어야 한다. 10%+LIBOR+2%−x=LIBOR+1.5% ∴ x = 10.5%

6 A기업과 B기업은 향후 3년간 자본시장에서 일정금액을 차입하려고 하는데 차입조건은 다음과 같다. 스왑은행이 개입하여 연 20%의 이익을 가져가고 두 기업은 이익을 공평하게 분배하기로 스왑계약을 체결했을 경우에 옳지 않은 설명은?

기업	원화	달러화
A	7.0%	10%
B	9.0%	11%

① A기업은 원화시장에서 비교우위가 있고, B기업은 달러화시장에서 비교우위가 있다.
② A기업은 달러화로 차입하기를 원하고, B기업은 원화로 차입하기를 원한다.
③ 스왑계약을 체결하면 연 1%의 차입비용을 절감할 수 있다.
④ A기업은 달러화 이자율 9.6%, B기업은 원화 이자율 8.6%로 자금을 조달하는 효과가 있도록 스왑계약을 체결하면 된다.
⑤ 은행이 A기업으로부터 달러화금리 9.6%를 지급받고 B기업에게 달러화금리 11%를 지급하기로 한다면 A기업은 은행으로부터 원화금리 8%를 지급받고 B기업은 은행에게 원화금리 8.6%를 지급해야 한다.

7 A기업과 B기업의 고정금리시장과 변동금리시장에서의 차입조건은 각각 다음과 같다. 두 기업이 비교우위에 있는 금리로 자금을 차입한 후 이자를 교환하는 스왑계약을 체결할 경우에 기대할 수 있는 차입비용의 절감효과는 얼마인가?

기업	고정금리	변동금리
A	10.0%	LIBOR+0.8%
B	11.4%	LIBOR+1.4%

① 0.6%
② 0.8%
③ 1.0%
④ 1.2%

8 우리기업과 나라생명이 국제금융시장에서 자금을 차입할 수 있는 금리조건은 다음과 같다. 금리스왑을 이용할 수 있는 상황에서 두 기업의 조달금리부담을 확정적으로 최소화하는 차입방법은?

기업	고정금리	변동금리
우리기업	9.00%	LIBOR+0.50%
나라생명	8.25%	LIBOR+0.25%

① 우리기업 고정금리 차입, 나라생명 고정금리 차입
② 우리기업 변동금리 차입, 나라생명 변동금리 차입
③ 우리기업 고정금리 차입, 나라생명 변동금리 차입
④ 우리기업 변동금리 차입, 나라생명 고정금리 차입

| 해설 | 변동금리에서 비교우위에 있는 우리기업은 변동금리로 자금을 차입하고, 고정금리에서 비교우위에 있는 나라생명은 고정금리로 자금을 차입한 후에 이자지급을 교환하는 금리스왑계약을 체결하면 된다.

9 다음 중 통화스왑에 대한 설명으로 적절하지 않은 것은?

① 서로 다른 통화로 표시된 현금흐름을 갖는 양측이 미래의 정해진 만기까지 일정한 기간마다 서로의 현금흐름을 교환하기로 약정한 계약이다.
② 교환되는 금리의 형태는 합의에 의해 고정금리와 변동금리가 모두 가능하다.
③ 계약원금에 대한 이자를 합의에 의한 금리를 적용하여 해당 통화로 거래당사자 간에 서로 지급한다.
④ 명목원금만 있을 뿐 실제로 원금의 교환은 발생하지 않는다.

| 해설 | 금리스왑은 동일한 통화로 표시되어 명목원금만 있을 뿐 실제로 원금의 교환이 발생하지 않는다. 그러나 통화스왑은 상이한 통화로 표시되어 원금의 교환이 필요하다.

10 변동금리 LIBOR+1%로 100만달러를 차입한 투자자가 LIBOR 금리스왑을 체결하면서 LIBOR를 수취하고 고정금리 6%를 지급하기로 하였다면, 이 투자자의 궁극적 금리구조는?

① LIBOR+2% 차입
② LIBOR 차입
③ 5% 변동금리 차입
④ 7% 고정금리 차입

| 해설 | LIBOR+1% 지급하면서 LIBOR 수취+고정 6% 지급
= −(LIBOR+1%)+LIBOR−6% = −7%

11 **다음 중 스왑과 채권을 결합하여 결과적으로 얻어지는 자금조달의 형태를 연결한 것으로 적절하지 않는 것은?**

① 달러고정금리채+(달러고정금리수취×달러변동금리지급)금리스왑=달러변동금리채

② 달러고정금리채+(달러고정금리수취×엔화변동금리지급)통화스왑=엔화변동금리채

③ 엔화고정금리채+(달러고정금리수취×엔화고정금리지급)통화스왑=달러고정금리채

④ 엔화변동금리채+(엔화변동금리수취×달러변동금리지급)통화스왑=달러변동금리채

| 해설 | 한 종류의 채권발행은 금리스왑이나 통화스왑과 결합하면 다른 통화의 채권으로 전환된다. 원래 발행된 채권의 통화 및 금리의 지급형태와 동일한 형태의 포지션 수취와 다른 통화 및 금리의 포지션 지급의 스왑은 채권포지션과 스왑 중 수취포지션은 상쇄되고 스왑의 지급포지션만 남게 된다.

12 **기업 A와 기업 B가 각각 $1,000만불을 5년동안 차입하고자 한다. 차입비용이 아래와 같을 경우에 해당되는 금리스왑에 대한 설명으로 가장 적절한 것은?**

기업	고정금리	변동금리
A	6%	LIBOR+0.25%
B	7%	LIBOR+0.75%

① 스왑이 가능하며 스왑을 체결하는 경우 두 회사가 절감할 수 있는 자본조달비용은 0.5%이다.

② 스왑이 가능하며 기업 A는 변동금리로 차입한 후 고정금리로 스왑한다.

③ 스왑이 가능하며 기업 B는 고정금리로 차입한 후 변동금리로 스왑한다.

④ 기업 A가 기업 B에 비해 고정금리시장과 변동금리시장에서 모두 저렴한 비용으로 조달할 수 있으므로 스왑은 가능하지 않다.

| 해설 | 기업 A가 기업 B에 비해 신용등급이 높다. 기업 A는 고정금리시장, 기업 B는 변동금리시장에서 비교우위를 보인다. 따라서 기업 A는 고정금리로 차입하여 변동금리로 스왑하고 기업 B는 변동금리로 차입하여 고정금리로 스왑하면 두 회사 모두 자본조달비용을 두 시장에서의 금리차이(7%−6%)−[(LIBOR+0.75%)−(LIBOR+0.25%)]=0.5%가 된다.

13 **현재 엔화의 낮은 금리에 이끌려서 사무라이 본드를 발행한 기업이 앞으로 엔화에 대한 달러가치의 하락과 엔을 포함하는 주요 통화의 전반적 금리상승을 기대하는 경우에 선택할 수 있는 통화스왑으로 적절한 것은?**

① 엔화고정금리수취 + 달러고정금리지급

② 엔화고정금리수취 + 달러변동금리지급

③ 달러고정금리수취 + 엔화고정금리지급

④ 달러고정금리수취 + 엔화고정금리지급

| 해설 | 사무라이본드는 외국인이 일본에서 발행하는 엔화표시채권을 말한다. 채권발행을 통한 차입과 통화스왑을 결합하면 다른 통화표시의 차입으로 전환할 수 있다. 이러한 결정은 환율변동과 금리변동에 대한 전망에 따라 이루어진다. 달러가치의 하락과 주요통화의 전반적 금리상승이 기대되는 경우에 달러화 고정금리 차입으로 전환하는 것이 바람직하다. 엔화의 사무라이 본드를 발행한 경우에는 엔화고정금리를 수취하고 달러화고정금리를 지급하는 통화스왑과 결합하면 달러화고정금리 차입으로 전환할 수 있다.

* **문제 14번부터 17번까지 다음의 상황을 읽고 답하시오.**
호주회사 B는 달러화 자금시장에서 변동금리로 달러화 자금을 차입할 수 있으나 달러화 자금시장에서 신용도가 낮아 높은 금리를 부담해야 한다. 그러나 호주 달러화 자금시장에서 유리한 조건으로 고정금리부 호주 달러화 자금을 차입할 수 있다. 반면에 미국회사 A는 유리한 조건으로 변동금리부 달러화 자금을 차입할 수 있으나 호주 달러화 자금을 차입할 경우에는 높은 금리를 부담해야 한다.

기업	호주 달러화	미국 달러화
미국회사 A	4.75%	LIBOR+0.50%
호주회사 B	4.50%	LIBOR+0.70%

14 **이러한 상황에서 필요한 스왑계약의 종류는 무엇인가?**

① 금리스왑(IRS)
② 통화스왑(CRS)
③ 베이시스스왑
④ 부채자본스왑

| 해설 | 통화스왑은 상이한 통화로 표시된 자금을 필요로 하는 거래당사자가 계약기간 동안 원금에 기초하여 상이한 통화로 표시된 이자를 지급하고 만기일에 계약시점에 약정한 환율에 의해 원금을 교환하는 거래를 말한다. 통화스왑의 종류에는 금리교환의 유형을 기준으로 이종통화간 고정금리와 변동금리를 교환하는 크로스커런시 쿠폰스왑, 이종통화간 변동금리와 변동금리의 이자지급을 교환하는 크로스커런시 베이시스스왑, 이종통화간 고정금리와 고정금리의 이자지급을 교환하는 커런시스왑 등이 있다.

15 **이러한 상황에서 호주회사 B는 스왑계약을 체결하기 위해서 우선 무엇을 해야 하는가?**

① 변동금리부 미국 달러화 자금차입 ② 고정금리부 호주 달러화 자금차입

③ 고정금리부 미국 달러화 자금차입 ④ 변동금리부 호주 달러화 자금차입

16 **이러한 상황에서 미국회사 A는 스왑계약을 체결하기 위해서 우선 무엇을 해야 하는가?**

① 변동금리부 미국 달러화 자금차입 ② 고정금리부 호주 달러화 자금차입

③ 고정금리부 미국 달러화 자금차입 ④ 변동금리부 호주 달러화 자금차입

17 **미국회사 A와 호주회사 B가 스왑계약을 체결하여 차입한 원금을 서로 교환하고 스왑 계약기간에 이자지급 및 만기시의 원금상환도 계속 교환하기로 약속한다면 호주회사 B는 달러화 자금시장에서 직접 자금차입을 하는 경우보다 달러화 자금의 차입비용을 얼마나 절감할 수 있는가?**

① 0.75% ② 0.50%

③ 0.25% ④ LIBOR

| 해설 | 직접 변동금리부 달러를 차입할 경우 LIBOR+0.75%이고 스왑을 통한 변동금리부 달러를 지급할 경우 LIBOR+0.50%이다. 따라서 (LIBOR+0.75%)−(LIBOR+0.50%)=0.25%

18 **투자자 홍길동은 LIBOR와 7%를 교환하는 고정금리지급포지션의 금리스왑을 체결하였다. 홍길동의 포지션을 채권을 통해 나타낼 경우에 알맞은 것은?**

① 고정채 발행, 변동채 매입 ② 고정채 매입, 변동채 발행

③ 고정채 발행, 변동채 발행 ④ 고정채 매입, 변동채 매입

| 해설 | 고정금리를 지급하고 변동금리를 수취하기 때문에 고정채를 발행하고 변동채를 매입한 경우와 동일하다.

19 **기업 A와 기업B가 고정금리와 변동금리로 자금을 차입할 경우에 금리는 다음과 같다. 다음 중 가장 적절한 것은 어느 것인가?**

기업	고정금리	변동금리
A	10%	LIBOR+0.3%
	11%	LIBOR+1.0%

① A는 변동금리에서 비교우위를 갖는다.

② B는 고정금리에서 비교우위를 갖는다.

③ A는 고정금리로 차입하고, B는 변동금리로 차입하여 스왑계약을 체결하는 것이 바람직하다.

④ A와 B는 스왑계약을 체결함으로써 이득을 볼 여지가 없다.

| 해설 | A는 고정금리에서, B는 변동금리에서 비교우위를 갖는다. 따라서 A는 고정금리, B는 변동금리로 자금을 차입한 후 스왑계약을 체결하면 고정금리의 차이 1%와 변동금리의 차이 0.7%에 해당하는 0.3%를 두 회사가 공유하면 0.15%를 절약할 수 있다.

20 **대규모의 달러를 고정금리로 차입한 기업의 경우에 금리가 하락할 것으로 예상되면 어떤 포지션을 통해 헤지를 할 수 있는가?**

① 고정금리 지급스왑 ② 고정금리 수취스왑

③ 금리 플로어 매수 ④ 금리 캡 매수

| 해설 | 고정금리 지급스왑을 체결하면 고정금리를 변동금리로 전환할 수 있다.

정답

1.④	2.②	3.③	4.④	5.④	6.⑤	7.②	8.④	9.④	10.④
11.③	12.①	13.①	14.②	15.②	16.①	17.③	18.①	19.③	20.①

C·h·a·p·t·e·r 14

파생결합의 증권

파생결합증권은 개별주식이나 주가지수와 같은 기초자산의 가격변동에 따라 수익이 결정되는데, 자산가치에 큰 변동이 없으면 약속수익률을 보장받고 미리 정한 손실구간에 들어가면 원금손실이 발생한다. 기초자산은 주식, 주가지수는 물론 금리, 환율, 금, 원유, 구리, 철강, 곡물, 부동산 등의 실물자산도 가능하다.

제1절 파생결합증권의 개념

1. 파생결합증권의 정의

자본시장법상 증권상에 표시되는 권리를 기준으로 채무증권은 지급청구권, 지분증권은 출자지분, 수익증권은 신탁수익권, 증권예탁증권은 예탁받은 증권에 관련된 권리, 파생결합증권은 파생상품적 요소가 가미된 권리, 투자계약증권은 공동사업투자에서 손익을 귀속받는 권리를 내용으로 한다.

파생결합증권은 파생상품을 증권화한 금융투자상품으로 그 형식은 증권에 해당하나 본질적인 성격은 파생상품과 동일하다. 법적 형식은 증권이므로 다른 증권처럼 투자자의 손실이 납입금, 즉 투자자금의 한도로 제한되나, 이 점을 제외하면 다른 모든 특징은 파생상품의 본질과 궤를 같이 한다.

자본시장법에 의하면 파생결합증권을 기초자산의 가격, 이자율, 지표, 단위 또는 이를 기초로 하는 지수 등의 변동과 연계하여 사전에 정해진 방법에 따라서 지급금액 또는 회수금액이 결정되는 권리가 표시된 것으로 정의한다. 이는 기초자산의 가격 움직임에 의해 현금흐름이 결정되는 증권이다.

자본시장법상 채무증권은 국채, 지방채, 특수채, 회사채, 기업어음 그 밖에 이와 유사한 것으로 지급청구권이 표시된 것을 말한다. 자본시장법상 채무증권과 파생결합증권은 [표 14-1]과 같이 구분할 수 있는데, 중요한 차이점은 파생상품적 요소에 의한 증권가치 평가문제가 있는가로 볼 수 있다.

[표 14-1] 채무증권과 파생결합증권의 비교

구 분	채무증권	파생결합증권
발행목적	기업의 자금조달	투자자의 투자목적
증권성격	소비대차	파생상품
상품구조	원칙적 만기상환 원본 이상의 상환의무	자유로운 중도상환 상환시점에 원본 손실 가능
유통구조	유통시장에서 시가로 매매	공정가액으로 매매 또는 상환
발행위험	위험회피거래 불필요	위험회피거래 필요함

2. 파생결합증권의 분류

파생결합증권은 ELS, ELW, DLS, DLF 등으로 분류한다. ELS(Equity Linked Securities)와 DLS(Derivative Linked Securities)는 파생결합증권, ELB(Equity Linked Bond)와 DLB(Derivative Linked Bond)는 파생결합사채가 자본시장법상 정확한 명칭이지만, 편의상 모두 파생결합증권으로 통칭하여 사용한다.

(1) 주가연계증권(ELS : Equity Linked Securities)

주가연계증권은 주식가격 또는 주가지수를 기초자산으로 하여 기초자산의 가격 등의 변동과 연계하여 사전에 정한 방법으로 투자수익이 결정되는 증권을 말한다. ELS는 증권회사가 장외파생상품을 취급할 수 있는 2003년 2월에 증권거래법 시행령 개정에 따라 유가증권으로 개정되면서 시장에 처음 등장하였다.

(2) 주식워런트증권(ELW : Equity Linked Warrant)

주식워런트증권은 주식가격 또는 주가지수의 기초자산을 사전에 정한 시점(만기)에 사전에 정한 가격(행사가격)에 매입(콜)하거나 매도(풋)할 수 있는 증권을 말한다. ELW는 거래소에서 요구하는 일정요건을 갖출 경우 거래소 시장에 상장하여 주식과 동일하게 매매가 가능하며 2005년 12월에 처음 도입되었다.

(3) 파생결합증권(DLS : Derivative Linked Securities)

ELS는 기초자산인 주가지수나 개별주식의 가격에 연동되어 투자수익이 결정된다. ELS와 비슷한 DLS는 기초자산이 주가지수 또는 주식가격에 한정되지 않고 이자율, 환율, 일반상품, 신용위험 등 가격, 이자율, 지표, 단위 또는 이를 기초로 하는 지수 등의 변동과 연계하여 투자수익이 결정되는 증권을 말한다.

(4) 파생결합펀드(DLF : Derivative Linked Fund)

파생결합펀드는 주가 및 주가지수는 물론 이자율·통화·실물자산 등을 기초자산으로 하는 파생결합증권(DLS)을 편입한 펀드를 말한다. 파생결합펀드는 기초자산이 일정기간에 정해진 구간을 벗어나지 않으면 약정 수익률을 지급하고, 정해진 구간을 벗어나게 되면 원금 손실을 보게 되는 특징을 가지고 있다.

▌그림 14-1▐ 파생결합증권의 분류

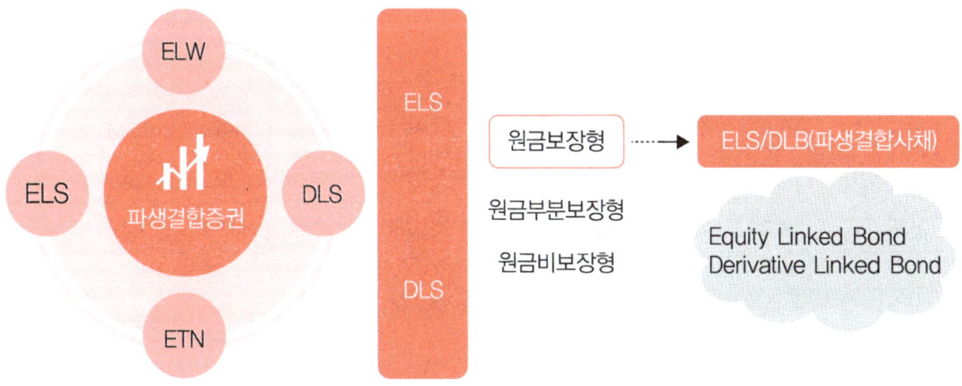

제2절 파생결합증권의 발행

2018년 파생결합증권(ELS · DLS) 발행금액은 역대 최대인 115.9조원으로 전년보다 4.3조원(3.9%) 증가하였고, 상환액은 30.9조원(25.1%) 감소하면서 2018년말 발행잔액이 111.8조원을 돌파하였다. 또한 파생결합증권의 발행자금(헤지자산)은 대부분 A등급 이상의 채권(72%)으로 운용되고 있다.[1)]

2017년말 H지수 발행감축 자율규제 종료, 저금리 지속에 따른 투자수요 확대로 ELS 발행액이 최고치를 기록하고 2018년 하반기 주요지수 하락으로 ELS 조기상환이 전년보다 29.1% 감소하였다. 최근에 편입 기초자산 수가 많아지고 조기상환구조도 복잡해지고 있어 세심한 주의가 필요하다.

1) 금융감독원, 2018년 중 증권회사 파생결합증권 발행 · 운용 현황, 2019.4.12.

| 표 14-2 | 파생결합증권 발행현황

(단위: 조원)

구분	2016년			2017년			2018년		
	발행	상환	잔액	발행	상환	잔액	발행	상환	잔액
ELS	49.3	45.5	69.2	81.1	95.1	55.2	86.7	67.4	72.9
DLS	29.2	27.8	32.1	30.5	27.8	34.8	29.2	24.6	38.9
전체	78.5	73.3	101.3	111.6	122.9	90.0	115.9	92.0	111.8

1. ELS 발행 · 상환 · 잔액 현황

(1) ELS 발행

2018년 ELS 발행액은 역대 최고인 86.7조원으로 전년 대비 5.6조원 증가했으며, 이는 주식시장의 부진, 2015년 발행된 ELS의 이익상환, 저금리 지속 등에 따른 투자수요 확대에 기인한다. 공모 발행비중이 2017년 78.6%에서 2018년 84.5%로 점차 확대되고, 원금보장형 발행비중도 소폭 증가하였다.

| 표 14-3 | ELS 유형별 발행현황

(단위: 조원, %)

구분	2016년			2017년			2018년		
		공모	사모		공모	사모		공모	사모
발행액	49.2 (100.0)	33.4 (67.9)	15.8 (32.1)	81.1 (100.0)	63.8 (78.6)	17.3 (21.4)	86.7 (100.0)	73.3 (84.5)	13.4 (15.5)
원금보장형	14.5 (29.5)	11.9 (24.2)	2.6 (5.3)	16.0 (19.8)	14.5 (18.0)	1.5 (1.8)	18.6 (21.5)	17.9 (20.6)	0.7 (0.9)
원금비보장형	34.7 (70.5)	21.5 (43.7)	13.2 (26.8)	65.1 (80.2)	49.2 (60.7)	15.9 (19.6)	68.1 (78.5)	55.4 (63.9)	12.7 (14.6)

지수형 ELS 발행비중은 90.2%로 발행액의 대부분을 차지하였고, 조기상환조건을 낮춘 기초자산이 3개 이상인 상품의 발행비중이 큰 폭으로 증가하였다. 이는 조기상환조건을 낮출수록 조기상환가능성은 높아지나, 증권회사의 해지자산 운용이익이 감소하므로 이를 보전하기 위해 기초자산이 추가된다.

❙ 표 14-4 ❙ ELS 기초자산 개수별 현황

(단위: 조원, %)

연도	발행액	기초자산 개수			
		1개	2개	3개	4개
2017년	81.1(100.0)	16.6(20.5)	22.6(27.8)	35.5(43.8)	6.4(7.9)
2018년	86.7(100.0)	19.0(21.9)	5.9(6.8)	57.1(65.9)	4.7(5.4)

기초자산별 발행규모는 EuroStoxx50, H지수, S&P500, KOSPI200 순이며, H지수 기초 ELS 발행감축 자율규제 종료로 H지수 기초 ELS 발행비중이 크게 증가했으나 HSI지수 기초 ELS 발행비중은 크게 감소하였다. 또한 S&P500지수를 편입한 발행비중이 증가하면서 KOSPI200을 편입한 발행비중은 감소하였다.

❙ 표 14-5 ❙ 지수형 ELS 기초자산 발행현황

(단위: 조원, %)

연도	지수형 ELS계	지수형 기초자산					
		EuroStoxx50	HSCEI	S&P500	KOSPI200	Nikkei225	HSI
2017년	74.2(100.0)	53.0(71.4)	16.8(22.6)	27.4(37.0)	45.1(60.8)	19.7(26.5)	27.1(36.5)
2018년	78.2(100.0)	58.0(74.2)	49.9(63.8)	40.2(51.4)	35.1(44.9)	22.4(28.6)	1.9(2.4)

* 2개 이상의 기초자산을 편입한 ELS의 경우 각각의 기초자산에 포함(중복계산)

Knock-In 옵션이 포함된 ELS 상품비중은 35.8%로 전년보다 소폭 감소했으나 저 Knock-In형 상품 발행비중이 전년보다 12.9% 감소하여 높아진 Knock-In 기준에 따른 투자자의 손실가능성은 커지고 있다. Knock-In 기준이 발행시점 대비 50% 이하인 상품은 낙인기준 하락으로 투자손실가능성은 낮아진다.

┃표 14-6┃ Knock-In · No Knock-In형 ELS 발행현황

(단위: 조원, %)

2017년 발행액	Knock-In형	No Knock-In형	2018년 발행액	Knock-In형	No Knock-In형
	저Knock-In형*			저Knock-In형*	
81.1(100)	30.5(37.5)	50.6(62.5)	86.7(100)	31.0(35.8)	55.7(64.2)
	25.2(82.9)			21.7(70.0)	

* Knock－In 배리어가 50%인 상품이 17.9조원으로 저Knock－In형 발행액의 82.5%를 차지

2018년에 발행된 ELS 발행 인수자 현황을 살펴보면 은행신탁 46.3조원(53.4%), 일반공모 21.9조원(25.3%), 자산운용 7.5조원(8.7%), 퇴직연금 6.7조원(8.3%) 순으로 나타났다. 또한 ELS 판매기관 중 은행신탁을 통한 개인투자자에 대한 판매경향이 2017년 50.3%에서 2018년 53.4%로 더욱 확대되었다.

┃표 14-7┃ ELS 발행 인수자 현황

(단위: 조원, %)

연도	총액	인수자				
		은행신탁	일반공모	자산운용	퇴직연금	기타*
2017년	81.1(100.0)	40.8(50.3)	18.3(22.6)	8.5(10.5)	6.7(8.3)	6.7(8.3)
2018년	86.7(100.0)	46.3(53.4)	21.9(25.3)	7.5(8.7)	7.1(8.2)	3.9(4.5)

* 기타 : 은행 및 증권사의 고유분, 증권신탁, 보험, 연기금, 일반기업, 기타 사모 등

(2) ELS 상환

2018년도 ELS 상환액은 67.4조원으로 전년 대비 27.7조원(29.1%) 감소하였는데, 이는 2018년 하반기 주요 지수의 하락에 따른 조기상환규모가 30.1조원 큰 폭으로 감소한데 기인한다.

┃표 14-8┃ ELS 상환 유형별 현황

(단위: 조원, %)

2016년			2017년			2018년		
합계	조기상환	만기상환	합계	조기상환	만기상환	합계	조기상환	만기상환
45.5 (100.0)	28.5 (62.8)	16.9 (37.2)	95.1 (100.0)	77.3 (81.3)	17.8 (18.3)	67.4 (100.0)	47.2 (70.0)	20.2 (30.0)

* 해당기간에 상환(중도해지 및 일부상환 제외)된 종목의 총 명목금액

(3) ELS 잔액

2018년말 현재 ELS 잔액은 72.조원으로 전년 대비 17.7조원 증가하였는데, 이는 역대 최대 ELS 발행규모 대비 상환액 감소에 기인한다. 지수형 ELS 기초자산별로 살펴보면 EuroStoxx50 46.5조원, H지수 40.5조원, KOSPI200 30.5조원, S&P500 30.2조원, Nikkei225 17.0조원 순으로 감소하였다.

┃표 14-9┃ 지수형 ELS 기초자산 발행잔액 현황

(단위: 조원, %)

연도	지수형 기초자산					
	EuroStoxx50	H지수	KOSPI200	S&P500	Nikkei225	HSI
2017년말	27.4	13.1	29.8	15.7	10.3	15.5
2018년말	46.5	40.5	30.5	30.2	17.0	3.1

* 2개 이상의 기초자산을 편입한 ELS의 경우 각각의 기초자산에 포함(중복계산)

2. DLS 발행 · 상환 · 잔액 현황

(1) DLS 발행

2018년 DLS 발행액은 29.2조원으로 전년보다 1.3조원 감소하였으나, 원금보장형 DLS 발행액은 전체 발행액 감소에도 불구하고 0.7조원 소폭 증가하였다. 기초자산별로 살펴보면 CD금리 등 금리 기초 DLS의 발행비중(43.8%)이 가장 높았으며 신용(26.0%), 원자재(2.8%) 순으로 나타났다.

┃표 14-10┃ DLS 유형별 발행현황

(단위: 조원, %)

구분	2016년			2017년			2018년		
		공모	사모		공모	사모		공모	사모
발행액	29.2 (100.0)	4.9 (16.9)	24.3 (83.1)	30.5 (100.0)	5.8 (18.9)	24.7 (81.1)	29.2 (100.0)	6.3 (21.6)	22.9 (78.4)
원금보장형	13.2 (45.0)	2.6 (8.9)	10.6 (36.1)	11.8 (38.7)	2.4 (7.8)	9.4 (30.9)	12.5 (42.8)	3.5 (12.0)	9.0 (30.8)
원금비보장형	16.0 (55.0)	2.3 (8.0)	13.7 (47.0)	18.7 (61.3)	3.4 (11.0)	15.3 (50.3)	16.7 (57.2)	2.8 (9.6)	13.9 (47.6)

(2) DLS 상환

2018년 DLS 상환액은 24.6조원으로 전년 대비 3.2조원(11.5%) 감소하였으며, 만기상환액(15.조원)이 여전히 조기상환액(9.5조원)을 상회한다. DLS 기초자산의 변동성은 낮은 편이고 대부분 사모로 발행되어 만기이전 상환조건을 충족시키는 경우가 적어 만기상환액이 조기상환액보다 크게 나타났다.

┃표 14-11┃ DLS 유형별 상환현황

(단위: 조원, %)

2016년			2017년			2018년		
합계	조기상환	만기상환	합계	조기상환	만기상환	합계	조기상환	만기상환
27.8 (100.0)	11.4 (41.0)	16.4 (59.0)	27.8 (100.0)	10.7 (38.5)	17.1 (61.5)	24.6 (100.0)	9.5 (38.6)	15.1 (61.4)

* 해당 기간에 상환(중도해지 및 일부상환 제외)된 종목의 총 명목금액

(3) DLS 잔액

2018년말 현재 DLS 발행잔액은 38.9조원으로 전년보다 4.1조원(11.8%) 증가하였으며, 이는 상환액이 전년보다 3.2조원(11.5%) 감소한데 기인한다. 원금보장형 DLS 발행이 늘어나서 잔액비중이 전년보다 6.2% 증가하였고, 공모발행 잔액비중도 5.4조원(13.9%)으로 전년대비 1.9% 증가하였다.

| 표 14-12 | DLS 유형별 잔액현황

(단위: 조원, %)

구분	2016년말			2017년말			2018년말		
		공모	사모		공모	사모		공모	사모
DLS 잔액	32.1 (100.0)	4.7 (14.7)	27.3 (85.3)	34.8 (100.0)	4.2 (12.0)	30.6 (88.0)	38.9 (100.0)	5.4 (13.9)	33.5 (86.1)
원금보장형	14.9 (46.3)	1.8 (5.6)	13.0 (40.7)	18.0 (51.6)	2.2 (6.2)	15.8 (45.4)	22.5 (57.8)	2.9 (7.5)	19.6 (50.4)
원금비보장형	17.2 (53.7)	2.9 (9.1)	14.3 (44.6)	16.8 (48.4)	2.0 (5.8)	14.8 (42.6)	16.4 (42.2)	2.5 (6.4)	13.8 (35.7)

제3절 파생결합증권의 종류

1. 주가연계증권(ELS)

(1) ELS의 정의

주가연계증권(ELS : Equity Linked Securities)은 개별주식이나 주가지수의 움직임에 연계하여 사전에 정해진 조건에 따라서 조기 및 만기 상환수익률이 결정되는 증권을 말한다. 파생상품의 성격을 가져 법적으로 파생결합증권에 해당하며, 장외파생상품 겸영인가를 취득한 증권회사만이 발행할 수 있다.

주가연계증권을 발행한 증권회사는 발행대금의 대부분을 채권, 예금 등 안전자산에 투자하는 한편 나머지를 주식, 주식관련 파생상품 등에 투자하여 약정수익 재원을 확보하기 위한 초과수익을 추구하게 된다. 증권회사는 펀드 등과 달리 주가연계증권 발행자금의 운용대상 및 운용방식에 법적 제약이 없다.

주가연계증권은 만기, 수익구조 등을 다양하게 설계할 수 있는 반면에 증권시장에 상장되지 않음에 따라 유동성이 낮고 발행증권사의 신용리스크에 노출되는 단점이 있다. 기초자산이 일정수준 이상이면 자동으로 조기상환되는 조건이 부여되고 환매수수료를 부담하는 조건으로 환매를 요구할 수도 있다.

주가연계증권은 주식, 파생상품의 비중이 낮은 원금보장형 상품과 투자비중이 높아 기대수익률은 높으나 원금손실 가능성이 있는 원금비보장형 상품으로 구분한다. 그리고 투자수익률이 연동되는 기초자산에 따라 지수형상품, 주식형상품, 혼합형상품으로 구분할 수 있으며 지수형상품이 대부분을 차지한다.

주가연계증권의 발행방식은 공모보다 사모비중과 원금비보장형 상품이 많고, 투자자는 개인 및 일반법인이 과반수 이상을 차지하는 가운데 자산운용회사, 퇴직연금신탁 등도 투자하고 있다. 수익률은 정기예금을 상회하며 위험부담은 제한적임에 따라 중위험, 중수익의 대체투자상품으로 각광을 받고 있다.

(2) ELS의 종류

개별주식 및 주가지수에 연동되어 수익이 발생하는 금융투자상품에는 주가연동예금(ELD)과 주가연계펀드(ELF)가 존재한다. ELS는 발행주체에 따라 ELS, ELD, ELF로 구분하고, 원금보장여부에 따라 원금보장형과 원금비보장형으로 구분하며, 거래대상 및 발행형태에 따라 공모 ELS와 사모 ELS로 분류한다.

① 발행주체에 따른 분류

ELS(Equity Linked Securities)는 장외파생상품 겸영업무 인가를 획득한 증권회사가 발행하는 사채와 같은 법적 성질을 갖는 증권의 일종이다. 따라서 ELS를 발행한 증권회사는 ELS를 발행한 후 운용과정에서의 이익 또는 손실여부에 관계없이 정해진 조건이 충족되면 정해진 수익을 투자자에게 지급해야 한다.

ELD(Equity Linked Deposit)는 은행이 상품을 설계하고 판매하는 주가연계상품이다. 수익이 개별주식의 가격 또는 주가지수에 연동한다는 점은 다른 주가연계상품과 동일하나 상품 자체가 예금이므로 원금보장형 상품만 가능하다. 수익에 대해 다른 상품은 배당소득세를 부과하나 ELD는 이자소득세를 부과한다.

ELF(Equity Linked Fund)는 운용회사가 모집하여 발행하는 수익증권으로 그 수익이 ELS와 마찬가지로 기초자산인 개별주식 또는 주가지수와 연동된다. 또한 ELF는 원금보장형 및 원금비보장형 상품이 모두 가능하나 운용실적에 따라 연동되는 펀드이므로 원금보장은 불가능하여 원금보존추구의 형태로 발행한다.

| 표 14-13 | ELD, ELS, ELF의 비교

구 분	ELD	ELS	ELF
발 행 기 관	은행	금융투자회사	자산운용회사
투 자 형 태	정기예금	파생결합증권	집합투자증권
판 매 기 관	은행	금융투자회사	금융투자회사/은행
자 산 운 용	고유계정	고유계정	고유계정 분리
예 금 보 호	보장	해당없음	해당없음
원 금 보 장	보장	사전약정	보장없음
소 득 과 세	이자	배당	배당/이자
만기수익률	약정수익률	약정수익률	실적배당

② 원금보장에 따른 분류

원금보장형 상품은 기초자산의 가격 움직임에 관계없이 투자자는 만기에 원금을 보장받을 수 있다. 상품설계에 따라 원금 이상 또는 원금의 일정부분을 보장하는 상품도 발행할 수 있다. 여기서 원금보장의 의미는 시장위험에 한정되어 발행사가 파산, 지급불능의 경우에는 원금손실이 발생할 수 있다.

원금비보장형 상품은 원금보장형 상품에 비해 고수익을 추구할 수 있고, 다양한 상품설계가 가능하다. 저금리 기조가 계속되면서 ELS는 중위험 중수익구조의 대표적인 상품으로 자리매김했다. 일반적으로 원금비보장형 상품과 보장형 상품의 발행비율은 7:3 정도로 원금비보장형 상품이 많이 발행되었다.

③ 발행형태에 따른 분류

공모ELS는 발행증권사가 증권신고서, 투자설명서 및 간이투자설명서 등을 금감원 공시사이트에 공시하고 미리 정한 모집기간에 불특정 다수에게 청약을 받아 발행한다. 공모ELS는 불특정다수의 일반투자자 및 일부 기관을 대상으로 발행하며, 사모ELS에 비해 공시관련 및 판매절차에서 까다로운 규제를 받는다.

사모ELS는 발행증권사와 투자자가 일대일 계약형식으로 발행하며 기관투자가, 자산운용사, 일반법인, 거액자산가 등을 대상으로 하여 비공개적으로 모집하는 형태이다. 사모ELS는 일대일 계약형식으로 발행되어 공모ELS에 비해 규제에서 비교적 자유로운 편이고, 발행금액이 공모ELS에 비해 큰 편에 속한다.

④ 기초자산에 따른 분류

ELS는 개별주식의 가격 또는 주가지수를 기초자산으로 한다. 한 개의 또는 두 개이상의 개별주식의 가격을 기초자산으로 할 수 있고, 하나 또는 둘 이상의 주가지수를 기초자산으로 할 수도 있다. 그리고 개별주식의 가격과 주가지수를 조합한 혼합형 ELS도 발행될 수 있으나 지수형이 70% 이상을 차지하고 있다.

(3) ELS의 수익구조

국내에 도입된 주가연계증권의 수익구조는 투자자들의 수요에 따라 Knock-out형, Bull Spread형, Digital형, Reverse Convertible형 등으로 구분된다. 최근에 가장 많이 발행되고 있는 주가연계증권은 Reverse Convertible 형태의 Step-down ELS이다. 주가연계증권의 수익구조를 살펴보면 다음과 같다.

① Knock-out ELS

녹아웃형은 2003년 초 주가연계증권(ELS)의 도입 초기부터 지금까지 꾸준히 발행되고 있는 상품이다. 기초자산의 가격 움직임에 따라 일정수준까지는 기초자산의 수익률에 비례하여 수익을 지급하지만, 일정수준(barrier)을 넘어서면 옵션의 가치는 소멸하고 만기에 rebate만큼의 수익을 지급하는 상품을 말한다.

녹아웃형은 투자기간 중 사전에 정해진 주가수준에 도달하면 확정된 수익으로 조기상환되며, 그 이외의 경우에는 만기일의 주가수준에 따라 수익이 결정되는 구조이다. 투자기간에 기초자산이 한번이라도 사전에 일정주가 초과 상승하는 경우 만기의 주가지수에 관계없이 최종수익률은 리베이트수익률로 확정된다.

녹아웃형은 원금보장의 정도를 조정하여 원금이상보장, 원금보장, 원금부분보장 등 원금보장수준을 달리 설계할 수도 있다. 그리고 녹아웃옵션의 이익참여율과 리베이트를 서로 조정하거나 녹아웃 풋옵션을 추가하여 양방향 구조로 설계하는 등 다양한 수익구조의 형태로 발행할 수도 있다.

┃그림 14-2┃ Knock-out ELS

● 상품개요

기 초 자 산	· KOSPI200		
만 기	· 1년		
행 사 가 격	· 100%		
원금보장수준	· 100% 원금보장		
knock-out	· 130%	리베이트	· 4%

● 상품특징

▶ 만기 1년, 최고 연 18% 수익가능
▶ 이익참여율 60%
▶ 지수가 아무리 하락해도 원금 100%는 보장
▶ Knock-out시 리베이트 연 4%

● 수익률 그래프

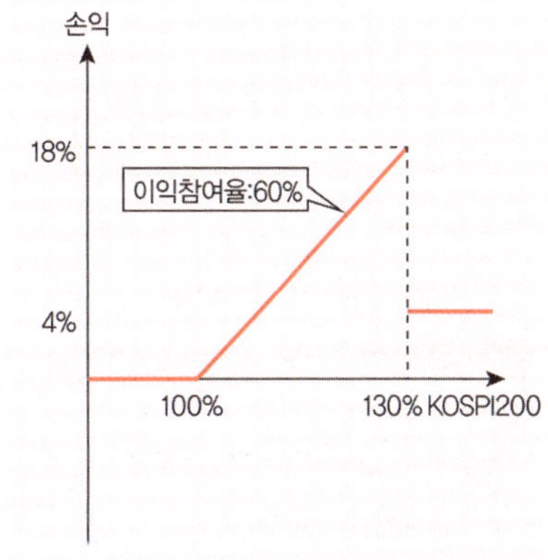

┃표 14-14┃ 예상손익구조

구분	만기상환금액
① 만기평가가격＜최초기준가격	원금
② 만기평가가격＞최초기준가격이면서 만기까지 한 번이라도 최초기준가격의 130%를 초과하여 상승한 적이 없는 경우	원금× $\left[1+\frac{(\text{만기평가가격}-\text{최초기준가격})}{\text{최초기준가격}}\times\text{이익참여율}\right]$
③ 만기까지 한 번이라도 최초기준가격의 130%를 초과하여 상승한 적이 있는 경우	원금×104%

② Call Spread ELS

콜 스프레드형은 다른 조건은 동일하고 행사가격이 다른 콜옵션 두 개를 조합한 콜 스프레드전략을 ELS에 접목시킨 상품이다. 콜 스프레드형은 녹아웃형과 비슷한 형태이지만 손익구조가 만기까지 기초자산의 움직임과는 무관하고 오직 만기시점의 기초자산의 가격에만 연동된다는 점에서 차이가 있다.

행사가격이 낮은 콜옵션을 매수하고, 행사가격이 높은 콜옵션을 매도함으로써 기초자산이 일정수준까지 상승할 경우에는 그 수익을 함께 향유하고, 그 이상의 수준에서는 고정된 수익을 취한다. 따라서 만기일의 주가수준에 비례하여 손익을 계산하되 최대수익 및 손실이 일정한 수준으로 제한된다.

| 그림 14-3 | Call Spread ELS

● 상품개요

기초자산	· KOSPI200
만기	· 1년
행사가격	· 100%, 130%
원금보장수준	· 100% 원금보장
이익참여율	· 40%

● 상품특징

▶ 만기 1년, 최고 연 12% 수익가능
▶ 이익참여율 40%
▶ 지수가 아무리 하락해도 원금 100%는 보장

● 수익률 그래프

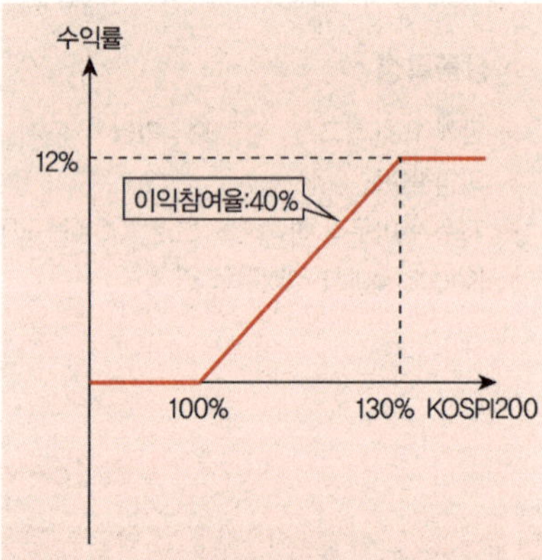

| 표 14-15 | 예상손익구조

구분	만기상환금액
① 만기평가가격＜행사가격1 (행사가격1＝최초기준가격)	원금
② 행사가격1＜만기평가가격＜행사가격2 (행사가격2＝최초기준가격×130%)	원금× $\left[1+\dfrac{(\text{만기평가가격}-\text{최초기준가격})}{\text{최초기준가격}}\times\text{이익참여율}\right]$
③ 만기평가가격＞행사가격2	원금×112%

③ Digital ELS

디지털형은 단순한 구조 중 하나이다. 만기까지의 기초자산의 움직임과 무관하게 만기시점의 기초자산가격이 행사가격보다 높고 낮음에 따라 수익의 지급여부가 결정된다. 즉 만기일의 주가수준이 일정수준을 상회하는지 여부(상승률과는 무관)에 따라 사전에 정한 두 가지 수익 중 한 가지를 지급하는 구조를 말한다.

디지털옵션을 여러개 조합하면 다양한 수익구조를 설계할 수 있다. 특히 다른 조건은 동일하나 수익만 약간 차이가 나는 디지털콜과 디지털풋을 결합하면 기초자산의 가격움직임과 무관하게 확정수익이 보장되고 추가적으로 α의 수익을 얻을 수 있는 상품이 가능하다. 현재 퇴직연금 편입형 상품으로 많이 발행된다.

| 그림 14-4 | Digital ELS

● **상품개요**

기 초 자 산	KOSPI200
만 기	1년
행 사 가 격	100%
원금보장수준	100% 원금보장
수 익	5%

● **상품특징**

- ▶ 만기 1년, 연 5% 수익가능
- ▶ All or Nothing 구조
- ▶ 지수가 아무리 하락해도 원금 100%는 보장

● **수익률 그래프**

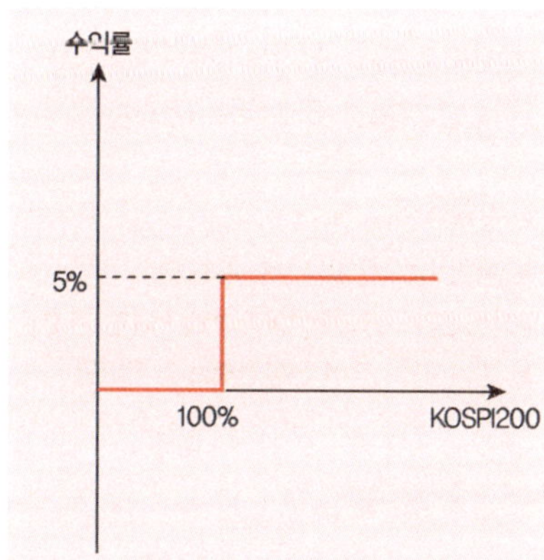

| 표 14-16 | 예상손익구조

구분	만기상환금액
① 만기평가가격＞행사가격 (단 행사가격＝최초기준가격)	원금×105%
② 만기평가가격＜행사가격	원금

④ Reverse Convertible ELS

초기에는 원금보장형 상품이 주류를 이루었으나 증권사들은 투자자들의 위험선호도를 반영하여 2003년 4월경 원금비보장 상품을 출시하였다. 리버스 컨버터블형은 만기의 기초자산가격이 일정수준까지 하락하지 않으면 일정수준의 수익을 보장하고, 일정수준 이하이면 원금손실이 발생하는 구조를 말한다.

일명 RC형이라고도 불리는 리버스 컨버터블형은 투자자의 입장에서 풋옵션을 매도한 것과 비슷한 형태의 손익구조를 나타내어 원금보장형 상품에 비해 높은 수익을 제공하고, 만기에 기초자산의 가격이 일정수준까지 하락해도 수익을 얻을 수 있어 투자자에게 어필했으나 현재는 거의 발행되지 않고 있다.

▌그림 14-5▐ Reverse Convertible ELS

● **상품개요**

기초자산	· KOSPI200
만 기	· 1년
전환가격	· 85%
승 수	· 만기평가가격/전환가격
수 익	· 만기에 전환가격 이상이면 9% 수익

● **상품특징**

▶ 만기 1년, 최고 연 9% 수익가능
▶ 만기평가가격이 전환가격보다 크면 연 9% 수익
▶ 만기평가가격이 전환가격보다 작으면 만기수취금액이 점진적으로 감소

● **수익률 그래프**

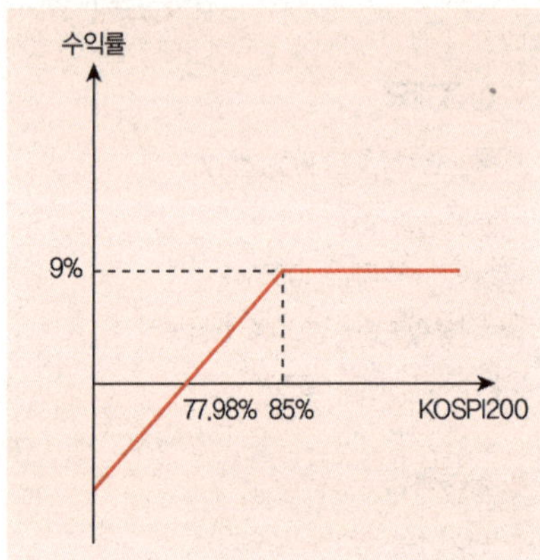

▌표 14-17▐ 예상손익구조

구분	만기상환금액
① 만기평가가격＞전환가격 (단 전환가격＝최초기준가격×85%)	원금×109%
② 만기평가가격＜전환가격	원금×109%×승수 (단 승수＝만기평가가격/전환가격)

(4) ELS의 관련용어

① 녹아웃배리어, 낙인배리어

녹아웃배리어는 원금보장형에서 사용하며 상승수익률 지급구간은 최초기준가격의 100~130%라는 한계가격이다. 낙인배리어는 원금비보장형에서 사용하며 낙인은 원금손

실발생가능조건이다. 원금보장형(비보장형)의 녹아웃(낙인)은 터치하면 상승수익률 지급조건이 사라지는(원금손실 가능조건이 생겨나는) 형태로 사용된다.

② 더미수익

더미수익은 수익조건을 달성하지 못해 ELS가 조기상환되지 않고 만기까지 보유했을 때 투자기간에 기초자산가격이 원금손실가능조건(낙인)을 터치한 적이 없으면 만기에 지급되는 보너스 수익을 말한다. 조기상환의 경우에는 약정한 금리를 주지만 만기상환의 경우에는 더미수익율에 정해진 수익률을 주는 것을 말한다.

③ 리베이트

리베이트(Rebate)는 원금보장형 녹아웃ELS에서 사전에 정한 녹아웃베리어를 초과하여 상승할 때 지급하는 고정수익률을 말한다. 녹아웃베리어가 120%, 리베이트가 3%, 기초자산이 KOSPI200인 원금보장형 녹아웃ELS에서 기초자산이 급등하여 120% 초과하여 상승하면 사전에 정한 리베이트 수익률 3%를 만기에 지급한다.

④ 참여율

참여율(Paticipation)은 원금보장형 녹아웃ELS에서 최초기준가격부터 녹아웃베리어가격까지의 구간에서 상승수익률을 계산할 때 사용된다. 최초기준가격이 100%, 녹아웃배리어가 120%, 참여율이 50%, 기초자산이 KOSPI 200일 경우에 기초자산이 10% 상승했다면 최종지급되는 상승률은 10%×50%(참여율) = 5%가 된다.

⑤ 조기상환

원금비보장형 ELS 대표상품은 대부분 모두 조기상환구조를 포함하고 있다. 만기는 주로 2~3년으로 중기투자에 가깝지만, 조기상환주기를 4개월 또는 6개월로 지정하는 경우가 많아 실제 만기가 2~3년보다 훨씬 짧아질 수 있다. 조기상환형 ELS에서 조기상환은 조건달성시 자동지급되는 자동조기상환조건을 말한다.

⑥ 중도상환

ELS는 조기상환이나 만기상환이 원칙이나 사전에 정한 상호조건 이외에 투자자의 요청으로 중도상환이 가능하다. 원금비보장형 ELS의 고객요청에 의한 중도상환은 펀드의 중도환매와 같은 의미이나 사전에 정한 조건인 자동조기상환과는 다르다. 중도상환금액은 ELS의 평가금액에서 중도상환수수료를 공제한 금액이다.

2. 주식워런트증권(ELW)

(1) ELW의 정의

주식워런트증권(Equity Linked Warrant)은 개별주식이나 주가지수에 연계된 워런트를 말한다. 여기서 워런트는 개별주식 및 주가지수 등의 기초자산을 미래의 특정시점(만기일)에 현재시점에 약정한 가격(행사가격)으로 매입(콜옵션)하거나 매도(풋옵션)할 수 있는 권리를 증권화한 파생결합증권을 말한다.

주식워런트증권은 상품특성이 주식옵션과 유사하나 법적구조, 시장구조, 발행주체, 발행조건에 차이가 있다. 증권사가 ELW에 대해 공모를 거쳐 거래소에 상장하면 주식처럼 거래가 이뤄지며, 만기에 최종보유자가 권리를 행사한다. 발행사는 다양한 상품을 설계할 수 있고 결제이행에 따른 위험을 부담한다.

┃표 14-18┃ 주식과 ELW의 비교

구 분	주식	ELW
법 적 형 태	증권(지분증권)	증권(파생결합증권)
가 격 단 위	10주(단주거래 가능)	증권(단주거래 불능)
호 가 주 문	시장가/지정가호가 등	지정가호가만 허용
가격제한폭	상한가 및 하한가 적용	상한가 및 하한가 불허
신 용 거 래	가능(대용가능)	불가(현금거래)
권 리 행 사	해당사항 없음	만기에 자동권리행사
최종거래일	최종거래일 없음	최종거래일 있음
만 기 여 부	만기 없음	만기 있음

(2) ELW의 종류

① 권리종류에 따른 분류

콜 ELW는 만기에 기초자산을 행사가격에 발행자로부터 인수하거나 그 차액(만기평가가격－행사가격)을 수령할 수 있는 권리가 부여된 ELW를 말하며, 풋 ELW는 만기에 기초자산을 행사가격에 발행자에게로 인도하거나 그 차액(행사가격－만기결제가격)을 수령할 수 있는 권리가 부여된 ELW를 말한다.

┃그림 14-6┃ 콜ELW와 풋ELW의 손익구조

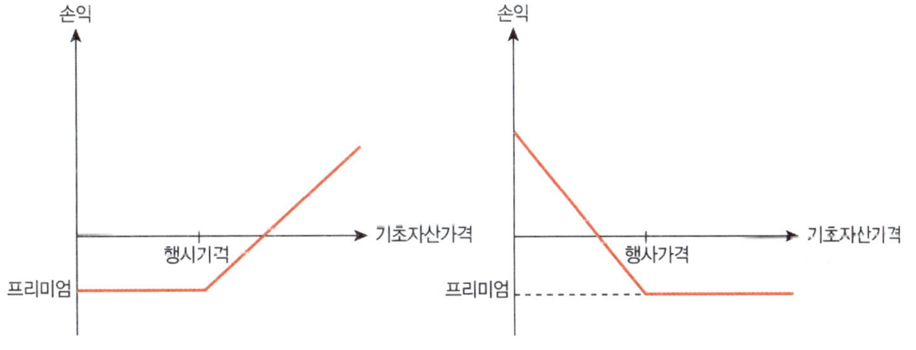

(a) 콜ELW 수익구조　　　(b) 풋ELW 수익구조

② 기초자산에 따른 분류

ELW는 개별주식이나 주가지수를 기초자산으로 하여 발행할 수 있다. 그러나 상품의 안정성을 확보하고 가격조작 방지 등의 투자자 보호를 위해 ELW의 기초자산으로 사용할 수 있는 개별주식 및 주가지수는 거래소 규정 및 세칙에서 정한 바에 따라 한국거래소가 분기별로 선정하여 발표하고 있다.

┃표 14-19┃ ELW의 기초자산

구분	개별주식	주가지수
국내	• KOSPI 200 구성종목 중 시가총액, 거래대금을 감안하여 분기별로 선정한 종목 • KOSTAR 구성종목 중 시가총액 5개 종목 또는 복수 종목의 바스켓	• KOSPI 200지수 • KOSTAR지수
해외		• 일본 니케이225지수 • 홍콩 항셍지수

③ 기본구조에 따른 분류

디지털옵션은 수익이 기초자산의 가격상승이나 하락에 비례하지 않고 일정수준에 도달하면 미리 정해진 고정수익을 지급하는 옵션을 말한다. 배리어옵션은 기초자산의 가격이 미리 정해진 배리어(barrier)에 도달하면 옵션의 효력이 없어지거나(knock－out) 새로 생성되는(knock－in) 형태를 갖는다.

(3) ELW의 거래

ELW의 기초자산에는 제한이 있으므로 발행사를 이를 고려해야 한다. 우리나라에서는 유가증권시장과 코스닥시장의 개별주식 및 KOSPI 200지수, KOSDAQ 스타지수, 일본의 NIKKEI 225지수, 홍콩의 항셍지수를 대상으로 주식워런트증권을 발행할 수 있으며 2005년 12월 주식워런트증권시장이 개설되었다.

1) 발행조건

① 기초자산 : 코스피100 구성주식 및 이를 기초로 하는 주식바스켓, 코스피200 주가지수, 해외지수 중 니케이지수, 홍콩의 항셍지수
② 결제방식 : 현금결제 및 만기시 행사가치가 있는 경우 자동권리행사(T＋2일)
③ 권리행사 : 만기일에만 권리를 행사할 수 있는 유럽형
④ 평가가격
　ⓐ 주　　식 : 최종거래일을 포함한 직전 5거래일의 기초자산 종가의 평균가격
　ⓑ 주가지수 : 최종거래일의 주가지수 종가

2) 상장요건

① 발행주체 : 증권 및 장외파생상품을 대상으로 하는 투자매매업자
② 기초자산 : 코스피100 구성주식, 주식바스켓, 코스피200주가지수, 니케이지수, 항셍지수
③ 발행총액 : 10억원 이상
④ 분산요건 : 모집 또는 매출에 의해 발행
⑤ 행사기간 : 상장신청일 현재 3월 이상 3년 이내

⑥ 유동성공급

ⓐ 발행인이 유동성공급자로 직접 유동성 공급계획을 제출해야 한다. 다만, 유동성공급자와 질권설정방법을 통해 유동성공급계약을 체결해야 한다.

ⓑ 유동성공급자요건은 증권 및 장외파생상품에 대해 투자매매업 인가를 받은 거래소의 결제회원이며 영업용순자본이 총위험액의 3배 이상이어야 한다.

3) 매매거래

① 거래계좌 : 일반 위탁계좌 개설

② 거래방법

ⓐ 거래시간 : 09시~15시(호가접수는 08시~15시)

ⓑ 매매수량 : 10증권

③ 호가형태 : 지정가호가(IOC 및 FOK 조건부여는 가능)

ⓐ IOC(Immediate or Cancel) : 거래소에 호가가 제출된 즉시 체결가능수량은 체결하고 미체결잔량은 취소하는 조건

ⓑ FOK(Fill or Kill) : 거래소에 호가가 제출된 즉시 체결시키고 잔량체결이 불가능한 경우에는 호가수량 잔량을 취소하는 조건

④ 대용증권 : 높은 가격변동성에 따른 담보가치 급락우려로 지정제외

⑤ 가격제한 : 높은 가격변동성을 고려하여 가격제한폭 적용배제

(4) ELW의 특징

1) ELW의 기능

① 다양한 투자수단의 제공 : 높은 레버리지를 수반하는 상품으로 새로운 투자수단을 제공하여 새로운 투자기회 및 투자전략의 수립을 가능하게 한다.

② 보유주식의 활용도 제고 : 증권회사는 보유주식을 담보로 주식워런트증권을 발행하여 보유주식의 활용도를 높이고 프리미엄 확보 등 수익원을 창출한다.

③ 증권시장의 효율성 증대 : 증권시장에 ELW시장, 주식시장, 옵션시장과 다양한 차익거래를 통한 균형가격의 성립을 촉진하여 증권시장의 효율성을 가져온다.

2) ELW의 특징

① 레버리지효과 : 주식워런트증권의 거래는 실물자산에 대한 투자보다 적은 투자금액으로 큰 수익을 얻을 수 있는 레버리지효과가 존재한다.

② 투자위험의 한정 : 투자자는 매입포지션만 보유하기 때문에 손실은 주식워런트증권가격에 한정되는 반면 이익은 무한대로 확대될 수 있다.

③ 위험헤지의 기능 : ELW매수를 통해 보유자산의 가격이 반대방향으로 변화함에 따라 발생하는 위험을 회피하여 보유자산의 가치를 일정하게 유지할 수 있다.

④ 양방향 투자수단 : 기초자산이 상승하는 강세장에는 콜 ELW, 기초자산이 하락하는 약세장에는 풋 ELW에 투자하면 되기 때문에 활황장세, 침체장세 등 시장상황과 무관하게 투자기회를 제공한다.

⑤ 높은 유동성공급 : 한국거래소에 상장되며 발행자의 유동성공급으로 쉽게 거래가 가능하다.

3) ELW의 위험

① 상품의 복잡성 : 표준형은 단순히 사거나 팔 수 있는 권리만 있어 상품구조가 간단하나, 비표준형은 상품의 손익구조가 복잡하여 투자자의 투자판단에 어려움을 야기한다. 그리고 주식워런트증권은 시장상황과 기업실적에 따라 가격이 변동하는 주식보다 가치측정이 훨씬 어려워 가치측정을 위한 많은 노력이 필요하다.

② 높은 투자위험 : 레버리지효과가 커서 적은 금액으로 높은 수익이 가능하지만 주가변동폭보다 더 큰 폭으로 가치가 하락할 수 있는 위험을 내포하고 있다.

③ 배당수익 없음 : 주식에 투자하는 경우 배당금을 수령할 수 있으나 주식워런트증권의 경우 주가변동에 따른 시세차익뿐이다.

④ 회사와 무관성 : 주식워런트증권 보유자는 회사와 아무런 직접적인 관련이 없어 주주로서의 권리(의결권, 배당청구권)도 행사할 수 없다.

(5) ELW의 가격

ELW 매입자는 만기에 기초자산의 가격과 행사가격을 비교하여 내재가치가 있는 경우에는 이익을 얻을 수 있다. 반면에 만기에 기초자산의 가격이 불리하게 변동할 경우에는 권리행사를 포기할 수 있으며 ELW 매수금액만큼 손해를 보게 된다.

1) 가격구조

$$\text{주식워런트증권가격} = \text{내재(행사)가치} + \text{외재(시간)가치} \qquad (14.1)$$

① 행사가치 : 권리를 행사하여 얻을 수 있는 이익으로 내재(본질)가치에 속한다.
　ⓐ 콜 워런트 행사가치 = (기초자산의 가격 − 권리행사의 가격)×전환비율
　ⓑ 풋 워런트 행사가치 = (권리행사의 가격 − 기초자산의 가격)×전환비율
② 시간가치 : 만기까지 잔존기간 동안 기초자산의 가격변동성에 따라 얻게 될 기대가치를 말하며 만기에 근접할수록 감소한다.
③ 행사여부 : 내재가치의 여부에 따라 내가격, 등가격, 외가격 ELW로 구분한다.

표 14-20 ELW의 상태

구분	콜 ELW	풋 ELW
내가격(ITM)	기초자산가격 > 권리행사가격	기초자산가격 < 권리행사가격
등가격(ATM)	기초자산가격 = 권리행사가격	기초자산가격 = 권리행사가격
외가격(OTM)	기초자산가격 < 권리행사가격	기초자산가격 > 권리행사가격

2) 결정요인

주식워런트증권의 가격은 투자자의 매수와 매도에 의해 결정된다. 만기에는 기초자산의 시장가격과 행사가격의 차이인 행사가치에 의해 가치가 결정되고, 만기 이전에는 기초자산의 가격, 권리행사의 가격, 기초자산의 가격변동성, 만기일까지 잔존기간, 시장이자율, 기초자산의 배당에 의해 영향을 받는다.

① 콜 ELW

ELW가격에 영향을 미치는 다른 요인이 일정하다는 가성하에서 ELW가격의 결정요인이 S−E의 값을 커지게 하는 방향으로 영향을 미치면 콜ELW가격은 상승한다. 즉 기초자산의 현재가격, 만기까지 잔존기간, 기초자산의 가격분산, 무위험이자율과는 정(+)의 관계에 있고 행사가격과 기초자산의 배당과는 부(−)의 관계에 있다.

② 풋 ELW

ELW가격에 영향을 미치는 다른 요인이 일정하다는 가정하에서 ELW가격의 결정요인이 E−S의 값을 커지게 하는 방향으로 영향을 미치면 풋ELW가격은 상승한다. 즉 행사가격, 만기까지 잔존기간, 기초자산의 가격분산, 기초자산의 배당과는 정(+)의 관계에 있고 기초자산의 현재가격, 무위험이자율과는 부(−)의 관계에 있다.

| 표 14-21 | ELW의 가격결정요인

결정요인	콜 ELW	풋 ELW
기초자산의 현재가격↑	상승	하락
행사가격↑	하락	상승
만기까지 잔존기간↑	상승	상승
기초자산의 가격분산↑	상승	상승
무위험이자율↑	상승	하락
기초자산의 현금배당↑	하락	상승

(6) ELW의 관련용어

① 가격변동성

기초자산의 가격변동성은 기초자산의 가격이 만기까지 얼마나 변동할 것인가를 계량화하여 수치화한 변수이다. 기초자산의 가격변동성이 커지면 기초자산가격이 크게 상승 또는 하락하여 주식워런트의 권리행사 가능성이 높아지기 때문에 콜 ELW와 풋 ELW의 가격은 모두 상승한다.

② 전환비율

전환비율(conversion ratio)은 주식워런트 만기에 ELW 1주를 행사하여 얻을 수 있는 기초자산의 수를 의미한다. 예컨대 전환비율이 0.5인 ELW 1주로는 해당 기초자산의 1/2에 대해서만 권리를 행사할 수 있다. 따라서 ELW 2개가 있어야 권리행사시 기초자산 하나를 매입할 수 있다.

③ 패리티

패리티(parity)는 내재가치(행사가치)의 크기를 나타내는 측정지표를 말하며 기초자산의 가격과 행사가격의 비율로 계산한다. 패리티가 100%보다 크면 내재가치가 있고, 패리티가 100%보다 작으면 내재가치가 없다. 따라서 패리티가 100%보다 크면 내가격 ELW이고, 패리티가 100%보다 작으면 외가격 ELW를 의미한다.

$$\text{콜 ELW 패리티} = \text{기초자산의 가격/행사가격} \quad (14.2)$$

$$\text{풋 ELW 패리티} = \text{행사가격/기초자산의 가격} \quad (14.3)$$

④ 레버리지

주식워런드증권(ELW)의 두드러진 특징은 레버리지효과에 있나. ELW가 기초자산의 가격에 비해 레버리지가 발생하는 이유는 주식워런트증권의 가격이 기초자산의 가격에 비해 상대적으로 낮기 때문이다. 따라서 지렛대를 사용하는 것처럼 기초자산의 가격이 조금만 움직여도 주식워런트증권의 가격은 크게 변화한다.

⑤ 기어링(gearing)

기어링(gearing)은 기초자산을 대신하여 ELW를 매입할 때 갖는 포지션의 증폭효과를 말한다. 즉 기초자산에 직접투자하면 ELW에 투자하는 것보다 몇 배의 매수비용이 드는지를 나타낸다. 기어링이 10인 ELW라면 기초자산 매입시보다 ELW 매입시 10배의 포지션효과를 갖는다. 기어링이 높을수록 레버리지효과는 커진다.

$$\text{기어링} = (\text{기초자산가격/ELW가격}) \times \text{전환비율} \quad (14.4)$$

⑥ 유효기어링

유효기어링(effective gearing)은 기초자산의 변화율에 따른 ELW의 가격변화율을 말한다. 예컨대 유효기어링이 10인 주식워런트를 매입하면 기초자산이 1% 상승할 경우에 ELW 가격은 10% 상승하게 된다. 그리고 유효기어링은 기어링에 ELW의 기초자산가격 움직임에 대한 민감도인 델타를 곱하여 산출한다.

⑦ 손익분기점

콜(풋) ELW 투자자가 ELW에 투자한 금액을 회수하려면 잔존만기 동안 기초자산가격이 행사가격 이상(이하)으로 상승(하락)해야 한다. 손익분기점은 만기까지의 측정지표이므로 만기 이전의 매매나 두 ELW 비교에는 적합하지 않다. 행사가격과 함께 ELW에 투자한 금액을 고려한 ELW 투자자의 손익분기점은 다음과 같다.

$$\text{콜 ELW 손익분기점} = \text{행사가격} + \text{ELW 가격/전환비율} \quad (14.5)$$

$$\text{풋 ELW 손익분기점} = \text{행사가격} - \text{ELW 가격/전환비율} \quad (14.6)$$

⑧ 자본지지점

기초자산과 ELW의 수익률이 동일한 시점까지 도달하는 데 필요한 기초자산의 연간 기대수익률, 즉 동일한 투자자금으로 기초자산과 ELW 중 어느 하나를 보유해도 만기일의 최종실현가치가 동일한 기초자산의 연간 기대상승률을 말한다. 자본지지점은 콜ELW의 가치측정에, 손익분기점은 풋ELW의 가치측정에 적합하다.

3. 상장지수펀드(ETF)

(1) ETF의 정의

상장지수펀드(ETF : Exchange Traded Fund)는 KOSPI 200과 같은 특정 시장지수의 수익률을 그대로 좇아가도록 설계한 지수연동형 인덱스펀드를 거래소에 상장시켜 투자자들이 주식처럼 편리하게 거래할 수 있도록 만든 상품을 말한다. 요컨대 ETF는 인덱스펀드와 뮤추얼 펀드의 특성을 결합한 상품에 해당한다.

2002년에 도입된 ETF는 투자자들이 개별주식을 고르는 데 수고하지 않아도 되는 펀드투자의 장점과 언제든지 시장에서 원하는 가격에 매매가능한 주식투자의 장점을 가지고 있으며 최근에는 시장지수를 추종하는 ETF 이외에도 배당주나 거치주 등 다양한 스타일을 추종하는 ETF들이 상장되어 인기를 얻고 있다.

(2) ETF의 특징

① 지수연동의 상품

ETF는 주가지수의 움직임에 따라 가격이 결정되는 금융상품으로 주가지수가 변동하면 그 비율만큼 가격이 상승하거나 하락한다. 따라서 대상 주가지수가 해당 ETF의 가격과 거의 일치하며 일반 펀드보다 운용이 투명하다.

② 주식투자의 일종

ETF는 이해하기가 쉬운 주식투자상품으로 통상적인 집합투자기구와 달리 증권계좌를 통해서 거래할 수 있다. 따라서 기존에 증권회사에 증권계좌를 가지고 있는 투자자들은 해당계좌를 이용하여 ETF에 투자할 수 있다.

③ 환금성 최대보장

ETF는 한국거래소에 상장되어 거래된다. 즉 주식시장이 개장되어 있는 동안 언제든지 거래소에서 거래되는 시장가격에 매매할 수 있어 주식과 동일하게 환금성이 보장되고 적은 금액으로 주식시장 전체에 투자할 수 있다.

④ 분산투자의 효과

KOSPI 200지수 ETF는 KOSPI 200지수를 구성하는 지수로 구성된 주식바스켓을 세분화한 증서를 말한다. 따라서 ETF 1좌를 매입해도 KOSPI 200 전체 종목에 투자하는 것과 같은 분산효과가 있어 투자위험을 크게 줄일 수 있다.

⑤ 기회비용이 작음

펀드는 환매에 대한 대응으로 펀드 내에 일정한 현금을 유지해야 한다. 그러나 ETF는 현물로 환매되어 펀드 내부에 현금을 보유할 필요성이 적어 현금보유로 인해 상실되는 기회비용이 적고 투자자가 부담하는 운용보수가 저렴하다.

⑥ 안정추구형 상품

투자자가 특정종목의 주식을 보유하면 큰 손실을 입을 수 있지만 ETF는 주식시장

전체 또는 특정산업의 업황에 따라서 투자수익률이 결정되고 개별기업 투자에 수반되는 투자위험과 가격변동성이 적으므로 안정추구형 투자상품이다.

(3) ETF의 구조

가. ETF의 발행시장

ETF의 발행시장은 ETF의 설정과 환매를 담당한다. ETF는 대량의 단위로 설정 또는 환매되어 법인투자자만 참여할 수 있다. ETF 설정을 원하면 지정참가회사로 지정된 투자매매 및 중개업자를 경유하여 ETF 설정에 필요한 주식바스켓을 납입하고 ETF를 인수한다. 집합투자업자는 ETF 설정 요청을 받아 발행한다.

그림 14-7 ETF시장의 구조

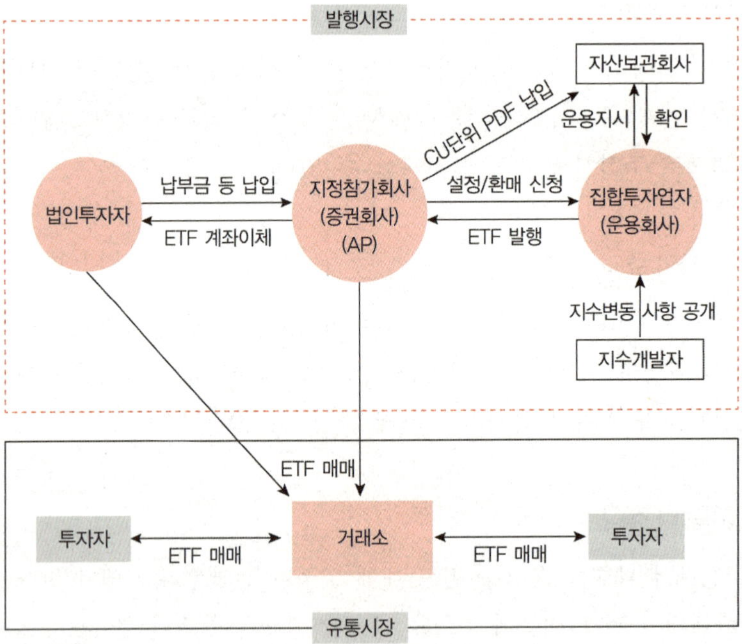

나. ETF의 유통시장

ETF의 유통시장은 ETF를 상장시킨 후 투자자간에 매매가 이루어지는 시장이다. 상장된 ETF는 유통시장에서 모든 투자자들이 거래할 수 있고 일반 주식거래에서 이루어지는 모든 매매방식이 허용된다. 다만, ETF는 시장조성을 위해 지정참가회사 중에서 반드시 유동성공급자(LP)을 반드시 두어야 한다.

다. ETF의 시장참가자

① 법인투자자

법인투자자는 지정참가회사에 ETF의 설정과 환매를 신청하여 참여하고 유통시장의 매매거래에도 참여한다. 이러한 법인투자자는 ETF의 순자산가치인 NAV와 유통시장에서 형성된 ETF 시장가격의 차이인 괴리율이 크게 벌어지면, 차익거래를 지속적으로 수행하여 두 가격의 격차를 줄이는 역할을 수행한다.

② 개인투자자

일반적으로 개인투자자는 ETF의 설정과 환매의 신청이 허용하지 않기 때문에 발행시장에는 참여할 수 없고 유통시장의 거래에만 참여할 수 있다.

③ 지정참가회사

지정참가회사는 발행시장에서 집합투자업자와 법인투자자간에 ETF 설정과 환매의 신청업무를 통해 ETF가 유통시장에서 원활하게 거래되도록 하고, 그 가격이 좌당 순자산가치에 일치하도록 노력해야 한다. 지정참가회사 중 최소 1사는 집합투자업자와 유동성공급계약을 체결하여 유동성공급자의 역할을 수행해야 한다.

④ 지수산출기관

지수산출기관은 ETF의 추적대상지수를 산출하여 제공해야 한다. ETF가 추종하는 지수에는 KOSPI 200, KRX 100과 같이 해당 거래소에서 산출하여 발표하는 시장대표지수가 있고, 삼송그룹주, 성장주/가치주 등 해당 ETF의 목적과 특성에 알맞도록 특정지수 전문산출기관에서 산출하여 사용하는 특수한 지수가 있다.

⑤ 집합투자업자

ETF시장에서 가장 중요한 역할을 담당하는 집합투자업자는 ETF를 기획하고 판매하는 과정에서부터 ETF를 운용하는데, ETF의 자산구성내역의 결정 및 공지, ETF 편입종목

재구성 등 포트폴리오 운용, ETF 증권의 발행 및 소각, 설정단위의 결정, 추적오차율 관리, 배당금 및 분배금 지급규모 결정의 업무를 수행한다.

⑥ 신탁업자

일반적으로 수탁자인 신탁업자는 시중은행이 되는데, 투자신탁의 재산인 현금, 주식 등을 보관하고 관리하는 업무를 수행하는 자산보관회사를 말한다.

⑦ 사무관리회사

사무관리회사는 ETF의 사무처리를 위해 집합투자업자의 업무를 위탁받아 수행하는데, 현재는 한국예탁결제원에서 사무처리업무를 수행하고 있다.

⑧ 유동성공급자

유동성공급자는 특정 ETF의 거래가 활성화되지 않아 스프레드가 많이 확대된 경우에는 유동성공급호가를 반드시 제출하여 투자자들에게 거래편의를 제공한다.

4. 상장지수채권(ETN)

(1) ETN의 정의

상장지수채권(ETN : Exchange Traded Note)은 상장지수펀드(ETF)와 마찬가지로 거래소에 상장되어 쉽게 사고팔 수 있는 채권을 말한다. 증권회사가 자사의 신용에 기반하여 발행하며 수익률이 기초지수의 변동에 연동하여 수익 지급을 약속하는 것으로, ELS에 비해 구조가 단순하고 만기 이전 반대매매가 가능하다.

상장지수채권은 ETF와 수익구조 등 경제적 실질 측면에서 매우 유사한 상품으로 ETF 중에서도 합성 ETF가 가장 비슷한 상품이다. 합성 ETF 구조에서 발행사인 자산운용사만 제외하면 나머지 구조는 사실상 ETN의 구조라고 할 수 있다. 투자자 입장에서도 ETN은 ETF와 유사한 원금비보장형 간접투자상품에 해당한다.

(2) ETN의 특징

① 상품접근성 용이

ETN은 발행절차가 간소하고 운용방식에 제약이 적어 다양한 기초자산에 투자할 수 있는 상품을 신속히 공급할 수 있다. 따라서 투자절차가 복잡하여 일반투자자들이 접근하기 어려웠던 투자대상과 투자전략에 활용할 수 있다.

② 증권거래세 면제

국내 주식형 ETN은 증권거래세가 면제되고 매매차익에 과세하지 않는다. 또한 ETN을 발행한 회사가 자사 ETN의 유동성 공급을 직접 수행하는 경우 별도의 융동성공급계약에 소요되는 비용을 절감할 수 있다.

③ 지수연동형 상품

ETN은 기초자산의 지수 움직임을 반영하도록 설계된 상품으로 기초지수의 특성이 상품에 대부분 반영된다. ETN은 발행회사가 투자기간 동안에 기초자산의 수익을 지급할 것을 약속하기 때문에 추적오차가 없다.

④ 분산투자의 상품

ETN은 투자원칙 중 중요한 분산투자의 문제를 용이하게 해준다. 주식을 기초자산으로 하는 경우 5종목 이상으로 지수를 구성할 수 있어 배당이나 성장 등 특정 투자목적에 충실한 포트폴리오를 구성할 수 있다.

⑤ 환금성보장 상품

ETN은 한국거래소(KRX)에 상장되어 거래되기 때문에 주식시장이 열려 거래되는 동안에는 지표가치를 중심으로 주식시장의 수급상황에 따라서 형성되는 시장가격으로 투자자가 원하는 실시간에 매매할 수 있다.

⑥ 신용위험의 상품

ETN은 증권회사가 신용으로 발행하는 상품으로 무보증무담보 사채와 동일한 발행자 신용위험이 있는 상품이다. 따라서 투자자들은 투자할 ETN을 선택할 때 발행회사의 신용도와 재무안정성을 확인해야 한다.

(3) ETN의 구조

가. ETN의 발행시장

ETN은 신용등급과 재무안정성이 우수한 증권회사가 발행한다. 발행된 ETN은 발행한 증권회사가 직접 또는 발행된 ETN을 인수한 제3의 유동성공급자가 거래소시장을 통해 매입 또는 매도하여 거래가 시작된다. 물론 신규상장 후 시장수요에 따라서 추가발행이 가능하고 일정규모 이상의 중도상환도 가능하다.

ETN은 발행하기 전에 한국거래소의 상장예비심사를 받도록 되어 있어 주식과 동일하며, 최근 1년 이내에 ETN의 발행실적이 있으면 일괄신고서를 통해 ETN을 발행할 수 있도록 ETN의 발행절차가 간소화되어 있다. 따라서 일괄신고서를 통해 신속하게 투자자의 수요에 적합한 ETN 상품을 공급할 수 있다.

| 그림 14-8 | ETN의 발행시장과 유통시장

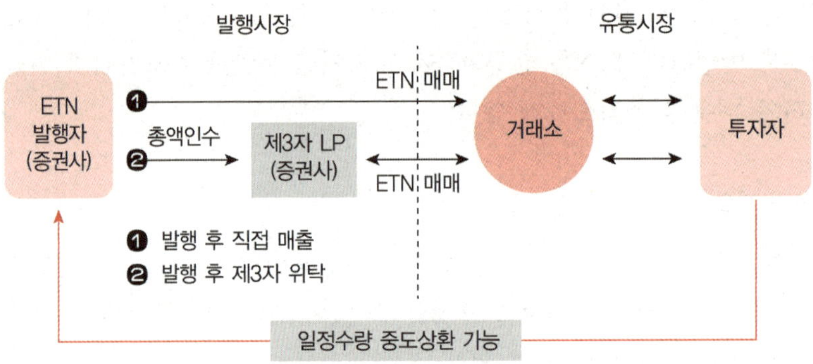

나. ETN의 유통시장

ETN의 유통시장은 ETN을 상장시킨 후 투자자간에 매매가 이루어지는 시장을 말한다. 상장된 ETN은 거래소의 유통시장에서 투자자들에 의해 매매된다. 유통시장은 모든 투자자가 참여할 수 있고, 주식시장에 적용되는 모든 매매방식이 ETN에도 허용된다. 다만, ETN은 시장조성을 위해 유동성공급자를 두어야 한다.

다. ETN의 시장참가자

① 발행회사

ETN시장에서 중추적인 역할을 수행하는 발행회사는 투자수요에 알맞는 ETN의 기

획하고 발행하는 업무, 자산운용, 마케팅활동, 만기 또는 중도상환시 지수수익률을 투자자에게 지급하는 업무를 수행한다. 그리고 중요한 사항이 발생하면 신고·공시하여 투자자에게 고지하는 업무 등 일체를 담당한다.

② 유동성공급자

유동성공급자는 발행된 ETN을 최초로 투자자에게 매출하고 상장 이후 지속적으로 유동성공급호가를 제출한다. 매도호가와 매수호가의 차기가 커지면 매도와 매수 양방향으로 호가스프레드의 비율을 낮추는 호가를 일정수량 제출한다. 또한 ETN시장가격이 지표가치에서 벗어나는 가격괴리가 발생하지 않도록 한다.

③ 지수산출기관

ETN은 지수수익률을 지급하는 상품이므로 ETN투자는 기초지수의 움직임이 중요하다. 발행회사는 지수산출기관과 지수사용에 관한 계약을 체결하고 ETN을 상장한다. ETN의 상장기간에 지수를 산출하고 관리할 수 있는 전문성과 독립성을 갖춘 지수산출기관은 객관적인 자료와 기준을 마련하여 지수를 산출해야 한다.

④ 사무관리회사

사무관리회사는 ETN의 사무처리를 위해 발행회사로부터 일부 업무를 위탁받아 수행한다. 현재 한국예탁결제원이 매일 장종료 후 ETN의 지표가치를 계산하고 거래소와 코스콤을 통해 공시하는데, 이는 다음 날 실시간 지표가치의 기준이 된다. 매일 세금부과의 기준이 되는 과표기준가격의 계산업무도 수행하고 있다.

┃그림 14-9┃ ETN시장의 구조

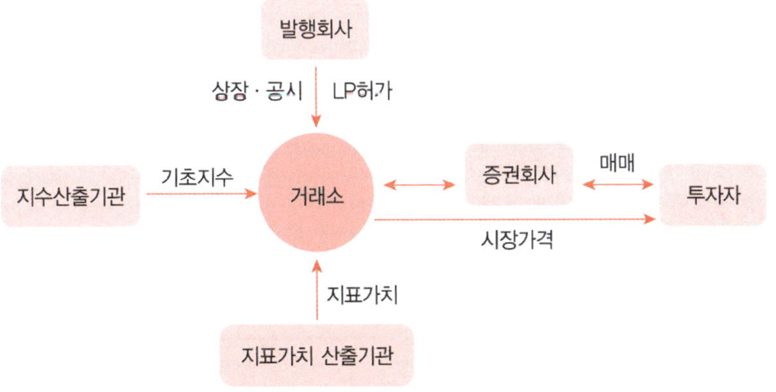

보론 14-1 파생결합증권 투자시 유의사항

저금리 시대에 예금이자만으로 생활비 충당이 힘들어 투자자들의 고민이 깊어지고 있다. 파생결합증권은 수익률이 높아 금융회사에서 많이 권유하는 파생상품이지만 원금손실위험도 높아 투자권유 유의상품으로 지정되어 있다. 따라서 투자자들은 다음과 같은 유의사항을 충분히 숙지한 후 파생결합증권에 투자해야 한다.

1. 원금손실이 발생할 수 있는 상품
   파생결합증권은 상품을 판매하는 은행의 직원이 원금보장이 된다고 설명하더라도 언제든지 원금손실이 발생할 수 있으므로 적합성보고서를 반드시 확인해야 한다.
2. 예금자보호대상이 아니라는 사실
   파생결합증권은 예금자보호대상 상품이 아니기 때문에 파생결합증권 발행자의 파산으로 채권자에게 지급할 돈이 부족하게 되면 투자원금과 수익을 돌려받지 못한다.
3. 손익발생조건과 기초자산의 이해
   파생결합증권은 기초자산의 가격흐름에 따라 투자손익이 결정되기 때문에 손익의 발생조건, 기초자산의 가격추이 등을 꼼꼼히 살펴보고 신중하게 투자해야 한다.
4. 기초자산수 많고 고수익률은 위험
   기초자산의 수가 많을수록 상품의 제시수익률이 높은 반면에 그만큼 수익발생 및 원금상환조건이 많아져 손실위험이 높아지는 점을 이해하고 투자해야 한다.
5. 손실발생시 손실의 규모가 확대
   파생결합증권은 이익으로 상환될 확률이 높도록 설계되어 있으나, 손실이 발생할 경우에는 손실규모가 커지는 꼬리위험(Tail Risk)이 있는 상품에 해당한다.
6. 중도환매(상환)시 원금손실위험
   파생결합증권에 투자한 투자자가 투자기간에 중도상환을 신청할 경우 해당시점에 산정되는 중도상환가격에 따라 원금손실이 발생할 수 있으니 유의해야 한다.
7. 조기상환은 조건충족시에 가능
   조기상환은 미리 정해진 조건을 충족해야 가능하므로 조기상환을 기대하고 만기에 필요자금을 투자하기보다는 만기를 기준으로 여유자금을 가지고 투자해야 한다.
8. 기초자산의 가격회복기간 한정
   파생결합증권은 만기가 정해진 상품으로 기초자산의 가격이 손실발생조건 수준으로 하락하고 기간내에 기초자산의 가격이 회복하지 못하면 손실이 발생할 수 있다.
9. ELF와 ELF는 예금상품이 아님
   은행과 보험회사에서 판매하는 ELT(주가연계신탁)와 ELF(주가연계펀드)도 ELS에 투자하는 것과 동일한 위험을 갖고 있어 안전한 예금으로 알고 투자해서는 안 된다.
10. 여유자금으로 자기책임하에 투자
    파생결합증권은 원금손실이 발생할 수 있는 위험성이 높은 상품에 해당하여 해당 상품에 대한 유의사항을 충분히 이해하고 본인 책임하에 신중하게 투자해야 한다.

• 핵심요약 •

제1절 파생결합증권의 개요

1. 파생결합증권의 정의

   파생상품을 증권화한 금융상품으로 기초자산의 가치변동에 따라 수익이 결정

2. 파생결합증권의 분류

   (1) 주가연계증권(ELS) : 주식가격이나 주가지수의 변동에 연계되어 수익이 결정

   (2) 주식워런트증권(ELW) : 기초자산을 행사가격에 매입 또는 매도할 수 있는 권리

   (3) 파생결합증권(DLS) : 기초자산이 정해진 조건을 충족하면 약정수익률을 지급

   (4) 파생결합펀드(DLF) : 주식가격이나 주가지수는 물론 금리, 통화 등을 기초자산으로 하는 파생결합증권을 편입한 펀드

제2절 파생결합증권의 발행

1. ELS 발행 · 상환 · 잔액 현황
2. DLS 발행 · 상환 · 잔액 현황

제3절 파생결합증권의 종류

1. 주가연계증권(ELS)

   (1) ELS의 정의

   개별주식 및 주가지수의 움직임에 연계되어 조기 및 상환수익률이 결정되는 증권

   (2) ELS의 종류

   ① 발행주체에 따른 분류 : ELD, ELS, ELF

   ② 원금보장에 따른 분류 : 원금보장형, 원금비보장형

   ③ 발행형태에 따른 분류 : 공모 ELS, 사모 ELS

   (3) ELS의 수익구조

   Knock-out ELS, Call Spread ELS, Digital ELS, Reverse Convertible ELS

2. 주식워런트증권(ELW)

   (1) ELW의 정의

   개별주식 및 주가지수를 행사가격에 매입 또는 매도가능한 권리가 부여된 증권

   (2) ELW의 종류

   ① 권리종류에 따른 분류 : 콜ELW, 풋ELW

   ② 기초자산에 따른 분류 : 개별주식이나 주가지수를 기초자산으로 하여 발행

   ③ 기본구조에 따른 분류 : 디지털옵션, 배리어옵션

   (3) ELW의 기능

   다양한 투자수단의 제공, 보유주식의 활용도 제고, 증권시장의 효율성 증대

(4) ELW의 특징

레버리지효과, 투자위험의 한정, 위험헤지, 양방향 투자수단, 높은 유동성

(5) ELW의 위험

상품의 복잡성, 높은 투자위험, 배당수익 없음, 회사와 무관성

3. 상장지수펀드(ETF)

(1) ETF의 정의

특정지수를 쫓아가도록 설계한 지수연동형 인덱스펀드를 거래소에 상장해 매매

(2) ETF의 특징

지수연동형 상품, 주식투자의 일종, 환급성 최대보장, 분산투자의 효과, 기회비용이 작음, 안정추구형 상품

4. 상장지수채권(ETN)

(1) ETN의 정의

거래소에 상장되어 매매되며 기초지수의 변동에 연계하여 수익을 지급

(2) ETN의 특징

상품접근성 용이, 증권거래세 면제, 지수연동형 상품, 분산투자의 상품, 환급성보장 상품, 신용위험의 상품

연 · 습 · 문 · 제

1 **다음 중 파생결합증권에 대한 설명으로 적절하지 않은 것은?**

① 다른 금융투자상품을 기초자산으로 하는 파생결합증권을 발행할 수 있다.

② 탄소배출권과 같은 환경적 위험도 기초자산으로 발행할 수 있다.

③ ELW, ELS/DLS, ELB/DLB 등이 대표적인 파생결합증권이다.

④ 기초자산의 변동과 연계하여 미리 정해진 방법에 따라 지급금액 또는 회수금액이 결정되는 권리가 표시된 증권이다.

| 해설 | ELB/DLB는 원금이 보장되는 구조이며, 법적으로 파생결합증권이 아닌 파생결합사채에 해당한다.

2 **다음 중 파생결합증권에 대한 설명으로 적절하지 않은 것은?**

① 다른 금융투자상품을 기초자산으로 하는 파생결합증권을 발행할 수 있다.

② 파생결합증권의 기초자산은 투자자 보호를 위해 한정적으로 열거하고 있다.

③ 탄소배출권과 같은 환경적 위험도 기초자산에 편입할 수 있다.

④ 파생결합증권은 외생적 지표에 의해 수익이 결정되는 상품이다.

| 해설 | 파생결합증권의 기초자산은 포괄적으로 정의하고 있다.

3 **다음 중 파생결합증권의 특례에 대한 설명으로 적절하지 않은 것은?**

① 파생결합증권이 만기 전 또는 최종 환매청구일에 손실요건이 발생하면 지체없이 원금손실조건에 해당되었다는 사실을 알려야 한다.

② 고지방법은 일반투자자가 미리 정한 서신, 전화, 전자우편 등 전자통신의 방법으로 해야 한다.

③ 일반투자자만 고지대상이다.

④ 모든 파생결합증권에 대해 적용된다.

| 해설 | 파생결합증권의 특례는 공모로 발행되는 상품에 한정된다.

4 **다음 중 주가연계증권(ELS)에 대한 설명으로 적절한 것은?**

① 투자금액 중 5천만원까지 예금자보호대상이다.

② 일반기업이 자금조달 목적으로 주로 발행한다.

③ 투자자의 위험신호도에 따른 맞춤형 설계가 가능하다.

④ 일반기업은 자사주를 기초로 한 원금보전구조의 ELS만 공모로 발행할 수 있다.

| 해설 | ① ELS는 예금자보호대상이 아니다. ② 금융투자회사가 투자자의 위험선호도에 따른 맞춤형 설계를 위해 발행한다. ④ 금융투자회사가 다양한 형태의 구조로 발행할 수 있다.

5 **다음 중 주가연계증권(ELS)에 대한 설명으로 적절하지 않은 것은?**

① ELS가 펀드에 직접 편입될 수 있다.

② ELS의 구조는 정형화되어 있지 않다.

③ 백투백거래는 거래상대방위험이 아주 높다.

④ ELS시장의 헤지거래가 주식시장에 영향을 미치는 액더독 가능성은 거의 없다.

| 해설 | 발행기관의 헤지거래가 현물시장에 영향을 미치는 사례가 증가하고 있다.

6 **다음 중 ELS의 수익구조에서 만기까지 주가지수 상승률이 한번이라도 미리 정해놓은 수준에 도달하면 최종수익률이 결정되는 유형은?**

① Knock-out형 ② Bull Spread형

③ Digital형 ④ Reverse Convertible형

| 해설 | Knock-out형은 투자기간에 단 한번이라도 사전에 정한 가격수준에 도달하면 주가지수에 상관없이 최종수익률이 확정된다.

7 **다음 중 풋옵션을 매도하여 프리미엄 수익을 획득할 수 있지만 원금손실의 가능성이 존재하는 ELS?**

① Bull Spread형 ② Digital형

③ Reverse Convertible형 ④ Knock-out형

| 해설 | Reverse Convertible형

8 **다음 중 주가상승국면에 대응하기 위해 중간평가시점에 기초자산인 주식의 가격상승폭에 따라 추가이익을 ELS구조는?**

① 점프유형 구조 ② 스텝다운 구조

③ 스프레드 조기상환 구조 ④ 리버스 컨버터블 구조

| 해설 | 점프유형 구조라고 한다.

9 **다음 중 주가연계증권(ELS)에 대한 설명으로 적절하지 않은 것은?**

① 원금비보장형에서 낙인을 터치하면 원금손실가능성이 발생한다.

② 원금보장형에서 낙아웃을 터치하면 상승수익률 지급조건이 사라진다.

③ 참여율이 50%이면 기초자산이 10% 상승할 때 최종 지급되는 수익률은 5%이다.

④ 원금보장형에서 사전에 정한 낙아웃배리어를 초과하여 상승한 경우에 지급되는 고정수익률을 더미(dummy)수익이라고 한다.

| 해설 | 리베이트(rebate)에 대한 설명이다. 더미수익은 ELS가 조기상환되지 않고 만기까지 보유했을 때 투자기간에 낙인을 터치한 적이 없으면 만기에 지급하는 보너스수익을 말한다.

10 다음 중 ELS, ELD, ELF에 대한 설명으로 적절하지 않은 것은?

① ELD는 은행에서 발행하는 금융상품으로 예금자보호법의 대상에 속하지 않는다.
② ELF는 투신사에서 운용하는 수익증권으로 원금은 보장되지 않는다.
③ ELS는 증권사에서 발행하는 증권이다.
④ ELD는 은행에서 발행하며 원금이 보장되는 상품이다.

| 해설 | ELD는 정기예금으로 예금자 보호대상이다.

11 다음 중 ELS, ELD, ELF에 대한 설명으로 적절하지 않은 것은?

① ELD는 은행에서 발행하며 원금이 보장되는 구조이다.
② ELS는 증권사에서 발행하는 증권으로 실적배당이다.
③ ELD는 은행에서 발행하는 정기예금으로 예금자보호법의 대상에 속한다.
④ ELF는 투신사에서 운용하는 수익증권으로 원금은 보장되지 않는다.

| 해설 | ELS는 확정수익이 지급하고, ELF는 실적배당상품이다.

12 다음 중 주가연계상품에 대한 설명으로 적절하지 않은 것은?

① 주가지수연계증권(ELS)은 수익이 사전에 제시되는 점이 펀드상품과 다르다.
② 주가가 큰 폭으로 상승하면 ELD의 수익률은 약정된 최고이율을 초과할 수 있다.
③ ELF는 중도환매가 가능하나 일정기간 이내 환매시 환매수수료를 부담해야 한다.
④ 주가연계예금(ELD)은 원금보장이 된다.

| 해설 | 주가연계예금(ELD)의 수익률은 사전에 제시된 최고이율을 초과할 수 없다.

13 다음 중 ELF, ELD, ELS에 대한 비교로서 적절하지 않은 것은?

	구분	ELS	ELD	ELF
①	운용회사	투자매매업자	은행	집합투자업자
②	상품성격	유가증권	예금	펀드
③	만기수익	실적배당	확정수익	확정수익
④	상품종류	다양	원금보장형 상품	다양

| 해설 | 운용성과에 따른 실적배당은 ELF이며, ELD와 ELS는 사전에 제시한 확정수익을 지급받는다.

14 **다음 중 조기상환형 스텝다운 ELS 녹인형에 대한 설명으로 옳지 않은 것은?**

① 녹인형 ELS가 만기일 이전에 최초로 원금손실조건이 발생하는 경우 해당 사실을 투자자에게 통지해야 한다.

② 녹인형 ELS가 원금손실조건이 발생하면 손실이 확정되므로 이를 중도상환하여 재투자하는 것이 유리하다.

③ 녹인형 ELS는 일반적으로 같은 수익구조의 노녹인(No Knock-In) ELS보다 제시수익률이 더 높다.

④ 녹인형 ELS가 원금손실조건이 발생하지 않으면 해당 ELS는 조기 또는 만기에 수익이 상환된다.

| 해설 | 녹인형 ELS가 원금손실조건이 발생한다고 해서 손실이 확정되는 것은 아니며, 다시 기초자산이 재상승하여 조기상환 및 만기상환이 되는 경우도 있다.

15 **다음 중 안전성을 최우선으로 고려하는 투자자가 조기상환형 스텝다운 ELS 투자를 고민할 경우에 적절하지 않은 투자전략은?**

① 기초자산이 3개인 경우보다 기초자산이 1개인 조기상환형 ELS를 선택한다.

② 기초자산이 최근 일정기간 많이 하락하여 최초 기준가격이 낮아져 있는 ELS를 선택한다.

③ 조기상환조건이 최초기준가격의 95%로 시작하는 ELS보다 최초기준가격의 85%로 시작하는 ELS를 선택한다.

④ 원금손실 발생조건인 녹인조건이 높아서 상대적으로 제시수익률이 높은 ELS를 선택한다.

| 해설 | 녹인조건이 높은 ELS는 손실위험도 커지므로 안전성을 최우선으로 고려하는 투자자는 피해야 한다.

16 **조기상환형 스텝다운 ELS의 투자권유시 판매프로세스로 옳지 않은 것은?**

① 조기상환형 ELS 투자경험이 있으면 투자자의 성향파악단계를 생략할 수 있다.

② 공모 ELS의 투자권유시에는 투자설명서 및 간이투자설명서를 제공해야 한다.

③ 고객이 자신의 투자성향보다 위험도가 높은 조기상환형 스텝다운 ELS를 투자하는 것은 원천적으로 불가능하다.

④ 조기상환형 ELS의 명칭, 종류, 위험등급, 기초자산의 내용, 조기상환 및 만기상환조건, 최대손실액 및 제반 위험사항 등을 구체적으로 설명해야 한다.

| 해설 | 투자성향보다 더 위험도가 높은 ELS를 투자하려는 고객은 부적합 안내절차를 통해 투자자확인서 등의 서명을 거친 후에 가능하므로 절대 불가능한 것은 아니다.

17 다음 중 이자율, 환율, 원자재 등의 변동과 연계하여 사전에 정해진 수익조건에 따라 상환금액을 지급하는 증권은?

① ELS(주가연계증권)　　② DLS(파생결합증권)
③ ELW(주식워런트증권)　　④ ETN(상장지수채권)

| 해설 | DLS는 주식(주가지수) 이외의 이자율, 환율 등의 변동과 연계된 파생결합증권이다.

18 다음 중 주식워런트증권(ELW)에 대한 설명으로 올바른 것은?

① ELW는 장내파생상품으로 분류된다.
② 일반투자자도 ELW를 발행할 수 있다.
③ ELW는 만기일에 거래소가 결제이행을 보증한다.
④ 현금결제방식의 ELW는 자동적으로 권리가 행사된다.

| 해설 | ① ELW는 파생결합증권이다. ② 증권회사가 발행하고, 일반투자자는 ELW 매수만 가능하다. ③ ELW는 발행자가 결제이행을 보증한다.

19 다음 중 주식워런트증권(ELW)에 대한 설명으로 적절하지 않은 것은?

① 기초자산에 대한 직접투자보다 레버리지효과가 크다.
② ELW의 보유자는 의결권과 배당청구권을 행사할 수 없다.
③ 손실과 이익이 무한대로 확대될 수 있어 높은 투자위험을 지닌 상품이다.
④ 기초자산을 사전에 약정한 시기에 행사가격으로 사거나 팔 수 있는 권리를 가진 증권을 말한다.

| 해설 | ELW는 손실은 제한되므로 한정된 투자위험을 지닌 상품이다.

20 다음 중 주식워런트증권(ELW)에 대한 설명으로 적절한 것은?

① ELW의 만기시점에 거래소가 결제이행을 한다.
② 현금결제방식의 ELW는 자동적으로 권리가 행사된다.
③ ELW는 장내파생상품으로 분류된다.
④ 일반투자자도 ELW를 발행할 수 있다.

| 해설 | ① 계약이행 보증은 발행자의 신용으로 하고 ③ 파생결합증권으로 분류되며 ④ 통상의 일반투자자는 ELW를 발행할 수 없다.

21 **다음 중 주식워런트증권(ELW) 관련된 용어의 설명으로 옳지 않은 것은?**

① 패리티가 100%보다 작으면 내재가치가 있는 내가격 ELW를 의미한다.

② 전환비율은 ELW 1주를 행사하여 받을 수 있는 기초자산의 수를 말한다.

③ 기어링은 기초자산에 직접 투자하면 ELW에 직접 투자하는 것보다 몇 배의 매입비용이 드는지를 나타내는 것으로 기어링이 높을수록 레버리지효과는 커진다.

④ 자본지지점은 동일한 투자원금으로 주식 또는 ELW 가운데 어느 것을 보유하더라도 만기일의 최종실현가치가 같게 되는 주식의 연간 기대상승률을 의미한다.

| 해설 | 패리티가 100%보다 크면 내재가치가 있는 내가격 ELW가 된다.

22 **다음과 같은 조건을 가진 주식워런트증권(ELW)의 기어링은 얼마인가?**

기초자산의 가격 : 30,000원, 주식워런트증권가격 : 500원, 전환비율 : 0.9

① 48 ② 54

③ 60 ④ 66

| 해설 | (기초자산의 가격/ELW가격)×전환비율 = (30,000/500)×0.8 = 48

23 **다음 중 주식워런트증권(ELW)의 투자지표에 대한 설명으로 옳지 않은 것은?**

① 전환비율은 만기에 ELW 1증권을 행사하여 얻을 수 있는 기초자산의 수이다.

② 동일한 조건을 가진 ELW를 비교할 때 프리미엄이 높은 ELW는 더 많은 값을 지불한다.

③ 기어링은 기초자산가격의 변화율에 따른 ELW의 가격변화율이다.

④ 패리티는 행사가격과 기초자산가격의 상대적 크기를 나타낸 것으로 1보다 크면 내가격이 된다.

| 해설 | 지문은 기어링이 아닌 유효기어링에 대한 설명이다.

24 **다음 중 주식워런트증권(ELW)의 투자지표에 대한 설명으로 옳지 않은 것은?**

① 감마는 기초자산가격이 1단위 변화할 때 델타가 변화하는 비율이다.

② 로우는 무위험이자율이 1% 변화할 때 ELW가격이 변화하는 비율이다.

③ 세타는 기초자산가격이 1단위 변화할 때 ELW가격이 변화하는 비율이다.

④ 베가는 기초자산가격의 변동성이 1% 변화할 때 ELW가격이 변화하는 비율이다.

| 해설 | 세타는 옵션만기일까지 시간이 경과함에 따른 옵션가격의 변화를 나타낸다.

25 **다음 중 주식워런트증권(ELW) 자본지지점에 대한 설명으로 옳지 않은 것은?**

① 만기구조가 서로 다른 개별 ELW의 자본지지점을 통해 ELW간 비교가 가능하다.

② 자본지지점이 10%인 ELW A와 15%인 ELW A가 있다면 ELW B가 더 매력적이다.

③ 주식과 ELW 중 하나에만 투자할 경우 기대수익률이 자본지지점보다 높다면 ELW에 투자하는 것이 합리적이다.

④ 동일한 투자원금으로 기초자산 또는 ELW 중 어느 것을 보유하더라도 만기일의 최종실현가치가 동일한 가초자산의 연간 기대수익률을 의미한다.

| 해설 | ELW A는 기초자산이 10% 상승하면 기초자산에 투자한 것과 동일한 수익률을 얻지만, ELW B는 15% 상승해야 기초자산에 투자한 것과 동일한 수익률을 얻게 되어 자본지지점이 낮은 ELW A가 더욱 매력적이다.

26 **다음 중 주식워런트증권(ELW)을 거래할 때 투자자 보호의 내용으로 적절하지 않은 것은?**

① 일반투자자가 최초로 주식워런트증권을 매매할 경우에는 유선상으로 신청받을 수 있다.

② 상장지수증권을 매매하고자 하는 경우에도 동일하나.

③ 일반투자자가 주식워런트증권을 매매하는 경우에는 주식워런트증권의 투자설명사항이 포함되고 협회가 인정하는 교육을 사전에 이수해야 한다.

④ 법인, 단체, 외국인의 경우에는 사전이수 교육요건이 제한된다.

| 해설 | 일반투자자가 최초로 주식워런트증권을 매매하는 경우에는 위탁매매거래계좌가 있더라도 별도의 서면 신청서를 작성해야 한다.

27 **공모발행 파생결합증권의 만기 이전에 최초로 원금손실조건이 발생하는 경우에 금융투자회사가 일반투자자에게 통지해야 하는 내용으로 적절하지 않은 것은?**

① 조기상환조건 또는 조기상환시 예상수익률

② 중도상환 청구방법, 중도상환 청구기간, 중도상환 수수료

③ 원금손실조건이 발생했다는 사실

④ 원금손실률, 원금손실확정액

| 해설 | 손실이 발생한 것이지 손실금액이 확정된 것은 아니다.

28 **다음 중 상장지수채권(ETN)의 특징으로 적절하지 않은 것은?**

① ETN은 신상품에 대한 접근성이 뛰어나다.

② ETN은 신용위험에서 자유롭다.

③ ETN은 공모펀드에 비해 발행이 신속하다.

④ ETN은 기초지수와 추적오차를 최소화할 수 있다.

| 해설 | ETN이 상장되기는 하지만 발행회사의 신용위험이 없어지는 것은 아니다.

29 **다음 중 상장지수채권(ETN)의 특징으로 적절하지 않은 것은?**

① 발행자의 신용위험이 있다.

② ETN은 신상품에 대한 접근성이 뛰어나다.

③ ETN은 기초지수와 추적오차가 매우 크다.

④ ETN은 공모펀드에 비해 발행이 신속하고 유연하다.

| 해설 | ETN은 추적오차가 없는 것은 아니지만 발행사가 제시한 가격을 보장한다는 측면에서 공모펀드에 비해 추적오차에서 자유로운 장점이 있다.

30 **다음 중 상장지수채권(ETN)의 기초지수가 될 수 있는 것은?**

① KOSPI200지수 ② 섹터지수

③ 외국거래소 지수 ④ KRX100지수

| 해설 | ETN은 ETF와 차별화하기 위해 KOSPI200지수, KRX100 등 시장대표 지수 및 섹터지수는 기초지수에서 제외하고 있다.

정답

1.③ 2.② 3.④ 4.③ 5.④ 6.① 7.③ 8.④ 9.④ 10.①
11.② 12.② 13.③ 14.② 15.④ 16.③ 17.② 18.④ 19.③ 20.①
21.① 22.① 23.③ 24.③ 25.② 26.① 27.④ 28.② 29.③ 30.③

Chapter 15

펀드투자의 실제

전문가가 투자자들의 자금을 모아 투자자를 대신하여 다양한 투자상품을 운용하는 집합투자기구는 저금리시대의 정착으로 예금이자율이 물가상승률을 따라가지 못한 상황에서 직접투자하는 것을 주저하는 투자자들의 니즈를 충족시키는 투자수단으로 부각되어 노후대비 자산형성의 수단으로 관심을 기울여야 한다.

제1절 집합투자기구의 개요

1. 집합투자의 정의

자본시장법에서 집합투자는 2인 이상의 불특정 다수의 투자자로부터 모은 금전 등을 집합하여 투자자로부터 일상적인 운용지시를 받지 아니하면서 재산적 가치가 있는 투자대상 자산을 취득, 처분 그 밖의 방법으로 운용하여 운용결과를 다시 투자자에게 배분하여 귀속시키는 것을 말한다.

그러나 부동산투자회사법, 선박투자회사법, 산업발전법, 여신전문금융업법 등과 같은 특별법에 따라 사모 방법으로 금전 등을 모아 운용배분하는 것으로 투자자 수가 49인 이하, 자산유동화법상의 자산유동화계획에 따라 금전 등을 모아 운용배분하는 경우는 집합투자의 정의에서 배제된다.

2. 간접투자상품의 정의

투자자들이 주식, 채권, 파생상품 등에 투자하는 방법에는 직접투자와 간접투자가 있다. 직접투자는 투자자들이 자신의 분석과 투자결정에 의해 투자대상자산에 자금을 투입하여 투자가 이루어지고, 간접투자는 투자자들이 전문가들이 운용하는 상품에 가입하여 간접적으로 투자하는 것을 말한다.

간접투자상품은 불특정 다수의 투자자로부터 자금을 모아 펀드를 형성하여 이를 다양한 증권이나 자산에 분산투자하여 최종적으로 달성한 손익을 투자자에게 투자비율에 따라 배분하는 실적배당상품이다. 따라서 투자자산의 운용결과에 따라 높은 수익을 얻을 수도 있고 원금손실이 발생할 수도 있다.

3. 집합투자기구의 정의

우리나라에서는 펀드라는 명칭을 2004년에 시행된 간접투자자산운용법에서 간접투자기구라는 용어로 사용했다가 투자자보호조항을 강화하고 규제를 완화하는 자본시장법을 제정하여 2009년에 시행하면서 집합투자기구로 변경하여 지칭하고 있다. 자본시장법에서 펀드를 집합투자기구로 정의하고 있다.

자본시장법에서 집합투자기구로 정의하는 펀드는 집합투자를 수행하는 기구를 말한다. 집합투자기구는 법적 형태에 따라 투자신탁, 투자회사, 투자유한회사, 투자합자회사, 투자유한책임회사, 투자합자조합, 투자익명조합 등으로 구분되며, 상호나 명칭에 집합투자기구의 종류를 표시하는 문지를 사용해야 한다.

투자자들이 집합투자기구가 발행한 집합투자증권을 매입하면 간접투자가 이루어진다. 따라서 펀드에 가입한다는 것은 집합투자기구가 발행하는 수익증권이나 출자증권을 매입하는 것을 말한다. 펀드에는 수익증권(계약형펀드), 뮤츄얼펀드(회사형펀드), 변액보험, 랩어카운트, 신탁 등 간접투자상품이 포함된다.

제2절 집합투자기구의 유형

자본시장법상의 법적 형태에 따라 펀드는 크게 계약의 형태인 투자신탁과 회사의 형태인 투자회사로 구분한다. 국내펀드의 경우 대부분 계약형(신탁형)에 해당되고, 해외펀드의 경우 회사형에 해당된다. 계약형 펀드인 투자신탁은 수익증권, 회사형 펀드인 투자회사는 뮤츄얼펀드(Mutual Fund)라고 부른다.

1. 투자신탁(계약형 펀드)

투자신탁은 계약형 집합투자기구로서 운용회사인 집합투자업자와 수탁회사인 신탁업자가 투자신탁계약을 체결하여 집합투자기구를 만들어 이를 금융위원회에 신고 및 등록하여 투자자에게 집합투자기구의 집합투자증권을 매도하고 그 자산을 투자대상자산에 투자하여 운용하는 대표적인 집합투자기구를 말한다.

투자신탁의 투자자는 판매회사를 통해 수익증권을 매수하고, 그 매수자금은 판매회사를 경유하여 신탁업자에 납입하고 납입된 자산을 집합투자업자가 신탁업자에 지시하여 투자대상자산에 투자한다. 투자자가 매수한 수익증권은 예탁결제원에 집중예탁을 하고 투자자는 판매회사로부터 수익증권통장을 받는다.

집합투자업자는 투자신탁의 수익권을 신탁원본 1원에 대해 1좌의 단위로 균등하게 분할하여 수익증권을 발행하고 수익자명부의 작성에 관한 업무를 예탁결제원에 위탁한다. 예탁결제원은 수익자명부를 작성·비치해야 한다. 수익자는 수익증권의 좌수에 따라 신탁자산의 원금이나 수익분배에 관한 권리를 갖는다.

(1) 집합투자업자

자본시장법에서 집합투자업자인 자산운용회사는 수탁회사로부터 자산의 취득 및 처분에 관한 결정을 위임받아 투자신탁재산의 운용 및 운용지시를 수행하는 역할을 담당한다. 자본시장법상 고객의 자산을 보유하기 위해 집합투자업자는 고객이 소유한 재산을 직접 수취하여 보관하지 못하게 되어 있다.

(2) 수탁회사

신탁업자인 수탁회사는 투자신탁재산을 보관·관리하고, 집합투자업자의 투자신탁재산 운용지시에 따른 자산의 취득, 처분의 이행, 수익증권의 환매대금, 이익금을 지급한다. 자산운용회사는 수탁회사의 운용지시를 통해 자산의 취득과 처분을 결정할 수 있다. 일반적으로 수탁회사는 은행이 된다.

(3) 판매회사

판매회사는 투자자가 실제로 집합투자기구에 투자할 수 있는 은행, 증권회사, 보험회사 등의 창구를 말한다. 판매회사는 자산운용회사와 위탁판매계약을 체결하여 자산운용회사의 집합투자증권을 투자자에게 판매하고 펀드에 투자한 투자자가 환매청구를 하면 자산운용회사에 전달하는 역할을 수행한다.

| 그림 15-1 | 투자신탁의 구조

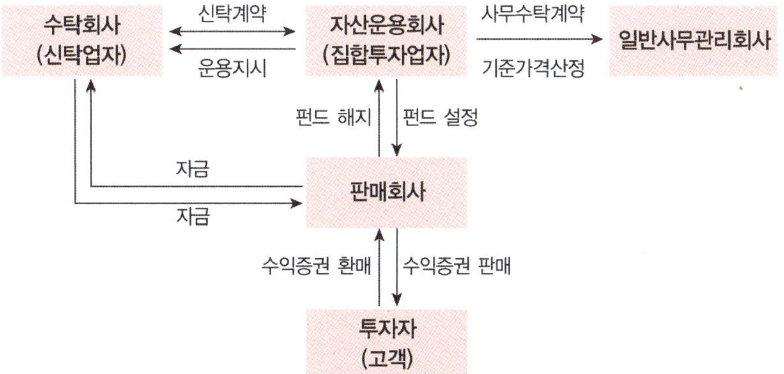

2. 투자회사(회사형 펀드)

투자회사는 집합투자업자 등이 발기인이 되어 주식회사(투자회사)를 설립한 후 투자회사의 주식을 투자자에게 판매하여 조성된 자금(자본금)을 주식 등에 운용하고 그 결과를 투자자에게 귀속시키는 행위이다. 투자회사는 주식회사제도를 집합적·간접적 투자에 맞게 변형한 제도라고 할 수 있다.

투자회사는 서류상 회사(Paper Company)의 성격을 가지게 되어 투자업무 이외의 모든 업무를 외부의 전문가에게 위탁해야 한다. 따라서 자산운용은 집합투자업자에, 자산보관은 신탁업자에, 주식의 판매 및 환매는 투자매매업자·투자중개업자에, 기타 업무는 일반사무관리회사에 위탁해야 한다.

(1) 자산운용회사

자산운용회사는 간접투자의 운용주체로서 투자신탁의 위탁자나 투자회사의 법인이사가 되어 간접투자재산을 운용하는 회사를 말한다. 따라서 투자회사의 위탁을 받아 투자대상 자산을 운용(주식, 채권 등 유가증권에 투자)하는 업무를 수행하는 회사로 자본금 100억원 이상의 자격요건을 갖추어야 한다.

(2) 투자회사

현재 투자회사는 상법상의 주식회사로 그 집합투자기구는 실제 사람이 근무하지 아니하는 무인회사(Paper Company)로 운영되어 직원을 고용하거나 상근임원을 둘 수 없다. 따라서 투자회사는 유가증권에 투자하는 것 이외의 업무는 할 수 없고 영업소를 둘 수 없다. 투자신탁의 펀드 자체를 의미한다.

(3) 자산보관회사

투자신탁의 계약형펀드는 수탁기관, 투자회사의 회사형펀드는 자산보관회사라는 용어를 사용하는데, 실제로 같은 역할을 수행한다. 자산보관회사는 투자회사의 위탁을 받아 투자회사의 자산(펀드)을 안전하게 보관하고 관리하는 회사를 말하며 자산운용회사의 펀드운용 등에 대한 감사를 주된 업무로 한다.

(4) 판매회사

판매회사는 투자자가 집합투자기구에 투자할 수 있는 은행, 증권회사, 보험회사 등의 창구로서 자산운용회사와 위탁판매계약을 체결하여 자산운용회사의 펀드를 투자자에게 판매하고 환매하는 역할을 수행한다. 판매회사는 투자자보호를 위해 판매와 관련된 주요 법령 및 판매행위준칙을 준수할 의무가 있다.

(5) 사무관리회사

일반사무관리회사는 자산운용회사와 계약을 통해 투자대상자산의 운용 이외 운영에 관한 사항을 주된 업무로 한다. 투자회사는 이사회 및 주주총회를 보조하고 그 업무를 대행하는 사무관리회사가 반드시 필요한 반면에 투자신탁은 펀드의 기준가격 산정을 위탁하지 않으면 사무관리회사가 필요하지 않는다.

| 그림 15-2 | 투자회사의 구조

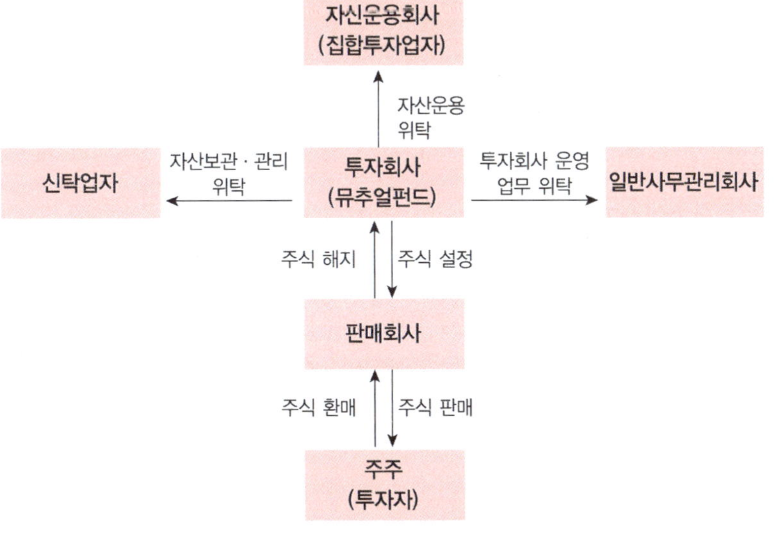

| 표 15-1 | 투자신탁과 투자회사의 비교

구 분	투자신탁	투자회사
설 립 형 태	신탁계약	회사형태
발 행 증 권	수익증권	주식
자 산 소 유 자	신탁업자	투자기구
법률행위주체	신탁업자	투자기구
투자자 지위	수익자	주주
수익금 지급	분배금	배당금

제3절 집합투자기구의 종류

자본시장법은 펀드의 주된 투자대상이 무엇인가에 따라서 집합투자기구를 증권집합투자기구, 부동산집합투자기구, 특별자산집합투자기구, 혼합자산집합투자기구, 단기금융집합투자기구의 5가지로 구분한다. 단기금융집합투자기구를 제외한 모든 종류의 집합투자기구는 파생상품에 투자할 수 있다.

1. 증권집합투자기구

증권집합투자기구는 집합투자재산의 50%를 초과하여 증권에 투자하는 집합투자기구를 말한다. 일반적으로 투자자들이 투자하는 대부분은 증권집합투자기구에 속한다. 현재 업계에서 설정되어 운영되는 증권집합투자구에는 주식형, 혼합형, 채권형, 파생주식형, 장외파생상품형 등 다양한 유형이 있다.

2. 부동산집합투자기구

부동산집합투자기구는 집합투자재산의 50%를 초과하여 부동산 또는 부동산에서 파생된 자산(부동산을 기초로 하는 파생상품, 부동산 개발과 관련된 법인에 대한 대출, 부동산의 개발, 관리, 개량, 임대 및 운영, 부동산 관련 권리의 취득, 부동산과 관련된 증권)에 투자하는 집합투자기구를 말한다.

3. 특별자산집합투자기구

특별자산집합투자기구는 집합투자재산의 50%를 초과하여 증권 및 부동산을 제외한 특별자산에 투자하는 집합투자기구를 말한다. 예컨대 유전, 광산, 선박, 대출채권, 지식재산권, 예술품은 증권 또는 부동산에 포함되지 않은 자산에 해당하여 동 자산에 투자하면 특별자산 집합투자기구로 분류한다.

4. 혼합자산집합투자기구

혼합자산집합투자기구는 집합투자재산을 운용할 때 증권·부동산·특별자산집합투자기구 관련 규정의 제한을 받지 않는 집합투자기구를 말한다. 예컨대 투자대상이 사전에 확정되지 아니하고 가치가 있는 모든 자산에 투자할 수 있는 집합투자기구는 혼합자산 집합투자기구로 분류할 수 있다.

혼합자산집합투자기구는 법령상 주된 투자대상이 특정되지 않고 최저 투자한도 등에 대한 별도의 제한이 없기 때문에 어떠한 투자대상에나 투자비율의 제한없이 투자할 수 있다는 장점이 있다. 그러나 혼합자산집합투자기구는 환매금지형으로 설정되어야 한다는 제한이 있음에 유의해야 한다.

5. 단기금융집합투자기구

단기금융집합투자기구(MMF)는 집합투자재산의 전부를 CP(기업어음), CD(양도성예금증서) 등 단기금융상품에 투자하는 집합투자기구를 말한다. 앞에서 열거한 집합투자기구는 보유 재산을 시가로 평가한다. 그러나 MMF는 보유 재산을 장부가로 평가하여 일정한 수익을 기대할 수 있다는 장점이 있다.

그러나 만일 채권가격의 급등락이 발생한 경우에도 계속해서 장부가격으로 평가하게 되면 채권의 장부가격과 시장가격의 차이가 발생하고, 이는 투자자의 리스크로 작용할 수 있다. 따라서 법규정은 머니마켓펀드에 대해서는 다른 유형의 집합투자기구보다 더 강화된 운용제한의 규정을 적용하고 있다.

앞으로 국채, 통안채 등 안전자산 비중이 30% 이하인 법인 머니마켓펀드는 시가로 평가한다. 지금까지 모든 머니마켓펀드의 기준가격은 장부가격으로 평가해왔다. 시가괴리율이 ±0.5%를 넘으면 기준가격이 재설정되어 펀드편입자산에 부실이 발생하면 투자자들은 대규모로 환매를 요청할 가능성이 있었다.

Ⅰ표 15-2Ⅰ 집합투자기구의 분류

<table>
<tr><th colspan="3">종류</th><th>주요내용</th></tr>
<tr><td rowspan="5">증권집합
투자기구</td><td colspan="3">집합투자재산의 50% 이상을 증권(파생상품 포함)에 투자하면서 부동산과 특별자산에 투자하지 않는 집합투자기구</td></tr>
<tr><td colspan="2">주식형</td><td>규약상 주식에 집합투자재산의 60% 이상 투자하는 펀드
- 대체로 90% 이상 주식에 투자하는 경향을 나타냄</td></tr>
<tr><td colspan="2">채권형</td><td>규약상 주식에 집합투자재산의 60% 이상 투자하는 펀드
- 주식 또는 주식관련 파생상품에 투자불가</td></tr>
<tr><td rowspan="2">혼합</td><td>주식
혼합형</td><td>주식형, 채권형 어디에도 속하지 아니하면서 규약상 허용되는 주식 최대 편입비율이 50% 이상인 펀드</td></tr>
<tr><td>채권
혼합형</td><td>주식형, 채권형 어디에도 속하지 아니하면서 규약상 허용되는 주식 최대 편입비율이 50% 미만인 펀드</td></tr>
<tr><td colspan="3">부동산집합투자기구</td><td>집합투자재산의 50% 이상을 부동산(관련 파생상품/대출/증권 포함)에 투자하는 집합투자기구</td></tr>
<tr><td colspan="3">특별자산집합투자기구</td><td>집합투자재산의 50% 이상을 특별자산(증권과 부동산을 제외한 투자대상 자산)에 투자하는 집합투자기구</td></tr>
<tr><td colspan="3">혼합자산집합투자기구</td><td>집합투자재산을 운용함에 있어서 증권, 부동산, 특별자산 관련 규정의 제한을 받지 않는 집합투자기구</td></tr>
<tr><td colspan="3">단기금융집합투자기구</td><td>집합투자재산을 단기금융상품에 투자하는 펀드(단기채권, CP, CD)</td></tr>
</table>

제4절 집합투자기구의 분류

펀드는 모집방식에 따라 공모펀드와 사모펀드, 펀드규모의 증대여부에 따라 추가형펀드와 단위형펀드, 환매여부에 따라 개방형펀드와 폐쇄형펀드, 투자지역에 따라 국내펀드와 해외펀드로 구분한다. 자본시장법에서는 특수한 형태로 폐쇄형펀드, 종류형펀드, 전환형펀드, 모자형펀드, 상장지수펀드로 구분한다.

1. 일반적 형태의 집합투자기구

(1) 투자성향에 따른 분류

펀드는 투자자들의 자금을 모아 투자하는 집합투자방식으로 운영되어 투자자들의 특성을 잘 반영하지 못한다. 따라서 투자자 본인의 위험성향, 투자목적, 투자기간에 적합하지 않은 펀드에 투자할 경우 높은 위험이 존재할 수 있어 금융감독기관은 투자대상 자산을 기준으로 투자위험등급을 산정하고 있다.

표 15-3 투자성향에 따른 위험등급과 내용

구분	위험등급	내용
1등급 공격투자형 투자자	초고위험	주식에 펀드자산의 50% 이상 투자하는 주식형펀드 선물 및 옵션 등 파생상품에 투자하는 파생상품펀드 주식인덱스펀드, 중소형주식형펀드, 해외주식형펀드
2등급 적극투자형 투자자	고위험	주식에 펀드자산의 50% 이상 투자하는 주식혼합형펀드 주식형 및 채권형펀드에 투자하는 재간접펀드 투기등급채권에 투자하는 하이일드채권형펀드
3등급 위험중립형 투자자	중위험	주식에 펀드자산의 50% 미만을 투자, 주식관련파생상품에 펀드자산의 30% 이하를 투자하는 채권혼합형펀드 투자등급의 일반회사채에 투자하는 채권형펀드
4등급 안정추구형 투자자	저위험	신용등급이 우량한 국공채에 투자하는 채권형펀드 투자원금이 보장되는 구조화된 파생상품에 투자하는 펀드
5등급 안정형 투자자	초저위험	단기금융상품에 투자하는 펀드(MMF) 단기국공채, 통안채에 투자하는 펀드

(2) 모집방식에 따른 분류

펀드는 모집방식에 따라 공모펀드와 사모펀드로 분류한다. 공모펀드는 불특정 다수를 대상으로 투자자의 자격이나 투자금액에 제한이 없고 투자자를 모집하는 방법에 제한이 없다. 반면에 사모펀드는 기관투자가와 일정금액 이상을 투자하는 적격투자자 또는 49인 이하의 소수투자자로부터 자금을 모집한다.

(3) 규모증대에 따른 분류

펀드는 규모의 증대가능여부에 따라 추가형펀드와 단위형펀드로 구분한다. 추가형펀드는 이미 설정된 펀드에 추가로 설정이 가능하여 펀드의 규모가 증대될 수 있는 공모펀드를 말한다. 그러나 단위형펀드는 이미 설정된 펀드에 추가로 설정을 할 수가 없어서 펀드의 규모가 제한을 받는 사모펀드를 말한다.

(4) 환매여부에 따른 분류

펀드는 환매방식에 따라 개방형펀드와 폐쇄형펀드로 구분한다. 개방형펀드는 투자자가 요구하면 언제든지 만기와 무관하게 중도에 환매할 수 있다. 그러나 폐쇄형 펀드는 미리 약정한 만기가 종료될 때까지 환매가 불가능하기 때문에 환금성을 제고하기 위해 거래소에 상장하여 주식처럼 매매하도록 되어 있다.

(5) 투자대상에 따른 분류

펀드는 투자대상에 따라 크게 증권펀드, 파생상품펀드, 부동산펀드로 구분한다. 증권펀드는 자산의 60% 이상을 주식에 투자하는 주식형펀드, 자산의 60% 이상을 채권에 투자하는 채권형펀드, 주식과 채권에 각각 60% 미만으로 투자하여 주식의 수익성과 채권의 안정성을 동시에 추구하는 혼합형펀드로 구분한다.

파생상품펀드는 펀드재산의 10%를 초과하여 위험회피 이외의 목적으로 파생상품에 투자하는 펀드를 말한다. 부동산펀드는 펀드재산의 50%를 초과하여 부동산, 부동산의 개발 및 관리, 부동산의 임대 등에 투자하며 유가증권시장에 상장하는 공모펀드와 투자자를 한정적으로 모아 설정하는 사모펀드로 구분한다.

(6) 투자방식에 따른 분류

펀드는 투자방식에 따라 거치식 펀드와 적립식 펀드로 구분한다. 목돈을 굴리는 거치식 펀드는 목돈을 한꺼번에 납입하는 펀드이고, 목돈을 만드는 적립식 펀드는 일정기간마다 일정금액을 납입하는 펀드로서 반드시 매달 투자하지 않아도 되고 금액의 제한도 없으며 납입기간도 투자자가 임의로 정할 수 있다.

(7) 투자지역에 따른 분류

펀드는 투자지역에 따라 국내의 법률에 따라 국내에서 설정되어 국내자산에 투자하는 국내펀드와 국내에서 설정되어 해외자산에 투자하는 해외펀드로 구분한다. 그리고 해외펀드는 국내에서 설정되고 국내에서 판매되는 역내펀드와 외국의 법률에 따라 외국에서 설정되어 국내에서 판매되는 역외펀드로 구분한다.

국내펀드는 환매신청 후 환매대금을 수령할 때까지 3~4일, 해외펀드는 7~10일 소요된다. 해외펀드는 투자국가와 투자대상에 따라 환매기간에 차이가 있어 투자설명서를 꼼꼼히 확인해야 한다. 국내펀드는 환매신청 다음 날 환매금액이 확정되지만, 해외펀드는 환매신청 후 대부분 4영업일 후에 환매금액이 결정된다.

2. 특수한 형태의 집합투자기구

(1) 환매금지형펀드

환매금지형펀드는 투자자가 펀드에 투자한 후 집합투자증권의 환매청구에 투자자금을 회수하는 것이 불가능한 펀드를 말한다. 따라서 환매금지형펀드는 존속기간을 정한 펀드만 가능하며, 이때 펀드의 집합투자증권을 최초로 발행한 날부터 90일 이내에 그 집합투자증권을 증권시장에 상장해야 한다.

환매금지형펀드는 기존 투자자의 이익을 해칠 우려가 없다고 신탁업자로부터 확인을 받은 경우, 기존 투자자 전원의 동의를 받은 경우, 기존 투자자에게 집합투자증권의 보유비율에 따라 추가로 발행되는 집합투자증권의 매수기회를 우선 부여하는 경우에만 집합투자증권을 추가로 발행할 수 있다.

(2) 종류형펀드

종류형펀드는 운용되는 하나의 펀드 내에서 가입경로, 판매대상, 판매수수료나 보수의 구조, 환매방법 등에 따라 클래스를 차별화하여 기준가격이나 판매수수료를 각각 달리 산출하여 여러 종류의 집합투자증권의 형태로 발행하는 펀드를 말하며, 통상 멀티클래스펀드(Multi-Class Fund)라고 한다.

종류형펀드는 펀드가입기간에 따라 집합투자증권의 종류를 나누고 있는 펀드를 장기간 가입하면 판매보수의 부담을 줄일 수 있다. 그리고 보수 및 수수료 수준이 다른 소규모펀드를 한 펀드내에서 통합하여 운용할 수 있어 펀드의 대형화를 통해 운영의 효율화를 제고시킬 수 있다는 장점이 있다.

보통 A−Class라고 하는 선취형은 펀드를 매수할 때 자산의 일부를 수수료로 수취하는 형태를 말하고, C−Class라고 하는 후취형은 수수료를 가입기간에 따라 일할 계산하여 수취하는 형태를 말한다. 보통 장기간 투자할 경우에는 선취형이 유리하고, 투자기간이 짧을 경우에는 후취형이 유리하다.

그림 15-3 종류형펀드의 예시

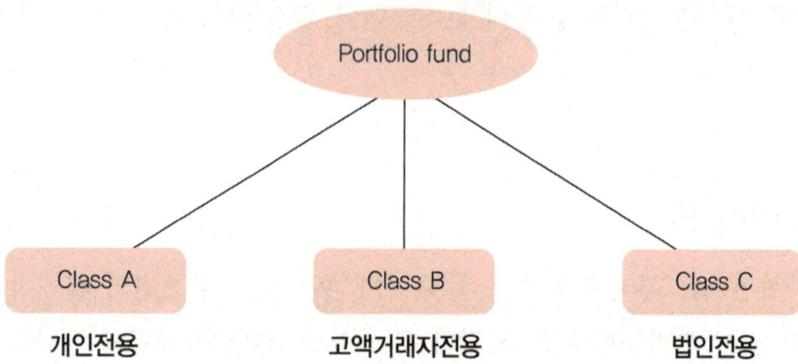

표 15-4 종류형펀드 수수료 적용 사례

구분	종류A(Class A)	종류C(Class C)	종류C2(Class C2)
가 입 자 격	제한없음		100억 이상 투자자
선취수수료	1%	−	−
운 용 보 수	연 0.7%		
판 매 보 수	연 0.7%	연 1.0%	연 0.7%

(3) 전환형펀드

전환형펀드는 투자자에게 현재 보유한 펀드를 다른 펀드로 전환할 수 있는 권리를 부여한 펀드를 말하며 한 우산 아래서 다양한 펀드를 고를 수 있다는 의미에서 엄브렐러펀드(Umbrella Fund)라고도 한다. 전환형펀드는 펀드를 교체매매할 때 발생하는 수수료를 감면해주어 펀드의 교체매매를 쉽게 도와준다.

시장상황에 따라 대응하려는 투자자는 국내 주식형펀드와 채권형펀드 또는 해외주식형펀드와 채권형펀드로 시장전망에 따라 펀드를 전환하면서 수수료 부담없이 포트폴리오 조정(rebalancing)을 진행할 수 있다. 최근에는 자산배분전략을 펀드에서 수행하는 경우가 많아 전환형 펀드의 출시가 줄어들고 있다.

그림 15-4 전환형펀드의 예시

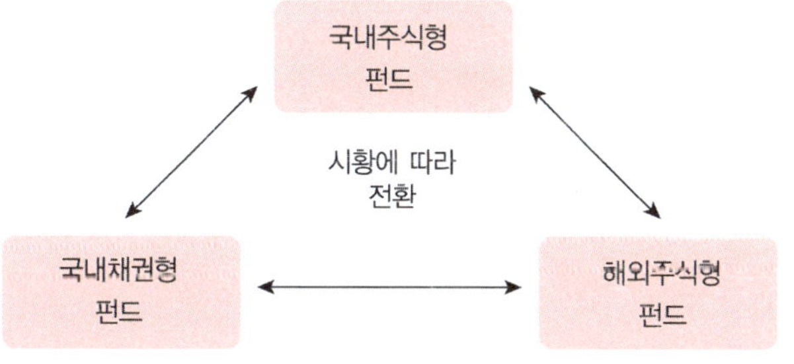

(4) 모자형펀드

모자형펀드는 동일한 집합투자업자의 투자기구를 모(母)와 자(子)의 구조로 나눈 후 운용되는 투자기구는 모 집합투자기구로 하고, 투자자에게 매각되는 펀드는 자 집합투자기구로 설정하는 펀드로 통상 Master-Feeder Fund라고도 한다. 즉 자펀드를 통해 투자자의 자금을 모아 모펀드에 투자하는 방식이다.

모자형펀드는 다음과 같은 요건을 모두 충족해야 한다. ① 자펀드는 모펀드 집합투자증권의 다른 집합투자증권을 취득하는 것은 허용되지 아니할 것, ② 자펀드 이외의 자가 모펀드의 집합투자증권을 취득하는 것이 허용되지 아니할 것, ③ 자펀드와 모펀드의 집합재산을 운용하는 집합투자업자가 동일할 것

▌그림 15-5▐ 모자형펀드의 구조

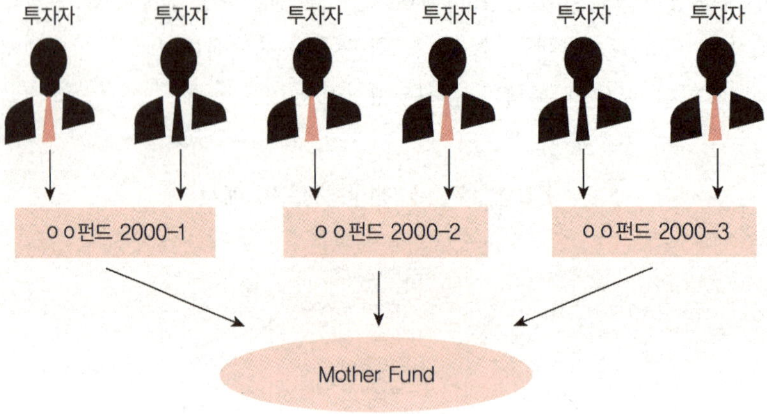

(5) 상장지수펀드

일반적으로 개방형펀드는 투자자가 언제든지 환매청구를 통해 투자자금을 회수할 수 있으므로 증권시장에 상장이 필요하지 않다. 그러나 상장지수펀드(ETF; Exchange Traded Funds)는 개방형펀드이나 그 집합투자증권이 증권시장에 상장되어 투자자는 보유한 증권을 매도하여 투자자금을 회수할 수 있다.

상장지수펀드는 일반주식과 같이 증권시장에서 거래되지만 회사의 주식이 아니라 특정 주가지수의 움직임에 연동하여 운용되는 인덱스펀드로 한국거래소에 상장되어 실시간으로 매매된다. 상장지수펀드는 추가형펀드이고, 상장형펀드이며 일반 투자기구와 달리 증권 실물로 투자기구의 설정 및 해지할 수 있다.

상장지수펀드는 환매가 허용되고 설정일 후 30일 이내 상장된다. 기존의 펀드는 고객의 환매신청이 있으면 보유중인 주식을 시장에 매도하여 환매요구에 필요한 자금을 확보해야 하므로 환매에 따른 시장충격을 해소하고 안정적인 수익을 원하는 투자자의 요구를 동시에 충족시키기 위한 방법으로 도입되었다.

상장지수펀드는 이미 발행된 ETF 증권이 증권시장을 통해 매매되는 유통시장(Secondary Market)과 ETF가 설정·해지되는 발행시장(Primary Market)이 동시에 존재한다. 발행시장에서는 지정참가회사(AP)를 통해 ETF의 설정과 해지가 발생하고 유통시장에서는 일반투자자와 지정참가회사가 ETF를 매매한다.

| 그림 15-6 | 상장지수펀드의 투자과정

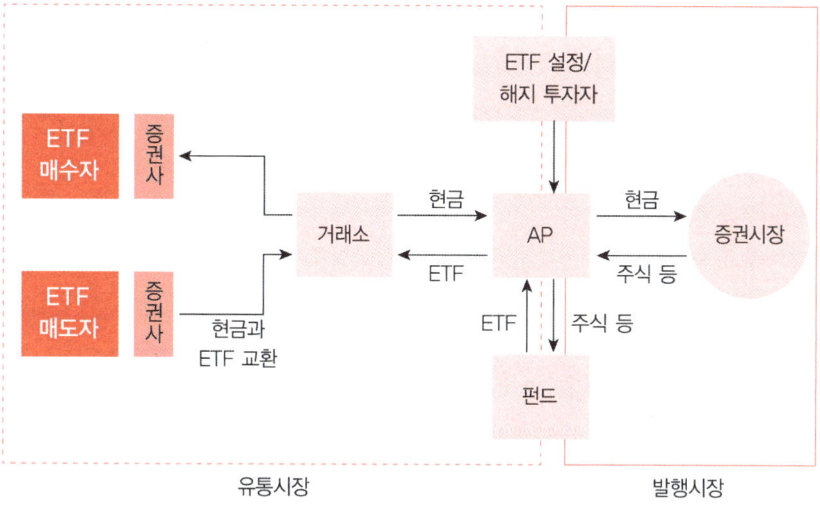

3. 사모집합투자기구

일반적으로 사모는 공모에 대응하는 개념으로 불특정 다수가 아닌 49명 이하의 특정인을 대상으로 증권의 취득을 권유하는 행위를 말한다. 사모집합투자기구는 투자권유 대상자의 수, 공시, 집합투자기구의 운용과 판매 등의 측면에서 공모집합투자기구에 적용되는 규정을 거의 적용받지 않는다.

(1) 전문투자형 사모집합투자기구

전문투자형 사모집합투자기구는 적격투자자만을 대상으로 발행하며 헤지펀드를 도입하기 위한 법적 근거가 된다. 헤지펀드는 공시규제와 같은 규제를 받지 않고, 소수의 개인자산가나 기관투자자로부터 사모방식으로 투자금을 받거나 차입하여 공매도나 파생상품 등 고위험자산에 투자하고 고수익을 추구한다.

적격투자자에는 국가 및 외국정부, 국내외 금융기관, 예금보험공사, 한국자산관리공사, 한국주택금융공사, 한국투자공사, 한국금융투자협회, 한국예탁결제원, 한국거래소, 금융감독원, 신용보증기금, 기술신용보증기금, 공제사업을 경영하는 법인, 지방자치단체, 금융위원회가 정하는 국제기구 등이 있다.

| 표 15-5 | 헤지펀드와 뮤추얼펀드

구분	헤지펀드	뮤추얼펀드
공모여부	공모금지	공모허용
투자금액	3억원 이상	규제없음
성과보수	허용	금지
금전차입	펀드재산 400% 이내	금지
특정종목 투자한도	제한없음	펀드재산 10% 이내
파생상품 투자범위	펀드재산 400% 이내	펀드재산 400% 이내

(2) 경영참여형 사모집합투자기구

경영참여형 사모집합투자기구는 경영권 참여, 사업구조나 지배구조의 개선 등을 위해 지분증권에 투자·운용하는 투자합자회사로 지분증권을 사모로만 발행한다. 즉 기업인수펀드로 불특정 다수가 아닌 소수의 특정 투자자를 대상으로 지분증권에 투자하는 펀드라는 의미에서 PEF(private equity fund)라고 부른다.

자본시장법은 경영참여형 사모집합투자기구의 법적 형태를 투자합자회사로 제한하고 있다. 사원은 1인 이상의 무한책임사원과 1인 이상의 유한책임사원으로 구성하되, 총사원은 49인 이하여야 한다. 무한책임사원만이 업무집행사원이 될 수 있다. 유한책임사원은 업무집행권에 관심이 없는 재무적 투자자이다.

제5절 펀드투자의 특징

펀드투자는 실적배당상품으로 투자원금이 보장되지 않으며, 투자할 펀드는 투자자가 결정하며, 그에 대한 책임은 투자자 자신에게 있다. 따라서 펀드에 투자하기 전 해당 펀드의 특징과 내용을 반드시 이해하고 확인해야 한다. 펀드투자시 장기투자자는 선취수수료 펀드에 가입하는 것이 유리하다.

1. 펀드투자의 장점

(1) 투자대상의 다양화

펀드투자시 다양한 자산에 투자하여 높은 수익을 기대할 수 있다. 예컨대 채권형펀드에 투자하면 제한적인 위험을 부담하면서 은행예금보다 약간 높은 수익을 기대할 수 있고, 주식형펀드에 투자하면 여러 주식에 분산투자할 수 있어 위험은 낮추면서 주식시장 수익률보다 높은 수익을 얻을 수 있다.

(2) 전문가가 자산운용

펀드는 장기투자가 원칙이다. 투자자가 여유자금을 믿고 맡기면 전문가인 자산운용회사는 투자자가 원하는 적정성과를 달성하기 위해 최선을 다한다. 일시적인 시장변동으로 손실이 발생하더라도 인내하고 기다리며 장기간 투자하면 목표한 수익률을 달성할 가능성이 높은 상품이 집합투자기구이다.

(3) 분산투자효과 기대

펀드는 불특정 다수 투자자의 자금을 모아 전체로써 운용하므로 분산투자를 통한 위험분산효과를 추구할 수 있고 투자자는 소액으로 분산투자가 가능하다. 증권에 직접투자할 경우 개별종목에 대한 주가부담을 느낄 수 있지만, 소액으로도 자신의 유형과 유사한 종목에 투자하는 펀드에 가입할 수 있다.

(4) 자금관리에 효율적

주식이나 채권에 투자하려면 목돈이 필요하지만 펀드는 자금을 모아 운용하기 때문에 적은 돈으로 가입하여 다양한 투자대상에 분산투자할 수 있고 일시적인 목돈을 적립하는 형태로 투자가 용이하다. 또한 폐쇄형펀드를 제외하고 만기가 없으며 출금이 자유로워 다른 투자수단으로 대체가 쉬운 편이다.

(5) 투자자의 보호장치

자본시장법에서 집합투자업자는 자산운용보고서를 작성하여 집합투자재산을 보관·

관리하는 신탁업자의 확인을 받아 3개월마다 1회 이상 집합투자증권을 판매한 투자매매업자 또는 투자중개업자를 통해 기준일부터 2개월 이내에 집합투자기구의 투자자들에게 직접 또는 전자우편의 방법으로 교부해야 한다.

2. 펀드투자의 단점

(1) 투자자 본인의 책임

펀드는 전문적인 투자관리자에 의한 운용결과가 투자자에게 귀속되는 실적배당상품으로 투자원금을 보장하지 않고 예금자보호대상에서도 제외된다. 자본시장법은 실적배당원칙을 구현하기 위해 집합투자업자와 투자매매·중개업자가 투자자의 펀드투자에 따른 손실을 보전하거나 이익을 보장·보전하는 행위를 금지한다.

(2) 수수료와 보수 부담

투자자는 전문가를 고용하여 자산을 운용하거나 재산을 안전하게 보관하려면 운용보수, 수탁보수 등 일정한 수수료를 지불해야 한다. 또한 집합투자증권을 판매하는 행위에 대한 대가로 투자매매업자 또는 투자중개업자에게 판매수수료를 지급해야 한다. 그리고 회전율이 높은 펀드의 경우 상당한 거래비용을 수반한다.

(3) 복잡한 상품구조

부동산, 실물자산, 파생상품 등 다양한 형태의 펀드는 복잡한 구조로 인해 사전에 정확한 이해없이 투자할 경우 지나친 위험에 노출될 가능성이 존재한다. 또한 대량 환매로 비정상적인 운용위험 및 부실자산이 발생할 수 있으며, 공동위험이 특정 투자자에게만 집중되고 전가되는 문제가 발생할 수 있다.

(4) 펀드의 성과차이

펀드매니저의 능력에 따라 투자성과 차이가 날 수 있어 펀드 선택이 중요하다. 예컨대 저평가된 종목을 찾는 가치주 펀드, 미래의 성장가능성에 투자하는 성장주 펀드, 유망산업에 집중투자하는 섹터펀드, 연말에 배당소득을 원하는 배당주 펀드 등 펀드매니저의 운영철학이 있는 펀드를 선택하는 것이 좋다.

제6절 펀드투자의 실제

1. 올바른 펀드투자

과거 대부분의 일반투자자들은 투자하고자 하는 펀드를 선정할 경우에 과거 3~6개월 정도의 최근 투자성과로 투자펀드를 결정하여 상당수 투자자들이 실망스러운 투자성적표를 받아들였다. 그러나 펀드를 선택하는 방법도 체계적인 절차를 통해 올바른 펀드를 선택하면 과거와 같은 실수를 반복하지 않을 수 있다.

(1) 수익보다는 위험을 보자

대부분의 국내투자자들이 펀드를 선택할 때 과거수익이 우수한 펀드만 선택하는 경향이 있는데, 과거수익은 투자결정에 절대적 판단기준이 아니며 오히려 과거수익의 변동성(위험)에 주목해야 한다. 왜냐하면 과거수익의 변동성은 미래에도 지속될 가능성이 높기 때문에 펀드투자를 결정할 때 반드시 참고해야 한다.

과거수익을 펀드의 선택기준으로 활용하려면 수익과 변동성을 함께 고려하여 판단하는 것이 바람직하다. 위험조정수익지표는 수익과 변동성을 동시에 고려한다. 따라서 펀드를 선택할 경우에 비교대상 펀드 중 위험조정수익지표 값이 큰 것이 우수한 펀드이고 위험조정수익지표를 종합적으로 활용하는 것이 좋다.

표 15-6 주요 위험조정수익지표

구분	샤프비율 (Sharpe Ratio)	젠센의 알파 (Alpha)	정보비율 (Information Ratio)
측정대상	위험조정수익	초과수익	펀드매니저의 위험조정수익
벤치마크 대비	X	O	O
사용	유형간	동종유형	동종유형
위험지표	표준편차	베타(Beta)	추적오차(tracking error)

(2) 펀드스타일 꼭 확인하자

펀드투자자가 가입시점에 투자대상의 특성을 충분히 이해하고 있어야 성공투자의 가능성이 높아지고, 펀드스타일(Style box)을 알면 투자대상의 예상수익과 변동성을 예상할 수 있다. 세계적인 펀드평가사 모닝스타(Morning Star)가 개발한 스타일박스는 투자대상의 자료를 정확히 이해하는 데 매우 유용한 자료이다.

주식형펀드는 주식스타일과 기업규모로 투자대상을 구분했고, 채권형펀드는 채권의 신용등급과 듀레이션으로 구분했다. 펀드스타일이 중요한 이유는 투자대상의 특성을 정확히 이해할 수 있고, 경기상황에 따라 다르게 작동하기 때문이다. 따라서펀드를 선택할 때는 경기상황에 부합하는 펀드스타일을 선택해야 한다.

주식형펀드스타일은 주식스타일과 기업규모 행렬로 구성된다. 주식스타일은 성장주, 가치주, 혼합으로 기업규모는 대형주, 중형주, 소형주로 구분한다. 특정 펀드가 [표 15-7]과 같이 표시되어 있으면 해당 펀드는 소형 성장주에 주로 투자하는 펀드로 펀드 변동성이 크고 기대수익률도 높을 것으로 예상할 수 있다.

[표 15-7] 주식형펀드 스타일박스

구분		스타일		
		가치주	혼합주	성장주
기업규모	대형주			
	중형주			
	소형주			

경기상황에 따라 투자에 적합한 펀드스타일이 달라진다. 경기상승기에 주식형펀드는 중소형 성장주 펀드가 적합하다. 채권형펀드는 시장위험이 감소하여 가산금리가 축소되기 때문에 듀레이션이 긴 하이일드 채권펀드가 적합하다. 그러나 경기하강기에는 경기변동에 영향을 덜 받는 대형 가치주 펀드가 적합하다.

채권형펀드는 경기하락에 따른 안전자산 선호현상에 수혜를 볼 수 있는 국채 위주의 장기채에 투자하는 것이 바람직하다. [표 15-8]의 경기상황별 펀드스타일 박스 선택법은 일반적인 투자지침에 해당한다. 가장 기초가 되는 부분으로 실제 투자에는 복잡한 사항을 고려하여 종합적으로 판단하는 것이 필요하다.

┃표 15-8┃ 경기상황별 펀드스타일 박스 선택법

구분	경기상승기	경기하락기
주식형펀드	성장주 & 중소형주	가치주 & 대형주
채권형펀드	저등급 & 장기채권	고등급 & 장기채권

(3) 장기성과 좋은 펀드선택

대다수 일반투자자와 투자경험이 적은 금융기관 직원들이 펀드를 선택할 때 중요하게 보는 기준은 단기성과가 우수한 펀드이지만 1~2년의 단기성과로 펀드를 선택하면 투자에 실패할 수 있다. 펀드성과는 변동성과 같이 비교분석을 해야 하지만 [표 15-9]에 세시하는 기준으로 장기성과를 평가해 펀드를 선택할 수 있다.

┃표 15-9┃ 장기성과 분석의 주요기준

구분	내용
평가기준 1	**장기성과가 우수한 펀드평가** • 가능한 장기성과로 판단(3년, 5년, 10년 성과) • 다양한 경기상황(Good time & Bad time)을 경험한 성과로 판단 • 평균적인 경기사이클이 5~7년 정도 되므로 펀드성과를 평가할 때 강세장(Bull)과 약세장(Bear) 모두를 경험한 성과로 판단 • 향후 지속가능한 성과인지 판단(위험조정수익도 병행 점검)
평가기준 2	**벤치마크와 동일유형 대비 우수한 펀드평가** • 우수한 펀드성과가 시장상승 영향인지 혹은 펀드매니저의 적극적 운용(Active Management) 영향인지 구분이 필요 • 상대평가의 첫번째 단계는 벤치마크(BM) 대비 상대성과로 확인 • 두번째 단계는 동일유형(Peer group) 펀드들과 비교해 우수펀드 선택
평가기준 3	**사분위수로 우수한 펀드 평가** • 가장 직관적으로 동종유형펀드 대비 성과를 비교할 수 있는 자료 • 대상펀드를 백분위로 평가하여 상위 25%(Q1), 상위 50%(Q2), 상위 75%(Q3)로 구분 • 단기간 성과의 사분위수(Quartile) 성과는 무시 • 기간별 사분위수(Quartile)가 모두 2분위수(Q2) 이내에 있는 펀드를 선택

(4) 펀드비용 낮은 펀드선택

펀드투자의 최종 투자수익은 펀드매니저가 만들어낸 운용수익에서 각종 비용을 차감하여 결정되므로 투자자가 펀드를 선택할 경우 비용은 중요한 고려사항이다. 따라서 펀드투자자들은 펀드의 투자수익을 극대화하기 위해 판매비용, 운용비용, 기타비용으로 구성된 다양한 형태의 펀드비용을 최소화해야 한다.

(5) 회전률이 높은 펀드회피

펀드의 회전율이 높으면 매매수수료 등 숨겨진 비용이 발생하여 펀드수익률에 부정적 영향을 미친다. 운용보수와 판매보수 같은 명시적 비용 외에 거래수수료나 환헤지비용 같은 숨은 비용이 존재한다. 따라서 펀드회전율이 높아지면 거래비용이 많이 발생하고, 거래비용이 커지면 총 투자수익 저하로 이어진다.

| 표 15-10 | 펀드회전율에 따른 특징

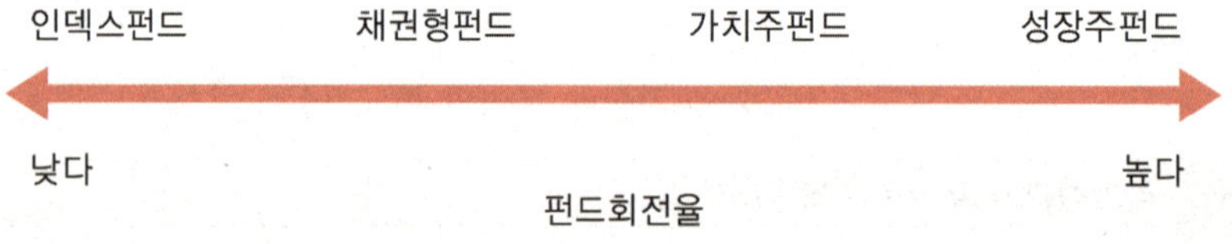

(6) 베테랑 매니저를 선택하라

펀드는 투자자 본인이 직접 자산을 사고팔며 운용하는 것이 아니라 펀드매니저가 자산을 운용하고 운용한 실적대로 나누어 갖는 실적배당형 상품이다. 펀드매니저는 최소한의 자격요건인 자산운용전문인력 자격증을 갖고 있어야 한다. 최소 5년 이상의 주식시장의 참여 경험자가 운용하는 펀드를 선택하는 것이 좋다.

금융투자협회 홈페이지 하단에 바로가기 메뉴 중 펀드정보 One−Click이 있다. 클릭하면 메인 화면에 펀드정보 메뉴가 있다. 펀드정보 카테고리에서 펀드매니저/애널리스트를 클릭하면 운용사별로 펀드매니저 현황이 공시되어 있다. 주식시장에서 운용경험이 있는 펀드매니저가 운용하는 펀드를 고르는 것이 좋다.

(7) 환헤징 여부를 체크하라

펀드투자에서 해외펀드는 선택이 아닌 필수사항이 되어 투자자 입장에서 국내펀드보다 더 많은 변수를 고려하고 점검해야 한다. 해외펀드 투자에서 가장 중요한 고려사항은 환헤징여부이다. 이는 환차손익이 투자손익 못지않게 총수익에 영향을 미치기 때문이다. [표 15-11]은 일반적인 해외펀드 수익구조이다.

| 표 15-11 | 해외펀드의 수익구조

구분		헤징	비헤징
수익의 구성요소	① 투자손익	○	○
	② 환차손익	×	○
총수익(Total Return)		투자손익	투자손익+환차손익

* 환헤징 펀드의 경우 환헤징 관련 비용이 발생할 수 있다.

(8) 벤치마크를 꼭 확인하라

펀드의 벤치마크는 펀드에 투자하기 전 펀드가 투자하는 시장의 특징 즉 과거의 기대수익과 변동성을 파악할 수 있는 영화의 예고편에 해당한다. 그리고 펀드에 투자한 후 펀드의 운용성과를 비교할 수 있도록 해주는 객관적 지표이기 때문에 펀드 투자결정에서 벤치마크는 중요한 결정변수로 작용한다.

펀드를 운용할 때 기준으로 삼는 벤치마크는 다양하다. 벤치마크는 매일매일의 시장 혹은 지수 움직임에 대한 기록이며 펀드성과를 비교할 수 있는 상대적 기준으로 시장의 평균적 흐름을 잘 나타내는 지수를 선택한다.[표 15-12]에는 국내 주요 펀드에서 활용하는 글로벌 주식지수가 제시되어 있다.

| 표 15-12 | 국내펀드에서 활용하는 글로벌 주식지수

주요 펀드 벤치마크	투자국가	투자종목수	수익률	변동성
MSCI World	선진국 23개국	1,600여 중대형주	5.77%	10.46%
S&P500	미국	500개 우량기업	8.92%	10.13%
MSCI ASIA ex Japan	아시아 선진국 2(일본제외) 신흥국 9개국	640여 중대형주	7.04%	15.54%
KOSPI	한국	890여 상장사	4.64%	9.51%
MSCI China	중국(본토, 홍콩 등)	150여 중대형주	7.04%	15.51%

* 수익률과 변동성은 최근 3년간 연평균 수치(2018년 6월 말 기준)

(9) 양극단의 펀드는 피하라

펀드를 선택할 때 펀드규모가 너무 크거나 작은 펀드는 운용성과에 부정적인 영향을 미칠 수 있어 양극단은 피하는 것이 좋다. 주식형펀드는 너무 크거나 작을 경우 펀드 운용의 효율성이 떨어지고, 채권형펀드는 펀드규모가 너무 작으면 효율적 포트폴리오 구축이 어려워 펀드운용에 어려움이 발생한다.

펀드의 규모가 커지면 자본시장에서 증권을 매매할 때 시장에 참여하는 투자자들에게 노출되기 쉽고 공격대상이 되어 펀드의 입장에서는 수익을 극대화하는 데 불리하다. 또한 펀드의 규모가 커지면 증권을 매매할 때 증권가격에 영향을 미칠 수 있으며 매입할 수 있는 종목이 줄어든다는 문제점이 있다.

표 15-13 펀드규모별 운용상 문제점

↑	[적정 규모 이상 펀드의 문제점] • 운용전략 노출 가능성 높음 • 자산을 사고팔 때, 가격(시장)에 영향을 끼침 • 편입 종목수를 무한정 늘릴 수 없음
↓	[적정 규모 이하 펀드의 문제점] • 규모의 경제효과를 얻을 수 없음 • 포트폴리오 구성과 분산투자가 어려움 • 한 종목에 문제가 발생하면 전체 펀드에 큰 영향을 끼침

(10) 잘 분산된 펀드의 선택

대부분의 투자자들에게 중요한 것은 투자할 때 항상 수반되는 위험을 어떻게 관리할지 고민할 필요가 있는데, 분산투자는 이러한 위험을 어느 정도 완화시킬 수 있다. 특히 불확실성 혹은 변동성이 큰 자산에 투자할 때는 분산투자가 잘된 펀드를 선택해서 투자에 따르는 위험을 완화시키는 것이 중요하다.

펀드의 포트폴리오를 확인하려면 네이버 금융에서 펀드를 클릭한 후 펀드명으로 검색한다. 검색결과에서 화면을 내리면 포트폴리오라는 카테고리가 나오는데, 왼쪽에는 어떤 자산으로 구성되어 있는지 원 그래프 차트로 보여준다. 상위 10위 편입종목의 비중을 보면 펀드의 분산투자 정도를 파악할 수 있다.

2. 펀드투자의 실제

펀드가 원활하게 운용되기 위해서는 일정수준의 자금이 필요한데 금융감독원은 소규모 펀드를 50억 미만으로 정의하고 있다. 펀드의 규모가 너무 작거나 감소하는 추세에 있으면 펀드운용에 차질이 발생할 수 있으므로 펀드에 투자할 경우 펀드규모를 반드시 확인하고 다음과 같은 사항에 유의해야 한다.

첫째, 펀드는 수익률을 보장하는 상품이 아니므로 투자성과에 따라 손실이 발생할 수 있으며 어떤 경우에는 원금의 전액 손실이 발생할 수도 있다. 따라서 펀드투자는 투자자 자신의 투자성향과 재무상태를 감안하여 스스로 결정하고 그 결과에 대한 모든 책임은 투자자 본인이 부담하는 것이 원칙이다.

둘째, 펀드도 분산해서 투자하는 것이 좋다. 펀드는 원칙적으로 분산투자를 하고 있지만 특정 산업이나 테마에 한정된 펀드도 많이 있고, 특정 지역에 집중된 해외펀드의 경우 국가리스크가 발생할 수 있기 때문이다. 따라서 펀드도 섹터, 테마, 지역, 운용회사 등을 분산해서 투자하는 것이 바람직하다.

셋째, 펀드에 따라 판매수수료와 보수체계가 다양하고 환매조건이 다르기 때문에 펀드에 가입할 때 부담하는 선취수수료 또는 돈을 출금할 때 납부하는 후취수수료, 판매보수와 운용보수, 펀드를 환매할 때 납부하는 환매수수료 등 계약조건을 면밀히 검토한 후에 자신에게 유리한 펀드를 선택해야 한다.

넷째, 펀드의 과거 수익률을 참조하되 맹신해서는 안 된다. 펀드를 선택할 때 최근에 수익률이 높은 펀드를 선택하는 경우가 많다. 그런데 과거의 투자성과가 앞으로 계속해서 이어진다는 보장이 없고 많은 실증분석의 결과도 과거 수익률과 미래 수익률은 별다른 상관관계가 없는 것으로 나타나고 있다.

다섯째, 펀드투자에도 하이리스크 하이리턴의 원칙이 적용되어 기대수익률이 높은 고수익펀드에 투자하면 손실가능성이 높아진다. 따라서 펀드에 가입한 후 지속적인 관리가 필요하다. 대부분의 펀드는 정기적으로 운용성과와 포트폴리오를 공개하는데, 펀드투자자는 이것을 꼼꼼히 확인할 필요가 있다.

표 15-14 국내 펀드평가회사

국내 펀드평가회사	인터넷 홈페이지
제로인	www.zeroin.co.kr
펀드다모아	fundamoa.kofia.or.kr
한국펀드평가	www.kfr.or.kr
모닝스타 코리아	www.morningstar.co.kr

KG제로인은 1999년 8월 국내 최초로 인터넷을 통해 펀드평가정보를 공시하여 일반 투자자들의 펀드정보에 대한 접근도를 높여 펀드의 대중화에 기여하고 있다. 펀드닥터는 펀드, 변액/퇴직, 주식/ETF, 제로인지수, 리서치/투자정보, 펀드스쿨 등을 통해 펀드시장 동향, 펀드평가자료, 펀드기초정보 등을 공시하고 있다.

2014년 리뉴얼된 펀드닥터에서는 펀드 중심에서 금융상품 전반의 정보를 제공하는 콘텐츠로 확대 재구성하였다. 투자자들이 펀드투자시 투자판단 및 의사결정에 필요한 지침을 제공하기 위해 펀드검색기능을 강화하였고 사용자 위주의 메뉴 배치로 콘텐츠의 편의성을 높여 보다 향상된 펀드닥터를 만날 수 있게 되었다.

그림 15-7 제로인의 펀드정보 솔루션

3. 올바른 적립식투자

미국 캘리포니아주 남동부에 데스밸리(Death Valley)라는 곳이 있다. 1849년 캘리포니아로 이주하던 개척자들이 발견했으나 1870년 금광과 붕사광상을 발견할 때까지는 찾아오는 사람이 거의 없었다. 여름의 기온은 58.3℃까지 올라간 적이 있으며, 여행자와 동물이 가끔 쓰러져 데스밸리(죽음의 계곡)라는 이름이 붙었다.

투자자는 왜 안전하다고 믿었던 적립식 투자에서 손실을 보게 될까? 그리고 손실을 보고 있다면 적립을 중단하는 것이 좋을까 아니면 계속 적립을 하는 것이 좋을까? 여기서는 과거 우리나라 주식시장이 경험했던 네 차례 죽음의 계곡에서 적립식투자의 사례를 분석하여 올바른 적립식투자의 방법에 대해 살펴보고자 한다.

(1) 첫 번째 죽음의 계곡

1970년대 두 차례 오일쇼크 이후 각국 정부는 불황을 타개하고자 저금리정책을 사용하고, OPEC 국가들의 단합이 무너지고 경쟁체제가 수립되면서 유가가 하락하기 시작했다. 플라자합의 이후 엔화가 천정부지로 치솟으면서 국내제품의 가격경쟁력이 향상되면서 종합주가지수는 1989년 처음으로 1,000포인트를 돌파하였다.

1990년대 서울올림픽과 3저 호황에 쌓였던 버블이 걷히고 국제원유가격은 30달러를 넘고 민주화와 근로자들의 임금이 상승하면서 기업의 채산성에 부정적인 영향을 미쳤다. 종합주가지수는 1992년 8월 459포인트에 이르며 계곡의 심장부를 지나게 되었고 1994년 10월 다시 1,000포인트를 넘어서며 첫 번째 계곡이 완성되었다.

첫 번째 계곡에서 적립식 투자자들은 1992년 8월말 종합주가지수가 506.07에 이르렀을 때 −28.9%라는 손실을 보기도 했다. 하지만 주가가 반등하면서 1994년 10월에는 51.2%라는 놀라운 이익을 얻을 수 있었다. 이는 동일한 기간 동안 적금에 가입했을 경우 누적수익률 23.8%와 비교하면 상당히 우수한 실적을 나타냈다.

하지만 적립식 투자수익은 아무런 고통 없이 얻어지지 않는다. 투자자들은 전체 총 67개월의 투자기간 중에서 49개월 동안 손실을 보았으며, 이익을 보는 구간이 마지막 18개월인 것에서 볼 수 있듯이 적립식 투자의 달콤한 과실은 누구에게나 주어지는 것이 아니라 죽음의 계곡을 건너 온 투자자에게만 주어지는 것이다.

| 그림 15-8 | 첫 번째 계곡(1989년 4월~1994년 10월)

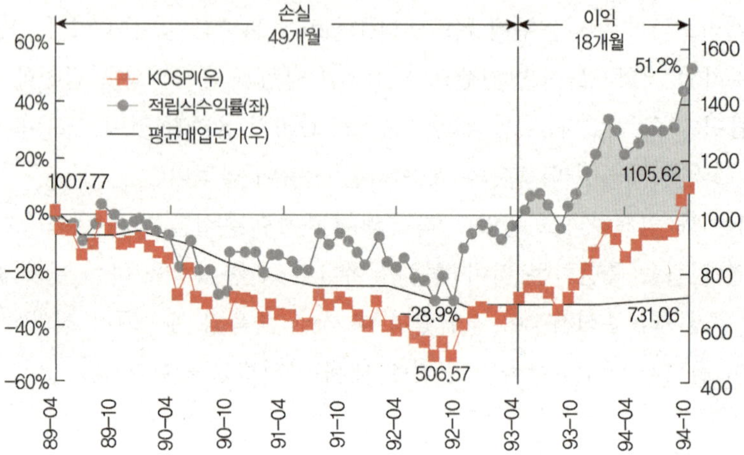

(2) 두 번째 죽음의 계곡

1996년 6월 900포인트를 상회한 종합주가지수는 1997년 IMF 외환위기를 거치면서 급락하더니 1998년 6월 16일 277.37포인트까지 하락했다. 1997년 아시아 금융위기는 우리 경제에 큰 충격을 안겨주었다. 정부는 IMF에 긴급 자금지원을 요청했으며 금융시장은 요동치면서 주가는 폭락했고 환율은 달러당 2,000원을 돌파했다.

그러나 끝나지 않는 위기는 없다는 말과 같이 경기와 주가가 살아나기 시작했다. 급격한 환율상승은 무역수지의 개선에 도움을 주었고, 뼈를 깎는 구조조정으로 기업들은 빠른 시간 안에 회복할 수 있게 되었다. 또한 1999년 Y2K로 촉발된 IT열풍은 우리나라 주식시장이 1,000포인트를 또다시 돌파하는 계기를 마련하였다.

두 번째 계곡에서 적립식 투자자들은 IMF 외환위기의 과정에서 1998년 7월 한때 최대 −45.9%라는 손실을 보기도 했지만, IT 열풍으로 주가가 상승한 1999년 7월에 77.3%라는 놀라운 성과를 보였다. 이는 1996년 당시 정기적금에 동일한 기간 적립한 적립했을 때 누적수익률 14.8%와 비교하면 5배에 가까운 실적을 나타냈다.

하지만 이러한 투자성과가 모든 투자자에게 돌아간 것은 아니다. 투자자들은 총 38개월 중에서 31개월 동안 손실을 보았고, 이익을 보는 구간이 마지막 7개월인 것에서 볼 수 있듯이 적립식 투자의 성과는 주가하락에도 불구하고 꾸준히 적립을 계속하여 평균매입단가를 낮춘 투자자만이 가질 수 있는 인내의 과실이었다.

그림 15-9 두 번째 계곡(1996년 6월~1999년 7월)

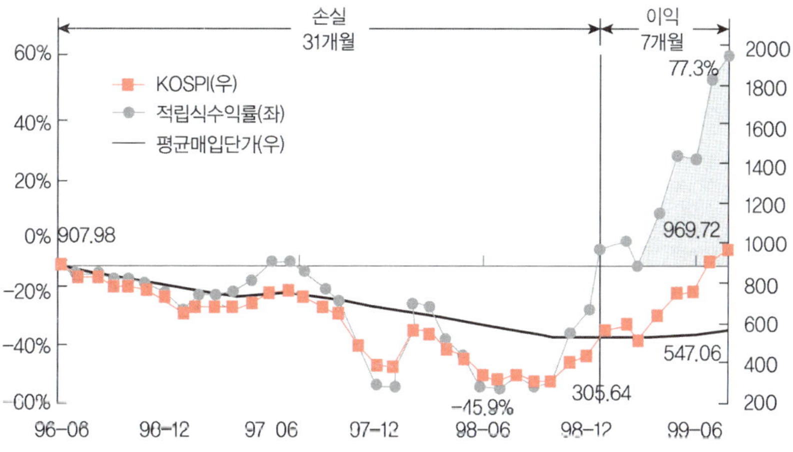

(3) 세 번째 죽음의 계곡

IT 열풍으로 1,000포인트를 넘어선 종합주가지수는 2000년 1월 이후 버블 붕괴와 미국 증시의 급락, 대우채 사태, 9.11테러 등의 영향으로 2001년 9월 400포인트까지 추락했다. 그러나 2000년 이후 미국은 경기침체를 타개하기 위해 기준금리를 2.0%까지 낮추었고 천문학적인 감세안을 통해 경기회복을 유도하였다.

우리나라 역시 IT거품이 꺼진 후 정부 주도의 경기부양책이 발표되었다. 9.11사태 이후 콜금리는 4.0%까지 낮아졌으며 건설경기의 촉진, 확대재정의 조기집행이 이루어지면서 내수소비 성장이 경기회복을 주도하였다. 이러한 정부의 강력한 내수진작 정책의 효과로 종합주가지수는 2002년 4월 900선을 회복하였다.

세 번째 계곡에서 적립식 투자자들은 한때 −20.9%의 손실을 기록하였다. 그러나 꾸준히 적립을 계속한 투자자는 44.6%의 놀라운 투자성과를 거둘 수 있었다. 이는 2000년 4월 당시 정기적금에 동일한 기간 동안 가입한 사람의 누적수익률 8.5%와 비교해 보면 5배가 넘는 뛰어난 실적을 나타냈다.

하지만 이러한 투자성과가 모든 투자자에게 돌아간 것은 아니다. 투자자들은 총 24개월 중에서 19개월 동안 손실을 보았고, 이익을 보는 구간이 마지막 5개월인 것에서 볼 수 있듯이 적립식 투자의 성과는 주가하락에도 불구하고 꾸준히 적립을 계속하여 평균매입단가를 낮춘 투자자만이 가질 수 있는 인내의 과실이었다.

| 그림 15-10 | 세 번째 계곡(2000년 4월~2002년 3월)

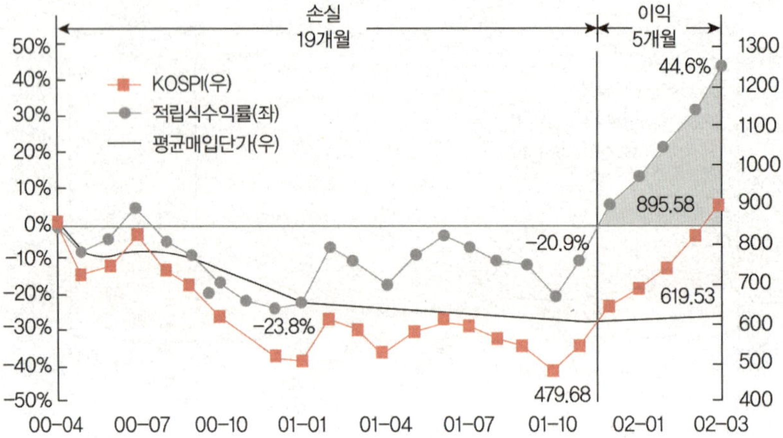

(4) 네 번째 죽음의 계곡

9.11테러 이후 정부의 금리인하, 건설경기 부양, 신용카드 사용 장려정책으로 2002년 3월 900포인트를 상회한 종합주가지수는 신용카드 남발에 따른 부작용이 불거지고 SK글로벌의 분식회계 사건으로 2003년 3월 500포인트 초반까지 내려앉는 데 영향을 주기도 했다. 하지만 증시는 강한 상승세로 전환되었다.

국내증시는 2003년 하반기 저금리시대의 도래하여 저축에서 투자로 자금이 이동하고 적립식 투자문화가 확산되면서 주가상승에 힘을 실어주었다. 따라서 종합주가지수는 2005년 3월 네 번째 1,000포인트를 돌파하였고, 2007년 11월 1일 2,085포인트에 도달할 때까지 4년 8개월간 무려 1,573포인트가 상승하였다.

그러나 이러한 투자성과가 모든 투자자에게 돌아간 것은 아니다. 적립식 투자자들은 총 67개월 중에서 한때 −21%가 넘는 손실을 기록했지만, 짧은 계곡을 잘 건넌 투자자는 119.9%라는 엄청난 성과를 거둘 수 있었다. 짧은 계곡 너머에 있는 높은 봉우리를 보지 못한 투자자들에게는 많은 아쉬움이 골짜기이다.

| 그림 15-11 | 네 번째 계곡(2002년 4월~2007년 11월)

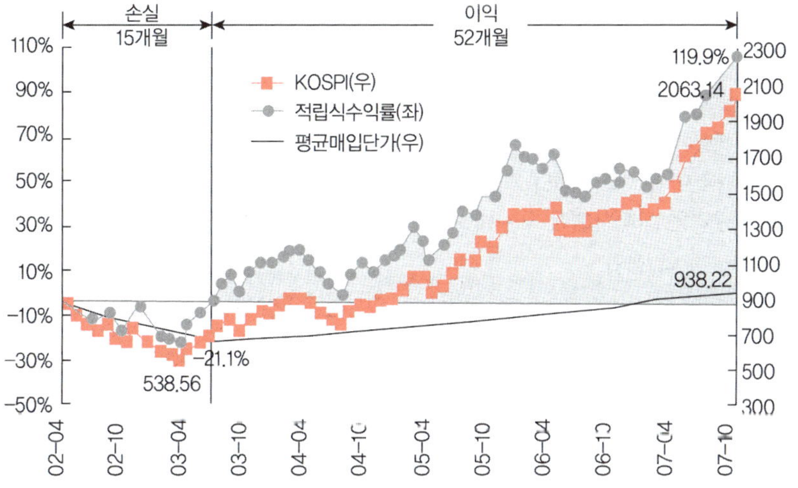

• 핵심요약 •

제1절 집합투자기구의 개요

1. 집합투자의 정의

   불특정 다수의 투자자로부터 금전을 모아 투자자의 운용지시를 받지 않고 자산을 취득, 처분의 방법으로 운용결과를 투자자에게 배분하여 귀속시키는 것

2. 간접투자상품의 정의

   불특정 다수의 투자자로부터 자금을 모아 펀드를 형성하여 다양한 증권에 분산투자하여 달성한 손익을 투자자에게 투자비율에 따라 배분하는 실적배당상품

3. 집합투자기구의 정의

   자본시장법에서 집합투자기구로 정의하는 펀드는 집합투자를 수행하는 기구

제2절 집합투자기구의 유형

1. 투자신탁(계약형 펀드) : 집합투자업자와 신탁업자가 신탁계약을 체결하여 펀드를 만들어 투자자에게 증권을 매도하고 그 자산을 투자대상자산에 투자하여 운용
2. 투자회사(회사형 펀드) : 집합투자업자가 투자회사를 설립한 후 주식을 투자자에게 판매하여 조성된 자금을 주식에 운용하고 그 결과를 투자자에게 귀속시킴

제3절 집합투자기구의 종류

1. 증권집합투자기구 : 집합투자재산의 50% 이상을 증권에 투자하는 집합투자기구로 주식형, 혼합형, 채권형, 파생주식형, 장외파생상품형 등 다양한 유형이 있음
2. 부동산집합투자기구 : 집합투자재산의 50% 이상을 부동산 또는 부동산에서 파생된 자산에 투자하는 집합투자기구
3. 특별자산집합투자기구 : 집합투자재산의 50% 이상을 증권 및 부동산을 제외한 특별자산에 투자하는 집합투자기구
4. 혼합자산집합투자기구 : 집합투자재산을 운용할 때 증권 · 부동산 · 특별자산집합투자기구 관련 규정의 제한이 없는 집합투자기구
5. 단기금융집합투자기구 : 집합투자재산의 전부를 CP, CD 등 단기금융상품에 투자하는 집합투자기구

제4절 집합투자기구의 분류

1. 일반적 형태의 집합투자기구

   (1) 모집방식에 따른 분류 : 공모펀드, 사모펀드

   (2) 규모증대에 따른 분류 : 추가형펀드, 단위형펀드

   (3) 환매여부에 따른 분류 : 개방형펀드, 폐쇄형펀드

   (4) 투자대상에 따른 분류 : 증권펀드, 파생상품펀드, 부동산펀드

(5) 투자방식에 따른 분류 : 거치식 펀드, 적립식 펀드

(6) 투자지역에 따른 분류 : 국내펀드, 해외펀드

2. 특수한 형태의 집합투자기구

(1) 환매금지형펀드 : 집합투자증권의 환매청구에 투자자금 회수가 불가능한 펀드

(2) 종류형펀드 : 하나의 펀드에서 클래스를 차별화하여 여러 종류로 발행한 펀드

(3) 전환형펀드 : 투자자가 현재 보유한 펀드를 다른 펀드로 전환할 수 있는 펀드

(4) 모자형펀드 : 동일한 집합투자기구를 모(母)와 자(子)로 나누어 운용되는 펀드

(5) 상장지수펀드 : 특정 주가지수의 움직임에 연동하여 운용되는 인덱스펀드

제5절 펀드투자의 특징

1. 펀드투자의 장점

투자대상이 다양화, 전문가가 자산운용, 분산투자의 효과, 자금관리에 효율적

2. 펀드투자의 단점

투자자 본인의 책임, 수수료와 보수 부담, 복잡한 상품구조, 펀드의 성과차이

제6절 펀드투자의 실제

① 펀드는 투자자 자신의 재무상태를 감안하여 결정하고 그 결과에 대한 책임은 투자자 본인이 부담해야 한다.

② 펀드는 원칙적으로 분산투자하고 있지만 섹터, 테마, 지역, 운용회사 등을 분산해 투자하는 것이 바람직하다.

③ 펀드가입시 부담하는 선취수수료, 펀드환매시 납부하는 환매수수료를 검토하여 유리한 펀드를 선택해야 한다.

④ 펀드의 과거 수익률을 참조하되 맹신해서는 안 되고, 펀드에 가입한 후 지속적인 운용성과관리가 필요하다.

연·습·문·제

1 **다음 중 직접투자와 간접투자에 대한 적절한 설명으로 묶인 것은?**

가. 간접투자상품은 직접투자에 비해 다양한 자산에 투자할 수 있고 대규모로 거래되는 특성상 비용이 저렴하다는 장점이 있다.
나. 일반적으로 간접투자상품을 집합투자기구(펀드)라고 한다.
다. 집합투자기구는 간접투자자산운용업법에 규제를 일원화하고 있다.

① 가, 나 ② 가, 다 ③ 나, 다 ④ 가, 나, 다

| 해설 | 집합투자기구는 2009년부터 자본시장법에 의해 규제를 일원화하고 있다.

2 **다음 중 집합투자기구의 개념으로 적절하지 않은 것은?**

① 투자신탁은 위탁자가 신탁업자에게 신탁한 재산을 신탁업자가 집합투자업자의 지시에 따라 운용하는 신탁형태이다.
② 투자회사는 주식회사의 형태로 납입한 자본금을 이용하여 자금을 운용하고 그 성과를 주주에게 배분하는 형태이다.
③ 집합투자재산은 운용회사의 다른 자산과 엄격히 분리해야 판매회사에 별도로 보관된다.
④ 투자신탁의 집합투자증권은 수익권, 투자회사의 집합투자증권은 지분증권이다.

| 해설 | 집합투자재산은 펀드자산의 분리원칙에 따라 수탁은행에 별도로 보관된다.

3 **다음 중 자본시장법상 집합투자기구의 법적인 분류로 적절하지 않은 것은?**

① 투자회사 ② 투자신탁
③ 투자합자회사 ④ 투자합명회사

| 해설 | 자본시장법상 집합투자기구의 법적 분류는 계약형(투자신탁), 회사형(투자회사, 합자회사, 유한회사), 조합형, PEF 등으로 구분된다.

4 **다음 중 자본시장법상 금융투자상품에 대한 설명으로 적절하지 않은 것은?**

① 금융상품은 원금손실가능성 여부에 따라 금융투자상품과 비금융투자상품으로 분류한다.
② 금융투자상품은 증권과 파생상품으로 분류한다.
③ 증권은 원본을 초과하여 손실가능성이 있는 상품을 말한다.
④ 파생상품은 장내파생상품과 장외파생상품으로 분류한다.

| 해설 | 파생상품은 원본을 초과하여 손실가능성이 있는 상품을 말한다.

5 **다음 중 집합투자기구의 이해관계자 중 신탁업자의 역할이 아닌 것은?**

① 투자신탁재산의 평가
② 투자신탁재산의 운용 및 운용감시
③ 투자신탁재산의 운용 및 운용지시
④ 투자신탁재산의 보관 및 관리

| 해설 | 투자신탁재산의 평가는 집합투자업자의 역할에 해당한다.

6 **자본시장법에 의한 집합투자기구의 관계회사 중 집합투자재산을 보관 및 관리를 담당하는 회사는?**

① 신탁업자
② 집합투자기구평가회사
③ 일반사무관리회사
④ 채권평가회사

| 해설 | 집합투자재산을 보관 및 관리를 담당하는 회사는 신탁업자이다.

7 **다음 중 투자회사와 투자신탁의 비교 설명으로 적설한 것은?**

가. 투자회사 투자자는 주주가 되며, 계약형 수익증권 투자자는 수익자가 된다.
나. 투자회사는 상법상 주식회사로 설립되며 계약형 투자신탁은 위탁자, 수익자, 수탁자간의 계약에 의해 이루어진다.
다. 투자회사는 주주총회, 계약형 투자신탁은 수익자총회가 최고의사결정기구이다.
라. 투자회사는 실체가 없는 서류상의 회사이다.

① 가, 나, 다
② 가, 다, 라
③ 나, 다, 라
④ 가, 나, 다, 라

| 해설 | 보기의 지문은 모두 맞는 설명에 해당한다.

8 **다음 중 자본시장법상 투자대상에 따른 법적 분류로 거리가 먼 것은?**

① 증권집합투자기구
② 파생상품집합투자기구
③ 특별자산집합투자기구
④ 부동산집합투자기구

| 해설 | 자본시장법상 투자대상에 따라 증권집합투자기구, 부동산집합투자기구, 특별자산집합투자기구, 단기금융집합투자기구, 혼합자산집합투자기구의 5가지로 분류한다.

9 **자본시장법에서 규성한 파생상품집합투자기구의 투자대상이 아닌 것은?**

① 부동산집합투자기구
② 특별자산집합투자기구
③ 단기금융집합투자기구
④ 혼합자산집합투자기구

| 해설 | 단기금융집합투자기구(MMF)는 파생상품집합투자기구의 투자대상이 아니다.

10 다음 중 집합투자기구에 대한 설명으로 적절하지 않은 것은?

① 증권집합투자기구는 부동산에 투자할 수 있다.

② 증권집합투자기구는 집합투자재산의 50% 이상을 초과하여 증권에 투자하는 펀드를 말한다.

③ 단기금융집합투자기구는 파생상품에 투자할 수 있다.

④ 부동산집합투자기구는 파생상품에 투자할 수 있다.

| 해설 |

구분	증권펀드	부동산펀드	특별자산펀드	MMF	혼합자산펀드
증권	○	○	○	○	○
파생상품	○	○	○	×	○
부동산	○	○	○	×	○
특별자산	○	○	○	×	○

11 집합투자기구 중 어떠한 자산에나 투자비율의 제한없이 투자가능한 펀드는?

① 증권집합투자기구 ② 부동산집합투자기구

③ 특별자산집합투자기구 ④ 혼합자산집합투자기구

| 해설 | 혼합자산집합투자기구는 투자대상에 대한 투자비율에 제한이 없다.

12 다음 중 환매금지형 집합투자기구에 대한 설명으로 적절하지 않은 것은?

① 존속기간이 정해진 경우에만 설정 · 설립이 가능하다.

② 투자자는 거래소에서 환매금지형 펀드를 매매할 수 있다.

③ 기존투자자의 이익을 해할 우려가 없다고 인정될 경우에 한해 집합투자증권을 추가로 발행할 수 있다.

④ 환금성보장을 위한 별도의 방법을 지정하지 아니한 경우 집합투자증권을 최초로 발행한 날로부터 60일 이내에 상장해야 한다.

| 해설 | 환매금지형 집합투자기구는 신탁계약 또는 정관에 투자자의 환금성 보장을 위한 별도의 방법을 지정하지 아니한 경우 집합투자업자, 투자회사는 집합투자증권을 최초로 발행한 날로부터 90일 이내에 상장해야 한다.

13 **다음에서 설명하는 특수한 형태의 집합투자기구에 해당하는 것은?**

> 같은 집합투자기구에서 판매보수의 차이로 인해 기준가격이 다르거나 판매수수료가 다른 여러 종류의 집합투자증권을 발행하는 집합투자기구

① 전환형 집합투자기구　　② 상장지수 집합투자기구
③ 종류형 집합투자기구　　④ 모자형 집합투자기구

| 해설 | 지문은 종류형 집합투자기구에 대한 설명이다.

14 **다음 중 집합투자기구의 위험으로 적절하지 않은 것은?**

① 시장위험은 회피할 수 없는 고유한 위험으로 체계적 위험이라고 한다.
② 자산운용사를 선택할 때는 성과뿐만 아니라 재무건전성과 신용등급도 고려한다.
③ 인덱스펀드는 펀드매니저가 교체될 경우 펀드의 운용스타일이 달라지는 경우가 많다.
④ 액티브펀드는 매니저가 종목과 비중을 결정할 수 있어 벤치마크와 상이한 포트폴리오를 구성하여 추적오차가 커질 수도 있다.

| 해설 | 인덱스펀드는 펀드매니저에 따른 운용스타일의 차이가 거의 없지만, 액티브펀드는 펀드매니저가 교체될 경우 펀드의 운용스타일이 달라지는 경우가 많다.

15 **투자자가 시장상황에 따라 다른 펀드로 자유롭게 전환할 수 있는 펀드로서 하나의 약관 아래 여러 개의 하위펀드가 있는 투자신탁상품으로 시장상황의 변화에 따라 환매하지 않고 대응할 수 있는 적절한 투자신탁상품에 해당하는 것은?**

① 뮤추얼펀드　② 하이일드펀드　③ 후순위채펀드　④ 엄브렐러펀드

| 해설 | 지문은 엄브렐러펀드에 대한 설명이다.

16 **다음 중 집합투자기구에 대한 설명으로 적절하지 않은 것은?**

① 모자형 집합투자기구에서 자펀드는 모펀드에만 투자할 수 있다.
② 모자형 집합투자기구에서 모펀드와 자펀드의 집합투자업자는 동일해야 한다.
③ 종류형 집합투자기구는 판매보수나 운용보수를 집합투자증권별로 차등화할 수 있다.
④ 환매금지형 펀드는 설정된 지 75일 이내에 증권시장에 상장해야 한다.

| 해설 | 종류형 집합투자기구는 판매보수, 운용보수, 환매수수료를 집합투자증권별로 차등화할 수 있다.

17 **다음 중 전환형 집합투자기구에 대한 설명으로 적절하지 않은 것은?**

① 투자자에게 현재 보유한 펀드를 다른 펀드로 전환할 수 있는 권리를 부여한다.

② 한 우산 아래 다양한 펀드를 고를 수 있다는 뜻에서 엄브렐러 펀드라고도 한다.

③ 일반적으로 펀드를 교체매매할 때 환매수수료나 선취수수료를 부과한다.

④ 시장상황에 따라 펀드를 전환하면서 포트폴리오 조정을 진행할 수 있다.

| 해설 | 전환형 집합투자기구는 펀드를 교체매매할 때 환매수수료나 선취수수료를 감면해줌으로써 펀드의 교체매매를 용이하도록 도와준다.

18 **다음 중 모자형 집합투자기구에 대한 설명으로 적절하지 않은 것은?**

① 자펀드는 서로 다른 운용사의 펀드를 다양하게 편입할 수 있다.

② 투자자는 자펀드를 매수하고 자펀드는 다시 모펀드를 매수한다.

③ 자펀드는 규제상 편입할 수 있는 모펀드가 사전에 결정되어 있다.

④ 다수의 자펀드 대신 하나의 모펀드를 운용하여 운영의 효율성을 제고한다.

| 해설 | 모자형 집합투자기구는 동일한 투자전략을 갖는 펀드들의 자산을 하나로 모아 모펀드로 통합하여 운영하는 펀드로 자펀드는 규제상 편입할 수 있는 모펀드가 사전에 결정되어 있으며 동일한 운용사의 펀드만을 편입할 수 있다.

19 **다음 중 상장지수형 집합투자기구(ETF)의 특징으로 적절하지 않은 것은?**

① 상장형　　② 액티브형　　③ 추가형　　④ 개방형

| 해설 | ETF는 특정 지수에 연동하여 움직이는 인덱스펀드로 패시브형이며 거래소에서 매매가 가능한 개방형이고 추가형 구조를 갖고 있다.

20 **다음 중 전문투자형 사모펀드의 특징으로 적절하지 않은 것은?**

① 투자광고를 허용한다.

② 운용사도 운용상품의 직접 판매가 가능하다.

③ 판매시 적합성 원칙, 적정성 원칙의 적용을 면제한다.

④ 모든 투자자가 투자금액의 제한없이 투자할 수 있다.

| 해설 | 전문투자자는 금액의 제한없이 모두 투자할 수 있으나, 개인투자자는 1억원 이상으로 투자금액의 제한이 있어 소액투자자는 투자할 수 없다.

21 **다음 중 재간접펀드에 대한 설명으로 적절하지 않은 것은?**

① 펀드를 편입하는 펀드를 의미한다.

② 비용이 이중으로 발생하는 단점이 있다.

③ 모자형펀드와 동일한 개념으로 미리 규정되어 있는 펀드만 편입할 수 있다.

④ 하위 펀드의 수나 비중의 제한이 없어 1개 펀드에 100% 투자하는 경우도 있다.

| 해설 | 모자형펀드는 자펀드가 규정된 모펀드만을 편입하는 반면에, 재간접펀드는 시장상황, 투자전략에 따라 한 개 또는 여러 펀드를 편입하는 전략을 통해 수익을 추구한다.

22 **다음 중 가치주 펀드의 특징으로 적절하지 않은 것은?**

① 변동성이 상대적으로 낮다.

② 평균 PER이나 평균 PBR이 높은 편이다.

③ 대체로 시가총액이 큰 대형주를 편입한다.

④ 저평가된 주식을 매입하여 적정가치에 도달하면 차익을 실현한다.

| 해설 | 평균 PER이나 평균 PBR이 가치주는 낮고 성장주는 높은 편이다.

23 **다음 중 특정 주가지수를 추적하는 펀드로 거래소에 상장되어 마치 주식처럼 매매되는 상품에 해당하는 것은?**

① ETF ② ELS ③ ELW ④ ELD

| 해설 | ETF(상장지수펀드)는 거래소에 상장된 펀드로 주식처럼 거래되므로 기존 펀드의 환매가격 결정의 한계점을 보완한 펀드이다.

24 **다음 중 펀드에 대한 설명으로 적절하지 않은 것은?**

① 대체투자상품은 주식, 채권과 같은 전통형 투자상품과 달리 주식과 채권의 중간 정도의 수익률과 위험을 갖는 상품을 말한다.

② 자산배분형 펀드는 여러 가지 자산집단에 대해 투자비중을 유연하게 변동시킬 수 있는 펀드를 말한다.

③ 부동산펀드는 자금을 모아 부동산이나 개발사업 등에 투자하거나 대출하여 수익률을 배당하는 실적배당상품으로 거액의 투자자만 가입이 가능하다.

④ 재간접펀드는 펀드자산을 다른 펀드가 발행한 집합투자증권을 운용자산의 50% 이상 투자하는 펀드를 말한다.

| 해설 | 부동산펀드는 소액투자자도 가입할 수 있어 소액으로 부동산에 투자하는 효과를 갖는다.

25 **다음 중 상장지수펀드(ETF)의 특징으로 적절하지 않은 것은?**

① 주식시장 인덱스를 추종하여 주식과 같이 유가증권시장에 상장되어 거래된다.

② 일반 인덱스펀드에 비해 운용사의 운용능력에 따라 상대적으로 수익률 변동성이 크다.

③ 액티브펀드보다 낮은 비용이 발생하나, 거래에 따른 거래세 및 수수료는 지불해야 한다.

④ 운용자는 환매 등에 신경쓰지 않고 인덱스와의 추적오차를 줄이기 위해 최선을 다할 수 있다.

| 해설 | ETF는 철저한 소극적 투자전략으로 지수와의 수익률 괴리가 낮게 나타난다.

26 **다음 중 인덱스펀드와 상장지수펀드에 대한 설명으로 적절하지 않은 것은?**

① 인덱스펀드는 순자산가치에 의해 수익률이 하루 한 번 결정된다.

② 상장지수펀드는 주식처럼 거래소에 상장되어 거래된다.

③ 인덱스펀드는 벤치마크지수가 있으나 상장지수펀드는 벤치마크지수가 없다.

④ 상장지수펀드는 액티브펀드에 비해 낮은 비용이 발생하며 인덱스펀드도 액티브펀드보다는 낮은 비용이지만 대부분 상장지수펀드보다 높은 보수를 책정하고 있다.

| 해설 | ETF는 벤치마크지수가 존재하여 추적오차를 줄이려고 소극적 투자전략을 수행한다.

27 **다음 중 펀드의 환매에 대한 설명으로 적절하지 않은 것으로 묶인 것은?**

가. 환매청구는 원칙적으로 집합투자업자에게 한다.
나. 환매대금의 지급은 원칙적으로 환매청구일로부터 15일 이내 해야 한다
다. 펀드의 환매가격은 과거가격으로 환매하는 것을 원칙으로 한다.
라. 개인용 단기금융펀드(MMF)는 당일환매가 가능하다.

① 가, 나, 다　　② 가, 다　　③ 가, 라　　④ 나, 다

| 해설 | 가. 환매청구는 원칙적으로 판매업자에게 한다.
다. 펀드의 환매가격은 미래가격으로 환매하는 것을 원칙으로 한다.

28 다음 중 펀드에 대한 설명으로 적절하지 않은 것은?

① 환매수수료는 판매회사의 손익으로 귀속된다.

② 환매대금의 지급은 원칙적으로 금전에 의한 지급이어야 한다.

③ 펀드의 환매연기가 있는 경우 6주 이내에 총회에서 환매대금 지급방법에 대한 결의가 있어야 한다.

④ 환매수수료는 일종의 벌칙성 부과금이므로 펀드자산에 유보하게 된다.

| 해설 | 환매수수료는 펀드별로 정해지며 일종의 위약금으로 징수하여 펀드에 재편입된다.

29 다음 중 펀드의 비용에 대한 설명으로 적절하지 않은 것은?

① 판매수수료는 펀드를 판매하는 행위에 대한 대가로 투자자가 직접 부담한다.

② 판매보수는 지속적으로 징구하는 비용으로 집합투자기구가 부담한다.

③ 판매수수료는 기준가격에 영향을 미친다.

④ 판매보수는 기존 순자산총액의 평균잔액에 일정률의 보수를 부과한다.

| 해설 | 판매보수는 지속적으로 집합투자기구에서 비용으로 처리하여 기준가격에 영향을 미친다. 그러나 판매수수료는 투자자가 일시적으로 부담하는 비용으로 기준가격에 영향을 미치지 않는다.

30 다음 중 펀드의 환매에 대한 설명으로 적절하지 않은 것은?

① MMF는 제한적으로 당일 환매도 가능하다.

② 환매가격은 환매청구일 이전 최근 기준가격으로 정한다.

③ 환매청구일로부터 25일 이내에 환매대금을 지급해야 한다.

④ 환매수수료는 환매를 청구한 투자자가 부담하며 이는 펀드에 귀속시킨다.

| 해설 | 환매가격은 환매청구일 이후에 계산된 기준가격(미래가격)으로 해야 한다.

정답

1.①	2.③	3.④	4.③	5.①	6.①	7.④	8.②	9.③	10.③
11.④	12.④	13.③	14.③	15.④	16.③	17.③	18.①	19.②	20.④
21.③	22.②	23.①	24.③	25.②	26.③	27.②	28.①	29.③	30.②

부록

부록 1 복리이자요소 $\left[FVIF_{n,\ r\%} = (1+r)^n\right]$

(연초에 1원을 연리 r%로 복리투자할 때 n년 후의 미래가치)

n/r	1.0	2.0	3.0	4.0	5.0
1	1.01000	1.02000	1.03000	1.04000	1.05000
2	1.02010	1.04040	1.06090	1.08160	1.10250
3	1.03030	1.06121	1.09273	1.12486	1.15762
4	1.04060	1.08243	1.12551	1.16986	1.21551
5	1.05101	1.10408	1.15927	1.21665	1.27628
6	1.06152	1.12616	1.19405	1.26532	1.34010
7	1.07214	1.14869	1.22987	1.31593	1.40710
8	1.08286	1.17166	1.26677	1.36857	1.47746
9	1.09369	1.19509	1.30477	1.42331	1.55133
10	1.10462	1.21899	1.34392	1.48024	1.62889
11	1.11567	1.24337	1.38423	1.53945	1.71034
12	1.12682	1.26824	1.42576	1.60103	1.79586
13	1.13809	1.29361	1.46853	1.66507	1.88565
14	1.14947	1.31948	1.51259	1.73168	1.97993
15	1.16097	1.34587	1.55797	1.80094	2.07893
16	1.17258	1.37279	1.60471	1.87298	2.18287
17	1.18430	1.40024	1.65285	1.94790	2.29202
18	1.19615	1.42825	1.70243	2.02582	2.40662
19	1.20811	1.45681	1.75351	2.10685	2.52695
20	1.22019	1.48595	1.80611	2.19112	2.65330

n/r	6.0	7.0	8.0	9.0	10.0
1	1.06000	1.07000	1.08000	1.09000	1.10000
2	1.12360	1.14490	1.16640	1.18810	1.21000
3	1.19102	1.22504	1.25971	1.29503	1.33100
4	1.26248	1.31080	1.36049	1.41158	1.46410
5	1.33823	1.40255	1.46933	1.53862	1.61051
6	1.41852	1.50073	1.58687	1.67710	1.77156
7	1.50363	1.60578	1.71382	1.82804	1.94872
8	1.59385	1.71819	1.85093	1.99256	2.14359
9	1.68948	1.83846	1.99900	2.17189	2.35795
10	1.79085	1.96715	2.15892	2.36736	2.59374
11	1.89830	2.10485	2.33164	2.58043	2.85312
12	2.01220	2.25219	2.51817	2.81266	3.13843
13	2.13293	2.40984	2.71962	3.06580	3.45227
14	2.26090	2.57853	2.93719	3.34173	3.79750
15	2.39656	2.75903	3.17217	3.64248	4.17725
16	2.54035	2.95216	3.42594	3.97030	4.59497
17	2.69277	3.15881	3.70002	4.32763	5.05447
18	2.85434	3.37993	3.99602	4.71712	5.55992
19	3.02560	3.61653	4.31570	5.14166	6.11591
20	3.20713	3.86968	4.66096	5.60441	6.72750

부록 2 연금의 복리이자요소 $\left[FVIFA_{n,\ r\%} = \frac{(1+r)^n - 1}{r}\right]$

(매 연말에 1원씩을 연리 r%로 복리투자할 때 n년 후의 미래가치)

n/r	1.0	2.0	3.0	4.0	5.0
1	1.00000	1.00000	1.00000	1.00000	1.00000
2	2.01000	2.02000	2.03000	2.04000	2.05000
3	3.03010	3.06040	3.09090	3.12160	3.15250
4	4.06040	4.12161	4.18363	4.24646	4.31012
5	5.10100	5.20404	5.30914	5.41632	5.52563
6	6.15201	6.30812	6.46841	6.63298	6.80191
7	7.21353	7.43428	7.66246	7.89829	8.14201
8	8.28567	8.58297	8.89234	9.21423	9.54911
9	9.36853	9.75463	10.15911	10.58279	11.02656
10	10.46221	10.94972	11.46388	12.00611	12.57789
11	11.56683	12.16871	12.80779	13.48635	14.20679
12	12.68250	13.41209	14.19203	15.02580	15.91713
13	13.80933	14.68033	15.61779	16.62684	17.71298
14	14.94742	15.97394	17.08632	18.29191	19.59863
15	16.09689	17.29342	18.59891	20.02359	21.57856
16	17.25786	18.63928	20.15688	21.82453	23.65749
17	18.43044	20.01207	21.76158	23.69751	25.84036
18	19.61474	21.41231	23.41443	25.64541	28.13238
19	20.81089	22.84056	25.11686	27.67123	30.53900
20	22.01900	24.29737	26.87037	29.77807	33.06595

n/r	6.0	7.0	8.0	9.0	10.0
1	1.00000	1.00000	1.00000	1.00000	1.00000
2	2.06000	2.07000	2.08000	2.09000	2.10000
3	3.18360	3.21490	3.24640	3.27810	3.31000
4	4.37462	4.43994	4.50611	4.57313	4.64100
5	5.63709	5.75074	5.86660	5.98471	6.10510
6	6.97532	7.15329	7.33593	7.52333	7.71561
7	8.39384	8.65402	8.92280	9.20043	9.48717
8	9.89747	10.25980	10.63668	11.02847	11.43589
9	11.49132	11.97799	12.48756	13.02104	13.57948
10	13.18079	13.81645	14.48656	15.19293	15.93742
11	14.97164	15.78360	16.64549	17.56029	18.53117
12	16.86994	17.88845	18.97713	20.14072	21.38428
13	18.88214	20.14064	21.49530	22.95338	24.52271
14	21.01506	22.55049	24.21492	26.01919	27.97498
15	23.27597	25.12902	27.15211	29.36091	31.77248
16	25.67252	27.88805	30.32428	33.00339	35.94973
17	28.21287	30.84021	33.75022	36.97370	40.54470
18	30.90565	33.99903	37.45024	41.30133	45.59917
19	33.75998	37.37896	41.44662	46.01845	51.15908
20	36.78558	40.99549	45.76196	51.16011	57.27499

부록 3 현가이자요소 $\left[PVIF_{n,\ r\%} = \frac{1}{(1+r)^n}\right]$

(n년 후의 1원을 연리 r%로 복리할인할 때의 현재가치)

n/r	1.0	2.0	3.0	4.0	5.0
1	0.99010	0.98039	0.97087	0.96154	0.95238
2	0.98030	0.96117	0.94260	0.92456	0.90703
3	0.97059	0.94232	0.91514	0.88900	0.86384
4	0.96098	0.92385	0.88849	0.85480	0.82270
5	0.95147	0.90573	0.86261	0.82193	0.78353
6	0.94205	0.88797	0.83748	0.79031	0.74622
7	0.93272	0.87056	0.81309	0.75992	0.71068
8	0.92348	0.85349	0.78941	0.73069	0.67684
9	0.91434	0.83676	0.76642	0.70259	0.64461
10	0.90529	0.82035	0.74409	0.67556	0.61391
11	0.89632	0.80426	0.72242	0.64958	0.58468
12	0.88745	0.78849	0.70138	0.62460	0.55684
13	0.87866	0.77303	0.68095	0.60057	0.53032
14	0.86996	0.75788	0.66112	0.57748	0.50507
15	0.86135	0.74301	0.64186	0.55526	0.48102
16	0.85282	0.72845	0.62317	0.53391	0.45811
17	0.84438	0.71416	0.60502	0.51337	0.43630
18	0.83602	0.70016	0.58739	0.49363	0.41552
19	0.82774	0.68643	0.57029	0.47464	0.39573
20	0.81954	0.67297	0.55368	0.45639	0.37689

n/r	6.0	7.0	8.0	9.0	10.0
1	0.94340	0.93458	0.92593	0.91743	0.90909
2	0.89000	0.87344	0.85734	0.84168	0.82645
3	0.83962	0.81630	0.79383	0.77218	0.75131
4	0.79209	0.76290	0.73503	0.70843	0.68301
5	0.74726	0.71299	0.68058	0.64993	0.62092
6	0.70496	0.66634	0.63017	0.59627	0.56447
7	0.66506	0.62275	0.58349	0.54703	0.51316
8	0.62741	0.58201	0.54027	0.50187	0.46651
9	0.59190	0.54393	0.50025	0.46043	0.42410
10	0.55839	0.50835	0.46319	0.42241	0.38554
11	0.52679	0.47509	0.42888	0.38753	0.35049
12	0.49697	0.44401	0.39711	0.35553	0.31863
13	0.46884	0.41496	0.36770	0.32618	0.28966
14	0.44230	0.38482	0.34046	0.29925	0.26333
15	0.41727	0.36245	0.31524	0.27454	0.23939
16	0.39365	0.33873	0.29189	0.25187	0.21763
17	0.37136	0.31657	0.27027	0.23107	0.19784
18	0.35034	0.29586	0.25025	0.21199	0.17986
19	0.33051	0.27651	0.23171	0.19449	0.16351
20	0.31180	0.25842	0.21455	0.17843	0.14864

부록 4 연금의 현가이자요소 $\left[PVIFAF_{n,\ r\%}=\frac{1}{r}-\frac{1}{r(1+r)^n}\right]$

(n년 동안에서 매 연말에 실현되는 1억원을 연리 r%로 복리할인할 때의 현재가치)

n/r	1.0	2.0	3.0	4.0	5.0
1	0.99010	0.98039	0.97087	0.96154	0.95238
2	1.97039	1.94156	1.91347	1.88609	1.86941
3	2.94098	2.88388	2.82861	2.77509	2.72325
4	3.90197	3.80773	3.71710	3.62990	3.54595
5	4.85343	4.71346	4.57971	4.45182	4.32948
6	5.79548	5.60143	5.41719	5.24214	5.07569
7	6.72819	6.47199	6.23028	6.00206	5.78637
8	7.65168	7.32548	7.01969	6.73275	6.46321
9	8.56602	8.16224	7.78611	7.43533	7.10782
10	9.47130	8.98259	8.53020	8.11090	7.72174
11	10.36763	9.78685	9.25262	8.76048	8.30642
12	11.25503	10.57534	9.95400	9.38507	8.86325
13	12.13374	11.34837	10.63495	9.98565	9.39357
14	13.00370	12.10625	11.29607	10.56312	9.89864
15	13.86505	12.84926	11.93793	11.11839	10.37966
16	14.71787	13.57771	12.56110	11.65230	10.83777
17	15.56225	14.29187	13.16612	12.16567	11.27407
18	16.39827	14.99203	13.75351	12.65930	11.68959
19	17.22601	15.67846	14.32380	13.13394	12.08532
20	18.04555	16.35143	14.87747	13.59033	12.46221

n/r	6.0	7.0	8.0	9.0	10.0
1	0.94340	0.93453	0.92593	0.91743	0.90909
2	1.83339	1.80802	1.78326	1.75911	1.73554
3	2.67301	2.62432	2.57710	2.53129	2.48685
4	3.46511	3.38721	3.31213	3.32972	3.16987
5	4.21236	4.10020	3.99271	3.88965	3.79079
6	4.91732	4.76654	4.62288	4.48592	4.35526
7	5.58238	5.38929	5.20637	5.03295	4.86842
8	6.20979	5.97130	5.74664	5.53482	5.33493
9	6.80169	6.51523	6.24689	5.99525	5.75902
10	7.36009	7.02358	6.71008	6.41766	6.14457
11	7.88687	7.49867	7.13896	6.80519	6.49506
12	8.38384	7.94269	7.53608	7.16073	6.81369
13	8.85268	8.35765	7.90378	7.48690	7.10336
14	9.29498	8.74547	8.24424	7.78615	7.36669
15	9.71225	9.10971	8.55948	8.06069	7.60608
16	10.10590	9.44665	8.85137	8.31256	7.82371
17	10.47726	9.76322	9.12164	8.54363	8.02155
18	10.82760	10.05909	9.37189	8.75563	8.20141
19	11.15812	10.33560	9.60360	8.95011	8.36492
20	11.46992	10.59401	9.81815	9.12855	8.51356

참고문헌

강인철 · 김재양 · 정상민, 자본시장론, 피앤씨미디어, 2015.
금융감독원, 증권회사 파생결합증권 발행 · 운용 현황, 2019.
금융투자교육원, 증권투자권유대행인 1, 한국금융투자협회, 2020.
금융투자교육원, 증권투자권유대행인 2, 한국금융투자협회, 2020.
금융투자교육원, 증권투자권유자문인력 1, 한국금융투자협회, 2020.
금융투자교육원, 증권투자권유자문인력 2, 한국금융투자협회, 2020.
금융투자교육원, 펀드투자권유자문인력 1, 한국금융투자협회, 2020.
금융투자교육원, 펀드투자권유자문인력 2, 한국금융투자협회, 2020.
김병연 · 권재열 · 양기진, 자본시장법 : 사례와 이론, 박영사, 2019.
김석진, 한국 자본시장론, 삼영사, 2017.
노상채 · 김창범, 화폐금융론, 박영사, 2019.
마경환 · 이관순, 펀드투자 핵심 노하우, 이레미디어, 2019.
박도준, 경제학연습, 도서출판 웅지, 2007.
박도준, 경제학원론, 도서출판 웅지, 2010.
박준 · 한민, 금융거래와 법, 박영사, 2019.
송상엽, 경제학강의, 도서출판 웅지, 2014.
송지영, 현대한국자본시장론, 청목출판사, 2014.
양철원, 사례와 함께 배우는 파생상품, 피앤씨미디어, 2018.
윤병철, 투자설계, 한국FPSB, 2018.
윤석헌, 대학생을 위한 실용금융, 금융감독원, 2018.
윤석헌, 탄탄한 노후를 위한 금융생활설계, 금융감독원, 2018.
윤 택, 거시금융경제학, 박영사, 2019.
이재남, 증권투자권유대행인 문제집, 이패스코리아, 2019.
이재남, 증권투자권유자문인력 문제집, 이패스코리아, 2019.
이재남, AFPK 모듈 1 핵심문제집, 이패스코리아, 2018.
이재남, AFPK 모듈 2 핵심문제집, 이패스코리아, 2018.
이재남, 금융상품분석사(AFIE) 핵심문제집, 이패스코리아, 2017.
이하일, 알기쉬운 실용금융, 박영사, 2020.

이하일, 파생상품의 이해, 박영사, 2019.
이하일, 재무관리, 삼영사, 2015.
이하일, 증권투자론, 삼영사, 2014
이하일, 외환파생상품, 한경사, 2011
이한재 · 김영빈, 자본시장론, 신영사, 2017.
이환희, 외환론 : 이론과 실제, 경문사, 2019.
임재연, 자본시장법, 박영사, 2019.
임재환, AFPK 모듈 1 핵심문제집, 와우패스, 2018.
임재환, AFPK 모듈 2 핵심문제집, 와우패스, 2018.
정병열, 경제학 기출문제, 2013.
정병열, 경제학연습 미시편, 2018.
정병열, 경제학연습 거시편, 2018.
정정현 · 곽철효 · 김병곤 · 박춘광, 현대자본시장론, 학현사, 2018.
지영근 · 최한진 · 문성제 · 정재은, ELS－ELW 거래실무서, 박영사, 2013.
최남진, 금융과 경제 : 내 생애 최초의 금융실무서, 박영사, 2018.
최수정, 신탁법, 박영사, 2019.
현정환, 국제금융론 : 이론과 정책, 박영사, 2019.
한국거래소, 한국의 채권시장, 지식과 감성, 2019.
한국거래소, 채권유통시장해설, 2010.
한국예탁결제원, 증권예탁결제제도, 박영사, 2018.
한국FP협회, 은퇴설계전문가 : 은퇴설계의 New Paradigm 1, 2018.
한국FP협회, 은퇴설계전문가 : 은퇴설계의 New Paradigm 2, 2018.
한국FP협회, 은퇴설계전문가 : 은퇴설계의 New Paradigm 3, 2018.
황문현, 파생상품 거래손실 사례분석, 한국금융연수원, 2014.

찾아보기

ㄱ

가격제한폭제도 ······ 55
가중주가평균 ······ 85
가치소모성자산 ······ 461
가치주 ······ 81
간접금융시장 ······ 4
간접발행 ······ 224
간접투자상품 ······ 621
강세스프레드 ······ 349
개별주식옵션 ······ 462
개시증거금 ······ 357
경기방어주 ······ 82
경기변동 ······ 143
경기순환주 ······ 82
경기종합지수 ······ 145
경제분석 ······ 142
골든크로스 ······ 187
공모발행 ······ 223
관리종목제도 ······ 56
교환사채 ······ 235
국고채 ······ 227
국민경제 ······ 3
국제상호직접대출 ······ 546
국제수지 ······ 157
국채 ······ 226
국채선물 ······ 399
국채전문유통시장 ······ 242
근월물매도차익거래 ······ 426
근월물매입차익거래 ······ 426
금리스왑 ······ 548
금선물 ······ 427
금융선물 ······ 342
금융시장 ······ 3
금융지주회사 ······ 21
금융투자상품 ······ 9
금융투자회사 ······ 20
금융특수채 ······ 231
금전신탁 ······ 5, 14
기대수익률 ······ 276
기명주 ······ 77
기본적 분석 ······ 141
기본포지션 ······ 469
기술적 분석 ······ 172
기업경기실사지수 ······ 146
기업공개 ······ 63
기업공시제도 ······ 61
기준금리 ······ 150
기초자산 ······ 338, 459

ㄴ

나비형 스프레드 ······ 474
내재가치 ······ 484
농협은행 ······ 18
누적적 우선주 ······ 79

ㄷ

다우이론 ······ 174

단기금리선물 ······ 400
단기금융집합투자기구 ······ 627
단기순환 ······ 144
단순주가평균 ······ 84
단순투기거래 ······ 397
단순헤지 ······ 392
단순헤지모형 ······ 406
당기순이익증가율 ······ 171
당일결제거래 ······ 54
당좌비율 ······ 167
대량매매제도 ······ 53
대체스왑 ······ 313
데드크로스 ······ 187
돈육선물 ······ 428
동산신탁 ······ 15
동시호가방식 ······ 52
동적 헤징전략 ······ 511
듀레이션 ······ 297
듀레이션모형 ······ 406

ㄹ

래더형 전략 ······ 310
레버리지비율 ······ 168

ㅁ

만기간 스프레드 ······ 349
만기구성전략 ······ 310
만기수익률 ······ 273
매도헤지 ······ 347
매매거래제도 ······ 46
매매증거금 ······ 358
매입헤지 ······ 347
매출발행 ······ 224
매출액영업이익률 ······ 169
매출액증가율 ······ 170
명목금리 ······ 151
모자형펀드 ······ 633
목표가주문 ······ 50
목표시기면역전략 ······ 308
무기명주 ······ 77
무상증자 ······ 96
무액면주 ······ 77
무이표채 ······ 271
미국달러옵션 ······ 512
미국형옵션 ······ 462
미래가치 ······ 109

ㅂ

바벨형 전략 ······ 310
바스켓매매 ······ 53
발행시장 ······ 221
발행중개기관 ······ 222
방어적 풋옵션 ······ 471
방어적 풋옵션전략 ······ 507
배당평가모형 ······ 117
백워데이션 ······ 368
백워데이션가설 ······ 373
베이시스 ······ 368
베타헤지 ······ 392
보유비용모형 ······ 360
보통거래 ······ 54
보통주 ······ 76
보험회사 ······ 21
볼록성 ······ 303
부동산신탁 ······ 15
부동산집합투자기구 ······ 626
부채비율 ······ 168
불편기대이론 ······ 278

비금융특수채 ······ 231
비누적적 우선주 ······ 79
비용인상 인플레이션 ······ 153
비은행금융회사 ······ 19
비참가적 우선주 ······ 79

ㅅ

사모발행 ······ 225
사모집합투자기구 ······ 635
사이드카 ······ 58
산업구조분석모형 ······ 162
산업분석 ······ 158
상업어음 ······ 6
상장지수채권 ······ 604
상장지수펀드 ······ 634
상품간 스프레드 ······ 349
상품선물 ······ 342
상호저축은행 ······ 19
상환주 ······ 80
상환청구사채 ······ 236
서킷브레이커 ······ 57
선도거래 ······ 332
선도이자율 ······ 274
선물가격 ······ 339
선물거래 ······ 332
선물거래소 ······ 352
선물거래자 ······ 353
선물중개회사 ······ 353
선호영역이론 ······ 281
성장성비율 ······ 170
성장주 ······ 81
소나차트 ······ 198
소비자체감지수 ······ 147
소액채권시장 ······ 252
수시입출금식예금 ······ 5
수요견인 인플레이션 ······ 153
수의상환사채 ······ 236
수의상환위험 ······ 283
수익률곡선타기전략 ······ 315
수익성비율 ······ 169
수익증권 ······ 12
수정주가평균 ······ 85
수직스프레드 ······ 472
수평스프레드 ······ 473
수협은행 ······ 19
순수기대가설 ······ 372
순수포지션 ······ 469
순자산가치면역전략 ······ 309
스왑거래 ······ 333, 545
스토캐스틱 ······ 199
스트래들 ······ 475
스트랭글 ······ 476
스프레드거래 ······ 349
스프레드운용스왑 ······ 313
시가총액방식 ······ 87
시장가주문 ······ 50
시장간 스프레드 ······ 350
시장금리 ······ 151
시장부가가치 ······ 121
시장분할이론 ······ 280
시장이자율 ······ 108
시차선호 ······ 107
신용협동기구 ······ 19
신주인수권부사채 ······ 235
신탁적 콜옵션전략 ······ 509
신탁제도 ······ 13
실질금리 ······ 151
실현수익률 ······ 276

ㅇ

액면가액 ········ 269
액면주 ········ 77
약세스프레드 ········ 349
약속수익률 ········ 276
양도성예금증서 ········ 6
엘리어트 파동이론 ········ 176
여신전문금융회사 ········ 19
역시계곡선 ········ 203
영구채(consol) ········ 271
예금자보호제도 ········ 25
옵션가격 ········ 460
옵션거래 ········ 333
옵션복제전략 ········ 510
옵션프리미엄 ········ 484
외재가치 ········ 485
외환스왑 ········ 549
요구불예금 ········ 10
우선주 ········ 78
원가우위전략 ········ 165
위탁모집 ········ 225
위탁수수료 ········ 55
위탁증거금 ········ 357
유가증권시장 ········ 44
유동성비율 ········ 167
유동성선호 ········ 107
유동성선호이론 ········ 279
유동성위험 ········ 283
유럽형옵션 ········ 462
유상증자 ········ 96
유지증거금 ········ 358
유통시장 ········ 43, 241
유효기어링 ········ 599
이동평균선 ········ 184
이자보상비율 ········ 169
이자율변동위험 ········ 282
이자율예상스왑 ········ 313
이자율획득스왑 ········ 314
이표채 ········ 270
익일결제거래 ········ 54
인수기관 ········ 222
인플레이션 ········ 152
인플레이션위험 ········ 283
일반은행 ········ 17
일반채권시장 ········ 255
일일정산제도 ········ 356
일정성장모형 ········ 118
입찰발행 ········ 224

ㅈ

자기자본비율 ········ 168
자기자본순이익률 ········ 170
자기자본증가율 ········ 171
자본시장 ········ 8
자산보관회사 ········ 624
자산운용회사 ········ 624
잔액인수 ········ 225
장기금리선물 ········ 403
장기순환 ········ 145
재무제표분석 ········ 167
재할인율정책 ········ 24
저축성예금 ········ 11
저항선 ········ 180
전자단기사채 ········ 7
전환비율 ········ 598
전환사채 ········ 235
전환주 ········ 80
전환형펀드 ········ 632
접속매매방식 ········ 52
제로섬게임 ········ 461
제로성장모형 ········ 118

조건부지정가주문 ······ 50
조건부청구권 ······ 461
종류형펀드 ······ 631
종합자산관리계정 ······ 7
주가매출액비율 ······ 125
주가배수모형 ······ 122
주가수익비율 ······ 122
주가순자산비율 ······ 124
주가연계증권 ······ 576
주가지수 ······ 86
주가지수선물 ······ 388
주가지수옵션 ······ 463, 502
주가평균방식 ······ 87
주관회사 ······ 222
주권상장 ······ 64
주식선물 ······ 387
주식시세표 ······ 95
주식예탁증서 ······ 83
주식워런트증권 ······ 576
주식회사 ······ 75
중기순환 ······ 144
중소기업은행 ······ 18
증거금제도 ······ 357
증권거래세 ······ 55
증권신탁 ······ 15
증권예탁증권 ······ 13
증권집합투자기구 ······ 626
증권투자 ······ 141
지급준비율정책 ······ 24
지방채 ······ 228
지분증권 ······ 12
지정가주문 ······ 49
지지선 ······ 180
직접금융시장 ······ 4
직접대출 ······ 546
직접발행 ······ 224
집단경쟁매매 ······ 51
집중화전략 ······ 166
집합투자기구 ······ 621

ㅊ

차별화전략 ······ 165
차익거래 ······ 334
차익거래자 ······ 354
참가적 우선주 ······ 79
채권(bond) ······ 269
채권가격정리 ······ 272
채권면역전략 ······ 306
채권발행자 ······ 222
채권수익률 ······ 273
채권스왑전략 ······ 312
채권투자전략 ······ 306
채권평정(bond rating) ······ 284
채무불이행위험 ······ 283
채무증권 ······ 12
채무증서 ······ 269
청산소 ······ 352
청약기관 ······ 222
초과증거금 ······ 358
초단기수익증권 ······ 5
총액인수 ······ 225
총자본영업이익률 ······ 169
최소분산헤지 ······ 393
최우선지정가주문 ······ 50
최유리지정가주문 ······ 50
최종거래일 ······ 338
추가증거금 ······ 358
추세분석 ······ 179
추세선 ······ 181

ㅋ

커버된 콜옵션 ··· 471
코넥스시장 ··· 45
코스닥시장 ··· 44
콘탱고 ··· 368
콘탱고가설 ··· 373
콜옵션 ··· 462
콜옵션가격 ··· 479
콤비네이션 ··· 475

ㅌ

통화선물 ··· 411
통화스왑 ··· 549
통화시장 ··· 4
통화옵션 ··· 464
통화정책 ··· 23
통화지표 ··· 147
투기거래 ··· 334
투기거래자 ··· 354
투자경고종목 ··· 60
투자계약증권 ··· 13
투자위험종목 ··· 60
투자유의종목 ··· 59
특별자산집합투자기구 ··· 627
특수은행 ··· 17
특수채 ··· 230

ㅍ

파생결합증권 ··· 13, 575
파생결합펀드 ··· 576
파생상품 ··· 331
패턴분석 ··· 190
평행대출 ··· 546
표면이자율 ··· 269
표지어음 ··· 6
풋-콜 등가 ··· 487
풋옵션 ··· 462
풋옵션가격 ··· 479
피셔효과 ··· 151

ㅎ

한국산업은행 ··· 18
한국수출입은행 ··· 18
행사가격 ··· 459
헤지거래 ··· 334
헤지거래자 ··· 354
헤지포지션 ··· 471
현물매도차익거래 ··· 368, 425
현물매입차익거래 ··· 368, 424
현물이자율 ··· 274
현재가치 ··· 111
혼합스왑 ··· 549
혼합자산집합투자기구 ··· 627
환매금지형펀드 ··· 631
환매조건부채권 ··· 7
환매조건부채권매매시장 ··· 246
회귀분석모형 ··· 407

저자 약력

■ 저자

동국대학교 경상대학 회계학과 졸업(경영학사)
동국대학교 대학원 경영학과 졸업(경영학석사)
동국대학교 대학원 경영학과 졸업(경영학박사)
대신증권주식회사 명동지점 근무
증권투자상담사, 선물거래상담사, 기업가치평가사, M&A전문가, 외환관리사, 자산관리사, 재무설계사, 투자자산운용사, 금융투자분석사, 은퇴설계전문가
강남대학교, 강원대학교, 건양대학교, 공주대학교, 동국대학교, 동신대학교, 덕성여자대학교, 서강대학교, 숭실사이버대학교, 용인대학교, 유한대학교, 중부대학교, 한밭대학교, 한국생산성본부 강사
건양사이버대학교 자산관리학과 교수 역임

■ 저서

알기쉬운 실용금융(박영사, 2020)
파생상품의 이해(박영사, 2019)
재무관리(삼영사, 2015)
증권투자론(삼영사, 2014)
파생상품론(유비온, 2013)
금융학개론(유비온, 2012)
외환파생상품(한경사, 2011)
금융경제의 이해(도서출판 청람, 2010)
재무관리연습(도서출판 청람, 2009)
파생금융상품의 이해(한경사, 2007)
파생금융상품(한경사, 2005)

■ 논문

개인채무자 구제제도의 이용현황과 개선방안에 관한 연구
KOSPI 200선물을 이용한 동적헤징전략에 관한 실증적 연구
금융공학을 이용한 포트폴리오보험전략의 유용성에 관한 실증적 연구
금융기관의 효율적 위험관리시스템 구축방안에 관한 연구
듀레이션을 이용한 채권포트폴리오의 면역전략에 관한 실증적 연구
효용에 근거한 포트폴리오보험전략에 관한 실증적 연구
재정가격결정이론에 관한 실증적 연구

자본시장론

초판발행 2020년 4월 23일

지은이 이하일
펴낸이 안종만 · 안상준

편 집 황정원
기획/마케팅 정연환
표지디자인 박현정
제 작 우인도 · 고철민

펴낸곳 (주) 박영사
서울특별시 종로구 새문안로3길 36, 1601
등록 1959. 3. 11. 제300-1959-1호(倫)
전 화 02)733-6771
f a x 02)736-4818
e-mail pys@pybook.co.kr
homepage www.pybook.co.kr
ISBN 979-11-303-0987-3 93320

정 가 42,000원